欧洲大学史

第四卷

1945年以来的大学

总主编 ［瑞士］瓦尔特·吕埃格
General Editor WALTER RÜEGG

欧洲大学史

A HISTORY OF THE UNIVERSITY IN EUROPE

第四卷 1945年以来的大学

VOLUME IV UNIVERSITIES SINCE 1945

主编 ［瑞士］瓦尔特·吕埃格
Edited by WALTER RÜEGG

贺国庆 王保星 屈书杰 张 薇 梁 丽 周保利 何振海 译

贺国庆 王保星 何振海 周保利 梁 丽 审校

河北大学出版社
·保定·

冀图登字：03-2018-127

《欧洲大学史·第四卷：1945年以来的大学》

A History of the University in Europe，*Volume IV*，*Universities since 1945*

本书根据剑桥大学出版社（Cambridge University Press）2011年版翻译

出 版 人：耿金龙
责任编辑：翟永兴 王红梅
装帧设计：王占梅
版式设计：赵 谦
责任校对：田 阳
责任印制：靳云飞

OUZHOU DAXUESHI DISIJUAN 1945NIAN YILAI DE DAXUE

图书在版编目（CIP）数据

欧洲大学史．第四卷，1945 年以来的大学 /（瑞士）瓦尔特·吕埃格主编；贺国庆等译．-- 保定：河北大学出版社，2019.5

ISBN 978-7-5666-1474-2

Ⅰ．①欧… Ⅱ．①瓦… ②贺… Ⅲ．①高等教育 - 教育史 - 欧洲 - 现代 Ⅳ．① G649.509

中国版本图书馆 CIP 数据核字（2019）第 071967 号

出版发行：河北大学出版社
地址：河北省保定市七一东路 2666 号
邮编：071000
电话：0312-5073033 0312-5073029
邮箱：hbdxcbs818@163.com
网址：www.hbdxcbs.com
经 销：全国新华书店
印 刷：保定市北方胶印有限公司

幅面尺寸：170 mm × 230 mm
印 张：46.5
字 数：650 千字
版 次：2019 年 5 月第 1 版
印 次：2019 年 5 月第 1 次印刷
书 号：ISBN 978-7-5666-1474-2
定 价：238.00 元

欧洲大学史

这套四卷本丛书由原欧洲大学校长常设会议(CRE)、现欧洲大学协会(EUA)领导的编委会组织编写。欧洲大学协会是一个非政府组织,总部设在布鲁塞尔和日内瓦,会员包括东欧和西欧的650余所大学。其在布鲁塞尔和日内瓦的秘书处负责本项目的管理。

在过去一千年中,大学是欧洲唯一一种基本形式、基本社会作用和功能都保持不变的机构。本套丛书将阐明大学为什么能逐渐包括所有的知识,并遍布于世界绝大部分地区,大学是如何形成欧洲共同智力传统的,以及大学是如何培养具有超越国界特征的学术和职业精英的。

本套丛书包括:

第一卷　中世纪大学

主编　希尔德·德·里德-西蒙斯

第二卷　近代早期的欧洲大学(1500—1800)

主编　希尔德·德·里德-西蒙斯

第三卷　19世纪和20世纪早期的大学(1800—1945)

主编　瓦尔特·吕埃格

第四卷　1945年以来的大学

主编　瓦尔特·吕埃格

欧洲大学史

总主编　瓦尔特·吕埃格

本书是四卷本《欧洲大学史》的最后一卷。该书涵盖了欧洲(包括东欧和西欧)大学自创始至今的整个发展历程,关注了欧洲视角下的若干重要主题。本系列图书的独创性在于其比较性、跨学科性、协作性和跨国性。尽管本书也探讨了大学里讲授的内容,但主要目的却是在审视变革中的环境、理念和价值的背景下,评鉴大学的角色和结构。本卷研究的是1945年以后高等教育的重构和划时代性的扩张,这种重构和扩张带来了现代科学的巨大成就。本卷还追溯了大学与民族国家、教师和学生、其目标追求和政治活动之间关系的发展,同时对大学教学内容方面的根本性变化给予了特别关注。

目　录

第二编　结　构

第三编　学　生

第四编　学　术

译校者序

本书是四卷本《欧洲大学史》的收官之作。

本书时间起于 1945 年，止于 1995 年，这 50 年正是世界高等教育波澜壮阔大发展的时期。

正是这一时期，源于欧洲并独领风骚数百年的欧洲大学被后来居上的美国赶超，而“美国的文化领导权来自对欧洲大学理念的成功模仿和超越”(见本书第 28 页)。美国迄今仍占据着世界高等教育中心的位置。由于战乱和经济发展技不如人，面对强大的对手，欧洲只能望洋兴叹。

然而，经过战后 40 余年的分裂、对峙，尤其是柏林墙轰然倒塌以后，欧洲一体化进程加速，高等教育力图赶上美国的步伐。但欧洲毕竟不同于美国，重振高等教育不能完全走美国的老路。大体而言，战后尤其是 20 世纪八九十年代以来，欧洲发展高等教育有三点值得一提：一是致力于高等教育一体化目标；二是高等教育发展更多地借助政府之力；三是加速高等教育国际化的步伐。

其实，欧洲大学一体化运动从 1945 年后就开始了，由于意识形态分为东西两大阵营，最初的一体化只能是两大阵营内的融合。从 20 世纪 60 年代开始，欧洲东西部大学开始了有限的学术合作；20 世纪 80 年代后期，东西欧学术交流开始增多。1988年博洛尼亚大学九百周年华诞，来自东西欧及世界其他地区的430位大学校长共同签署了《欧洲大学宪章》，确立了未来学术一体化的原则。1989年以后，欧洲政治两极化的局面结束，原来看起来不可逾越的意识形态鸿沟一夜间消失。在这种形势下，欧共体加快了一体化的进程。1989年，坦帕斯计划开始启动，之后伊拉斯谟计划成功实施，欧共体于1992年实现了向欧盟的转变，从此，欧盟在欧洲高等教育一体化进程中发挥了主导作用。然而，正当本书中文译稿交付之时，英国公投退出欧盟，这恐怕是原书作者始料不及的。英国退欧虽然对欧洲高等教育一体化进程造成了变数或负面影响，但从长远看，大势是不会改变的。纵使将来欧盟不复存在，欧洲高等教育融合、相互借鉴及交流的步伐也是不会停止的。因为大学毕竟不同于政治，也不是市场，大学须适应社会的需要，但不会完全为社会所左右。欧洲大学近千年发展的历史早就反复证明了这一点。

欧洲主流的大学与政府的关系是非常紧密的，这点不同于美国。相比而言，美国高等教育受市场影响更大一些。大多数欧洲国家认为政府部门在高等教育活动中是必不可少的，他们更愿意把大学与政府的关系看作是伙伴关系。与此同时，政府也希望赋予大学越来越多的自治权。1999年，由29个欧洲国家教育部长签署的《博洛尼亚宣言》，确立了在2020年建立欧洲高等教育区的计划，这是教育史上政府支持并参与大学发展的极佳范例。与美国模式相比，欧洲模式是不是更适合我们参考借鉴呢?

国际化是二战后世界高等教育发展的大趋势之一。本书作者宣称：在本书的“每一卷、每一章中都可以找到例证，欧洲大学的学术、知识和科学一直都是一种国际性的行为，学者们在其职业生涯中可以从一所大学转到另一所大学，从一个国家迁至另一个国家，这是一种普遍和非常典型的现象”(见本书第462页)。

然而，与美国相比，二战后欧洲大学的国际化水平大大落伍了，长期的冷战阻碍了人员和学术的交流，乃至到1985年，只有不到1%的欧洲学生有在国外学习的经历，而在约200年前的欧洲旧制度时期，到国外学习过的欧洲学生就已达到了10%。为此，欧共体于1987年发起了伊拉斯谟计划，也称“欧洲大学生流动行动计划”，旨在鼓励欧共体成员国在大学教学项目中展开多边合作，让年轻人体验整个欧洲的教育和文化，帮助他们发现不同文化之间的共性和差异。1995 年，欧盟制订了苏格拉底计划，不仅强调学生的流动，还强调建立便于流动的机制，包括教师交流、联合课程研发、通用的欧洲学分互认体系等。以上举措表明欧洲在高等教育国际化方面是不遗余力的。

本书发起人安德里斯·巴布兰在本书末尾指明了欧洲大学的发展目标，他说：“位于欧洲地理范围内的大学历史悠久，其理想的发展结局是形成整个欧洲意义上的大学(群)，在更广的世界范围表达和捍卫欧洲文化的整体特性。”(见本书第 599 页)以上目标能否实现，什么时候实现，我们拭目以待。

需要指出的是，受特定意识形态和政治立场的影响，原书作者在探讨有关苏联和东欧等社会主义国家的相关内容时，有某种偏见性的表述，译者对此并不认同。翻译过程中，在不损及作者原意并保持内容连贯性的前提下，译者对相关语句进行了一定调整，亦请读者诸君有正确和客观的认识。

本卷从 1988 年博洛尼亚大学九百年校庆时启动撰写工作，到 2011 年正式出版，耗时二十三年。其间，两位作者先后离世，没有看到本书的问世，留下了遗憾。由于种种原因，本书的中文翻译工作也拖了六年才最终完工，好在译者们年富力强，个个精神饱满，正在各自的领域辛勤耕耘。在这里，我要对他们为本书翻译工作的付出和精益求精表示衷心的感谢。同时也要借此机会一并感谢参加了第二卷但因为种种原因没有参加本卷翻译的两位译者。

本书具体分工如下：

贺国庆，组织本书的翻译和校对，翻译前言、第一章；

张薇，翻译第二、三、四章及人名索引和主题索引；

屈书杰，翻译第五、六、七章；

王保星，翻译第八、九章；

何振海，翻译第十、十一章及附录；

周保利，翻译第十二、十三、十四章；

梁丽，翻译第十五章、尾声。

王保星、何振海、周保利、梁丽参加了本书的校对工作。

河北大学教育史专业研究生高镜淳、韩琳琳、刘超楠，华东师范大学教育史专业研究生李娟、李洁，协助做了部分章节的翻译工作。

感谢河北大学出版社的领导和责任编辑为本书顺利出版给予的支持和付出的辛劳。

贺国庆

2016 年 9 月于宁波大学

作者与主编

安德里斯·巴布兰(Andris Barblan),瑞士人,1943年出生于瑞士沃舟的奥尔布。1973年起在欧洲文化中心(设在日内瓦)担任丹尼斯·德鲁日蒙(Denis de Rougemont)的助理,1976年任欧洲大学校长常设会议(设在日内瓦)的常务秘书长,2001年任常设会议继任机构欧洲大学协会的常务秘书长。2002至2007年间,他担任设在博洛尼亚的大学基础价值和权利大宪章观察站的秘书长,同时在总部设在都灵的马里奥·贝拉研究院中担任欧洲城市知识发展战略方面的顾问。

阿萨·布里格斯(Asa Briggs),英国人,1976年获刘易斯市的布里格斯勋爵头衔,1921年出生于约克郡。他曾担任牛津大学伍斯特学院院长(1976至1992年)、苏塞克斯大学常务副校长(1967至1992年)、开放大学名誉校长(1978至1994年)以及设置在巴黎的欧洲教育和社会政策研究会的主席(1974至1980年)。他目前担任英国社会史协会的主席。他的著作涵盖经济、社会、文化史和广播史等领域,是英国社会科学院院士和美国文理科学院院士。

艾莉森·勃朗宁(Alison Browning),英国/美国人,1951年出生于白金汉郡。1986至1994年在担任欧洲大学校长常设会议和欧洲大学协会的副秘书长期间，她负责一系列组织的国际项目和跨学科项目，包括筹备这部《欧洲大学史》的编写工作。目前，她在美国和欧洲两地工作。

戈登·克雷格(Gordon Craig)，英国人，1925年出生于苏格兰地区的米尔盖。他曾在格拉斯哥大学担任詹姆斯·赫顿地质学讲座教授。他出版的著作包括苏格兰地质学、古生态学和地质学史。他是爱丁堡皇家协会会员。

希尔德·德·里德-西蒙斯(Hilde De Ridder-Symoens)，比利时人，1943年出生于布鲁塞尔的圣约翰莫伦贝克，是比利时根特大学的近代史教授。她曾担任大学史国际委员会的主席，并且是比利时皇家佛兰德语协会的成员。她出版了关于欧洲大学史、中世纪教育及近代教育方面的著作。

约翰·埃利斯 †(John Ellis，1916—1998)，英国人，出生于伯明翰的一个医生家庭。他在剑桥和伦敦医院接受教育，1941年成为伦敦医院的一名医生，1948年担任该医院的副院长，1951年成为会诊顾问医生，1968年担任院长。他作为医学教育研究协会的创始人和该领域的先驱而享有盛誉。许多国家的政府在建立新医学院校和组织研究生教学时都邀请他担任顾问。他还是英国《医学教育杂志》的创始编辑。他于1980年被封为爵士。

托马斯·菲肯斯泰特(Thomas Finkenstaedt)，德国人，1930年出生于慕尼黑附近的普拉内格。他曾在萨尔布吕肯大学(1960至1972年)以及奥格斯堡大学(1972至1992年)担任英语教授，在1970/1971年，担任德国大学教授协会的主席，并在若干所新大学的基金会任职。他还曾担任设在慕尼黑的巴伐利亚高等教育研究所的首任所长。他出版了几部有关英语词汇历史的著作，还写了一本在德国进行的英语研究的简史。自1992年退休以来，他完成了几部书的撰写，内容是关于上层巴伐利亚人赴梅多斯教会朝圣之旅(去往威斯教堂)的历史。他还完成了几部地方史的著作。

A. H. 哈尔西(A. H. Halsey)，英国人，牛津大学社会学荣誉教授，纳菲尔学院院士。他1923年生于伦敦，二战时曾在军中服役，1950年自伦敦经济学院毕业。此后他在高等教育领域中专门从事教育社会学的研究。他最著名的著作是《学究式领域的衰落：20世纪英国的各学术行业》(牛津大学出版社，1996年第二版)。

诺特克尔·哈默施泰因(Notker Hammerstein)，德国人，1930年出生于美因河畔奥芬巴赫市。他是美因河畔法兰克福大学近代史专业荣誉教授，著有多部有关德国大学史和学习史的著作。他是《大学史》编委会成员。

迪尔克·海尔堡(Dirk Heirbaut)，比利时人，1966年出生于东佛兰德省的哈默。他是比利时根特大学法律史和罗马法教授，比利时皇家佛兰德语科学和艺术协会法律史委员会的秘书长。他出版的著作涉及中世纪习惯法、19世纪比利时的私法史以及法律史方法论等领域。

杰弗里·洛克伍德(Geoffrey Lockwood)，英国人，1936年出生于约克郡，毕业于伦敦经济学院经济学专业。1959年，他完成皇家空军在德国的服役之后，成为曼彻斯特大学的教职人员。1961年，他成为苏塞克斯大学的创始教职人员之一，并在这所大学工作至1996年，其中有24年任该大学的校长。1981年他获得战略管理学博士学位。他担任以下机构大学管理方面的顾问长达30年：经济合作与发展组织、联合国教科文组织国际教育规划所及欧盟委员会。他是欧洲大学战略管理中心的创始人之一。他的著作涉猎广泛，英国大学规划和管理的通用教科书即是其中之一。

赫伯特·C.麦克格瑞格(Herbert C. Macgregor)，英国人，在苏格兰出生和接受教育，莱斯特大学动物学荣誉教授，埃克塞特大学生物科学学院客座教授。他的研究领域和出版的著作集中在动物细胞遗传学和染色体的基因序列排列方面，尤其关注两栖动物和鸟类的基因序列排列。他是《染色体研究》杂志的编辑。

斯图亚特·门罗(Stuart Monro)，英国人，1947年出生于苏格兰的阿伯丁。他是爱丁堡的一个面向普通公众传播地球和环境知识的中心——"我们多变的地球"科学部门的负责人。1970至2005年，他曾任英国地质调查局的首席地质学家。目前，他担任苏格兰国家博物馆理事、爱丁堡国际科学艺术节非执行董事、爱丁堡大学评议会成员以及苏格兰科学咨询委员会的无党派联合主席。2007年，他获得大英帝国勋章。

盖伊·尼夫(Guy Neave)，英国人，1941年出生于汉普郡的林登赫斯特。他目前是荷兰特文特大学高等教育政策中心的荣誉教授，是设在葡萄牙马托西纽什的高级学习政策研究中心（CIPES）的首席研究员。他是一名受过系统训练的历史学家，已经出版或主编了约30部有关比较高等教育政策的著作，并且是《高等教育百科全书》和《教育大百科全书》的主编之一。他曾担任《高等教育政策》杂志的编辑达18年之久，并曾任欧洲院校研究协会的主席。他是美国国家教育科学院外籍院士。1990年起，他大部分时间都住在巴黎附近的圣日耳曼昂莱。

谢尔登·罗斯布拉特（Sheldon Rothblatt），美国人，1934年出生于加利福尼亚的洛杉矶。他是美国加利福尼亚大学伯克利分校的历史学荣誉退休教授，并一度担任过该校的高等教育研究中心主任。瑞典歌德堡大学授予他名誉学位。除了在美国的大学任教之外，他还曾在澳大利亚、奥地利、瑞典和挪威的多所大学从事教学工作。他是英国皇家历史协会院士、瑞典皇家科学协会的外籍会员以及美国国家教育科学院的会员。他的学术出版物主要集中在对大学史的比较研究方面，并被翻译成意大利文、西班牙文、瑞典文和日文等多种文字。他还是数个杂志的编委会成员。

瓦尔特·吕埃格（Walter Rüegg），瑞士人，1918年出生于苏黎世。1973至1986年在伯尔尼的几所大学里担任社会学教授，1961至1973年在德国美因河畔的法兰克福大学任社会学教授，并在1965至1970年间担任法兰克福大学的校长，1967至1968年担任德国西部大学校长会议主席，1976至1978年任社会科学协会国际联盟的首任主席。他著作颇丰，主要集中在人文主义、历史社会学以及高等教育史等领域。

简·萨德拉克（Jan Sadlak），波兰/加拿大人，1945年出生，波兰华沙社会科学和人文科学学院（SWPS）副院长。他还是位于罗马尼亚克卢日-纳波卡的贝伯兹-波尔约大学在欧洲研究方面的客座教授，是联合国教科文组织高等教育研究欧洲中心的前任主席。他著作颇丰，涵盖的领域包括高等教育及科学政策的改革和变革进程、博士研究的组织和学术资格、私立高等教育、学术成就及排行，以及高等教育和学术价值的伦理维度等。罗马尼亚、俄罗斯联邦及乌克兰的几所知名大学共授予他六个荣誉博士学位。

乌尔利希·泰希勒（Ulrich Teichler），德国人，出生于1942年，卡塞尔大学高等教育国际研究中心教授、前任主任。他出版了大量学术著作，主要涵盖高等教育与职业领域、高等教育体系以及高等教育国际化等领域。他是欧洲科学院及国际教育学会成员，并曾担任高等教育研究者联盟以及高等教育管理专业人员协会的主席。

雅克·韦尔热(Jacques Verger)，法国人，1943 年出生于波尔多附近的塔朗斯。他是巴黎第四索邦大学中世纪史教授，巴黎高等研究实践学院第四系研究主任，是杰出的中世纪研究专家。他的几部著作都关注智力和文化世界，特别是中世纪大学，被翻译成好几种文字。

路易斯·沃斯(Louis Vos)，比利时人，1945 年出生，鲁汶天主教大学文学院历史教授。他曾在美国宾夕法尼亚大学和荷兰内梅亨大学担任客座教授。他教授的科目是当代欧洲史和波兰史。他出版的著作和发表的文章集中在学生运动史、青年人协会以及比利时民族主义等专题。

克里斯托弗·沃森(Christopher Watson)，英国人，1937 年出生于爱丁堡。1968 年至 2002 年任牛津大学默顿学院院士，2002 年起任牛津大学默顿学院荣誉院士。与此同时，他还在英国原子能局(后来更名为英国原子能技术局)工作，起初他从事等离子物理研究和受控核聚变研究，后来则从事天然气技术与核机器人学研究与发展的管理工作。他是位于英国牛津郡卡勒姆科学中心的欧洲联合实验环项目国际创建团队中的一员，近期他投身于帮助俄罗斯核武器科学家向民用方向转变的英国投资项目中。他出版了几部有关科学史的著作。

约翰·齐曼†(John Ziman，1925—2005)，英国人，出生于剑桥，但在新西兰长大。他在牛津上大学，毕业后先在剑桥做讲师，然后于 1964 年成为布里斯托尔大学理论物理学教授。他对于固态金属和液态金属的电学性质和磁性性质展开的卓越研究，使他在 1967 年入选英国皇家科学院。1982 年，他自愿从布里斯托尔大学提前退休，接着在伦敦帝国理工学院做了几年客座教授。1986 年到 1991 年，他担任科学政策促进会(Science Policy Support Group)的首任主任。1976 至 1990 年，他一直担任科学与社会委员会(Council for Science and Society)的主席，撰写了大量有关科学与技术的社会联系诸方面的著作。

读者指南

本套丛书尽管是由专家们编撰的，但却面向一般读者。因此，各章所附的注释和精选文献都尽量精简。这些注释要么是引文出处（一般是与该主题相关的最主要或最新的资料），要么是一些量化的数据或用以解释某个问题的两种阐释之间的区别。每一章后面都有一份精选文献。这些文献并不是详尽无遗的，目的只是鼓励进一步的阅读。读者可在书内引注中找到更完整的参考文献书目。由于有关这一时期的一些知名著作在几章中都被引用，所以在注释中采用这些著作题目的缩写形式。本书注释文献缩写表见下页。另外，读者在第二章（“模式”）末，可以看到一份更为综合性的参考文献，这是因为这一章讨论的主题涉及本卷时期内的大学的存在形式和性质。为了避免各章之间不必要的重复，编者们相互参照其他章节的内容及注释，从而告知读者关于某一主题可以在本卷其他地方找到更丰富的信息（也可参考“主题索引”）。全书均采用标准英语专有名词写法，必要的时候，通过在“人名索引”中相互参照，也会采取一种在欧洲大陆更为常用的表达形式。

注释文献缩写

Clark and Neave, *Encyclopedia Ⅰ*

B. R. Clark and G. Neave (eds.), *The Encyclopedia of Higher Education*, vol.Ⅰ: *National Systems of Higher Education* (Oxford, 1992).

Clark and Neave, *Encyclopedia Ⅱ*

B. R. Clark and G. Neave (eds.), *The Encyclopedia of Higher Education*, vol. Ⅱ: *Analytical Perspectives* (Oxford, 1992).

Clark and Neave, Encyclopedia Ⅲ

B. R. Clark and G. Neave (eds.), *The Encyclopedia of Higher Education*, vol. Ⅲ: *Analytical Perspectives* (Oxford, 1992).

Clark and Neave, Encyclopedia Ⅳ

B. R. Clark and G. Neave (eds.), *The Encyclopedia of Higher Education*, vol. Ⅳ: *Academic Disciplines and Indexes* (Oxford, 1992).

Jílek, Historical Compendium

L. Jílek (ed.), *Historical Compendium of European Universities/ Répertoire historique des universités européennes* (Geneva, 1984).

前　言

总主编　瓦尔特·吕埃格

本卷是《欧洲大学史》的第四卷，也是最后一卷。本书由欧洲大学校长常设会议策划。在本书的“尾声”部分，前秘书长安德里斯·巴布兰叙述了本项目是如何发起的，并从一位一直研究欧洲大学问题的学者的角度，提出了他从整部《欧洲大学史》中所得出的一些结论。

1983年秋天，欧洲大学校长常设会议详细阐明目标之后，将本项目的实施委托一个国际性的编辑委员会。该委员会认定：一部以欧洲为中心的现代大学史不应简单地按照国别、大学类型、著名大学以及学术运动来组织，而是应该根据最新的研究成果，在全欧洲比较的视角下，对每所大学自其成立至二战后的社会环境和任务、结构和功能，以及领导人物和活动进行概述。正是基于这一理念，从1992年到2004年，我们出版了《欧洲大学史》的前三卷。这三卷涵盖的时间段从大学史的角度基本上符合逻辑，分别是中世纪、近代早期及1800至1945年这一时期。前三卷涵盖的时期不同，但是每卷的章节主题结构却是相同的。各卷的“尾声”中都简单概述了接下来一个时期的变革。此外，第二卷的“传统与变革”一章中还展示了从中世纪到近代早期大学的缓慢变迁。

《欧洲大学史》第一卷各章采用了在全欧洲范围内进行比较的研究范式，从而最大限度地降低了写作难度。之所以采用这样的写法，不仅是因为中世纪时期大学的地理分布主要集中在隶属于罗马教廷的欧洲地区，更主要的原因是，中世纪史的研究者们也往往都是以欧洲为视角展开研究的。《欧洲大学史》第四卷的有些章节，仍然保留了这一写作手法。如在“学习”这一主题下的几章中，所讨论的内容都不局限于某个国家范围。在其他一些章节中，尽管来自不同国家的编写者都在这方面做了极为出色的工作，但就内容而言，这些章节更多呈现的是作者所关注的国家性（实际上是地方性）的内容。

早在本项目筹备阶段，欧洲大学校长常设会议就已经在不同的国家建立起通讯员网络，这些通讯员有助于在编写的过程中进行欧洲范围内的比较。这一通讯员网络借助收集资料而通过了对其首次主要的考验：欧洲大学校长常设会议在1984年出版了《欧洲大学史纲》，该著作成为本项目的一个主要参考书。① 后来，这些来自不同国家的通讯员按照各个作者的具体安排，就他们所在的大学体系的特殊性来收集资料，他们的工作为形成一个更完善的欧洲视角添砖加瓦。

因此，编委会试图从广泛的欧洲文化传统领域中为每卷的各章寻找合适的作者，使得每卷的主题得以从整个欧洲的角度来进行比较。为了向这些作者介绍这一比较方式，在每卷的写作过程中，所有的作者都受邀参加两到三次的专题研讨会，研讨会的主办方是那些著名的欧洲新老大学：从博洛尼亚大学、牛津大学到波鸿大学，从萨拉曼卡大学、科布英拉大学到根特大学。在首次专题研讨会上，作者与编辑就以编委会提出的指导原则为基础，就各章中作者提出的概念进行了深入的讨论。第二次和第三次专题研讨会则对作者们拿出的初稿进行了讨论。这就形成了一个

① Jílek, *Historical Compendium*.

学习进程，这个学习进程不仅促进了本套丛书不同章节的欧洲视角的形成，还使得我们的合作者在有关现代欧洲大学历史的各种会议和出版物上进一步介绍这一视角。②

第四卷的十五个章节及一篇“尾声”由一名东欧学者、一名讲法语的瑞士学者、两名讲佛兰德语的比利时学者、四名讲德语的学者以及十名母语为英语的学者共同完成。母语为英语的学者占整个作者构成的大多数，这反映出自 1945 年以来他们所在的大学扮演的领导角色。1985 年，英国副校长委员会把企业型管理的美国大学模式引进欧洲。在第四章“管理与资源”中，苏塞克斯大学的例子清晰地表明了这一革命性的变革，其后，全欧洲的大学机构都实施了这种变革。第二章和第三章阐释了大学之所以都不由自主地走向这种自治状态的原因。第一章的结语部分讨论了实行自治的欧洲大学在经历了几十年的财政赤字之后，被迫向已经实践了几百年自治的美国大学学习。以上的例子说明，有时候对某个主题的探讨在多章中均只能以欧洲视角来开展。③

第四编的标题是“学术”，在这一标题之下，编者的设计意图本是展现不同学科领域内研究了什么、发现了什么以及教了什么，但是，这一部分却提出了一个特殊的问题。在前面几卷中，向学术史和知识史的延伸相对容易。然而，第四卷却并非如此。现代科学及其应用所涵盖的范围非常广泛，技术上的要求非常高，大学在科学发展中的作用也非常巨大，在本项目这样的著作中恰当地评述这些问题会面临困难。不过，遭受最严重战争创伤的欧洲各国在战后重建过程中也面临着类似的问题，包括它们要适应美国在所有自然科学和技术方面占据主导地位的情形。上述事实揭示出我们所采取的方式过于简单。

于是，正如约翰·齐曼在有关精密科学那一章中所谈到的那样，与详

---

② A. Romano and J. Verger, *I poteri politici e il mondo universitario (XIII-XX secolo)*, *Attidel Convegno Internazionale di Madrid 28-30 Agosto 1990* (Soveria Mannelli, 1994); M. Peset (ed.), *Aulas y Saberes*, *VI Congreso Internacional de Historia de las Universidades Hispánicas* (Valencia, 1999); R. C. Schwinges (ed.), *Veröffentlichungen der Gesellschaft für Universitäts-und Wissenschaftsgeschichte* (Basel, 1999ff.).

③ 因此(本书)附有详细的“主题索引”。

细叙述科学成就相比，我们更强调科学政策的作用。有时，由于这些科学方针带来的诸多成功，一种歌功颂德的论调悄然出现，赫伯特·C. 麦格雷戈在关于生物科学的那部分谈到了这一点。然而，我们使各章宛如那些在科学领域中工作过的经验丰富的人的发言，他们对本卷所涉及的大部分时间范围内的科学发展，不仅提出深思熟虑的意见，还就科学发展的未来提出建议。这些贡献的价值不仅是基本层次的，亦是深层次的。

有关科学、医学和技术这几章的作者都是英国人。虽然这并非一条既定编辑方针，但这一做法有一定的优势，这种优势可以抵消随之而来的强调英国经验的弊端。首先，它为诸多问题及其解决措施的提出提供了一定的统一性，它容许从宽泛的意义上来看待科学、技术和医学的教学。其次，由于英国作为联系二战后世界科学先驱美国与欧洲大陆之间的一个国家，它比欧洲大陆更早、更敏锐地感受到了来自美国的压力；加之由于它的基础设施在战争中没有遭到破坏，在新环境下，英国更直接、更公开地面临创新改革的问题。最后，在扩大学术性课程、增加科学和技术领域相对比例方面，英国取得了示范性的成果。我们的作者对他们认为合适的国家的相关状况也做了比较。

1988 年博洛尼亚大学举行“九百年校庆”时④，第四卷的研究撰写工作启动，首先做的就是制订计划和指导原则。启动时确定的各工作小组成员和作者于 1991 年和 1992 年分别在博洛尼亚和根特集合，欧洲大学地理分布图不再以“铁幕”来划分。第三章“与当局的关系”对比了苏联大学模式与西欧大学模式，相关的内容通过二战后德国领土上的各占领势力的分析已经进行过论述，在此由一位谙熟中欧和东欧大学的作者进一步阐述。在其他几章中，我们也要求作者在可能和适合的地方都要拓宽其欧洲视角。此外，对本卷涵盖内容的截止时间的要求也不是一个时间点，而是扩展为从 1990 年到 1995 年的时间段内。

第三卷延迟至 2004 年才面世，因此，我们也要求第四卷的作者根据当前的研究状况继续修改他们的初稿。有些作者认为有必要将 1995 年之后的大学发展情况也简要纳入本卷。撰写“医学”这章的约翰·埃利斯于

④ 有关 1088 年“建校”日期的进一步信息，见第一卷第 24—26、58—60 页。

1998年去世，约翰·齐曼也未来得及完成他负责的“数学、精密科学”一章的修改，于2005年初离世。

在2005年6月召开的第十九次会议上，编委会复查和修改了书稿，并就书稿的英文版本将具体的编辑任务分派给各参与人。我们尤其要感谢约翰·海尔布伦，他同意承担“学术”部分有关科学的几章的编辑工作，并愿意在由已故作者撰写的那些章节中多下功夫。他及编委会一致同意将这些章节以原作者个人成果的形式来呈现。

前几卷都会附上一份关于本卷讨论时期内存在的大学的年代目录。在第三卷里还补充了具有大学地位的专门学院和应用科学类大学的年代目录。到了第四卷，由于学院和大学数目巨大，再做这样一份年代目录已经不可能了。然而，在最后一次会议上编委会认为，按照年代顺序列出1945至1995年间各国创建的大学还是有助于读者的理解。欧洲大学校长常设会议的继任机构欧洲大学协会(EUA)诚恳地请求各国的大学校长会议提供相应的资料。主编则根据2005/2006年世界高等教育数据库将一些缺失的数据补齐。正像在前面几卷中那样(其实也就像在大多数发达国家中那样)，大学往往被界定为由政府赋予博士学位授予权的机构，这种定义很自然地认为在科研基础上进行教学是大学运行的先决条件。

在各国通讯员中，格拉茨的沃尔特·霍夫兹纳及圣彼得堡的科马罗夫对他们分别参与的章节贡献最大。我们还非常感谢每位作者都非常耐心和认真地修改自己的稿件。安德里斯·巴布兰和艾莉森·勃朗宁作为编委会中最年轻的两位，在第四卷的筹备工作中尤为积极投入。在这项工程的酝酿和实施阶段，他们两位分别担任欧洲大学校长常设会议的秘书长和副秘书长，都以极大的热情参与这项工作的始终。他们一定会非常高兴地看到，不仅是欧洲大学校长常设会议最初定下来出版的英文版和德文版获得了广泛好评，前几卷的葡萄牙文版和西班牙文版已经面世，翻译成俄文和中文的工作也正在进行。

在前几卷中，我们都不断指出研究基础上的差别，这样做非常有必要。对第四卷来说，也是如此。我们重新检视整卷内容时发现，在“学术”这一编，我们强调的是在各卷所涉及的各个时期内给予大学特性的那些科目。这样，在前三卷中，神学和人文学科获得特别关注，并且尤其强调人文主义和人文学科地位的提高。在本卷所涉及的时期内，则是由自然科学定调和定方向，社会科学紧随其后。我们涉及的范围包括作为一门社会科学的历史学，不再包括宗教学和人文学科。后者作为学术学科自1945年之后经历了诸多重大变革，由于受到科学、工程学和商学的冲击，它们在当代大学中的地位不断降低。也许，我们的后继者会受到启发去考察各学科领域教学的最新发展状况，并以此来说服出版商策划第五卷。⑤

尽管它存在诸多不足，我们还是希望，《欧洲大学史》这套书，通过介绍和分析构成这一历史的各种条件和发展状况，不仅能够激发进一步的研究，还能够有助于更好地理解全球化条件下大学的目标和使命。

⑤ 有关人文学科的教学情况，见第八章“教育”(原文如此。疑应为第七章“课程、学生与教育”——译者注)。

鸣　谢

《欧洲大学史》的筹备工作受到来自荷兰、德国、葡萄牙、瑞典、西班牙和瑞士的基金会和赞助商的慷慨支持，包括荷兰阿姆斯特丹的欧洲文化基金会、德国科隆的弗里茨-蒂森基金会、德国圣奥古斯丁的康拉德-阿登纳基金会、德国斯图加特的罗伯特博世基金会、德国埃森的德国科学基金会、埃森的德意志银行捐赠基金会、德国汉诺威大众汽车基金会、葡萄牙高等教育部部长、葡萄牙里斯本的国家科学研究院和卡路士第·古本基安基金会、西班牙马德里的阿雷塞斯-阿蒙基金会、葡萄牙波尔图的安东尼奥-阿尔梅达基金会、瑞典斯德哥尔摩的瑞典银行三百年基金、瑞士苏黎世的瑞士信贷、瑞士巴塞尔的罗氏公司、瑞士苏黎世的阿尔皮纳禧保险公司基金会、瑞士伯尔尼大学的马克斯-艾萨啤酒布拉万达基金、瑞士沃韦的雀巢公司以及瑞士伯尔尼的瑞士国家科研发展科学基金会。

在第二卷列出的那些各国通讯员中，格兰茨的沃尔特·霍夫兹纳和圣彼得堡的格里戈里·蒂史金在给予第四卷一种“欧洲的”维度方面贡献良多。对其他同事的帮助与支持的感谢会出现在相关章节中。

继前几卷之后，比利时根特大学的约翰·汉瑟勒继续承担了系统整理本卷的人名、脚注和版面格式的工作。他还列出了人名索引，并在希尔德·德·里德-西蒙斯的协助下，列出第一卷、第二卷和第三卷的主题索引。我们非常感谢他在整个项目进行过程中所做的细致、智慧的工作。我们也非常感谢本项目所获得的所有资金方面和学术方面的支持。

我们感谢本项目各次大会和研讨会的主办大学，特别是伯尔尼大学、萨拉曼卡大学、科英布拉大学、艾希施达特天主教大学、牛津大学、波鸿大学、博洛尼亚大学和根特大学。最为重要的是，我们要感谢欧洲大学校长常设会议及其继任机构欧洲大学协会的无价帮助。最后但同样重要的是，我们要感谢所有作者、资助商和出版商对本丛书的出版长时间延期所表现出的耐心和理解。

第一编 主题与模式

第一章 主 题

瓦尔特·吕埃格

导 言

二战给欧洲大部分地区的大学都造成了非常严重的破坏。得以幸免的地区为伊比利亚半岛上的西班牙和葡萄牙、斯堪的纳维亚半岛上的瑞典以及中欧的瑞士。受破坏最严重的则是东欧,这里的大学几乎被占领者完全破坏。中欧和西欧的情况也差不多,德国的占领与同盟国的解放使这里的许多大学几乎成为废墟。50 年之后,欧洲的大学才得以复兴和发展。1945 年全欧洲正式注册的大学有 201 所,50 年后这个数字又增加了 600。由于战后许多年轻男女纷纷进入大学,大学的注册人数增加了五倍。这些学生学习的科目中,许多都是 1945 年的各大学所没有的。大学在这一时期的成功发展,正是本卷的主题,而本卷也是我们这部《欧洲大学史》丛书的最后一卷。

本卷独特性由三个主题共同构成。第一个主题是改革理念，它自大学成立之初就是大学的基本要素；第二个主题是象牙塔的倒塌，起自 20 世纪 80 年代的各种有关大学的改革以及大学与公众领域的相互作用，被认为是导致象牙塔倒塌的主要原因；第三个主题是欧洲大学的地方化，欧洲大学失去了其在研究和教学方面的世界主导地位。第二卷和第三卷中都有一章专门讨论其他大陆对欧洲大学模式的学习和采纳。本卷则不会再讨论这个内容。在主要由美国划定的全球大学版图上，欧洲本身变成了
3 一个区域，当然依旧是比较重要的一个区域。在全球大学版图上，先是英国大学模式，接着是德国大学模式，各自经历了一个独立的发展阶段。到了 20 世纪 90 年代，在重新统一的欧洲，主导大学基础改革的则是美国大学模式。在《欧洲大学史》的最后一卷中，有必要把这些变革纳入分析的视角。

为了更好而改革[①]

1215 年颁布的世界上最早的大学法令将巴黎的学校的持续改善作为其目标。“改革”(*reformatio*)一词不仅指一所被解散了的大学的重建，而且意味着以大学章程的方式重申原来的章程、原则和规范。意大利城邦中负责大学的官员们往往被称作“学院改革派”(*reformatores studii*)。自 10 世纪起，“改革”一词从其最初作为“恢复”的含义开始用在对于修道院的描述上。而当这个词用在跟大学有关的事物上时，从一开始就表明大学的任务在于建立独特的形式，实现潜在的柏拉图式理念，达到亚里士多德式的圆满。

在大学的新生和公众的眼里，这一形式是当权者的象征。最初的大学往往将其创建者认定为遥远的过去的某个人。巴黎大学的创建者是查理大帝，牛津大学的创建者是英国国王阿尔弗雷德大帝，博洛尼亚大学则虚构出一份创建文献。根据该文献，曾在缔造罗马法中做出了突出贡献

① 第一卷第 28—34 页(吕埃格，“主题”)。

的古典晚期的狄奥多西二世给予博洛尼亚大学教授法学的权力。②

之后，由教皇、皇帝或国王授权创建的大学，往往采取 1200 年左右创建的那两所大学——巴黎大学和博洛尼亚大学其中之一的模式。这两类大学的区别在于其是由学生管理的或是由教师管理的，以及大学包括的学院数目。渐渐地，包括四个学院的地方性大学出现了。这四个学院是在文科和哲学提供普通教育的文学院或哲学院，以及另外三个高级学院，分别培养神学家、律师和医生。“为了更好而改革”(*reformatio in melius*)，借由学士、硕士(或执教资格)、博士之间的不同等级，以及规定的教学方案和方法，阐释了院系组织与学习结构的均匀性。 4

改革在大学章程上被给予了具体形式。大学成员的行为受到各种具体的准则和禁止条款的规范，目的是避免大学成员与普通民众之间产生摩擦，并确保大学能够尽可能有效地圆满实现其目的。在准则上列出的各项具体规定体现出了大学价值观，该价值观与学者的理想联系在一起，并以宣讲和辩论的形式公开地和隐性地加以表达。除了对学习的热爱、学术诚信、广博的知识以及思想的纯净之外，还包括其他一些美德，诸如谦虚、对学生的幸福给予父亲般的关心、学院内的团结、对大学的忠诚，以及不仅服从大学的官员，还要服从对大学进行资助的教会和世俗人士。③

这一新兴的学术特质有以下七个方面的基本特征。正是这些基本特征，使得“对学习的热爱”这一美德及其在大学中的实践获得了宗教上的合法性。④

第一，正是由于相信人类理性可以认识世界秩序，才能够进行学术研究，而学术研究就是为了洞悉上帝创造物中所蕴含的理性秩序。

---

② 约在 1888 年前后，博洛尼亚大学，这所欧洲最古老的大学为举办校庆，将其建校时间确定为 1088 年；cf. vol. Ⅰ，24f.

③ A. L. Gabriel，‘The ldeal Master of the Medieval University’，*The Catholic Historical Review*，9 (1974)，1-40；G. Lebras，‘*Velut splendor firmamenti*. Le docteur dans le droit de l’église médiévale’，in *Mélanges offerts à Etienne Gilson* (Toronto and Paris，1959)，373-388；J. Leclerq，‘L’idéal du théologien au moyen-âge，textes inédits’，*Revue des sciences religieuses*，21 (1947)，121-148.

④ W. Rüegg，‘The Academic Ethos’，*Minerva*，24 (1986)，393-412；cf. A. B. Cobban，*The Medieval Universities：Their Development and Organisation* (London，1975)，13ff.

第二，认为人类是不完美的古典观点、犹太—基督教关于人一出生就陷入罪恶的观点，以及与其有联系的认为人类智慧有限的观点，一方面成为学术批评和学院合作的原动力，另一方面构成了将诸如谦虚、谨慎、尊重和自我批评的普遍伦理价值观转化为大学学者的理念的基础。

第三，将人类个体看作是宏观世界的映像或是上帝的形象的反映，构成了逐步出现的学术研究自由和教学自由的基础。

第四，将绝对真理设定为探索知识的目标，这要求引进基本的规则，这些规则涉及分享资料、用普遍接受的批判性审查的方式审视观点、在学术研究及其研究成果的程序方面服从公共性等方面。

第五，愿意通过接受令人信服的成就而增进个人的知识，这类令人信服的成就来源多样，如被重新挖掘的罗马法或阿拉伯医学和科学知识等。
5 这样，从大学成立之初就存在着统一的特定价值观，该价值观经历了几个世纪的发展后具有了社会革命性力量：判断知识的基础，是知识的价值，而不是其来源；完成这一任务的成员之间是平等和团结的。尽管不少现代社会历史学著作强调大学中的社会不平等性，然而在对学术知识的追求和传播上，这种社会不平等性完全消失了，至少在原则上是如此。

第六，受益于将学术研究理解为一种公益事业，并按照宗教的说法理解为上帝的一个礼物，大学被看作是一个开放的机构，这与行会及一些地区性的机构不同。大学接纳每一位具有学习能力的自由的基督徒。在大学里，利用知识获利的兴趣不像在大学之外那么浓厚。

第七，改革对规定作者和思想体系给予了极大的关注，但也并不是对它们不加辨别地加以接受。在这些改革措施被采纳为教育的基础之前，往往会被从逻辑上进行仔细审查。在中世纪，作为知识累积过程的学术研究，正是建立在为了更好而改革的基础之上的。

学术研究照亮了世界，这一事实同时也导向人遵从上帝及作为上帝仆从的皇帝。1155 年，德皇腓特烈一世颁布保护外国教师和学者的法令，进一步加强了这一点。⑤

---

⑤ W. Stelzer，'Zum Scholarenprivileg Friedrich Barbarossas (Authentica "Habita")'，*Deutsches Archiv für Erforschung des Mittelalters*，34 (1978)，123-145.

学生最早在13岁的时候注册入大学，每位学生都会找到一位导师指导其学习和生活。此时，学生们就开始践行对权威的遵从了。学生的学术遵从体现在他们听教师讲解和分析规定的文献篇章，并背诵这些篇章，还在班上进行复述。经过三到四年的语法、逻辑和修辞方面的基础学习，学生就会以学士的身份毕业。毕业之后，他既可以从事非专业的学术性工作，如担任市镇的书记员或公证员，也可以在导师的指导下，继续学习和接受教育以获得教师资格，学习的内容包括四种普通数学类文科（算术、几何、音乐和天文学）和三种哲学类学科（物理学、伦理学和形而上学）。经过四年的学习之后，学生可以申请参加硕士考试，以获得被普遍认为是教学资格的教师资格证。通过硕士考试的文学院学生中，只有少数人继续学习四到八年，以获得医学院、法学院或神学院的执业证书。不论是硕士 6
证书还是执业证书的执有人，都可以获得博士学位，不用参加任何额外的考试，只需缴纳较大数额的学费。

然而，早在中世纪时，大学的学习就已经区分为学士、硕士或执业证这两种水平。这两类水平的学习在盎格鲁-撒克逊高等教育体系中都保留了下来。譬如在法国，学士（*Baccalauréat*）是中学毕业考试之后授予的，因而它也被看作是大学考试的最低级形式。今天我们强烈反对的高辍学率，在中世纪则是常事。进入大学的学生中，大多数都没有参加昂贵的考试就辍学了。在越来越以金钱和书信交流能力为主导的领域里，这些学生虽然没有学术毕业资格，但是，依靠他们在大学期间自主学习获得的一些智力技能，也可以发展得很好。举例来说，一个意大利的城市行政机关，聘用法官的资格也许仅是拥有一本《法典》（*Corpus iuris*）而已。

在中世纪，大学的社会功能在于传播知识和方法。1200至1600年间，政治、教会、法律、医学和教育领域内社会不确定性盛行，大学所传播的这些学术知识和方法对于减少理性方面的不确定性来说十分必要。大学教授确保知识确定性的方式有两个：一个是在辩论过程中指出教义本身的矛盾或教义与实际生活经验之间的矛盾；另一个则是以逻辑分析的方式来解决这种矛盾。学生参与辩证的辩论，是每个学院课程中的重要一环。

这种教育方法与亚里士多德式和修道院式“沉思的生活”（*vita cont-*

emplativa)的目标一致。自 14 世纪起，大学一直疲于应付这样的批评：大学主要的任务是培养医生、律师和公共事业中的从业者，但是，大学的教育方法所关注的却不是人类个体及具体的问题。正因为如此，其他类型的高等教育机构应运而生。葡萄牙和西班牙创建了国立航海学校。精通某门学问的私人小团体或私人学院首先在意大利出现，接着蔓延到德国的埃尔福特、波兰的克拉科夫和俄罗斯的布丹。⑥ 印刷业的发展也为打破
7 中世纪大学在知识生产和传播方面的垄断做出了贡献。

人文主义和以对话形式展开的大学改革

仅仅几十年前，在学者们头脑中近代早期的大学处于衰落期，甚至昏睡期。1996 年面世的本书第二卷，则反对这一论断。⑦第二卷认为，与此相反，大学还对“科学革命”的蔓延贡献良多。⑧ 但是，大学不再局限于由层层凌驾于全欧洲的权力统治之下的一元化欧洲框架之内发挥作用，而是在一个无论是在宗教和政治上都分裂的欧洲，开始扮演着连接全欧智力精英的桥头堡的角色。

这些桥头堡建立的基础是人文学科，即对拥有相同文化背景的欧洲各国都适用的人文主义教育。这是欧洲大学的第二次改革，13 世纪那次改革则是第一次。不可否认的是，就课表来说，与以往不同的仅仅是增加了历史学和希腊语，同时强调修辞学和道德哲学。但是，比学习的具体内容方面的差异更为重要的，则是各个学院学习方向方面的差异。

与此类似，正如尖塔高耸的哥特式大教堂被文艺复兴和强调水平角度的巴洛克式教堂所取代，大学学习的目标也不再是培养那些处于各级科学之塔上以观看世界全景的学者了，而是培养绅士、诚实的人、开明的国家仆从和公民，这些人通过“与过去那些博学人士进行对话而获得其思

---

⑥ T. Klaniczay, ‘Das Contubernium des Johannes Vitéz. Die erste ungarische “Akademie”’, in K. Benda *et al*. (eds.), *Forschungen çüber Siebenbürgen und seine Nachbarn*, *Festschrift für Attila T. Szabóund Zsigmond Jakó* (Munich, 1988), 227-243.

⑦ 第二卷第 xxi 页(吕埃格，“前言”)。

⑧ 第二卷第 531—562 页(波特，“科学革命”)。

想精髓"的方式进行自我教育。正是在这些话语中,⑨笛卡尔提出了其结构性对话的原则,意大利的人文主义者则以这一原则开启了一条通往古典世界的新道路。⑩ 对于数学家笛卡尔和其他科学家来说,在其他学术著作中也一再阐述的这一对话结构,不仅改变了欧洲精英教育的基础,而且改变了学术研究概念本身。然而,纵观整个中世纪,学者就好像坐在巨人肩膀上的矮子,只有靠坐在巨人肩膀上才能看得远些,⑪与过去的伟大人 8
物之间的人文主义对话,使得学者能够开始在更高的领域探索,以期发现新世界。1620 年,弗朗西斯·培根在其《伟大的复兴》(*Instauratio magna*)一书扉页上对这一新世界给予了说明和评论。⑫

社会精英们在研究史料的时候,越来越依赖于书面形式的商业和通信交往,这就保持了与传统学问的权威之间的对话。在这一过程中,他们提出意见的时候,不再主要靠规则和教义,而是靠在多大程度上能够说服对方。当时,私人之间的信件往来作为一种对话形式,学者们在写信的时候就考虑到将来要发表,于是,这些信件超越了宗教界限和政治界限,将欧洲的学者之间以及政治精英之间联系了起来。它使得某些新思想得以在全欧范围内传播和讨论。1665 年,巴黎皇家科学院创办的《学者杂志》(*Journal des sçavans*)和英国皇家科学院创办的《哲学会刊》(*Philosophical Transactions*)都承担了这一联系功能。

在这种人文主义对话中,陌生人被看作是对话交流中的一个伙伴乃至一位朋友,这种对话最主要的功能在被称为"法兰西学院之父"的纪尧姆·比代于 1518 年 10 月写给瑞士人文主义者瓦狄亚努斯的一封信中体现得淋漓尽致。当时,他们之间由于一本书上的题词而建立起来的友谊,并没有由于法国和瑞士联邦之间发生了战争而受到损害,这是因为"哪个拥有人文主义价值情怀的人,会因为其所在国家厌弃了和平、想尝试一下

---

⑨ G. Lanson, *Histoire de la littérature française*, 12th edn (Paris 1912), viii.

⑩ 此处及其后内容参见:W. Rüegg, 'Die Funktion des Humanismus für die Bildung politischer Eliten', in W. Ludwig and G. Huber-Rebenich (eds.), *Humanismus in Erfurt* (Rudolstadt, 2002), 13-32.

⑪ John of Salisbury, *Metalogicon Ⅲ*, 4, ed. C. C. Ⅰ. Webb (Oxford, 1929), 136. Cf. R. K. Merton, *On the Shoulders of Giants: A Shandean Postscript* (New York, 1965).

⑫ 第二卷第 6、16 页(吕埃格,"主题")。

战争的味道的政府，而背弃自己在国外找到的朋友？”⑬。鹿特丹的伊拉斯谟也是持这种态度的典范，这种态度让我们能够理解为什么统一的教会瓦解之后，欧洲的大学却依然得以保留。

然而，大学并不是作为唯一的、包罗万象的高等教育机构而保留下来的。普通教育的承担机构，完全地或至少在一定程度上由原来的文学院转移到了大学内的住宿制学院，或是大学外的学校、预科学校、学园。在英格兰，大学继续发挥其作为组织学术学位考试机构的作用，而大学外的那些机构则既提供进入大学学习的预备教育，也为学生直接承担社会角色
9 做准备。人文主义教育在社会融合方面发挥的作用如此成功，以至于卢梭在 1772 年宣布：“将来，不会再有法国人、德国人、西班牙人或是英国人，而只有欧洲人。这些人都是以同样的方式塑造的。”⑭

学术研究同样冲破了大学的界限。通常被称作学会的科学团体，不论是由于其创始人的意见，还是由于其后来的领头人的创新，都将大学的学者和科学家与学术职业从业人员、非专业人员联系在一起。这些人因此共同讨论，推动实现学术发现的步伐。

除了苏格兰、意大利、德国和荷兰的一些著名大学以现代化的课程引领启蒙运动之外，推动“积极生活”(*vita activa*)和面向社会的教育的人文主义在 17 和 18 世纪衰退了，走向了被莫里哀和莫扎特所鲜明讽刺的毫无意义的迂腐和卖弄学问。法国大革命终结了大学及其他一些中世纪机构，并实施最激进的改革，用新形式取代过时的形式，这根本不足为奇。

大革命时期法国关闭了全部 22 所大学，代之以位于 12 个最大城市里

---

⑬ *Vadianische Briefsammlung*, vol. Ⅶ: *Ergänzungsband* (St Gallen, 1913), 9. Text based on the original corrected by W. Rüegg, ‘Humanistische Elitenbildung in der Eidgenossenschaft zur Zeit der Renaissance’, in G. Kauffmann (ed.), *Die Renaissance im Blick der Nationen Europas*, Wolfenbütteler Abhandlungen zur Renaissanceforschung, 9 (Wiesbaden, 1991), 133.

⑭ J.-J. Rousseau, *Considérations sur le gouvernement de Pologne et sur sa réformation projetée* (ed. J. Fabre), *Oeuvres complètes* (ed. B. Gagnebin and M. Raymond), vol. Ⅲ (Paris, 1964), 960. Originally the quotation was erroneously attributed to Voltaire (e.g. in O. Dann and J. Dinwiddy (eds.), *Nationalism in the Age of the French Revolution* (London and Ronceverte 1988), 14); this was corrected by Charles Wirz, curator at the Institut et Musée Voltaire in Geneva.

的技术学院、大学校和医学院、法学院。后来，重新建立了法兰西文学院和法兰西科学院，用来管理学士学位考试、培训中学教师以及培养公共教育讲座的主持人。在其他一些国家里，大学也消失了。在整个欧洲，1789 年共有 143 所大学，到了 1815 年，减少了约 60 所。⑮ 这一方针与启蒙运动的思路是一致的，启蒙运动期望将高等教育导向服务于传播实践知识，因为正是实践知识服务于公共事业；启蒙运动还期望建立职业学校。这样，从西班牙到俄国，不论政府是大是小，都纷纷创建为培养本国军事人才和政治人才服务的高等教育机构。1801 年，普鲁士国王明确要求两年前在柏林创建的建筑学院“应该培养建筑师而不是教授”⑯。与中世纪时一样，培养大学教师仍旧被看作是大学的基本任务。在这种情况下，尤其引人注目的是普鲁士的大学不仅存活了下来，而且在 19 世纪和 20 世纪还逐渐 10
发展成为世界顶尖的高等教育机构。原因在于，德国人并没有在柏林设立一所原计划的“普通教育机构”，而是于 1810 年创建了一所以现代大学改革理念为基础的大学。

施莱尔马赫和洪堡对大学进行的自由主义改革

最终由拿破仑确定其形式的高等教育法国模式，行政组织方面以官僚主义管理为特征，具体表现为高等教育致力于培养高级国家文职人员和官员，学术职业领域处于政府的掌控之下。同样的官僚主义特征还体现在详尽规定课程和考试的内容、确保教学在政治上和宗教上的一致性以及用准军事纪律来规范教职人员的行为等方面。⑰ 通过精英选拔和专门化训练，这一模式在培养高素质的官员方面非常成功。

到了今天，对于发生在 19 世纪的“大学的非预期增长”，即使是法国的大学历史学家也是这样解释的：“借助于大学复兴现代化的方针，以 1810

---

⑮ 后续部分内容参见：第三卷，7ff.（吕埃格，“主题”）。

⑯ *Die Technische Hochschule zu Berlin 1799—1934. Festschrift* (Berlin, 1935), 39.

⑰ 第三卷，33ff.（查理，“模式”）。

年柏林大学的创办为代表,与威廉·冯·洪堡的名字联系在一起。”[18]在掌管普鲁士教育体系的十四个月里,身兼外交官和学者两种身份的威廉·冯·洪堡说服国王拒绝了法国模式,并且在柏林创建了一种现代大学模式。这一模式以神学家、哲学家弗里德里希·施莱尔马赫的自由主义提案为基础,洪堡还成功地从国王那里获得将这一现代大学模式付诸实施的财政支持。[19]

在施莱尔马赫和洪堡看来,学校是负责传播普遍接受的和直接实用的知识的地方。大学的任务是向世人演示如何发现知识,其主要途径是“向世人揭示所有知识赖以存在的基本原则,这样一来,人们向任何知识
11 领域进行探索的能力就会自我实现”。这样,在施莱尔马赫眼中,学习的主题就是“学习如何去学”。大学应该进行教学工作,以此唤醒“追求知识的理念和对理性最高程度的意识,并使之成为人类的一个指导原则”[20]。

对柏林大学的创建者们来说,处于追求学术知识的中心的自由,不仅意味着学习、教学和研究的自由,还意味着大学与政府和教会之间的关系上的自由。洪堡坚信,对大学来说,政府仅承担两种责任:“一是通过对教职人员的选拔确保大学拥有丰富的智力资源,一是保证大学教职人员开展工作的自由。”[21]

这一自由主义的模式并不像拿破仑倡导的“统制”(*dirigiste*)模式那么易于理解。在 1819 年学生示威运动之后通过的卡尔斯巴德决议中,言

⑱ A. Renaux, ‘Le rôle des institutions universitaires dans le développement d’une culture démocratique européenne’, in N. Sanz and S. Bergan (eds.), *Le patrimoine des universités européennes* (Strasbourg, 2002), 123-131, quotation 126; cf. W. Rüegg, ‘L’Europe des universités: tradition, fonction de pont européen, modernisation libérale’, *ibid.*, 39-48.

⑲ W. Rüegg, ‘Der Mythos der Humboldtschen Universität’, in M. Krieg and M. Rose (eds.), *Universitas in theologia-theologia in universitate: Festschrift für Hans Heinrich Schmid* (Zurich, 1997), 155-174. Cf. R. C. Schwinges (ed.), *Humboldt International: Der Export des deutschen Universitätsmodells im 19. und 20. Jahrhundert*, Veröffentlichungen der Gesellschaft für Universitäts-und Wissenschaftsgeschichte (GUW), 4 (Basel, 2001).

⑳ F. Schleiermacher, Gelegentliche Gedanken über Universitäten im deutschen Sinn: Nebst einem Anhangüber die neu zu errichtende (Berlin, 1808), 33f.

㉑ W. von Humboldt, ‘Über die innere und äußere Organisation der höheren wissenschaftlichen Anstalten in Berlin’, in *Werke in fünf Bänden*, vol. Ⅳ: *Schriften zur Politik und zum Bildungswesen* (ed. A. Flitner and K. Giel) (Darmstadt, 1964), 255-266, quotation 259.

论自由和出版自由成为牺牲品，直至1848年才得以恢复。学生通过参加研讨会和实验室工作的形式参与学术研究的做法，也没有得到迅速采纳。[22]

尽管如此，大学的自由主义改革还是占了上风。鉴于19世纪初的巴黎已经成为全世界学者和科学家心中的麦加，从1830年起，法国政府定期派遣观察员前往德国，以获得德国大学发展的最新资料。很多法国人、英国人，后来还有美国人都在德国的大学里面接受教育。到19世纪末期，他们把现代研究型大学的理念的制度化发展扩展到了全欧洲、美国和日本，[23]大学的数量迅速增加。在1939年，全欧共有201所大学，是100年前的两倍。[24]此外，全欧还有300所高等教育专门机构，为学生提供军事、医学、兽医、农业、教育、音乐、工程和商业等方面的职业培训。然而，这些高等教育专门机构并没有取代大学，这一方面是因为就读于这些高等教育机构的学生数量较少，另一方面则是由于这些机构往往也追求大学的地位和自由，并且其中有一些机构还成功地获得了大学的地位和自由。 12

扩张与“民主的”大学改革，1956—1981

第二次世界大战之后，在希特勒恐怖时期被从里到外彻底毁坏的德国大学，成了一块“白板”（*tabula rasa*），这正是柏拉图所认为的对政府及其教育体制进行基础性改革所必需的状态。在德国由苏联直接管理的占领区内，苏联着手以苏联模式重组大学体系。在中欧和东欧的那些被解放的国家里，也在当地共产主义政权的间接帮助下，进行大学体系的苏联模式重组。在1989年苏联政权解体之前，在以苏联为中心的各卫星国家中，苏联模式的大学和学院几乎没有什么变化，只是各国在如何具体应用方面有所不同。

㉒ B. vom Brocke, ‘Die Entstehung der deutschen Forschungsuniversität, ihre Blüte und Krise um 1900’, in Schwinges, *Humboldt International* (note 19), 367-401.

㉓ W. Rüegg, ‘Humboldt in Frankreich’, in Schwinges, *Humboldt International* (note 19), 248-261.

㉔ 1899—1945年间存在的大学及类似机构，见第三卷第679—706页。

在德国由西方国家管理的占领区内，人们就开展真正意义上的大学改革展开了广泛的讨论，但是，占领军当局很快放弃了将自己的模式强加于德国被占领区的做法，而是开始各种文化和学术交流。与 1918 年后德国学界对学术交流的抵制形成鲜明对比的是，此时的文化和学术交流，为 20 世纪 50 年代的经济奇迹提供了有力的政治支撑，这也可以称作是一个民主奇迹，因为它在 1968 年阻止了极右或极左党派的发展。

在西欧那些被解放的国家里，政府将其权力限制在重建大学方面，有时候会在大学中增加一些新学科，如核物理或政治科学，有时候会新建一些现代高等教育机构，如巴黎的国家行政学院。

真正的大学改革起始于 1955 年。这一年，法国总理孟戴斯-弗朗斯邀请了一批商界、政治界和学术界的顶尖人物齐聚卡昂，开会讨论改革的具体措施。这次会议的瞬即效应就是发展工程学校，改革医学课程，加强科学研究，尤其是在自然科学和社会科学领域的研究。

1957 年，联邦德国成立了科学委员会，由来自联邦政府、各州政府及各学术团体的代表共同组成。该委员会建议，在 1965 年之前，在伴随着大学的扩张和改革而在各大学中出现的新学科中，设立一些新大学讲座教授席位。

在英国，为考察学术研究和教学状况，1961 年成立了一个皇家委员会。委员会的考察报告于 1963 年发表，即所谓的《罗宾斯报告》。在该报
13 告的影响下，全国性的大学和技术学院的网络建立起来。西欧的其他一些国家也相继出台了类似的措施。

这些改革的目的在于提高与美国及苏联的竞争力。在改革的推动下，学生人数大幅度增加，教职人员数的增幅虽然赶不上学生人数，但是也有较大幅度的增加。改革还推动了相当数量新大学(英国除外，因为英国的大学早就普及了)的建立和学术研究资源的增加。

从一开始，法国和联邦德国信奉马克思主义的学者就对这种扩张性改革进行批评，说它们是“资本主义的”或“技术官僚的”。大量大学的出现，为欧洲开展发轫于美国伯克利的大学生反叛运动提供了人数上的保证。在 1967 年的夏季学期，柏林是一个起点。当时，在一次反对伊朗王国的示威游行中，一名警察开枪射击了一名学生。这一事件引发了其他大

学的连锁反应。到了冬季学期，联邦政府计划通过应急法案的举动，则激起了从法兰克福开始的各地课堂上的静坐示威。

同时，从巴黎到楠泰尔，在人满为患的各个社会科学院系里，与管理当局的纠纷最终导致了1968年5月的骚乱，骚乱从索邦神学院蔓延到了其他一些法国大学。接着，由于学生取得了意料之外的政治方面的成功，国内政治危机猝发，学生抗议运动像飓风找到了出口，席卷了整个欧洲大陆，一直波及铁幕地带。在西欧大陆，抗议学生迫使各国政府推行了所谓的民主的大学改革。

在学术管理方面，取消原有的由所有终身教授组成的机构，代之以由大学各类成员代表组成的委员会。同时，管理大学的行政领导，也不再仅仅基于经济基础而决定大学是否需要扩展，而是加上了教育民主化要求的考虑。结果，在20世纪70年代，多所新大学㉕和其他类型的高等教育机构建立，由此开启了占人口比例越来越多的人接受第三级教育之门。

随着大学的大众化发展和委员会权力的加强，学术界和国立大学的管理都越来越官僚化。一个突出的例子就是陆续出台了数量空前的大学法令。同时，改革所需要的持续资金投入，对各国政府的财政预算造成了非常大的影响，以至于在20世纪80年代，政府已经无力独自承担大学的办学资金了。 14

企业式改革的引进及象牙塔的倒塌

在英国，各所大学的费用并非由政府的预算承担，危机首先在这里出现。自1919年起，一个自治性的大学机构——大学拨款委员会，开始根据各大学提交的发展计划及计划实施情况，给予其政府拨款。于是，英国的大学必须互相竞争，以获得基本资助。1982年，英国政府将未来三年的拨款金额削减了12%。许多大学被迫采取一些极端的经济政策：从降低工

㉕ 本卷附有关于不同国家新建大学的编年列表。

资、奖学金，到提前教授退休年龄和关闭一些学科领域等。㉖

这一突如其来的状况，迫使大学校长委员会调查亏空的后果。1985 年的《贾勒特报告》(*Jarratt Report*)建议引进商业化的行政管理体制。结果，英国各大学像公司一样，根据它们提供的各类服务而获得付费。在 1988 年到 1989 年间，由于“承担高水平研究和教学”，从大学拨款委员会的继任机构大学投资委员会那里，英国各大学平均获得其预算的 53%；学生学费收入带来了预算资金的 15%，这部分资金是当地政府为英国公民提供的；7%来自专门学科国家研究委员会资助的研究项目；25%来自因各种服务而获得的大学外部的补贴和偿付。㉗英国诸大学的资金来源仍旧主要依靠竞争性的投标公共资金来获得，但是，商业方式引入行政管理中，为筹款活动带来了更多的透明度和计划性。

通过国际化的比较研究及专家们的国际会议，建立在差异和竞争基础上的大学改革在欧洲大陆上激发了公众的兴趣。㉘ 在英国大学资助模式中，他们关于竞争的理念得到了具体体现。因而，越来越多的欧洲大陆
15 上的大学，也开始通过与本国政府之间长达几年的绩效协议来测验它们的自治性。在大多数大学里，自治不过是缺陷管理，但是，它促使大学开始为其作为企业型教学和研究机构的新角色做准备。这构成了本卷的第二个主题。

从 19 世纪末起，大学开始被比作“象牙塔”，用以象征其傲然超脱于现实世界的状况。可是，在企业型大学的大门口，这个名称就名不副实了。然而，“象牙塔”最初的含义并不是指超脱尘世。在 12 世纪，这个词指的是一种容器，暂时容纳救赎世界的圣灵，为其成长并担负起救赎世界的职责

㉖ R.Dahrendorf, ‘Die europäischen Universitäten in einem veränderten sozialökonomischen Klima’, in W. Kalischer (ed.), *Die Internationalität der Universität: Jahresversammlung 1982: Ansprachen und Referate, Zusammenfassung der Plenardiskussionen. Konstanz, 3. und 4. Mai 1982*, Dokumente zur Hochschulreform, 50 (Bonn and Bad Godesberg, 1982), 12-139, quotation 136.

㉗ J. Brennan and T. Shah, ‘Higher Education Policy in Great Britain’, in L. Goedegebuure *et al.*, *Higher Education Policy: An International Comparative Perspective* (Oxford, 1993), 176-193.

㉘ W. Rüegg, ‘Diversification and Competition in Higher Education’, *International Journal of Institutional Management, Higher Education*, 2/11 (1987), 221-232.

提供栖身之所。圣母玛利亚之所以被比作是一座象牙塔，正是因为在救世主降临世界之前，她将其安置在自己纯洁的子宫里。[29] 毫无疑问，在那个时代，没有人会把学者和教师的活动与象牙塔的纯洁联系在一起。但是，大学作为一个为正在生长的个体提供保护的地方，被比作是一座塔。学生从这座塔的底部，即语法学校，先是攀爬到文学院或哲学学院，接着穿越形而上学的阁楼上的云彩，最终成为一名神学家。[30] 在攀登途中，学生往往会透过阁楼狭窄的窗户，俯视下面的普通民众。

大学的学者和教师，尤其是那些以巴黎模式建立起来的大学中的学者和教师，都是神职人员。他们住在修道院里，或是住在修道院类型的建筑里，与普通公民截然分离。今天，人们如果去参观牛津或剑桥的学院，还可以看到这一点。

这种分离，只会增进大学在重要公共生活部门的权威地位。法学院为日益增长的国际贸易提供适宜的民法和刑法，并通过延伸和阐释罗马天主教会的教会法，发展欧洲最早的现代管理体制的方式，完成其精神和智力方面的任务。神学院为教会提供保留和强化正统性的论据，而医学院则致力于以专业的程序和技术谨慎地保护和恢复公共生活中那些著名人物的身体健康。

假如我们将象牙塔的象征转化为尘世的水平维度，那么，威廉·冯·洪堡的大学理念与之最为一致。在洪堡于 1809 年对大学做的著名定义里，结尾的一句话几乎没人关注： 16

“听讲座不过是件小事，必不可少的事则是，在一个关系密切的团体里，与一些年龄相近、思想相近的同事共同生活几年，并清楚地知道，在这里有接受了完善教育的人，也有终生奉献给增进学术和科学发展的人。”[31]

引自他关于大学组织潜在的自由和寂寞原则中的这些奇特论断，可

---

[29] R. Bergmann, 'Der elfenbeinerne Turm in der deutschen Literatur', *Zeitschrift für deutsches Altertum und deutsche Literatur*, 92 (1963/1964), 303-320.

[30] G. Reisch, 'Margarita philosophica, Freiburg 1503', in G. Münzel, *Der Kartäuserprior Gregor Reisch und die Margarita philosophica* (Freiburg/Breisgau, 1937), fig. 1: Der Turm der Wissenschaften (The Tower of the Sciences).

[31] Humboldt, 'Innere und äußere Organisation' (note 21), 191.

以在他撰写的有关立陶宛学校计划的报告中找到，也可以说是从洪堡本人的行政职责中直接导出，因为他的工作就是在施泰因男爵的行政改革的框架下，重建普鲁士学校体系。上面引用的这句话清楚地表明，在洪堡看来，大学实现其社会功能的最好方式，就是为其学生，也即未来的高级行政人员和受公共规范约束的自由职业的从业者们，提供一个保护性的空间。在这个空间里，他们可以根据自己的职业角色进行自我教育。被洪堡略嫌夸张地描述为“受过完善教育的人”的教授们促进学生的自我教育的方式，与其说凭借卓越的知识和能力像教师一样强迫学生，倒不如是在严谨地探求知识方面给学生做出表率，而后者可以塑造能够以理性的方法解决问题的个性。

提供公共事业准备的这一方式，使得大学不必在公众面前过多地露面。当然了，大学师生总是以多种社会角色和政治角色出现在公共生活领域。然而，作为一所机构，大学极少脱离其象牙塔式的孤立状态。法兰西人文科学院却是个例外，这所学院最初的讲座就面向普通公众。在其他一些国家里，大学面向公众的服务往往局限于一年一度的纪念创建者的活动或校庆活动、其他一些纪念活动以及更为罕见的大学每五十周年的庆祝游行活动。

每年的 8 月 6 日，柏林的弗里德里希・威廉大学的校长都要发表公开演说，纪念其创建者，演说的内容往往是为当代一些实际问题寻找历史借鉴。1893 年，著名的医学教授鲁道夫・菲尔绍正是在这样的场合下赞扬了本大学自创建之日起在自然科学方面取得的成就，同时警告人们对伪科学运动提高警惕，尤其是要反对当时甚至流行于年轻学者之间的反犹主义。[32] 1900 年初，在国王的授意下，普鲁士各大学纷纷庆祝 20 世纪的开始（实际上是提前了一年的，因为 20 世纪起始于 1901 年），并赞颂大学在
17 德国发展成为世界强国中发挥的作用。在柏林，著名古典主义学者维拉莫维茨在演讲中阐明，德国学术和科学的先进性在当时受到全世界认可。德国不仅回报了它曾经学习过的国家，并且在向建立一个世界大家庭目标的接力赛跑中，在 19 世纪接过了接力棒，并在 20 世纪将接力棒传递给

---

[32] 参见：第三卷第 19 页（吕埃格，“主题”）。

了美国。[33]

在演说中，维拉莫维茨谈的主要是关于人文主义古典中学拥有授予作为大学入学资格的毕业证书的专有权问题。早在1890年，国王就曾试图废除这一垄断专有权。普鲁士教育部大学事务的负责人奥尔索夫，希望能在维拉莫维茨这位杰出的古典学者的帮助下，战胜议会和一些重要的压力集团中的保守主义的反对意见，而这件事促成了维拉莫维茨从哥廷根大学流动到了柏林大学。维拉莫维茨猛烈抨击了以古典传统作为现代教育模式的做法，并为1900年大学成功打开接纳其他类型中学毕业生之门做出了贡献。[34]另外一场方向相同的改革出现在一年前，当时技术大学获得了授予博士学位的权力，因而获得了与其他大学平等的法律地位。1905年，柏林大学又迈出了一步，设立了与美国的大学相互交流学者的项目。1906年在柏林大学纪念其创建者的庆祝活动上，讨论的问题是：来自海外的访问教授使用自己的母语，还是使用听众的母语？这个问题直到今天都是个尖锐的问题，只是由于英语在学术世界获得的优先地位而使这个问题在一定程度上有所缓和。[35]

在德国，大学不仅被看作是独有的、具有较高声望的机构，而且，大学还在没有采取任何特殊措施的情况下，获得了来自公众的尊重和支持。大学的这一地位体现在矗立在欧洲各国的纪念碑式建筑上，这些纪念碑式建筑纪念的不仅仅是修道院或高级法庭，还有大学。一位丹麦学者在1889年写道：在瑞典乌普沙拉大学的那些新大楼里，最好的那些房间是用来举办音乐会、舞会以及用来作为政府和大学管理部门的办公地点的。而大学的真正目的即学术性教学工作的实现，则局限在那些小些的房间
里。“所有的东西都给予学生这样一些信号，‘切实努力，直到你升为教授， 18

[33] U. von Wilamowitz-Moellendorff, ‘Neujahr 1900’, in U. von Wilamowitz-Moellendorff, *Reden und Vorträge*, 4th edn (Berlin, 1926), vol. Ⅱ, 35-55.

[34] W. Rüegg, ‘Die Antike als Leitbild der deutschen Gesellschaft’, in W. Rüegg, *Bedrohte Lebensordnung: Studien zur humanistischen Soziologie* (Zurich and Munich, 1978), 93-105.

[35] U. H. Diels, *Internationale Aufgaben der Universität: Rede zur Gedächtnisfeier des Stifters der Berliner Universität König Friedrich Wilhelm Ⅲ in der Aula am 3. August 1906* (Berlin 1906).

然后，你就可以获得舒服的椅子和由美术大家画的挂在墙上的肖像画’。”[36]在这个讽刺的描绘中，象牙塔似乎已经沦为未来教授们的健身中心。但是，这些雄伟建筑的主旨意图表明，文化活动和社会庆典活动如果在大学里举办，会获得荣耀。

两次世界大战，暴露了科学发现的凶残的一面，但却无损于大学受人尊敬的形象。事实上，1945年之后出现的始料未及的大学毕业生短缺的状况，令西欧各国政府担忧不已，使它们在20世纪50年代纷纷展开之前讨论过的扩张性改革。同时，公共资金和私人基金都慷慨地资助学术研究。接着就出现了基于社会标准和智力标准的学生助学金的增长，以更大地利用人才资源。

进入象牙塔的通道拓宽了，不仅如此，大学还开始以更积极的角色建立其与公众的联系。[37] 大学纷纷为非住校生开设课程：法兰克福大学在1966年创办了广播学院；[38]1969年开放大学在米尔顿·凯恩斯(即“米镇”)正式成立[39]；其他一些国家也相继成立了类似的机构。1964年，西德大学校长委员会建议，大学都要成立自己的新闻处，以向公众提供大学活动的信息。[40] 1966年，大学行政当局纷纷开始实施这一建议，起初私人基金会为此提供了帮助。[41]

20世纪80年代，大学开始向企业型管理转换，这导致大学进一步强

---

[36] G. Brandes, ‘Tale i Upsala (1889)’, in G. Brandes, *Samlede Skriften*, vol. XV (Copenhagen, 1905).

[37] W. Rüegg, *Hochschule und Öffentlichkeit: Speech Held at the Installation of the Rector*, Frankfurter Universitätsreden, 40 (Frankfurt/Main, 1965).

[38] J. Greven (ed.), *Das Funkkolleg 1966—1998: Ein Modell wissenschaftlicher Weiterbildung im Medienverbund, Einführungen Auswertungen Dokumentation* (Weinheim, 1998).

[39] W. Perry, *Open University: A Personal Account by the First Vice-Chancellor* (Milton Keynes, 1976).

[40] *Universität und Presse: Empfehlung der Westdeutschen Rektorenkonferenz, Berlin, 5-7. Februar 1964*. Reprint in W. Becker (ed.), *WRK, Stellungnahmen, Empfehlungen, Beschlüsse, 1960—1989*, vol. I (Bonn, 1989), 31f.; cf. *Zur Öffentlichkeitsarbeit der Hochschulen und zur Einrichtung von Presse-und Informationsstellen: Erklärung der 86. Westdeutschen Rektorenkonferenz. Bonn-BadGodesberg, 26. Januar 1971. Reprint, ibid*, 279-285.

[41] 1966年该案例出现在法兰克福大学。

化了其建立与公众的联系的工作。[42] 大学并没有畏避使用营销类方法。从前，大学面向公众开设过一些没有引起太多回应的讲座，现在则被冠以“第三代大学”(*The University of the Third Age*)的名称。许多普通民众涌入举办此类讲座的场所，花时间注册进入这类新的大学机构。这一项目的成功又带动了“儿童大学”(*Children's University*)的产生，作为纳税人的父母说服自己的孩子相信大学的价值，而积极进取的年轻人可以在儿童大学里分享对学术研究的探索。

今天的大学通过其网页向全世界宣传自己。很多大学都定期将其在学术方面取得的成就以多彩的版面展示出来，向读者介绍他们的著名学院、活动和计划。为设计大学的新标志等花费的精力和费用抵得上一个中等规模的研究项目。简言之，包装和营销已经成为企业型大学管理的一个基础方面，有时候甚至比大学完成其教学和研究的任务还要重要。1995 年，以市场导向介入大学而造成的象牙塔的倒塌达到了顶峰。

对大学来说，市场一直是非常重要的。这种状况始于 1200 年前后，当时对宗教和世俗精英的需求，使许多学者前往巴黎和博洛尼亚，在那里建立了增进学者个体与教师之间联系的社团机构，大学由此出现。多年来，大学经历的持续时间长短不一而足的扩展或下滑，都是由市场决定的。同时，每一次试图根据有关市场发展未来的估计(往往是错误的估计)来确定大学不同学科领域的学生人数的努力，也都被市场击败了。然而，在那段日子里，学术教育供求发生调整转换的规模非常适度，大多数情况下这种调整都是由科学进展引起的，并且都局限在新兴课程领域和专业性大学里。

1960 年之后，大变革伴随着大众化大学的发展而出现。1968 年起创建的数量众多的新大学，使老大学获得了短暂的喘息机会(在法国的一些较大市镇里，新大学往往是从老大学分出来的)。很多新建的高等教育机构转化为大众化大学。政府开始以尽可能短的时间为一些实践类职业提供学术准备教育，希望以此为大学减轻一些压力。英国的多科技术学院、

---

[42] *Zur Öffentlichkeitsarbeit der Hochschulen: Empfehlung des 176. Plenums der Hochschulrektorenkonferenz, Juli 1995*, Dokumente zurHochschulreform, 102 (Bonn, 1995).

法国的大学技术学院、德国的高等专科学校以及其他国家的类似机构，都出色地承担了这一任务。

虽然如此，这类高等教育机构并没有改善大学的状况。一方面，它们吸引的学生数量有限——只有比例很小的新学生，再加上那些不愿意去大学的学生。另一方面，许多介于大学和中学之间的中间机构，纷纷申请并获得大学地位，拥有了进行基础研究和授予博士学位的权力。在 1945
20 至 1995 年间创办的 600 多所新大学中，很多都是由这类中间机构发展而来的。大学地位并没有提高这类机构的容纳能力，也与大众化大学的问题不相干。

1995 年，欧洲大学的数量从 200 所剧增至 800 多所，㊸这并不是说大学具有更大的公共影响，而是反映出地方主义的膨胀。与美国的情况做一个对比，就会很清晰地看出这一点。在 2005 年 6 月，全美国有 4276 所中等后教育机构，都发放政府认可的终结性毕业证书。其中，1694 所只提供两年制的学习项目。提供四年制学习项目的 2582 所高等教育机构中，有 1049 所只提供单科的学习项目，如医学、贸易、神学、美术或工程学。有 637 所学院只授予学士学位，638 所学院可以在学士学位的基础上继续授予硕士学位。在全美 50 个州和哥伦比亚特区中，只有 258 所(165 所州立的，93 所私立的)大学在授予学士学位、硕士学位的基础上，还授予博士学位(有四门以上学科可以授博士学位，并且每年授予的博士学位在 20 个以上)。这些授予博士学位的大学总数加起来还不到具有授予学位权的美国高等教育机构的 6%，也不到具有授予学位权的欧洲大学数目的四分之一。㊹

在范围广、差异大的第三级教育机构中，大学的数目甚少，这不能归结为市场导向的作用。只有在民主体制下，才能将学术学位或头衔看作是学术教育的一个标志，而不把它看作是获得职业利益或社会声望的必

㊸ 1939/1949 年的数据见：第三卷第 3、Ⅳ页及该卷第二章表 5。1995 年数据依据的是本卷附录。

㊹ NCES National Center for Educational Statistics, *Integrated Postsecondary Education Data System* (*IPEDS*) (Fall 2005), table 249. Degree-granting institutions and branches by type and control of institution and state of jurisdiction.

需品。既然一段大学学习的成功经历，从性质和时间长度上能保证进入有声望的职业，如公共事业部门和官僚主义的大公司，那么，欧洲大学的通货膨胀式发展及随之而来的大学地方性就会继续。甚至在其政治家和商人不具备教授头衔的那些国家里，亦是如此。

从字面上来说，地方性意味着欧洲已经失去了其在高等教育方面的领导地位。伊拉斯谟式的“由学者组成的神圣共同体”(*sancta quaedam communitas eruditorum*)已经发展成为一个世界范围的科学共同体。欧洲已经变成世界教育领域中的其中一个而已。负责高等教育的国家当局越来越多地被超国家机构所补充和取代。这构成了本卷的第三个主题。 21

大学与全球化

《欧洲大学史》第二卷在第一卷的基础上，出现了题为“输出模式”的新章节。该章讨论的几乎全是 1500 年至 1800 年拉丁美洲和北美殖民地的情况。在涵盖的时间范围为 1800 年至 1945 年的第三卷的相应章节中，讨论的范围则也包括了地球上的其他国家。这章从定性和定量两个方面主要探讨了拉丁美洲各国、刚刚在法律上获得独立地位的北美以及实际享有独立地位的加拿大的情况。日本按照德国模式和美国模式创建其公立大学和私立大学，中国也按照英国模式创办大学。其他一些国家的大学往往是殖民国家的分支机构：在英国接受教育的英国人或印度人来到印度的大学任教，甘地正是许多在英国完成其教育的印度人的代表；阿尔及尔大学是许多法国学者事业的起点。巴黎的大学城里，兴建了一座专门接收来自印支地区学生的公寓，为他们未来成为革命领导人而提供接受教育的地方。

今天，在全世界的大学里，都可以看到印度教授、医生和律师的身影。几年前，德国政府试图通过招募印度大学毕业生，来解决 IT 人才短缺的问题。非洲和亚洲原来是欧洲殖民地的那些国家，不再学习欧洲模式，转而学习美国模式了。一份由一所中国大学发布的世界大学排行榜，在欧洲获得广泛认可，虽然没有几所欧洲大学进入该排行榜的前五十位。尽管欧洲尚未沦落到世界大学之林的边缘地带，但就大学地位而言，它已经远落后于北美了。

伴随着第二次世界大战后教授和研究人员的相互交流，大学的全球化开始了。1948 年起，“富布赖特项目”已经资助了大约 2.5 万名大学毕业生、大学教师和大学管理者去国外接受教育。其中 40%的人来自美国，60%的人来自世界上其他 140 个国家。这些人在完成学业后，还以“富布赖特学者”的身份，通过校友会继续保持联系。美国的这种模式被欧洲加以仿效。1953 年在波恩设立的“洪堡基金会”至今已经资助了 2.5 万名高水平学者，这些学者在自己的国度里也建立了永久性的联系。㊺ 各国政府
22 主动提供这种重要的基金项目，也许不仅仅是出于其公开宣称的促进国际理解的考虑。但是，这种交流带来的影响远远超出资助者起初的设想。

大学更广泛的影响还体现在 1945 年后建立的一些超国家的机构中，最早建立这类机构的依然是美国。1948 年，为实施《马歇尔计划》，重建遭受战争破坏的欧洲，成立了欧洲经济合作组织（OEEC）。欧洲重建工作于 1960 年结束之后，OEEC 以经济合作与发展组织（OECD）的名称延续下来。OECD 章程的第二款规定其任务为“在科学和技术领域提供帮助，增强学术研究和专业教育”以完成其目标（经济发展、充分就业和生活水平的提高）。OECD 接下来不仅开展了大量研究项目（在 1962 至 1968 年间）㊻，而且还对其成员国的大学方针和研究政策进行了一系列有影响的定期评价。最近，经济合作与发展组织由于开展了国际学生评价项目（PISA），而在教育方面获得更广泛的影响。PISA 是由多个国家联合参与和实施的，针对十五岁学生的国际水平进行评价的项目。半个世纪以前就提出过这样的问题：这类会带来政治后果的行动是否不该由政府认可的机构来控制？一项旨在实现政治合法化的提议以失败告终，原因在于这会给议员们带来过重的工作负担，因为他们不得不代表自己的国家同时参

㊺ http://exchanges.state.gov/education/fulbrigh44t/ (16 April 2005); C. Jansen and C. Nensa, *Exzellenz weltweit: Die Alexander von Humboldt-Stiftung zwischen Wissenschaftsförderung und auswä rtiger Kulturpolitik* (*1953—2003*) (Cologne, 2004), 8.

㊻ 见第三章第 99 页注释 97。

与很多国际机构。[47]这样的论调在今天已经站不住脚了，但是，人们仍然无法回答这个问题：谁监管监管之人(*Quis custodiet ipsos custodes*)？

起初，联合国教科文组织关注的是发展中国家的教育问题。在大学方针方面实行的三大政策取得了深远效果。1963年，联合国教科文组织在巴黎成立了教育规划研究所；1973年，在布加勒斯特成立了欧洲高等教育中心；1950年成立的国际大学协会则发展成为拥有600个成员的世界性机构。[48] 国际大学协会定期出版世界高等教育机构名录，该名录不仅包括具有授予博士学位权的大学，还包括其他公立或私立的第三级高等教育机构。[49] 23

1948年《布鲁塞尔公约》设立的文化委员会，接受了促进西欧大学之间合作的任务。1955年，委员会的领导们在剑桥大学开会，决定设立一个欧洲大学校长常设会议，该机构于1959年在第戎成立。[50]由于1949年成立的欧洲委员会驳回了设立欧洲大学校长协会的提议，欧洲大学常设会议的地位变得愈加重要。常设会议让其旗下的两个委员会负责大学事务：一个是由政府代表组成的文化合作委员会，另一个是由每个国家派出的两名代表（一名代表政府，另一名代表大学）组成的高等教育和研究委员会。经过各国的全国大学校长和副校长会议的几次争取，大学成员的任命权开始由政府转到大学手中。高等教育和研究委员会向文化合作委员会提交建议和改革计划，但不能把握这些建议和计划后来的命运。欧洲委员会提出的有关大学入学要求和资格相互认证方面的决议，大多数都被否决了。[51]在20世纪90年代之前，各国的全国大学校长会议之间签订的双边协议，始终在处理有关承认学生国外学习事务的过程中具有

---

[47] K.-J. Maass, *Europäische Hochschulpolitik: Die Arbeit des Europarats im Hochschulbereich 1949—1969*, Schriftenreihe zur europäischen Integration, 7 (Hamburg, 1970), 77.

[48] G. Daillant, *Universality, Diversity, Interdependence: IAU 1950—1990, A Commemorative Essay* (Paris, 1990).

[49] IAU World Higher Education DATABASE 2005/6.

[50] H.-A. Steger (ed.), *Das Europa der Universit äten/L'Europe des Universités/The Universities' Europe: Entstehung der Ständigen Konferenz der Rektoren und Vize-Kanzler der europäischen Universit äten 1948—1962, Dokumentation* (Bad Godesberg, 1964); cf. *40* ans CRE, CRE-action, 115 (1999), Supplément.

[51] Maass, *Europäische Hochschulpolitik* (note 47), 25-29, 127-134.

效力。

1957 年的《罗马条约》以经济目标为导向，该条约包含与大学领域相关的两项提案。然而，起初是由部长理事会中的几位成员专门负责农业和经济问题，但不涉及教育或研究问题。今天，欧盟对欧洲大学方针有着举足轻重的影响，并会在将来发挥更大的作用。这是如何发生的呢？

在佛罗伦萨创立"欧洲大学"（*European University*）的提议由《欧洲原子能共同体条约》提出，得到意大利政府的大力支持，但却遭到大学团体的持久抵制，与 1947 年起开始出现的类似想法的遭遇一样。大学团体不希望将"欧洲大学"的地位和名称给予某一个机构，因为这就会使得它们
24 自己处于低一等的国内水平。

1970 年，一项创新性的折中方案受到欢迎：提议不成立欧洲大学，而是建立一所欧洲研究生学院。1976 年，在佛罗伦萨的圣多米尼克非索那湾，开办了欧洲大学社会科学博士研究学院。

欧洲经济共同体六国的大学校长委员会与欧盟委员会之间的合作是这一成果得以出现的关键因素。它们之间的合作，进一步支持了围绕欧洲经济共同体的第二个与大学相关的任务展开的不屈不挠的斗争，这个任务就是，为学位、考试证书和其他能力证明文件的相互认证确立指导原则，以限制人力和服务的自由流动。[52] 1969 年提出的这些指导原则的第一稿规定，要想进行医学方面的免费的专业实践，必须先在当时认可的医学科目中完成一定学时的学习；如果这些指导原则被付诸实际的话，势必会使课程改革陷入瘫痪并损害大学最神圣领域的自治。由于各国的大学校长委员会内部以及欧洲校长联席会议中欧洲经济共同体成员国中的大学长时间的反对，最后委员会撤回该提案，并邀请设在布鲁塞尔的一个联络委员会，该委员会由欧洲经济共同体国家的大学校长联席会议的代表组成。这个联络委员会参与完善更为灵活的指导原则的制定过程，而这

[52] W. Rüegg, 'La CRE, autonomie et cadre européen', in *40 ans CRE* (note 50), 31-33.

些原则的主要依据是定性标准而不是定量标准。[53]

实现这一目标所遇到的诸多困难，促使欧洲经济共同体第一次召开了六个成员国教育或研究部长会议（于 1971 年 11 月 16 日召开）。这次会议决定成立一个委员会，组成人员为欧洲经济共同体的老成员和即将加入欧洲经济共同体的成员国的学术界人士，委员会的任务是探究在《罗马协议》的框架下拓展教育和科学方针的可能性。[54] 委员会的报告于 1973 年发表，报告指出："《罗马协议》的实施，使得有必要将年轻人的教育和成人教育的全部问题，作为完成实现尽可能好的经济发展这一责任的固有部分加以考虑。"该报告还为欧洲共同体和欧盟就如何拓展其在欧洲文化教育研究政策中的活动，提出总体结论和具体建议。[55] 25

委员会起初提出的建议是建立一个"普通研究中心"和一个"欧洲科学基金"[56]，但是欧洲共同体认为，欧洲科学基金应包括欧洲所有的自由国家。于是，1974 年成立了既与欧洲共同体合作又相对独立的欧洲科学基金，地址设在斯特拉斯堡。[57]

十年之后，欧洲共同体启动了自己的促进学生流动和大学之间在各领域的教学和研究项目，这些项目的缩写形式都极具想象力，如 1984 年《欧洲信息技术战略项目》（缩写为 ESPRIT）、1985 年《欧洲研究共同行动》（缩写为 EURECA）、1987 年《社区技术教育与培训项目》（缩写为 Comett）和《欧洲大学生流动行动计划》（缩写为 Erasmus）等。这些计划的成功促使欧洲自由贸易区成员国也参与进来，欧盟的研究方针和大学方针开始

---

[53] W. Rüegg, 'La coopération entre les universités européennes. Kolloquium in Grenoble. Tagungsbericht', *Integration. Vierteljahrshefte zur Europaforschung*, 4 (1970), 323-326. W. Rüegg, 'Les relations entre les Communautés européennes et les établissements d'enseignement supérieur en Europe. Le point de vue des universités', in *Semaine de Bruges 1973: Université et société. Pour une politique européenne de l'enseignement supérieur*, Cahiers de Bruges, n.s.32 (Bruges, 1974), 253-260.

[54] The Commission of the European Communities, *Für eine gemeinschaftliche Bildungspolitik*, Bulletin der Europäischen Gemeinschaften, Beilage, 10/73 (Luxemburg, 1973), 9f.

[55] *Ibid.*, 11.

[56] *Ibid.*, 53.

[57] European Science Foundation, *Report 1975* (Strasbourg, 1975).

成为欧洲大部分地区的榜样。

1991年的《欧洲共同体大学教育备忘录》加强了欧洲委员会与欧洲各大学之间在大学方针方面的合作。[58]欧盟开始给欧盟大学校长会议联合会越来越多自主执行任务的机会，后者的前身就是设在布鲁塞尔的欧洲经济共同体国家的大学校长会议联络委员会。2001年，它与总部设在日内瓦的欧洲校长会议合并，组成欧洲大学协会，总部设在布鲁塞尔。

欧洲大学的“美国化”

“学术”是本卷的第四编，该编指出了美国大学在自然科学、生命科学和社会科学方面的主导地位，其在人文学科方面也离主导地位越来越近。美国的文化领导权来自对欧洲大学理念的成功模仿和超越，尤其是德国大学在19世纪发展起来的教学与研究结合的理念。1825年以后，德国式的设置专业系的做法受到质疑和否定。1837年，密歇根州在加入美联邦
26 时，按照德国模式创建了一所大学，并设立了一所以为学生提供大学入学准备教育为任务的德国式高级中学。这一直接照搬的做法没有获得多少响应。[59] 持久成功的模式来自1876年在巴尔的摩成立并获得捐赠的约翰·霍普金斯大学，这所大学将授予本科和硕士学位的学院与以研究为基础的研究生院及专业学院结合在一起。研究生院为学生获得博士学位做准备，该学位可以证明学生接受过全面的学术教育。专业学院起初只在医学领域开设，其最终的资格证书是专业资格，即医学博士。约翰·霍普金斯大学非常容易地为其受到优异教育的毕业生找到用人单位。本科学院与附属学校结合的方式不仅成为芝加哥大学等后来新建大学的基础，而且逐渐被哈佛大学等老大学所采纳，并且还将大学的概念拓展到专业学院里，如麻省理工学院。

---

[58] F. van Vught and D. Westerheijden, ‘Institutional Management for Quality. The CRE Programme: Background, Goals and Procedures’, *CRE-Action*, 107 (1996), 9-151.

[59] J. Herbst, ‘The Yale Report of 1828’, *International Journal of the Classical Tradition*, 2/11 (2004), 213-231, especially 223f. Cf. H. Röhrs, *The Classical German Concept of the University and its Influence on Higher Education in the United States* (Frankfurt/Main, 1995).

1900 年，9 所私立大学和 3 所州立大学发起成立了美国大学协会，目的是“加强和联合美国的博士教育”[60]。从那时起，美国的高等教育机构中，只有那些拥有由官方批准的博士学位授予权并定期授予博士学位的，才能被叫作大学。正如我们前面提到的那样，共有大约 260 所这样的机构，其中只有 60 所美国大学和两所加拿大大学被接纳为美国大学联盟的成员。以研究的方式进行学术教育这一大学理想，正是通过这些卓越的高等教育机构，而发展成为一种世界性模式，伴随而来的是对学士学位课程和硕士学位课程的高要求。

美国研究型大学的出现表明，只有基本思想适应新环境的条件时，移植外国模式才能取得成功。这一基本思想在全美范围内被采纳，不仅是政府方面主动接受，而且还通过与其他机构模式有效的竞争而获得认可；大学自己先接受和发展这一基本思想，接着是联邦各州以它作为确认新大学的标准。在模仿的过程中，外国体系的一些特质被忽视掉了，如教授个体的独裁地位、无薪大学教师（*Privatdozenten*）的无报酬教学以及在期末考试之前对课程不做任何检查的做法等。

从学士阶段到博士阶段，构成教学基础的，是学生拥有的自我教育的自由，而不是课程的内容。1900 年后，美国大学中开始引进约翰·杜威提 27
出的教育“民主化”思想，该思想明确主张学生要为自己的学习负责。为了让学生在教学和发现知识的环节成为教师的伙伴，教师往往希望学生提前利用自己的自由时间阅读推荐书目，这种方式正是洪堡所倡导的以“自由和寂寞”作为现代大学组织原则的体现。

在大学的行政管理方面，美国大学采取的是 17 世纪发展起来的企业型组织模式。当美洲殖民者开始创办学院，以教育和培训自己的教士和其他公职人员的时候，他们很开心地将牛津和剑桥大学里的人文主义科目的学习内容直接拿过来，但是却没有采纳牛津和剑桥的团体自治方式。在这样一个柏拉图、西塞罗和欧几里得都感觉陌生的环境里，为了在物质层面给文理学院以安全基础，他们任命了一名企业型管理人，负责由各阶层代表组成的董事会的工作。来自英国的清教徒们对这种领导形式比较

---

[60] 引自 2006 年 AAU 网站主页。

熟悉，因为他们出身于曾在敌对的宗教环境中生存的非圣公会学院。[61]

事实证明，企业型管理形式很有效。通过私人赞助，它非常有效地保证了政府认可的每所学院的自治性。1816 年，最高法院对反对政府干预的达特茅斯学院诉讼案的判决影响深远，保证了大学的独立性。[62] 19 世纪创立的那些州立大学，纷纷采纳学院的企业型管理和行政结构，也学习如何解决它们的经济难题。今天，各私立大学的经费中，几乎有一半来自私人渠道，州立大学也不得不在政府投资的基础上，增加相当一部分来自私人和公众渠道的收入。为获得赞助所必需的企业型管理体制绝不会损害以研究为基础的学术教育。

所有这些都与威廉·冯·洪堡关于政府的观点非常一致：政府最主要的作用就是保证大学学院的自治权。[63] 因此，洪堡在其为柏林大学制订
28 的计划中建议，政府应该把财产移交给大学，大学应该自己管理这些财产。这样，大学就能以这些财产带来的收入，支付其日常支出，而不是靠政府直接拨付的预算来支付。[64]若不是洪堡的继任者否决这一思想的话，1810 年柏林出现的大学现代化概念也会体现出企业型大学的现代自我管理特征。[65]

欧洲委员会在其 1973 年的报告《朝向共同的教育方针》中，提出了一个至今仍与大学直接相关的问题：

"考虑到公司的规模变得越来越大，各种有关科技发展的国际合作越来越专业化，在考量欧洲经济一体化的时候，难道还能不把那些也同时变得'欧洲化'的'重要的'大学考虑进去吗？我们说的'欧洲化'的意思是，这

---

[61] Vol.Ⅲ, 166f. Cf. S. E. Morison, *The Founding of Harvard College* (Cambridge, Mass., 1935).

[62] B. I. Wheeler [President, *University of California*], *Unterricht und Demokratie in Amerika: Die Quellen der öffentlichen Meinung, das College, Universitäten, Studentenleben, Schule und Kirche in den Vereinigen Staaten. Vorlesungen, gehalten an der Berliner Universität* (Strasburg, 1910), 70-77. J. Herbst, *From Crisis to Crisis: American College Government (1636—1819)* (Cambridge, Mass., and London 1982), 232-243.

[63] 见第 12 页。

[64] W. von Humboldt, *Antrag auf Errichtung der Universität Berlin*, Schriften, vol.Ⅳ (note 21), 33, 117f.

[65] Kommission der Europäischen Gemeinschaften (note 54), 12.

些大学在培养其教师、研究者和学生的时候，以及在获得资源的时候，它们的政治活动和倡议会发展成‘似乎’是以整个欧洲的自然环境为背景的，就像美国的大学以其幅员广阔的州领土范围为背景一样。”[66]

附 笔

今天(2007 年)，以美国大学模式为基础的大学欧洲化的概念，已不再仅是个未来愿景。欧洲大学协会将遍及全欧洲 40 个国家的 760 所大学联系在一起，并通过各国的大学校长委员会，向实现共同的教育领域这一目标迈进。许多欧洲的大学将能够在世界范围的竞争中发展成为顶尖大学。二战后，快速发展的大学水平的教育机构，意味着欧洲早就开始学习必须得从 17 世纪算起的美国高等教育机构。今日大学在教学和研究具有的影响力，要求管理不再局限于大学与其政府投资机构之间的联系。大学必须通过与本地乃至全球范围内的各种社会伙伴合作交流，完成其多重任务。

当前欧盟的 27 个成员国与欧洲自由贸易区成员国之间在实施伊拉斯谟计划和苏格拉底计划的大学方针方面的合作徒劳无功，这些计划的目标就是提高学生在欧洲范围内的流动性，使其达到 18 世纪的常规水平，即学生总数的 10%。为了实现这个目标，1999 年在博洛尼亚召开的欧洲教育部长会议一致同意建立正式的学生学位认证制度，该决议将于 2010 年付诸实施。即使这个目标不能如期达成，至少博洛尼亚进程也引发了早就该实施的课程改革。这项改革一定不能被官僚主义的要求引入歧途，而误将大多数欧洲大学变成地方性的教学机构，就像爱德华·奥尔比写的美国荒诞讽刺剧《谁害怕弗吉尼亚·伍尔夫?》(*Who's Afraid of Virginia Woolf*?)里描绘的那样。

大学在八百年的历史中，曾经历了多次改革。大学不仅能存续下来，而且还继续扩展到全世界，其原因主要归于大学的学生。由于接受了学术训练，在大学运作的过程中，学生能够对腐朽的机构和错误的举措不断

29

[66] 这并不意味着其总是有着数量最多的学生。

进行改革。有些学生毕业后受雇于大学，以大学教职人员的身份继续发展新观点和新方法；其他一些学生无论是在政治方面的公开辩论中还是在整个职业生涯中，都支持大学的发展。这些毕业生促使大学的基本思想和信念与不断变化的环境相协调，并在这一进程中对变革的过程施加了巨大的影响。

近期的改革也是如此。毕业生们会支持大学在内部环境和外部世界环境中，独立地和审慎地贯彻博洛尼亚进程和其他欧洲化要素，就像之前美国优秀大学采纳欧洲化模式时所做的一样。然后，即便是在象牙塔倒塌之后，欧洲的大学仍然能够更好地承担他们自中世纪就肩负的基本任务——为对学术知识的追求和受教育者个体的发展创设一个具有启发性
30 的空间。

第二章 模 式

盖伊·尼夫

导 言

几乎没有哪个机构能够完全不受战争后果的影响，而当这种战斗涉及在身心方面动员所有人——年轻人、老年人、平民、士兵、非战斗人员等——的时候，更是如此。① 战争对于欧洲大学发展也产生了重要的影响，不过，关于这方面的研究还不是很普遍。耶拿战役的后果之一就是缔造出所谓的"洪堡大学模式"；②与拿破仑时期的大学联系在一起的法国教

① 现代战争对教育变革的精密而长期的影响，现在正引起教育史学家更多的关注。如可参见：R. Lowe (ed.)，*Education and the Second World War：Studies in Schooling and Social Change* (London and Washington，1992).

② T. Nybom，'The Humboldtian Legacy：Reflections on the Past，Present and Future of the European University'，*Higher Education Policy*，16：2 (2003).

育体制的塑造过程，也有着类似的战争背景③；在某种程度上，今天美国现代高等教育的基础，就是 1862 年美国内战期间通过的《莫里尔法案》。④

我们有充分理由认为，第二次世界大战是欧洲大学发展过程中的一个关键点。与其说这场战争的性质是领土侵略，还不如说是交战双方在政治秩序中所表现出来的两种理念和价值观之间的对抗。由于教育体系是传播和保存这种价值观的最主要手段，在与战场中的战斗相平行的后方的冲突中（我们把这类冲突称作“心灵及思想的战争”），大中小学自然就
31 处于核心的位置。无论是作为一个民族的历史记忆的保存地，还是作为一个国家民族价值观的精髓，抑或作为一个关注国家最高级人力资源研究能力的机构，欧洲的大学都站在战争的前线位置。在战争中，学术工作本身更是作为一种战略性资源，与其他那些可见的资源一起，支撑着每个工业国家。

在被纳粹占领的地区，侵略者始终努力把大中小学校置于亲纳粹分子的直接控制之下，这样至少能确保他们的思想可以被接受。⑤ 在东欧，尤其是在波兰，侵略者就曾试图既摧毁其民族特性，又全面摧毁延续这种民族特性的机构——大中小学校。⑥从对抗的另一方看同样如此。不管我们是否认识到，对民族特性的捍卫及后来发展为抵抗运动的星星之火，无论是否有组织，其根源都在比利时⑦、法国⑧和荷兰⑨等国的大学生之中，其中波兰的大学生表现得最为突出和英勇。⑩

---

③ 见第三卷第 34 页。

④ Ibid.，168.

⑤ 对比利时、法国、荷兰更深入的考察，可见 G. Neave，'War and Educational Reconstruction in Belgium，France and the Netherlands 1940—1947'，in Lowe，*Education*（note 1），84-127.

⑥ J. Szczepanski，*Systems of Higher Education*：*Poland*（New York，1978）.

⑦ G. K. Tanham，*Contribution à l'histoire de la Résistance belge 1940—1944*（Brussels，1971）；J. Willems，*Belgium under Occupation*（New York，1947），135.

⑧ H. Granet and H. Michel，*Combat*：*Histoire d'un mouvement de Résistance de juillet 1940 à juillet 1943*（Paris，1957）；A. Calmette，*L'OCM-Organisation Civile et Militaire*：*Histoire d'un mouvement de Résistance de 1940 à 1946*（Paris，1961）.

⑨ L. de Jong，*Het Koninkrijk der Nederlanden in de tweede oorlog*（The Hague，1980）；also L. de Jong，*Je maintiendrai*：*Een jaar Nazityrannie in Nederlanden*（London，1941）.

⑩ 见第三卷第 657—658、676、683、689—690 页。

战后重建

在战争末期的大学改革中，有三种比较明显的思潮。第一种思潮是在民族国家内部的。刚刚经历过流亡的政府，其关注点往往不是整个体制，而是支撑战时政权的某些机构。例如，在法国，国家行政学院的建立，就是为了作为一种民主力量去制衡政治研究院，⑪后者由于训练了一批支持维希政府的高级行政人员而被认为角色模糊。

第二种和第三种思潮则产生于战时的争论过程。争论的双方，一方是盟军，一方是被占领国家的流亡政府，争论来自与从实体方面重建欧洲大学平行的"道德重建"的需要。在这一过程中，两种视角共存，并且在其初创时期都受到美国的支持。⑫ 第一种视角是由流亡政府支持的少数派，该视角主张恢复战前的原状，驱逐那些曾为占领者服务的不光彩学者。第二种视角是美国官方支持的多数派，这种视角在战略目的方面更为激进，主张不仅要驱逐那些通敌者，而且呼吁进行大幅度的课程改革及重建课程内容。这一主张进行课程改革的目的在于，为民主社会的理论与实践及"新秩序"的建立奠定坚实的基础，并且确保大学这一社会价值观的主要传播者能成为一个坚强的堡垒，能抵御未来有可能出现的任何复辟集权主义的企图。 32

这些争论产生的背景非常明确，在此背景下产生的各种原则及长期后果自然会对欧洲大学形式、实践以及结构发生深刻影响，并且这种影响至少会延续到接下来的 50 年。虽然在当时的背景下产生的这些争论的呈现方式与表达方式不尽相同，但其实它们和今天的情况也有关联。欧洲大学重建的少数派方案认为，占领及伴随占领而来的理念并没有显著改变大学追求真理、独立判断与思考的根本使命。诚然，对于一个内部从精

---

⑪ M. Blocq Mascart, *Chroniques de la Résistance, suivies d'études pour une nouvelle révolution française par les groupes de l'OCM* (Paris, 1945).

⑫ 参见时任国会议员 1944 年 5 月 5 日对国际教育联络委员会发表的演说，载于 *Newsletter of International Education*, 2 (12 July 1944). Also 'Memorandum: Grayson Kefauver to Assistant Secretary of State William Benton', London, 6 October 1944, [Personal] in *Kefauver Papers, Hanna Collection* (Hoover Archives, Stanford University, Cal.).

神上进入流亡状态的机构，集权主义只能对其施加非常肤浅的影响。以比利时⑬、荷兰及波兰⑭这三个国家为例，高等教育内部生活的精神价值仍旧未被触动，而是以“地下大学”的形式得以保留。从根本上来讲，要想复兴一所运行基本良好的机构，只要剥离那些观念形态上的表层累赘物就行了。具体的复兴措施包括把权力归还给民主政府，或是将学术界从
33 其自我精神流放中拉回来。简言之，这些都是每个国家自主解决的问题。

有人认为，在那些集权主义是本土产物的国家中，学术界已经与集权主义休戚与共，在这些国家中自然不会出现类似前面提到的思潮或争论。⑮ 某个国家重建在历史上有重大影响的大学或重要的价值观，通常意味着回到某个政党或某个机构掌权之前的某一幸福的历史时期。然而，要做到这一点，仅仅在国家内部努力是不够的，重建必定是一个从无到有的过程，且必须由占领军来实施，但这又是一个不小的悖论，因为这种重建涉及以自上而下的方式摧毁忠于和践行极权主义的民主活动，而很多人认为，这种集权现象恰恰是同一个政治体制民主化进程所力图改变的。多数派的计划还隐含着这样一个更深层次的假设：它并不认为一旦民主得以恢复，学术界就会自动还原成为国际学术界的一个部分。相反，不论是在课程的层次方面还是在学生应该学习的内容方面都还要付出艰苦的努力，只有这样才能突出大学在国际学术界承担的角色，而不仅仅是边缘化的、民族主义理念的拥护者。

1945 年 8 月 2 日，美国、苏联和英国在波茨坦签订了战后协定，法国也参与其中。该协定根据各国的势力范围重新划分了占领区，同时也对以下事实做了最终解释：呼之欲出的世界新秩序，必然包容两种完全不同的对民主的理解，包容对于个人与国家之间的关系的两种不同解释，更进一步的是，它还必然包容关于社会和政治重要机构与经济之间互动的两

---

⑬ 1992 年 7 月 25 日与布鲁塞尔自由大学荣誉退休教授 Henriette Herlant-Meewis 夫人（已故）的通信。

⑭ 该观点是由伦敦大学教育学院 Janusz Tomiak 先生提出的，他曾是二战期间进入波兰地下大学的众多学生中的一员。

⑮ 德国学术界的情况，见：F. Ringer, *The Decline of the German Mandarins: The German Academic Community 1890—1933* (Cambridge, Mass., 1969).

种不同理解。不论人们倾向于给这两个集团贴上什么样的标签，比如，给西方贴上“自由或社会民主”的标签，或是给中欧和东欧贴上“马克思-列宁主义”的标签，它对学术世界都会产生基础性的影响。在为民主服务的教育重建中首先引入实践与课程，这既是多数派教育重建计划的一个重要内容，也是其最显著的特征。

然而，从 1947 年起，西方盟国不再强行实施再教育项目。于是，应大学的请求，各大学又重新获得了它们在纳粹时期失去的自我管理权。此后，各大学基本上都是重建之前的结构，恢复之前的实践。虽然如此，构成战后重建政策的各种思潮，同样也影响了西欧大学组织形式及长期发展。 34
在战后重建计划拟定之前，每个国家的大学往往被看作是独特的机构，这些大学分别以各自的独特方式培养本国未来的政治和管理精英，并担当本国文化的保卫者。撇开大学在社会上的地位不谈，人们往往从人文主义和历史传统中来阐释大学的使命。战时和恢复的经历，赋予大学体系独特的合理性，大学因此不被当成规划者的范式，也被视为管理者的范式。每所大学都被看作是一个整体“大学体系”的组成部分。无论是高等教育的政策制定者还是高校学生，都把这种视角理所当然地作为分析和比较的一个基础类型，因此我们不该对这一概念转换的重要性视而不见。

从 1945 年到 1995 年，高等教育被看作是一个体系，大学运转越来越复杂，对细节的规定也越来越具体，对大学控制及监督程度逐渐提高，当然对大学产生决定性影响的因素还不只这些。从以下两个方面可以看出高等教育体系这种十足的运转复杂性：其一，部长职责的变化；其二，系统化立法的趋势。就第一个方面来说，具体表现包括建立一些专门部门来管理高等教育事务。严格来说，不是国家政府的一个部，而是一个终身政府职员委员会，1964 年从瑞典大学校长委员会分离出来的前瑞典全国大学与学院董事会也许是首个此类机构。在它成立之后的四分之一世纪中，这类机构的发展席卷了全西欧：1970 年，联邦德国政府被赋予为高等教育“制定法律框架”的权利，并成立了“联邦教育与科学部”；在奥地利，对于成立于 1973 年的“联邦科学与研究部”来说，高等教育成为其最主要的工作领域；法国 1976 年建立的“大学部”尽管只存续到 1981 年，但也算一个；1988 年，比利时成立了两个高等教育部，分别管理讲法语和讲荷兰语的地区；意大利也随即在 1990 年成立了“高等教育与研究部”。

苏联大学模式的扩展

在那些确立苏联统治地位的国家里，生产资料的集体所有、指令性经济体制、中央集权的政府计划模式、一党执政以及党政合一制度的确立，
35 给大学带来了巨大的影响。尽管各国对这些制度的应对和阐释的方式不尽相同，但是基本目标是相似的。[16] 在这些基本目标中，首当其冲的就是将大学纳入政府的组织架构中，把大学作为本民族智力培养过程的一部分；其次，让高等教育体系在质量和数量方面都完全服从于经济的迫切需求；最后是根据意识形态和技术的需要由中央行政对规模和课程内容实施严密控制。在这样一个体系之下，如果高等教育把其最基本的意识形态方面的目标定义为培养社会主义的人才（这类人才的个人价值取决于他们对集体的贡献）的话，那么，高等教育一定还得瞄准这一具体的目标：“消除体力劳动与脑力劳动之间的基本差别，确保本国家或地区的人民、其组织及其生活方式的社会同质性的发展。”[17]

显然，这种体系所带来的不良后果渗透到高等教育的方方面面，涉及招生政策、接受高等教育的机会、高等学校层次的划分、学习的内容等领域。社会主义可以被看作是使传统社会及其组织机构、政策适应工业化进程的方式，同样，1945 至 1951 年间发生在中欧和东欧的改革也可以看作是一种经过深思熟虑的尝试，其目的在于摆脱亦步亦趋的发展模式，而该模式正是迄今为止历史上的大学的主要特征。简言之，如果该计划以集体主义或马克思-列宁主义的名义来执行的话，用专家治国论的独特术语来讲，它的目标不仅仅是通过“科学规划”和经济预测来将大学“体制化”，而且还寻求主要通过行政集权化和政治集权化的方式实现管理结构、目标设置、规划次序以及学术权力的合理化，而西方民主国家直到 1968 年的动乱之后才开始重视这些问题。

---

⑯ L. Rybalko and E. Soloviev, *Reflection on the Future*: *Educational Development and Forecasting* (Paris, 1980), 4-5.

⑰ V. Affanasiev, ‘The Soviet Union’, in Clark and Neave, *Encyclopedia* Ⅰ, 643-663.

将高等教育体系作为一个组成部分纳入计划经济体制中，随之出现了一些后果，这些后果尤其对大学的角色和地位产生了影响。首先，不论是从注册学生数还是从机构数来看，大学都只是高等教育中的一小部分。例如，在 1960 年的苏联，涵盖社会经济各个方面的 739 所高等教育机构中，只有 40 所是大学；类似地，当年高等教育各机构的学生注册总数为 239.6 万，而其中只有 24.9 万人（十分之一多）是大学生。⑱很明显，大学作为苏联模式中的"主导部分"，与其他那些与大学大不相同的高等教育机构一起，承担着一项非常特别的任务，即培养研究人员及中等教育教师。这一模式不仅非常重视那些以满足经济的中期需要为目标的非大学高等教育机构（西方在 20 世纪 60 年代中期以后也出现了这一议题），而且由于为了与计划经济的主导地位相匹配，各高等机构都被正式划分了各自的任务和职能，这种高等教育系统内部更具差异性的状况与西方的高等教育同类形式大不相同，只有比利时也许是特例。⑲ 36

将大学纳入计划经济体制中，不仅是出于加强那些除大学之外的高等教育机构的专门性，而且还涉及一个方针：将一些具有"实践导向"的学科从大学中分离开来，并逐步无形中建立一些单独的、高度专门化的"大学"，即具有单一学科性质的"大学"。战争末期的里加大学正是这一多元分化政策的典型案例。农业系从拉脱维亚农业学院分离出来，同时，几个跟技术有关的系独立出来组成里加科技学院。稍后，在波兰的波兹南大学也出现了类似进展：1948 至 1951 年间，作为向苏联模式转变的一个步骤，医药系从大学分离出去成立了几个医学专科学校；同时，体育系也从大学中转出，成为一所体育学院；⑳农业系和林业系合并成一所农业高等学校。㉑在匈牙利，神学系和医学系也进行了类似改革，其中医学系升格为

---

⑱ Affanassiev, 'Soviet Union' (note 17), table 14, 657.

⑲ 比利时的高等教育依法正式划分为包括大学在内的七个部分，详细内容见 1970 年 7 月 7 日的法案。See, e.g., Ministerie van de Vlaamse Gemeenschap, Department Onderwijs, *Education in Belgium: The Diverging Paths* (Brussels, 1991), 67-78, 211.

⑳ Ministry of Higher Education, *Institutions of Higher Education in Poland: Information and Statistics Bulletin* (Warsaw, 1963), 8.

㉑ Jílek, *Historical Compendium*, 267, 260.

一所医科大学。㉒

37 于是，作为计划经济关键环节的学科领域，其专业化的程度因国家的不同而不同。那些“有悠久历史的大学”中保留的学科领域，也有别于那些专科大学或技术大学。在保加利亚和匈牙利，这种剥离“基于大学的学科领域”的趋势达到了顶峰：在这两个国家里，大学被限定于只能教授人文学科、自然科学和法学，而这一发展与苏联对大学的重建颇为相似。㉓ 捷克则代表了另外一种趋势，捷克的那些“有悠久历史的大学”所包含的学科领域大部分都保持原样，既包括人文科学、社会科学、自然科学、法学，也包括医学和体育学。㉔这样，面对两种并驾齐驱的大学体制发展趋势，即建立在关键的经济专业部门的基础之上，或是基于 50 年代初期通过采取苏联的高等教育分类政策而导致的非大学机构的扩展，但是，大学仍旧被看作是提供普通教育的机构。㉕

由于引进了指令性经济模式，中欧和东欧的高等教育出现了功能分层，这种分层凸显出另外两个特征。一是对技术和技术高等教育发展的特别关注，该特征也在 60 年代显著地影响了西欧高等教育。㉖ 在一直延续到 20 世纪 50 年代初期的重建过程中出现的建立科技大学的趋势，既契合意识形态方面的诉求，又符合实际需要。所谓意识形态方面的诉求，即来自马克思-列宁主义的一个根本信条——消除理论与实践之间的智力差别，并由此来达到消除脑力劳动者与体力劳动者之间的差别的目的。二是出于更为实用的考虑，即不仅需要重建工业基础，还要由此确立由工人无产阶级当家做主的政治体制衍生出的社会秩序。

一方面，大学是工业重建和经济重建的手段；另一方面，它又承担着

㉒ Jílek, *Historical Compendium*, 115, 129, 255, 290.

㉓ 见第三卷“附录”。

㉔ UNESCO, ‘Case Studies on the Development of Higher Education in Some Eastern European Countries’, Document ED-74/WS/52, 26 October 1974 (Paris, 1974), 17 [roneo].

㉕ Szczepanski, *Systems* (note 6).

㉖ 象征性的是，这种影响采取了苏联人造卫星事件的形式，该事件最直接的后果可以从 1960 年美国的《国防教育法》中看到，同样也对西欧产生了次生影响。也可见：G. Neave, ‘Higher Education Policy as Orthodoxy: Being One Tale of Doxological Drift, Political Intention and Changing Circumstances’, in P. Teixeira, B. Jongbloed, D. Dill and A. Amaral (eds.), *Markets in Higher Education: Rhetoric or Reality*? (Dordrecht, 2004), 132-134.

社会管理的使命，这两个角色对研究领域产生了同样深刻的影响。就研究政策来说，虽然大学并没有放弃承担研究这一基本任务的责任，但它们既不是研究的中心，而且一般来说也未获得最好的研究条件，不论是资料还是设备都是如此。而那些良好的条件或研究中心都集中在各类研究院里——科学研究院、工程学研究院、医学研究院、农业研究院、社会科学研究院和教育研究院——这些研究院不仅制定国家的研究指导方针以指导由管理和计划的层层分支对应着的各个管理部门及各类大学，而且还承担许多基础性研究并授予博士学位。㉗ 这些研究院在其自己的领域巍然屹立，不仅处于研究体系的顶端，在由中央设立的上下协调的强大系统层级中，也处于顶峰。这些研究院赋予苏联高等教育模式基础性的特征——政府统一协调。与此相对，西欧高等教育一直以来都是由学术寡头协调。而在有些研究者看来，"市场"协调则是美国高等教育系统的代名词。㉘

为加强知识从高等教育领域到新兴经济领域的转化，计划经济往往会下大力气发展技术学院，重新分配社会声望，即将传统模式的大学所享有的声望转移一些给技术学院这类新的高等教育领域，因此，高等教育入学政策也反映了建设社会主义社会的努力。如果说，高等教育向所有有资格的人开放是一条普遍原则，以下几种方式都在一定程度上削弱了这条普遍原则：竞争性的入学考试、严格的高等教育发展规划，而制订这种规划的目的恰恰就在于确保合格学生的培养与由国家计划委员会及其与之类似的机构制订的对人力资源的需求保持一致。㉙东部集团国家实行一种可以称作是"阶级歧视"的政策，即向工人阶级和农民阶级出身的年青

㉗ Y. M. Rabkin, 'Academies: Soviet Union', in Clark and Neave, *Encyclopedia* Ⅱ, 1049-1055.

㉘ B. R. Clark, *The Higher Education System: Academic Organization in Cross National Perspective* (Berkeley, Los Angeles and London, 1983), 265.

㉙ For Bulgaria: B. Penkov in Clark and Neave, *Encyclopedia* Ⅰ, 95-99; Afanassiev, 'The Soviet Union', in Clark, *Encyclopedia* Ⅰ, 643-663; H. Möhle, 'German Democratic Republic', in Clark and Neave, *Encyclopedia* Ⅰ, 231-240.

人倾斜。[30]此外，自社会主义社会成立伊始就建立了一些面向工农阶级子
39 弟的专门机构，以帮助他们获得接受高等教育的机会，如夜校、函授班等。在东德，高等教育的民主化成为特别关注的目标。于 1946 年重新恢复办学的格赖夫斯瓦尔德大学，就专门为那些未获得正式毕业资格就离开学校的高中生开设专门的讲座课程。三年后，这一开设补习课程的机构正式升格为工农系，在整个过渡期间一直持续办学，直到 1962 年才被关闭。[31]这类为在职工人和技术人员提供高等教育的第二条通道，成为东欧和中欧高等教育的一个显著特征。非社会主义政体传统上倾向于满足中上阶层的需求，与此不同的是，中欧和东欧的高等教育系统的建构是基于提高社会各阶层的知识水平的需要。但尽管如此，在高等教育的入学政策方面，人力资源方面的考量仍旧是第一位的，社会需求则总是处于第二位。

然而，当我们解释苏联高等教育模式以及将此模式移植至中欧和东欧形成的变体时，不论将其当成利用大学为社会主义科学原则服务的尝试，还是将这种高等教育模式当作适应"辩证唯物主义的进步力量"的方式，高等教育一直都是自成体系的。直到 1989 至 1990 年的一系列事件发生之前，两种"世界秩序"体系中高等教育领域之间的学术流动一直处于严密的官方控制之下。这并不是说在东部集团内部缺乏包括学生、研究者和普通教职人员在内的各种层次的学术交流，恰恰相反，这方面的学术交流活动非常频繁，首当其冲的就是东欧和中欧的高等教育系统与苏联高等教育系统之间的交流。[32]然而，几十年来，尽管欧洲的大学在数量上出现了史无前例的增长，大学教职人员和学生的行列也大大扩大了，但是，两个集团之间的学术交流活动依旧不明显，只有政府和安全部门的充满警惕的眼睛里才能看到一些这样的交流。就双方阵营的高等教育系统中

㉚ For Poland：Szczepanski，Systems (note 6).在波兰，这种措施产生了复杂的结果。到 70 年代中后期，具有这种背景的入学者人数已经显著下降。参见：W. Adamski and I. Bialecki，'Selection at School and Access to Higher Education in Poland'，*European Journal of Education*，16：2 (1981)，209-233.

㉛ Jílek，*Historical Compendium*，162.

㉜ D. Kallen and G. Neave，*The Open Door：Pan European Academic Cooperation* (Bucharest，1991)，9-84.

参与交流的比例来说，不论是学生、研究人员和教职人员，参与这种交流的都非常少。㉝关于欧洲大学进入这种意识形态死胡同的深度，这是最为雄辩的证据了。 40

高等教育的大众化趋势

欧洲大学迈向大众化高等教育是其发展过程中的一个分水岭。从 20 世纪 50 年代到 90 年代，由于学生数量的急剧上升，高等教育系统以及其中的大学一直面临严峻的、持续的压力。至 1990 年，适龄青年进入高等教育的比例提高了，与四十年前高等教育中只有学术性高中毕业生的情况形成鲜明对比。1990 年，西班牙的高等教育机构录取的学生数比 1960 年增加了 15 倍，芬兰和荷兰的大学生数较 1950 年增加了 10 倍，联邦德国和英国的大学生数增加了 9 倍，法国增加了 8 倍，希腊、意大利和澳大利亚增加了 6 倍，比利时增加了 5 倍，南斯拉夫增加了 4 倍。

东欧和中欧的大学的情况却并非如此，大多数东欧国家高等教育体系的年增长率非常低，有的甚至是负增长。㉞其中的原因我们会在谈欧洲不同地区大学体制发展的背景时再对此进行讨论。在两大集团内部的高等教育系统越来越趋于一致的时候，两集团之间的对立却非常明显，更不用说两集团之间的巨大差别了。

从 60 年代初期开始沿用了 20 多年的这一方针已变得面目全非，要想勾勒出哪怕最粗的高等教育发展脉络，仍然不是一件易事。虽然在以意大利和西班牙为代表的这类国家中，从严格意义上讲大学依旧是高等教育最主要的机构，变革正是在大学中完成的，但高等教育的大众化发展并不局限于大学。以法国、联邦德国、英国和挪威为例，学生数量的增加与高等教育机构类型的增加齐头并进，更多的机构被纳入国家的高等教育领域。这样，伴随着高等教育的扩展，出现了高等教育机构的多样化以及非

㉝ 1989—1990 年，Kallen 对东西欧负责学术流动性的政府机构进行了实地考察，结果表明，1988—1989 年间，东欧阵营国家有11 164人访问了西欧国家的大学，而西欧有约 3080 人访问了东欧国家的大学。见：Kallen and Neave，*Open Door* (note 32)，48-49.

㉞ Kallen and Neave，*Open Door* (note 32)，esp.table 3，19.

大学高等教育机构的发展，表现出以下一些主要特征：重视应用学科；较
古典大学第一级学位教育更短的学习周期；宣称所传授的知识和技能应
41 该是在工作领域直接适用的；㉟保证进行以实践为基础的教学（虽然这与
大学在研究方面的使命并不匹配）。

表 2.1　1950 至 1990 年大学登记注册情况（千人）

国家	1950	1960	1970	1980	1990*
奥地利	24.6	27.2	43.1	100.1	213.4
比利时	18.2	28.1	42.0	63.3	108.5
保加利亚			85.3		127.0
捷克斯洛伐克	38.8				112.9*
丹麦	7.3				113.8
芬兰	10.4	23.0	58.8	83.0	120.5
法国	129.0	240.7	694.8	883.6	1251.4
联邦德国		247.2	412.0	791.5	(1504.1)
民主德国		30.1	44.0	32.0	
希腊			72.3	85.7	117.3
匈牙利					108.4
冰岛		0.9	2.0	3.6	5.2
爱尔兰					42.8
意大利	180.1	268.0	682.0	1048.0	1324.9
荷兰	18.1	40.7	103.4	151.2	173.9
挪威	7.4	9.6	30.2	40.6	47.9

㉟ D. Furth, *Short Cycle Higher Education: Crisis of Identity* (Paris, 1974); for France: J. Lamour, *Les institutes universitaires de technologie* (Paris, 1981); for the Federal Republic of Germany: U. Teichler, 'Das Hochschulwesen in der Bundesrepublik Deutschland-ein Überblick', in U. Teichler (ed.), *DasHochschulwesen in der Bundesrepublik Deutschland* (Weinheim, 1990), 11-42; for Norway: S. Kyvik, *The Norwegian Regional College: A Study in the Establishment and Implementation of a Reform in Higher Education* (Oslo, 1981); for Britain: J. Pratt and T. Burgess, *The Polytechnics* (London, 1974).

续表

国家	1950	1960	1970	1980	1990*
波兰					823.0**
葡萄牙	11.5	19.5	43.6	65.0	
罗马尼亚					
西班牙		76.4	232.1	629.6	1158.8
瑞典	9.7				93.9
瑞士	13.2				80.2
英国	81.0	129.0	258.0	340.0	799.4
苏联		248.9	503.5	609.4	593.7
南斯拉夫	60.6	106.3	172.6	302.8	267.1

资料来源：specified country entries in Clark,*Encyclopedia* Ⅰ and *UNESCO*, *Organization and Statistics* (Paris, 1951); *OECD*, *Education in OECD Countries*: *A Compendium of Statistical Information* (Paris, 1993), 64ff.; File and Goedegebuure, *Real-Time Systems* (note 39), table 5, 49.

虽然理论上可以区分非大学高等教育机构和大学，但是实际上二者之间的界限非常模糊。英国的多科技术学院是反映这种模糊界限情况的最佳例子。英国的这些多科技术学院成立于 1966 年至 1972 年间，其中有些学院的起源甚至可以追溯到 19 世纪末。多科技术学院的修业年限与大学学士学位的要求完全相同，其课程结构和学生选课的形式也与大学有高度类似性。经过多年发展，这些多科技术学院不仅积聚了不可忽视的研究能力，而且还设立了一些分散的博士学位培养项目。法国的大学技术学院同样创办于 1966 年，不同的是它们把重点放在与经济部门直接相联系的那些科目上，包括第二产业和第三产业经济，法国这些大学技术学院授予的第一级学位，相当于大学第一个两年周期的学习。 42

高等教育的发展还表现为：一些高等教育体系之外的机构升格而获得高等教育地位，从高中升格而来的联邦德国的高等专科学校(*Fachhochschulen*)就属于这种情况。然而，这也引发了方法论方面的严重困难：如何界定大学？大学是美国高校学生认为的那种科系门类齐全的机构吗？㊱按照这个定义，法国的一些著名大学就不符合标准了，㊲中欧和东欧的一些更为专门化的机构也不符合标准，比如说经济大学或兽医大学。面对自20世纪70年代以来已经成为西欧高等教育体系的特色的高等教育界限模糊的局面，有没有一些操作性的标准，使得我们可以在不同的机构类型之间进行明确、快捷的画线区分呢？

1990年之后，由于对高等教育本身的界定发生变化，对不同高等教育机构之间的区分变得更为重要。在严格意义上的大学之外，出现了"大学型"机构，这类机构往往提供硕士学位或相当于硕士学位的学习项目，并且有一些分散的研究项目。对大学的定义既要明确大学的独特性，又要有助于其获得资金，再加上随之出现的"市场驱动理念"和竞争原则的引入，对大学的界定变得更为复杂。以前东部集团为例，随着政府的解体，"私立"大学数量激增㊳，这更需要对大学进行巧妙的定义。虽然没有生存危机的压力，但通过这种方式学术界也可以保证自己的日常生计。㊴

面临以上诸多困难，再加上为数众多的新大学的出现，我们决定采用欧洲大学校长常设会议（欧洲大学协会）用以界定其成员的方法。该方法紧扣法律条文，可溯源至古老的欧洲大学，即大学是高等教育机构，由公
43 共权力机关创办或由其认可为大学，并由公共权力机构授权颁发包括硕士和博士在内的学术性学位。㊵ 欧洲大学协会（原欧洲大学校长常设会

㊱ C. Kerr, *The Great Transformation of Higher Education 1960—1980* (Albany, 1991).

㊲ 关于这一点，见：G. Neave, 'France', in B. R. Clark (ed.), *The Research Foundations of Graduate Education: Germany, Britain, France, United States, Japan* (Berkeley, Los Angeles and London, 1993), 159-220.

㊳ 关于20世纪90年代罗马尼亚的情况，见：A.-M. Dima, 'Quality Assurance Mechanisms and Accreditation Processes in Private Higher Education in Roumania', in UNESCO, *Globalisation and the Market in Higher Education: Quality, Accreditation and Qualifications* (Paris, 2002), 145-158.

㊴ G. Neave, 'On the Return from Babylon: A Long Voyage around History, Ideology and Systems Change', in J. File and L. Goedegebuure (eds.), *Real-Time Systems: Reflections on Higher Education in the Czech Republic, Hungary, Poland and Slovenia* (Brno, 2003), 15-37; Teixeira *et al.*, *Markets* (note 26).

㊵ 大多数政府认可大学地位时也采用同样的标准，因为授予这些学位要求有基本的研究设施和常规的研究活动。

议)就是根据这个界定来收集整理大学资料并进行比较的。[41] 根据这个定义，1950 年前就已经是大学的机构与 1950 到 1985 年间逐步获得大学地位的机构都被包括在内。这样，在 25 个国家中存在的大学数是 524 所，其中有 8 所位于前东欧阵营，其余的都位于西欧。[42] 大学作为“制度性结构”急剧增加的趋势更为明显。[43] 1950 年，业已存在 200 所大学，35 年后，这个数字翻了一倍多，达到了 500 所左右。每所大学中的学生也更多了。在联邦德国、西班牙和意大利，有些大学中的学生数达到了历史最高——慕尼黑大学和柏林自由大学这两所大学的学生都超过了 6 万，马德里康普顿斯大学的学生数也相差无几[44]，而罗马第一大学则承担着培养 12 万学生的重任。事实上，没有哪个公司能在一个城市里聚集这么多数量的工人！

这种扩展并非随着时间的推移缓慢推进。图 2.1 显示，1970 至 1975 年的五年，是一个非常明显的急剧增长期。

与那些拥有悠久历史的欧洲大学不同，这种扩展可以说是一个创举。从创建大学的角度来看，这种扩展几乎是完全的西欧现象。而在同一时期的东部集团，学生入学数的增长则出现了停滞。关于这个局面出现的原因，有多种解释：首先，东欧和中欧高等教育基础设施的发展一直滞后于西欧的发展；其次，战争对西欧及西欧的大学所产生的破坏影响也小得多。图 2.1 显示了东欧和中欧从这种打击中恢复过来所需要的努力，其 44
中，1950 至 1955 年间的努力尤其明显。

㊶ Jílek 编著的《欧洲大学史纲》是欧洲大学校长常设会议启动《欧洲大学史》项目后出版的首部研究成果，同时也是该项目的工作工具。该书的日期始于 1984 年，因此忽略了 1983 年之后获得大学地位的大学创办情况。不过该书也有两个显著优点：第一，该书是唯一一部包括大学创办情况简明史的文献；第二，它也省却(并非全部)了一项工作任务，若非该书的出版，则该项工作就要由一个研究团队来承担。该书中的所有院校，都要仔细审查其作为一所大学的创建时间，如果该院校系源于非大学机构，则还要追溯其前身的创建时间。

㊷ 不包括卢森堡。由于 Jílek 编著的《史纲》中苏联大学的数量严重不足(仅 22 所)，因此全部 65 所大学均引自 Afanassiev，‘The Soviet Union’ (note 29)。

㊸ 这一概念是高等教育体系研究中一个重要的分析类别，有关此概念的解读可见：Clark and Neave，*Encyclopedia Ⅱ*.

㊹ 关于这种行政和管理的结果，见：ICED，*La Reforma Universitaria española: evaluación e informe* (Madrid，1987).

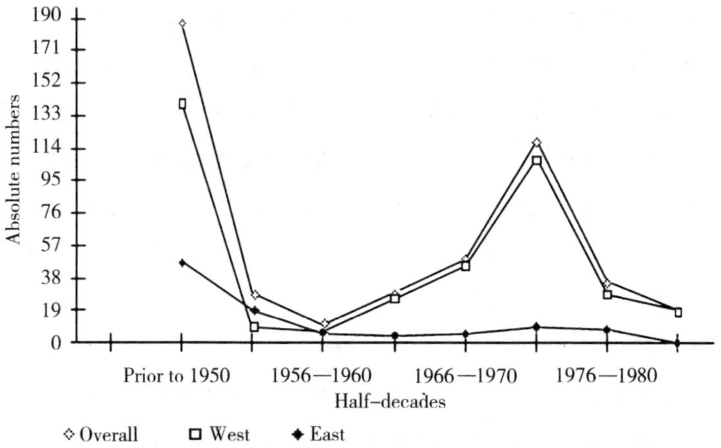

图 2.1　1950 至 1990 年东欧和西欧的新建大学

当然，在一个高度分割的体系之中，大学仅仅包含其中的一个部分。我们在描绘大学发展的同时，其实忽略了非大学高等教育机构的迅速发展。如果把原本不具备大学地位的各类技术学院考虑进去，那么，中欧和东欧在创立大学方面表现欠佳这个论断也许在一定意义上是个伪论断。西欧高等教育的大扩展往往是个体需求的产物，在很多国家中，这种需求甚至被放大，因为宪法规定要保证符合条件的人都有适时接受高等教育的权利。㊺ 为疏导这样的需求，在政治上可以接受的方式并不多。其中包括针对一些学科逐步设立严格的入学政策，即“入学限制条款”(*numerus clausus*)，或在第一学年进行甄选，甄选既可通过设立预科㊻的形式，也可
45 通过高淘汰率的形式。

与此相反，计划经济的基本特征恰恰是将学生数量与高等教育机构的接受能力进行匹配，并根据人力资源的要求进行调整。个人需求只有

㊺　这种权利，在法国与中学毕业文凭(*baccalauréat*)相关联，在奥地利、比利时、意大利和瑞士和年龄成熟度(*Maturität*，*Maturité*，*Maturità*)相关联，在德国和高中文凭(*Abitur*)相关联。它并不意味着保证每个个体都能进入其首选的系科。实际上，过去 30 年来西欧的一个主要趋势是，一些申请人数过多的系科在招生时引入了入学限制条款，其中首当其冲的是工程学和医学。

㊻　法国和荷兰都曾在不同时期尝试过这种形式，西班牙的大学预科课程也具有相同的功能。不过在西班牙，极少有人通不过筛选。

在与个人的能力一致，并与其在高等教育体系中的定位相一致的时候，才会被考虑。按照人力资源规划预测，可以对个人的需求在不同高等教育类型之间进行疏导。[47] 这样，在需要的时候，计划经济体系就有能力将这类需求从大学中转移出去，并且这样做也具有合法性。对西欧来说，尽管也存在这类考虑，但转移只能是自愿的、个体的选择。这是两类体系本身存在的一个非常重要的区别。

国家大学储备积累

表 2.2 显示的是 1981 至 1984 年间被认定具有大学地位的机构的总数、1950 年前业已存在的大学机构所占的比例，以及作为“国家储备”(national stock)而每五年建立的大学数。[48]

这个表显示出一个相当有趣的事实：一方面，有些国家的大学体系自 1950 年就没有发生什么改变，如瑞士、爱尔兰和奥地利的大学体系在 1950 年时就基本确定了，学生数量的增加和扩展都是在已有体制框架内实现的。另一方面，有些国家的大学体系，虽然有着一百多年的深厚基础，但是其今天的大学体系却主要是在 20 世纪后半段建立起来的，属于这一类的国家包括保加利亚、芬兰、法国、联邦德国、希腊、葡萄牙、罗马尼亚、西班牙和南斯拉夫。这些国家在 20 世纪后半段这一时期承担了重大的建立新机构的任务，使得其大学数量达到了 1950 年的四倍。

在图、表 2.1 显示的总体趋势的基础上，表 2.2 清晰地显示出各个国家的状况。对许多东欧国家来说，战后重建时期同时也是今天大学网络形成的时期。以捷克为例，这一进程基本上是在 1955 年完成的。波兰和匈牙利的情况也差不多。民主德国将其扩展大学机构的方针一直延续到 1961 至 1965 年间，而此时的保加利亚业已将其大学体系调整完毕。罗马 46
尼亚和南斯拉夫这两个国家是例外，前者将大学体系的改革分成两个阶段进行，第一个阶段在时间上与其他社会主义国家的战后重建相符，第二个阶段则与西欧大学机构大发展的时间相同；南斯拉夫则完全相反，它的

---

[47] K. Hüfner, 'Economics', in Clark and Neave, *Encyclopedia Ⅲ*, 1797—1809.

[48] 表 2.2 将数据截点定于调查期的末期，即 1984 年，以此表明国家大学储备完成于何时，以及院校扩张和更新政策所追求的时间跨度。

大学发展轨迹与西欧地中海国家差不多。

表 2.2　1949 至 1984 年大学基础设施的发展

各国每五年出现或新建的大学数占 1984 年大学总数的比例(%)

	1949 %	1951 %	1959 %	1964 %	1969 %	1974 %	1979 %	1984 %	1984 总数
奥地利	58	8		8	8	17			12
比利时	25			6	31	38			16
保加利亚	17	17	17			50			6
捷克	58	17	8	8		8			12
丹麦	67				17	17			6
法国	20				3	67	11		81
芬兰									
联邦德国	26	9	2	7	16	33	2	5	57
民主德国	50	20	10	20					10
希腊	31	8		23		23	8	8	13
匈牙利	56	44							9
冰岛	100								1
意大利	51		2		8	16	8	14	49
爱尔兰	100								2
荷兰	50		7	14	14	14			14
葡萄牙	31				8	16	31	15	13
波兰	38	46		8	8				13
罗马尼亚	25	25	12		13	25			8
西班牙	27			9	12	30	21		34
瑞典	46	9		18	9		18		11
瑞士	100								10
英国	56	2	2	6	25	6		2	48
苏联	49	6	11	3	14	14	5		65

续表

	1949 %	1951 %	1959 %	1964 %	1969 %	1974 %	1979 %	1984 %	1984 总数
南斯拉夫	22			11	6	22	39		18
未知									4
每五年所占的百分比	38	44	47	53	64	88	95	99	100
各国每五年新建大学的总数	201	32	18	32	56	127	39	19	524

资料来源:Jílek,*Historical Compendium*.

在西欧,大学的大规模发展主要出现在20世纪60年代和70年代,只是其中有几个国家出现了时间上的滞后:希腊、葡萄牙和西班牙这几个国家的大学快速发展时期集中在1971年至1980年。西欧在“储备积累”过程中形成了一个有趣的特征:此时的储备积累,与其说是体现在地理位置上,还不如说是体现在持续时间和强度上。从持续时间和强度这两个层面进行分析,我们可以把所有西欧国家分成两种类型:一种是储备积累相对延后的,一种是储备积累集中在一个较短时间内发生的。就后者来说,法国是非常典型的例子,简直可以称得上是大力神。从1970年到1974年,今天法国大学中的三分之二破土而出,这种情况的出现在很大程度上要归功于当时的大学拆分运动,即依据学科源头领域将原有的一所大学分成两到三所大学。㊾“一分为众”而不是“合众为一”。 47

效法法国的,只有挪威。从1966年到1970年,挪威将其大学储备增加了一倍,可以算是法国的一个竞争对手了。但是,这两个国家的操作规模却是大不相同。回到第一个方面,即在发展的时间跨度上,有四个国家的体系值得注意:联邦德国和英国的大学储备积累自1950年开始持续了20年,其中英国在1960年至1969年达到高潮,联邦德国在1965年到

㊾ L. Lévy-Garboua, ‘Différentiation des enseignements supérieurs notamment en premier cycle’, in *Documents annexes à demain l'université: Rapport au ministre délégué de la recherche et de l'enseignement supérieur* (Paris, 1987) [mimeo]; A. Bienaymé, ‘Deux millions d'étudiants en l'an 2000: Que demande la France de l'enseignement supérieur?’, *Cahiers de l'Université Paris IX Dauphine* (1987), 152.

1974 年达到高潮；芬兰和意大利两国的扩展从 1950 年起缓慢进行，但从 1965 年开始加速，并一直持续到 20 世纪 80 年代。

基础与创建

观察国家的大学储备整体进程的时间分布和强度是一回事，[50]而这一进程本身所体现的原有的大学基础与新建的大学之间的不同需求和特色则是另外一回事。在原有的大学体系中，也许会创建一所与原有体系完全不同类型的大学。这一进程的存在时间几乎与大学本身存在的时间一样长，它往往是通过授予一个业已存在的机构以一个"*studium generale*"（探索普遍学问的机构）的权利开始。这一点到今天仍未改变，发源自原有机构体系的新大学也许会发展成功能齐全的、由权威部门公认并获得所有保留的特权的机构，因此，作为新大学基础的原有机构的多样性一点也
48 没有减少。当然，这一同化过程也并不总是一帆风顺，许多研究高等教育实施理论的学者都发现了这一点。[51]

表 2.3　欧洲原有大学与新建大学数（1950 至 1984 年）

	总数		东部		西部	
	%	大学数	%	大学数	%	大学数
1949 年存在的大学	37	204	50	71	33	133
新成立的大学	31	96	29	20	31	76
在原有基础上创建的大学						
（1）从大学地位的机构发展而来的大学	43	139	44	31	44	108
（2）从非大学地位的机构发展而来的大学	26	83	27	19	25	63
1950—1984 年存在和新建大学总数	100	318	100	70	100	245

---

[50] 各国政府在推动该扩张过程方面的相关政策，请见第三章。

[51] L. Cerych and P. Sabatier, *Great Expectations and Mixed Performance: The Implementation of Higher Education Reforms in Europe* (Stoke-on-Trent, 1986); J.-E. Lane, *Creating the University of Norrland: Goals, Structures and Outcomes* (Umeå, 1983).

续表

	总数		东部		西部	
	%	大学数	%	大学数	%	大学数
未知		2				5
1984 年大学的数量		524		141		383
新大学占 1984 年大学保有数比例		60		50		64

高等教育机构在实现获得全科大学地位的梦想之前，其创建过程往往要分为几个步骤。在二战期间和战后初期的英国，许多当权机构认定的大学原来都拥有叫作大学学院的机构，这些大学学院附属于一所业已存在的大学，大多数大学学院都附属于伦敦大学。从作为一所高等教育机构而创建到被完全认可为大学之间，这些机构都经历了成为大学学院这一步骤。有的创建过程则表现为两个步骤。出现在 60 年代的许多“技术”大学，其前身是创建于 50 年代初期的地区性技术学院。这些地区性技术学院中有一些在 50 年代后期升格为高等技术学院。[52] 不过，1966 年后建立的英国多科技术学院逐步成为“非大学”高等教育机构的重要组成部分，但直到 1992 年它们发展成为羽翼丰满的大学之后，本书中的数据才开始将这类机构计算在内。[53]

49

表 2.3 对计划经济体制下的大学与西欧的大学进行了区分。在 1984 年西欧存在的大学中，几乎有三分之二创建于 1984 年之前的 35 年间。计划经济体制下的国家在这方面从未赶超其西欧的竞争对手。的确，这一时期计划经济下的大学数翻了一番，从 71 所增加为 141 所。但在同一时期的西欧，却新增了 255 所大学机构。然而，当我们将注意力放在这些大学建立的方式时，我们发现二者非常类似，都是通过以下几种方式：有完全是新建的，有将原有的机构授予大学地位的，也有将其他一些机构的条

---

[52] T. Burgess and J. Pratt, Policy and Practice: *The Colleges of Advanced Technology* (London, 1970); P. Venables, *Higher Education Developments*: *The Technological Universities 1956—1976* (London, 1978).

[53] 见下文第 63 页。

件进行提升而升格的。

在东欧集团，44％的新创建大学是通过授予原有的机构以大学的地位升格而来。在西欧，这一方式也是创建大学的三种方式中最主要的一种。至于通过完全新建这一方式的，西欧的比例（31％）略高于东欧（29％）。就第三种方式而言，即直接从非大学机构升格为大学的，西欧的比例（27％）也略高于东欧（25％）。

表 2.4 展示的是各国为满足不断增长的高等教育需求而采取的途径，以及这些途径对各国大学储备的影响。

在西欧，比利时、芬兰、法国和当时的联邦德国这几个国家展示了非常强劲的增长势头。在东欧集团，增长势头迅猛的则包括保加利亚、罗马尼亚和南斯拉夫。西欧各国中，一些国家大学的发展主要依靠将原有的非大学机构升级的政策，这些国家包括比利时、保加利亚、民主德国、荷兰和罗马尼亚。与此相反，另外一些国家大学体系的发展则主要依靠授予那些本已具有一定影响力的机构以全科大学的地位，属于这一类别的国家包括葡萄牙、波兰、法国和西班牙。通过拆分原有的大学而建立新大学的方式则可以看作是机构升格方式的变异，1968 年之后的法国是实践这一方式的典型。

这些新大学在创建之初都受到特别关注，尤其令人瞩目的是，新大学往往努力尝试以一种新的方式组织学科体系、引进新的课程形式，并且重新划定知识的范围。例如，为了回应劳动力市场对技能的新要求，德国在 20 世纪 70 年代中期创建的多所综合性大学就纷纷将其本科生课程中的“理论”部分和“实践”部分进行重新结合。[54] 虽然并不是所有的新建高等教育机构都致力于创新，但的确有相当数量的大学都在承担这一新的变革角色。另外，一个非常明显的现象是，主要以新建大学构成本国大学网络发展无可争辩的基础的国家，为数不多。与这种一般情况最为不同的
50 国家包括丹麦、芬兰和葡萄牙。

[54] For example, H. J. Perkin, *New Universities in the United Kingdom* (Paris, 1969).

表 2.4 1950 至 1984 年的新建大学

	1949 年存在的大学数	1984 年存在的大学数	新建大学机构的		由大学地位机构升格而成的		由非大学地位机构升格而成的		新建大学的	
			数量	百分比(%)	大学数	百分比(%)	大学数	百分比(%)	数量	百分比(%)
奥地利	7	12	1	8	3	25	1	8	5	42
比利时	4	16	2	12	8	50	2	13	12	75
保加利亚	1	6	1	16	3	50	2	33	5	83
捷克	7	12			3	25	2	17	5	42
丹麦	4	6					2	33	2	33
芬兰	1	13	5	39 3	23	4	31	12	92	
法国	16	81	7	9	34	42	24	30	65	80
民主德国	5	10			1	10	4	40	5	50
联邦德国	15	57	10	18	18	32	14	25	42	74
希腊	4	13	7	54	1	8	1	8	9	69
匈牙利	5	9			3	33	1	11	4	44
冰岛	1	1								100
爱尔兰	2	2								
意大利	24	49	9	18	13	27	2	4	24	49
荷兰	7	14	2	14	2	14	3	21	7	50
挪威	2	4	1	25			1	25	2	50
波兰	5	13	4	31	4	31	1	8	9	69
葡萄牙	4	13	4	31	4	31	1	8	9	69
罗马尼亚	2	8	1	12	2	25	3	38	6	75
苏联	32	65	15	23	10	15	5	8	33	46
西班牙	9	33	8	24	10	30	6	18	2	72
瑞典	5	11	2	18 2	18	2	18	6	55	
瑞士	10	10								
英国	27	48	9	19	10	21	2	4	21	44
南斯拉夫	5	18	6	33	5	28	2	11	13	72
未知地区					10					
欧洲	204	524	96		139		83		320	

表2.5将新大学与那些从原非大学机构升格或发展而来的大学进行了区分。

224所通过升格而成的大学中，超过半数的是由原来的具有大学地位的其他机构转型而来。这些大学中，在获得大学名号以前经历过两次变革的少之又少，不像东欧这种情况比较常见。问题是：在扩展大学储备的进程中，东欧和西欧是否采用了同样的途径？

在西欧，1984年存在的所有大学中，有超过60%是新建的，而在东部集团，这个数字是53%，并且东部集团新建大学中通过升格而成的所占比
51 例为三分之一，这个数字明显高于西欧的五分之一。西欧大学的发展模式在很大程度上反映了20世纪50年代的大学拆分运动，即将原有大学的一些系部分出来成立为专科大学。

表2.5 （1950至1984年创建的新大学的）体制发展类型

	全欧洲		西欧		东欧		未知地区
	数量	百分比（%）	数量	百分比（%）	数量	百分比（%）	数量
1984年的大学总数	524		383		141		
新大学总数	319	61	24	162	78	55	
通过升格而建立的大学	129	58	107	63	22	42	10
通过提升而建立的大学	83	37	62	36	19	37	
通过两步提升而建立的大学	125	5	1	<1	11	21	
建立大学的总数	224	100	170	99	52	100	

区 域 化

欧洲大学数量的增加不仅仅是对不断增长的学生需求的回应，它同时也是对接受大学教育的方便性的回应。[55] 正像马克斯·韦伯在很早之

[55] 见第三章。

前就说过的那样，创建一所大学，不仅仅是为了让学生或者家长弹冠相庆，它应该也可以增加商贩、房东和本地政客的满意度，[56]因为学生既是国家未来的财富，同时也是今天很多货物和服务的消费者。大学入学在地理方面的均衡化是一个非常有力的观点，尤其是与以下这个概念结合在一起的时候更是如此：大学本身不仅能服务于提高远离首都的地区或是处于国家大学框架体系的边缘地区的教育水平，而且还能成为拯救当地工业基础建设免于滑坡的催化剂。

在整个 20 世纪 60 年代和 70 年代里，大学的地理位置、非大学机构的升格以及其他方面的加强成为高等教育规划中重点考虑的因素。联邦德国的特里尔大学和凯撒斯劳滕大学[57]、瑞典的于默奥大学[58]和意大利南部的卡拉布里亚大学的创建都是这种考虑的典型范例。其中意大利卡拉布 52
里亚大学的创建初衷更多来自对政党需求的回应而非人力资本理论在该地区的运用。[59] 大学与地区发展政策联姻的最明显的例证来自芬兰，自 60 年代初期开始，芬兰往往根据发展地区经济的需要来确定大学的选址。[60]

大学在不同地区之间的均衡分布，往往不会立即带来管理、控制和问责方面的改革。改变这一状况的是随之而来的三种因素。第一种因素是管理因素。例如，瑞典 1977 年的改革在七个地区都设立了统一的管理高等教育的机构，并制定有关在大学理事会和地区高等教育委员会设立地区代表的条款，实现在经费方面对非学位课程的控制。[61]逐步加强地区对高等教育控制的第二种因素是文化。在大学内部，这种需求主要体现在

---

[56] M. Weber, 'Wissenschaft als Beruf', in C. Wright Mills and H. Gerth (eds.), *From Max Weber: Essays in Sociology* (Oxford 1964) [translation].

[57] G. Kueppers *et al.*, 'Die Universität Trier', *Paedagogica Europaea*, 12:2 (1976), 86-112.

[58] Lane, *Creating* (note 51).

[59] 有关这一敏感而又滑稽的案例，可见：D. Ryan, 'The University of Calabria in its Regional Context', *Paedagogica Europaea*, 13:1 (1977), 63-92.

[60] J. Vakkuri, 'Institutional Change of Universities as a Problem of Evolving Boundaries', *Higher Education Policy*, 17:3 (2004), 287-310.

[61] R. T. Premfors, 'The Regionalization of Swedish Higher Education', *Comparative Education Review*, 28:1 (1984), 85-104.

各地区公开强调追求自己在文化和历史方面的特性。[62] 西班牙创建的自治区、大学内部创建的代表地区性利益的社会委员会[63]，以及比利时在德语区和法语区建立的行政区域和对高等教育筹资进行的各种调控手段皆是明证。第三种因素虽然同样有政治方面的考量，但在经济方面更有意义，即剥离中央管理机构的一些功能，并将这些功能下放到地区层面，加大地方对高等教育的直接投资。1989 年之后的法国[64]和 1990 年之后的挪威[65]应该是该进程的最好例证。

区域化趋势虽然属于次要趋势，但仍可以看作是塑造当今大学发展方向的一股重要力量。它体现出对高等教育管理中通常被看作是“弱势
53 的中间层次”的影响力的提升。地方的影响夹在强大的中央管理机构和同样强大的高等教育机构内部管理的中间。[66]区域化趋势还体现出大学优先考虑的事项越来越受到地方政府预算的影响。由此可见，尽管大学体系的任务和学科范围在很多国家中都是相似的，但由于区域性经济和劳动力市场的发展方式大不相同，我们很有可能会看到大学在体制多样化和专业化方面新的尝试，以适应当地经济的需求。由于大学在历史上长期在同一性和多样性之间摇摆，[67]对于创建时就清晰地体现出同一性的欧洲高等教育领域来说，地方对大学生活逐渐增加的影响力可以看作是一种平衡的手段。它显然是推进高等教育“去国有化”的诸多重要因素之一。[68]

---

[62] R. Diez-Hochleitner, ‘La educación postsecundaria ante la sociedad del conocimento y de la comunicaciones-documento del trabajo basico’, in *La educación postsecondaria ante la sociedad del conocimiento y de las comunicaciones: documentos de un debate* (Madrid, 1989), 9-17.

[63] ICED, *Reforma universitaria* (note 44).

[64] J. Guin, ‘The Re-awakening of French Higher Education’, *European Journal of Education*, 25:2 (1990), 123-146.

[65] P. O. Aamodt, ‘A New Deal for Norwegian Higher Education?’, *European Journal of Education*, 25:2 (1990), 171-185.

[66] T. Becher and M. Kogan, *Structure and Process in Higher Education*, 2nd edn (London, 1990).

[67] U. Teichler, *Convergence or Growing Variety: The Changing Organization of Studies* (Strasbourg, 1988).

[68] 对此类实施举措的探讨，见：G. Neave, ‘La dimensi ó educacional en la integraci ó Europea: Una ulluda més enll à dels programes’, *Bulletídels Mestres* [Departament d’Ensaynament, Generalitat de Catalunya], 228 (June 1991), 5-11.

“非国有”部分的地位

与美国和拉丁美洲的情况截然相反，[69]欧洲的大学朝着高等教育大众化的方向发展的过程，几乎可以算是完全由政府一力承担的公益事业，即大众化的规划、资金支持以及实施全由政府来负责。在西欧，还出现了公立高等教育机构在数量上的大规模增长。但即便如此，我们也不能忽视高等教育机构的那些“非国有”部分。近期西欧高等教育在理念上和实践上开始向“私有化”方向转变，1989 年之后中欧和东欧的高等教育迅速接受西欧的理念，并将其作为指导原则。这种转变的速度，可称得上是惊人甚至是躁进的。[70] 这些都令我们尤其有必要对高等教育“非国有”部分的发展进行认真回顾。“非国有”高等教育机构具有的重要性，标志着人们对中央政府在学术事务方面承担的合法角色的观念发生转变。[71] 同时，作为“私有高等教育”机构的一种新形式，这些高等教育机构在实践中和体制上都具有重要意义。它们发轫于国有高等教育的边缘地带，要么以工商管理学院的形式作为已有大学的附属机构而出现，如英国伦敦大学、曼彻斯特大学和华威大学都有这类附属机构；要么如法国、西班牙、比利时和荷兰的情况，以独立的商业学院的形式出现，这些商业学院的地位和条件有些较高较好，有些相对来说地位则不太明确。 54

这类“新的”非国有高等教育机构的特征明显：高度专业化、学科界限清晰——几乎所有的此类机构都集中于经济、管理和商业这些学科领域；

---

[69] V. Stadtman, ‘The United States’, in Clark and Neave, *Encyclopedia* Ⅰ, 777-788; L. A. Cuñha, ‘Public Policies for Higher Education in Brasil’, *Higher Education Policy*, 3:2 (1990), 21-25; D. C. Levy, *University and Government in Mexico: Autonomy in an Authoritarian System* (New York, 1980); see also D. C. Levy, *Higher Education and the State in Latin America: Private Challenges to Public Dominance* (Chicago, 1986); S. Slancheva and D. Levy (eds.), *Private Higher Education in Post-Communist Europe: In Search of Legitimacy* (New York, 2007).

[70] 见后文第 60 页，也可见：*OECD Review of Higher Education in the Czech and Slovak Federal Republic: Examiners' Report and Questions* (Paris, 1992); 关于对“市场力量”的承诺程度及其可能造成的后果，见：*Higher Education in Europe*, 16:3 (Autumn 1991).

[71] G. Neave and F. A. van Vught (eds.), *Prometheus Bound: The Changing Relationship between Government and Higher Education in Western Europe* (Oxford, 1991).

其相当可观的学费往往来自报名费用较低的农村地区;独特的所有权性质,即在法律上它的所有权和运作权都属商业性质。此外,这些机构的学生数量往往要少得多,并且颁发的是本校的学位。到底存在多少所这类机构呢?其确切数字属于高等教育机构调查方面的盲区之一。在高等教育结构方面不断涌现的新形式中,在"非国有"高等教育领域的越来越广阔的范围中,这种新的体制层级的扩展无疑是最重要的之一。但有些矛盾的是,虽然其发展是对"市场力量"进行结构性回应的产物,可它有时也被与 40 年前的东欧在计划经济体制下将高等教育按照行业进行划分的做法相提并论。

尽管如此,这些通常以独特的宗教或道德特性为特征的"非国有"高等教育机构的早期形式,是高等教育大众化运动中的重要力量。举例来说,在比利时体现得尤其明显:这些"非国有"高等教育机构在资金筹集方面的"国有化",成为重要的变革之一。[72] 在布鲁塞尔自由大学和比利时鲁汶天主教大学的发展过程中,我们还可以看到"非国有"高等教育机构在体制发展中出现的另一种形式:基于学生自己的需求,更基于语言的差异,这两所大学都是按照语言界限拆分的,即讲荷兰语的布鲁塞尔自由大学和讲法语的比利时鲁汶天主教大学。

1984 年,在 14 个国家中,分布着 44 所"非国有"大学。其中,只有 3 所位于东欧和中欧(2 所在捷克,1 所在波兰),并且这 3 所无一例外都是由宗教团体创建。十分之六的非国有大学集中在意大利、比利时、西班牙和荷
55 兰这几个国家。大约四分之一的非国有大学成立的时间在 1950 年之前。从上面所举的那几个例子中可以看出,"非国有"高等教育机构的发展,其实主要是那些业已存在的教育机构逐步获得政府的正式命名,成为完全意义上的大学。这一认证过程由各国教育改革的整体节奏和周期决定。北欧各国在时间上要早一点,比利时早在 60 年代初期就开始了,之后是意大利和西班牙。结果是,在 1970 至 1983 年间,这 44 所高等教育机构大约有三分之一获得了大学地位。

[72] R. L. Geiger, *Private Sectors in Higher Education: Structure, Function, and Change in Eight Countries* (Ann Arbor, 1986).

表 2.6 "非国有"大学

	大学总体		非国有大学	
	数量	百分比(%)	数量	百分比(%)
已建立的大学	242	50	12	27
通过升格而建	129	27	6	14
通过晋升而建	89	18	21	48
分两步走而建	13	3	3	7
未知	8	2	2	4
总数	481	100	44	100

资料来源:*Jílek*,*Historical Compendium*.

表 2.6 对比了非国有高等教育机构与其他被调查的大学的发展形式。很明显,与国有大学相比,在非国有领域内,将非大学机构升格为大学要容易得多。[73]

非大学部分

另外一种形式的发展,对高等教育的发展亦产生很大影响,这就是"非大学部分"的发展,尤其是短期高等教育机构的发展。[74] 西欧各国中,短期高等教育机构的注册情况大不相同。[75] 就注册短期高等教育机构的 56
人数占高等教育注册总人数的比例来说,意大利最少,只有 2%,荷兰最多,高达 58%。注册短期高等教育机构的人数所占比例较大的国家还包括比利时(48%)、英国(41%)、挪威(36%)、爱尔兰(30%)、瑞士(29%)和

[73] 可以这样理解,国有大学体系通常是通过沿袭那些具有宗教性缘起的机构发展而来的,所有大学均由此而来。而将非大学教育机构升格为完全意义上的大学所面临的压力要超过将大学体系边缘的教育机构正式认证为大学所面临的压力。

[74] 我们有理由提及定义这两大体系的难度所在。例如,比利时和英国的非大学机构同样提供学位课程,其周期和大学课程一致。即便所有的短期高等教育都属于非大学教育机构(的活动),但并非所有的非大学教育机构都只从事短期高等教育。然而,尽管有混淆之嫌,我们仍假定(认为)短(周)期高等教育机构和非大学机构是一回事。

[75] D. Furth,'Short Cycle Higher Education:Europe',in Clark,*Encyclopedia* Ⅰ,1219.

瑞典(25%)。[76] 与此相反,在苏联高等教育模式下,除捷克外,其他国家多由短期高等教育机构为压倒性多数的学生提供高等教育服务。

作为国家规定的非大学部分的短期高等教育机构,其发展经历了两个阶段。第一个阶段为60年代及70年代初。这些机构关注的是培养就业市场上立马适用的技能,通常培养中层管理人才和技术人才。此时短期高等教育机构被看作是与大学互补的部分,在某种程度上还被看作是与大学并列的另一个选择。[77]因此,非大学部分的高等教育机构往往活跃在劳动力市场中那些转换周期较短的领域。承担满足长期变革需要任务的,仍旧是大学。在国际性机构贬义的术语中,无论是法国的大学技术学院、联邦德国的高等专科学校,还是荷兰的高等专业教育机构,或葡萄牙的理工学院授予的学位都是"终结性学位",这意味着这些高等教育机构无法开启通往科学研究或研究生训练之路。挪威的地方学院则是这一"二元"模式的例外:在挪威的这些地方学院里,提供普通大学学位基础部分的课程。南斯拉夫也为一些短期学院(*visa skola*)的毕业生提供了进入大学继续深造的可能性。[78] 在各国的教育体系中,短期高等教育机构在本阶段的发展使得高等教育体制和类型方面的二元现象都得到了加强。

第二阶段起始于20世纪70年代中期。在此阶段,人们开始重新评价短期高等教育机构,认为它们是满足劳动力市场需要的一个主要手段。短期高等教育机构成为大学的竞争对手,两者不仅仅竞争生源,还在受到政府和用人单位的青睐方面展开竞争。短期高等教育机构之所以获得这一地位,原因有两个。一是成本:由于有相当大比例的学生都是在规定的期限内毕业,因此短期高等教育机构中的学生被认为花费的成本较少;二
57 是人们普遍认为,与那些长周期的传统学院相比,短期高等教育机构能更

[76] OECD, *Education in OECD countries* (Paris, 1990), cited by Furth, 'Short Cycle' (note 74), 1219.

[77] M. Y. Bernard, *Les instituts universitaires de technologie* (Paris, 1970).

[78] G. Neave, *Patterns of Equality: The Influence of New Structures in Higher Education upon Equality of Opportunity* (Windsor, 1976).

好地“回应市场”且不那么“学科本位”。⑲

我们无法确定到底是什么使短期高等教育机构对大学造成了毋庸置疑的影响，是短期高等教育机构所取得的明显成功，还是它们在满足公众关于其教学训练的“实用性”或其毕业生的就业能力的期望方面差强人意的表现？这两方面都有实例。以法国的情况为例，两年制技术大学学院在吸引学生数量方面与学院规划者的期望相距甚远，这毫无疑问是导致1972年法国将两年制周期高等教育模式延伸为大学初级部分的原因之一。再来看英国的例子。英国在大学中加强职业教育的主张，正是由于在学位课程方面，多科技术学院进行跨学科整合所取得的一定成绩，“贵族”性高等院校很快效仿了短期高等教育机构的做法。

导致这一切的是历史重演，还是因为高等教育领域内也存在与长期的康德拉捷夫经济周期(Kondratieff cycle)相类似的现象？这是历史学家和其他一些专门研究高等教育发展的学者争论的一个问题。然而不可否认的是，证据表明，从20世纪80年代开始，短期高等教育机构进入其第二个改革周期，在形态和结构两个方面发生大转变。事实上，学生注册、制度创新和机构升格等种种迹象表明，这第二波改革浪潮，总体上比第一次改革的影响深远得多。在这里我不再按照之前对1950年以来的发展进行分析的模式，来对1984年之后的发展做类似的分析，而是采取另外一种方式，即我们遵循一些专家们的看法，他们越来越倾向认为，短期高等教育机构使整个高等教育向大众化发展，超越大众化阶段，乃至在某些情况下甚至达到美国政策分析专家马丁·特罗所提出的“普及阶段”⑳(超过40%的适龄青年能够进入大学)。在法国，进入中学后学习的适龄青年已经超过50%。英国已将达到类似入学率定为2007年的国家目标，㉑荷兰也提

⑲ Wissenschaftsrat, *Fachstudiendauer an Fachhochschulen im Prüfungsjahr 1986 9/7* (Cologne, 1986); E. Frackmann, 'Resistance to Change or no Need to Change? The Survival of German Higher Education in the 1990s', *European Journal of Education*, 25: 2 (1990), 187-202; M. Doumenc and J. C. Gilly, *Les IUTs: Ouverture et idéologie* (Paris, 1977).

⑳ M. Trow, 'Problems in the Transition from Elite to Mass Higher Education: Policies for Higher Education', *General Report to the Conference on the Future Structure of Post-secondary Education* (Paris, 1974).

㉑ White Paper, *Education and Skills: The Future of Higher Education* (London, 2003).

58 出其高等教育将在 2010 年达到同样的目标。[82]

关于 1990 年至 2005 年期间资料来源的附加说明

1984 年，欧洲大学协会资料汇编停刊，因此，1984 年之后的数据我们只能依靠其他的资料来源，而这就不可避免地会造成我们得到的数据资料有时不是基于机构类型和地位的统一认识上，也不见得具有直接的可比性。大学国际联合会的资料库虽然涵盖全世界的相关资料，但是往往以关于什么是“大学类型”的机构的官方行政定义为依据。此外，标志着 80 年代成为欧洲大学发展的一个分水岭的重大事件，不仅有柏林墙的倒塌和参考苏联模式建立起来的那些高等教育体制的瓦解，还包括独立国家的重现及伴之而来的冲出原来的铁幕（铁幕，指苏联、东欧共产主义国家与西欧国家的边境。——译者注）而建起的各国高等教育体系。与我们失去的世界相比，今天我们所获得的世界大不相同。

这两类数据资料的最大不同在于，前者基于对大学进行的历史界定，后者则以字面上的或行政性的定义为基础。只有当一个机构被其当局定义为大学并被冠以大学的名称时，它才会在数据资料中出现。这一基于经验的拇指法则在法国必定会遇到相当大的困难，这是因为在法国还有两类其他机构与大学并列，第一类是培养精英的大学校，包括工程师学校、专业应用学校和高等商学院；另一类是“短期高等教育机构”。在这种情况下，从名称上来确定哪些是大学并不难，可对这些占据法国高等教育大半壁江山的大学进行分类就是一个极为艰巨的任务了。

自中欧和东欧恢复“学习共和国”西欧高等教育体制的正式成员身份之后的十五年间，各国国内的大学纷纷恢复和重建，这一过程有两个显著特征：一是市场化的趋势，一是私有化的趋势。[83] 西欧对这两个术语的理

---

[82] Ministerie van Onderwijs, Cultuur en Wetenschap and HBO-Raad, *Prestatieagenda 2005* (The Hague, 2005), esp. ch. 4 'Participatie'.

[83] Slancheva and Levy, *Private Higher Education* (note 69), Appendix, 14-18.

解与其在中欧和东欧语境中所表达的弦外之音大不相同。[84] 市场化和私有化是塑造独特高等教育体系框架所带来的必然结果，在市场和私人成为高等教育体系的资源支撑时尤其如此。再重申一次，当我们确定某所高等教育机构的主要资金来源是政府的钱包还是私人的口袋的时候，我们的根据是官方资料，而官方资料明显是按照其自己的标准来编辑的，并且这些资料也不是我们唾手可得的。事实上，在比利时、爱尔兰和荷兰这 59
些国家中，关于投资的问题往往与"所有权"（比利时法律术语称之为 *pouvoirs organisateurs*）这一敏感而又常常缺乏说明材料的问题结合在一起。这样，小心谨慎地自由裁量倒成了避免误差的一个好方法。不过话虽如此，我们在这里关注更多的不是这些近期新建机构的细节，而是始于 1984 年欧洲大学世界中出现的整体类型和趋势。

表 2.7　1990 至 2005 年欧盟、西欧和中东欧的机构增长率（仅限于大学）

	公立院校				私立院校			
	总数	西欧	中东欧	未知	总数	西欧	中东欧	未知
1990	614	508	104	2	100	89	8	3
2005	817	635	144	38	201	125	63	13
增长百分比（%）	33.06	25.00	38.46		101.00	40.45	687.50	

资料来源：*Derived from IAU data archives of universities existing in 1990 and 2005.*

新 视 点

今日欧盟各成员国，其高等教育体系都经历了在体制结构方面巨大的进一步发展。撇开俄罗斯、阿尔巴尼亚、保加利亚、罗马尼亚、白俄罗斯和乌克兰这些国家不说，其他国家的大学总数在 1984 年至 1990 年之间增

[84] J. de Groof, G. Neave and J. Svec, *Governance and Democracy in Higher Education* (Dordrecht, 1998), esp. ch. 1.

长了三分之一还多。到了 2005 年，大学总数几乎翻番：1984 年是 524 所，20 年后剧增到 1018 所。当我们从大学的所有权和投资形式方面的差异入手，剔除那些在政府看来是公共资助的机构，我们就会清楚地发现，发展最快的那部分是私立高等教育机构。

西欧经济体中出现了最为剧烈的变化：在柏林墙倒塌之后的 15 年里，共有约 200 所机构获得了大学头衔。按照百分比来算，发展最为迅猛的地方则是东欧和中欧：大学总数翻了一番。而不论是在东欧还是在西欧，学者口中的“私立高等教育机构的增长率”[85]都远远超过公立高等教育机构：
60 以 1990 年为基点，到 2005 年，西欧增长了约 40%，中欧和东欧则增长了差不多七倍。

大学数量上的优势并不完全适用于学生数。大多数私立大学相对规模较小，并且常常不想将所有的科系都开设完全，而是选择开设那些设备投入相对低廉且私人获利相对较高的专业——金融、商业、管理、语言等。[86]另一方面，东欧的私立大学与公立大学之间的关系并不像很多分析者认为的那样泾渭分明，很多私立大学在教学和其他服务方面往往仰仗公立大学的教职人员。[87]

欧盟哪个国家在高等教育机构增长方面最为突出？就公立大学来说，最突出的是英国，它从 1990 年的 53 所增至 2005 年的 118 所；[88]紧随其后的是波兰（增加 22 所）、意大利（增加 17 所）、西班牙（增加 11 所）、法国（增加 9 所）、斯洛伐克（增加 7 所）、捷克共和国（增加 6 所）、爱沙尼亚和奥地利（各增加 4 所）。私立大学的相应排行榜上的名字则有所不同：波兰最

---

[85] V. Tomusk, ‘The War of Institutions, Episode 1 the Rise and Rise of Higher Education in Eastern Europe’, *Higher Education Policy*, 16:2 (2003), 3-14.

[86] V. Tomusk, ‘Higher Education Reform in Estonia: A Legal Perspective’, *Higher Education Policy*, 14:2 (2001), 201-212.

[87] For this in the Romania context, see Dima, ‘Quality’ (note 38), and also Tomusk, ‘War’ (note 84), 3-14.

[88] 详见：British Council, *Recognized UK Degrees* (London, 2007). www.dfes.gov.uk/recognisedukdegrees/ index.cfm? fuseaction=institutes.list&InstituteCategoryID=1& OrderBy=Category.

多(增加 37 所),其后是葡萄牙(增加 16 所)[89]、西班牙(增加 14 所)、意大利和奥地利(各增加 6 所)以及爱沙尼亚(增加 4 所)。

非大学部分惊人的生命力

严格说来,在今天的高等教育体系里,大学已经逐渐被政府和民众们看作是高等教育机构的“个中翘楚”。大学与其他一些高等教育机构共存,但大学在地位上也许更为尊崇。其他那些高等教育机构的名称五花八门,有叫“短期”的,有叫“高等职业训练”的,也有叫“大学外高等教育”的,不一而足。

无法对 1949 至 1984 年间大学之外的高等教育机构进行考察,只能将过去的 15 年作为一个关键的转折点。就高等机构的数目来说,欧洲的大学尽管经历了巨大发展,但如今它们在欧盟的高等教育体系内都属于少数群体。在欧盟的一些国家中,其高等教育体系中机构数量的净增长,与 61
其说是通过有形建筑而实现的,还不如说是通过立法、命名和界定等手段而实现的。以丹麦的公立非大学高等教育机构为例,从 1990 年到 2005 年,非大学的高等教育机构从 10 所增加到 115 所。在芬兰,由于政府在 90 年代初出台了大力发展非大学公立高等教育机构的方针政策,也出现与丹麦类似的大发展。[90] 奥地利政府也有类似的考量,在进行高等教育机构分类的同时,着手建立称作“高等专业学院”这一类型的高等教育机构,[91]考虑到其资金来源,官方资料将这类机构划为私立。在德国,非大学机构的发展也体现出类似的繁荣趋势:1990 年,非大学高等教育机构的数量在 159 所的基础上增加了 68 所,这一增长主要是由于吸纳了前民主德国的高等教育机构而造成的。波兰的情况则略有不同:波兰的高等教育体系内各部分的发展可以说是总动员,无论是大学还是非大学的机构,无

---

[89] A. Amaral and P. Teixeira, ‘The Rise and Fall of the Private Sector in Portuguese Higher Education’, *Higher Education Policy*, 13:3 (2000), 245-266.

[90] OECD, *L'enseignement polytechnique en Finlande* (Paris, 2003).

[91] E. Leitner, ‘Academic Oligarchy and Higher Education Research: Implications for the Reform of Institutions of Higher Education in Austria’, *Higher Education Policy*, 12:2 (1999), 27-40.

62 论是公立的还是私立的都有迅猛增加，远远超过其他无论是东欧还是西欧国家的高等教育体系，非大学高等教育机构的增加尤其明显。这一事实恐怕不能简单地解释为满足计划经济体制下长期搁置的对高等教育的社会需求，还应该考虑从政府和党派的桎梏中解放出来的天主教会在高等教育体系中具有的“组织力量”的回归。简言之，当高等教育机构数量激增成为一种超越个别国家的普遍现象时，其所处和相伴的环境就往往愈发普遍，而不再局限于某个特定的社会。类似的结果并不一定意味着类似的原因。

表 2.8　1990 至 2005 年间欧盟高等教育框架内大学地位的变化

	大学总数(所)	非大学机构总数(所)	大学在高等教育中的比例(%)
1990	714	656	52
2005	1018	1375	44

资料来源：IAU data bank.

虽然也有例外的情况(英国 1992 年将多科技术学院纳入大学体系的改革就是一个例外)，但非大学高等教育机构的发展是机构多元化和细化的一个明显线索，无论其在所有权和资金来源方面是公立的还是公立的，都是如此。自 1990 年起，这种模式成为下列国家形形色色高等教育体制的显著特征：奥地利、捷克、丹麦、芬兰、德国、波兰和葡萄牙。而当我们将 1990 年之后新建的高等教育机构特别是其中的非大学机构的数量拿出来进行分析的时候，在发展步伐越来越快、发展得越来越精细的过去的二十年中，这一模式体现得更为明显。对大学来说，这一发展进程，并不意味着其在过去两个世纪中在中学后教育领域所占高位的衰落。虽然通过有条件的财政投入、不断的质量评估和绩效评价，可以使一些大学有更多受青睐的机会，但是由于在欧盟各国的高等教育体系中，就数量来说，大学已经不占优势了，所以也没必要对大学进行进一步的分类。

随着大学与非大学高等教育机构的逐步发展，二者之间的确切关系开始变得非常关键。两类高等教育机构之间的合作是基于大学精神向非大学高等教育机构的传播，还是以大学逐渐被非大学高等教育机构吞噬为基础？这类问题被提出本身就标志着出现了一股对未来模式产生影响的力量，当然，这股力量背后的原因或动机与本文无关。由此也能看出非大学高等教育机构目前对大学产生了一定的影响，不过这种影响往往是通过中央政策制定者们的讲话而间接实现的。

联盟圈的终结

当我们在体制方面考察大学向大众化地位迈进背后的原因，并探究我们称之为“模式塑造力量”的时候，我们也许把过多的关注给予了西欧。在大学成为大众化机构之后，这种模式塑造力量对大学产生了巨大冲击。我们之所以更多地关注西欧有一个完美的理由，即东欧、中欧与西欧的大学在过去的 40 年里所面临的基本问题并无差异，重建问题、与经济结合的方式问题以及社会不平等的转化问题都可以说明这一点。它们之间的差异更多地体现在机构结构及其附属的管理体制上。它们折射出人类进步的模式，即当每一个意识形态方面的国家联盟存续时，塑造联盟内大学体 63
系的优先事项和发展目标也深受其影响。随着柏林墙在 1989 年的倒塌，在本卷所涉时期之初被苏联同化的那些国家，不再把苏联模式作为其高等教育的参照物。不管它们是出于什么考虑，或者了解得是否全面，[92]这些国家今天的参照物是西欧高等教育体系的模型、实践和框架。[93]

模式的对称性

考察二战结束以来的 60 年间的发展，我们发现，东欧和西欧呈现出一定的对称性，这种对称性明显表现在以下两个方面：第一，高等教育体系的重建；第二个方面则是第一个方面的结果，即在基础性重建的基础上，对一种替代模式的追求。这二者正是本卷所涉及的发展时期之初的最重

---

[92] J. Rupnik, ‘Higher Education and the Reform Process in Central and Eastern Europe’, *European Journal of Education*, 27:1-2 (1992), 145-151.

[93] V. Tomusk, *The Open World and Closed Societies: Essays on Higher Education Policies in Transition* (New York, 2005).

要的主题，也处于本卷所涉及的发展时期接近尾声时的议事日程的首位。认为将重建作为优先发展要务的只有东欧和中欧是不正确的。当然，在东欧和中欧，重建的诸多问题表现得更为明显、涉及的范围更广，并且常常与诸如平衡大学与非大学高等教育机构的关系[94]、准入制度和选拔制度这类基础性问题紧紧相关。东欧和西欧面临的基础性问题还包括学生参与管理的问题、在高等教育机构层面及中央层面的权力和权威的内部分配问题等。[95]而上面提到的这些问题，许多也出现在西欧大学体系过去半个世纪改革议程中。相比而言，中欧和东欧的大学与西欧的大学同时面对这些问题，只不过中欧和东欧面临的时间压力更大而已。[96]

西欧的大学也投身于某种重建活动。这种创建活动的形式包括创建
一个“欧洲高等教育区”、国内劳动力市场一体化、学位相互认证、学生流动
64 的国际化以及学习机会的国际化。正当东欧经互会内的国家沿着古代亚
述首都尼尼微和古代腓尼基港口提尔这一路线进行高等教育国际化的时
候，西欧的大学重建活动也推动着国际化。当中欧和东欧的大学重申其
文化独立性和历史特性的时候，同样的问题也在某种程度上摆在了西欧
大学的面前：为了实现大学研究的继续发展乃至大学的继续发展，仍以民
族国家为框架是否合适？[97]

第一部分精选文献

综合类著作

Becher, T. and Kogan, M. *Structure and Process in Higher Education*,

---

[94] 捷克当局的做法是一个案例，他们把西德高等专科学校作为一种可替选的院校类型，并以类似方式发展这种院校，即把地位较高的中等职业学校升格为高等教育机构。

[95] G. Neave, 'A Changing Europe: Challenges for Higher Education Research', Higher Education in Europe, 16:3 (1991), 3-27.也可参见本卷第三章“与当局的关系”、第四章“管理与资源”和第六章“招生”。

[96] Neave, 'Return' (note 39).

[97] A. Ruberti, 'The Role and Position of Research and Doctoral Training in the European Union', in J. Huisman, P. Maassen and G. Neave (eds.), *Higher Education and the Nation State* (Oxford, 2001), 107-120.

London, 1990, 2nd edn.

Burn, B. B. *et al. Higher Education in Nine Countries: A Comparative Study of Colleges and Universities Abroad. A General Report Prepared for the Carnegie Commission on Higher Education*, New York, 1971.

Cerych, L. and Sabatier, P. *Great Expectations and Mixed Performance: The Implementation of Higher Education Reforms in Europe*, Stoke-on-Trent, 1986.

Clark, B. R. *The Higher Education System: Academic Organization in Cross National Perspective*, Berkeley, Los Angeles and London, 1983.

Clark, B. R. and Neave, G. (eds.) *Encyclopedia of Higher Education*, Oxford, New York, Seoul and Tokyo, 1992, 4 vols.

Furth, D. *Short Cycle Higher Education: Crisis of Identity*, Paris, 1974.

Daalder, H. and Shils, E. (eds.) *Universities, Politicians and Bureaucrats: Europe and the United States*, Cambridge, 1982.

Geiger, R. L. *Private Sectors in Higher Education: Structure, Function, and Change in Eight Countries*, Ann Arbor, 1986.

Hopkins, M. 'Manpower Planning Revisited', PhD thesis, Geneva, 2000.

IRDAC (Industrial Research and Development Advisory Committee of the Commission of the European Communities), *Skills Shortages in Europe: Industrial Research and Development Advisory Committee Opinion*, Brussels, 1990.

Jílek, L. (ed.) *Historical Compendium of European Universities/Répertoire historique des universités européennes*, Geneva, 1984.

Kallen, D. and Neave, G. *The Open Door: Pan European Academic Cooperation*, Bucharest, 1991.

Kerr, C. *The Great Transformation in Higher Education, 1960—1980*, Albany, N. Y., 1991.

Kogan, M. and Tuijnman, A. *Educational Research and Development Trends: Issues and Challenges*, Paris, 1995.

Kwiek, M. 'Social and Cultural Dimensions of the Transformation of

Higher Education in Central and Eastern Europe', *Higher Education in Europe*, 26 (2001), 399-410.

Laderrière, P. 'Les examens de politiques nationales d'éducation à l'OCDE', in *Education comparée-Les sciences de l'éducation pour l'ère nouvelle éducation et sociétés*, Paris, 1998.

Lester, R. A. *Manpower Policy in a Free Society*, Princeton, 1966.

Levy, Daniel C. *Higher Education and the State in Latin America: Private Challenges to Public Dominance*, Chicago, 1986.

Lowe, R. (ed.) *Education and the Second World War: Studies in Schooling and Social Change*, London and Washington, 1992.

Neave, G. 'A Changing Europe: Challenges for *Higher Education Research*', *Higher Education in Europe*, 16:3 (1991), 3-27.

Neave, G. 'La dimensi ó educacional en la Integraci ó Europea: Una ulluda més enll à dels programes', *Bulletí dels Mestres* (Departament d'Ensaynament, Generalitat de Catalunya), 228 (June 1991), 5-11.

Neave, G. 'The European Dimension in Higher Education: An Excursion into the Modern Use of Historical Analogues', in J. Huisman, P. Maassen and G. Neave (eds.), *Higher Education and the Nation State*, Oxford, 2001, 13-67.

Neave, G. and van Vught, F. A. (eds.) *Prometheus Bound: The Changing Relationship between Government and Higher Education in Western Europe*, Oxford, 1991.

Nybom, T., Neave, G. and Bluckert, K. (eds.) *The European Research University: A Historical Parenthesis?* Basingstoke, 2006.

OECD, *Education in OECD Countries*, Paris, 1990.

Rothblatt, S. and Wittrock, B. (eds.) *The European and American University since 1600: Historical and Sociological Essays*, *Cambridge*, 1993.

Rupnik, J. 'Higher Education and the Reform Process in Central andEastern Europe', *European Journal of Education*, 27: 1/2 (1992), 145-151.

Rybalko, L. and Soloviev, E. *Reflection on the Future: Educational Development and Forecasting*, Paris, 1980.

Seabury, P. (ed.) *Universities in the Western World*, New York and London, 1975.

Teichler, U. *Convergence or Growing Variety: The Changing Organization of Studies*, Strasbourg, 1988.

UNESCO, 'Case Studies on the Development of Higher Education in Some Eastern European Countries', Document ED-74/WS/52. 26 October 1974, Paris, 1974 [roneo].

Weber, M. 'Wissenschaft als Beruf', in C. WrightMills and H. Gerth (eds.), *From Max Weber: Essays in Sociology*, Oxford, 1964 [translation].

Woodhall, M. 'Changing Sources and Patterns of Finance for Higher Education: A Review of International Trends', *Higher Education in Europe*, 17:1 (1992), 141-149 66

国别类著作

比 利 时

Ministerie van de Vlaamse Gemeenschap, Departement Onderwijs. *Education in Belgium: The Diverging Paths*, Brussels, 1991.

Tanham, G. K. *Contribution à l'histoire de la Résistance belge 1940—1944*, Brussels, 1971.

Willems, J. *Belgium under Occupation*, New York, 1947.

保加利亚

Penkov, T. 'Bulgaria', in B. R. Clark and G. Neave (eds.), *The Encyclopedia of Higher Education*, vol. Ⅰ, Oxford, New Yo rk, Seoul and Tokyo, 1992, 95-99.

捷克斯洛伐克

OECD.*Review of Higher Education in the Czech and Slovak Federal Republic:Examiners' Report and Questions*,Paris,1992.

芬　兰

Höltta,S. 'From Ivory Tower to Regional Networks',*European Journal of Education*,35:4 (December 2000),465-474.

法　国

Bernard,M. Y. *Les instituts universitaires de technologie*,Paris,1970.

Blocq Mascart,M. *Chroniques de la Résistance,suivies d'études pour une nouvelle révolution française par les groupes de l'OCM*,Paris,1945.

Calmette,A. *L'OCM-Organisation civile et militaire:Histoire d'un mouvement de Résistance de 1940 à 1946*,Paris,1961.

Doumenc,M. and Gilly,J. C. *Les IUTs:Ouverture et idéologie*,Paris,1977.

Granet,H. and Michel,H. *Combat:Histoire d'un mouvement de Résistance de juillet 1940 à juillet 1943*,Paris,1957.

Guin,J. 'The Re-awakening of French Higher Education',*European Journal of Education*,25:2 (1990),123-145.

Lamour,J. *Les instituts universitaires de technologie*,Paris,1981.

Minot,J. *Quinze ans d'histoire des institutions universitaires (mai 1968—mai 1983)*,Paris,1983.

Neave,G. 'France',in B. R. Clark (ed.),*The Research Foundations of Graduate Education:Germany,Britain,France,United States,Japan*,
67 Berkeley,Los Angeles and London,1993,159-220.

德意志民主共和国

Möhle,H. 'German Democratic Republic',in B. R. Clark and G. Neave (eds.),*The Encyclopedia of Higher Education*,vol. Ⅰ,Oxford,New

York, Seoul and Tokyo, 1992, 231-240.

德意志联邦共和国

Führ, C. and Furck, C. L. (eds.) *Handbuch der Bildungsgeschichte*, vol. Ⅵ: *1945 bis zur Gegenwart*, Munich, 1998.

Peisert, H. and Framhein, G. *Higher Education in Germany*, Bonn, 1995.

Ringer, F. *The Decline of the German Mandarins: The German Academic Community 1890—1933*, Cambridge, Mass., 1969.

Teichler, U. (ed.) *Das Hochschulwesen in der Bundesrepublik Deutschland*, Weinheim, 1990.

意大利

Ryan, D. 'TheUniversity of Calabria in its Regional Context', *Paedagogica Europaea*, 13 (1977), 63-92.

荷 兰

Daalder, H. 'TheNetherlands: Universities between the "New Democracy" and the "New Management"', in H. Daalder and E. Shils (eds.), *Universities, Politicians and Bureaucrats: Europe and the United States*, Cambridge, 1982, 173-231.

Goedegebuure, L. 'Grapes, Grain and Grey Cats: Binary Dynamics in Dutch Higher Education', *European Journal of Education*, 27: 1/2 (1992), 57-68.

Groen, M. *Het wetenschappelijk onderwijs in Nederland van 1815 tot 1980: Een onderwijskundig overzicht*, 3 vols. Eindhoven T. U., 1989.

Jong, L. de. *Je maintiendrai: Een jaar Nazityrannie in Nederlanden*, London, 1941.

Jong, L. de. *Het Koninkrijk der Nederlanden in de Tweede Wereldoorlog*, The Hague, 1967—1988.

Ministerie van Onderwijs en Wetenschappen. *Beleids voornemens taakver-*

deling en concentratie wetenschappelijk onderwijs, The Hague, 1983.

Rupp, J. C. C. *Van oude en nieuwe universiteiten: Een historisch-sociologisch onderzoek naar de veronderstelde verdringing van Duitse door Amerikaanse modellen van wetenschapsbeoefening en hoger onderwijs en de dynamiek van de Nederlandse universitaire wereld, 1945—1995*, The Hague, 1997.

挪 威

Aamodt, P. O. 'A New Deal for Norwegian Higher Education?', *European Journal of Education*, 25:2 (1990), 171-185.

68 Kyvik, S. *The Norwegian Regional College: A Study in the Establishment and Implementation of a Reform in Higher Education*, Oslo, 1981.

波 兰

Adamski, W. and Bialecki, I. 'Selection at School and Access to Higher Education inPoland', *European Journal of Education*, 16: 2 (1981), 209-233.

Ministry of Higher Education. *Institutions of Higher Education in Poland: Information and Statistics Bulletin*, Warsaw, 1963.

Szczepanski, J. *Systems of Higher Education: Poland*, New York, 1978.

苏 联

Afanassiev, V. 'The Soviet Union', in B. R. Clark and G. Neave (eds.), *The Encyclopedia of Higher Education*, vol. Ⅰ, Oxford, New York, Seoul and Tokyo, 1992, 687-698.

Rabkin, Y. M. 'Academies: Soviet Union', in B. R. Clark and G. Neave (eds.), *The Encyclopedia of Higher Education*, vol. Ⅱ, Oxford, New York, Seoul and Tokyo, 1992, 1049-1054.

西班牙

Consejo de Universidades. *La reforma de la ensenanza universitaria*, Madrid, 1987.

Garcia Garrido, J.-L. *Sistemas de educación de hoy*, Madrid, 1987, 2nd edn.

ICED. *La reforma universitaria española: Evaluación e informe*, Madrid, 1987.

瑞 典

Lane, J.-E. *Creating the University of Norrland: Goals, Structures and Outcomes*, Umeå, 1983.

Premfors, R. T. 'Analysis in Politics: The Regionalization of Swedish Higher Education', *Comparative Education Review*, 28: 1 (February 1984), 85-104.

瑞 士

Rüegg, W. 'Switzerland: The Re-affirmation of Autonomy', in H. Daalder and E. Shils (eds.), *Universities, Politicians and Bureaucrats: Europe and the United States*, Cambridge, 1982, 394-433.

英 国

Burgess, T. and Pratt, J. *Policy and Practice: The Colleges of Advanced Technology*, London, 1970.

Perkin, H. J. *New Universities in the United Kingdom*, Paris, 1969.

Pratt, J. and Burgess, T. *The Polytechnics*, London, 1974.

Venables, P. 'Technical and Higher Education, The Changing Pattern. Part2', *BACIE*, 24: 1 (March 1970), 34-40.

第二编 结　构

第三章 与当局的关系

瓦尔特·吕埃格,简·萨德拉克

导 言

历史上,人们从未像在第二次世界大战之后的50年里那样,给予大学如此高的期望。欧洲大地从未见证过在这么短的时间里创立如此多的大学或其他高等教育机构;大学从来没有聚集过数量如此之多的教师、学生和管理人员,也从没有像现在这样变成公众讨论、期待和批评的焦点;政府对大学发展产生的影响从未如此巨大;同时,无论是在国家层面还是在国际层面,大学间的合作也达到了前所未有的规模。

没人能预测到1945年之后这样的发展态势,恰恰相反,当时还有人担心，战前开始的学术专业结构性失业趋势将会继续，①政府将不得不采取些相应措施。② 因此，在1942年，中立的瑞士政府成立了一个名为“创造就业机会代表”的办公室，1944年起，该办公室在“促进科学研究委员会”的协助下开展工作。③

在那些曾经遭受战火蹂躏的国家里，政府对大学教育的干预更加激烈。在二战交战国和被占领的国家中，缺少记载大学状况的综合性出版
73 物。在波兰，继1939年11月6日克拉科夫雅盖隆大学出台《教授行为法》后，大多数大学中的教授都流失了，大学被关门，取而代之的是一个秘密的学院水平的课程网络。④ 1941年，一所只向德国人开放的州立大学在波森建立。希特勒认为法国是个大敌，这注定它只能成为一个低生活水平的农业国。因此，在1941年底之前，法国的被占领土一直被视为系统性掠夺的后备库。当战争从“闪电战”过渡到“全面战”后，阿尔伯特·施佩尔信条开始大行其道(施佩尔当时是深受希特勒倚重的德国军备部长，全面负责战时德国的军备物资生产工作。——译者注)，德国人不再破坏法国的生产设施，而是转而维持其良好运行以服务于德国的战时经济。其结果是德国取消了把学生送往劳工营的做法。⑤ 不过阿尔萨斯-洛林地区的高等教育机构则不在此列，因为这里的大学仍然处于法国的控制之下。在法国北部城市里尔，德国武装部队的成员被禁止进入公办大学和自由(天主教)大学的建筑里。⑥ 在荷兰，1942年之后，全国大学中的教学活动

① See, e.g., W. Kotschnig, *Unemployment in the Learned Professions* (Oxford, 1937); K. Dubois, *Que deviendront lesétudiants* (Paris, 1937).

② H. Erb, ‘Die Überfüllung in den akademischen Berufen und Vorschläge für Gegenmassnahmen’, *Schweizerische Hochschulzeitung*, 17 (1943), 61-128.

③ W. Rüegg, ‘Switzerland: The Re-affirmation of Autonomy’, in H. Daalder and E. Shils (eds.), *Universities, Politicians and Bureaucrats: Europe and the United States* (Cambridge, 1982), 398.

④ 大约有10 000名学生(主要在华沙和克拉科夫)加入了以战前院校为基础的地下高等教育机构。Jerzy Slaski, *Polska Walczaca (1939—1945)-Noc, Solidarni* (Warsaw, 1986), 56. M. Zareba and A. Zareba (eds.), *Ne Cedat Academia: Kartki w tajnego mauczania w universytecie Jagellońskim 1939—1945* (Cracow, 1975), 142-149.

⑤ J.-B. Duroselle, ‘Réflexions sur la France face à la “guerre totale” d'Adolf Hitler (1972)’, in B. Duroselle, *Itinéraire* (Paris, 1991), 327.

⑥ C. Schmid, *Erinnerungen* (Bern, Munich and Vienna, 1980), 194.

实际上都已经停止了，因为鲜有学生同意占领势力提出的让他们签署忠诚宣言的要求。⑦ 因而这里也出现了地下大学课堂。

这场战争揭示了大学在经济和社会方面的重要性，以及与之相应的政府对社会力量交互作用下高等教育日益提升的角色的兴趣。在随后的50年中，这个过程中得以持续推进。基于此背景，我们可以将这50年分为四个阶段：

1.欧洲分裂背景下大学的复苏，1945—1955；

2.国家性和国际性大学政策的出现，1956—1967；

3.扩张、民主化和官僚化，1968—1982；

4.迈向协调的欧洲模式，1983—1995。

欧洲分裂背景下大学的复苏，1945—1955

由于纳粹的占领和破坏，大学的物质基础尤其是核心的智力基础都受到重创。对政府和大学来说，大学的快速重建是战后取得的最惊人的成就之一。然而迄今为止对这一现象的研究还仅仅是局部的。1949年，西欧很多国家里就读于大学的男女学生数约是1938年的两倍，其他地区也增长了25%—30%。⑧ 1945年，不同年龄段的幸存者从战场或战俘营回到学校开始或重续学业，但不能简单地以此为据解释上述增长。能够出现数量如此之多、范围如此之广的增长，说明各国政府将欧洲重建不仅视为经济和技术问题，而且还视为一种教育和智力上的挑战。 74

然而，没有哪一个政府以通过专门的大学政策的方式来应对这一挑战。在英国，《1944年教育法》（正式名称为《英格兰与威尔士教育改革法案》）并未涉及大学。成立于1919年、由大学代表组成的大学拨款委员会，仍旧只是负责分发政府补助而不提供任何直接的规划。尽管如此，1946年各大学还是同意遵循巴洛委员会的建议，将他们所培养的学生数量翻

⑦ W. Krönig and K.-D. M¨ uller, *Nachkriegssemester: Studium in Kriegs-und Nachkriegszeit* (Stuttgart, 1990), 79.

⑧ Wissenschaftsrat, *Empfehlungen zum Ausbau der wissenschaftlichen Einrichtungen*, vol. Ⅰ: *Wissenschaftliche Universitäten* (Tübingen, 1960), 510.

番，以提供社会需要的专业人才。英国政府为斯拉夫语、东方语言以及经济学和社会科学等领域研究提供资助。⑨

在其他西欧国家里，将大学置于再次从事传统活动的地位，是各国当局对自身的限定。

在法国，戴高乐流亡政府曾打算改革高等教育体制，尤其是大学校。然而，在胜利之后，“人们既没有感到需要改革高等教育，更没有将其提高到进入政治议程的高度，这种情况一直持续到 1956 年”⑩。

在意大利，大学仍旧保留了其在法西斯主义盛行之前享有的自治传统和教学自由。⑪ 在那些曾被德国占领的国家中，情况也是如此。那些躲过战争的国家，如瑞典和瑞士的自由大学政策得以保持；在西班牙和葡萄
75 牙，政府则维持了对大学的专制路线。

盟军在德国实行的大学政策

制定大学方针所面临的困难，超越了纯物质方面的重建，关于这一点，德国的情况是一个很好的例证。希特勒的帝国无条件投降后，其在物质、政治、经济和文化结构上形成的柏拉图式的白板，成为建设一个理想的国家和教育体系的起点。

德国领土上的四支占领力量所实行的不同大学方针，是研究大学方针设计成败得失的有趣案例，也是战后欧洲大学史上非常值得关注的一个领域。这种情况是个有趣的展示，它证实了波普尔在 1945 年提出的警告，即根据柏拉图的思想，在白板上建设一个理想的国家及大学，存在很大风险。⑫ 但它也表明，西方占领势力所实行的大学方针政策，虽然以在德国建立民主和欧洲政治信念为目标，但这些方针和政策只是发挥了间接和长期的影响。

---

⑨ E. Shils, ‘Great Britain and the United States: Legislators, Bureaucrats and the Universities’, in Daalder and Shils, *Universities* (note 3), 440f.

⑩ F. Bourricaud, ‘France: The Prelude to the *loi d'orientation* of 1968’, in Daalder and Shils, Universities (note 3), 36f.

⑪ A. Malintoppi, ‘Italy: Universities Adrift’, in Daalder and Shils, *Universities* (note 3), 109.

⑫ K. Popper, *The Open Society and its Enemies*, 2 vols. (London, 1945).

盟军已达成一个共同目标：阻止德国获得发动另外一次世界大战所需要的条件。然而，就如何实现这个目标，盟军各国看法大相径庭。在英国，人们首先考虑的是如何避免《凡尔赛和约》的实施产生过于残酷的结果。因此，英国从1940年开始流行这样一种理念，该理念在1944年达到高潮，⑬即再教育是“变革的中心，能够使德国的行为符合欧洲的政治信念”⑭。相反，苏联持的观点是，正是因为第一次世界大战的战胜国没有签订类似于《凡尔赛和约》这样的有效协定，才会导致第二次世界大战的爆发。因此，斯大林要求将德国重新发动战争的工业潜力全部破坏掉，并重建德国社会民主党。在美国，起初呈现出的是追随英国的趋势。从1942年开始，美国国务院和陆军部都有专门的专家，致力于制定有关其在德国的占领区的长期政策。1943年，美国的社会心理学家提出了一个再教育计划，试图以一组动态自愈过程，向精神方面出了问题的德国人传播民主价值观念和行为。社会心理学家们撰写了一份手册，提出在文化和教育方针政策的重建项目中，大学具有一定的地位。⑮ 1944年，对大屠杀的愤怒催生了“摩根索计划”。在1944年9月15日于魁北克召开的美国—英国首脑会议上，丘吉尔采纳了这个计划，他口述了一个备忘录，要求实行一个计划“以消除德国鲁尔地区和萨尔河地区的战争工业，并把德国变为一个以农业和牧业为主的国家”⑯。然而英美两国的公共舆论对此建议的反应是一片哗然以及铺天盖地的批评，罗斯福和丘吉尔退却了，并未通过任何明确的占领方针。罗斯福下令禁止再使用该手册。进驻德国的美国占领军，对于在占领地应该如何去做没有任何明确概念。1942年开始，位 76

---

⑬ D. Phillips, 'War-Time Planning for the "Re-education" of Germany: Professor E. R. Dodds and the German Universities', *Oxford Review of Education*, 12:2 (1986), 195-208, esp.196.

⑭ K. Jürgensen, 'Was there a British Policy towards Higher Education? Some Retrospective Thoughts on the Oxford Symposium', in M. Heinemann and D. Phillips (eds.), *Hochschuloffiziere und Wiederaufbau des Hochschulwesens in Westdeutschland 1945—1952*, vol. Ⅰ: Die britische Zone (Hildesheim, 1990), 79.

⑮ J. F. Tent, *Mission on the Rhine: Reeducation and Denazification in American Occupied Germany* (Chicago, 1982), 22.

⑯ Henry Morgenthau, Ⅲ, *Mostly Morgenthaus: A Family History* (New York, 1991), 386.

于夏洛茨维尔的弗吉尼亚大学已经培训了一大批在占领区从事管理工作的专家，这其中包括 200 名教育专家。尽管做出了这些努力，但是在 1945 年 5 月，美国军事政府只派了 10 名教育官员去德国，审查那里对近两千万人进行的去纳粹化和再教育工作。[17]

1945 年 1 月，盟军部队已经到达莱茵河，此时的丘吉尔仍然不太关心战后的政治问题。[18] 但是，从敌对状态形成之初，他就已经在强调，盟军的行动目标不是破坏和复仇，而是为了未来的国际社会（德国也将包括其中）的和平与安全。1944 年夏，有 20 多个教育官员在英国对德管制会设于肯辛顿的教学部（当时全英有数个这样的教学部）接受训练。[19]

1945 年 8 月 2 日，艾德礼、杜鲁门和斯大林共同签署了《波茨坦协定》。该协定结合了由斯大林提出并在魁北克会议上得到丘吉尔和罗斯福认可的去工业化主张和再教育的概念。对于大学来说，去工业化的第一步，就是带走大学里的科学家、撤走大学中的科研人员里的相关设备，并禁止大学中的科研人员从事如核物理、化学、航空、造船这些涉及战争经济的战略领域的研究。制订教育方案时明确提出四“D”，即，铲除纳粹化、非军事化、民主化和非卡特尔化，其中前三个“D”被认为是德国人自己
77 的教育目标。战胜国将“允许”和“控制”德国从纳粹和军事主义理念向民主思想成功转型，但战胜国并不打算自己亲自去实现这一目标。

同时，《波茨坦协定》表达了一个普遍原则：它与四个占领国不同的大学政策相兼容。1947 年，盟军政府发出第 54 号指令，题为“德国教育民主化的基本原则”，该原则在理论上对所有占领国都具有约束力。但事与愿违，早在 1945 年的夏末和秋季，大学已经获得准许重新开办，其目的是在医学院系的帮助下改善营养不良人群的健康状况，[20]另一部分原因是希望

---

⑰ Tent, *Mission* (note 15), 29.

⑱ G. Murray, 'The British Contribution', in A. Hearnden (ed.), *The British in Germany: Educational Reconstruction after 1945* (London, 1978), 68.

⑲ *Ibid.*, 77.

⑳ Tent, *Mission* (note 15), 59.

那些有制造麻烦倾向的青年离开街头。㉑ 根据《波茨坦协定》,大学官员负责监管(并在必要的时候加强)教师和学生的去纳粹化,以及由德国委员会实行的非军事化。此外,大学官员们还要支持民主价值的教育。对于这些任务,大学官员做好准备的程度参差不齐。

美国人面临的困难有两个。其一是缺乏对大学政策的明确概念,其二是占领区里缺乏合格的管理人员——占领区共有 14 所大学机构。此外,美国的这些管理人员还不得不忍受来自军队官僚体系的各种命令、条例的强硬干扰,有时这些干扰还是相互矛盾的。㉒

面对占领区的学术挑战,英国人比美国人做的准备更充分。例如,他们列出了一份德国教授清单,根据这些教授在纳粹统治时期的行为,在清单上注明哪些要被解雇、哪些需要接受检查、哪些可立即恢复其职位以及哪些可以担任领导职位等。㉓ 他们拥有足以满足其占领区中 8 所大学及类似机构需要的管理人员,尽管这些管理人员对自己将要面临的具体任务基本上也是一头雾水。㉔ 英国人务实地开展工作,从一开始,他们就采取了正式和非正式两种形式与大学领导进行合作。

法国直至 1944 年 10 月才获得自己的占领区。虽然法国没有出席波茨坦会议,但它也采取了英美盟友的行动路线。法国的大学管理人员大都学习过德语和德国文学,但他们同样对自己面临的任务毫无准备。㉕ 78

在文化和高等教育领域,法国占领军奉行一种比其西方盟国更加积极的政策。法国占领区内有两所古老的大学(即蒂宾根大学和弗莱堡大学)几乎没有受到战争的破坏。除此之外,法国人还在莱茵河西岸创办了 4 所新高等教育机构,分别是 1946 年重新建立的美因茨大学、1948 年成立的萨尔布吕肯大学、1947 年成立的以法国大学校为蓝本的斯派尔政治学院和格尔斯海姆高等翻译学校。其中,格尔斯海姆高等翻译学校在 1949

㉑ M. Heinemann and J. Fischer (eds.), *Hochschuloffiziere und Wiederaufbau des Hochschulwesens in Westdeutschland 1945—1952*, vol. Ⅲ: *Die französische Zone* (Hildesheim, 1991), 66f.; cf. Tent, *Mission* (note 15), 28.

㉒ Tent, *Mission* (note 15), 316ff.

㉓ Phillips, 'War-Time Planning' (note 13), 201-203.

㉔ Heinemann, *Hochschuloffiziere*, Ⅰ (note 14), 166ff.

㉕ Heinemann, *Hochschuloffiziere*, Ⅲ (note 21), 12ff.

年并入美因茨大学。美因茨大学是一所建于 1476 年的古典大学,1798 年在法国大革命期间被关闭。1946 年法国占领军重新开办这所大学,并在大学里设立了美因茨科学文学学院和欧洲历史研究院,进一步凸显了这所大学的重要性。通过这种大规模的“文明使命”,法国人借助“以文化手段在敌对国家中建立知识桥头堡”的手段来促进自身的安全。㉖

各占领国派驻的大学管理人员在完成其管理任务时,往往得到各大学的学术校长和招生委员会的帮助和支持。1947 年起,大学管理的责任逐渐移交给德国各州政府,“再教育”被“再定位”所取代。

这些大学管理人员对民主思想的成功发展做出了贡献,而他们为实现这种贡献而采取的手段中,履行自己的官方职责远不如关心大学和大学成员的福利来得有效。他们致力于建筑物的修复,在学生和教师受到军队干扰时实施保护,并帮助他们安然度过几年的“饥饿岁月”以及 1946/1947 年那个异常寒冷的冬天。尤为重要的是,他们还大力推动国际交往和交流项目。从 1946 年到 1948 年,有数百名外国科学家、学者、作家和艺术家前来德国,向德国学生和教授介绍国际科学、学术和文化动态。第一次世界大战结束后,连一些享有国际声誉的德国著名教授都被挡在国际会议之外,而此时的情况则大不相同,自 1947 年起,德国的教授和学生都
79 被邀请前往占领国参加国际会议。这种非正式和间接引进西方民主国家价值观念与行为习惯的手段非常成功,这一点可以从有关战后最初几年的大学男女学生的记录中得到证明,这些人后来都成为联邦德国的精英。㉗

西方民主国家奉行的一个无可争议的重要价值就是大学在课程组

㉖ M. Heinemann,‘Bildung und Wissenschaft im Rahmen der Kultur-und Sicherheitspolitik der Westalliierten. Erfahrungen der Nachkriegszeit’, in F. Knipping and J. Le Ridder (eds.), *Frankreichs Kulturpolitik in Deutschland, 1945—1950: Ein Tübinger Symposium, 19.u.20.September 1985 1950* (Tübingen, 1987), 38.

㉗ Krönig and Müller, *Nachkriegssemester* (note 7), with detailed bibliography; J. von Stackelberg, *Die Überwindung der Fremdheit: Memoiren eines engagierten Romanisten* (Bonn, 2005), 33-53; M. Becke-Goehring and D. Mussgnug, *Erinnerungen: Fast vom Wind verweht* (Bochum, 1950), 79-115; cf. Heinemann and Phillips, *Hochschuloffiziere* (notes 14, 21) and M. Heinemann and U. Schneider (eds.), *Hochschuloffiziere und Wiederaufbau des Hochschulwesens in Westdeutschland 1945—1952*, vol. Ⅱ: *Die USZone* (Hildesheim, 1990).

织、学位授予和教职人员选择方面的自治。占领军与新组建的国家政府都认同这种自治思想，并大力支持大学重建其在被纳粹统治时所丧失的自治权力。

各项重建和招募任务都要由计划与招生委员会和教师委员会通过与经验不足的盟军及德国大学管理人员进行讨论来完成。因此，大学新获得的自治必须经得起考验，任何对大学新获自治的侵犯，都会引起大学的强烈反应。以下这个事件是对此的典型说明：1948 年，黑森州政府不顾法兰克福法学院的反对，任命州部长赫尔曼·布里尔担任法兰克福法学院的荣誉教授。于是，学院在校长瓦尔特·哈尔斯坦的领导下，提出激烈抗议，以至对这样一件小事展开了广泛的讨论。[28] 在几年的重建岁月里，大学在一段时期内甚至获得了 19 世纪时就失去的一项权力，即大学自治的第四大支柱——自主从中学中选择学生的权力。

1948 年，成立于 1911 年的威廉皇帝学会更名为马克斯·普朗克科学促进学会并重新运营。[29] 紧随其后的是，1949 年，成立于 1920 年、旨在推动大学学术研究的德意志重大项目研究会改组为德国研究基金会。[30] 同年，各州批准了德意志联邦共和国关于科学研究设施资助的协议，并在陶努斯山区的柯尼希施泰因正式签署协议。柯尼希施泰因协议使大学的研究超越了其所在州的地域和经济支持界限。大学的研究费用根据各州的相对人口数量和税收收入由各州分担。[31] 80

对大学制度进行根本性改革的努力则不那么成功。从 1946 年到

㉘ N. Hammerstein, *Die Johann Wolfgang Goethe-Universität Frankfurt am Main*, vol. Ⅰ: *1914 bis 1950* (Frankfurt/Main, 1989), 249-260.

㉙ R. Vierhaus and B. vom Brocke (eds.), *Forschung im Spannungsfeld von Politik und Gesellschaft: Geschichte der Kaiser-Wilhelm-Max-Planck-Gesellschaft* (Stuttgart, 1990).

㉚ T. Nipperdey and L. Schmugge, *50 Jahre Forschungsförderung in Deutschland: Ein Abriss der Geschichte der Deutschen Forschungsgemeinschaft 1920—1970* (Berlin, 1970).

㉛ E. Freund, *Forschung-der dritte Faktor: Eine Analyse mit Zahlen und Vergleichen* (Stuttgart, 1966) (with international summaries).

1952 年，各占领军发起或推动了多次以改革为目标的会议。㉜ 德国大学只采纳了一项建议，即按照美国模式引进通识教育项目，以促进德国大学的政治教育。这个教育项目被称作“普通教育”（*studium generale*），这个术语没有体现出其历史意义，不光在语义上，在德国大学系统里，它始终是个外来语。㉝

几十年来，战后聚焦于东德大学发展的历史研究与所谓的党派偏颇的指控发生了冲突。德意志民主共和国的历史学家们明白自身的角色，他们不得不承担一个任务：“全面地、长远地分析并解释社会主义必然战胜帝国主义。”㉞西方学者的研究被认为是冷战的怪物，这种情况不仅发生在德意志民主共和国。1992 年，在柏林附近的高森，大众汽车基金会资助召开了一个有关大学和科学的学术研讨会，来自前苏联的一些大学管理人员也参加了此次会议，这是以前由占领国大学官员召开座谈会的传统的延续。㉟ 前苏联大学官员所做的研究，显示出西方关于民主德国高等教
81 育苏维埃化的研究在很大程度上是准确的。

> 我们面对的是一个堡垒，它的名字是科学，有无数知识分支的科学。我们必须不惜任何代价拿下这个堡垒。如果希望建设新生活，如

㉜ R. Neuhaus (ed.), *Dokumente zurHochschulreform 1945—1959*, Veröffentlichungen der Westdeutschen Rektorenkonferenz (Wiesbaden, 1961), 260-433; W. Rüegg, ‘Epilogue: Higher Education at its Greatest Challenge. The Developments since 1960’, in M. Heinemann and U. Schneider (eds.), *Hochschuloffiziere und Wiederaufbau des Hochschulwesens in Westdeutschland 1945—1952*, vol. Ⅱ: *Die US-Zone* (Hildesheim, 1990), 228f.; D. Phillipps, *Pragmatismus und Idealismus: Das ‘Blaue Gutachten’ und die britische Hochschulpolitik in Deutschland 1948*, Studien und Dokumentationen zur deutschen Bildungsgeschichte, 58 (Cologne, Weimar and Vienna, 1995).

㉝ F. F. Tenbruck and W. Treue (eds.), *Studium generale: Bericht über zwei Weilburger Arbeitstagungen 30. August bis 1. September und 3. bis 15. September 1951* (with select bibliography); W. Rüegg, ‘Humanism, and Studium Generale in German Higher Education’, *The Journal of General Education*, 8:3 (1955), 137-165.

㉞ W. Flaschendräger and M. Straube, *Die Entwicklung der Universitäten und Akademien im Spiegel der hochschulgeschichtlichen Forschungen (1960—1969): Literaturübersicht*, Informationen und Studien zur Universitätsentwicklung, 12 (Berlin (Ost), 1970), 7.

㉟ M. Heinemann (ed.), *Hochschuloffiziere und Wiederaufbau des Hochschulwesen 1945—1949: Die sowjetische Besatzungszone* (Berlin, 2000).

果想打败旧生活的守护者，年轻人必须拿下这个堡垒。

斯大林的这段话发表于1953年，它是西方理解苏联占领势力和德意志民主共和国管理部门有关大学政策的重要参考。㊱ 1992年，一位参加高森会议的俄罗斯学者引用了一句列宁的话，它所描述的苏联教育政策的核心与斯大林那段话的意思非常相似：

只有对青年人的培训、组织和教育进行深刻转变，才能达到我们的目标：青年人通过自身的努力，可以实现建立一个不同于以往的社会——共产主义社会。（对于大学方针）这意味着重点应转向政治教育和大学教育的实用功能，而牺牲大学在促进人文教育和通识教育中的作用。

具体来说，根据苏联的经验，苏联驻德国军事政府以这样的蓝图来重建所有高等教育机构：每个系都有标准化的教学计划，每个学科都有标准化的课程。这意味着将大学集中化，只给予大学非常有限的独立性空间；确定高等教育的总思想和总政治方向，确保共产党组织在大学的领导角色，建立社会主义计划经济与不同学科专家和培训需求之间的紧密联系，以及学生社会出身的单一化改造，即建立无产阶级的大学。㊲

在苏联占领区，大学也是在1945至1946年间的冬天重新开放。列宁和斯大林的格言所说，接受革命理念再教育的年轻人要完成占据“科学堡垒”的任务，因此，苏联占领军用了六年时间将占领区的德国大学系统按照苏联模式进行了改造。为了实现这一目标，苏联占领军需要德国教师、教育机构和党派的支持，特别是共产党的支持。当时德国大学教师里没有几位是共产党员，他们也肯定不属于“莫斯科流亡者”的圈子。该圈子以 82

㊱ M. Müller and E. E. Müller, '*…stürmt die Festung Wissenschaft.' Die Sowjetisierung der mitteldeutschen Universitäten seit 1945* (Berlin, 1953), 1.

㊲ A. P. Nikitin, 'Die sowjetische Militäradministration und die Sowjetisierung des Volksbildungssystems in Ostdeutschland 1945—1949', in Heinemann, *Sowjetische Besatzungszone* (note 35), 1-10, quotation p.2.

瓦尔特·乌布利希和威廉·皮克为核心，具有相当大的影响力。1945年和1955年间东德的大学政策大多是受保罗·汪戴尔和弗雷德·厄斯纳的影响，而这两人充其量只能算是自学成才。[38]

苏联占领区的大学，由于有些是从原美国占领区迁来的，再加上去纳
83 粹化的影响，因此大学中老师离职的比例高达90%。与西方的信仰相反的是，负责管理大学的苏联驻德国军事政府官员，虽然也跟他们西方的同行一样没有对自己将要执行的任务做好充分准备，[39]但他们保留着对德国大学传统根深蒂固的尊重，并且努力捍卫这种传统，反对仓促地适应苏维埃体制，而他们的捍卫往往是成功的。他们反对实行校长任命制，捍卫校长选举制；他们坚持在大学中继续设立法律系，而不是将法律系独立出去。[40] 当然，苏联驻德国军事政府从一开始就对大学进行了思想清洗，不仅去除了纳粹主义和军国主义，而且剔除了那些拥护"反动政治观点"和"假知识"的人。1945年，苏联驻德国军事政府迫使爱德华·斯普朗格和伯恩哈德·史怀哲辞职，这两位教授分别是柏林大学和莱比锡大学的第一副校长。[41]这两人后来都去了蒂宾根大学。1946年至1947年冬季学期，大学中开始允许教授哲学，但要求教授提交每个讲座和研讨会的方案以备审议，并解释他们如何运用讲座和研讨会进行政治再教育。1948年，哲学教授们被要求填写一份由苏联哲学官设计的调查问卷，以证明他们忠于辩证唯物主义。此举导致很多哲学家纷纷前往西方阵营，如沃尔特·布洛克尔、汉斯-乔治·伽达默尔、汉斯·莱斯岗和西奥多·里特。[42]

苏联驻德国军事政府之所以在最初处理德国大学问题时采取自我约

㊳ E. Richert, '*Sozialistische Universität*': *Die Hochschulpolitik der SED* (Berlin, 1967), 13-17.

㊴ R. F. Lawson, 'Die Politik der Umstände: Eine Kritik der Analysen des Bildungswandels im Nachkriegsdeutschland', in M. Heinemann (ed.), *Umerziehung und Wiederaufbau: Die Bildungspolitik der Besatzungsmächte in Deutschland und Österreich* (Stuttgart, 1981), 29; Nikitin, 'Sowjetische Militäradministration' (note 37), 1; I. Bejdin, 'Die Russen in Deutschland, Auszüge aus meinen Erinnerungen', in Heinemann, *Sowjetische Besatzungszone* (note 35), 11.

㊵ Nikitin, 'Sowjetische Militäradministration' (note 37), 5.

㊶ Nikitin, 'Sowjetische Militäradministration' (note 37), 6.

㊷ Müller and Müller, *Festung Wissenschaft* (note 36), 67-72.

束的方式，还有一个原因是当时大的政治背景。然而，这种约束并不适用于哲学和历史等学科，也并不阻止对大学校长和院长的选举施加党派的压力。1945 年 6 月 11 日通过的“德国共产党入党誓言”宣称：“将苏联体制强加于德国”是错误的，因为这“不符合德国现阶段的发展条件”，目前的发展条件要求的是“建立一个人民享有所有民主权利和自由的、反法西斯主义的议会制民主共和国”㊸。

这种“民主权利和自由”到底能走多远，我们可以从一个例子中看出来。1948 年，柏林大学的三名学生因为写文章批评大学政策而被开除，这促使他们后来着手创办柏林自由大学。㊹到 1953 年为止，共有 500 多名学生和教授遭到逮捕，他们中的大多数人被投入监狱，参加强迫劳动或进入刑事营。㊺显然，这些人不属于“人民”的范畴。

从 1948 年到 1953 年，人民教育部特别是高等教育国务秘书处(成立于 1951 年)开始实施由苏联驻德国军事政府一名前任高级官员描述的苏联模式。㊻

84

中欧和东欧的苏维埃化

第二次世界大战给中欧和东欧国家带来了深刻变化，多年来这些国家由于其地理位置而被打上了“社会主义阵营”“苏联集团”等印记。㊼这些(政治、经济和社会)变化的总和，连同国家边界和民族构成方面的重大变化，对高等教育及其新的主管权力机构——高等教育机构内的共产党及其代表——之间的关系都产生了影响。

战争对波兰高等教育造成了灾难性的后果：三分之一的波兰知识分子在战争中丧生，㊽物质损失也同样巨大。战前的两个重要学术中心——利沃夫和维尔纽斯，如今已不在波兰新的国家边界之内。得益于在纳粹

㊸ Müller and Müller, *Festung Wissenschaft* (note 36), 11.

㊹ Heinemann and Schneider, *Hochschuloffiziere* (note 32), 143-172.

㊺ Müller and Müller, *Festung Wissenschaft* (note 36), 363-371.

㊻ Cf. Richert, '*Sozialistische Universität*' (note 38), 42-96.

㊼ 1943 年成立的南斯拉夫，尽管是联邦制国家，但由于其一党专政的特点和独立的国际政策，因而也被视为苏联集团的成员之一。

㊽ 估计仅有 600 名左右的大学教授(只占总数的约 40%)活了下来。

占领区内由所谓的“飞行大学”提供的地下秘密教学和研究，波兰高等教育的人员损失略有补充。独立的波兰教育在西欧（尤其是英国和瑞士）占领区中发挥的作用，与其在纳粹占领区能发挥的作用一样有限，再加上非共产主义流亡政府所扮演的角色，共同促成了由苏联支持的波兰政府重开和新建高等院校以及推广免费高等教育观念。这一行动的潜在政治利益起初并不明显，但是，作为波兰高等教育重建和民主化标志的战后首所大学——居里夫人大学于1944年10月在卢布林成立时，其潜在利益开始显现。在同一时间，经过与新政权的艰苦斗争，位于同一城市的另外一所大学卢布林天主教大学得以在新政权下以战前独立于国家的形式继续开办，不过其性质变成一所经国家认证的学术机构。

罗马尼亚高等教育也饱受战争影响，但其人员和硬件设施的受损程度与波兰不同。[49] 大学师生不得不面对这场罗马尼亚牵涉其中的战争所
85 带来的后果，即罗马尼亚国界的变化，特别是特兰西瓦尼亚地区的归属问题。[50]

从挑战的角度来看，南斯拉夫的三所大学，在这个国家成为一个多民族的联邦制国家后，其所处境况并没有太大的变化。[51] 匈牙利高等教育也须面对战争破坏造成的后果（特别是在布达佩斯），同样也要面对失去特兰西瓦尼亚后大学师生流失的后果，该地区在1940年至1944年间主要处于匈牙利的控制之下。[52]

不过，即便中东欧地区的新政权在战后积极介入高等教育，但仍允许大学固守其内部结构、招生与研究组织、教师与学生代表等多方面的传统。这主要基于战后重建的需要，同时也隐匿了新的（但未经充分授权的）

---

[49] J. Sadlak, *Higher Education in Romania 1860—1990: Between Academic Mission, Economic Demands and Political Control* (Buffalo, 1990).

[50] 1940年，罗马尼亚的克鲁日“斐迪南一世”大学（‘King Ferdinand I’ University of Cluj）被疏散到锡比乌，到1944年，该大学在锡比乌成为匈牙利的费伦茨·约瑟夫皇家科学大学（Royal Ferenc József Scientific University）。V. Puscas (ed.), *A History of Cluj Higher Education in the 20th Century* (Cluj, 1999), 285-302.

[51] N. N. Soljan, ‘Yugoslavia’, in P. G. Altbach (ed.), *International Higher Education—An Encyclopedia* (New York and London, 1991), 837-850.

[52] J. Kardos, E. Kelemen and L. Szogi, *Centuries of Hungarian Higher Education* (Budapest, 2001), 132-136.

"人民"国家政权的政治实用主义。这种情况仅持续到1947年底,到1948年前后就完全改变,此时,中东欧地区由共产党控制的国家彻底变更了大学和其他高等教育及学术机构的设计目标。它们的任务和运行都必须服从最高的单一意识形态信条——马克思列宁主义。所有的大学都被改造为国家庞大的行政体系的一部分,而不管其传统和历史为何。[53] 和所有其他高等院校的毕业生一样,大学毕业生注定要成为"人民"的知识分子。

即使院系、教席和评议会这些大学的基本内部组织结构得以保留,但高等教育机构已经逐渐失去了其大部分机构自治权。政府做到这一点的方式是改变管理机构的构成和特权,以及建立新的"行政机构"。民主管理的假象之下是各种形式的"集体代表制度",包括定期的"科学代表大会"或依据特定学术条例组织的会议。现实中,直接的政治和行政干涉覆盖了发挥大学管理功能几乎所有的重要事项,从校长、院长和学术人员的任命,到学生群体的构成、课程的组织和教学内容——尤其是那些与意识形态相关的学科,如哲学、历史、法律、经济学和其他社会学科等。[54]

这些改革还有另外一个共同特征,那就是强行植入从苏联学术体制和科学机构借用来的种种特性。那些"历史悠久的"大学被打上诸如"自由资产阶级"等过时的标签而加以彻底改革。改革后的"新大学"专注于"纯"理论的研究和那些所谓基础学科的教学,包括哲学、社会研究、数学和所有的自然科学。从大学中分离出去的是医学、药学、农学和体育之类的学科。这些变革的结果是,专门化教育机构的重要性上升,"传统"大学的作用开始减弱,特别是它们与技术教育机构(常常被称作理工院校)之间的联系开始减少。在许多学术中心特别是在大学和理工学院之间,滋生了不健康的竞争,因为它们竞争的是政治和社会地位,而不是科学声望和卓越的科学表现。 86

为了与教育体制的意识形态驱动和非宗派性质保持一致,神学院被

[53] 在大学的核心使命中,自由地学习"知识"的洪堡模式在这些地区曾广为流行。不过一些国家(如罗马尼亚)也受拿破仑的影响发展出了类似于法国大学校的机构。

[54] 这些学科在教学方面的意识形态"标准设定"由所谓的"党校"来进行,后者很快就变成了不折不扣的高等教育机构,享有开展教学与在意识形态方面进行必要的"研究"的特殊待遇。

搬出了大学，之后它们被关闭、被边缘化或变为独立的学术学院。[55] 如今，大学的基本权利和功能不得不面对另外一个竞争对手，即按照苏联组织模式重组或新建的科学院。这种被称作"工程院"的科学院有三个功能：一是知名学者的团体，二是研究中心，三是监督和协调高等教育机构中研究工作的政府代表机构。从历史角度看，这些科学院一般将自己限定在第一个功能上。这些新成立的科学院，既是国内所有科学互动的超级协调者，又是开展国际科技合作的机构。

苏维埃化的学术生活有一个特别令人不安的特点，那就是引入了关于毕业程序和学术职称的新制度。这些新措施留下的一个持久遗产就是仿照苏联原型设立的监管和筛查机构——高等教育认证委员会。授予科学头衔及任命学术职员都要得到该机构的批准，而高等教育认证委员会所考虑的不仅是学术价值，还包括政治合理性。[56]这些"质量"委员会，要么像在波兰和捷克斯洛伐克那样附属于内阁，要么就像在其他国家那样直接向管理高等教育的教育部负责。这类委员会往往阵容庞大，有些组成人员甚至超过两百人，下面还设立各种分支学科委员会。政府和政党在控制这类委员会的人员提名时，更看重的是事实(*de facto*)而非法理(*de jure*)。在中欧和东欧的大多数国家里，教授的任命由这些委员会负责。在保加利亚、捷克斯洛伐克和罗马尼亚，这类委员会还拥有一些重要学术等级的最终认证权，如大学及其他高等教育机构或科学院授予的博士学位，就需要委员会的认证。

该体制的倡导者不无理由地认为，各高等教育机构的质量参差不齐，
87 因此需要某种形式的外部学术审查。然而，学术任命的集中审查过程不仅导致政治化，还往往带来异常冗长的官僚程序。这么做也有一定的合理性，因为要想使对终身教授的任命更加恰当，的确有必要进行深入的评估审查。

学术机构管理部门的大多数职位都属于"权贵阶层"(*nomenklatura*)

---

[55] 波兰开办了两所小型神学院，这两所学院与卢布林天主教大学一同被是为高等教育体系的内在组成部分。在柏林，新教神学院仍然是洪堡大学的一部分。

[56] A. G. Korol, *Soviet Education for Science and Technology* (New York and London, 1957), 164.

体系。在该体系里,任何任命都需要首先得到负责教育和科学事务的特定党组织或地区部门的首肯。值得注意的是,由于学术人员和学生都是共产党员,并且都有义务在"民主集中制"的基础上遵守共产党的纪律,所以政府对高等教育机构的控制得到进一步加强。

在大多数中东欧国家,这种强加而来的管理模式导致学术界和当局之间的关系变得紧张。20世纪50年代初期,当共产主义势力完全控制高等教育系统并开始实施(以严肃、激情和纪律为特征的)"社会主义"大学建设蓝图时,学术界与当局之间的关系进一步恶化。20世纪50年代初的波兰,学生必须参加所有的讲座、实验室练习和习明纳,并通过定期的必修考试。此外,男生被征募入伍,军事训练成为男生的学习内容之一。停止学习或延长学习期限,都被视为不负责任或不爱国的社会行为,甚至是一种破坏行为。这么做的结果有可能不仅是被开除学籍,甚至还会被投入监狱。从事教学科研的学术人员也受到类似的控制。[57]

在中央计划经济体制下,所有的高等教育机构都作为政府单位由政府投资。这种投资通常是以五年为一周期的中央计划的一部分。高等教育机构的资金和人员配备水平由政府及其经济部门从人力资源的角度统筹考虑。为了对高等教育和国民经济各部门进行更好的协调,学术机构的管辖权被分配到各部委。高等教育的行政管理程序由此变得异常复杂。刻板的线性预算制度,几乎没有给高校在机构管理或研究经费方面的自我管理留下什么发展空间。[58] 在基本资金方面,大学与当局之间没有什么争议。然而,考虑到官僚化的程序和资金短缺所造成的普遍效率低下的情况,为某个项目寻求"政治支持"或经济投入,成为高等教育机构和政府之间关系的标准。 88

[57] 课程负担变得过于沉重。在波兰,1948/1949学年大学的周学时增加到36—38学时。在对男生实行强制性军事训练以后,有时周学时能达到45—50学时。T. Suleja,*Uniwersytet Wrocławski w okresie centralizmu stalinowskiego 1950—1955* (Wroclaw,1995),139.

[58] J. Sadlak,'In Search of the "Post-communist" University—The Background and Scenario of the Transformation of Higher Education in Central and Eastern Europe',in K. Hüfner (ed.),*Higher Education Reform Processes in Central and Eastern Europe* (Frankfurt/Main,1995),43-62.

大学合作的出现

从物质上和精神上重建遭受战争破坏的大学，由政府、校长、院长、教师和学生共同合作完成。为克服最初的困难，他们做了很多努力，经常热情地帮助清理废墟和修复教室。

西　欧

美国的基金会向欧洲学生提供奖学金，让他们前往美国的大学学习，这一举措对大学成员间的国际合作产生了持久影响。1946 年，应参议员威廉·富布赖特(1905—1995)的请求，美国国会决定推动与其他国家的学术交流。“富布赖特项目资助对象包括美国和其他国家的研究生、学者、专家、教师和行政人员”，旨在“促进美国人民和其他国家人民之间的相互了解”[59]。

1949 年，德意志联邦共和国成立，西方同盟国在战后初期为其提供的学生和教授交流项目，得到了新政权的大力推动，富布赖特项目由此扩展到全世界。在联邦德国政府的资助下，最初成立于 1925 年的两个学术基
89 金会开始重新活动。第一个学术基金会是德意志学术交流中心(DAAD)，它于 1950 年开始启动新生交流项目；后来它主要为德国和外国学生、大学实习生、青年学者和大学教师的交流提供奖学金，资助德国大学的国际合作，并推动国外大学里的德国研究。[60] 第二个学术基金会是于 1953 年重新开办的亚历山大·冯·洪堡基金会。该基金会一方面为高素质的外籍

---

[59] 富布赖特项目最初的资金来自战争赔款和国外偿还的贷款，此后由国会和其他外国政府提供。从 1948 年到 2006 年，该项目的资助对象包括105 400名美国人和174 100名外国人。现在，富布赖特项目每年还新提供约 6000 个奖励名额[http://exchanges.state.gov/education/fulbright/ (12 February 2008)]。

[60] P. Alter (ed.), *Jubilüumsschrift 'Spuren in die Zukunft' —Der DAAD 1925—2000*, vol. Ⅰ: *Der DAAD in der Zeit. Geschichte, Gegenwart, zukünftige Aufgaben* (Bonn, 2000). 1950 到 1999 年，DAAD 共资助了 45 万名德国人和 55 万外国人：M. Heinemann (ed.), *Jubiläumsschrift 'Spuren in die Zukunft' —Der DAAD 1925—2000*, vol. Ⅱ: *Fakten und Zahlen zum DAAD* (Bonn, 2000), 106f. 2006 年的受资助者为 5.5 万人，DAAD 的全球校友网涵盖 120 家外国校友俱乐部、超过 25 万名学者：C. Bode and D. Jecht (eds.), *20 Jahre 'Wandel durch Austausch': Festschrift für Prof. Dr. Dr. h. c. mult. Theodor Berchem. DAAD-Präsident 1988—2007* (Bonn, 2007), 30.

博士后提供奖学金和研究基金，另一方面也给德国博士后提供研究奖学金。富布赖特项目、德意志学术交流中心和亚历山大·冯·洪堡基金会这三个机构与其同行们保持着联系，开辟了不断扩大的国际学术网。[61]

西德大学的重建活动也带来了一个长效性影响，那就是大学之间(反映在其校长之间)在追求、捍卫和促进大学内在利益和任务方面的合作。二战之前(欧洲)存在着如下一批机构：1898 年成立的荷兰大学校长协会[62]，成立于 1903 年的德国大学校长委员会(在随后的 1904 年又成立了普鲁士分部)[63]，成立于 1904 年的瑞士大学校长委员会[64]，以及成立于 1911 年、但在 1935 年到 1944 年间并不活跃的奥地利大学校长委员会[65]。在英国，大学副校长们自 1921 年开始定期会面，并于 20 世纪 30 年代初期组建了副校长与校长委员会，该委员会在 1950 年得以重新组建。[66] 90

在被盟国占领的德国地区，大学间合作开始恢复和发展。1945 年 9 月 15 日在哥廷根大学，英国管制委员会举办了有关英国占领区大学政策的首次会议，德国大学校长、英国大学顾问、各州政府负责高等教育的官

---

[61] 1953 至 2003 年间，该基金会共资助了来自 132 个国家的超过 2.5 万名科学家和学者：C. Hansen and C. Nensa, *Exzellenzweltweit: Die Alexander vonHumboldt-Stiftung zwischen Wissenschaftsförderung und auswärtiger Kulturpolitik (1953—2003)* (Cologne, 2004), 8.

[62] 校长协会是一个非正式组织，但该组织的学术权力对荷兰的高等教育政策有着广泛的影响。1947 年该机构重新运行，至今仍独立于荷兰大学联合会(VSNU)而存在，VSNU 作为荷兰大学的官方联合会在 1985 年取代了 1956 年成立的学术理事会，它既是各大学董事会的一个平台，也是荷兰政府的咨询机构(上述信息由 VSNU 的 Frans A. J. van Steijn 博士友情提供)。

[63] 信息来自德国马尔堡的 Bernhard vom Brocke。

[64] F. Rintelen, 'Die Anfänge der schweizerischen Hochschulrektorenkonferenz', in A. E. vonOverbeck (ed.), *Das 75-jährige Jubiläum der schweizerichen Hochschulrektorenkonferenz* (Basel, 1979).

[65] W. Höflechner, *Die österreichische Rektorenkonferenz 1911—1938, 1945—1969* (Vienna, 1993).

[66] H.-A. Steger (ed.), *Das Europa der Universitäten/L'Europe des universités/The Universities' Europe: Entstehung der ständigen Konferenz der Rektoren und Vize-Kanzler der europäischen Universitäten 1948—1962, Dokumentation* (Bad Godesberg, 1964), 68.

员等主要与会人员讨论了共同关心的问题。[67] 在 1946 年 2 月 25 日至 27 日召开的第三次会议上，组建了德国西北部大学会议。该机构之所以使用“大学会议”而不是“校长会议”一词，是为了强调大学校长、民间和军事大学管理部门的代表以及各政党之间的合作。[68]

德国西北部大学会议由“英国部”和“德国部”组成。其中，英国部的议程和主席由英国军管会选定，德国部由会议承办大学的校长提出议程并担任会议主席。1949 年 4 月，德国西部大学校长会议成立，德国西北部大学校长会议并入该组织，在此之前共举办了 18 次会议。

在美国占领区，1945 年 9 月 9 日，海德堡大学的校长及大学评议会呼吁军事政府批准组织一次占领区所有大学校长参加的会议。对这一请求，军事政府并没有马上做决定，理由是“必须由最高控制权力机构来处理”[69]。在等待过程中，1946 年圣灵降临节期间，黑森州大学官员哈茨霍恩和马尔堡菲利普大学校长、哲学家尤利乌斯·艾宾浩斯组织了第一届马尔堡大学讨论会，前来参会的不仅包括西方各国在德占领区的大学校长和教授，还有来自其他国家的大学校长和教授。在 1947 年的会议上，来自苏联占领区的管理官员和教授也参加了会议。[70]

1946 年 11 月，美国占领区的大学校长获准创办德国南部大学校长会
91 议，该会议也吸纳法国占领区的大学校长参加。1949 年，它与德国西北部
大学校长会议合并，成为完全由大学校长组成的德国西部大学校长
会议。[71]

西方占领国推动的大学间的自主互动，开启了通往欧洲大学之间合作这一艰难道路的大门。无论是美国人还是俄国人，都不热衷于推动欧

---

[67] M. Heinemann and S. Müller (eds.), *Nordwestdeutsche Hochschulkonferenzen 1945—1948* (Hildesheim, 1990), 1. 在该卷导言部分(第 1—30 页)，作者对这次会议的工作进行了综合调查。

[68] Heinemann and Müller, *Hochschulkonferenzen* (note 67), 136f.

[69] Heinemann and Müller, *Hochschulkonferenzen* (note 67), 1 (n.2).

[70] *Marburger Hochschulgespräche 12. bis 15. Juni 1946: Referate und Diskussionen* (Frankfurt/Main, 1947); W. Rüegg, *Marburger Hochschulgespräche 1946—1947* (Frankfurt/Main, 1966), 25.

[71] Heinemann and Müller, *Hochschulkonferenzen* (note 67), note 2.

洲的理念。他们的教育方针的目标由"民主"和"人道主义"组成。⑫ 一个世界性的大学联合组织更符合联合国的框架。1950 年,在联合国教科文组织的大力支持下,国际大学协会看到了曙光。⑬

英国占领政策的目的是帮助德国人在"可容忍的欧洲行为"方面进行自我教育。因此,毫不令人惊讶的是,1946 年 9 月 24 日,即丘吉尔在苏黎世大学发表其有关欧洲的著名演讲五天之后,德国西北部大学会议的英国议程上列出了"寻求合适的方式,以促进欧洲在哲学、科学和艺术方面的统一性"。大学部主席潘德提出了一个得到新闻媒体支持的观点,即德国大学也对战争的民族主义根源负有责任。但他同时也承认目前大学及其领导在将学生塑造为优秀的欧洲人方面所做的努力。对潘德而言,德国民族主义的崩溃,代表了一种有利于欧洲取向的环境。因此他建议大学讲座中要给欧洲维度以更大的空间。在这场讨论中,明确表示接受这种欧洲理念的,除工会外,只有东欧的共产党代表。校长们认为,这是一个向世界打开孤立的德国大学之门的方式,并且一致欢迎"加强与其他国家在课程方面联系"的观点。明斯特大学校长斯莱伯主教提到,在马尔堡大学的讨论中,也强调了"欧洲好公民"这一概念。⑭ 在马尔堡大学讨论会上,瑞士教授葛恭指出,德国大学的国际开放对欧洲的未来是绝对必要的,德国大学的角色不应局限在作为对西方的过去歌功颂德的博物馆或作为夹在两个定位于未来的世界大国之间的三明治。⑮ 92

的确有一些德国教授抵制欧洲联盟,⑯学生也对欧洲政治运动表现出更大的热情。然而大学将自己看作是欧洲机构,其教学和研究深深植根

---

⑫ Rüegg,'Humanism' (note 33); W. Rüegg,'Humanismus. Ⅱ. Die Umdeutung des Begriffs', in *Staatslexikon: Recht, Wirtschaft, Gesellschaft*, vol. Ⅲ: *Erbschaftssteuer bis Harzburger Front* (Freiburg/Breisgau,1959),171-174.

⑬ G. Daillant, *Universality, Diversity, Interdependence: IAU 1950—1990, A Commemorative Essay* (Paris,1990).

⑭ Heinemann and Müller, *Hochschulkonferenzen* (note 67),224f.

⑮ *Marburger Hochschulgespräche* (note 70),111f.,134ff.

⑯ Heinemann and Phillips, *Hochschuloffiziere 1* (note 14),70.1946 年 4 月,在丘吉尔发表苏黎世演讲之前,汉堡大学教育学教授威廉·弗利特纳(Wilhelm Flitner)谈到"欧洲合众国"(The United States of Europe)是一个现实的政治目标。See W. Flitner, *Die abendländischen Vorbilder und das Ziel der Erziehung* (Bonn,1947),10.

于欧洲的思想和传统。因此，大学认为没有必要在其课程中加强“欧洲取向”。

由于德国西部大学校长会议秘书长尤尔根·费舍尔博士的倡议，欧洲不同国家的大学开始在双边基础上展开院校间的合作。从1952年到1957年，英国和德国大学在波恩附近的科尼斯温特举行了6次年度会议；1958年第七次会议在波恩举行；1960年第八次会议在伯明翰举行。1958年，首次法德大学校长会议在柏林举行，此后该会议每年举行一次，由两国的大学轮流举办。随后的1960年首次斯堪的纳维亚——德国大学校长会议在法兰克福举行。[77]

西欧大学之间进行多边合作的倡议来自外界。丘吉尔的演讲发表之后，欧洲理念找到了制度基础，这尤其要归功于1948年在海牙举办的欧洲大会以及1949年成立的欧洲委员会。海牙会议通过的一份决议呼吁在日内瓦设立一个欧洲文化中心；该协议还呼吁促进欧洲大学之间的合作。然而1950年该计划连同另两项提议（创办欧洲大学校长会议和一所欧洲大学）均被欧洲委员会部长理事会否决。直到1960年，欧洲委员会部长理事会都没有涉及大学政策。[78]同样，在其他国际组织的政治和经济一体化
93 过程中，也没有将大学包括在内。例如，为落实马歇尔计划而在1948年成立的欧洲经济合作组织（OEEC），以及成立于1949年的北大西洋公约组织（NATO），都是如此。[79]

但是，这种情况并不适用于《布鲁塞尔条约》，该条约由比利时、法国、卢森堡、荷兰和英国于1948年共同签署，目标是促进“经济、社会和文化方面的合作以及共同防御”。1952年和1953年，由荷兰教育、艺术和科学部秘书长瑞尼克博士倡议，来自《布鲁塞尔条约》五个成员国的教授和管理人员在海牙会面，讨论各国大学共同关注的问题，并提出组织一个欧洲委员会所有成员国的大学领导人会议的计划。1955年7月20日至25日，由

---

[77] Steger, *Europa der Universitäten* (note 66), 114-127.

[78] K.-J. Maass, *Europäische Hochschulpolitik: Die Arbeit des Europarats im Hochschulbereich 1949—1969*, Schriftenreihe zur europäischen Integration, 7 (Hamburg, 1970), 2-12.

[79] 同上。

《布鲁塞尔条约》成员国的继任机构即西欧联盟发起的欧洲委员会所有成员国大学领导人会议在剑桥召开。根据剑桥会议讨论的结果，1959 年欧洲大学校长常设会议在第戎成立。[80] 1964 年，在哥廷根大学举行的第三次全体会议上，欧洲大学校长常设会议正式颁布了其章程。到 2009 年，欧洲大学校长常设会议的继任组织——欧洲大学协会已发展成包括 800 多所大学成员以及西欧和东欧 30 余个国家的大学校长会议的组织。

中欧和东欧

1948 至 1955 年间，中欧和东欧国家学术界寻求国际交往和合作的天然倾向受到了意识形态和政治的限制，在这些国家里，赞颂苏联的高等教育和科学是天经地义的。这些国家严格限制国内旅行，对国外旅行的限制更甚。国家鼓励所有的已有学科参考"苏联的理论成就"。[81] 有些院校，尤其是那些在同类院校中较有名望的院校，有人因为嘲讽这种强加的"学术"宣传，而陷入人身危险之中。但大多数人还是选择遵从，这不仅仅是出于自身安全的需要，也是为了在和苏联及其他社会主义国家的科学家、学术组织交流过程中的真正学术价值。这种主要由各国国家科学院开展的交流和合作在基础研究和精确科学方面非常富有成效。在随后的几年里，这些交流合作扩展到青年研究人员和课程交流领域。留苏毕业生在学术任命和就业机会方面具有一定的"竞争优势"。 94

成立于 1949 年的经济互助委员会，是中欧和东欧社会主义国家在经济发展相关领域进行互助的首要制度平台。直到 1960 年底，官方的策略是"合作"，其后又提出了一个更加雄心勃勃的目标——"一体化"。[82] 由于需要一定程度的后勤支持，经互会只是间接地促进学术合作。更重要的合作方式则是那些"文化和科学"合作的双边协议，这些协议对访问和项目的数量等都做出了具体规定。由于这些国家之间无法进行货币兑换，

---

[80] Steger, *Europa derUniversitäten* (note 66), 7-84. "CRE"是欧洲大学校长常设会议的法语简称。

[81] Suleja, *Uniwersytet Wrocławski* (note 57), 168-169.

[82] 该组织在苏联和其他成员国之间建立起了联系，这些成员国包括保加利亚、捷克斯洛伐克、匈牙利、波兰、罗马尼亚、东德（1950 年到 1990 年）、蒙古（自 1962 年起）、古巴（自 1972 年起）和越南（自 1978 年起），南斯拉夫是准成员。1949 年到 1961 年阿尔巴尼亚也是该组织的成员。该组织的建立是因为马歇尔计划。1991 年 7 月，经济互助委员会正式解散。

因此，制定这些“易货协定”非常有必要，但这显然不是促进学术合作最有效的机制。

国家性和国际性大学政策的出现，1956—1967

西　欧

自 20 世纪 50 年代中期起，西欧的公众舆论开始支持政府加强对训练科学家项目的干预，以应对来自美国和苏联的竞争。

在法国，1956 年政府总理孟戴斯-弗朗斯邀请科学、政治、管理和工业领域的知名代表赴卡昂开会，讨论有关大学改革的具体计划。会议的主题包括：招生，工程师、技术人员和研究人员的组织、资助和培训，作为一种职业的教师的地位，研究中心制度框架。这次会议所提建议的结果是：医学研究方面开展了一场彻底的改革；成立了大学技术学院和新的大学校；建立了许多社会科学研究中心。新建的社会科学研究中心包括高级社会
95 科学研究院(EHESS)和巴黎的人文科学之家(MSH)。这些成立于 1957 年到 1963 年间的研究中心是由费尔南·布罗代尔倡议的。[83] 人文科学之家在一定时期是欧洲人文主义者和社会学家最重要的会面场所。然而，改革促成的现代化过程遭到保守教授的反对，而活跃的学生则越来越多地指责这些保守教授是“资本主义”“法西斯”和“帝国主义”的。[84]

在德意志联邦共和国，71 岁的律师莱因霍尔德·谢勒(1893—1971)是这方面的领军人物。希特勒上台前，谢勒曾任学生救济组织“德国学生服务”的总负责人，还是“德国杰出学生发展基金会”的创始人之一。在美国经历了 20 多年的流亡生活之后，谢勒于 1956 年在德国科隆创立了“德国人才研究中心”。该中心聚集了联邦政府、各州、工业界和科学界的代

---

[83] J. Revel and N. Wachtel (eds.), *Uneécole pour les sciences sociales: De la VIe section à l'École des hautes études en sciences sociales* (Paris, 1996); B. Mazon, *Aux origines de l'École des hautes études en sciences sociales: Le rôle du mécénat américain* (*1920—1960*) (Paris, 1988); G. Gemelli, *Fernand Braudel* (Paris, 1995)(上述信息由 EHESS 的 Elisabeth Dutartre 和 MSH 的 Maurice Aymard 友情提供)。

[84] Bourricaud, 'France' (note 10), 37-51.

表，一起讨论研究人员和技术人员短缺的应对办法。1957 年，德国人才研究中心提议设立一个全国性的大众汽车基金会，以促进科学研究和科学人才培养。[85] 该提议在 1961 年得到实现。[86] 同一年还成立了弗里茨·蒂森基金会(其成立过程是与大众汽车基金会分别独立进行的)。无论国家背景发生什么变化，这两个基金会都一直致力于发展研究。

对大学政策制定产生深远影响的另一项举措，是 1946 年至 1953 年间大学改革的复兴，之前大学改革之所以一直未取得成功，是因为各州没有参与。这种情况在 1955 年发生了变化。这一年，在巴特洪内夫召开了由联邦政府、州和大学代表共同出席的联席会议，会议讨论出台了一个给予学生国家补贴的项目；该项目的成功开展又促成大学校长和议员们同意设立一个由联邦政府、州、大学、科学界和工业界各方代表组成科学委员会，共同筹划高等教育和研究方面的改革。1957 年该委员会正式成立。[87] 96

1960 年科学委员会发表了一系列报告，对大学和学科的发展以及大学和系部设立新教席提出了建议。[88] 由于各州的教育部长和财政部长都支持这些建议，在接下来的几年里，各大学都尽职尽责地设立了很多新教席。然而同一时期学生人数的增加达到 1960 年预测数字的两倍，但之前计算大学所需教席和助教的数量，却是以 1960 年的预测数字为基础的。管理部门并没有对意外的增长情况做出反应。1961 年起，激进的左翼学生团体开始拒绝科学理事会的大学改革，他们认为这些“技术官僚的”改革试图让大学的生产部门去屈从于资本主义经济的支配。[89]

1961 年，英国政府任命了一个皇家委员会，该委员会和法国的卡昂会议及德国的科学委员会一样，对高等教育体系的方方面面都进行考查。英国这个皇家委员会的考查结果是 1963 年发表的《罗宾斯报告》。以该皇

---

[85] R. Nicolaysen, *Der lange Weg zur Volkswagenstiftung: Eine Gründungsgeschichte im Spannungsfeld von Politik, Wirtschaft und Wissenschaft* (Göttingen, 2002), 166-173,

[86] 吕埃格：“尾声”(注释 32)，第 228 页。

[87] B. B. Burn, P. G. Altbach, C. Kerr and J. Perkins, *Higher Education in Nine Countries: A Comparative Study of Colleges and Universities Abroad* (New York, 1971), 165-195.

[88] Wissenschaftsrat, *Empfehlungen* (note 8).

[89] 吕埃格：“尾声”(注释 32)，第 234 页。

家委员会主席的名字命名的这份报告，与法国和联邦德国发起的高等教育改革完全不同。《罗宾斯报告》尊重大学在确定招生规模和课程设置方面的自治权力，但它也鼓励各大学定期向大学拨款委员会提交自己的发展计划书，大学拨款委员会设立的初衷就是接收公共补贴。由于这个皇家委员会的成员都是大学教授，因此《罗宾斯报告》实际上是让大学自己去规划其发展方向，根据自身能力设置招生规模以及自己举行考试来完成其招生目标。但是，《罗宾斯报告》确实造成了大学数量的猛增：从 17 个增加到 44 个。由于此时英国除了由 30 多所学院联合组成的松散联盟——伦敦大学之外，全国只有 4 所大学的学生数超过 1 万，总体上英国大学的平均学生规模不足 6000 人。[90] 因此，英国的大学可以轻松应对学生总数增加 4 倍的情况（从 1958 年的 103 011 人增至 1966/1967 学年的 476 121人），并未遇到任何结构性困难。[91]

在其他西欧国家里，环境也迫使各国政府在高等教育政策上采取更积极的行动。在瑞士，除两个联邦理工学院之外，其他的大学都是州属机
97 构。这些大学采用了联邦德国的合作模式，甚至连该合作模式对于民主反应迟缓的特性也一并照单全收。[92] 其他国家的中央政府也开始采取多种方式发展高等教育，如提高补贴额度及增加学生数量、扩大大学研究范围并相应地增设研究教席数量，以及审慎地创建新大学。这些新大学往往坐落在原有文化中心之外的偏远地区，并且很多情况下都是由原来的专业院校升格而来。通过这样一些举措，能够进入大学的人在全部人口中所占的比例增加了很多。[93] 1967 年，受益于大学学术训练的年轻人是 1956 年的三至四倍。

---

[90] Burn *et al.*, *Higher Education* (note 87), 45-90.

[91] Wissenschaftsrat, *Empfehlungen* (*note* 8), 510; *Wissenschaftsrat*, *Empfehlungen zur Struktur und zum Ausbau des Bildungswesens im Hochschulbereich nach 1970*, vol. Ⅱ: Anlagen (Bonn, 1970), 383.

[92] Rüegg, 'Switzerland' (note 3), 393-407.

[93] 关于西欧众多国家的大学政策，参见：Daalder and Shils, Universities (note 3); Burn *et al.*, *Higher Education* (note 87); P. Seabury (ed.), *Universities in the Western World* (New York and London, 1975); L. Goedegebuure *et al.*, *Higher Education Policy*: *An International Comparative Perspective* (Oxford, 1993). 正如本卷附录“新建大学名录”所显示的那样，1956—1967 年间，西欧各国的新建大学数均未超过 5 所。

在大多数国家里，为了系统地促进大学科学研究，政府往往设立由政府监管部门资助（有时甚至是直接附属于政府监管部门）的科学研究委员会，但大学在决策时是自主的。[94] 通过这样的措施，政府希望能克服其在研究和科学专家培训方面的财政困难，以应对所面临的经济挑战。起初，国际合作仅限于那些研究成本超出某一单个国家负担能力的领域。1953年，西欧14个国家成立了欧洲核子研究中心（CERN），紧接着于1962年又成立了欧洲航天研究组织（ESRO）。这些举措使欧洲在高能物理和太空探索领域达到世界领先水平。[95] 不过，尽管这些合作对个体研究者和研究团体来说都颇有效果，但并未对作为机构的大学产生影响。

1959年开始的北约科学项目同样也是如此。该项目是一个超国家机构促进研究人员之间交流与合作的首次尝试。从1959年到1967年，北约为800名到国外大学继续深造的科学和工程专业的本科生提供了奖学金，其中物理和化学专业占21%，工程学占14%，生物学占12%，医学占8%， 98
地球科学占7%，数学占6%，农学、运筹学、社会学等其他学科占10%。从空间科学到医学的281个研究项目都由国际团队进行合作研究。20世纪60年代中期，每年约有3500名科学家参加北约的暑期高级研究班，研究主题涵盖数学、天文学、生物学、医学、心理测量理论和计算机语言。[96]

1960年，欧洲经济合作组织被经济合作与发展组织所取代。经济合作与发展组织章程第二条规定，其任务是通过“推动基本科学和技术工具的发展”，以实现经济增长、充分就业和生活水平提高及“促进研究和职业培训”等目标。这一方面导致学者们对国家教育政策尤其是大学研究的国家教育政策展开了一系列比较研究（有些研究今天仍在继续），另一方

---

[94] 战前成立的研究委员会进行了重组：联邦德国（1921/1949），意大利（1923/1945/1963），比利时（1928/1968），法国（1936/1959）。挪威与荷兰在1950年建立了新的委员会，瑞士是1952年，瑞典是1959年，芬兰是1981年，英国与冰岛是1965年，爱尔兰和奥地利是1967年，丹麦是1968年［see G. Friborg (ed.), *Science Research Councils in Europe: Report of the Conference of West European Science Research Councils Held on 9-11 February 1972 at Scanticon Conference Center, Aarhus, Denmark* (Stockholm, 1972), 171-282］.

[95] 见第十五章“技术”，注释43、44。

[96] *NATO und Wissenschaft: Die Arbeit des Wissenschaftsausschusses der Nordatlantikpaktorganisation 1959—1967* (Brussels, n.d.), 9-16.

面也促进了在研究设施发展和跨国研究项目启动资金方面的国际合作。从 1962 年到 1968 年，共有 300 多个教育研究机构和 1500 多名研究人员参加了经济合作与发展组织的研究项目。[97]

1953 年，欧洲委员会通过了一项“欧洲中等教育证书的等价协议”。紧随其后的是 1956 年通过的现代语言领域“大学学习时间等价协议”以及 1959 年通过的“学位和学术文凭认定协议”。几乎所有成员国都一致签署和批准了前两个协议，但第三个协议却遭到反对，最后不了了之。[98]

1957 年，《罗马条约》的签订标志着欧洲经济共同体的成立。该条约在第 57 条中规定成员国之间实现人员和服务的自由交流，并呼吁制定对文凭、考试证书及其他资质证明进行互认的准则。1969 年制定的有关这一问题的草案随后又被撤回。

与欧洲经济共同体条约同时签订的《欧洲原子能共同体条约》第 9 条和第 216 条建议 1960 年在意大利创办一所欧洲大学。该提议虽然获得意大利政府的支持，但却遇到了许多障碍，其中部分障碍来自大学。它们不
99 愿意把“欧洲大学”这一名称赋予任何特定机构，因为这样一来，这些大学无形中就会降格为国家大学。[99]

各国的大学校长会议

随着各国政府出台越来越多的大学政策，欧洲的许多大学一方面成为国际大学协会或欧洲大学校长常设会议的成员，另一方面又通过其领导人的定期会议来开展国内合作。[100] 在第二次世界大战之前，这样的组织

---

[97] Maass, *Europäische Hochschulpolitik* (note 78), 73f.

[98] Maass, *Europäische Hochschulpolitik* (note 78), 127-134.

[99] European Parliament, *Die Europäische Universität: Documentary Material of a Political Committee* (December 1967).

[100] 除特别注明外，各国大学校长会议或委员会的名称及成立日期均引自：A. Henzl, G. Priessnitz, K. Riegler and H. Wulz (eds.), *European Rectors' Conferences: Status, Composition, Role and Function of the Rectors' Conferences of the European University Association*, Österreichische Rektorenkonferenz/Austrian Rectors' Conference (Vienna, 2003)，或是由欧洲大学协会信息交流主管、全国大学校长会议的 Christel Vacelet 友情提供的。与常用称谓“(大学)校长会议”不同的名称均在注释中列出。

只有5个。[101] 1957年，大多数欧洲国家都成立了全国性大学或大学校长会议。到1995年，这类机构遍布欧洲：南斯拉夫[102]和意大利[103]（1957）、法国[104]（1958）、比利时[105]（1962，1976年一分为二）[106]、丹麦[107]（1967）、芬兰[108]（1969）、立陶宛[109]（1970）、爱尔兰[110]（20世纪70年代末）、挪威[111]（1977）、土耳其（1981）、荷兰（1985）[112]、冰岛（1987）、匈牙利（1988）、罗马尼亚和希腊（1990）、拉脱维亚（1991）、保加利亚（1992）、克罗地亚和捷克共和国（1993）以及瑞典（1995）。[113]

1959年，欧洲的大学通过欧洲大学校长常设会议开展制度化的合作，但是，该会议的全体会议每五年才召开一次。这样的全体大会需要精心准备和评定。在两次全体会议之间的年份里，各大学的共同利益则靠一个常设委员会来维护。从1960年起，后者主要由来自欧洲理事会高等教 100
育和研究委员会下属的各国大学校长协会的代表组成。欧洲理事会高等教育和研究委员会由每个成员国派遣两名代表组成：一名是大学的代表，另外一名是政府的代表。该常设委员会作为欧洲大学校长常设会议的常设机构，每六个月召开一次会议，与该届欧洲理事会高等教育和研究委员会进行联系。这一做法有助于确保不同国家的大学校长协会之间的多边

---

[101] 见注释62—66。

[102] 南斯拉夫大学联合会（Association of Yugoslav Universities），Steger，*Europa der Universitäten* (note 66)，117.

[103] 意大利大学校长常设会议（Conferenza permanente dei rettori degli atenei italiani）。Steger，*Europa der Universitäten* (note 66)，118.

[104] 法国大学校长委员会（Comité des recteurs français）。Steger，*Europa der Universitäten* (note 66)，120.

[105] Steger，*Europa der Universitäten* (note 66)，132.

[106] 弗莱芒大学理事会（Vlaamse interuniversitaire raad，1976），法语区社会大学理事会（Conseil interuniversitaire de la communauté française，1980）。

[107] Seabury，*Universities* (note 93)，184.

[108] 芬兰大学校长委员会（Finnish Council of University Rectors）。

[109] 1995年正式注册。

[110] 爱尔兰大学领导人会议（Conference of Heads of Irish Universities）。

[111] 挪威大学委员会（Council of Norwegian Universities）。

[112] 见注释62。

[113] 其后是波兰和斯洛伐克（1997）、爱沙尼亚（2000）、塞浦路斯和卢森堡（2004）。

交流，也有助于各国大学校长协会与欧洲大学校长常设会议之间的交流。[114] 然而，欧洲委员会并没有认真对待欧洲理事会高等教育和研究委员会，大概是由于其中的大学代表是非正式身份，因此他们并不是由政府任命。[115] 这导致欧洲委员会在大学政策领域的影响力非常低，不及单纯由政府代表组成的文化委员会，后者与每两年举行一次会晤的欧洲教育部长会议直接联系。[116]

中欧和东欧

只有在斯大林去世，及此后该地区众多国家中斯大林的追随者去世或免职之后，脱离共产主义政权才成为可能。这带来了社会关系组织方面的重大变化，包括不再严格执行苏联高等教育模式及其内部关系组织方式。对苏联模式的疏离发生在"建设社会主义"的国家背景下。大约在1955年，有明显迹象表明教育、科学和文化领域获得了更多的"喘息空间"，1956年更是如此。尽管共产主义制度的基本组织观念还没有被修改，但党和国家的政策已经变得不那么教条，尤其是在那些去斯大林化力量很强大的国家，如匈牙利、波兰以及后来的捷克斯洛伐克。即便采取了镇压政策，那也往往不是针对整个学术界，而只是针对某些学术团体或人文社会科学的特定学科中在政治上直言不讳的个人。

从1956年到1990年，在中欧和东欧的大部分国家中，虽然强行限制学术自由的事件（如1968年3月的波兰、1981年实行戒严法的波兰以及1968年春天之后的捷克斯洛伐克）也曾出现周期性回潮，但总体上来说，
101 大学和政府之间的关系相对稳定。匈牙利的主导战略应被视为一种基于其国家背景的本土发展，而不是标准的"社会主义"高等教育。1956年匈牙利革命之后，以相互让步为基础的高等教育政策，催生出政府与学术界之间的一种特定关系模式，该模式被称作"大学的妥协"（*l'université du*

---

[114] Steger, *Europa der Universitäten* (note 66), 78-84.

[115] Maass, *Europäische Hochschulpolitik* (note 78), 33f.

[116] Maass, *Europäische Hochschulpolitik* (note 78), 51-56; Steger, *Europa derUniversitäten* (note 66), 123. Europäische *Erziehungsministerkonferenzen: Resolutionen* (Bonn, 1973).

compromis)。[117]

以李森科主义(Lysenkoism,是20世纪30年代到60年代苏联的一种技术和理论研究体系,基本特征是:在指导农业生产上,不是依靠严格的科学实验,而是借助浮夸和弄虚作假——译者注)为代表的出于政治动机捏造的研究,虽然让决策者们吸取了教训,但并没有为高等教育的管理带来机构和体系层面的实质性变革。关于改革必要性的周期性呼吁和讨论不断出现。最常见的论点是强调大学基本活动的重要性,即传递知识以及培养知识分子,使他们达到专业人士的理论水平并能发挥公民功能。波兰在20世纪60年代中期出现的一场有关这些问题的论辩,使人感觉到一所"现代化的社会主义大学",应该是一个影响力辐射整个教育系统的枢纽,是一个科学讨论的中心,也应是一个致力于学科进一步专业化的永不疲倦的组织者。当时流行的观点是,"大学原有的普遍性必须被多重性和多样性所取代;大学组织上的统一性要转变为与其他学校的交流和合作;大学的片面性必须转化为自然学科和人文学科的平衡共存;理论必须与实践的结合"[118]。这类呼吁,虽然其内容只是实现了一部分,但也逐步引发人们更加关注大学招生和学术任命的精英标准。在与最初的社会主义模式保持一致的前提下,它们也逐步带来了一些实质性的变化。然而,尽管有这些变化,在进入20世纪80年代后,处于共产主义原则之下的中欧和东欧国家的大学系统并没有表现出任何偏离正统模式的征兆。

扩张、民主化与官僚化,1968—1982 102

中欧和东欧

中欧和东欧的决策者们逐渐开始注意到,有必要建立更有效的国际

[117] E. Auvillain, 'Hongrie: L'université du compromis', *Le Monde de l'Education*, 4 (1982), 25f.

[118] E. Kujawski, 'In Search of a New University', *Polish Perspectives*, 8: 12 (1965), 31-41. J. Sadlak, 'The Use and Abuse of the University: Higher Education in Romania, 1860—1990', *Minerva*, 292 (1991), 186-225.

学术合作机制。这一认识催生了《布拉格条约》，该条约于1972年6月7日在布拉格签署，内容包括共产主义国家之间相互认可教育证书。《布拉格条约》的缔约国有保加利亚、匈牙利、德意志民主共和国、波兰、罗马尼亚、苏联和捷克斯洛伐克，以及古巴、越南、朝鲜及蒙古。签署国同意相互承认有关普通中等教育、中等职业教育、高等教育、学术学位和学衔的文件。[119] 任何有关国际合作的正当学术需求，往往要辅之以意识形态和国际化的考量。因此，这一地区的所有国家，虽然在程度上低于苏联，但都为其他发展中社会主义国家或非欧洲社会主义国家的学生制订出了学习计划。受益于这类计划的学生，很多人会比当地学生优先得到更多的财政资助。

社会主义国家高等教育部长会议是一个鲜为人知的组织，创建这个组织的初衷是协调中欧和东欧的共产主义国家之间的合作。第一次会议举办于1966年的莫斯科，最后一次会议也即第十六次会议于1989年10月在布加勒斯特举行。社会主义国家高等教育部长会议在其存在的最后几年中，努力协调"教育研究计划、对学生的共产主义训练、教学过程的现代化以及本科后学习、电脑化和学生自我管理"。然而，鉴于东欧民主改革不可预见的步伐和方向，这一组织在政治上和实践上都失去了其存在的意义。[120]

参与联合国教科文组织发起或实施的项目应尤为引起重视，这是由
103 于联合国教科文组织为欧洲学术界提供了跨越意识形态和军事划分界限开展合作的机会。在这方面，1972年在布加勒斯特成立的联合国教科文组织欧洲高等教育中心（CEPES）发挥了积极作用。[121]

---

[119] 2000年左右，该条约停止运作。1997年4月11日，大部分欧洲国家签署并于其后批准了欧洲委员会/联合国教科文组织关于欧洲地区高等教育资格认证的公约，即通常所称的"里斯本认证公约"。

[120] F. Januszkiewicz, 'Eastern European Socialist Countries: Regional Analysis', in A. S. Knowles (ed.), *International Encyclopedia of Higher Education* (San Francisco, 1977), 1329-1335; F. Januszkiewicz, 'The XVIth Conference of Ministers of Higher Education of Socialist Countries: Some Decisions and Recommendations', *Contemporary Higher Education*, 2 (1989), 251-255.

[121] M. Malitza, 'Reflections on the Creation and Functioning of UNESCO-CEPES: Personal View of One of its Founders', *Higher Education in Europe*, 27:1/2 (2002), 11-29.

西　欧

国家与大学管理部门之间逐步加强合作,这或许对大学改革产生了积极影响,但此时已完全压倒大学结构的高等教育扩张却抵消了这种影响。1967年,接受学术教育的年轻人比1958年多二到四倍。英国的大学之所以能够在没有遭遇结构性困难的情况下应对这种教育爆炸,要归功于大学的自主权,归功于数量增加了150%的大学产生的疏解作用,以及理工学院的强力扩张。然而,欧洲大陆的情形则与此大不相同。有两个率先被学生运动席卷的国家提供了这方面的明证。

在德意志联邦共和国,科学委员会于1960年出台了一份指南,里面具体规定了每所大学履行其基础教育和研究任务所需要的教席和职员人数。该委员会要求大学的规模不应该超过13 000名学生。它还建议那些规模较大的大学,如科隆或慕尼黑缩减学生数,多出来的学生由新大学负 104
责培养。⑫ 与英国相同,如果按照指南建议以教席和职员人数为依据来确定学生数量,那么就有可能对学生录取数设定限额。然而,出于政治原因,政府在科学委员会中的代表拒绝采纳这条原则。这样做造成的结果是:20世纪60年代新成立的大学数量非常有限,远不能缓解原有大学面临的压力。⑬

洪堡有关应该最大程度上促进教师与学生自由合作追求知识的理念⑭在法兰克福大学得以实践。拥有超过13 000多名学生的法兰克福大学,将大学分为三个独立但又相互合作的单位。德国政府在1969年2月认真考虑了这一做法。⑮但随之而来的学生革命让这个计划流产。之后,联邦德国大多数老大学以及后来的许多新大学,招收的学生数都远远超

---

⑫ Wissenschaftsrat, *Empfehlungen* (note 8).

⑬ 1962年有关州决定在波鸿和雷根斯堡创办大学,结果并没有减少科隆和慕尼黑的学生数量。新建的大学提高了区域大学的教学研究水平,但却无法与旧大学的优势位置相竞争。

⑭ W. von Humboldt, *Werke in fünf Bänden*, *vol*. Ⅳ: *Schriften zur Politik und zum Bildungswesen* (ed. A. Flitner and K. Giel) (Darmstadt, 1964), 256.

⑮ *Frankfurter Allgemeine Zeitung*, *Frankfurter Rundschau* 30 January and 19 February 1969.

过了1960年建议的13 000名。

在1967年至1969年间，始于美国的学生革命席卷了整个西欧。引发学生革命的动机及其追求的主要目标并不属于大学的内部事务。[126] 欧洲的学生革命开始于1967年6月2日的柏林，当时在一场反对伊朗国王来访的示威游行中，自由大学的一位名叫本诺·奥纳索格的学生被警察射杀。西德大学爆发了一系列表达悲痛和抗议的带有暴力成分的活动。[127] 1967年11月，学生革命运动进入大学校园，当时抗议者们试图把卡洛·施密德(时任法兰克福大学政治学教授和社会民主党政府的联邦部长)的讲座改为反对紧急状态法(当时联邦政府正在着手制定该法案)的法庭。抗议者们这次的努力虽然没有成功，但该事件被广为宣传，并引发了一系列美式风格的"直接行动"，如游行、宣讲和静坐。[128] 抗议者们声称其目标是揭露学术界和政府的专制暴力和党同伐异。[129]从意识形态和组织这两个角度来看，这一系列行动有马克思主义学生群体的基础，自1961年以来，马克思主义学生群体一直倡导一个与科学委员会的建议相反的大学改革模式。他们理想的大学具有以下特征：在构成上是民主的，由学生和助教合作管理且在行政和财务上独立。[130]当然，只是在1968年夏天抗议"警察国家"的示威游行爆发之后，马克思主义学生群体关于大学政策的建议才在学生中广泛传播，也引起了一些教授的兴趣。

法国的情况则与之相反。学生革命最初是由学生无法忍受大学的内部状况而导致的，但学生革命爆发之后，很快就扩展到对政治和社会现状

---

[126] 有关学生反抗的详细内容参见第九章，该章关注的是学生的反抗对大学与当局关系的影响。

[127] J. Hager, *Die Rebellen von Berlin: Studentenpolitik in der Freien Universität. Eine Dokumentation* (Cologne and Berlin, 1967).

[128] *Anleitung zum Handeln: Taktik direkter Aktionen. Übersetzt aus dem Amerikanischen von Dr. E. Krippendorf* (Berlin, 1967).

[129] W. Rüegg, *Die studentische Revolte gegen die bürgerliche Gesellschaft* (Erlenbach and Zurich, June 1968). Reprinted in W. Rüegg, *Bedrohte Lebensordnung: Studien zur humanistischen Soziologie* (Zurich and Munich, 1978), 225-239; Cf. W. Rüegg, 'The Intellectual Situation in German Higher Education', *Minerva*, 13:1 (1975), 103-120.

[130] *Hochschule in der Demokratie: Denkschrift des Sozialistischen Deutschen Studentenbundes* (1961; new edn, Frankfurt/Main, 1965); Rüegg, 'Epilogue' (see note 32), 234.

的广泛抗议。从 1960 年到 1967 年，法国 15 所大学的学生数量已经从 214 672飙升到586 466。[131] 1967 年秋，在被称作“学术贫民窟”的拥有众多教师和约 1.2 万名学生的巴黎第十大学里，政府的改革规定引发学生和助教们一系列的抗议活动。抗议活动从 1967 年 11 月的“罢课”很快升级为反独裁主义、反技术专家主义和反官僚主义的“直接行动”，抗议者们甚至叫板武装警察，并最终于 1968 年 3 月 22 日占领了中央行政大楼。以这个日期命名的激进运动使抗议活动蔓延到其他大学，“正如德国的情况一样，在大学发展的关键时期，对大学的批评有可能导致长时间、大规模的激进大学政治运动”[132]。1968 年 5 月，巴黎第十大学的校园被无限期关闭，该运动宣告结束。骚乱很快蔓延到巴黎大学，此后又蔓延至其他省的大学。

当工会加入学生革命后，戴高乐开始面临如何化解国家危机的大难题。[133] 5 月中旬，他匆匆访问了法国驻德占领军，确保能够得到军队对他的支持。在 6 月的议会选举中，他获得了绝大多数的选票。随后戴高乐组建新政府并任命埃德加・富尔为教育部长。富尔受命起草一份综合性大学法案，这份《高等教育方向指导法》(即《富尔法案》)旨在确保按照戴高乐所提出的“参与”和“自治”的基本原则改革法国大学。该法案于 1968 年 7 月被提交给议会，11 月 12 日就获得通过。[134]这部法案刚好能满足狂热的革命者对“参与”的诉求，因此，政府关于结束街头骚乱并在 11 月开始新学年的短期目标得以实现，不必再担心学生的反抗活动。法案满足的诉求包括：学生能够参与处理教师遴选、研究和考试事务，在有适当数量的学生参加学生代表选举的条件下，学生将会获准在大学管理机构中占据 50%的席

---

[131] P. Salmon, 'France: The *loi d'orientation* and its Aftermath', in Daalder and Shils, *Universities* (note 3), 64.

[132] 'Bulletin der Bewegung des 22. März', quoted in J. Bourges (ed.), *Aufstand in Paris oder ist in Frankreich eine Revolution möglich?* (Reinbek bei Hamburg, 1968), 102.

[133] Bourricaud, 'France' (note 10), 31-61; F. Bourricaud, *Universités à la dérive* (Paris, 1971); R. Aron, *La révolution introuvable: Réfléxions sur la révolution de mai* (Paris, 1968).

[134] Loi nº 68.978 d'orientation de l'enseignement supérieur, *Journal officiel de la République française* (13 November 1968).

位。法案实现了学术界和政府方面改革者的主要目标，因而在 20 世纪 70 年代欧洲大陆的大学被雪崩式的大学法案覆盖的时期，这项法案却成为一个相对温和的例子。

1971 年 3 月，在《高等教育方向指导法》颁布 26 个月后，法案所规定
106 的“改革举措”已得以实施：15 所老大学被 56 所新大学所取代，同时出现的还有附属于其附近大学的 9 个大学中心。大学之所以会以几何倍数增长，一方面是新建了很多大学，另一方面则是将位于大城市的一些大学进行拆分。原来地处巴黎及其周边地区、拥有 15 万名学生的巴黎大学被 13 所新大学所取代，其中有 3 所大学在其校名中保留了“索邦”一词。[135]

改革的基础和出发点在于将相关学科合并为“教学与研究单位”(UER)，许多新建大学正是从这些研究中心而来。新建大学通过由新成立的地区教学研究咨询机构及同名的国家教学研究咨询机构所规定的考察之后，就可以获得政府颁发的授权证书。大学由此成为具备法律责任及管理、财务和教学自主权的公共机构。大学不再受国家任命的校长(*recteur*)直接控制。这些校长负责的行政区被称作“学区”(*académie*)。此前，校长在学区内是教育部长的代表，并对从小学到大学的教学活动进行监督。但此后“学区大学校长”尽管仍继续代行教育部长的监督职能，不过大学的全部管理权却移交到新产生的校长手中，新的校长由大学理事会在全职教授中选举产生，任期五年。

《富尔法案》究竟在多大程度上实现了制定者所强调的目标[136]，对此人们有不同的看法。[137] 作为改革第二大支柱的大学自治仍然很弱，并没有因为《富尔法案》之后出台的一系列法规和法令而得到强化。此外，尽管有人多次断言在“教学与研究单位”内开展研究是改革的基本特征，但实际上

---

[135] 1945/1946 年，法国有 15 所大学，到 1977 年增至 64 所，大学教师从 1967/1968 年的 26 166人增至 1980/1981 年的41 511人，有终身教职的教授助理(tenured *maîtres assistants*)数量从 6513 人增至16 771人，教授从 7134 人增至12 134人，但普通讲师的数量未出现较大变化，从12 519人变为12 417人。See J. C. Passeron, ‘1950—1980：L'université mise *à* la question：changement de décor ou changement de cap?’, in J. Verger (ed.), *Histoire des universités en France* (Toulouse, 1986), 382, 403.

[136] E. Faure, *Philosophie d'une réforme* (Paris, 1969).

[137] 比较 Passeron 被引注章节的标题(注释 136)。

主导研究的仍然是另一个国家机构——国家科学研究中心。国家科学研究中心的存在的确提升了大学的自治程度，也提高了大学内部科研人员之间的竞争水平，但却没有提升各大学之间的竞争水平。一个由教育部长任主席的全国大学校长会议的成立也无助于大学自治。该法案并不适用于“大学校”这类培养了众多高级官员和有影响力的政治家（如富尔本人）的院校，这种客观存在的可疑现象恰恰说明该法案能获得议会的多数支持有多么不容易。早在1945年，戴高乐就曾在其流亡政府的建议下，试图放弃改革这些“干部”学校的计划。 107

如果我们用民主化的标准来分析《富尔法案》，所得出的结果就不那么十全十美了。与当时法国和其他地方热烈讨论“民主化”的情况相反，《富尔法案》的文本中根本没出现这个词。革命学生群体追求的不仅仅是在大学内部更大的参与度，他们的目标是社会及其制度的根本变革。正如一家与1968年巴黎五月风暴关系密切的智库所宣称的那样：“民主的时代已经开启。纵观整个世界，广大人民群众要掌握自己的命运。”该宣言进一步指出，要实现这一点，需要的是能够在师生竞争中实现自我更新的完全自治的大学。在该智库看来，未来社会的知识和道德直接取决于大学，从长远来看，未来的经济和政治也是如此。[138]

1945年以来，“大学民主化”的概念与两种含义联系在了一起。首先，这个概念指的是为所有社会阶层提供平等进入大学的职责。这一目标，就算没有得到完全实现，至少也通过增加高等机构数量和扩大高等教育机构的地理分布而得以推进。其次，著名的美国教育家杜威将“民主”称作一种特定的行为，即教师应该在课堂上进行观察，不是观察学生的个人纪律或课程内容，而是教师要允许课堂上负责任的自学和互动交流。在大学层次上，这种看法与洪堡的思想非常一致。[139] 埃德加·富尔据此在国民议会上为《高等教育方向指导法》进行辩护时所发表的最后一次演讲中谈道：“如果教学是民主的，那么对话就应该至关重要。”富尔认为，如果学生

---

[138] Club Jean Moulin, *Que faire de la révolution de mai*? (Paris, 1968).

[139] 见前文第104页。

的数量合适的话,许多大学教师都愿意实行对话式教学。[140]通过引导针对“教学与研究单位”的改革,同时将学生数众多的大学进行拆分,那么就会营造良好的外部环境——即便只是暂时的。然而问题在于,法国的大学
108 不能像大学校或英国大学那样对学生数量进行限制。

对学生运动来说,“大学民主化”的概念指的是转变大学规则和决策的民主形式。这一概念与《富尔法案》相悖——且不只是在术语层面。学生、助教、行政人员和公众代表的参与,为大学咨询和管理机构的出现开启了大门。但这类机构仍旧接受在政治上合法的民主政府官员的领导。因此,政治上“民主化的大学”(democratized university)并没有取代“民主框架内的大学”(university within democracy)。

最后但同样重要的是,《富尔法案》实现的仅仅是以前没有实现的大学目标:外籍教授尽管并没有获得与其法国同事同样的地位(像在其他国家中那样),但他们还是获得了成为法国大学教职员工的权利。1969年,抗议浪潮冲击到其他西欧国家,并蔓延至南斯拉夫、波兰和捷克斯洛伐克。

英国经历了受新马克思主义鼓动的“学生力量”发起的带有部分暴力活动的示威。[141] 不过,在依民主方式组建的公权力控制之下,大学根据自身规则传播和发展科学知识的这种自治性,并未被骚乱所改变。尽管学生和职员被赋予跻身大学管理机构的权利,但与为应对骚乱而仓促采取措施的其他国家相比,其参与人数少,权力也小得多。[142]

意大利政府在应对非教授资格教师和学生这两类动乱根源时,采取的措施是对这两类人员进行身份地位方面的补偿。1969年11月,政府将大学入学权扩大到通过任何类型高中正规毕业考试的学生。同时,所有短期或临时雇佣的教学人员都被授予终身公务员的身份。但是,这两项政策的结果都被证明是适得其反的:未经国家资格考试或地方传统程序

---

[140] ‘Il importe, par conséquent, que l'enseignement soit dialogué si l'on veut qu'il soit vraiment démocratique’ (Faure, *Philosophie* (note 137), 74, followed by the advice for group work).

[141] A. Cockburn and R. Blackburn (eds.), *Student Power: Problems, Diagnosis, Action* (Harmondsworth, 1969); K. Jacka, C. Cox and J. Marks, *Rape of Reason: The Corruption of the Polytechnic of North London* (London, 1975).

[142] Shils, ‘Great Britain’ (note 9), 618.

任命的大学教师充斥了意大利大学的教学岗位,并且长期阻断了教师队伍的更新。这种负面影响又被前一措施所加剧:学生数量迅速翻番进而使原本就拥挤的大学更加人满为患。很多学科的教育质量都出现下滑,招致公私雇主的抗议。在连续两项新的大学法案都未能在议会通过之后,1973 年通过的《大学紧急行动法》则重建了许多原有的规则,只允许 109
《富尔法案》意义上的"有质量的代表"(qualitative representation)参与管理。[143] 这样一来,人员任命和重要的行政监督权仍旧为终身教授所把持。[144]

在芬兰,学生的诉求出现了另一种极端状况,1968 年底全国学生联合会提出:在大学委员会的选举中,大学的每个成员都有投票权。1969 年 6 月,一个官方的改革委员会采取了该提议。之后,政府曾两次试图让议会通过该项改革提案,但都未成功。1975 年,议会通过了一项大学法律,用"参与式民主"取代了"一人一票"的一般性投票原则。这意味着每个大学成员团体都有与之相应数量的代表参与选举。

在德意志联邦共和国,部分教授在 1968 年提议将大学教师、学术人员和学生置于一个相互平等的三方架构基础之上。该建议是对"大学的民主化"做出的积极贡献。[145]

在荷兰,为应对紧急状况,政府于 1970 年颁布了《大学管理重组法》。在法案确立的大学管理的三方架构中,所有教学研究人员归为一方,非学术人员作为三方之一也有了一席之地。[146] 1975 年,芬兰和其他北欧国家效仿了这种做法。其他一些国家则考虑采用四方架构或增加民众代表参与

---

[143] See:'Kriterien der qualitativen Repräsentation der Mitglieder der Universität in den Organen der akademischen Selbstverwaltung', reprint in W. Becker (ed.), *WRK*, *Stellungnahmen*, *Empfehlungen*, *Beschlüsse 1960—1989* (Bonn, 1989), vol. Ⅰ, 67f.这份日期为 1968 年 5 月 22 日的文件,与 WRK 其他有关大学改革的建议报告一起均在富尔部长任内广为人知。见:J. Fischer, *Hochschulreform in Frankreich*: *Rahmengesetz 1968*, Dokumente zur Hochschulreform, 7 (Bad Godesberg, 1970), 17.

[144] Malintoppi, 'Italy' (note 11), 111-121.

[145] J. Habermas, 'Heilige Kühe der Hochschulreform', *Die Zeit*, 17 September 1968. Reprint J. Habermas, *Protestbewegung und Hochschulreform* (Frankfurt/Main, 1969), 221f.

[146] H. Daalder, 'The Netherlands: Universities between the "New Democracy" and the "New Management"', in Daalder and Shils, *Universities* (note 3), 173-231.

的做法。

1978 年，埃因霍温大学校长，后来担任欧洲大学校长常设会议主席的格利特·沃塞尔西，根据他前几年的经验得出以下结论：

> 大学的效能有所下降。法律已经耗尽了大学执行委员会的经验、时间和能力。平庸已经蔓延开来。决策能力越来越弱、越来越分散。于是，人们不再花太多时间和精力进行决策。相关人士似乎都兴
> 110 致索然。导致大学瘫痪的最主要的因素并不是政治化，而是大学本身的臃肿、缺乏变革和活力。大学结构的错误发展路线，也许正是导致我们的大学萎靡不振的元凶。在经济增长变缓乃至停滞的时期，大学所面临的问题要求大学执行委员会有更强的能力，只有这样才能完成资源再分配这一艰难的决策。[147]

事实上，由“大学”团体安排的终身教授教职只占少数。这一事实可从要求委员会中所有教学人员的代表要占三分之一的法律规定中得到证明。很有必要再加上一条：这些代表中要至少包括一至三名教授。

后来，“三三制”或“四四制”参与法案经过修订，赋予有终身教职的教授团体以特殊权利。在联邦德国，来自哥廷根大学的一批大学教授经向宪法法院上诉而获得上述权利。[148] 为实现宪法规定的自由研究与教学的权利，有终身教职的教授在有关学术研究和教授任命的议题中要拥有“决定性影响”（decisive influence，即 51％的选票）；在有关教学事务的议题中要拥有“主导性影响”（leading influence，即 50％的选票）。

随着时间的推移，委员会的组成数字逐渐失去了意义。一位美国史学家曾经提出的“参与式民主将很快演变为参与式无聊”的预言最终成

---

[147] G. Vossers, 'Die Rolle der Hochschule im Bildungssystem in Europa', in Westdeutsche Rektorenkonferenz, *Die deutsche Hochschule in der Kritik des Auslands*, Dokumente zur Hochschulreform, 33 (1978), 35.

[148] Bundesverfassungsgericht 1 BvR 424/71—1 BvR 325/72, 27 May 1973, V. 4.a, b.

真。[149] 面对日益恶化的财务状况，相对于维护大学的整体利益而言，对大学内部群体利益的维护逐渐失去意义。

在这样的背景下，那些拥有终身教职的大学教师仅通过其代表参与大学日常事务，并无甚助益。

在传统的大学里，大学常务副校长或学术校长在起草重要意见书，或准备根据助教和学生建议进行结构或研究方面的改革时，总是会先寻求其优秀同事的帮助。在“民主化”的大学里，教授们只要选举出代表就算尽到了其团队责任，随后就把更多的精力转到个人学术和专业兴趣上。过去，在由庞大的专业和办公人员主导的大学中，对大学的形象及其繁荣做出贡献的是教授们的经验和能力。而1970年之后即便是在中等规模的大学里，仅新成立的选举办公室所需要的办公人员数量，就与此前校长办公室所需人员数量一样多。

大学里这种复杂却又往往低效的决策过程，需要加强政府的官僚机构与之相呼应。在大学史上，高等教育法案的更迭从没有哪个时期像1968年之后这样频繁。以前，政府往往满足于颁布一些适用于整个学校系统的框架性法律；或是在授予某大学的成立特许状中对其职责、权利和组织机构做出规定，而在其他法令中对具体问题进行规范。这些内容往往是由大学自己起草后提交给政府相关部门，政府部门最多做一点小修订。1968年之后，法律和法规的比重和权重发生了逆转。

当某项新的大学法案已经明显失败时，为降低危险，一些政府宁愿采取加强控制的方式也不愿冒着引起新的抗议行动的危险去修改法案。[150] 尽管如此，大多数欧陆国家都在成功与不成功不断交替的修法活动中走进了20世纪90年代。

最初，“大学民主化”指的是大学向尽可能多的人开放。1968年后，此前受经济因素驱动而形成的专业学术人员培养规模的增长，与“大学民主

---

[149] F. Stern, ‘Die deutsche Hochschule 1978 in internationaler Sicht’, in *Die deutsche Hochschule* (note 148), 52.

[150] M. N. Pedersen, ‘The Irreversible Process of University “Democratisation”: The Danish Case’, *International Journal of Institutional Management in Higher Education*, 12: 1 (1988), 115-128.

化”的最初含义在结果上达成了一致。于是各国政府继续其大学扩张政策，有时甚至以惊人的速度来发展大学。[151]

大学的扩张政策也导致了大学教育的多样化，具体体现在大学的地理位置和课程两个方面。大多数的新大学，要么是从原来的中等教育机构升格而来，要么是由原来的单科大学扩展而来。理工学院增设医学系、法学系、经济系和社会科学系，其性质变为大学，其校名往往也改为大学。经贸类学院亦有同样的变化发生。这些新型高等教育机构与传统大学的
112 不同之处在于，它们将技术学科和其他一些现代学科纳入其中。老大学则往往局限于几个传统学科，或如同从巴黎大学拆分出去的那几所大学一样，仅保留几个甚至一个系。

在大多数国家里，都有一些其他类型的高等教育机构形式作为大学的补充，如英国有技术学院和教育学院，联邦德国有高等专科学校，法国有大学技术学院，挪威和瑞典有地区学院。这类机构既不授予学位，也不进行基础研究。但与传统大学不同的是，它们能控制学生数量，并在三年时间里对大多数学生进行以科学为基础的专业培训。

20世纪70年代政府的大学政治取得了三方面的积极成果。首先，在全国范围内，中等教育和高等教育设施在中心城市与外围之间的不平衡状态有所改善；其次，由于有些原来只有几个专门学科的学校被升格为技术学院或大学，这些新的高等教育机构提供了更大的学科选择空间；第三，由于存在这两种不同类型的高等教育，再加上诸如提供奖学金等其他一些举措，使得更多的人可以进入需要高等教育学历背景的职业领域。然而，这三个方面的成果在一定程度上又被以下三个负面效果抵消了：一些学科人满为患、毕业周期变长及辍学率增加，学术自我管理官僚化，以及大学的师资队伍变得不再团结。

---

[151] 参见第二章“模式”，亦可见本书附录“1945—1995年欧洲新建大学”。

迈向协调的欧洲模式，1983—1995

西欧大学管理中自治的缺乏

20 世纪 70 年代通过的各种大学法案都未能解决的教育大爆炸问题，在接下来的十几年里，由于西欧各国政府感受到公共预算不足而变得更加严重。

1982 年，一位国际知名的大学政治家这样断言： 113

> 在未来三年里，英国大学能够支配的公共资金净值将减少 12%。成百上千名拥有终身教职的大学教师面临着拿着遣散费下岗的局面。一些大学要被关闭。师生比会急剧恶化。大学教师的实际收入将会下降，同时下降的还有奖学金的实际价值。在未来三年中，很多学科，包括一些自然学科，在大学中的讲授量都将只有今天的一半。[152]

面对这一严重局势，英国大学副校长委员会委托一个委员会就资金缺口对大学体系的效率产生的影响进行研究。1985 年该委员会发布了《贾勒特报告》，报告建议引入私营企业的核算和评估方法，加强大学内系科和学院之间以及全国乃至国际范围内大学间的竞争。根据该报告的建议，英国的大学开始像很多私营企业一样，在国家科学方针的指引下，以和大学基金委员会（前身为大学拨款委员会）签订的合同为基础，来取得政府资助。在 1988—1989 学年，大学拨款委员会贡献了大学平均预算的 53%，以确保大学保持高水平的研究和教学；大学平均预算的 15%来自学生学费收入，由地方政府为英国学生支付；7%来自各个国家研究委员会

---

[152] R. Dahrendorf, 'Die europäischen Universitäten in einem veränderten sozialökonomischen Klima', in W. Kalischer (ed.), *Die Internationalität der Universität: Jahresversammlung 1982. Ansprachen und Referate, Zusammenfassung der Plenardiskussionen. Konstanz, 3. und 4. Mai 1982*, Dokumente zur Hochschulreform, 50 (Bonn and Bad Godesberg, 1982), 12-139, quotation 136.

提供的研究基金；其余的25%来自一些私人合同及补贴。[153]

英国大学系统中得到极致体现的竞争理念，在西德科学委员会1985年发布的以德国大学系统中的竞争为主题的建议报告中，也处于核心地位。法兰西学院的一些教授在其代表密特朗总统起草的报告中，同样凸显了该理念，该报告直接导致了全国大学评估委员会的成立。[154] 在其他一些国家，政府采取的干预手段要么是集中在几所大学中的某些学科（如荷兰），要么是区分刚性课程和高要求的课程。刚性课程是为大多数学生的职业生涯准备的，而高要求的课程则面向少数对研究感兴趣并有研究天分的学生（如瑞典）。

总的说来，各国政府设定并在20世纪80年代部分实施的所有改革，其目的都在于根据大学的生产力对大学进行区分，并让大学确定自己的发展重点从而提高在欧洲市场的竞争力，乃至提高它们与北美和日本的
114 大学竞争的能力。

这种竞争意味着要满足两个条件：第一，要有允许竞争的开放市场。随着欧盟的扩大和铁幕的消失，这一市场业已存在；第二，竞争的参与者要能实践其广泛的大学自治权力，包括遴选学生和教师、设置课程和规划研究以及必要的财政管理权。各项改革法案都宣誓通过了大学自治——这当然不只是说说而已。国际预算流通逐渐取代了每笔支出都需要行政授权的官僚式财政管理。但是，从20世纪80年代开始，做出紧缩方案的必要性凸显。起初，人们会给这类紧缩方案一个借口：它是“暂时性的”，但很快紧缩方案就变成了常态。这对大学而言，财政自治就意味着大学不得不去学习如何管理稀缺资源，也意味着要效仿英国大学成为政府的协议合伙人，以周期性发展计划及大学评估为基础去争取政府投资，吸引其他经费。

---

[153] J. Brennan and T. Shah, 'Higher Education Policy in Great Britain', in Goedegebuure, *Higher Education* (note 93), 176-193.

[154] W. Rüegg, *Zementierung oder Innovation: Effizienz von Hochschulsystemen*, Österreichische Rektorenkonferenz, Hochschulpolitische Reihe, 1 (Vienna, 1987), 39f., 44; A. Bienaymé, 'France', in P. G. Altbach (ed.), *International Encyclopedia of Comparative Higher Education* (New York, 1991), 657-670.

然而，对优秀学生的争夺，虽然代表着英国大学的一个重要方面，但在欧洲大陆的大学中却没有表现得特别明显。唯一例外的情况是，在某些学科中，大学可以自主选择新生。矛盾的是，大学系统的扩展会导致学生流动性的降低，因此愿意跨越国界去学习的优秀生源并没有实质性的扩大，且恰恰相反：在1965/1966学年，六个欧盟国家中有6.5%的大学生完成了在国外大学的交换学习；[155]在20世纪80年代，这个比例下降至不足1%。[156]这一情况不能完全归咎于大学学习的民主化，因为同一时期促进学生交流的项目数量显著增加。世界各国的大学之间签署了无数个合作协议，还签署了许多关于学生在国外合作大学修课和考试的双边认证协议。[157]但尽管有如上这些措施，尽管国际交流奖学金数量出现增长，大多数来自新的受教育阶层的学生都选择进入最近的大学，这与中世纪末期的情况非常相像。学生做出这样的选择不完全是出于资金方面的考量。相反，这些学生往往觉得外国的大学生活难以适应，哪怕是周边国家中的大学也是如此。因此，愿意冒额外风险将自己的一部分学习经历放在外国的学生，为数不多。 115

从没落到复兴——中欧和东欧地区高等教育的发展

1989年成为一个新的地缘政治现实的标志，对中欧和东欧国家及其高等教育和科学都产生直接影响。在脱离共产主义思想体系之后，这一地区的各个国家纷纷明确开始民主改革的进程，这类民主改革的基础是尊重个人和团队在自由、政治多元化及市场经济方面的意愿。在这些数量或多或少的不流血革命运动中（罗马尼亚除外），大学生和大学学者往往发挥着关键作用，这再次证明了学术机构可以成为社会和政治变革的

---

[155] J. Fischer, 'Hochschulreformen durch europäische Hochschulpolitik?', *Deutsche Universitätszeitung*, 1 (1972).

[156] Deutscher Bundestag, 10. Wahlperiode, Drucksache 10/6419'11 12.11.86, *Probleme der Hochschulpolitik im Bereich der Europäischen Gemeinschaft, insbesondere der Forderung der Mobilität von Studierenden und Wissenschaftlern*.

[157] Erasmus Bureau, *Akademische Anerkennung von Hochschuleingangs-, Zwischen- und Endqualifikationen in der Europäischen Gemeinschaft, vorbereitet für die Kommission der Europäischen Gemeinschaften* (Brussels, 1990).

温床。大学生和大学学者们呼吁即刻改革高等教育和大学与当局之间的关系。于是,“这一地区的高等教育,以西欧从未有过的规模和速度进行着重建。在西欧,这类需要进行长期酝酿的调整往往要四到五年才能完成”[158]。但中欧和东欧的这些国家政权几乎倒台,大多数社会机构也基本丧失功能。鉴于此,这些国家不得不进行迅速和广泛的“调整”。

历经十余年的改革取得了以下成果:大学生和高等教育机构的数量达到了预期;私立高等教育机构的出现使得大学体系呈现多样化;尊重学术自由和大学机构自治。这些成果体现在以下九个方面的趋势中。

1.引进了新的招生制度。注重将以选拔学生为目标的学术标准,与消除初级教育阶段的选拔性二者之间的结合,是该新招生制度的主要基础。

2.学术人员和学生的集体代表组成上体现出多样性。不仅在管理机构上是如此,在数量越来越多、形式越来越多样化的各种专业协会、学生组织、联谊会等机构中,也是如此。

116 3.姗姗来迟的课程改革以谨慎的步调得以实施。加速这一改革步伐的,是各国希望与欧洲教育部长会议所确立的大学方针目标保持一致,该目标后来在博洛尼亚进程中达到高潮。

4.引入一些重要的政治变革,如取缔那些所谓的“党校”。

5.出现了一个全新的高等教育体系,该体系包括大学层次的私立院校。

6.修正了“免费高等教育”的概念,采取成本分担的方式,来反映对整个高等教育系统进行资助的需要。

7.不再依赖中央的政治认可或受意识形态决定的外交政策目标来巩固国际关系,而是以学术潜力、个人兴趣及可利用的资源为基础进行设计。

8.对学术研究、辩论和政治上的激进主义进行明确区分,“让政治止步于大学校门”[159]。

9.将高等院校领导人的政治责任变更为学术责任和经济责任。

---

[158] P. Scott, 'Higher Education in Central and Eastern Europe: Analytical Report', in *Ten Years after and Looking ahead: A Review of Transformations of Higher Education in Central and Eastern Europe* (Bucharest, 2000), 341-407.

[159] A. Marga, *University Reform Today* (Cluj, 2001), 103.

上述体制性变革的推行需要对国家立法进行彻底检视。法律的变革在有些时候是仓促进行的,这往往导致其后的频繁修订。⑩ 在这一进程的最初几年里,中欧和东欧这些国家非常欢迎来自"外国专家"及诸如世界银行、经合组织、欧盟委员会和联合国教科文组织等国际组织的专业知识和支持,并为其配备了了解本地情况的顾问。然而,这些外国专家不能取代本土专家,尤其在改革进入实施阶段时更是如此。⑪

一般说来,从大学的角度来看,大学与政府当局之间的关系已经达到了大学所要求的某种"常态",已经能够更好地发挥大学的使命和功能;而从政府当局的角度来看,对大学自治、学术价值以及实现高质量教学和研究的长期条件也有了更深的理解。 117

结束语:欧洲大学

1964 年,德国西部大学校长会议为纪念欧洲大学校长常设会议的成立,发行了一部纪录片,标题为《欧洲大学》。⑫当然,这一标题指的并不是当时的状态,而更多的是漫长发展道路的长期目标。

1991 年,欧洲积极从事教育和研究的洲级组织多达 98 家。⑬ 毫无疑问,这其中有很多组织致力于探测和标定发展路径,也有许多组织专注于培养之后的开路先锋。但是如果缺乏拥有必要能力的高等教育机构,缺乏人力和财政资源以及决定性的政治手段,这条道路是无法铺就和扩展的。

1957 年,总部设在布鲁塞尔的欧洲共同体委员会成立。然而,其在教育政治中的职能被《罗马条约》严格限制两个方面:一方面,它致力于创办

---

⑩ A. Marga, 'Reform of Education in Romania in the 1990s: A Retrospective', *Higher Education in Europe*, 27 (2002), 123-135; D. Farrington, *Legislative Initiatives in the Context of the Bologna Process: A Comparative Perspective* (Bucharest, 2005).

⑪ L. Cerych, 'Higher Education Reform in the Czech Republic: A Personal Testimony Regarding the Impact of Foreign Advisors', *Higher Education in Europe*, 27 (2002), 111-121.

⑫ Steger, *Das Europa der Universitäten* (note 66).

⑬ J. U. Clauss (comp.), *Hochschulrektorenkonferenz, Informationsdienst—Dokumentation*, 12 (1991).

一所“欧洲大学”；另一方面，它致力于学历文凭的相互认证，以便使欧洲的大学毕业生可以在全欧洲范围内开始自己的职业生涯。从政治上来说，这些任务都被置于经济部长委员会的保护伞之下。1971 年，各国教育部长召开了首次全体会议，大学和研究的政治地位变得愈发重要。从 1991 年起，教育部长们的讨论主题不再局限于专业训练，而是扩展到普通教育领域。在欧洲经济共同体/欧洲委员会/欧盟框架下，大学政治的这一转变，正是对大学自身也置于其中的伟大的欧洲化进程的明证。因此，它可以作为一个典型案例来为本章收尾。

《罗马条约》中有关大学的两个项目走入了僵局。1969 年，欧洲委员会提交了学历毕业证书互认准则的草案。草案有关自由行医权的认可标准是：任何人，只要成功修完传统领域内规定教学时数的严格确定的课程，均可自由行医。该草案一旦被采纳，必然会破坏大学在其专属领域的自治权。欧洲大学校长会议及欧洲经济共同体各成员国的大学对此提出
118 强烈抗议，这份草案终被撤回。在 1971 年成立于布鲁塞尔的一个联络委员会（后定名为“欧盟大学校长会议联合会”）的帮助下，各大学校长会议开始参与起草面向质量而非数量的更为灵活的认证准则。[164]

《欧洲原子能共同体协议》在 1958 年提出的成立一所“欧洲大学”的计划也失败了，失败的主要原因在于欧洲各大学的反对。这些大学都把自己看作是欧洲的教育机构。1972 年，意大利政府为实现上述目标的努力在佛罗伦萨取得了部分但却具有创新价值的成果，即虽然没有创办“欧洲大学”，但在大学校长会议联合会的建议下，欧洲委员会同意创建一所高等社会科学研究生院。[165] 1976 年，欧洲大学学院在佛罗伦萨附近的圣多米尼克非索那湾正式揭牌。十年以后，欧洲大学学院每年招收 100 名学生

---

[164] W. Rüegg, ‘La coopération entre les universités européennes. Kolloquium in Grenoble. Tagungsbericht’, *Integration. Vierteljahreshefte zur Europaforschung*, 4 (1970), 323-326; W. Rüegg, ‘Les relations entre les Communautés européennes et les établissements d'enseignement supérieur en Europe. Le point de vue des universités’, in *Semaine de Bruges 1973: Université et société. Pour une politique européenne de l'enseignement supérieur*, Cahiers de Bruges, n.s. 32 (1974), 253-260.

[165] Rüegg, ‘Relations’ (note 166), 256f.

接受1—3年的研究生教育，还接收20名左右的研究学者。⑯

鉴于《罗马条约》有关教育条款在实施中遭到失败，欧洲委员会的六个成员国于1971年11月16日召开了首次教育部长会议，同时成立了一个调查委员会，针对根据条约制定有关教育和科学方面的共同政策的可能性进行调查。⑰ 1972年7月，调查委员会指定比利时前任教育部长亨利·詹恩教授，以欧洲委员会各成员国教育部门负责人的发言为基础，"来确定委员会教育方针的基本特征"。亨利·詹恩的报告于1973年正式发表，报告指出："《罗马条约》的生效，迫使我们从整体上考虑青年人和成年人的教育问题，因为这类问题与推动经济最大限度的发展之间有着必然的联系。"⑱《詹恩报告》涉及更多的是如何构建欧洲的文化、教育和研究政策，以及欧洲委员会(和后来的欧盟)应如何行动。

《詹恩报告》以一个直接涉及大学的问题开头： 119

> 大学规模的扩大及其专业化和国际化的加强，与科学和技术的发展齐头并进、相互依存。如果不将伟大的大学的"欧洲化"这类因素考虑进去，怎么可能去预想欧洲经济一体化？我们在这里所说的"欧洲化"是指，在欧洲委员会的九个成员国里，这些大学应该能够像在自己的国土中一样招募教师、研究人员和招生，正如美国各大学在美国广袤的国土上所做的一样。⑲

《詹恩报告》并未对这一在此后的博洛尼亚进程中达到顶峰的观点做进一步的详细阐述。对大学学习进行分级评定，意味着各大学之间在本科学习方面的统一。当时欧洲大陆上的大学似乎不可能将其传统的四年学制减为三年，而英国的大学也不愿把其三年学制扩展为四年。但是，欧

⑯ Europäisches Hochschulinstitut, *Promotionsstudium in Geschichte und Kulturgeschichte, Wirtschaftswissenschaften, Politikwissenschaften und Gesellschaftswissenschaften, Akademisches Jahr 1996/1997* (Luxemburg, 1995).

⑰ Kommission der Europäischen Gemeinschaften, 'Für eine gemeinschaftliche Bildungspolitik', *Bulletin der Europäischen Gemeinschaften*, *Beilage*, 10 (1973), 9f.

⑱ *Ibid.*, 11.

⑲ *Ibid.*, 12.

洲委员会成员国以及不属于欧洲委员会的其他一些欧洲国家，的确就一些共同教育政策达成了一致，特别是对由来自英国的大学副校长阿萨·布里格斯和阿尔伯特·斯洛曼提出的一些建议达成了一致。[170]

《詹恩报告》建议成立一个"公共研究中心"和一个"欧洲科学基金"。[171]但是，英国和瑞士的研究者向委员会提出，这样的组织应该包括欧洲所有国家，至少是欧洲所有的自由国家，委员会对此表示接受。1974 年，总部设在斯特拉斯堡的欧洲科学基金会正式成立，该基金会虽然由欧洲共同体批准成立，但却是一个独立于欧洲共同体的机构。欧洲科学基金会如同各国科学研究机构的一把保护伞，发起和协调了多项在科学和社会创新领域的共同调查研究项目。[172]

五年之后，欧洲共同体自己建立了多个促进欧洲合作研究的项目——1979 年的科技领域预测和评价项目、1984 年的欧洲信息技术战略项目、1985 年的欧洲研究共同行动以及 1987 年的社区技术教育与培训项目。同样是从 1987 年开始，在欧洲共同体和欧洲自由贸易协会范围内发起了伊拉斯谟计划(即欧洲大学生流动行动计划)。伊拉斯谟计划通过在
120 全欧洲创建相关学科的教授和奖学金网络，力图将学生在欧洲范围的流动比例从 1%提高到 10%(10%这个数字是根据近代早期的学生流动情况估计出来的)。1989 年，伊拉斯谟计划得到语言计划欧洲学分互认体系的支持，语言计划以提高大学生及高中教师的外语水平为目标，欧洲学分互认体系则立足于学生的学习量。截止到 1994 年，受伊拉斯谟计划和语言计划提供的 2500 个项目的资助，约有来自 1300 个院系的 30 万名申请者到本国以外的欧洲共同体或欧洲自由贸易协会成员国至少学习一个学期。[173] 这些数字虽然听起来很大，但仍仅占西欧大学生总数的 5%。前文提到的影响学生流动的非物质因素仍然发挥着作用。

---

[170] *Ibid.*, 23.

[171] *Ibid.*, 53.

[172] European Science Foundation, *Report 1975* (Strasbourg, 1975).

[173] H. van Ginkel, 'International Cooperation and Mobility and the Enhancement of Quality: The Modern University Coming of Age', *CRE-Action*, 104 (1994), 57f. (*A University Policy for Europe*, 10th CRE General Assembly Budapest).

1992年签订的《马斯特里赫特条约》标志着欧洲共同体过渡为欧盟，也标志着欧洲共同关注的领域从专业教育领域延伸到了普通教育领域。1995年，伊拉斯谟计划与面向中小学教育的夸美纽斯计划合并且扩展成为苏格拉底行动计划，学生交流计划得到以下措施的辅助：课程欧洲化；共同发展欧洲模块的学习内容；为占全欧洲大学生总数95%、“无论出于什么原因而未能流动的”学生提供主题式网络平台。[174]此外，交流项目的管理责任也从院系代表手中转为集中管理。然而，这一举措与其说是为项目提供科学支持和教育支持，还不如说加剧了项目管理的官僚化。

欧洲诸大学欢迎欧洲委员会/欧盟这一举措，同时，它们也通过其校长委员会进行游说，以确保这一辅助性原则不会沦为官僚化强制整合的牺牲品。1991年12月1日，《欧盟高等教育备忘录》发表。1992年，经过磋商，欧盟大学校长联席会议联合会和欧洲大学校长常设会议就该备忘录提出了详尽的立场说明。大学校长们一方面对欧洲化方向表示欢迎，一方面对课程统一化的危险提出警告：这既损害欧洲化多样化，又损害大学自治。校长们宣布，他们已经准备好为从1971年开始的互利互惠合作的持续和拓展提供一系列具体建议。这一结果是积极的。 121

1994年，欧盟教育委员会通过了由欧洲大学校长常设会议提出的有关在大学结构和性能评价中应用定性标准的试点项目，并鼓励欧盟和欧洲自由贸易联盟成员国的大学合作。[175] 此外，欧洲大学校长常设会议首先在三所来自不同国家的大学（哥德堡大学、波尔图大学和乌得勒支大学）进行项目试点。[176]各国的大学校长会议围绕试点项目的经验举办了一系列研讨会，[177]欧洲大学校长常设会议的定期会议也对此进行了讨论。

---

[174] U. Dolezal, ‘Das ERASMUS-Programm als Teil von SOKRATES’, *Forschung & Lehre*, 8 (1996), 416.

[175] See, e. g., *Europäische Pilotprojekte für die Qualitätsbewertung im Bereich der Hochschulen: Bundesrepublik Deutschland. Nationaler Bericht*, Dokumente zur Hochschulreform, 105 (Bonn, 1995).

[176] F. van Vught and D. Westerheijden, ‘Institutional Management for Quality. The CRE Programme: Background, Goals and Procedures’, *CRE-Action*, 107 (1996), 9-151.

[177] See *EG-Hochschulmemorandum und Credit Transfer in Europe, Seminar der Hochschulrektorenkonferenz, Bonn, 7. und 8. November 1992*, Dokumente zur Hochschulreform, 83 (Bonn, 1993).

这是欧洲委员会和大学之间的关系新篇章的开始。总部设在布鲁塞尔的欧盟大学校长会议联合会承担了比以往任何时候都要多的工作。在即将到来的东扩趋势业已凸显的时候，欧洲大学校长常设会议连同其设在日内瓦的秘书处，与欧盟大学校长会议联合会合并，组成了一个新的机构：欧洲大学协会。欧洲大学协会的秘书处设在布鲁塞尔，这里正是欧盟管理机构的中心。

精选文献

Altbach, P. G. (ed.) *International Higher Education: An Encyclopedia*, New York/London, 1991.

Anderson, R. D. *European Universities from the Enlightenment to 1914*, Oxford, 2004.

Daalder, H. and Shils, E. (eds.) *Universities, Politicians and Bureaucrats: Europe and the United States*, Cambridge, 1982.

Daillant, G. *Universality, Diversity, Interdependence: IAU 1950—1990, A Commemorative Essay*, Paris, 1990.

Farrington, D. *Legislative Initiatives in the Context of the Bologna Process: A Comparative Perspective*, Bucharest, 2005.

Faure, E. *Philosophie d'une réforme*, Paris, 1969.

Goedegebuure, L. *et al. Higher Education Policy: An International Comparative Perpective*, Oxford, 1993.

Hearnden, A. (ed.) *The British in Germany: Educational Reconstruction*
122 *after 1945*, London, 1978.

Heinemann, M., with Philips D. (eds.) *Hochschuloffiziere und Wiederaufbau des Hochschulwesens in Westdeutschland 1945—1952*, vol. Ⅰ: *Die Britische Zone*, Hildesheim, 1990.

Heinemann, M., with Schneider, U. (eds.) *Hochschuloffiziere und Wiederaufbau des Hochschulwesens in Westdeutschland 1945—1952*, vol. Ⅱ: *Die US-Zone*, Hildesheim, 1990.

Heinemann, M., with Fischer, J. (eds.) *Hochschuloffiziere und Wiederaufbau des Hochschulwesens in Westdeutschland 1945—1952*, vol. Ⅲ: *Die Französische Zone*, Hildesheim, 1991.

Heinemann, M. (ed.) *Hochschuloffiziere und Wiederaufbau des Hochschulwesen 1945—1949: Die Sowjetische Besatzungszone*, Berlin, 2000.

Hüfner, K. (ed.) *Higher Education Reform Processes in Central and Eastern Europe*, Frankfurt/Main, 1995.

Kardos, J., Kelemen, E., and Szogi, L. *Centuries of Hungarian Higher Education*, Budapest, 2001.

Knowles, A. S. (ed.) *International Encyclopedia of Higher Education*, San Francisco, 1977.

Korol, A. G. *Soviet Education for Science and Technology*, New York/London, 1957.

Marga, A. *University Reform Today*, Cluj, 2001.

Nikitin, P. I. *Zwischen Dogma und gesundem Menschenverstand. Wie ich die Universitäten der deutschen Besatzungszone 'sowjetisierte': Erinnerungen des Sektorleiters Hochschulen und Wissenschaft in der sowjetischen Militäradministration in Deutschland*, Edition Bildung und Wissenschaft 6, Berlin, 1997.

Phillips, D. (ed.) *German Universities after the Surrender: British Occupation Policy and the Control of Higher Education*, Oxford, 1984. Sadlak, J. *Higher Education in Romania 1860—1990: Between AcademicMission, Economic Demands and Political Control*, Buffalo, 1990.

Seabury, P. (ed.) *Universities in the Western World*, New York/London, 1975.

Steger, H.-A. (ed.) *Das Europa der Universitäten/L'Europe des universités/The Universities' Europe: Entstehung der ständigen Konferenz der Rektoren und Vize-Kanzler der europäischen Universitäten 1948—1962, Dokumentation*, Bad Godesberg, 1964. *Ten Years after and Looking ahead: A Review of Transformations of Higher Education in Central and Eastern Europe*, Bucharest, 2000.

Tent, J. F. *Mission on the Rhine: Reeducation and Denazification in Amer-*
123 *ican Occupied Germany*, Chicago, 1982.

第四章 资源与管理

杰弗里·洛克伍德

导 言

今日欧洲大学的管理基本要素与1945年的情况有些不同，无论是在马耳他、特罗姆瑟，还是在利默里克和基辅等地区，都是如此。今日大学管理的需要包括分配有限的资源和有限的设施，了解和激励教职人员，接触、游说赞助商并设法使其满意，为学生提供并保持学习环境，以及在一所常设机构中平衡其外部影响和内部文化。在1945年以来的几十年里，满足这些需要的环境发生了翻天覆地的变化。

在1945年，“管理”（management）这一术语并非大学的文化词汇，仅是用来描述一所不同于工商企业的公共机构的运作流程或方式。大学的管辖和治理并不叫作管理。二战后大学内部组织和内部文化的历史，反映出人们逐渐接受“管理”这一术语用来指大学内部的决策过程及决策的实施过程。一般来说，“治理”(administration)一词是 20 世纪 70 年代的特色术语，“管辖”(governance)则是在 20 世纪 60 年代占主导，并于 90 年代被再次使用。而“管理”(management)一词真正出现在文献和会议文件中的时间是 60 年代，到了 70 年代，“管理”一词开始在大学内被接受和使用，其原因有二：首先是对 60 年代末期学生运动的回应，该运动关注的是大学的内部组织和管理政治；其次是 70 年代中期石油价格上涨所导致的世界
124 经济危机对大学产生的影响。

80 年代后半期“管理主义”的出现，在西欧大学内部活动的组织趋势上进一步体现了文化影响。“管理主义”源于美国，它不仅是指大学内部存在管理，还上升为一种以共同管理为主导的哲学思想。这种哲学思想不同于商业模式中行为层面上的交往，更倾向于“行政”层面上的交流。

对欧洲大学管理影响较大的首部著作是《高校管理改革》①，该书描述了当时高校管理中的松散、无组织状况以及管理方法随意的情况，提出应逐步以数据收集和研究作为制定政策的基础，并且努力建立有关资源分配和决策方面的客观评价标准，以取代将这类事情完全转为校园压力或转交给传统力量的旧做法。随着时间的推移，这些创新的做法将必然被未来的高等教育历史学家看作是给予大学管理以一种全新的特征。尽管这本书的书名是《高校管理改革》，也尽管这本书也对大学的管理者产生了很大影响，但是，1966 年的文件中依旧使用“大学治理”(university administration)一词。直到 20 多年后，英国大学管理委员会在其题为《高等教育改革的总战略》的报告中，才将第一章命名为“管理的变革”(The Managerial Revolution)。②

分析大学成员使用什么词汇来描述对其发生影响的那些决策机构，这本身是一项有趣且有启发性的研究，但我们在这里只是简单论及一下，目的是引出 1945 年以来大学管理方面发展的大趋势。

---

① G. E. Rourke and G. E. Brooks, *The Managerial Revolution in Higher Education* (Baltimore, 1966).

② P. Temple and C. Whitchurch (eds.), *Strategic Choice: Corporate Strategies for Change in Higher Education* (London, 1989), 5.

作为组织机构的大学

在分析管理历史之前，有必要先确定大学作为一种组织机构的属性。大学具有多重结构。大学这种组织机构，是通过正规途径和方式利用劳动力和资本来产出教学和研究的一种合法的实体；是在共治下保持既有学术和服务所有的永久而内在的价值观的机构；它还是这样一类共同体：促进不同类别成员之间的联系，并塑造社会的基础架构与凝聚力。在大 125
多数大学中，三种管理形式并存，至于哪种占主导，则取决于大学外部机构或内部团体的看法。

在欧洲早期著作《大学规划和管理》一书中，作者之所以审慎选用“规划和管理”这一词组，主要是因为这些词语在教育领域中早已被广泛使用。③

无论是在1945年的苏联还是在1985年的英国，官方代表都认为大学是一个组织机构。他们最关心的是，作为一个组织机构的大学，其在服务政府的要求以及满足社会需求方面的效率问题。在这一本质问题方面，中欧和东欧的技术专家治国论和严格的人力规划模式与瑞典、英国等国的学生人数计划模式区别不大。前者以供应为导向，后者以需求为导向，但两者都认为大学应是一个以输出毕业生和其他产出为基础的组织机构。随着时代的发展，各国更加关注在每位学生身上的花费，从而更加注重效率而不仅仅是产出。

不论是在1968年的巴黎，还是在1989年这一潘多拉盒子时代的罗马，学生都作为占优势的团体来参与大学的管理，在这一管理过程中，社会与政治两方面的联系非常关键。然而，学生关注的重点往往是在内部管理上，以大学各类成员的平等及共同参与作为一般目的。民主化不仅反映了内部社会的真正本质与需求，还会加强大学作为一个团体的斗争能力，以对抗政府，支持更为国际化和激进的行动。无论是在1956年的德

③ J. Fielden and G. Lockwood (eds.), *Planning and Management in Universities* (London, 1973), 14.

国，还是在 1976 年的爱尔兰，大多数的教授都采取了这样一种组织管理形式：管理应以共治永久机构的价值观为特征。在他们眼中，管理的职能是服务于共治委员会，以完成那些基础性的事宜来确保大学学术人员的财政宽裕。对大学本质持不同观点产生的影响可追溯到 1945 年大学的管理实践，但必须一提的是，当大学被认定是多形式组织机构之后，大学的各种形式也就合法化了。

大学活动的特性，导致了大学的多元化和分化。大学对教学和科研
126 的追求依赖于大学教师群体和学生群体中每个成员的能力与努力，这些成员正是在大学拥有的自治权利和学术自由框架下发挥其功能的。这种工作环境包括投入和产出，投入对产出具有可变和连带性影响，而产出本身的可测性极为有限，且从社会获得评价反馈的能力较弱。在本卷所论述的整个时期里，这些特征一直属于欧洲大学的中心传统，而大学内部管理的所有进展（相对于对大学的外部控制和影响）都似乎在维护和发展这些特征。

1945 年以来，尽管面临更大范围的各种外部影响和内部压力，但无论在哪个国家的具体大学体系里，全欧洲数以千计的大学管理人员都一直努力用自己的勤奋和专业技能来保持欧洲大学的核心传统。如果说对于大学管理者的效率有什么评估办法的话，那就是考察在教育不断创新和繁荣发展的情况下，他们在多大程度上保持了自由教育的自治和学术自由的传统。

显然，努力的成功程度根据外部环境性质不同而有所不同，但近期关于英国的证据也许具有普遍性：在英国，源自被自称为“软管理主义”（soft managerialism）运动④的大学管理权力大幅强化是对大学自治最好的守护，在当前的状况下，这几乎是对大学自治唯一的守护。上文提到的研究（见注释 3）表明，在由他人规定且又经常变更的游戏规则中，有效的管理者，特别是专业的管理人员，如何守护着自己的大学。然而，资源整体的持续减少，正在逐步加深管理人员与学术人员之间的隔阂。

即使在最好情况下，管理者和学术人员之间也不可避免因价值观和

---

④ Fielden and Lockwood, *Planning* (note 3).

利益分歧出现紧张关系。在大多数大学中，自发性与可预测性、创造性和责任性以及离心力和向心力之间存在着健康合理的张力。但是，不论管理者是从内部还是外部“管理”(manage)大学及承担整体责任，⑤这一张力都导致了机构生活方方面面的不同。

注释5中所提及文章的结论与本章后面要谈到的问题有关，但该文章的主要观点是：无论是通过经济效益、政治效用还是教育成就的手段，大学内部管理的发展和关注点首先应是维护大学的自治。 127

上文所提到的数以千计的行政人员和管理人员有着千差万别的背景差异，在各大学中所处的位置也有很大不同。在整个欧洲范围内的基本差异之一是：管理人员是由大学任命和聘用，还是由政府正式指派和聘用。由于欧洲大陆的文化要求管理者是政府的“圈里人”(inside track)，因此我们无法确定英国的“软管理主义”下由大学任命管理人员的做法在欧洲大陆是否也获得了成功。

另外一个基本差异则是职位的正式年限问题。举例来说，一位是45岁的常务副校长(vice-chancellor)，他的任期是20年，将在65岁时从这个职位退休；另一位是每数年通过选举而产生的校长(rector)，这二者在自治性和影响方面就会非常不同。虽然，在实践中，二者分别在常务副校长和校长的职位上工作的年限也许相同，但是，前者具有明显的任期优势。

第三个基本差异是大学管理人员的专业认可度问题。无论是在委员会层面，还是在政府层面，某位大学官员，他也许同时是律师、会计师，或工程师，而这样的大学官员与那些在大学的专业服务方面的管理通才肯定是不同的。

变革掠影

大学高层管理人员的日常工作物理环境，为我们提供了管理方式方面而不是管理目的方面变革的证据。如今，大学高层管理者一般与其同

---

⑤ M. Trow, 'Managerialism and the Academic Profession: The Case of England', *Higher Education Policy*, 7:2 (1994), 17.

事在一幢现代化的大楼里一起办公。无纸化办公桌上放置的是计算机终端，用以核查本机构每年1亿英镑的收入和支出，进行电子交流并撰写政策文件和演讲文件；办公桌旁边放置着打印机和传真机，以快捷交流确保大学的全球事务；办公室的角落里有一台卫星电视，时刻追踪全球时事和国际市场，而今日大学收入中仅有70%是依靠国家机构的投入。

在1970年前后，在大学的办公大楼里，高层管理者们的办公室往往毗邻自己的私人秘书办公室，而与大多数其他同事的办公室保持一定距离。这栋办公大楼的周围往往有很多其他的办公楼。那时，办公桌上摆满纸张，包括电脑打印成捆的文件，还有便携式电子计算器，还可能有便携式录音机等办公用品。在由这些办公用品完成的交流中发生着2000万英镑的年度营业额，其中大部分由私人秘书负责核实。将近90%的大学资源来自政府，而与政府机构的交涉活动极为耗时。

20世纪40年代末，若是碰到其他同事办公室装修，高层管理人员之间会暂时共用一间办公室，他们的私人秘书们也会共用沿着走廊分布的办公室。大学内部的联系也许会通过打字机进行，但更多的是通过电话
128 或者面对面的口头交流。大学的200万年度预算往往主要是大学财务主管考虑的事，而大学校长或常务副校长则更多考虑的是给某位新职员什么样的薪酬水平。这样的改革掠影反映出技术的发展，反映出关注点从地方到全国乃至到全球的转变，还反映出典型大学规模的发展：最初是一所中小学的规模，继而达到一个村镇的规模，最后达到一个市镇的规模。

从一位高层管理人员一天的工作日程也可以明显看到这种改革的景象。在20世纪80年代末期，高级管理者一天的工作往往从上午八点半开始。首先，与募捐部部长开个碰头会；接着，与大学内的同事开个制定政策的会，会上讨论工作机会均等的问题；再召集大学的附属经济类公司或科技园区的代表开会。中午，与来访的一所有合作关系的日本大学的相关人员共进午餐，接下来先开个关于教学质量审查的会议，再参加一个有关欧洲共同市场研究应用的正式的签字仪式，最后是与制度战略规划小组一起开会。晚餐往往是招待本地的企业家和政府官员，讨论本地的经济发展问题，其中往往还要接受一次媒体采访。深夜，还会就从美国招聘一位新教授而发几封传真或打几通电话。

到了20世纪70年代初期，高层管理者们一天的工作从与秘书们的晨会开始；接着，在上午九点半会见学生会主席，讨论学生代表参与大学理事会的问题；接下来与物理科学方面的资深同事商量申请加入国家研究委员会的事宜；再然后接见贸易协会的一位代表，中午参加“扶轮国际分社”(Rotary Club)的午餐会。下午的工作以任命一名系主任开始；然后先亲自访问化学系，再召开大学校园毒品应对政策的新闻发布会；接下来也许会与一群地方大学的常务副校长一起共进晚餐，交换彼此关于影响国家发展的政治事件的观点。深夜还要阅读一大沓大学内部各个委员会的报告。

在20世纪40年代末，除了晨会雷打不动之外，高层管理者们还会有点自由时间。在上午十点左右，一位政府官员会来访，与他商讨一栋新大楼的建设资金和结构问题；接下来与一些资深教授讨论大学理事会下次的会议议题。午餐往往会成为在大学教师联谊活动室里的一次社交活动。午餐后，参加两个讲座教授的任命会，再参加关于学生住宿制的一个大学委员会会议。晚餐往往在家里吃，也许还会在家里招待几个新同事。晚饭后的时间可以自由支配，从事自己的专业活动。 129

从上文提到的大学高层管理者们每日工作一瞥中，我们可以看到，不论是在80年代末期、70年代初期，还是40年代末期，多年来管理工作的发展包含着相当程度的一般化特征。变化往往表现在管理人员的时间压力和工作负担越来越大，对外部的关注逐渐多于对内部的关注，以及管理人员的角色逐渐从兼职转变为专职——管理人员的本质逐渐从业余人员变为专业人士。

1945年后，大学逐渐从一个封闭的学者社区变成一家知识工厂。这种转变波及全欧洲，甚至那些与教育部联系紧密的大学也不能避免。奥地利、法国、荷兰、西班牙或意大利等国的大学就属于这种情况，在这些国家里，政府越来越强调资源利用的“专业化”，而高等教育和研究则是实现这一“专业化”的方式。在一些大学所在的城镇里，大学这一机构的声望也用古老的“学术中心”(seats of learning)这一术语来衡量，在这样的情况下，现代管理方式必须将以下一些地方性的因素也考虑在内：议事厅的前厅的面积大小、保证议事厅和前厅正常运行的服务人员的人数，或是见证大学历史和品质的一排排官方肖像。

学术组织

在本卷所论述的时期内，大学结构的基础单元一直是学科。虽然学术生活中最基本的单位是系科里的个体成员，但在系部中依旧明显表现出学科是最基本的组织单位。这一单位包括按照课程或研究领域继续细分的子团体，但学科为系部提供了一个边界线。这一单位的内部结构因学科而不同，例如，与历史研究团体相比，物理学科的研究团体数量偏少，但每个团体的规模偏大，这是因为历史研究往往主要靠个人而不是团体来进行。

与此类似，单元边界的坚固程度也会根据外部对这些特定学术科目的认可程度而有所不同。界定和捍卫法律系的那条边界，会比哲学系更
130 为明晰和坚固，这是因为，法律学科与其他学科的差异更为明显，并且与外界的法律行业有更为紧密的联系。

自 1945 年起，在试图取代学术学科作为大学基础单元方面，欧洲各大学做了不少努力，例如，各社会主义国家从教学型大学分离出来的政府研究院的发展，以跨学科研究院取代传统的系科模式（以 1961 年的苏塞克斯大学为例）为重点的革新措施，以及法国根据 1968 年《高等教育方向指导法》创立的教学和研究单位。在西班牙，社会党政府于 20 世纪 70 年代末决定将各类教学和研究的机构重组进一个专门系统，然后再重组进“学院”里，由学院向相应系科申请所需的教学人员。这些努力措施的理念是力图减少由于各系科希望控制其教授的所有课程而导致的重叠现象，这类重叠现象在那些需要数个学科支持的专业方面表现得更为明显，如数学、物理学和语言学。建立在学科交叉以及教学和研究之间更大程度分离的基础之上的灵活性和有效性，改变了自 1945 年以来占主流的以学科、系科和系部为主导的局面。很明显，在 1990 年的欧洲各地，学科交叉及教学和研究之间更大程度的分离意味着，系科或系部不再像 1945 年时那样居于主导地位了，但是，它仍作为一种模式状态而存在。

将所有的基础单元整合进一个机构中去，这样一个框架一直以来都

是一个非常复杂的系统。在一些国家中，系科的数量成倍增加，一些巨型大学如贝尔格莱德大学被拆分成许多自治系科，而其他一些高等教育机构则在不拆分的前提下，试图以旧结构适应新的科学需要。各基础单元受到专业能力的保护，分立但不分离。虽然这些基础单元在规模和重要性方面有差异，但是其常见结构的特征却是由数量众多的小基础单元决定的。相对于其他大多数组织形式来说，这些基础单元几乎没承担什么共同职责，但是却以跨越成员资格的方式相互联系在一起，大学管理工作因此变得更为复杂。这一状况也成为反对体制管理创新的一个保守影响因素。

作为一个机构，大学对其内部基础活动或生产单元进行管理的权威程度成为这一时期的一个关键问题，这一关键问题又在很大程度上取决于政府给予大学的自治权的大小。后一主题是本卷其他章节要讨论的内容，但以 1945 年以来欧洲大学机构管理的角度来看，一个非常值得注意的问题是，尽管机构自主的程度在不同时期、不同阶段有所不同，但自主程度同样也会因决策领域的因素而有所不同。 131

大体上说，在涉及学生成就的评估、课程结构或研究领域的选择等方面，大学拥有较大的决策自由；而在学生入学、教职人员报酬体系或技术采购方面的决策自由相对较少；在财政分配、购买地皮以及大楼建设等方面拥有的决策自由更少。

之所以会将大学作为一种组织机构来考虑其内部特性及其相对于外部权威的在体制自主性方面的各种扩展内容，是因为自 1945 年起，欧洲大部分地区大学管理的影响都出现急剧扩大的趋势——纵向上，在各层机构中自上而下地渗透：从大学到学院再到具体的系和个人；横向上则扩展到大学所有的活动。此外，与外部权威之间的制度边界也出现加强的趋势。在总的趋势下，主要的例外情况出现在东欧的大学里，自 1945 年起，在这些大学里，管理是作为政府组织的哲学和机制的一个部分而存在，东欧各国政府近期所进行的各种改革都指向大学内部的管理作用，与欧洲其他地区自 20 世纪 60 年代开始的学生主导的政治或管理模式不同。然而，到了 20 世纪末期，大多数国家都开始运用同样的工具和概念来管理其高等教育，为了应对短缺、过度集中、相关性等共同挑战，各国的大学也开始经历类似的膨胀与收缩时期。

变革的力量

管理的发展提升了大学的规模和复杂程度，原因在于大学对环境变化所做出的反应。整个欧洲都几乎显而易见地受到变革力量的影响，只是各国受影响的时间有所不同而已。其中，有一股变革力量对大学本身工作的影响颇深，这就是知识大爆炸，以及随之而来的新增知识往往出现在传统学科领域的边界这一现象。因而 1995 年的课程组织较之于 1945 年来说，必然经过更为精心的选择，也更为跨学科化；同时，还需要建立一系列程序来应对课程的快速更新，并保证课程的质量，这些因素强化了建立专门机构以及引入管理的必要性。特别是当人们认为每一位学生都有
132 能力决定自己获得学位资格的途径时，情况就更是如此了。“可进行学分转换的、以学生为基础的模块课程面临一个悖论，即为学生提供模块课程的方式越灵活，就越需要来自课程组织者的更多管理。”⑥同样，在教学中使用信息技术带来了更多的管理要求，同时，场地的开支和多学科性也导致人们更加关注课程表的制订。

到了 20 世纪 80 年代，除这些内部变革之外，知识增长和传递的来源是让大学逐渐失去在其主要活动领域中垄断地位的另一个原因。长期以来，无论是社会主义国家中的研究院，还是西欧各国的公共研究中心或政府研究中心，都对大学的研究功能提出了挑战，而随着商业活动和工业活动变得越来越以知识为基础，在本时期的后期，各研究实验室及私营公司中设立的内部训练学校逐渐成了大学的竞争对手。

因此，在本时期的后期，大学与经济企业之间的拓展伙伴关系变得越来越重要，这并不足为奇。⑦ “将来，高等教育机构与其经济环境之间的互

---

⑥ G. Williams, ‘Total Quality Management in Higher Education: Panacea or Placebo?’, *Higher Education*, 25:3 (1993), 229-237.

⑦ Karl Heinz Beckurts-Stiftung (ed.), *Partnerschaft zwischen Wissenschaft und Wirtschaft: Vortragsabend und Symposium am 25. und 26. Oktober 1988 in München* (Munich, 1988).

动，也许会变得如同管理与政府之间的关系一样重要。”⑧影响知识发展和传递的这些因素表明，导致加强管理的其中两个原因是内部的复杂性和外部的竞争。这成为高水平实践和科学与学术的传递的典型案例。可问题是：这一定要发生在大学之内吗？公司培训和公司内的实验室可不可以直接取代大学的角色？⑨

第二股主要的变革力量来自扩张的压力，这种扩张始于为那些因二战而中断学业的人提供大学教育机会的需要。随着大学适龄青年数量的增长，以及集权国家中完成各个阶段五年计划中受过教育的人力资源目标的需要，扩大大学教育机会的需要得以满足。而当这些因素逐渐减弱的时候，大学却一直持续着扩张的趋势，这不仅是由于更多人有受教育的期望，而且有社会需要(例如，提高妇女接受高等教育的比例)及由于工作性质转变为以各类知识为基础的工业需求的原因。 133

因此，尽管在大多数国家大学的发展都曾因人口或政府财政调控而出现短暂停滞，但 1945 年以来仍是大学的一个重要扩张期。本卷其他章节对此有详细阐释。笼统地说，一所典型的大学，其在 20 世纪 50 年代的规模较之 1945 年翻了一番，到 20 世纪 70 年代初期再翻一番，到 20 世纪 80 年代末期又翻一番。在机构层面对管理的角色而言同样重要的是，这种扩展导致大学数量出现相当可观的增长。很多全新的大学问世，其创新的课程和结构具有挑战性，还有许多在某些特定领域具有稳固声誉的学院也获得大学地位。于是，两个方面的主要因素促进了管理的发展(或者说使得管理的发展变得十分必要)：一是伴随外部竞争出现的机构规模的扩大，二是促进公共责任的需要。

尽管考虑到大学管理人员在 1945 至 1990 年面临的基本环境具有相似性，然而，发表于 1949 年 8 月，谈的却是 20 世纪 80 年代中期情况的以下这两段话，需要我们记在脑海并可作为有利的证据。

---

⑧ P. Le Vasseur, 'The IMHE Programme—A Look ahead', *International Journal of Institutional Management in Higher Education*, 5:3 (1981), 181.

⑨ H. Van Ginkel, 'University 2050. The Organisation of Creativity and Innovation', in J. Raisman (ed.), *Universities in the Twenty-First Century: A Lecture Series/Paul Hamlyn Foundation* (London, 1994), 65-86.

> 在过去的几年里，大学的管理结构接受了非常严峻的考验。高达66%的学生数量增幅、基本建设的新宏图以及任命大量新教职人员的需要，都使得大学的组织面临巨大的紧张状态。
>
> 随着对公共资金的依赖性越来越强，大学愈发有必要将其管理的效率置于外部世界的目光之下。⑩

在那几个资金来源有限的国家里，大众化教育的发展趋势也经历了瓶颈期，在那些由于学术职业声望不再而导致人才流失的原社会主义教育体系中尤其如此。这常常会带来教职人员的年龄结构老化，到20世纪末期，许多高等教育机构中教师的平均年龄都超过60岁。

变革的第三股力量来自技术的发展以及技术对大学产生的影响。科学研究的技术规模，连同其高昂的设备费和基础设施费，是造成每所大学
134 对于其专攻的研究领域需要谨慎挑选的原因之一。这一精选过程需要管理来发展构成大学使命基础的独特性元素，需要管理来加强总体规划和建立区别于传统罗列式项目预算的内部预算制度，以确保大学内每一个单元的人、物和场地花费。技术对大学产生的影响因学科的不同有很大差别。所有的学科都面临同样程度的变革，但这一变革带来的管理的含义则有很大区别。举例来说，对历史学科的教学和研究发生影响的变革也许可以在有限的范围内进行管理，但是对物理学科发生影响的变革则需要更大范围的资源调整和资源投入的增加。

技术的发展首先影响的是研究功能，到20世纪70年代，技术以要求管理发展的方式开始对教学功能产生影响。即使暂且不谈基于技术的远距离教学的大发展(如英国的开放大学所取得的发展)，到20世纪60年代末期，在学生学习方面，除了传统的教师面对面直接教学之外，学校还为每个学生提供了通过教育电影和视频进行学习的机会。在20世纪80年代，计算机系统对图书馆和其他学习资源的影响表明，随着在课程调整、教学方法更新以及整合来自教学人员、教学辅助人员和设备等方面学习

---

⑩ S. Wythenshawe (ed.), 'University Administration—An Investigation', *Universities Quarterly*, 3 (1949), 796-797.

输入资源的需要，对教学来说，信息技术也正逐步变得必不可少，正如信息技术对研究来说必不可少一样。技术还对管理产生了一些直接影响，包括 20 世纪 60 年代出现的大型数据处理规划计算机模式，以及 20 世纪 80 年代出现的第四代综合数据系统等，关于这方面的内容，我们将在本章的后面部分再详细讨论。

总体而言，技术在大学机构管理中的重要性逐渐提升，这是因为：技术提供了广泛的选择，管理成本需要有重点的规划，更重要的是技术极大地改变了大学基本活动（教学和科研）的输送机制。技术提高了管理的复杂性和选择性，反之两者又增加了管理的重要性。

第四股变革力量可以被称作社会政治力量。社会政治力量的影响，与作为国家政治一部分的大学的控制管理，或是关注学生运动（这类学生运动有时发生在看起来区别没那么明显的时期）带来的内部压力，有着天壤之别；社会政治力量的影响，与顾客（包括个人、公司及政府）要求确保质量的过程和检验，亦大相径庭。顾客的这种要求又恰恰是学术人员圈子进行激烈争辩的论题：到底是大学服务于社会，还是社会服务于大学？较之于公民代表在大学规划中的影响，社会政治力量的影响，与大学成员在国家政治改革（其实是一场革新运动）中的角色和作用也有着天壤之别；社会政治力量的影响，与由来自本地商业协会的压力而制定出的欧洲共同体的各项有关大学的方针政策相比，仍旧有天壤之别。 135

就对大学管理产生的影响而言，上面列出的那些影响力量和因素构成了国际格局中大学发展（管理的需要也因此在全球范围内体现出来）的副主题，也构成了在本卷所涉及的时期内大学的重点从内部转向外部的副主题。然而，最为主要的因素有两个：一是复杂化的加剧，一是社会政治问责的需要。值得注意的是，“问责”这个术语在 1970 年之前并没有在欧洲高等教育文献中出现过。今日，大学在规模上的增长及其社会重要性或社会相关性的增加，都要求大学这类机构必须对社会更充分地解释自己，解释的内容既包括大学的特色、大学的质量保障机制、大学在某些特定国内或国际问题上的立场，也包括大学在当地或本社区的角色。满足问责的要求于是成为管理发展的另外一个因素。

在本卷涉及的时期内，大学对国家的责任也发生了变化。本卷涉及时期之初，在社会主义国家之外，政府追求的是对大学产生宽泛的、一般意义上的影响。尽管那个时候还没有“问责”这个术语，政府依然希望能得到大学的保证，确保大学将其资源主要用来完成国家方针政策的基本目标。在本卷涉及的时期内，政府的角色从“操纵”转为“指导”，从广泛的政策目标转为具体的经济目标和产出目标。造成这一转变的主要原因是高等教育越来越重要，规模也越来越大。此外也有政府方面的原因：政府逐步意识到大学已不能完全满足其经济需要和社会需要了。从石油危机引发通货膨胀的20世纪70年代中期，到遭遇公共财政困难的20世纪80年代初期这一段时期内，欧洲的许多国家里，指令和控制开始取代了方针、建议。

第五股变革力量是经济对大学数量增长的影响。大体上讲，本卷涉及的时期内，在整个欧洲，大学消耗的国家财富的比例越来越高（不再非要通过政府直接拨付），因此，需要大学降低其单位成本。在每个国家，都有政府对大学投资非常慷慨的时期，但是，在本卷涉及的整个时期内，尤其是自20世纪80年代中期以来，不断增加投资带来的回报体现为越来越明显的制度化生产率或制度化效率，而这一回报又会进一步导致大学内部事务的明显分离：将管理及教学的发展与研究分离开来，同时更关注不同教学方式和研究方式的经济成本。此外，它亦极大地推动了人们对于寻求基金新来源的热情（包括设法使学生或其家长支付更多的教育费
136 用），也导致人们给予各种新发展及历史成本更多体制层面的关注。

制度经济效率和对投资人（不论是政府还是学生个体）进行全面有效的记录是一对孪生需求，这大大提升了管理的角色，这种提升可以从对发展办公室（或筹款办公室）的广泛介绍中看出来，也可以从财务办公室的活动拓展到审计（或评价金钱的价值）上看出来，还可以从各种外部报告中对大学经费问题的特别关注中（以及其看重比较绩效指标的立场上）看出来。一般而言，在大学内部，面对无限的目标而选择如何对有限的资源使用，并就其所做出的选择向大学外部的机构进行解释，这都是促成大学管理兴起的重要因素。

总之，以上提到的影响变革的环境方面的力量，都是在大学内部形成的。随着大学本身促进或要求大学管理的发展，这些变革力量在规模、复杂性、竞争性、选择性和可计量性方面的特质也逐步提升。

有效自治

就管理的执行因素和管理的立法因素二者而言，虽然不论在大学内部还是外部都是后者更受关注，但是，那些变革力量对前者的影响要大于后者。1945 年之后，大学和团体都经历了大学面对政府的自治程度的变化(即，相较于政府指导来说，每一所大学所承担的对上述那些变革力量做出反应的责任更多)以及大学内部政治结构的变化(即在大学反应机制方面各方力量和利益的平衡)。大学与政府的关系这一主题是本卷其他章节要探讨的内容。如果从体制层面对管理进行评论的话，最严酷的问题是大学管理在多大程度上能承担宪法规定的自治地位的责任。最极端的情况是，在并没有赋予大学什么法定自治权的政治体制下，某所大学会由于其管理层成员非常接近国家权力杠杆，而占有更多的有效自治；与此相反，在那些规定大学机构具有自治权的政治体制下，某所大学也会由于其管理层成员对大学的主要外部决策者影响甚微而实际上并没有多少自治权。这样的猜测很难得到证明，但它能提醒我们注意到正式自治与非正式自治之间的区别。

在本卷涉及的时期内，德意志联邦共和国的大学正式自治的情况总体上呈现出向政府放权的方向发展。然而，到本卷涉及时期的最后阶段，137
法律地位仍表现为大学有义务(在考试框架下)向政府说明其具体意图⑪，国家仍旧直接支付大学成员的薪资(约占大学整个经营管理成本的70%—80%)。在本卷涉及的时期内，英国大学的正式自治体现为大学保持着自治的传统，在开设课程、聘用雇员、发放雇员工资等方面都有自由，不用考虑政府，但是要受到后续的问责制的制约。

然而，这两个国家的非正式自治情况(或称有效自治情况)却差不多，英德两国的大学管理表现出的责任程度是同样的。从非正式的意义上说，在德国，可以在政府认可之前，通过大学管理的工作而采取体制方面的行动。在英国，采取行动之前，需要在政府发起的“建议”或“指导”程序

---

⑪ 关于德国的“考试框架”(*Rahmen-prüfungsordnungen*)，参见第七章。

下与政府或者其代表进行磋商。

在大学管理的术语之下，自治的法律地位非常重要，但更需要关注的应该是有效自治；在整个欧洲，从整体上来说，有关后者（大学管理觉得需要负责的范围）的较之于有关前者（法律关于自治的陈述）的更多。普遍的趋势体现为：政府逐渐认识到，如果大学被认为是自我负责的、不受政府规定束缚的话，那么回应环境变革的教学和研究的活动可以变得更有效率、更能引起共鸣。一位著名校长在 1989 年这样说："必须指出的是，当前在大学里，相对于官方意识形态，智力独立性基本不会引起麻烦。"⑫考虑到 1945 年的实际情况是，相当数量的大学，原本是在政府或教会的理念直接影响之下的，此时发生了明显转化，这种情况在东欧、中欧和南欧尤为明显。到了本卷涉及时期的末期，在整个欧洲，人们达成了共识：不论是正式的政府法律形式的自治情况如何，最好的方式是向每所大学传递这样的理念：大学要想证明其经济效率和质量水平，必要条件就是大学的管理以及外部对该管理给予的信任。关于这一主题的报告如过江之鲫，下面我们会提到其中几个。

瑞典 1977 年改革的基础是："人们越来越认识到，任何改革即调整，若
138 想发挥大的效果，都应该由高等教育机构本身来实施。一般来说，似乎存在着这样一个钟摆现象：一方是从中心到外围的'社会工程'改革战略，另一方是变数更多的过程中心观，强调自我评估和自我更新的能力。"⑬荷兰政府在 1985 年做出的一系列决策意味着完全取缔了政府对课程的所有直接管理。⑭ 丹麦的《继续教育和高等教育整体规划》，其指导方针就是每所大学对自身更清晰的重新定位，以满足劳动力市场的需要，并促进大学的效率和生产率。1987 年，挪威的爱马仕委员会提出要关注每所大学的需要，以便在个体发展和技能发展的过程中，通过大学的效率、质量和灵活

---

⑫ R. Dillemans, 'Autonomy, Responsibility and Responsiveness of Higher Education Institutions after 1992', *European Journal of Education*, 24:4 (1989), 333-343.

⑬ A.-M. Furumark, 'Institutional Self-evaluation in Sweden', *International Journal of Institutional Management in Higher Education*, 5:3 (1981), 208.

⑭ F. van Vught, 'State Regulations and Innovations in Higher Education', *Higher Education Management*, 1:1 (1990), 34.

性来完成社会的基本目标和优先发展事项。在20世纪80年代的法国，问责与规划被转化成由每所高等教育机构直接与教育部签署的“四年协议”；在四年期限里，政府确保按照协议规定的水平为大学优先发展的项目提供支持，从而使长期战略更为可行。在英国，1985年的《贾勒特报告》⑮强调每所负责任的大学都应承担大学规划的责任；1991年，欧洲委员会资助的锡耶纳会议又简洁地重申了这一观点，即，对欧洲全面变革的进程来说，每所高等教育机构的管理战略最为关键。⑯从这个意义上讲，1988年9月，来自欧洲各地的校长在博洛尼亚签署的《欧洲大学宪章》可以看作是对通过不断斗争获得了越来越高的自治水平的一个盖章确认。在西方民主主义系统下，政府规划被对个人和每个高等教育机构的责任依赖所取代，而这一变革很快给东欧和中欧带来了戏剧性的变化。

一个有趣的问题是：为了生存和发展，大学不得不自己制定战略，这种情况是什么时候出现的？出现的时间在欧洲各地有所不同。大体说来，战略的理念出现在20世纪60年代末70年代初，是受到了学生激进主义和大型组织中发生的管理革命的共同影响。学生激进主义迫使大学更明晰地阐明自己的立场，而企业策划理念正是在这一时期的大型组织中得到发展。虽然在时间上略有不同，但是无论是在法国的楠泰尔、英国的苏 139
塞克斯、联邦德国的特里尔，还是挪威的特隆赫姆和比利时的新鲁汶，每所大学都在制定战略构想。

管理四边形

如果说在实践层面上，大学管理对自治的关注并不像某些高等教育评论家说的那样重视，那么，大学管理及大学内部组织的情况到底如何呢？将本卷所涉及的时期作为一个整体来看的话，结论是稳定性多于基础性革新。尽管经历了几段颇为动荡和充满争论的时期，但自1945年之

---

⑮ 即，*Report of the Steering Committee for Efficiency Studies in Universities in the United Kingdom* (London, 1985).

⑯ ‘Higher Education in the European Community towards the Year 2000’, *Universitas Quaderni*, 9 (1991), 53.

后，欧洲大学的内部管理一直都是以一个权力（或管理）四边形框架为基础的。四边形的第一条边是由大学内部代表和外部代表共同组成的一个管理机构或称管理委员会。在英国，这类机构中校外的代表占大多数。在欧洲大陆，这类机构较为典型的情况是内部任命，其原因部分在于欧洲大陆的大学管理机构所做出的结论在较大程度上要受到政府权威的制约，但在本卷涉及的时期内，外部代表的作用也出现了加强的趋势。例如，1984 年法国修改的法律[17]就对 1968 年的基本法进行了调整，规定大学委员会（或称某个高等教育机构的管理委员会）中增加外部人员的数量，这也是 20 世纪 80 年代促进每所高等教育机构负责的效率性的一个举措。

四边形的第二条边是大学内部学术权威机构，被称作大学评议会或大学理事会。大多数情况下，大学内部这一学术权威机构是唯一的一个，但有时也分作两个机构（如法国的情况就是分为教学机构和研究机构）。

四边形的第三条边是大学的实际首脑，即承担大学学术和管理的具体行政职责的大学校长或者常务副校长，不是指荣誉校长。大学校长或常务副校长在大学学术和管理方面承担的职责，因国家不同而有所不同，即使在同一个国家里，也会因时期不同而有所差异，但是，到本卷涉及的时段末期，大学校长负责制已经成为一个普遍现象。

四边形的第四条边是专业管理人员的领军人物，其名称五花八门：教务主任、部长、副校长、主管、主事、总干事、管理执行校长等。起初，这些职位的管理人员是作为政府的代表，在大学内（如普鲁士的执事模式）从事
140 资源管理方面的工作（区别于大学校长对学术管理方面的职责）。1945 年之后，整个欧洲都呈现出这样的趋势：专业管理人员的领军人物在职责方面内化为大学校长及其管理机构之下的一个职位，但他们仍旧构成了管理四边形的第四条边。这一方面是由于他们为之负责的机构具有多样性：既要对评议会、理事会负责，也要对校长负责；另一方面是由于在许多国家中他们都与政府有特殊的联系；还由于他们的专业性及相对长期的任期使得他们的影响远远大于他们正式的顶头上司。

1945 年之后的欧洲大学，其内部政治或内部管理，与管理四边形四条

[17] ‘Loi no.84-52 du 26 janvier 1984 sur l’enseignement supérieur’.

边的性质和角色变化息息相关。关于这一主题有大量的文献资料，四条边平衡的状态也成为这一时期各种争论、立法、斗争的中心议题。然而自1945年之后，虽然欧洲大学与所有常设机构一样也出现钟摆效应，但这一四边形结构在大多数国家中都是存在的。随着时间的推移，即使是在稳定的环境条件下，管理四边形四条边之间的有效权力的平衡也发生变化。随着外部压力给高等教育机构造成的压力及其性质发生了变化，管理机构（委员会）和大学内部的学术“评议会”（理事会）之间的关系也发生了基础性的转换。从广义上讲，当这些压力不那么密集或不那么直接的时候，大学理事会就占优势地位；而当这些压力密集或直接的时候，大学之外的委员会就会变得比较积极。因此，在20世纪60年代末70年代初，流行的是政府对大学扩展给予相对慷慨的经济支持，此时大学理事会进入其最活跃的时期。而自80年代初期起，大学面临的经济压力不容乐观，大学连生存都很困难，更别说扩展了，大学优先发展的学术领域及校内聘用面临艰难的选择。20世纪80年代，大学与地区经济发展状况之间愈发紧密的关系打破了影响因素的平衡，外部相关管理机构的影响越来越大，而内部专门的学术委员会的权力越来越小。

从大学校长或常务副校长这一职位的实际功能上，也可以看出类似的趋势。在20世纪四五十年代，校长或常务副校长被视为大学的直接领导人，但在内部民主参与程度不断加强的60年代和工业民主盛行的70年代，大学校长或常务副校长的特点转变为某些评议会的“主席”或大学管理两个阵营其中之一的领导（另一个与之相对的阵营是“工会”）。到了80年代，在不利的经济状况下，大学校长或常务副校长强势回归，他们被看作是统一的大学机构的管理头脑，用当时的术语来说，就是“首席高管”。 141
以往的传统是：大学常务副校长首先应该是一名学者，然后成为大学理事会主席，他的职责是执行理事会的意愿，而不是领导理事会。此时，这一传统发生改变。“首席高管”模式的转变使大学校长或大学常务副校长承担了对大学更多的领导职责和有效管理职责，这一模式慢慢成为主流。⑱

本章讨论了影响管理的许多其他方面因素，但是，就“民主”这一趋势

---

⑱ 《贾勒特报告》（注释15），第26页。

来说，中欧和东欧的国家是个例外。在这些国家里，民主趋势发生影响的时间不是60年代末，而是80年代末。举例来说，在1969年的苏联，"大学校长被授予全权管理权力"⑲，在经历了天鹅绒革命的捷克，"大学校长由学术评议会选举产生，由政府首脑任命；各院系主任由各院系的学术委员会选举产生，却不需要任何人任命，因此也不用受任何人的领导。大学校长作为首席管理人员，对大学聘用和解聘人员没有任何发言权"⑳。

这一变化周期也体现在大学校长任命的方式和任期上。笼统来说，大学校长的任命和任期经历了从政府机构任命到大学内部团体选举再到政府机构任命这一过程。在本卷涉及的时期内，大多数情况是，不论是任命产生的还是选举产生的大学校长，多是由大学内部机构有效地挑选出来的，并且任期较短（英国的副校长职务是一个特例，他们往往担任此职位直到退休年龄，其中很多人的退休年龄都超出本卷所涉及的时期）。大学校长发挥其功能往往凭借这个岗位在公众中的崇高地位及他们个人的学术地位，而不是靠这一岗位的专门权力（相对于其他大多数机构的中央管理职位来说，大学校长这一职位的专门权力较小）。

这样，在很大程度上，大学领导权由以大学理事会为主的内部机构决定，而不是由当局说了算。这种情况也与当时的传统和时代要求合拍：大学校长主要承担的是对大学这一学术社区的领导责任，而不是大学的整体管理（例如，当时有一个专门职位叫策划人，这一岗位的职责是在管理大学财和物的方面对政府负责）。大学校长被政府以及委员会视为大学管理的全权负责人，这对大学校长职务及其与大学理事会所产生的重大影响一直持续到本卷涉及的时期末期。举例来说，在芬兰，"目前，内部决策体制将被发展成为给予大学校长和系部主任更多的决策权，在经济问
142 题上尤其如此。有些大学甚至采取了这样一种决策体制：赋予大学校长将大学的拨款分配给各系部的权力；赋予各系部主任在系部内分配资源

⑲ B. Holmes, 'The Development of Higher Education', *Paedagogica Europaea*, 7 (1972),

⑳ J. Jarab, 'Higher Education and Research in the Czech Republic', *Higher Education Management*, 5:2 (1993), 312.

的权力。所有的机构都不愿意采取这样的体制”[21]。在荷兰的大学里，1968年事变之后，钟摆开始向另一个方向摆动，形成了一个共同决策体制，该体制由一个共同委员会即学术委员会来执行，对大学的学术和管理人员发挥影响。这样，荷兰的大学管理权就由三驾马车来承担：大学学术校长（rector，从学术上负责大学的发展）、大学行政校长（president，往往是由政府部门或工业部门从业的外部人士担任，他负责大学与外界的联系）以及负责管理工作的第三方。在20世纪90年代，这种参与式民主形式被简化式权力模式所取代，即由部长任命一个外部董事会，全权负责大学的整体利益。该董事会就大学内部的发展策略进行讨论之后，任命大学学术校长，有时也任命三驾马车中的其他两驾。接着，大学学术校长选择系部主任，与他们在分配内部资源的问题上达成一致。学生和管理人员通过一些委员会来保持自己的管理地位，但是，这些委员会现在更多扮演的是顾问角色而不是管理角色。

教务主任（英语称 registrar，德语称 *Kanzler*）的角色和地位的变化趋势则没有大学学术校长或副校长这样复杂和有趣。主要的变化出现在他们专业工作的内容和环境方面。为了进行关于内部变革和内部利益方面的总结，首先要指出的一点就是，在本卷涉及的整个时期内，在全欧洲范围内，教务主任这一职位的角色作用相差不大。在本卷涉及时期的早期，不同国家的情况大不相同。在有些国家里，综合管理的职责由大学之外的国家官员承担，大学之内的人员承担的责任很小，主要是向外部管理者汇报（法国就是这种情况）。在另外一些国家里，国家要求大学之内的一些高级专业管理人员直接向大学的领导负责，并在大学领导任命方面有一定的发言权（联邦德国的情况就是这样）。还有一些国家的情况是，教务主任由大学当局任命，并且直接、完全向大学负责（例如英国的情况）。

尽管存在一些特例，但是，从事大学综合管理的专业人士的领导职位，在本卷涉及的整个时期里，其总体的变化趋势是成为大学学术校长管理团队中的一员，他们由大学任命，并向大学完全负责。当然，他们往往还 143

㉑ A. Jappinen, 'University and Government in Finland', *Higher Education Management*, Ⅰ:Ⅰ (1989), 336.

得到政府的特殊承认(如在奥地利),或者在某些事务上有不通过大学副校长而直接向大学理事会负责的权力(如英国的情况)。

关于教务主任或其他类似职位的作用,需要指出的第二点是,这一职位的角色作用变宽了。环境因素(如技术)和内部管理技术(如策划)表明,大学中的大多数决策都会产生学术的、资源的、身体方面的和社会方面的变化和影响,同时也为基于这些方面的综合决策提供方法,因此管理结构也发生了变化。大学的管理资源和管理专长不能再简单地分成"学术的"和"资源的"两个领域。在这一时期,联邦德国的教务主任的专业工作拓展到了学术管理方面;在英国,(管理资源的)财务主管和(负责学术管理的)教务主任的办公室合二为一等。这样,专业管理工作就越来越统一化和综合化。

关于高级专业管理人员的角色,第三点要说的是,随着大学规模越来越大,大学的复杂性越来越高,新的管理技术也应用于大学,还有不断变化的政党性质及各种与大学及政府、社会有关的规章制度的出台,这些通常比学术性官员(包括学术校长在内)任期长的专业管理人或行政官员,都被迫去学习和掌握那些对大学的效率和生存来说是基础性的知识、技术和各种关系。除了管理四边形的其他三条边的变化趋势的要求之外,高级专业管理人员的这个变化趋势还额外需要专注和坚持。这样,这一时期的历史就变成了由以教导主任类职位牵头的"专业人员"或"技术专家",与大学内部学术团体及其任期较短的领导人之间的政治紧张关系逐渐升级的时代。尽管关于本时期整个欧洲的政治气候和政治趋势足以写成一卷书,但本章所要关注的是管理的内容而非管理的政治。

管理与治理

在这一时期,大学官员和行政事务涉及的领域包括大学的基本活动(教学、研究、公共服务)和支撑这些基本活动的服务(资源的获得、分配和
144 使用,招生、学生记录和学生评价,建筑、设备和场地的提供和维护,大学社区社会服务的发展)。本章将探讨这些管理角色,但是不会去描述这些管理角色的形成方式及那些对大学管理结构和形象产生影响的变革。因为

要想做这样的描述，非得要单独再写一卷才行，但是必须要记录下来的是，在全欧洲这些年中的大多数时间里，正是这些基础的操作性的工作主导了大多数大学管理者的工作和生活。

对于影响管理活动的那些变化，本节选择一个角色作为案例，这个案例是：根据外部变革压力和内部政治运动，大学在保持和适应法规治理方面的角色。本章前文中提出的一个主张是，这一时期大学从政府政治学说下获得的自由越来越多，尽管如此，同期法律对大学实际管理上的影响也是相当大的。虽然由于地域的差异，各国政府与大学之间的关系大不相同，但是对付诸实施之前的政策或提交给咨询委员会之前的政策，高等教育机构的管理者们发挥的影响逐年增加。检查一下是否符合法律（包括在本卷涉及时期末期出现的欧盟的法律和规则），不仅成为行动之前的要务，也不可避免地成为做决策时的一个限制条件。从一定意义上说，大学不过是与其他私立的和公立的机构一样面临着同样的情况，而政府对大学的立法与其在其他领域的立法并无二致，如在健康与安全方面、在机会均等方面、在信息隐私与保密方面、在种族关系方面以及在会计准则方面等。政府立法中专门针对大学的部分，往往是针对大学管理机构方面的内容。就算是在那些并没有就大学管理机构这一主题通过某些“结构性法案”的国家里，也出现政府对大学资金分配的管理加强“监管”的趋势，这种监管实际发挥着与立法相同的作用。

进一步促使政府对大学管理发挥影响的因素是合同的作用和范围的扩大。在 1945 年，大学与研究基金机构、设备供给商或工业合作伙伴的关系非常传统，建立在“绅士协议”（经常是大学与工作人员个体或某个机构之间的协议）的基础之上。到了 20 世纪 80 年代中期，这类合作关系一般用正式合同、许可协议等来体现，大学会充分商讨这些合同和协议并由管理机构来签署。

进一步说，由于大学成员之间的大多数活动，要么保留在非正式的学院层面，要么是由内部规则管理，因此大学内部团体越来越趋向于寻求法律来解决内部争端和投诉。由于大学管理部门具有支持学校整体治理的 145
操作性活动功能，因此诸如那些对大学表现不满意的委员会成员在法庭上批评大学的活动和决策的时候，以及对大学表现不满意的教职员工或学生在法律程序上对大学机构的行动进行质疑的时候，大学管理部门就越来越频繁和正式地成为这类批评和质疑的内容之一了。

总的来说，在这一时期，大学管理团队在了解范围广阔的法律和诉讼方面花费了更多的专业知识和资源，并在其机构管理支持服务中和自己的活动中利用这些知识。这一趋势在整体上加强了管理的影响力，如大学成立了"法律办公室"，但同时也削弱了管理部门作为大学社区一部分的立场。大学内部成员不喜欢官僚政治和管理限制的加强，但同时也希望在面临外部机构的指责或内部讼争的时候，自己能与大学管理保持距离。这样，为了应对外部因素带来的变革，大学管理一方面影响更大了，另一方面也更孤立了。

有关1945年以来的欧洲大学政治运动趋势和政治循环的内容，将会在本卷的其他章节进行分析，㉒在这里讨论这个问题，只不过是就其对大学管理与治理的关系所产生的影响粗略地勾勒出几条解释性的概论而已。

需要指出的第一点是，在本卷涉及的整个时期里，在学校治理方面，管理的角色变得更加清晰和公开；这一角色的变化过程通常是缓慢的，但偶尔也会出现在政治革命运动的影响下发生突然转变的情况。在大学里，权力下放和权力一体化之间、领导和参与之间、专权和合议之间都一直保持了平衡。此外，大学在决策过程中，各层次成员和职员的代表名额也保持平衡。这种平衡是20世纪40年代和50年代争论的主题，并且往往是在封闭的群体和非正式的群体内进行争论；但到了60年代，它们成为公众和正式领域争论的主题和直接行动。管理不得不以不同方式来适应这种变化，因为这里只是要勾勒解释性的概论，所以只谈其中两个方式，这两个方式在本卷涉及时期的末期依旧持续发挥作用。

就大学管理的内部领导角色来说，大学管理不得不改变其类型，在某些程度上还得改变其哲学或理论基础，并且不得不认可：不论宪法赋予它的权力会不会变化（这取决于各国的情况），其有效的管理权力已经变得越来越依赖于它开发出对大学成员发挥影响的方法的能力（以创建一个更广阔的共识），以及在大学这个机构内控制或减少政治极端行为的能

㉒ 见第八章"学生运动与政治激进主义"。

力。举例来说，对大学学术校长或常务副校长来说，仅精通主持各种委员会会议已经不够了，他们还需要在群众大会或大学内部媒体上发挥作用。

就大学管理的行政角色来说，大学管理作为大学这一机构的秘书处，不得不学习一些新技能。在本卷涉及时期的早期，大学管理官员们在稳定的一套章程下服务，不论这种章程是来自政府的立法机构也好，或是来自专门针对某些大学的管理分支机构也罢。但是自从本卷涉及时期的中期起，大学管理官员们被要求成为起草制定相关规定和程序的专家，而这些规定和程序原来都是在他们的经验之外的。无论这些规定和程序是属于议会民主式的（在大多数西欧大学中这个时间大体是1968年到1975年），或是民营公司章程式的（20世纪80年代时），各大学的秘书处为了适应大学机构的变化，从原来只具有大学行政管理方面的外行知识，变成了这方面的专家。此外，在20世纪80年代和90年代，由于出台了一些针对衍生公司、科技园区或其他一些大学的培训项目如继续教育的私法，这使大学管理人员要想提供支持服务，就要精通商业活动，且须接受过一定的法律训练，即使是在那些大学依旧被看作是国家机构而被纳入公法之下的国家中，也是如此。

20世纪60年代起，应对大学内部的无序状态和激进状态的要求成为对大学管理发生影响的一个独特因素。这一要求既改变了大学管理的形象，也拓展了大学管理的角色作用。中世纪欧洲大学里是不存在这类无序状态的，而大学大多数成员对它在这一时期的爆发都缺乏经验。这种状态使得大学内部的行为成为外部媒体关注的焦点，也赋予大学管理以开创或加强反无序状态斗争的任务。大学管理部门成立信息办公室或公共关系办公室，在有些国家里，大学管理部门还将其安全力量提高到比外部社区还高的水平。虽然政治激进主义在这一时期加速发展，但是这两种反应并不完全由直接的政治激进主义造成。大学越来越成为外部社区的一个部分，并反映出外部社区的行为标准。于是，对大学来说，将公共关系能力和经销能力准备就绪就变得十分关键,㉓拥有能够对抗一般水平社会犯罪的安全纪律力量也十分关键。20世纪四五十年代那些大学管理人
147 员对处理内部混乱没有什么经验;但到了六七十年代,为了应对直接革命运动,大学管理人员不得不学习相关的技能和组织方法;而到了80年代,大学管理人员又得开始负责控制药物滥用、小偷小摸、性骚扰、停车场犯罪等行为。

类似地,20世纪50年代的大学管理人员很少有机会与媒体发生联系,但是到了60年代,由于媒体的注意力被大学内部的政治运动所吸引,这就迫使大学管理人员开始成为外部公众角色。这一情况在70年代和80年代则成为常规,这部分是由于对社会来说大学重要性越来越强,部分是由于大学之间竞争的加剧。后者要求各所大学必须在广泛的领域里对自己进行营销,不仅要抵消媒体的公共宣传,而且还要建立自己在媒体上的正面形象。

如果说学生斗争对大学管理来说是一个挑战,那么,大学职员中出现的政治运动也是如此。前者剧烈、零星,后者则缓慢和持久,两者的主要推动力也不尽相同。首先,大学职员的政治运动跟学生激进运动有着相同的推动力:要求在大学内部实施完全的民主,而不是那种名义上是参与式的,但其实实施的是由法律规定的企业式治理;其次,当时出现了在大学里复制工业关系模式的压力:大学当局代表(管理人员)与工人代表(工会)之间的治理伙伴关系;再次,教职人员及其代表不再满足于参与的权力,而是提出了协商的权力要求,即在劳动和管理模式下对任何影响教职人员的事情都进行协商(这样不需要协商的事情也就所剩无几了)。㉔

尽管这三种推动力相互之间存在矛盾,但事实却是,在过去的四分之一世纪里,每所大学的管理工作都同时面对这三种推动力。对管理工作的结构发生影响的主要是上面说的三种推动力中的第三种。20世纪50年代,在那些大学职员由大学直接聘用的国家里,大学管理部门也许只需

㉓ See W. Rüegg, 'Die Sprengung des Elfenbeinturms', in R. C. Schwinges (ed.), *Universität imöffentlichen Raum*, Veröffentlichungen der Gesellschaft für Universitäts-und Wissenschaftsgeschichte, 10 (Basel, 2008), 469-485.

㉔ 见第五章“教师”。

要一间小小的职员办公室，以处理招聘和合同方面的事务。20 世纪 80 年代的大学管理部门则不得不准备更多的办公室和专业知识，不仅涵盖编制事宜(包括教职人员各职位的职责和招聘这些职位的人员)，还包括人事事宜(包括处理福利、投诉、审查和评估)和劳动关系事宜(包括与工会磋商、起草就业合同和设定就业条件)。除了处理教职人员事务方面的能力在大学层面获得增长之外，管理上发生的影响还体现在另外两个领域。148 首先，在那些并不是由政府部门主要负责这些事务的国家里，各大学纷纷成立了一些地区性或全国性的联合公会，以处理这些及其他一些事务。各独立大学创建联合公会是 20 世纪 60 年代以来大学管理发展上的一个单独的主题，它所涉及的范围五花八门：大学招生的组织工作、采购、计算机网络、管理培训和毕业生就业等。而处理大学职员的工作条件和合同，也是这些地区性或全国性的联合公会的一个主要工作领域。其次，对教职人员压力的回应促使大学内部出现权力下放的趋势，并促使民主、合作和协商的推力在系部、学院的水平上得到较好的满足，这一转变要求必要的行政和管理权限，包括对规划、资源利用、员工奖励等方面的决定权，但是这些通常在由大学或监督部门设定的框架之内实现，而大学或监督部门的影响往往通过同样涵盖系部组织的定期审计来实现。

就管理角色在支持治理中的影响所带来的变化，前文已经举了几个说明性的例子。一般说来，通过管理的作用，这种影响在模式范围上得以扩展。在这一时期，这些模式的层次水平大致保持不变。有三个基本层次水平，分别是书记员水平(对活动进行记录)、管理员水平(在长期性现有机构的决策之下来组织活动)和经理水平(在宽泛的政治方针下进行活动的决策管理)。在本卷涉及的整个时期里，越来越多的管理互动从书记员水平提高至管理员水平乃至经理水平；同时，每一层次水平的范围也扩展了。

管理者的功能角色多变，有时是公务员，但是有时又像政治家；有时像银行家，有时又像投资人；有时像警察，有时又像消费者；有时像企业家，有时又像消费者；有时像立法起草人，有时又像检察官。本质上来说，管理的作用变得越复杂，大学成员在面对或听到“管理”一词的时候就越难以理解。

职责和资格发生了变化，因此专业支持的需求也增加了，以比较不同

机构和不同体制中的实践和理念为目标的全国性和全欧洲的一些协会开
始创建和发展。1967 年 7 月，经合组织各国揭牌成立了教育研究和创新
中心，以帮助各国教育部长比较教育方针政策。在 1969 年进行的有关高
等教育的试点试验的基础上，教育研究和创新中心接下来启动了高等教
149 育体制化管理项目。这一分散性的项目，不仅包括政府官员，也包括大学
本身，它有一个由各参与国和大学的代表组成的指导小组负责监管事宜。
在过去的数年间，高等教育体制化管理项目成为大学管理中横跨大西洋
的、重要的新思想传声筒。在欧洲，围绕专门管理任务组建了一些更加专
门化的团体，如负责学生定向工作人士组成的团体(FEDORA)，负责国际
关系人士组成的团体(EAIA)，以及由继续教育和终身教育领域的专家组
成的团体(EUCEN)。很多这样的组织都与其他一些类似的协会之间建立
其全国性“网络”或紧密的联系，如大学行政人员联席会。还有一些“主题
式”协会，如欧洲大学战略管理中心，它是那些对新形势策划感兴趣的大
学组成的一个机构网络，致力于对未来可能发生情况的长期理解。这种
基于专业兴趣而成立的全国性或国际性机构，既加强了大学管理和行政
社区的作用，又促进了各大学学术带头人之间的隐性竞争。这些学术带
头人很多都有自己的国际性团体，如成立于 1951 年的国际大学协会和成
立于 1959 年的欧洲大学协会都是非政府组织，而由政府资助的组织则包
括成立于 1963 年的欧洲高等教育和研究理事会与成立于 1973 年的联合
国教科文组织欧洲高等教育中心。这样一些组织也研究与高等教育机构
管理和效率有关的一些问题。㉕

资　源

在本卷所涉及的时期内，资源管理的历史折射出大学规模的扩大、社会期望值的增加、问责制的发展以及技术的影响。其中一个重要的方面是，将资源管理整合、纳入更宽泛的企业规划的理念和实践中。在本卷所涉及时期的初期，资源管理往往作为与学术管理相区别的活动而单独操

㉕ 见第三章“与当局的关系”。

作，并且有分成两部分的趋势：一部分是循环资金或运转资金的审计，另一部分是资本融资规划（尤其是建筑方面的）。150

这一明确区分也体现在管理官员的角色责任上，在德国，有学术校长（rector，负责学术性事务的）和常务副校长（*Kanzler*，负责管理资源的）；在英国，有财务主管（bursar，负责管理资源的）和教务主任（registrar，负责学术性事务的）。到了 20 世纪 60 年代晚期，由于大学的规模越来越大，对社会的重要性越来越强，也由于持有这种理念的外部实践者开始对这种理念应用于大学产生兴趣，在企业的其他领域获得发展的企业规划的理念开始对大学发生影响。在那些影响大学发展过程并影响大学将来的结构性讨论和分析中，企业规划理念的存在有助于将所有主要方面和因素都纳入进来。下面这个关于该术语的定义出现在 1985 年："规划是在有关影响未来的决策过程中，对先见之明的连续性的、综合性的实践。"㉖然而，在资源管理方面，发生了许多变化。首先，它受到了很多人的关注，而不是少数人的关注。虽然在资源管理的技术财务方面（例如，专业会计职能和具体的投资政策），发展的趋势仍是由少数几个专家负责，但是很多人开始关注如何将可利用的资源最大化的任务，如何在多重需求的基础上做出使用稀缺资源的经济决策，以及对资源使用不良的情况进行分析和问责。

在本卷所涉及时期的初期，学院院长或系部主任需要和学术校长讨论他对于任命新教师或者教师职位调整的计划，也需要跟财务主管讨论如何给参加某个委员会的教职人员支付工资。到了本卷所涉及时期的末期，这类主管则变成了重要资源的管理人员。这些管理人员需要了解大学的资源状况（收入来源、支出目标、资源的使用条件和款项的内部分配过程等），还要负责本系或本学院的资源健康运行。他们花费很多时间与专业的管理职员进行金融和规划方面的讨论，以获得进行以下方面决策时需要的信息和建议：人员聘用、设备采购、空间分配、学生人数目标的会议、研究经费申请程式，尤为重要的是，如何有效使用最基本的资源（即学术性职员的时间）。151

㉖ G. Lockwood and J. Davies (eds.), *Universities: The Management Challenge* (Windsor and Philadelphia, Penn., 1985).

这一变革的出现，部分是由于资源规划和预算被整合进开放的、参与性的企业规划进程中去了，部分是由于管理下放思想在大学中的传播。几乎在每所大学里，下放推动力与整合框架之间的平衡都随着时间的变化而变化。一般说来，在本卷所涉及时期内，这种平衡变化的结果是，系部或学院（这是聘用术语上的成本中心或预算单位）对如何使它们能获得的资源最大化并进行管理开始负有越来越大的责任。第二个主要的变革是资源管理从不可预测性转为灵活性。在本卷所涉及时期的早期，在大学这一个机构层面上，收入的多少是一个需要与政府协商的问题，传统上是每年进行协商，但是每次协商一般至少会形成接下来三年或四年的分配方案原则。一旦达成分配方案，就会正式签署定下来，有时会因为全国年度性通货膨胀而自动增加数额。到本卷所涉及时期的末期，尽管国家每年的拨款仍旧是大学最大的收入来源，但是，这种拨款协议往往不会正式签署确定，而是会根据大学在当年的表现（如注册学生数）而有所变化。收入中的相当一部分会取决于大学在市场或准市场中的竞争情况。粗略分析一下 20 世纪 80 年代全欧洲大学的增长情况，“显示出政府资金预算份额减少，大学开始寻求其他收入来源以补充预算”[27]。

过去，资源管理人员只需要与负责国家拨款的官员打交道（不论是在英国分块拨款的形式下还是在联邦德国的分条拨款的形式下）。现在，为了从学生学费、研究基金、发展合同、商业贸易以及慈善团体或个人的捐赠这些竞争性的资源中获得收入，资源管理人员不得不学习一些新技能。因此包括资源与预测在内的企业规划发生了转变，从基于可预测的收入和支出的提前五年或六年的刚性蓝图，发展成为宽泛意义上的任务和目
152 标概念，并寻求通过对环境变革和机会做出适时反应的过程和方法以满足这些任务和目标。

这一在大学机构层面的变化，对资源管理产生了重要影响。最初的结果动辄是“危机管理”。这些短浅的眼光使大学对危机管理投入相当大的精力，有时还会导致大学放弃一些原本想发展的方向而去迎合政府的

[27] L. Goedegebuure, F. Kaiser and F. van Vught, ‘Disaster Warning’, *Times Higher Education Supplement*, 7 October 1994, 1-3.

一些新的专门建议。㉘ 然而，这些变革还产生了更多持久和重要的影响，在学院或系部层面尤其如此。在20世纪四五十年代，学院或系部层面上约80%的财政预算都用于学术人员的工资支出，而机构收入的可预测性，连同其他一些历史因素一起，意味着大多数学术人员在达到正常退休年龄（或任期）之前，其职位都不会发生变化。资源管理人员就只能运用剩下的约20%的预算来支付短期聘用的学术职员的工资，以及利用偶尔由于职位空缺或职位扩展而出现的任命新职员的机会。

到了20世纪80年代中期，由于缺乏预测性，再加上技术以及更关注学而非教的思想等带来的影响，不仅系部或者学院的预算中学术人员工资所占比例减少，而且这些学术人员中有相当大的比例不再拥有终身教职。当时，在一个大的科学学院里，大多数科学专业的教职人员签署的都是三到五年的博士后工作合同，这属于非常典型的情况。于是，系部主任或学院院长就拥有在特定环境下对资源进行管理的自由和责任。这种特定环境要求经常性地招聘各种不同工资和劳动力水平的人员，而不是简单地根据该职位的前任情况进行微调。在大学及系部或学院两个层面上，可预测性的降低都促进了管理角色的发挥，促进了面对批评和压力时对管理的外部问责和内部批评。 153

到了本卷涉及时期的末期，由于各国政府对于其投资的效益的关注，以及消费者市场更关注定性而非定量表现，前文所说的那些转变愈演愈烈。这一点可以从效益指标体系的发展和广泛使用中得到证明。㉙ 进一步而言，人们开始认识到，对资助者来说，仅仅向他们证明其资金已被合法使用，并被量化地投入教学和研究中去，已经不够。这些资助者现在需要确保产出的质量。这样，大学的资源管理不仅变得更为重要，而且还被迫变得在大学内部更为透明。

受内部权力下放的影响较小，但受活动规模扩大影响较大的资源管理领域，是大学建筑物和不动产管理。在有些国家里，这方面的资源管理

㉘ 《贾勒特报告》（注释15），第13页。

㉙ M. Cave, S. Hanney, M. Henkel and M. Kogan, *The Use of Performance Indicators in Higher Education*, Higher Education Policy Series, 34 (London and Bristol, 1988; 2nd edn 1991).

是由政府从外部赋予大学的，但是在那些由大学负责大学建筑和不动产管理的国家，压力显而易见。在本卷涉及时期的前半期，这种压力主要表现为在努力维持旧建筑使用的同时扩展房产。在本卷涉及时期的中期，欧洲见证了许多新校园的建筑遍地开花的情况，从丹麦的技术大学到马德里的自治大学，从苏赛克斯到特罗姆瑟，从特里尔到马耳他，都是如此。在本卷所涉及时期的末期，更多的挑战来自如何节约和分配空间，如何利用计算机模型来计算利用率和占有率，以及如何以活动时间表来保证最大化地使用空间。另外一个需要进一步关注的则是如何筹措在本卷涉及时期早期建造的那些建筑物的长期维护和修理费用。

不动产管理中的技术服务是最主要的发展因素，其规模、复杂性和成
154 本都大大增加。技术服务成为管理活动的关键。但是，20世纪80年代开始，它们受到环保组织的攻击。环保组织将不动产管理纳入大学内部政治领域，这是20世纪60年代以来的首次。在20世纪60年代，能源成本和对能源的关注，与校园学术活动和社会舒适性对能源日益增长的需求之间的矛盾，引发了建筑形式和建筑材料之间的冲突。

这一时期的不动产管理同样也折射出大学在社会中的地位。首先，大学管理人员不得不与压力抗衡，而这种压力对任何大规模的机构来说都是常见的，有诸如健康和安全之类越来越广的国家立法领域的压力，有实验室检查或食品卫生，还包括由于私人汽车数量增加导致的道路和停车场所的压力。其次，在本卷所涉及的时期里，我们看到了在诸如科技园、技术教师、创新中心或大学和社区联合的运动和休闲设施这类连接大学与社会之间的组织中，不动产管理在地位上的上升。

综上所述，到了本卷所涉及时期的末期，不动产管理在本卷涉及时期初期的监管或保管职能扩展为技术组织职能，能够对作为一个组织和社区的大学提供一系列非常基础性的服务。这一发展过程可以从以下三个方面来说明。首先，对大学这一机构的内部财政来说，不动产管理变得越来越重要，也正因为如此，不动产管理被非常紧密地纳入大学的事业规划和全面资源管理当中。通常情况下，在20世纪80年代前，撇开资本发展的因素，不动产及其服务消费了大学年度预算中的15%—20%。其次，管理变得更为专业化。20世纪40年代需要的是通才和具有建筑、工程才能

的人，到了本卷所涉及时期的末期，需要的是安全和辐射防护人员、安全专家、环境顾问、计算机专家、运输经济学家以及专门负责选择鉴定和资本评估的成本会计等。再次，技术的影响巨大，它削弱了机构边界的界限。技术为每个学生或每个研究者提供使用全球信息的能力（如通过互联网或网上公开的入口目录），使他们可以进入存储了相当于20万页打印稿的数据的一个光盘，或使用卫星电视。技术将不动产管理从手工记录转变为卡片式账簿，接着又转变为针对具体活动的第一代计算机程序，再到可以对交互活动进行磁带存储的第二代计算机程序，再到有远程在线终端的基础数据库计算机系统，最后转变为可以进行建筑设计的电脑辅助设计及制作软件。

到20世纪末期，这往往意味着在所有的建筑（包括宿舍在内）里“布线”，这样，大学里的所有成员（包括学生、教师、研究人员和管理人员）都可以进入互联网并使用电子邮件。在管理方面，这意味着使用不同的接入代码，既可以实现交换信息又可以实现信息保护。

管理技术

1945年以来管理角色地位在欧洲大学中的上升，管理任务的规模和复杂性，以及大学与其他形式的机构之间的紧密联系，都对管理中所应用 155
的技术产生影响。到20世纪60年代，大学中的管理几乎已经成为一门艺术，从事这门艺术的人要学习传统的速记、簿记和记录维护等技能。在大多数国家里，会计师、建筑师、工程师等专业角色，要么由为数不多的几个专业人士担任，要么由大学之外的专门机构来承担，只留下律师的角色和技术来主导大学的内部管理。

然而，在之前的20年里，对政府或私人企业中使用的全部策划和管理技术的发展，大学成员都曾近距离地进行参与。它所促成的系统管理方法和工具技术（如运筹学和计算机建模）主要由大学的学术人员开发，只不过这些学术人员是在大学之外进行开发。尤其是在第二次世界大战时期，大学的学术人员开发了许多军用设备。但是，直到20世纪60年代，不论是这些学术人员，还是大学领导人和管理者，都不觉得有必要将这些技术应用于大学管理当中来。进入 60 年代，学生人数的扩大、研究规模的增加和公众给予大学更多的关注等因素改变了这种状况。管理仍然是一门艺术，但是它变得越来越基础性，它能确保在信息充足的基础上做判断，能促使个人和团体更明了大学发挥作用的环境和大学做选择的范围。大学转而向管理科学寻求提供系统信息和决策者培训，这一过程是对管理方面的大学内部合作的体现和加强。1969 年 4 月，经合组织召开了有关规划和管理技术的首次重要国际会议。在这次会议上，来自欧洲 12 个国家的大学管理人员，与他们在北美的同行进行了经验和思想的交流。[30]

策划、立项和预算体系(PPBS)由美国政府开发，在 20 世纪 60 年代后半期被北美的许多大学采用。虽然没有哪一所欧洲大学完全实行它，但是很多欧洲大学都基于类似的原则引进该体系：大学任务的规划、该任务之下的具体目标设定以及为达成这些具体目标要制定的策略和操作计划、对替代方案的明确分析、根据不同项目分配具体活动、根据这些项目重新设定年度预算以及为使前面那些计划取得良好效果而建立一个评估和反馈过程。这些大学也采用了一些类似的技术，如大学资源分配和使用的计算机模型、学生注册预测技术、成本模拟练习、员工预测模型和资金利用率研究。这里不必把 20 世纪六七十年代影响大学管理的全部技术范围都详细列出来，曾有学者在 1978 年发表的一篇文章中对此做了概述。[31]

在机构的架构、组织和方式领域，技术被用来对在大学机构整体目标背景下的每个单元的目标和效率进行检查，包括如下主题：工作的分配、
156 权力的下放、权力链、控制范围、协调功能、集权与分权的平衡等。工作研究被用作这一领域的一个子技术范围，如工作测定、活动取样、时间和动机研究以及人体工程学。人力规划、工作评估、生产力谈判、目标管理以及例外管理为大学规划其主要资源的使用提供了另一个领域的技术。例如，目标管理即是通过为个人和群体设定具体目标来最大限度地提高机构效率。

---

[30] G. Lockwood, *University Planning and Management Techniques* (Paris, 1972).

[31] G. Lockwood, 'Planning', *International Journal of Institutional Management in Higher Education*, 2:2 (1978), 135-136.

质量控制、管理率、控制论、预测研究、市场调研、反馈调查和沟通技术等同样成为大学管理的帮手。以沟通技术为例，在大学这样一个内部民主必须与经营效率结合的环境下，沟通技术很快得到广泛的应用。这些技术包括从简单地用来选择需要表达项目的辅助工具到复杂的数学信息理论等。

在金融领域，技术促进的方面包括边际成本、现金流折现、净现值、预算控制装置、变动预算的编制、成本效益分析、投入产出预算、方案预算、价值分析、成本控制调度和管理会计。以成本效益分析为例，它是活动成本与活动价值或效益之间的一个系统比较，除了直接的、用金钱表现出的成本和效益，还要尽可能地将那些非直接的、社会的成本和效益进行量化。在这一时期，解决物质和资本的发展和使用方面问题的时候，借助了网络分析或关键路径分析方法、控制论、交通流技术等。以网络分析为例，它对一个需要策划的复杂项目，先分析其组成部分或发展步骤，并将其绘制成网络图来记录，然后运用这一网络图来设定和控制完成该项目的各步骤。在教学、学习和研究领域，技术促进的方面包括帮助设计课程、审查课程的有效性和相关性、检测评估方法、确定教学投入的组合、设立和监控研究项目等。时间表计算机化就是其中一个例子。

技术还涵盖到很多其他的范围，从简单的图表设计、统计安排等，到复杂的运用博弈论决策逻辑表、政策分析和技术来进行组织弊病的诊断。所有这些技术共同改变了大学管理的类型和语言，同时更为重要的是，它们拓展了大学管理的角色和影响。虽然这些规划模型和技术使得做出的选择更为开放，使决策过程更具有参与性，但由于它们本身的性质是综合和全面的，这促使管理控制脱离其传统的基础（资源分配，法律或宪法权力），进入活动的方方面面，包括学术职员时间的使用、课程的发展和研究优先领域的选择。对管理人员来说，在规划和操作技术的时候，进行定量分析以及提出许多定性假设非常必要。管理科学给大学带来的一个子效应就是，许多通过自己的学科研究或通过与大学之外的机构共同工作而拥有管理模型和管理技术经验的大学专业人员，被吸引进大学管理当中来了。 157

在那个时期，运筹学教授、经济学教授、计算机操作教授和生产工程学教授等都被吸引到副校长、主任等策划类岗位上来。同时，相对于在一些特定时期对一些特定大学进行管理来说，没有哪套技术成为欧洲大学管理的主流，但是，一般的系统方法对大学管理人员的不断专业化产生了非常广泛的影响，这包括大学管理人员在全国层面乃至全欧洲层面的信息交流和经验传递（通过经合组织、联合国教科文组织和欧洲委员会这类机构）。它们还令大学外部的团体（无论是政府或管理咨询机构）对大学管理过程产生更大的兴趣。这表明，由于本章前面说的那些变革力量的介入，“象牙塔”已经出现了裂缝。

20 世纪 80 年代中使用的系统和技术与上文提到的有明显区别，但是，这并没有改变管理科学对大学发生基础性影响的广度和深度。第一代技术过于机械，更多地关注变革方向的可预测性，而不是变革的确定性，低估了大学内部的那些离心力。

第二代系统和技术保留了企业规划的基础成分（甚至更强调任务、具体目标和资源规划），但是更关注提高适应不可预测变化的能力，提高和监测工作质量以及让外部机构和市场给予大学更好的评价。

如此一来，大学应对变革的能力，就成为大学为加强其自治权进行评估的一个主要关注点。欧洲大学协会自 20 世纪 90 年代起为其成员提供的评估项目，或欧洲管理发展基金会专为满足商学院的评估需要而设立
158 一的欧洲质量发展认证体系，都是很好的例证。

与系统和技术有关的术语也发生了变化，如全面质量管理、性能指标、人力资源管理、选项评估、合乎经济原则、市场分析、消费者评价和流程重组等。从本质上说，第一代技术将科学或系统方法引进大学，但是主要关注内部性（在一个假定稳定或可预见的外部环境中，在大学内部进行变革和获得效率），而第二代技术则反映出管理人员与外部环境之间进行互动并说服外部力量（不论是政府还是消费者个体）认同大学的价值、成就和潜力的责任。

这样一来，第二代技术的趋势就表现为：关注内部质量管理和技术，以达到外部环境认可的那些评价标准。例如，就质量来说，“商业竞争及与之相伴的物有所值原则，均涉及质量和价格的结合。市场的压力体现为要提高质量和降低价格，采取联合行动的认知来自为避免夸大质量而误

导消费者和损害大学在公众中的印象，这些也许就是大学管理对应用全面质量管理的兴趣激增的原因”㉜。进一步，就评估来说，“为增加资源分配的透明度，当局也需要在相当程度上依靠专家的参与或大学机构本身的参与”㉝。在英国，大学资助的对大学管理的质量评估程序开始于 1991 年。在法国，1984 年成立的全国评测委员会就本国的高等教育状况直接向总统汇报。在荷兰，荷兰大学协会开发出自己的质量评估服务体系，尤其是针对教学方面的质量评估体系。20 世纪 90 年代，由于欧盟的支持，在欧洲大多数国家包括前苏联和东欧各国，以各种形式对上述三种模式进行模仿和采纳。 159

管理的到来

关于几百所欧洲大学在这半个世纪中的发展要想得出几条总结性的结论，实属不易，这是因为总会有某个时间内在某个地点的经验与总结性的结论不符。然而，1945 年以来的这一时期见证了管理在大学中的到来。最主要的变革就是，先由大学中的少数人员意识到进而被大学中的多数成员接受（不论是多么不情愿）的认识：在相关的政治、社会和经济环境下，为了完成大学的学术目标，不仅要关注内部治理，更需要管理。

本章并没有将 1945 年以来的欧洲大学的很多管理经验包括在内，如在规模经济的压力下对大学机构进行整合的经验，或是各中世纪大学面对很多高等教育机构升格为大学的挑战时不同的应对方式。我们无法得出一个总结性的结论能够同时涵盖 1945 年曼彻斯特大学的管理状况、1968 年巴黎大学的管理状况和 1985 年罗马大学的管理状况。但是，本章的确梳理了 1945 年以来欧洲大学管理发展的经验趋势。

然而，本章总结的经验表明了欧洲大学所具有的适应性。对于欧洲大学适应其与政府和社会的政治关系和经济关系的变革，对于知识结构的重要转换，以及对于技术的发展和大学教育需求的大幅度增长来说，管

㉜ Williams, ‘Quality Management’ (note 6), 229-237.

㉝ P. Tabatoni, *Evaluation and the Decision-Making Process in Higher Education: French, German and Spanish Experiences* (Paris, 1994), 197.

理的发展是至关重要的。

为了最大限度地发挥其永恒性、自治性和效率，欧洲大学采纳了一系列的管理概念，并根据自己的情况对其进行了修改。至本卷所涉及时期的末期，大学仍旧一枝独秀，对大学教育的扩展和认可也达到前所未有的高度。这一事实证明了大学管理在应对外界变革时所取得的成功。

精选文献

Agoston, G. *et al. Case Studies on the Development of Higher Education in Some East European Countries*, Paris, 1974.

Becher, T. and Kogan, M. *Structure and Process in Higher Education*, London and New York, 1990, 2nd edn.

Cerych, L. and Sabatier, P. *Great Expectations and Mixed Performance: The Implementation of Higher Education Reforms in Europe*, Stoke-on-Trent, 1992.

Cornford, F. M. *Miscroscosmographica academica*, London, 1949.

160 Dreze, J. and Debelle, J. *Conceptions de l'université*, Paris, 1968.

European Commission. *Memorandum on Higher Education in the European Communities*, Com(91) 349 Final 1991.

Fielden, J. and Lockwood, G. *Power and Authority in British Universities*, London, 1973.

Gellert, C. (ed.) *Higher Education in Europe*, London, 1994.

Halsey, A. H. and Trow, M. A. *The British Academics*, London, 1971.

Lockwood, G. and Davies, J. *Universities: The Management Challenge*, Windsor and Philadelphia, Penn., 1985.

Ortega y Gasset, J. *Mission of the University*, London, 1946.

161 Rice, A. K. *The Modern University: A Model Organisation*, London, 1970.

第五章　教　师

托马斯·菲肯斯泰特

导　言

二战以来，高等教育制度实现了由精英式向开放式的巨大发展，由此导致了欧洲大学教师队伍在数量和质量两方面的变化。在1945年时，这一变化不仅无人能够预见，而且也没有人相信其可能性或合理性。先前的大学教师队伍主要由专业学者组成，且相对稳定，而此后则演化成了一个由更多的新型教师和辅助性人员组成的系统。从某种程度上讲，发生在过去两代人身上的这些变化是源于自然科学和人文学科领域的内在发展，同时还与资金、社会力量等一些外部因素相连。这些发展趋势当中，有些看似具有普遍性，其余一些则是战后欧洲新形势变化的结果。由于政府只能在有限的程度上进行调控，因此不管是个体还是整个行业，大学教师必须解决自己专业的内在需求与外部社会需求之间的紧张状态。

1945 年之后，高等教育领域具有标志性的是东欧抛弃了以往的传统，西欧从战后到 60 年代进入重建时期，绝大多数国家都实行了“重建”和“恢复常态”的政策，但战后的很多发展和困难早在战前和战中就已经埋下了隐患。由于二战中犹太裔大学教师受到驱逐，战后受到“清洗”，再加之战争期间初级教职员和学生损失很多，因此教师队伍的年龄结构失去了平衡。当战后“婴儿潮”时期出生的孩子达到入读大学的年龄时，教师队伍却无法补充足够的新鲜血液。很难说对高等教育的新需求是否已经比较早
162 地被预测到了，总体而言，战后的大学教师通常并不认为学生数量的急剧增长是合理的或是必要的（“越多就会越糟糕”是英语中的一句俗语）。尽管科学的发展一开始并不太引人注目，但其作为一个体系的不断扩展显得更加重要，其对社会的作用以及在社会中的重要性也日益凸显。大学这一象牙塔不得不增设更多的途径使得公众更容易获得它的资源，而且大学教师也越来越接近公众，进而公众也变得越来越国际化。

战后很多更具有普遍意义的社会变革以及各种成就开始影响到大学以及大学教师们：例如职业的保障问题（终身教职）、工会化以及女性在社会中和大学校园中的角色变化的问题等。另外，同等重要的一方面，便是人们对于学术应该如何运作的观念也产生了变化。以往人们通常对科学和学术持积极看法，认为教授是进步和知识与技能的标志，到了这时，却转变成了一种质疑甚至有时是反科学的态度。在很多国家，大学教师的威望持续下降。社会也越来越要求大学承担起相应的公共责任，同时对教师加以管控。

本章主要讨论全职教师。一般情况下，由于现有数据无法转化为可比较的表格，所以在定量描述中通常给出的只是粗略的百分比。由于缺少对于战后大多数欧洲国家教师职业的深入和详细研究，本章只能力图描绘并分析出主要趋势。本章首先介绍（大学教师）数量方面的发展变化及其对教师队伍的影响，随后讨论不同的教师队伍结构及其变化，第三部分分析大学教师的职责以及学术工作环境，最后一部分则着眼于欧洲大学教师的社会角色。欧洲所有国家教师结构和数量的基本信息可以查询

《高等教育百科全书》①。

由于英国、法国和德国大学系统的数据比较容易获取，因此很多事例取自这些国家。对于前东欧阵营国家在过去十年中所发生的巨大变化，本文未能进行详细阐述。

新数量—新质量

扩 张

大学系统和教师队伍的扩张始于 1960 年前后，不同国家和不同专业的情况也各不相同。从 1960 年到 70 年代末这一时期内，教师数量增长率 163 从荷兰的 175%至意大利的 600%和葡萄牙的 700%。即使是像芬兰这样保守的大学体系，大学教师数量也经历了高达三倍的增长。挪威大学教师数量则增长四倍之多。② 教师增长率超过 200%的国家多分布在东欧社会主义阵营和中欧地区，以波兰为例，从 1960 年至 1985 年，其增长率超过了 300%。不过，捷克斯洛伐克增长率不足两倍，而罗马尼亚的教师总数在 1980 年之后实际上有所减少，导致其在 1960—1980 年间的总增长率为 146%，但是在 1980—1992 年间，教师数量从 11 696 增至 20 810，接近翻番。③ 基于 1963 年《罗宾斯报告》的计划理念，英国大学教师数量变化相当稳健。④ 而荷兰大学教师数量的平缓增长，则是学生数量的少量增加以

---

① Clark and Neave, *Encyclopedia* Ⅰ.

② G. Neave and G. Rhoades, 'The Academic Estate in Western Europe', in B. R. Clark (ed.), *The Academic Profession* (Berkeley, 1987), 230; Clark and Neave, *Encyclopedia* Ⅰ.

③ J. Sadlak, 'Planning of Higher Education in Countries with a Centrally Planned Socioeconomic System: Case Study of Poland and Romania' (PhD thesis, State University of New York at Buffalo, 1988), 341, 350; J. Sadlak, 'Legacy and Change—Higher Education and Restoration of Academic Work in Romania', *Technology in Society*, 15 (1993), 86.

④ A. H. Halsey and M. A. Trow, *The British Academics* (London, 1971), ch. 7; M. Moss, 'The Staff of Scottish Universities in the Post-1945 Period', in *The History of the University in Europe after World War* Ⅱ. *International Conference, University of Ghent, 28-30 September 1992*, mimeo.

及教育部吝啬节俭的反映。德国和法国的发展是 1968 年学生运动的余波。⑤ 个别学科的发展也值得认真研究,但极少有"过硬"的资料可资利用。德国拥有一套比较完整的 1825—1990 年英语学科的数据:教学人员从 1900—1950 年间的 65′人增长至 1966 年的约 300 人,1970 年达到 600 人,1982 年几乎达到 1200 人。⑥

总体情况非常明了。1960 年,在前东欧阵营的各个国家,教师培养是计划经济的组成部分,这通常意味着所有学科领域的教师和学生数量都非常有限;但在西欧各国,教师的增长独立于政治体制以及国家的大小,而且与各自大学系统的特定结构也没有关系。总体来看,教师数量的增长不是基于人力资源规划观念背景下的计划性扩张,而是科学发展(如专
164 业化)的结果;同时也源于学生群体的不断壮大和迅速发展,因为在很多国家,学生都可以自由地选择学习的科目,由此导致不可预测的情景出现,这就要求所有学科的教师都要增加。一些教授出于构建自己学科领域"帝国"的目的可能会利用这种情景,实际上这种情景确实被利用了。

在一定程度上,教师的增长也源于一些高等教育机构的升格,即获得"大学"地位:英格兰的高级技术学院、1992 年的多科技术学院以及德国的高等教育学院,便是这一"升格"的典范。有些人认为这种变化只是统计表格中数字的转换,并没有实际人员的增长。事实上,这些机构的升格实实在在地改变了教师的整体状况,因为整个系统的规模必然会影响到其内部结构和质量。还需要指出的一点是,这种某些时候是完全反精英的质量上的变化并非总是无意为之的。

另一个影响到高教系统品质特征(如果不是它的标准的话)的是单个学校的规模。十所每个拥有 3000 学生的新大学(《罗宾斯报告》的观点)其教师职位的数量与三所每个规模为10 000名学生(1960 年德国的建议)的大学相同,虽然师生比一样,但教师的工作环境、教师之间交流沟通的环

⑤ F. Mayeur,'Les carrières de l'enseignement supérieur en France depuis 1968' and W. Weber, 'Multiplizierung, Differenzierung, Diversifizierung: Die " personelle " Transformation der deutschen Universität seit 1945',in *Conference Ghent* (note 4).

⑥ A. Mayer and T. Finkenstaedt, *Anglistenregister 1825—1900* (Augsburg,1992); T. Finkenstaedt, *Kleine Geschichte der Anglistik in Deutschland* (Darmstadt,1983).

境以及教师和学生的关系则完全不同。

越多就意味着越糟糕吗？就学生数量的增长而言，结果并不一定如此。⑦ 教师数量的增长则呈现了更为复杂的情形。如果真的存在问题，那并非因为缺乏足够的优秀人才来出任教职，而是因为无法立即找到符合各学科要求的人员。即使是在一个稳定的体系当中，制订实施大学教师人力资源计划如果不是不可能的话，也是相当困难的。在多个国家和多个学科领域中突然出现对教师的大量需求，这种需求很难得到有效解决，因此，就像英格兰人所说，“退而求其次”成为人们的选择，结果是初级人员发现他们自己很快被提升到高级职位。

年龄结构

设计一个针对大学教师的年龄结构模型从而按照计划对未来的教师进行激励和培训，这种做法是不可行的。一些社会主义国家曾进行过尝试，但都以失败告终，原因在于一旦人们得到了一个初级的职位，就没有了竞争。教师的年龄结构受到太多变量的影响，尤其是对于某些学科而言更是如此：与实验科学或历史学的初级教师相比较，数学教师和音乐教师获得教授职位的时间要早得多。 165

从总体上讲，对于获得高级职位而言，年龄结构应该给初级教师提供合适的机会，而不是保证。年轻教师与资深教师混合搭配具有多重优势，不仅有利于接受教育的学生和需要具备一定经验的行政岗位职责，还有助于学科内部和整个大学内部的整体交流。年资既不是偶然而为，也不仅仅是作为确立和保证某种层级秩序的手段，而是在许多大学中发挥着重要作用。大学的很多活动具有非正式的性质，因此经验对于大学生活、管理以及教学来说非常重要。

20 世纪 60 年代的扩张为特定年龄段群体提供了更多的机会，却也削减了随后“迷失的一代”的机会。一些数据清晰地阐释了这一现象：1967 到 1971 年间法国聘任 9800 名助教，约占助教群体总数量的三分之一。在这种情况下，在一个不再继续扩展的体系中，只有在新聘任的人员中快速

⑦ 见第六章“录取”。

筛选出有能力晋升到更高级别的人员，新的成员才可能得到聘任，而且即使有很多很能干的年轻学者，进行选拔以便促进新成员进入也是明智之举。实际情况则恰好相反。终身教职的授予很随意，进一步晋升所需要的时间被延长。因此，20世纪80年代末，法国的大学里初级教师的平均年龄都有所增长，36岁至41岁对于人文学科的助教来说是正常年龄，在科学领域，多达45%的教师已在第一级职位上工作了11年甚至更长。⑧

类似的情况也出现在意大利。教师数量的增长意味着1950到1960年间初级教员的扩大：助教从10 000增长到了近20 000，副教授则从2500增加到了4000多。正教授到了1970年之后才有所增加，同时许多助教和之前的讲师也都晋升到了副教授的行列当中。根据1986年的统计数据，共有11 000位正教授，22 000位副教授和约20 000位助教。三分之二以上的教授席位是1970年以后设立的，获取教授席位的机会也是非常有
166 限的。⑨

然而20世纪60年代教师的增长总体上是有利于大多数初级教师的。根据1977年对德国初级教师情况所做的研究发现，60年代有70%的初级教师获得晋升到高级职位的机会，而到了1975年，这一概率下降到了9%。⑩ 此后这一数字逐渐增长到20%多一点。由于20世纪70年代并未实施此前有关助教通过博士或教授备选资格而成为大学教师的严格要求，因此教授备选资格者的年龄越来越大。在二战以前，助教在获得教授备选资格之前就结婚的极为罕见，但到了此时，婚姻生活进一步减缓了助教们早期阶段职业生涯的步伐。平均年龄的增长意味着在21世纪的头十年里，很多国家都会有空前比例的教授退休，但替代他们的初级教师储备

---

⑧ E. Friedberg and C. Musselin, 'The Academic Profession in France', in Clark, *Academic Profession* (note 2), 109, 112.

⑨ Clark and Neave, *Encyclopedia* Ⅰ, 364; B. R. Clark, *Academic Power in Italy: Bureaucracy and Oligarchy in a National University System* (Chicago and London, 1977), 119; U. Karpen and P. Hanske, *Besoldung von Hochschullehrern im internationalen Vergleich* (Baden-Baden, 1994), 93ff.

⑩ G. Elstermann, *Die Altersstruktur der Forscher* (Bonn, 1977).

并不存在。⑪

1961 年，英国有半数以上的讲席教授、三分之一的教授和高级讲师都在 50 岁以上，而到了 1969 年，上述比例分别降至 44% 和 26%。⑫其他国家也出现了类似情况，原因是 60 年代任命了太多的年轻教授。在 20 世纪 80 年代，英国曾引进了一个提早退休的计划，而且为解决年龄结构失衡造成的恶果，为年轻人创设了大量的新职位。德国的费比哲职位（根据提出该职位计划的大学校长而命名）和海森堡教授职位也尝试为那些天赋优异的、在“正常”的职称配额之外的初级教师提供教授职位。然而这种类型的职位是极为有限的。提早退休是更为有效的做法，但代价昂贵，财政上的困难很可能使这样的做法难以为继。

专　业　化

战后时期大学里最为引人瞩目的发展变化之一便是教师职业的日益专业化。借助新问题解决的专业化途径，自然科学在战后取得了巨大进步。虽然说科研上的成功不是获得大学职位的唯一条件，但起码是主要的条件。因此，要解决知识快速扩展以及科学国际化导致的各种问题，专业化便成为途径之一。高等教育的发展是另一个重要原因。至少在自然科学领域，专业化成为一个必不可少的条件。 167

通过深入研究战后大学的课程目录以及拥有各种职位名称的大学教师名录，旧有的学科结构的区分与分裂一目了然。我们发现，旧的“一位教授——一个学科或专业”的观念正在逐渐瓦解，而且在这里同样是以 60 年代为分水岭的。“普通教授”（professor in ordinary）——不管是否使用过此类名称——是贯穿欧洲大学发展历程的根本理念。人们认为数量有限的知识领域构成了人类知识的全部，⑬这些领域或学科的知识应当由有资格

⑪ C. Weick and P. Meusburger, ‘Die Altersstruktur der Professoren an den badenwürttembergischen Universitäten’, *Mitteilungen des Hochschulverbandes*, 41 (1993), 142-146.

⑫ G. Williams, T. Blackstone and D. Metcalf, *The Academic Labour Market* (Amsterdam, 1974), 24.

⑬ 有哪些学术领域未被包括？其原因何在？这一有趣的问题在本书第一卷第 41—45 页已有所解答。

胜任的、享受薪资的人予以讲授。这些人需要教授“整个”学科，同时也要将其展现给普通的民众。在 20 世纪 20 年代，德国的大学教授需要在一个为期三年的周期内完成对其学科的全面介绍，甚至在战后德国大学正教授的聘任书也要求被聘者“在研究和教学中传授整个学科的知识”（注意文字顺序，这是几乎每一位德国教授都倍感亲切的）。理论上，这意味着一个学科当中只能有一位教授；同时，一所优秀的大学应该配备所有必要的教授职位来完成向未来学者和大众阐明整个世界这一重任。出于几个方面的原因，此观念的纯粹形式需要被抛弃。第一个原因可以追溯到大学发展的早期：大学出现了权利与责任被削减的无薪教师群体。他们获得认可（至少是学生的认可）的途径之一便是在教授们的讲座中涉及不到的领域中拥有专长。

第二个导致旧有的教授与学科整体性分裂开来的原因可能是不断增长的学生数量，或许还与美国的学分制有关，因为这一制度不需要统一的课程结构，这使得教学以及研究中的专业化成为可能。如今没有哪一位教授敢说自己能够掌握自己学科领域的全部内容，以英语学科为例，首先出现了语言学同文学学科的分化，其次又是现代语言学同传统语言学的分化，以此类推，最终一个大的系科就可能拥有“我们的弥尔顿人”和“我们的乔伊斯人”。一个学科的分化可以自然地用来以学问的名义增加职位
168 的数量，而且二流大学中一直有教师为自己创设职位的情况。德国应对学生数量急剧增加的观点是为愿意并有能力教授所有课程的教授创设“平行性职位”，但这一观点除了在个别情况下奏效以外，总体上并不成功。真正的平行线只在无限远的地方相交，但平行教授们在此地和此时彼此相交：专业化是避免麻烦的一个途径。⑭以下的数据表明学科向着新的、“更小型”的方向发展：1928 年，英国共有 123 个不同的（就统计而言）专业，而 1953 年就增长到了 382 个；1973 年出版的一份德国大学专业目录

⑭ T. Becher, *Academic Tribes and Territories: Intellectual Inquiry and the Cultures of Disciplines* (Milton Keynes, 1990). 关于单个学科教席的发展情况，见第三卷和第四卷的“学术”编。柏林大学创办时，施莱尔马赫认为神学教席中的“竞争”是理所当然的。见第三卷第 407 页（第十章）。

上，一级学科和二级学科总数已经达到了 4000 个。⑮

结 论

现在要想对近年来高等教育发展中质量和数量方面的变化做出一个中肯的评价还为时尚早。对大学教师而言，非常重要的是过去的问题依然摆在面前，即研究（专业化）与教学（通才）的关系问题。在这种背景中有一点必须牢记：就像研究与成果发表直接相联系那样，教学与考试息息相关。由于考试在精英社会中所起的作用非常巨大，因此考试不仅是考官们的工作，更赋予了他们相应的权力。通过把某个专业领域或学科作为必考内容来行使这种权力是很诱人的。还必须看到专业化与科学的国际化有关。科学对话中的一方不再总是自己大学中的某个同事，而是其他地方的某个专家。这种情况导致了新的交流形式，而且也在一定程度上削弱了人们对自己所在大学的依附度。学科领域的专业组织以及许多领域的主要的国际期刊变得日益重要正是这种发展的直接反映：两者成为获取声誉的竞技场。

尽管许多学科都出现了分化，并且也出现了向交叉学科的学问和研究反向发展的趋势（但这些交叉组织仍以各种学科为前提），但学科的次序通过学科内容将会继续存在。而且“教授与其所在领域之间存在着‘自然的’联系”这一理念也不会消亡。奥地利就是一个很好的例子，尽管教授 169
席位的法则被摒弃，但在 1987 年，为拥有更大更合理的（或者只是更民主的）部门而建立的 800 个机构中，有 500 个依然是一个教授的独角戏。

专业化以及大学的扩展也催生了研究型大学与教学型大学的理念。这一发展是否就意味着一个统一的大学教师队伍会被分割成不同的群体呢？现在对此下结论还为时尚早。因为一位学者兼科学家只有在科研方面成功才能晋升到教授级别，因此，很难创设出教师不用直接接触科研的新型大学。

---

⑮ Hochschulverband (ed.), *Fächerkatalog* (Göttingen, 1973; 2nd edn, 1977)（该书的导言涉及的是关于“学科”理念的历史及其与大学内部有组织的学术世界的关系）。

教职员结构

教学人员

为某一职位寻找最适合的人选一定是指导性的原则，而且大学通常都是依照这一原则来运作的。出于很多原因，想要找到最佳人选，或者在年轻的候选人中找到能承担整个服务期工作的人并非一件易事。纯劳动力市场上那种“雇佣然后解雇”的模式并不适用于大学，即使在一些地方，“出于合理的原因”而被解聘有可能出现，但这样的解聘是很困难的，事实也的确如此。为了防止错误决策，就必须要有针对大学教师及他们雇主的保障措施。必须要保护大学教师免受来自政治、政党、教会以及国家的各种干扰影响；大学理念与不受干涉、独立以及终身教职的理念紧密相连，终身教职至少是针对普通教授以及他们中世纪时期的前辈——硕士和博士而言。⑯ 对许多国家教授职位所做的研究表明“学术自由”“探索自由”或者仅仅是“自由”都受到高度的重视。⑰ 另一方面，还要在某种程度上为学校和学生们提供保障，即所选择的教师具备从事相应活动的能力。毕竟，从资金方面考虑的话，设立充实一个教授职位是一项相当大的投资。就保护措施而言，其中之一便是在候选人选出之前，由其同行进行评
170 判；第二个是未来候选人资质的规范化过程，其中包括某个特定学科中属于“无形学院”的科学共同体中的高级成员们所做的决定。

大学中的很多人都能轻易地在校园外找到工作，因此，要确保他们能在大学工作，就需要引入严格意义上的职业结构因素。⑱ 这样一来，就产

---

⑯ 见第一卷，特别是见该卷第38页（第二章“模式”）和第161—165页（第五章“教师”）。

⑰ U. Teichler, ‘The Conditions of the Academic Profession’, in A. M. Maasen and F. A. van Vught (eds.), *Inside Academia* (Utrecht, 1996), table 2.12; Z. C. Zubiete Irun and T. Susinos Rada, ‘Causas de satisfacción e insatisfacci ón del profesorada universitario. La Universidad de Cantabria’, in J.-L. Guerena, E.-M. Fell and J.-R. Aymes (eds.), *L'universitéen Espagne et en Amerique-Latine du Moyen Âge à nos jours*, vol. Ⅰ: *Structures et acteurs* (Tours, 1991), 470f., 475f.

⑱ 关于法国的方式，见第三卷139f(第五章“教师”)。

生了形形色色的员工结构。每一种类型中都具备的因素有：国家公务员的背景、形式化的资质、选拔程序以及合同期限（兼职、短期、终身）、晋升、工资与地位。⑲美国模式是最接近真正的职业发展路径的，大多数教师都能以不同形式达到阶梯的顶端，即获得正教授职位。但这一教师结构仅仅适用于拥有多样化学术级别的大学体系，同时大学之间存在着竞争并具备灵活的工资结构。另一个极端便是古老的德国体制：只有“真正的”教授（德语称计划内教授）领取工资，而大量的没有工资的编外教师竞争那些自由的职位。⑳ 现代员工结构通常包含工作评估、竞争、资质、劳动力市场㉑和同行评价等多种因素，而来自政治和政府的压力则尽可能降到最低。

与美国相比，欧洲国家政府的影响力更大，因而每个国家的教师结构具有更强的同质性，并且大学之间的竞争也没有那么激烈。1966 年公布的一项西欧国家教师结构调查仍显示出传统的结构类型：正教授占据主导地位，这在德语国家以及斯堪的纳维亚国家尤为突出；在英国，有讲师（三种水平）、教授、讲席教授三种级别；在法国，有严格的公务员职业结构。㉒在前东欧阵营国家中战前的传统教师结构（如波兰或匈牙利的教授备选资格，或者类似法国体制的罗马尼亚模式）不久就受到苏联模式的影响。㉓

约从 1960 年以来，欧洲大多数国家的员工结构都表现出以下变化特征：①第二学位变得日益重要；②在达到教授职位之前进入终身教职阶段；③正教授所占比例及其影响力下降；④出现了新的教师级别。由此产生的教师结构通常表现为初级和高级教师的分化，即使在终身教职可以较早获得的国家也是如此；⑤这一时期还有一个明显特征，即在从事教学 171

---

⑲ Karpen and Hanske, *Besoldung* (note 9), 11f.

⑳ C. von Ferber, *Die Entwicklung des Lehrkörpers der deutschen Universitäten und Hochschulen 1864—1954* (Göttingen, 1956); A. Busch, *Die Geschichte des Privatdozenten* (Stuttgart, 1959). 进一步的文献请见第三卷注释 31—41（第五章“教师”）。

㉑ Williams, *Academic Labour Market* (note 12).

㉒ H. Sindal, *Structure of University Staff: Schemes of Academic Hierarchy and Dictionary of Terms* (Strasbourg, 1966)，对每个国家都有详细描述。

㉓ Sadlak, ‘Planning’ (note 3), 210-218. 参见第三章。

的人员之外，出现了越来越多合同制研究人员以及后勤、技术和行政类的非教学人员。从总体上看，欧洲国家教工结构的变化已经向真正的职业和较早的终身制方向发展了，但所有体系似乎都在保持着初、高级员工的区分以及狭义上的教授与非教授的教学人员的区分。第一次任命和向更高级别发展的“通过仪式”值得特别的考量。我们发现与 1945 年相比，这两者与大学生活的其他领域一样，在这个时期末规范更多了。

初级职位仍然经常在学术教师的提议下得到填补，这种任免权对于未来的大学教师来说并非是甄选过程中最糟糕的。这种情况在意大利可能最为明显，在那里，在正教授中有很有影响力的学阀和大腕；在法国，那些有提议权的人的影响同样得到了证实，㉔但我们并不知晓形成这些“派别”背后的运作机制、师生关系、某个机构或学院颁发的学位是怎样促成一个大学职位的。㉕特别是在 1968 年以后，重要的、有权威的教授们的影响力一直被认为是专断的而受到责难。不过，相对于过于形式化的程序来说，这种个人推荐的形式可能才是寻求合适年轻人选的更好办法。

职业生涯阶梯上的第一个职位常是在短期合同（通常是三至六年）的基础上获得的，有时候还会要求候选人必须在这一时期内获得下一个更高的学位。㉖ 在一些国家中，这些职场新人拥有特定的群体（德国的助教、波兰的初级教学助教以及苏联的试用教师），㉗或者是像英国那样，在讲师阶段的初期会有一个明确的三年试用期。这一制度于 1971 年被引进，规
172 定“在某些不确定的情形下可能会延长至四年”㉘，但人们认为“这样一个

㉔ Clark, *Academic Power* (note 9), ch.3; P. P. Giglioli, *Baroni e burocrati*: *Il ceto accademico italiano* (Bologna, 1979). Karpen and Hanske, *Besoldung* (note 9), 93; P. Bourdieu, *Homo academicus* (Paris, 1984), 122, 125.

㉕ W. Weber, Priester der Klio: *Historisch-sozialwissenschaftliche Studien zur Herkunft und Karriere deutscher Historiker und zur Geschichte der Geschichtswissenschaft 1800—1970*, 2nd edn (Frankfurt, 1987).

㉖ Sindal, *Structure* (note 22), passim.

㉗ Clark and Neave, *Encyclopedia* Ⅰ, 570ff., 643ff.

㉘ D. C. B. Teather, *Staff Development in Higher Education*: *An International Review and Bibliography* (London and New York, 1979), 44.

年限对于考察一个学者是否适合终生从事这一职业还是过短"㉙。这时就会产生一种困境:未来的大学教师必须把精力集中在研究上,因为只有在此基础上才可能晋升职称。但是,研究必须要具有高度的专业性。很多情况下存在这样的危险,即专业性太强,而且研究者的年龄过大,以至于他们很难再在大学之外找到合适的工作。这就是年龄结构失衡的另一个危险之所在,也从另一个侧面反映出在年轻的时候就获得第一个职位对于大学和未来的大学教师是何等的重要。

高级职位的填补对于员工意味着一定程度上的比较评估。从整体上看,过去的成绩要比未来的承诺重要得多。过去的表现由学术和科研工作(比如出版情况或是指导的博士生数量)与候选人年龄的关系来衡量。近些年来,还有其他一些因素也开始发挥作用,包括个人教学记录、争取研究基金的能力、在研究团体中的成员资格、成功完成的大科学项目、与工业合作伙伴的共事能力以及行政管理经验等。对教师所要求的各种能力在一定程度上还取决于学科和大学校园外某个领域的劳动力市场状况。高级职位的授予通常通过竞争或者委员会的推荐。在法国、意大利和西班牙,教授职位是由大学的教务委员会或者不包括被考察人员在内的其他团体组织来决定的。

出于各种原因,职位广告在招聘过程中的作用越来越重要。某个职位的申请者数量能够反映出这一学科的市场情况以及发布该职位广告的院系或大学的知名度高低。虽然现在的总体趋势是在内部有资质的初级员工中选拔高级职位的最佳人选(除工会压力之外),但人们仍然觉得——而且可能也有相关证据——具有一定流动性并且从外部甄选有经验的教师才是件好事。㉚至少对教授职位来说自我招聘(如在学校内部任命)仍然是不正常的("大学首席终身教授"另当别论)。对于一位很有地位的教授来说,申请其他学校会是一件很棘手的事情,因为这可以被理解成是对现在学校的不满。所以,在有些国家,可能会出现这样的情形:主动邀 173

㉙ H. J. Perkin, 'The Academic Profession in the United Kingdom', in Clark, *Academic Profession* (note 2),37.

㉚ Karpen and Hanske, *Besoldung* (note 9),有一节内容涉及各国的流动性。

请某位教授去应聘或者在对方并未应聘的情况下就打电话与其联系。这种做法可能会有，而且确实已经被滥用，但目前还没有发现更好的方法。[31]

在挑选或提议候选人方面，不同大学拥有的自治程度也大相径庭。英国的大学自治程度是最高的，法国的大学却只能充当次要角色。在德国，大学所在州的教育部长虽然有权拒绝任命某个候选者，但他也很难提议某位候选者。在瑞士，州的作用与德国类似。在意大利，举行全国性的竞试，然后从成功的候选者中进行选择。总体上，政治或政党的直接政治影响在选拔学术职位方面起的作用是相当小的。即使到了 1968 年以后的时期，也通常是那些教师们作为或成为“左派”或“右派”，由他们自行选拔相应的候选人。一些这样的院系因为政治偏见而名声大震。但也许值得一提的是，相比于一流的学位和科研成果所起的作用，政党归属、宗教派别和社会背景等因素都显得无关紧要。[32]随着可测量的智力成就因素（例如学位或竞争）重要性的日益增长，大学教师中社会出身属于中产阶级的越来越少了。1971 年，即使是在牛津和剑桥，也有 23%的教学人员的父亲属于“熟练工匠”一类。[33] 1931—1932 年之间，德国只有 1%的大学教授来自工人阶级家庭，到 1945 年这个比例增长到了 14%。[34]

以下段落将介绍欧洲大学教授职位的多样性、上面提到问题的总体趋势以及与教师结构相关的一些问题。

英　国[35]

在我们研究的案例当中，英国的发展可能是规划得最为精心的，但由于财政压力以及畸形的教师年龄结构，它现在的状况并不尽如人意。一个特殊的问题就是近年来终身教职的废弃。四层员工结构分别包括讲席教授、教授、高级讲师和讲师，终身教职一度是大学的规范（1987 年时终身

---

[31] 关于当时德国新引入的应聘广告的效果的深入研究，见：Hochschulverband, *Das Ausschreibungsverfahren im Hochschulbereich* (Bonn, 1976).

[32] A. H. Halsey, *Decline of Donnish Dominion: The British Academic Professions in the Twentieth Century* (Oxford, 1992), 205.

[33] Halsey and Trow, *British Academics* (note 4), 216.

[34] Ferber, *Lehrkörpers* (note 20), 147, 177.

[35] Halsey and Trow, *British Academics* (note 4); Halsey, *Decline* (note 32); Moss, 'Scottish Universities' (note 4); Williams, *Academic Labour Market* (note 12).

教授多达9成)。[36]到了20世纪末,高等教育的双重制(大学—多科技术学院)被取消,并形成了一个统一化的教师结构。这一结构内部有着学术背景、研究或教学兴趣等方面的巨大差别。[37]这个体系基本上是精英型,也就是说,向高一级别晋升的前提是学术成就(一流的学位、研究性博士学位、受到好评的科研成果),并且出版著作的数量成为晋升中作用日益重要的评价科研的良好指标。从1964年到1989年,出版5本以上著作的教师比例由4%上升至13.5%。[38]

1962—1963年间,全日制大学教师共有15 720位。其中讲席教授占12%,教授和高级讲师占17%。到了1968年,在30 755位教师中,讲席教授占10.1%。这其中,40岁以下的人占到了56%。1986年,大学教师总数增长至47 000人,其中讲席教授比例下降到9.5%,而教授和高级讲师则占到19.7%。这其中,50岁以下教师仅有23.5%,这反映出年轻的初级员工获得职位的有限性。[39] 古典大学在培养教师以及对待教师态度方面的影响力并未减弱。牛津大学强调人人平等的"导师"(dons)传统消解了大学教师不同群体间的紧张关系,但许多讲师获升高级讲师或晋升为教授的机会极为微弱,这也很令人沮丧。新职位和较早退休对未来的影响非常有限,因为整体的财政紧缩和整体形势对新的大学部门来说都不是好兆头。

法 国[40]

法国的情况极好地证明了由单一教授向高度结构化体系所发生的变化:1875年,教授在全体教师中占据了半数,而到了1975年却只剩12%。现代型的四层员工结构明确地将初级人员(高等学校助教和大学助教)与

---

[36] Karpen and Hanske, *Besoldung* (note 9), 232.

[37] Halsey, *Decline* (note 32).

[38] Halsey, *Decline* (note 32), 191.

[39] Karpen and Hanske, *Besoldung* (note 9), 227f.

[40] Friedberg and Musselin, 'Academic Profession in France' (note 8); P. Gerbod, 'Sur notre personnel universitaire', *Revue Administrative*, 32 (1979), 475-479; Mayeur, 'Carrières' (note 5); F. Mayeur, 'L'évolution des corps universitaires (1877—1968)', in C. Charle (ed.), *Le personnel de l'enseignement supérieur en France aux XIXe et XXe siècles* (Paris, 1985).

高级人员(讲师和教授)区分开来。需要铭记的是法国国家科学研究中心的研究人员拥有单独的职业发展路径,同时法国的大学校人员聘用机制各校差别显著,而且雇佣很多兼职教师。大学招聘的一个特征便是高度的集中决策以及全国范围的竞试或能力排名(基于学位)所发挥的作用。这些名册中的排名在人员聘用过程中发挥着巨大作用,自 1968 年后大学也被赋予了一定程度的影响力。等级与能够发挥的功能割裂的情况并不
175 少见,也就是说,要求大学教师完成的是比自己现有学位更高的学位要完成的职责。在获得相关学位之前他们实际上得不到这一职位。集中化和一致化的学位阶梯使得来自中学的辅助性教师能够进入大学。在 1968 年以后的数年里,高等学校助教的数量显著增长。到了 20 世纪 80 年代,这些教师都成了大学助教。见表 5.1。

表 5.1 法国大学不同级别教师数量比例(%)

年份	高等学校助教	大学助教	大学讲师和教授	总计
1970	47.3	25.9	26.8	100
1982	31.8	40.1	28.1	100

数据源自:Clark 和 Neave,大百科全书(第一卷),第 223 页。

德 国[41]

(西部)德国大学可能经历了巨大的改变,也有人认为是劫难。过去那种单纯的教授制度(再加上短期合同的助教)到 1945 年就已经不合时宜。1960 年之后的扩张和发展起初并不是通过创办具有完整教工队伍的新大学来达到的,而是通过扩张已有教育机构得以实现。而且教授数量的增长远远低于助教,这就导致了大学拥有大量充满了不满情绪的初级人员,

[41] W. Thieme, ‘Die Personalstruktur derHochschulen’, in U. Teichler (ed.), *DasHochschulwesen in der Bundesrepublik Deutschland* (Weinheim, 1990), 101-122; H. Peisert and G. Frammheim (eds.), *Higher Education in Germany* (Bonn, 1994), 114-123. Weber, ‘Multiplizierung’ (note 5); W. Weber, *Empfehlungen des Wissenschaftsrates zum Ausbau der wissenschaftlichen Einrichtungen*, vol. Ⅰ: *Wissenschaftliche Hochschulen* (Tübingen, 1960).

他们担负着高强度的工作任务却只能享受到极少的权利，只要教授愿意，他就可以为了自己的目的而使用和调遣他们。

目前的教师结构体现了新旧模式的混合。既有旧的教授模式中的教授和获得教授备选资格的编外讲师（无薪教师），又有作为初级人员的助教，他们可以通过新的职业路径成为终身教学人员即学术顾问。对于这些职位而言，一个第一级学位（高校结业考试文凭，工程、自然科学类的硕士，人文和社会科学的硕士）已经足够了，而且没有义务更没有权利去做研究。晋升基本上都是靠年资来自动进行的。这一新的中间层（介于初级职位和高级职位之间的职位）内部有很大的差异——1980 年一项由英国学者对德国所做的研究显示总共有 48 种不同职位，这些职位的界定既没有建立在绩效化的基础之上，也非基于职位的功能，联邦和各州政府的多次立法也未能改善这一不尽如人意的状况。《高等教育框架法》（1976 176
年制定，1985 年修订）曾试图创造出单一的教授群体，他们的权利和义务相同，只是工资分为三个不同的水平。由此产生的教师结构缺乏稳定性，并且失衡的年龄结构会在将来催生出新的问题。在经历了一段时间"民主的"以及反学位的空缺职位填补政策后，更为精英的、注重绩效的态度又大行其道，拥有教授备选资格的编外教师几乎再次赢得了原有的地位。但最近的趋势是向类似的美式体系发展，即六年的初级教授职位之上是终身教授职位。德意志民主共和国的结束也并未使得情形好转。由于德国 16 个州所采取的政策常常差距很大，因此不大可能预测出教师结构将会有什么样的发展。教授提早退休的政策没有了，新出现的职位（上文中提到的被称为费比哲和海森堡的教授职位）数量非常有限。[42]其中有 75% 的职位都是为了鼓励老教师完全投身于研究当中，只有 500 个职位是为了使出色的初级教师较早晋升为教授而设立。

---

[42] Peisert and Frammheim, *Higher Education in Germany* (note 41), 129.

表 5.2　(西部)德国大学全日制教师

	1960	1965	1985	1991
教授	5200	8800	24500	21400
非教授	11700	24100	46400	80100

1970年后教授比例大幅提高的原因在于大量形式上不合格的中间层人员获得教授职位，同时教师培训学院并入大学。1991年，中间层人员中包含了2%的高级助教和大学讲师、7%的助教、87%的研究生助教和4%的其他学术人员。㊸

奥地利经历了类似于德国那样的改革，曾尝试设置不包含教授备选资格教师在内的中间层，但并未成功，而且大范围的终身教职制减少了有资质的初级人员上升的机会。终身制和教授头衔基本上都是靠年资获得的。㊹

荷兰于1986年对大学的教师结构进行改造，从此便更加远离了旧式
177 的教授制度。这一结构共分为教授、副教授和助理教授三个层次，三者数量比为1∶1.5∶2.5。但这一单一体系被兼职教授和越来越多的非终身制职位所打破。㊺

斯堪的纳维亚国家的教学人员结构最初类似于德国原有的体系，由教授、讲师和助教三个层次人员组成。瑞典于20世纪60年代引进了终身制的大学讲师制度，要求终身讲师要拥有博士学位(大学授课资格)，但越来越多的学生使得主管部门搁置了这一资质要求。值得一提的是，除了原有的教授类型(由国王任命)之外，还产生了一种由地方任命教授的制度。芬兰对教授群体加以区分，引进了“首席助教”的职位。同时还出现了越来越多的兼职类和临时性职位，譬如“特别讲师”。㊻

㊸ Peisert and Frammheim, *Higher Education in Germany* (note 41), 123.

㊹ Universitäts-Organisationsgesetz von 1975; cf. W. Rüegg, *Zementierung oder Innovation: Effizienz von Hochschulsystemen*, Österreichische Rektorenkonferenz, Hochschulpolitische Reihe, 1 (Vienna, 1987).

㊺ Clark and Neave, *Encyclopedia* Ⅰ, 491ff.

㊻ M. Klinge, *Helsingfors Universitet 1917—1990* (Helsinki, 1991), 709-731.

西班牙、葡萄牙和意大利的教师结构采用的是将绩效因素与年资相结合的方式,也就是说,一旦获得了相关学位,就自然有权利进阶到更高一级职位。终身教职十分常见,即使在较低级别的岗位中也存在,这就阻止了新员工的进入。西班牙的终身制职位和内部自我招聘的人员所占比例都很高,这也就反映出了对原有教师结构和已有招聘教授程序实施变革的困难所在。意大利的大学教授可以选择是兼职还是全职,他们还经常在多所大学中任教;工作地点可能离住所很远,这使得他们会经常旅行,而且与学生的接触很少。另外,年轻学者为了谋生,通常也会在不止一个地方(大学和/或中小学)任职。需要指出的是,在意大利,大学教授们会一直工作到 70 岁,但在大多数国家,公务员退休年龄为 65 岁(另一个特例出现在奥地利;德国正在把全薪荣誉教授工作到 68 岁的规定改为 65 岁退休)。㊼

苏联阵营

前东欧阵营国家的发展变化情况比上述各国都更难描述清楚。不仅是因为我们缺乏可靠数据,而且官方公布的结果与大学中的实际情况常常大相径庭,使得局外人难以把握。苏联体系的总体发展特征是 1945 年之后引进了"苏联模式",这一模式注重学术研究,在教学人员管理中实施 178
集中决策,建立了新型的真正的大学教师的职业结构。尤为重要的是初级教员必须具有副博士学位。成功的副博士们成为科学候选人,而且取代教授备选资格或竞试的是由中央学术委员会授予的科学博士学位。多数东欧国家采用或被迫采用了这一模式,但除了同质性的专业用语和整体结构之外,各国都存在或重新产生了很多差异。

东德效仿了俄国模式,最类似的地方就是也有副博士候选人和中央管理的考试(晋升 A 和 B)。波兰在 1951 年推行"高等教育的社会主义模式",但"制度重建过程很慢,不是一蹴而就能实现的"。㊽所引入的新的教

㊼ 关于各国的情况,参见 Clark and Neave,*Encyclopedia* Ⅰ. A. G. Hernández,'Recruiting of Spanish University Teaching Staff: From the Recent Past to a Possible Future', *Higher Education Policy*, 2 (1989), 50ff.; Clark, *Academic Power* (note 9), 83. Karpen and Hanske, *Besoldung* (note 9), 102, 106.

㊽ Sadlak, 'Planning' (note 3), 171ff.

师类型有副博士、"科学工作者"以及助教。候选人在科学方面的学位以及科学博士只有有限的吸引力。[49]近些年,波兰将授予学位的权利返还给了大学(唯独教授备选资格需要总理的教授晋升委员会来认可)。如今在波兰,助教(最长 8 年)在获得博士学位后可以成为讲师,时间最长为 6 年。在获得教授备选资格之后可以成为副教授或教席教授。有时来自外界的政治压力也会使有些人不需拥有教授备选资格就可以获得相应的职位。在波兰,大学教师的第二个职业路径是讲师——没有科研责任的进行教学的高级讲师。与其他很多国家一样,教授语言的教员不在这个职业体系之内。

与波兰类似,罗马尼亚在 1948 到 1953 年期间也效仿了苏联模式中的很多方面,但副博士和"科学候选人"的学衔却在 60 年代早期被悄悄摒弃了,中央政府对于高级学位授予权的控制则被保留了下来。其教师结构分为教授、副教授、讲师、助理讲师和助教。

在匈牙利,严格的中央控制从 1948 年持续到 1964 年。大学授予博士学位的权利和进行教授备选资格考试的权利在 1950 年被废除,取而代之的是候选人和科学博士。1964 年之后进行了很多改革,但直到 1993 年,大学的博士学位授予权才得到恢复。1985 年,该国的大学教职员工由 1651 位教授(10.2%)、3219 位副教授、6352 位首席助教、3572 位助教和
179 448 名其他人员所构成。[50]

其他工作人员

大学体系的一个特点是无法保持一个完全一致的员工结构,即使是在一个国家范围内都是如此。大学要想在全世界的科学领域和学术界保持自己的水准,就必须要以不可预知的方式及时做出应对,并相应地调整内部员工。近些年发生的很多变化值得一提,至少可提及一下。兼职教师的数量在不断增多,有时是为了弥补在高度专业化课程方面的差距,但更多的时候是为了从校外引进更高水平的人才,而且这些人可以获得一个

---

[49] Sadlak, 'Planning' (note 3), 176f.

[50] Clark and Neave, *Encyclopedia* Ⅰ, 298, table 15.

人们梦寐以求的荣誉教授职位(比如瑞典的兼职教授和德国的名誉教授)。同样,对那些无薪教授职位而言,"大学首席终身教授"象征着给予一个院系某些主要成员的荣誉。战后的一个重要发展是出现了来自国外的客座教授(在1945年之前极为罕见)。1946年由参议员富布莱特提议的富布莱特项目旨在增进美国与其他国家之间的相互了解;受这一项目模式的启发,欧盟也出资发起了多个计划,比如伊拉斯谟计划和苏格拉底计划,这些计划的一个目的便是加强教师的流动性。[51]

研究人员

在非教学人员中,一支很庞大和重要的新群体便是大学雇佣的全职研究人员。法国的国家科学研究中心框架中对专门从事研究的人员设有专门的职业发展路径。在苏联解体之前,俄罗斯和其他东欧阵营国家设有研究院从事专门的研究工作。像美国和德国等国家,大学外的研究机构(如马克斯·普朗克科学促进学会)并没有为研究人员设立专门的职业路径。在大学拥有浓厚研究传统的国家,从1960年后见证了合同类研究的迅速增长。这些合同要么是由政府出资(如英国的研究委员会或者德国的科学基金会),要么是由工业界或私人基金会资助。一些国家的政府十分青睐合同式的研究工作,甚至会向大学施压,目的在于加强大学同工业界的联系,从而使大学更好地服务于国家经济发展,同时也是为了节省资金。这种做法在英国尤为明显。

研究工作为那些攻读更高学位的或者从事博士后工作的年轻科学家或工程师提供了很多必要的机会。大学的一个重要任务在于为研究生在 180
校外工作进行进一步的培训,若没有非教学性研究人员的参与,这一任务将无从实现。近些年来,那些只签订了短期或中期合同的年轻学者们从某种程度上已经替代了1968年后参加工作的从事初级职位的较年长的一辈。由于这些研究人员与那些同一部门里与自己有着相同资质并处于初级职位上的拿工资的学者相比报酬要少一些,因此会导致而且确实也出现了一些社会问题。左翼人士要求将研究型职位设成永久性的,他们实际上忽略了问题的要害之处,而且他们还试图让人们忘记这一事实,即正

---

[51] 见第三章"与当局的关系"。

是过去工会对教师结构和大学扩张的影响才导致了当前问题的出现。

非教学人员

现代科学的发展需要后勤保障人员，这一点在战前并不为人们所知。不仅仅是医学和自然科学领域需要保障人员，而且同其他所有公共机构一样，大学里较大的院系和行政部门也需要高素质的行政人员。对于这些重要的工作人员，我们知之甚少，他们当中既有注册主任、图书管理员、计算机中心的领导，也有图书馆的技术人员和饮食部门人员，当然还包括一定数量的秘书。在《泰晤士报高等教育增刊》里，劳里·泰勒在其每周专栏里创作了一个虚拟的秘书形象——玛琳，这个人物可以说是这个群体的一个完美代表：即便她并不是部门主管，但在某种程度上她操纵着这个部门。支持保障人员常常被人们熟视无睹，欧洲的大学教师们对他们既不是非常满意也并无什么不满。[52] 无论是英国《罗宾斯报告》(1963年)还是德国学术评议会(Wissenschaftsrat)的第一次报告(1960年)，[53]抑或是其他国家的专门研究，对支持保障人员的介绍都很有限。有关数据显示，至少在德国，这类部门的迅速发展开始得相当晚。德国方面的数据也许并不能代表普遍情况(因为联邦德国的保障人员所占比例很高)，但这些数据还是描绘出了一个大概的情况。1990年，(西部)德国的大学共雇用了10.8万名全职教学人员和20.5万名非教学人员，即便是在非研究型的高等专科学校中，保障人员也多达1.2万名，但教学人员只有1.1万名。[54] 再举一例：1985年，爱尔兰共有2759名全职教学人员，可其他工作人员则
181 有3621名之多。[55] 一所大学中教师们的实际工作环境在很大程度上取决于学校运作机制的好坏，而这个机制则是由非教学人员和行政人员来保

---

[52] J. Enders and U. Teichler, *Der Hochschullehrerberuf im internationalen Vergleich* (Bonn, 1995), table 5.

[53] Weber, Empfehlungen des Wissenschaftsrates (note 41). *Higher Education. Report of the Committee ...under the Chairmanship of Lord Robbins* (London, 1963). 也可见第三章。

[54] *Personal an Hochschulen* 1982 *bis* 1990: *Fächergruppen, Lehr-und Forschungsbereiche, Länder, Dienstbezeichnungen und Besoldungs-bzw. Vergütungsgruppen, Hochschularten*, Geschlecht (Bonn, 1992), 2.

[55] Clark and Neave, *Encyclopedia* Ⅰ, 334ff., table 6.

障的。

女 性

高等教育中女性的早期历史(女大学生、女子学院和高校中的女性教师)已经在本研究中第2、3卷有所提及。[56] 从中我们只能发现数量上的缓慢增长。二战期间,女大学生以及女性初级教师的数量有所增加,但这只是因为她们的异性同龄人都去参战了。二战后女学生所占比例有所提高,这是中等学校体系发展的自然结果,虽然这一局面在最初未能料到。[57] 学生数量的增长并未立即引起大学中女性教师数量的相应增加。这一现象连同女性学者主要占据学术级层中较低位置的事实共同引发了不定期的关于女性在大学教师中地位的激烈争论。对于20世纪末的这一现象,一种常见的解释是,在既有的男性体制的大学教学人员队伍中存在着对于女性的明显歧视。在这样的情境下,我们有必要继续研究当代大学中的女性历史。[58]

下面的数据是20世纪末一些国家在这方面的统计情况。1990年,英国大学的初级岗位中,有40%都是女性,但其中只有1.7%成为教授;相比之下,男性中教授的比例为11.4%。[59] 在匈牙利,大学所有职位中,女性占到了30%,这其中有41%成功地晋升成了处于中等级别的首席助教,但只有2.4%成为教授。[60] 在荷兰,大学里女性员工只有16%,"尽管国家调整了相关政策,不过女性工作人员数量还是很少,特别是在高级职位中",而且只有3%的女性为正教授。[61]在波兰,1987—1988年间,在所有获得博士学位的人员中,女性占了28%,这些人中有20%参加了教授备选资格的考

---

[56] 见第二卷242f.:劳拉·巴斯是首位女性大学教师(博洛尼亚,1732年)。也可见第三卷第133页。

[57] 见第六章。

[58] Halsey and Trow,*British Academics* (note 4),仅在第158页一笔带过。关于德国的情况,参见:F. Boedeker and M. Meyer-Plath, *50 Jahre Habilitation von Frauen in Deutschland* (Göttingen,1974).

[59] Halsey,*Decline* (note 32),223.

[60] Clark and Neave,*Encyclopedia* Ⅰ,298,table 15.

[61] *Ibid.*,501.

试。[62] 在罗马尼亚，员工中有29%是女性，“这其中有很多都处于高位”[63]。在瑞典，正教授中男性占据绝对优势，高达95%；在全体教学人员中，女性比例为28%。[64]通过对比，美国方面的数据显而易见，1940年美国大学全职教师中女性占28%，到了1988年，这一数字增长至31%，但在研究型大学中，女性却只有20%。[65]从美国大学的情况中我们还发现，女性多集中于更偏重“社会性”的研究领域，如教师教育或某些医学领域。[66]

这些数据表明，不同国家的妇女解放运动同各国高等教育体系中女性教师的数量之间并无联系，政治体制同女性教师比例之间也没有必然的关系。至于某些学科如医学和教师教育领域内女性所占的较高比例，则可以从这些专业里女性学生数量较多得到解释。药学是众所周知的“女性”学科，就像麻醉学一样，因为它们都允许非全日制工作。荷兰出现的较低的数字比例非常有意思：这是女性学生的较低比例所导致的——1971年时仅为21%。[67] 1979年时女性毕业生仅有23%，不足以“产出”所需的女性工作人员，所以连比较低的欧洲国家平均比例都未能达到。在英国，从最近的研究中并未发现男性与女性职业模式上有什么系统性的差异，[68]我们还惊奇地发现，相关资料得出的结论竟是“当女性人员的资质、出版率和经验都维持在一个不变的水平时，便很难解释对女性的歧视了”[69]；在已婚有子女的女性学者中，一小部分人的著作出版和论文发表率与男性相当，而且远远高于单身女性和没有子女的已婚女性。这说明新一代兼顾家庭和事业的女性学者正在出现。[70]吸取德国的经验，我们很有必要鼓励有能力的女性研究生继续深造取得博士学位，而如果这个建议由已经获得了成功的大学女性教师们提出，必将会更为大家所接受。当

---

[62] *Ibid.*,575.
[63] *Ibid.*,601.
[64] *Ibid.*,694.
[65] Clark and Neave,*Encyclopedia* Ⅲ,1683.
[66] Clark and Neave,*Encyclopedia* Ⅰ,787.
[67] P. Rooij,*Hollen of stilstaan* (Amsterdam,1985).
[68] Becher,*Academic Tribes* (note 14),124.
[69] S. M. Lipset,in Williams *et al.*,*Academic Labour Market* (note 12),4.
[70] Perkin,'*Academic Profession*' (note 29),35.

然,要实现整体的发展进步可能会需要较长时间,并且不容易加速。问题确实存在,但可能并非完全是由于“累积性的不利条件”歧视所引发的后果。[71]我们必须继续搜集更多的案例研究和精确可靠的数据,“这样才能重新判定过去的假设,从而使相关政策建立在更精准的数据基础之上”[72]。

薪 酬

同大学生活中的很多其他方面类似,大学教师们的薪酬也呈现出复杂、有时甚至是模糊的画面。这是由好几个因素导致的。很多国家学术界人员的工资与公务员的工资级别联系在一起,但并不完全列入平常的公务员工资级别。教师的工资分绩效工资和年资工资(或二者的混合)两种类型,而且在很多学科还存在着与普通的就业市场之间的竞争。另外,要公正准确地衡量一位大学教师的工作也很有难度。“同工同酬”:但工作到底是什么,人们又怎样去判断包括工程师、外科医师、亚述学学者在内的职业,以及无固定的工作时间,其“产品”很难精确估量的职业是否完全相同呢?大学教师的职业被称为“一个人的企业”,他们出售的是他们自己。[73]

要想描述出自1945年以来大学内的薪酬状况及其发展情况,就必须包含内外部两个方面:内部是指这一行业内的薪酬水平,外部是指工资的发展变化同社会上其他行业间的关系。另外有一点必须注意,即使不是全部国家,但在绝大多数国家里也存在以下情况,即除了正常工资之外,大学员工还会有其他报酬。尽管这是这个职业吸引人的一个地方,不过这个报酬有时很难通过金钱来体现。自1945年以来,大学员工薪酬的内部发展主要体现在以下几个方面:出现了更为正规化的工资结构,其薪级更类似于普通公务员;初级人员同高级人员的薪酬差异有了明显的缩小。英国的相关数据在这个方面尤为明显:1989年,教授的平均工资是讲师平均水平的1.76倍,比研究人员的平均水平要高出2.74倍。[74] 1955年,德国

---

[71] Becher, Academic Tribes (note 14), 125.

[72] *Times Higher Education Supplement*, 14 May 1993, 2.

[73] A. H. 哈尔西在奥格斯堡研讨会上的口头发言(注释98)。

[74] Halsey, *Decline* (note 32), 131.

大学中教授的(基本)工资至少是助教工资的 3 倍,而到了 1976 年,这一差距就降到了 1.3 到 1.75 倍之间。教授们能够,而且大多数时候也愿意得到基本工资以外的"额外"收入,但大体情况还是比较清晰的。[75]当我们去研究不同教师类别工资范围的时候,也发现了类似的情形。差距也已经缩
184 小。一战前,普鲁士教席教授的最高工资是正教授从业初期工资的 9 倍,后者的平均工资则是副教授的两倍。[76]

据说到了二战之后,学术类职业被无产阶级化了。[77]当然有人会主张,一项本质上是民主的由"同行"组成的职业,决不能拥有差距悬殊的工资结构。伴随着这种主张,绝大多数国家不同大学之间各级薪酬的差距被拉平或者完全消失(除了类似"伦敦地区额外津贴"之类的东西之外)。在德国,这使得去消费比较高的大学城的吸引力大大下降。因为在这样的地方工资的任何增长或比较高的工资,都必定会花在更为昂贵的住房以及较高的生活成本上。

通过把大学工资与公务员的工资或工商业人士的收入相比,我们发现了类似的情况:工资级别的上限有所下降,有时甚至连平均工资水平都呈现出这一趋势。[78] 1985 年的一项大学工资水平比较研究就提供了法国、意大利、奥地利、瑞典、瑞士和英国等国家的更多细节情况。[79] 在法国,1962 到 1983 年期间,私有部门的平均工资水平上涨了 80%,公务员工资上涨了 50%,然而大学工资涨幅却仅为 36%。这一变化使得人们对于在大学中任职的兴趣下降了很多。在意大利,大学教授常常会从事兼职工作,并且会身兼数职,所以正教授的总收入就会高于其他被调查的国家。[80]英国的各个大学会在一个弹性级别内来确定教授的工资;其他群体的工资级别对整个系统来说是有效的。英国和瑞典的员工特别是初级人员对

[75] G. Dorff, 'Besoldung und Versorgung des wissenschaftlichen Personals', in C. Flämig, *et al.* (eds.), *Handbuch des Wissenschaftsrechts* (Berlin, 1982), 478-501.

[76] Ferber, *Lehrkörpers* (note 20), 112.

[77] Halsey, *Decline* (note 32), 125.

[78] Perkin, 'Academic Profession' (note 29), 46; Halsey, *Decline* (note 32), 131.

[79] Karpen and Hanske, *Besoldung* (note 9).

[80] Karpen and Hanske, *Besoldung* (note 9), 38.

其收入水平的满意程度最低。[81] 瑞典的一个典型特征是工资差距小和高税收,一位正教授的平均工资仅为门卫的1.5倍。

由于劳动力市场的因素,工资体系的单一性(例如所有系科的教授收入都相同)在实际生活当中难以维持。[82]与大学教师有着相同资质的工程师、数学家或经济学家在大学之外都能挣到更高的工资。当然,人们也迫使政府注意到了这一点。解决这个问题有几种途径:大学法或相关的规 185
章可以为"特殊情况"提供额外的报酬,例如没有教学任务的学术假期便是一份巨大的津贴。在多数国家,除了个人的教学和科研任务之外,教师们都有机会通过工作再赚取其他收入。医学专业自然是最明显的一个例子,不过科学和工程学也提供了很多报酬丰厚的咨询顾问工作机会,并且人们理所应当地认为这是理论同实践之间的必然联系。即便是社会科学和人文科学也能给教师们提供一些赚取一点——或者说不算太少——额外收入的途径,比如去做政府委员会专家、撰写畅销书、举办公共讲座,甚至是去做电视嘉宾。

东欧国家有很吸引人的补贴方式,比如在医院里得到更好的治疗、更低廉的火车票价、国外旅行,或像是在东德可以免除兵役或是为教授的儿子在大学里留一个位置等。在过去几年里,东欧阵营国家的情况发生了翻天覆地的变化。虽然在共产主义时期大学教授们属于比较富裕的阶层,特别是有针对他们的公开或隐蔽的补贴,但现在教师职业属于新贫民。1986年,教授的最低工资约为6万德国马克(奥地利和法国)到9万马克(意大利);最高工资范围从8万马克到17万马克(意大利)不等。[83]前共产主义国家的教授工资常常只有西方国家的十分之一。考虑到不同体系的增长量和税收、养老金的投放额等诸多因素。上述数据只是个粗略的指标。需要指出的是,收入也是一个非常主观的因素。总体上看,荷兰、德国的大学教授和初级人员对其收入水平的满意度最高。[84]

战后时期,原有的围绕在大学教授身上的荣誉和头衔的吸引力都有

[81] Teichler,'Conditions' (note 17),table 2.7.

[82] Williams *et al.*,*Academic Labour Market* (note 12).

[83] Karpen and Hanske,*Besoldung* (note 9).

[84] Teichler,'Conditions' (note 17),table 2.7.

所下降，一个原因是教授数量的迅速增多。大学员工们普遍感到工作环境恶化、公众对学者不再那么尊敬，不过也只有 8%—21%（瑞典、英国）的人表示，如果有机会再次选择，他们将不会选择成为学者。[85]但至今为止，大学教师这一职业一直有一个很吸引人的地方，这点很有代表性也很难得，却常被忽视：他们没有固定的工作时间（即使大学教师比普通工人的工作时间要长），但可以自由选择工作时间和地点。时间是现代生活中最
186 稀缺的商品，工作上的这种自治和自由成为大学教师这一职业最有魅力的一点，无论身处其中的成员是否充分意识到了这一点；不管今后工资变化的走向如何，政府和各类基金会都会得到充分的建议，不要去干预教师职业中这种本质成分，否则代价巨大。

人员流动性

人员流动性常被视为欧洲大学传统中宝贵的要素，尽管真正的流动可能总是不如人们的预期和希望。战后出现了很多方面的新变化。科学的国际化和航空业的发展使得学术人员之间的往来变得轻而易举，而且科学家们也确实需要这样的交流，从而真正了解某个实验室或工作团体的最新进展。在很多领域（如物理学），实验都需要几个大学的学术团队相互合作。正式的代表会议和专题研讨会成为学者间交流的新形式，在很多情况下，出席会议成为一种义务。[86] 另一方面，世界各地之间交通的便利性也吸引着越来越多的人参与到 H. Markl 所说的"学术旅游"当中。"快速流动的教授们"不再严格恪守居住在大学所在地这一传统要求。[87]在 20 世纪 80 年代，现代的飞机至少可以使得一个人在德国和美国同时担任正教授。

在大学与工业或国家研究机构（如法国国家科研中心、马普研究所等）之间确实非常需要人员的流动，但鉴于复杂性和伴随现代员工结构出现的官僚管理规定，要实现这一点也很有难度。对高级人员来说，特别是

---

[85] *Times Higher Education Supplement*, 24 June 1994.

[86] Becher, *Academic Tribes* (note 14).

[87] Gerbod, 'Personnel' (note 40), 477. Karpen and Hanske, *Besoldung* (note 9), for the countries discussed.

在科学界，流动到新地方常常缺乏吸引力；因为要花费数年的时间才能建好一个高度专业化的实验室，而且通常一个人不能够携带助教、技术人员和做博士论文的研究生一起过去。

相比于从校内流动到校外，人员的长期流动更多的是发生在由校外进入到大学内部（尤其是在医学、科学和技术领域），部分原因在于大学工作人员专业化的程度。毫无疑问，战后时期人员的流动性呈现出下降的趋势。这有两个方面的原因，而且每个原因都可以在东、西欧各个国家得到体现。第一点便是许多大学所在地缺乏足够的住房，即使是有房屋的 187
地区建立一个新家的成本也居高不下。就算是著名的大学，除非教授的配偶真的愿意居住在这个大学城，否则也难以吸引有声望的教授来此（可能只有牛津、剑桥和巴黎是例外）。另一个原因就是新式婚姻和家庭模式的影响。当某个学者受邀到另一个地方就职时，越来越多的配偶并不愿意就此终结自己的事业，抑或是他们在别处很难找到合适的工作。

结 论

1945年之后，欧洲大学中教师结构的总体变化主要呈现几个特点，这几方面有时是互相冲突的。向更为民主化的结构发展的趋势确实削弱了教授们的威望和影响力，但并未使得等级层次消失。员工之间的差异可能不再像过去那样明显，但依然存在。并非每个教师都能指导研究生的学习（毕竟有很多要依赖于论文所提交的答辩委员的名字），同时，答辩委员会成员们的选择也是一种微妙但有效的区分教师的方式。在那些由法律明文规定实施民主化过程的国家（德国现在就有三种不同但“平等”的教授级别），法律仍在试图创造差异：例如，谁能成为机构的领导者，或谁是院长，等等。从总体上看，“更多的民主”也就意味着“更少的自主权”，这对于个人或机构都是如此。[88]

第二个变化是向更具差异性和正规化的教师结构发展，同时向基于学位（绩效能力的精英制）的职业发展。这导致很多国家都出现了任期较早的终身教职。这是一种如今人们所希望的社会保障形式，同时，随着拥

---

[88] Halsey, *Decline* (note 32), 125.

有富裕妻子的旧式编外教师或有独立经济来源的学术绅士的消亡，这实际上也是必要的形式。政治和社会发展扭曲了教师的年龄结构，从而使整个体系在21世纪面临着更多的难题。晋升到正教授的年龄保持着相当程度的稳定，尽管是不同体系，但这方面也是相似的，平均年龄都在45岁左右（虽然在一些新的领域如信息技术或现代语言学，年龄通常会较低）。但是获得首个职位的年龄却上升了，部分原因是学习年限的延长，还有一部分原因在于初级职位非常稀缺，年轻学者们必须花费几年的时间投身于短期研究合同的工作。至于不同大学的体系是否会向一个共同的欧洲教师结构发展并达到一个稳定的状态，现在还不明朗。不过这种可能性
188 并不大。大学里的员工对于学校来说一直是个难题，无论是17世纪和18世纪的舞蹈教师和外语教师，还是19世纪的教授练习课或外语课的教师，都无法被融进教师结构中，更不用说之后的例子了。但无论在何种体系下，某种形式的教席教授都无疑会继续存在下去。无论个体有什么不足，都仍有可能出现能够保证工作的连贯、质量和发展的独立性质的大学教师。当然了，这种学术性和科学性的人才必须要以大学为基地，不能在单纯的研究机构工作。也就是说，他们必须将教学、研究和指导研究三者结合起来才可以。

教　学

有些人觉得，“大学教师”这个称呼是一个错误叫法，因为人们常说，而且事实也常常如此，学者们对于从事研究和自身职业——很大程度上取决于研究结果——的兴趣远远大于对教学的兴趣。当然，不同国家的传统也各有差别：比如，英国的传统就是大学教学同有意识的大学教育之间始终保持密切联系。另一个极端是德国洪堡的科学教育理念（当然，这个目标对于只占同龄人口很小比例的学生群体来说难以实现）。而且，如有可能，教育还需要自由流动，学生可以无阻碍地从一所大学进入另一所大学，同时学生还拥有学习自由，可以自由选择最适合自我实现的教师和科目。现代教学中存在的一些问题可以追溯到中世纪，有些则来源于19世纪德国大学的传统，还有一些无疑是二战之后才出现的。

大学教学作为一个主要问题在大学之外受到广泛讨论，这是当代才出现的。很多问题都是由上文中提到的数量和结构方面的变化而引起的。当前的一些关注点可以借助很多对立事物来解释，当然，这些对立面的纯粹形式在大学的日常生活中并不存在，但却为大学教学的理论以及在很大程度上为大学教学实践奠定了基础。我们看到单一学科对交叉学科、严格的课程结构（英国）对不同程度自由选择的学分制、课程的标准内容对针对教师专长的“即兴”方式、本科生对研究生的教学、大课对项目式工作。近年来之所以会出现一些问题，在于我们的教学对象不再是极少数的精英学生，而是要面对着大学年龄阶段人群中的30%甚至更多，并且这其中有很多学生都是“第一代”，他们的父母并没有受过高等教育。扩大 189
高等教育的各种机会在两个方面一直没得到利用，如发现天才学生以及在学生入学时就发现未来的研究生。有一些非正式的证据表明，一些有潜力的大学教师是他们的教师或博士生导师在他们事业之初挖掘出来的。这种物色工作可能要求高级教师——研究者承担本科生的教学工作，而且这也是不提倡大学只进行教学的另外一个原因。各门科学与它们的实验室工作较少具有教学方面的问题，而且英国的导师制是既能发现最好的，又不忽视比较差的学生的非常好的方式。但不无遗憾的是，在大多数体系中，辍学率与教学人员无关。

教学方法[89]

有四种传统的教学方法。上大课讲授是最为古老的一种，除了被抨击为专制和反民主，随着印刷术的发明（更不用说其他现代媒体的出现了），也常常有人认为这种方法早已过时。在诸如瑞典或德国等一些国家，讲授的方式确实已经不再如以前那么重要了。但讲授仍然是并且在将来也会继续是最有效的教学方法之一：它是一对多的形式；它要求授课教师必须具备所教学科的广博知识，并了解研究的现状，还要在教材内容与呈现内容之间找到一个平衡点，从而将外界信息同个人观点结合起来。

---

[89] 在前两卷中，教学是以学生视角在单独章节（第七章“课程、学生和教育”）中呈现。此外，它涉及教学人员对传统课程方法变化所导致问题的反应。

能使学生积极参与进来的专业化研讨会形式是19世纪德国的发明，并迅速受到很多大学体系的欢迎。动手实习课也是在19世纪出现的，到现在依然是科学专业教学的基础方法。辅导课是由英国发明的教学形式，可能算得上是最有效的一种方法。名义上辅导课被引入德国大学，但奇怪的是它变成了一种混合的形式，其中有初级教师的小组教学，而且更推崇学生来教学。

现代的教学形式包括项目作业、研究性学习、三明治课程、团队教学以及集中式研讨课(即“习明纳”)等。远程学习在这里尤为值得一提，因为这是近些年来最成功的一项革新。英国开放大学的成功便很好地证明了这一点，它已经为世界各地的大学教学质量树立了一个公认的标准。

190 在过去的几年中，由互联网带给全球的惊人变化和利润不可能使大学置身事外。

很多人都希望能有一个不同层次学术教学的全球网络，能够满足学生的个性化需求，而且也希望能拥有利用这种教学的新型的创造性的自由。尽管已经有了很多实例，但是要想给“虚拟大学”下一个确切的定义还为时尚早。在本章篇幅中，下面的观察似乎看起来合情合理：要想使一所或者几所虚拟大学取得成功，所需要的资金要大大多于预期数量。商业利益是一个主要因素，规模经济必然限制着所教专业的数量以及采用语言的种类。新的教学媒介可能会需要并且培训一种新型的学术教师，但过去那种将教学同研究相结合的教授由于其独立性，也会作为大学世界中一个必不可少的要素而继续存在下去。

教学环境

数字因素——对数字的关注——在这里是一个最重要的方面。在一些国家，某些课程或讲座的学生数已经攀升到特别的高度。卡耐基基金会的调查显示，修读专业基础课的学生平均数量从61人(瑞典)到128人(荷兰)，同时研究生课程平均为15人(瑞典)到22人(英国)。[90] 教学上采用定量的做法在1945年之后很普遍。在很多国家和课程上除了有相当全

---

[90] Teichler, ‘Conditions’ (note 17), table 2.8.

时学习量(FTEs)、师生比率、不同类型课程及研讨班的班容量规定,还有入学人数限制。德国对这些方面都在法律上加以规范、强制和管理。英国对于教学环境(费用)的财政评估法近些年来取得了胜利,同时也受到质疑。教学其他方面的现代化则是技术上的处处开花,如宽敞报告厅中的麦克风、投影仪、视频屏幕、复制的讲义、师生使用计算机等。现代大学的教师已经把19世纪的私人研究室换成了办公室,如果是在富裕的国家而且是富有的系科工作的话,还会有秘书提供服务(尽管由于有了文字处理技术,这种服务正在快速消失之中!)。

与现代教学和考试相伴的是行政管理工作的增加,如果是在一个大 191
的系科,其规模堪比公共管理或者工业管理。对于大学教师来说,生活在许多方面变得更为便捷。然而在另一方面,自60年代起,对大学教学的抱怨达到了史无前例的程度。这些抱怨不仅涉及教学内容,同样也集中在教学形式上。

教学工作量

测量、描述或者规范从事学术工作的员工的工作量并非易事。为了与其他领域的行政工作安排相一致,许多国家的政府都试图在规范大学教师的工作量方面有所作为。在普通公众中普遍存在的一种感觉是教授们的工作不够辛苦。之所以有这种感觉,部分是因为人们看到的所完成的工作太少,部分是财政原因,还有一部分原因在于旧式精英大学转变为新型的大众化的高等教育系统以及随之而来的教学人员的紧缩。当然不可能采用一种“朝九晚五”式的大学:科研立刻终止,教学无法改善。共产主义的罗马尼亚尝试过引进固定工作时间,限定了分配在教学、考试、科研等工作时间上的百分比。这种做法并未成功。[91] 每一个地方的大学教师用在工作上的时间要远远多于公务员的平均工作时间。对欧洲大学的正教授来说,现实的情况是在有课的学期平均每周工作50小时,没课的学期稍微少一些。初级教师比教授平均少工作5个小时。与公众的看法相

[91] Sadlak,‘Legacy’(note 3),86.

反的是，教学学期中教学绝对是重中之重。[92]

但是，各国政府试图获得更高效率或至少是生产力，其途径不一而足，或者是通过控制和奖励科研产出（英国方式），或者是通过提高每名教学员工所负担的学生数量（英国和德国，或许法国也是），抑或是通过增加授课时间（德国方式）。每周的教学时数在不同的国家有所不同，而且在不同的人员之间差别迥异，甚至在同样的教授之间也存在差异。传统上，教授每周上课大约四到六小时（比利时、挪威五小时），按一年的平均值计算，这应该占到总工作量（包括课堂准备时间）的三分之一。在德国，对于人文学科或者社会科学的教师来说，一周的工作量意味着两个小时的讲座大
192 课，再加上高年级学生的研讨课和低年级学生的基础研讨课。有的国家仅仅规定每年全部工作时数：芬兰 144 小时，苏联讲座课和研讨课不少于 150 小时，法国 128 小时的讲座课（即每周 4 小时）或者 192 小时的研讨课。德国大学教授的每周工作时数已经提高到 8 小时，而高等专科学校教授教学时间更长（18 小时）。英国多科技术学院的教师同样如此。产生这种情况的原因是对这些人员没有科研工作的要求。不同教师之间的差异可以通过芬兰传统的安排来说明：正教授 144 小时，副教授 186 小时，讲师（即纯教学人员）396 至 448 小时，助教（必须是正在攻读博士学位的）每年只有 60 到 120 小时。[93]

研　究

科研声誉可能是一位大学教师职业生涯中最重要的组成部分。[94] 这不仅仅是因为相较于教学能力来说，科研能力更便于评价，更是由于教学与科研是“相生相息的关系”（J. 齐曼）。也就是说，通过科学研究，尤其是主动研究，大学教师能够更新教学能量。这也是精英人员结构的基础所在，它以学位为基础，而且重要的是教授职位的填补要看候选者的研究能力。在建筑或者工程领域，看得见的成就（例如大楼、桥梁）可以替代研究。

---

[92] Teichler, ‘Conditions’ (note 17), table 2.9.

[93] Clark and Neave, *Encyclopedia* Ⅰ, 214.

[94] R. Merton and J. Daston, *The Sociology of Science in Europe* (Carbondale, Ⅲ., 1977).

大学对博士学位授予权的垄断意味着至少研究生教学直接与科研相关，而且指导科研工作(作为最重要的一项教学工作)也极有可能要求指导者已经顺利完成了他/她的研究工作。尽管近些年团队合作得到大力提倡，但实际上直到20世纪60年代后期大部分的科研工作依然是非常个人化的活动。甚至像化学这样的以合作著称的科目，在英国也有32%公开发表的成果是由单一作者完成的，而社会学和数学学科其比例更是达到61%和86%。[95]

不同国家、不同学科的教师个体参与科研的情况有很大不同，但是大部分教授都积极从事科研活动，并且经常能得到外部的研究经费。[96] 在法国有为研究人员单独设立的职业轨道，但即使这已经提高了教学职业间的流动性，人们还是敦促国家科学研究中心和产业界之间进一步推进人员之间的流动。[97] 在其他国家，大学之外科研机构的数量已有所增加；在德国，"科研流动"的口号正是这种发展的写照。纯粹研究与应用研究的传统二分法再也不像50年前那样泾渭分明。许多大学教师发现与工业界的密切联系不仅不会影响研究自由，反而为寻求新路径解决问题创造了可能，同时也给他们提供了更多与研究生合作的机会。 193

科研经费不是来自研究委员会，而是来自私营部门(人们希望更多的资金应该来自这种渠道，并且这种资金的比例是研究是否成功的良好指标)，其长期影响尚不能得到完全评估。然而可以明确的是，与产业界联合进行的研发活动已经改变了有创业才能的教授在推动其学科发展过程中的地位和角色。但是同样明确的是，一名教授必须有从事独立研究的保障资金，这一传统的观点是决不能彻底抛弃的。在所有其他条件都相当的情况下，在科学共同体中作为研究者的大学教师其等级要高于其他机构那些从属型的人员。

将教学和独立科研相结合能够确保新知识产生，同时传统的知识和成就也得到传承，这些知识和成就正是通过教学过程传递到下一代。教

---

[95] Becher, *Academic Tribes* (note 14).

[96] Teichler, 'Conditions' (note 17), table 2.10.

[97] *Times Higher Education Supplement*, 1 July 1994, 11.

学与科研脱节将会降低在学习的早期阶段发现杰出学生的可能。现代大学所面临的问题是:怎样挑选一些大学教师形成科研小组,为他们从事一流研究提供机会,而这些教师又能够在培训其他有潜力的大学职员方面发挥主要作用,让他们能够有机会使用研究设施,而不仅仅是研读文献资料。也就是说,大学应该如何为所有的成员提供学问。

同时需要注意的是整个科学领域的纯理论研究只有在专业学者的领导下,在大学和学院的框架内才能够取得成功,因为纯粹研究对于产业发展通常是远期效应,其经济价值评估简直就是不可行的。在一些专门的领域,有独立专业学者领导下的政府或者私人研究机构进行纯粹研究,例如法国的科学研究中心、德国的马普研究所、英国伦敦的维康研究所、美国国际商用机器公司(IBM)的苏黎世实验室,所有的这些科研机构都产生了许多的诺贝尔奖得主。科学的国际化以及国际声誉的竞争使得研究在
194 各国更为重要,各国都希望他们的学者要超越本国或本地区的水平。

教师评价和专业发展

我们这个时代对大学作为一个系统、一个机构和由个体教师和研究人员组成的群体所承担的公共受托责任提出了越来越多的要求。这些要求不仅仅来自那些常常不知大学自治为何物的政府部门的官员们。大量的公共资金投放在大学上,同时大多数国家没有学费或取消了学费,这些都要求有公开审计方面的管理。而且,否认这其中有政府或国家利益也是愚蠢之举。对一个国家而言,有必要了解整个国家研究方面的优劣,而且视情况特别要关注涉及经济或军事领域的研究。如今,评估和规划并行不悖。最终是普通的公众要了解事情的真相。非量化的评价已经不够充分了,即使是同行评审依然在整个过程中还是一个基本的因素。[98]

对大学研究和大学人员进行评价源自美国。研究评价实施最早。如今几乎没有哪个学者(至少是人文学科以外的)会否认公平客观地评价个人或系科研究成果的可能性。迄今为止,关于这个问题很多细微的研究

---

[98] Halsey, *Decline* (note 32)指的是 *Proceedings of the Symposium on the University Funding Council's 1989 Research Assessment Exercise in Augsburg on July 26-27, 1990*, Beiträge zur Hochschulforschung, 4 (Munich, 1990).

文献揭开了不同领域如何组织研究以及获得成功所需条件的细节。在欧洲,英国、德国以及荷兰在这方面是最为活跃的国家。[99] 研究评价也可以发现特定的职业模式,如数学方面的早期成功、成熟的历史学家的著作、从研究到指导兴趣的转变,或者是从研究中抽身而投入到“元老政治家”或耗费时间的委员会工作中。长期研究还发现,研究的产出要比大学宣称的少,但大学也会拿出证据表明大学员工中知名研究人员对整个大学的福祉具有重要意义。[100] 195

对大学教学的评价似乎更为困难。教学能力是否能够通过教授获得一直存在争论。20 世纪 60 年代以前,这个问题在大学里或多或少地受到了忽视,或者说极少有正式官方的讨论。70 年代早期苏联“培训”大学教师的尝试也以失败告终。英国的大学教师联合会曾关注教学方法以及教师专业发展,在 1971 年的时候对讲师要求有试用期。目前“几乎所有的大学都提供某种形式的教师专业发展或培训”[101]。瑞典 1966 年设立了“大学教学方法委员会”,教师的专业发展不仅关注教学,对非教学人员也引入了一些课程,例如为新的系科主任开设管理课程。[102] 在西德,“大学教学法”成为学生运动的重要话题。1968 年以后,它也是助教出现的主要原因,同时也建立了 15 个大学教学法中心。[103] 在德国,教师的专业发展很早便与普通的大学改革联系在一起,而且研究高等学校教学法的工作组不久将帮助大学教师的兴趣转向对整个行业进行全面的改革。在 80 年代不太激进的氛围下,教师的专业发展失去了大部分影响力,不仅仅是在德国,而且它继续发展下去的比较符合实际的形式也发生了变化。

---

[99] *Proceedings* (note 98); H.-D. Daniel and R. Fisch (eds.), *Evaluation von Forschung* (Konstanz, 1988).

[100] Becher, *Academic Tribes* (note 14), 119f.,关于德国对英语学习的详细的纵向分析,见:T. Finkenstaedt and M. Fries, in Daniel and Fisch, *Evaluation* (note 99), 151-176.

[101] Teather, *Staff* (note 28), 42.

[102] Teather, *Staff* (note 28), 201ff.

[103] C. Führ and C.-L. Furck (eds.), *Handbuch der deutschen Bildungsgeschichte*, vol. Ⅵ: *1945 bis zur Gegenwart*, part Ⅰ: *Bundesrepublik Deutschland* (Munich, 1998), 432. Cf. D. Spindler (ed.), '*Hochschuldidaktik*': *Dokumente zur Hochschul-und Studienreform* (Bonn, 1968). Arbeitskreis für Hochschuldidaktik (ed.), *Mitteilungen* (Bonn, 1967ff.). Arbeitskreis für Hochschuldidaktik (ed.), *Blickpunkt Hochschuldidaktik* (Bielefeld, 1969ff.).

对教学评价的争议依然很多，而且在一些数据中根据学生的报告对大学的专业及大学所进行的排名受到激烈的批评。但是学生们要求对教学方法以及方法的好坏施加影响是正当的。评价仍将会以某种形式继续进行，同时大学教师也会听从建议，尽力合作来找寻解决此问题的好方法，当然最好是在大学自治的范围之内。[104]

其他责任

大学理念意味着学术自治。现代大学发展导致行政管理的工作大量增加，而且大部分工作都需要个人来完成，或者至少由大学教师来做出决196 定。在英国，正教授24%的时间要花在行政事务上，这一比例在其他欧洲国家为15%左右。[105] 大学教师常被看作是比较差的行政管理者，但显然，没有学术教师的参与，大学的管理将无法进行。英国拥有欧洲最为自治的大学系统，学术职位与行政职位之间的流动非常普遍。但在德国，大学的行政管理在一定程度上是公务员的职责。行政管理的一个明显的学术领域是考试，与教学本身的联系最为紧密。考试与学位对毕业生在精英社会的决定意义使得考试成了复杂、耗时，有时对学者们来说是折磨人的事情。学生咨询也应该在这个背景中加以讨论。在有些国家，专业化的但也是特定学科的教师能够经常在学生的学习问题以及以后的职业发展方面给予最好的建议。

大学教师也许还有同样重要的工作，即在大学之外为普通公众的利益服务，通过在委员会中担任自己领域里的专家是其主要途径。作为外部的审查人员，在研究委员会以及基金会、国际组织、政府部门以及志愿组织工作常常要求拥有专业技能以及大学教师的独立性。教师在这些组织中的成员资格一般基于选拔、由现成员选举或者是委派。在大多数情况下，这种类型的工作除了对所花费用有所补偿，几乎是没有酬劳的。也有很多有经济回报以及与社会地位联系在一起的工作，大学教师在自己圈子里所做的工作就不用提了，他们的专业知识总是备受欢迎的。然而

---

[104] *Times Higher Education Supplement*，28 February 1992，英国的"评审单位"(audit unit)由大学自身所属。

[105] Teichler，'Conditions' (note 17)，table 2.4.

在这些领域,教师被滥用的情况也会出现。

现代世界中的大学教师

政 治 化[106]

大学和学者从来不像他们想的或是宣称的那样政治中立。然而,一般说来,大学教师们使自己的职业生活与“政治动物”保持一定的距离,因为这会干扰到他们的工作。意大利的教授频繁地参与各种公共事务和组 197
织堪称是一个例外。有许多知名或不知名的关于政府限制或辞退那些过多参与政治的教师事件。[107] 但是纳粹时期、世界大战、战后时期、“1968 年事件”以及东欧阵营的解体,所有这些给学术和政治之间的关系带来了新的面貌和质的变化:许多大学教师不再觉得在大学里“属于或者站在政治的哪一边”[108],而且课堂上应该避免这些东西。同时,政党和政府也日益试图利用大学来达到自己的政治目的,而且想让大学追随政党的路线。正是在这种背景下,“政治化”这个新名词脱颖而出。[109]

20 世纪 30 年代伴随着犹太教师在德国和奥地利大学被逐出(约占人文学科教师的三分之一),出现了拥有国家社会主义党党员身份或是支持纳粹党的教授。在被占领国家有纳粹的合作者,战后不可避免地出现了对教师的清洗以及 1945 年后曾被驱逐人的回归。人们对犹太人的移民和

---

[106] M. J. Mulkay, 'Sociology of the Scientific Research Community', in J. Spiegel-Rösing and D. de Solla Price (eds.), *Science, Technology and Society: A Cross-Disciplinary Perspective* (London, 1977); J. Ziman, *An Introduction to Science Studies* (Cambridge, 1984); T. Finkenstaedt, 'The Political Rôle of the University Teacher and the Politicization of Universities', in H. Bouillon and G. Radnitzky (eds.), *Universities in the Service of Truth and Utility* (Frankfurt, 1991), 85-100.

[107] E. Shils, 'Academic Freedom', in P. G. Altbach (ed.), *International Higher Education*, vol. Ⅰ (New York and London 1991), 1-22.

[108] *Shorter Oxford English Dictionary*, s.v. 'political'.

[109] OED, Supplement s.v. 'politicization'.第一次发生在 1934 年纳粹德国的教堂里。

遭受驱逐问题已经有了很深入的研究，[110]但 1933 年前后教师的政治化问题还没有得到相应的研究。

更加令人不安的是，对去纳粹化过程和被驱逐后又回归的教授缺乏详细的研究。[111] 对被德国占有领土的研究几乎没有公开发表的证据。[112] 仅就目前所能搜集的材料看，我们在得出结论前要非常谨慎。极少有被发现的殉道者，但有数量惊人的教授和学者不管是在东欧还是西欧的法西斯独裁统治下没有受过过多伤害而幸存下来。很多一流的科学家并没有这样的机会。为了掩饰他们的身份，在被占领地区有一些亲纳粹者和
198 少数人加入了纳粹党或签署了声明。在信件和公开出版物中明确支持纳粹的段落需要仔细分析以查明其真实含义或者是否有讽刺的意图。1945 年后对教师的清洗是不成功的。在德国大约有 30％的教授被迫离开，但只有 25％战后回归。前东德大学教师的情况很大程度上重复了 1933—1945 年的模式，1990 年代后的清理，即清除马克思主义及其政党中的积极分子，也不是很成功。[113] 如果有谁想去揭示细节，通常面对的仍然是“沉默之墙”。这似乎是被德国占领的国家还有法西斯和共产主义大学系统的真实情况。

显然，没有多少教授在导致东欧解体的剧变中表现活跃。在 1968 年事件中，有很多教授参与了活动。大量著名和重要的大学教师（主要是社会科学领域）明确提出了左翼理论，在这些理论的基础上学生（在很多情况下也包括初级职员）才得以进行“机构内的征程”。其中一些人的确完成了这一征程，这些人主要是那些试图从“后 1968”时期的结构中受益的初级职员。一些教授对学生运动进行了相当程度的抵制——这种抵制在某

---

[110] H. H. Christmann and F.-R. Hausmann (eds.), *Deutsche undösterreichische Romanisten als Verfolgte des Nationalsozialismus* (Tübingen, 1989). See also vol. Ⅲ, 653-659 (Epilogue).

[111] T. Finkenstaedt, 'Anglistik 1945-Blick zurück ohne Zorn', in *Valete: Festschrift zum Eintritt in den Ruhestand von Thomas Finkenstaedt* (Wildsteig [privately printed], 1992), 15-35; many details in G. Haenicke and T. Finkenstaedt, *Anglistenlexikon 1825—1990* (Augsburg, 1992).

[112] A. Wolf, *Higher Education in German-Occupied Countries* (London, 1945).

[113] R. Jessen, *Akademische Elite und kommunistische Diktatur: Die ostdeutsche Hochschullehrerschaft in der Ulbricht-Ära* (Göttingen, 1999).

种程度上是成功的。⑭

战后的发展形式使得大学教师不可能假装是保持政治中立的科学家。大学教师需要更多地关注他们与政治的密切关系以及他们潜在的政治作用，而且也非常有必要找到界定大学内合法研究界限的途径。事实上，独裁统治从未试图去干预博士的培养，因为这样的统治也同样需要好的科学家。因此，在大学的最基本权利方面必须找到指导性的原则，即大学内的研究和教学所在的领域应该使得学生在研究可以发表的基础上为博士学位而努力。⑮

学 会

大学教师倾向于个人主义，然而他们的行为和表现还必须像一个群体，大部分的群体行为方式是非正式规定的，而且是在初级职位上长年累月学习的，这种学徒式的学习一直要延续到获得教授的职位。教授群体行为方式的某些特点让人联想起中世纪的行会——而且是早期的行会。 199
需要特别指出的是，大学教师通常不止属于一个群体，每一个都有特定的权势等级。对教师来说既有某个学科的全球性的科学共同体，也有他或她作为成员之一的学院和大学。科学共同体是一个极为出色的比喻，在现实中这种共同体不是很容易就能找到的，因为它就像遍布世界各地的某个学科的顶级学者组成的“看不见的学院”一样难以捉摸。大学教师绝大多数的各种关系和联系都是非正式的网络。学院、教师俱乐部、学术典礼以及晚餐，都是见得到学术共同体的地方。然而在过去几十年中也可见到某些变化。总体上大学群体内部社交上的联系要比二战前少了。这可能归结为生活条件的变化以及 1968 年之后大多数西欧国家中作为学术生活主要成分的典礼被摧毁。提倡共同管理和共同决定的新的人员结构改变了不止一个国家的环境。旧式精英式的存在以及教授的感觉全都随

⑭ H. Daalder and E. Shils (eds.), *Universities, Politicians and Bureaucrats: Europe and the United States* (Cambridge, 1982). W. Rüegg, '20 Jahre Bund Freiheit der Wissenschaft. Vom Defensivbundnis zum think-tank', *Freiheit der Wissenschaft*, 4 (1990), 8-14.

⑮ Finkenstaedt, 'Political Rôle' (note 106), 97f.

风而去，同时与此相关联的许多以往紧密的同事圈子也都不复存在。在某种程度上，大学教师变得更正常了。在教授中间仍然有一种感觉，觉得他们可以跨越学科和国界而属于彼此。除了这种感觉，也有看得见的协会组织，尤其是特定学科的专业学会以及一个国家所有大学教师的普通联合会。自二战以来，专业学会在许多领域成为重要的社会力量，同时大学教师在这些学会中也发挥了重要的作用，或者他们也拥有自己的专业学会。会议、论文集以及公开发表的研究成果在追求声誉中都非常重要，同时随着国际化的到来这种追求变得日益艰难。在年会上做“特邀发言”或在重要协会担任主席对教师的职业生涯来说其价值堪比任何获奖或著作、论文发表。

这也说明了为什么普通的大学教师联合会常常对教师没什么吸引力，虽然这些联合会对整个系统来讲也许同样重要。英国的大学教师联合会加入了工会联盟，而且在联盟中其会员占有极高的比例(50%多。多科技术学院拥有自己的联盟，称为全国继续教育与高等教育教师联合会)。法国和瑞典同样具有强大的工会传统，对不同工会的选择大多基于个人的政治倾向。在瑞典，大学教师在面向学术白领的综合性工会中拥
200 有自己的联合会。有些教师喜欢加入非教学人员的工会，正是这个工会在 60 年代的瑞典宣传平等的大学系统。法国的三个教师联合会也是与政治联盟的工会组织，它们在 1968 年后对教师结构的变革发挥了前所未有的影响。在德国，真正的工会(德国教师工会，公职人员联盟)极少有大学教师会员。教授和拥有教授备选资格的人员在德国高校联合会中拥有极高的会员比例(一半以上)。这些协会所发挥的作用在不同的国家依据其法律环境的不同而不同。在英国，大学教师联合会和全国继续教育与高等教育教师联合会在每年的工资谈判过程中会成为伙伴，甚至也会一起支持罢工行动。在德国，大学教师的官方地位导致的是更为非正式的影响，具体情形在很大程度上要依据政治环境而定。不可否认的是，教师协会在总体上倾向于做出反应，而非直接行动，而且它们也没有为未来开发出新的模式。在前共产主义国家没有任何自愿性的教师组织或者是独立的、争取会员的针对行业的工会。政党和一般性的工会确实对大学政治施加影响，但是一般情况下，它们不干预有关学位的决定，对教师的聘任

几乎也没有阻碍。

如今对大学教师的私人生活所知甚少。可能学生生活的变化(躲避大学)与大学教师的生活有共同之处,教师们更愿意和朋友而不是同事待在一起。新型的拥有自己职业的学术伴侣的出现可能促进了这方面的发展。

结 论

用一两句话是无法总结半个多世纪大学教师的发展过程的。西欧国家经历了重建、扩展以及1968年之后的动荡,紧随而至的又是80年代的紧缩。在东欧,苏联模式在1945年之后经历了诸多的变革并最终瓦解,开辟了大学系统在某种程度上沿着西欧模式的发展之路。1990年之后总体情况是混杂在一起的。欧盟承诺要促进经济的新发展。这可能会导致把大学教学作为发展的引擎而予以高度重视,就像二战后所做的那样。

将大学整合成更为综合性的第三级或称之为高等教育系统将改变传统的教师结构,尤其是对高级人员的传统资格要求。除了现代媒体的影响之外,学生以及大龄学生比例的提高将迫使教师们更多地思考教学 201
方法。

全球化[116]以及欧盟的影响导致多样化的教师所教授的课程之间差异日益增大,比以往更为碎片化。来自布鲁塞尔的经济驱动力强化了创业型大学的发展趋势,[117]人们希望教师既是创新者又是好的经理人,这样的品质不管是在学校内部还是外部都有助于提高学者的社会地位。《马斯特里赫特条约》未涉及大学教师,因为他们不在欧盟规章的制约之下。条约提出(第130条,f和g款)要加强工业的科学基础,研究中心和大学将在科技方面提供协助。欧盟也将进行科学家的培养训练,并鼓励他们的流动。最近的项目包括建立国家间各部门的专题网络,这意味着大学向着计划的方向发展,也意味着逐渐在教师间进行比较有用和不太有用的区

---

[116] World Bank (ed.), *Higher Education: The Lessons of Experience* (Washington, D.C., 1994).

[117] B. R. Clark, *Creating Entrepreneurial Universities* (Oxford and New York, 1998).

分。这种做法与欧洲的传统完全是背道而驰。各国政府和教师协会似乎对这样的问题还没有给予更多的考虑。

大学的“精英色彩”已经不复存在，教师的支配性也下降了。[118] 大学教师的社会声誉已无法与过去相比，这个行业现在太大，无法由精英来组成。但教授的头衔在许多国家依然具有很高的社会和经济价值，而且许多大学教师是他们所在领域的专家，他们参与各种关于科学和一般问题的公开的辩论。比较麻烦的是现代社会的问题通常引发多种解释，没有最后的定论，而且有些大学教师无法抵制住来自媒体、政客或工业界的诱惑。利用自己的学术地位实现与个人学科无关的目的确实是令人心动。但是过去的那些吸引力依然存在：大学里从事研究的声誉，生活方式极大程度的自由，常常与工作稳定性结合在一起。我们生活在一个转变的时期，是否会出现大学教师的新形象以及新的大学精神这一点非常不确定。[119] 在许多学科，认识一个人的所有同事已经不可能了，而且确实存在
202 着共同体观念彻底消失的危险。如果没有这样的机构我们可能无所作为，是大学把教学和研究结合在一起，颁发博士学位，拥有将学术作为自己职业的核心成员，而这些人保证了学术的、科学的以及学者的标准。这种重要的工作不可能通过简单多数的投票来进行，而只能通过高水准大学教师的同行评价。大学教师——“最公开同时也是被研究最少的职业”，是 20 世纪的“关键职业”，同时也可能是 21 世纪的“关键职业”。[120]

精选文献

Altbach, P. G. (ed.) *Perspectives on Comparative Higher Education: Essays on Faculty, Students and Reform*, Special Studies in Comparative Education, 22, Buffalo, 1989.

---

[118] F. K. Ringer, *The Decline of the German Mandarins: The German Academic Community 1890—1933* (Cambridge, Mass., 1969); Halsey, Decline (note 32).

[119] Deutscher Hochschulverband (ed.), *Das Berufsbild des Hochschullehrers: Thesen mit Erläuterungen* (Bonn, 1991).

[120] Perkin, ‘Academic Profession’ (note 29), 1.

Becher, T. *Academic Tribes and Territories: Intellectual Inquiry and the Cultures of Disciplines*, Milton Keynes, 1990.

Bourdieu, P. *Homo Academicus*, Paris, 1984.

Boyer, E. L., Altbach, P. G., and Whitelaw, M. G. *The Academic Profession: An International Perspective*, Ewing, N. J., 1994.

Charle, C. (ed.) *Le personnel de l'enseignement supérieur en France aux XIXe et XXe siècles*, Paris, 1985.

Clark, B. R. (ed.) *The Academic Profession: National, Disciplinary and Institutional Settings*, Berkeley, 1987.

Clark, B. R. andNeave, G. (eds.) *The Encyclopedia ofHigher Education*, Oxford, New York, Seoul and Tokyo, 1992.

Enders, J. and Teichler, U. *Der Hochschullehrerberuf im internationalen Vergleich*, Bonn, 1995.

Giglioli, P. P. *Baroni e burocrati: Il ceto accademico italiano*, Bologna, 1979.

Halsey, A. H. *Decline of Donnish Dominion: The British Academic Professions in the Twentieth Century*, Oxford, 1992.

Halsey, A. H. and Trow, M. A. *The British Academics*, London, 1971.

Maasen, A. M. and van Vught, F. A. (eds.) *Inside Academia*, Utrecht, 1996.

Sindal, H. *Structures of University Staff: Schemes of Academic Hierarchy and Dictionary of Terms*, Strasbourg, 1966.

Teather, D. C. B. *Staff Development in Higher Education: An International Review and Bibliography*, London and New York, 1979.

Teichler, U. (ed.) *Das Hochschulwesen in der Bundesrepublik Deutschland*, Weinheim, 1990.

Williams, G., Blackstone, T., and Metcalf, D. *The Academic Labour Market*, Amsterdam, 1974.

第三编 学　生

第六章 录 取

A.H. 哈尔西

导 言

1945 年,倘若欧洲的大学不是仅仅招收富裕家庭子弟或青年精英的话(这其中绝大多数还是男性),那么大学的规模会很庞大。社会所选拔的少数年轻人参加升学考试后,一部分人方可进入大学获取学位,这些升学考试主要涉及科学及人文方面。但是这一体制随后就发生了变化。自 1945 年以来,整个欧洲大学及其他高等教育机构所录取的学生人数或多或少地都呈现出了增长的趋势,这一趋势一直持续到 20 世纪 90 年代。自美国颁布《士兵权益法案》(此法案使成千上万的二战退伍士兵接受到由政府资助的高等教育)以及东欧进入苏联势力范围之后,从回溯历史的角度来看,平等教育机会的各种历史演习成了一种惯例。英国的继续教育与培训补助金便是一个典型的模仿性方案，整个欧洲大陆也是如此，尽管战争的巨大破坏仍未消除，然而扩展教育已成为当时的规范。这种趋势始于战后，虽然发展的速度不同，一直持续到 20 世纪 70 年代中期石油危机爆发后，直到本章覆盖的最后阶段才得以终止。1970 年至 1990 年入学人数的总结见表 6.1。

除苏东国家，西欧的增长只能用“壮观”一词来形容。例如，英国大学 1990 年的教师人数远大于 1950 年的学生人数。尽管 20 世纪 80 年代开始下降，1980 年芬兰、奥地利以及西德的学生人数则是 1970 年的两倍。20 世纪 70 年代，年平均增长率分别为 8%以上；20 世纪 80 年代，分别为每年
207 4%以上。女生占据学生增长总数的大部分，到 1990 年，她们已经占据学生总数的一半，或在绝大多数国家接近一半。

表 6.1　以千为单位的欧洲高等教育入学人数[①]

（括号中显示的是女性入学人数的百分比）

欧洲国家	1970	1980	1990
阿尔巴尼亚[②]	14.6(50)	25.2(50)	22.0(52)
奥地利	59.8(29)	136.8(42)	240.3(45)
比利时	124.9(36)	196.2(44)	276.2(48)
保加利亚	99.6(51)	101.4(56)	188.4(51)
捷克斯洛伐克	131.1(38)	197.0(42)	118.0(—)
丹麦	76.0(37)	106.2(49)	142.9(52)
芬兰	59.8(48)	123.2(48)	165.7(52)
法国	801.2(—)	1076.7(—)	1698.9(53)
联邦德国[③]	503.8(27)	1223.2(41)	1686.7(41)
民主德国[④]	303.1(43)	400.8(58)	438.9(52)
希腊	85.8(31)	121.1(41)	195.2(50)
匈牙利	80.5(43)	101.2(50)	77.0(49)
爱尔兰	28.5(34)	54.7(41)	90.2(46)
意大利	687.2(38)	1117.7(41)	1452.2(48)
荷兰	231.2(28)	360.0(40)	434.1(45)

续表

欧洲国家	1970	1980	1990
挪威	50.0(30)	79.1(48)	142.5(53)
波兰	197.9(47)	589.1(56)	544.8(56)
葡萄牙	50.1(44)	92.2(48)	185.7(56)
罗马尼亚	151.9(43)	192.8(43)	192.8(51)
西班牙	224.9(27)	697.8(44)	1222.0(51)
瑞典	141.2(42)	171.4(—)	192.6(54)
瑞士	51.4(—)	85.1(30)	137.4(35)
苏联	4580.6(49)	5235.2(—)	2638.0(50)
英国	601.3(33)	827.1(37)	1258.2(48)
南斯拉夫	261.2(39)	412.0(45)	327.1(51)

资料来源：①for 1970 and 1980 UNESCO, Statistical Digest 1990, UNESCO Yearbook 1989. D. Kallen in Clark, *Encyclopedia III*, 1549. The column for 1990 was established by Marilena Filip, CEPES/UNESCO, Bucharest. Main source: UNESCO Statistical Yearbook 1994. Other sources: Czechoslovakia—GEO 3 Data Compendium; Greece and Yugoslavia—UNESCO Statistical Yearbook 1994; Hungary—Education in Hungary, Budapest: National Institute for Public Education, 1997; Romania—United Nations Statistical Division; USSR—UNESCO Statistical Yearbook 1998.② Only level 6.③ Data for 1991.④ Data for 1988.

东欧与西欧之间的经历并不相同。20 世纪 70 年代东欧各国的发展较为缓慢，年增长率为 3%，其中，捷克、波兰和南斯拉夫处于领先地位，苏联和保加利亚排在最后。20 世纪 80 年代，东欧基本上没有什么发展。80 年代末的经济和政治危机时期，匈牙利、波兰、捷克斯洛伐克、罗马尼亚和南斯拉夫，年增长率实际上是下降的。因此，东欧和西欧之间高等教育入 208
学人数的差距拉大了。

在这场波及欧洲的教育运动的背后，我们可以发现三项动力以及至少三层阻力。首先是经济社会动力：增加数量的渴望以及具备相应的财政能力去寻求财富与福利。这一点在欧洲主要是由于政治原因，因为东欧与西欧分属两种民主模式，并且整个欧洲的选民都认为国家是确保繁荣和正义的主要工具。诚然，西欧人认为私营企业是体现自由必不可少的方式，但国家主导的教育系统则是几个世纪的遗产，而且最近的经验表明民族国家已经成功地打败了法西斯主义。

受凯恩斯自由主义启发的政府知道如何利用宏观经济计划提供充足的就业机会。这种信仰于 20 世纪 80 年代崩溃，部分原因在于高等教育和培训的系统的管理环境发生了变化。然而，20 世纪 50 年代，由于受到东欧和经济合作与发展组织不断宣传的影响，劳动力效率成为首要且最为显著的驱动力。东欧主要是苏联的计划模式，西欧主要是为复苏西欧经济而设立的经合组织。

其次是对大学提高专业与技术效率的能力信心，最近也有同样的做法。大学校园内已发明了原子弹和青霉素。未来繁荣的关键在于把学术界而非商业企业作为现代经济的核心机构。

最后，可能是尤为重要的一点，即民族性国家扩大高等教育规模的动力，这也是本章所关注的中心。从历史上看，这个问题不管是在东欧还是西欧都可以表述为阶级的问题。正如我们所提到的，最初采取的形式是纠正战前一些不平等现象。随后采取更惊人的形式，即扩大女性、少数族裔以及成人入学的机会。只是很久以后才发现，传统的阶级目标，即均衡各个阶级的入学机会，无论是在马克思主义模式还是在自由主义的模式中，都以失败告终。

以上是动力，但阻力则是令人生畏的。尽管有改革的压力，但大学的自治性赋予其强大的防御能力。大学本身倾向于保持与洪堡和纽曼所提倡的大学概念相一致的形式。布鲁斯·特拉斯科特成为畅销书的作者[1]，
209 本质上他所推崇的是开明的精英学者的“牛桥”理念。直到 1963 年克拉克·科尔在哈佛大学所做的吉福德演讲的信息传播到大洋彼岸之后，大学作为国家经济文化生活的知识中心的新形象才得以出现。[2] 此外，在欧洲，对孩子期望高的父母们对精英学校仍然是情有独钟，如法国的国立中

① B. Truscot, *Redbrick University* (London, 1943).

② C. Kerr, *The Uses of the University* (Cambridge, Mass., 1963).

学、德国的文科中学。而且“能力库”的观念使得对扩大中等教育进入高等教育通道的持续性抵制变得合理化。

其次，阶级和地位阻力的存在也并不奇怪。作为中产阶级或公职人员，没有什么比如何把他们的优势传给孩子这个问题更能激发家长们了。值得庆幸的是，经济发展为更多受教育的人提供了更多的就业岗位，从而使得维护精英中学和学院的力量得以减弱。但在我们这个年代，阶级和地位的斗争愈发集中在大学的招生办公室里。

随后出现的第三个强大的阻力是政府不愿意投资高等教育。这方面有三个可以确定的根本原因：军备诉求与民生诉求的冲突；选民不支持较高的税收；主张最小政府的经济自由主义信条的普及。从当时战后的经验来看，这些原因似乎是自相矛盾的。然而，老龄化人口确实会优先考虑医疗保健的支出，而且鉴于官僚主义效率低下，他们也不愿意让政府花他们的钱。人们对于这种不情愿可能会找到一个合理的依据，即政府投资高等教育是社会的倒退。实际上，郊区家长对经济自由主义者和社会主义者缩减学生津贴尝试的强烈反对证明了相反的一面。即使是在教育内部，女性大量进入经济领域以及双职工家庭的兴起，引发的则是对于学前教育和保育的需求，而不是对大学的资助。

最后，还有一股阻力来自那些反对市场的势力、行会或中小学及大学等公共服务机构，它们在经济自由主义成为欧洲各国政府的主要信条时发挥了抵制作用。行会以及由教师和研究人员组成的行政形式的组织是很强大的，但最终它们也无法阻止教育沿着市场化的路径进行重组。

人口结构变化的因素我们也必须充分考虑到。这些也都是欧洲范围内的，其中包括原因不明的生育波动。整个区域逐渐由二战后的婴儿潮 210
时期向前所未有的出生率下降时期转变。到20世纪90年代，人口出生率已经普遍下降到1.8%，而要保持稳定人口，出生率则要求2.1%。生育率的波动与人口数量的长期下降结合在一起，可能会给大学带来即便不是灾难性的前景，也会是长期消极性的影响。但事实上，这个发达的工业区域的人口结构和相对繁荣产生了一个“第三龄”体制，在此，医疗保健、休闲和收入都相对均匀地分配给那些已经从劳动领域退休的人，而且这些人实际上已经形成了拥有资源并追求继续教育的一个新的、强大的政治阶层。因此,法国形成了"第三年龄大学",英国开放大学广受支持,在讲德语的国家引进了老年大学,类似的机构在整个欧洲都很普遍。

持续性的不平等

人们很清楚阶级障碍绝不仅仅是战后欧洲的显著特征,它也涉及其他国家和其他时期。一项对13个国家可比项的研究为本章的主题提供了重要证据。[3]"可比项"本质上是统计学的,正如罗伯特·梅尔[4]在区分两个过程时所界定的:教育系统的扩张以及中小学生和大学生的选择与分配。为了明确区分不同,对孩子们能够选择或被选拔继续接受更高层次教育的时候,梅尔使用了转变的概念,而雷蒙·布东则称之为"分支点"。[5]转变的概率显然是由外在因素决定的,例如性别、阶级背景、种族、父母的教育和收入、家庭规模或潜在学生人口的地理位置。概率也是当时特定机会结构的结果。因此,与其提出诸如教育过程是如何发生历史转变的简单问题,还不如分别询问关于机会扩大(或收缩)的影响以及关于外在
211 因素转变的影响等问题。梅尔的方法或模式通过罗吉特回归分析得出了答案。

根据实证研究,他发现当教育发展时,正如1945年以后欧洲教育的发展那样,回归值沿着相邻年龄组呈下降的趋势,除非社会阶层与教育转变(罗吉特效应)的关联度增加。根据实证模式的特点,在连续转换中,罗吉特效应呈现下降的趋势。在教育扩展时期,达到教育系统较高水平的相邻年龄组的增加部分具有较小的选择性,不可测量因素的同质性同以前的组相比会降低。因此,社会出身对高等教育转变的罗吉特效应呈现增长的趋势。这个互动过程的最终结果是减少了学校教育的差异,增加了教育的均等性,但社会各阶层之间教育相对机会的分布几乎没有变化。

---

③ Y. Shavit and H.-P. Blossfeld(eds.), *Persistent Inequality: Changing Educational Attainment in Thirteen Countries*(Boulder, Col., and London, 1993).

④ R. D. Mare, 'Change and Stability in Educational Stratification', *American Sociological Review*, 46(1982), 72-87.

⑤ R. Boudon, Education, *Opportunity, and Social Inequality: Changing Prospects in Western Society*(New York and London, 1974).

我们的问题是这种结论能否适用于战后欧洲的各个国家。

这项研究所涵盖的国家或地区有联邦德国、荷兰、瑞典、英格兰和威尔士、意大利、瑞士、波兰、匈牙利以及捷克斯洛伐克,也包含了一些非欧洲国家和地区(美国、日本和中国台湾)作为对比。尽管研究所包含的范围并不全面,但可以使我们从更广阔的背景中看到欧洲的整体发展,并且将东欧的共产主义改革经验与德国或英国的资本主义社会结构或者与瑞典或荷兰的社会民主体制进行对比。

经验让我们预期到教育的不平等性。在经济、政治的重建与发展时期,我们会预期不断增长的财富和更好的医疗、各种回应憧憬美好社会的尝试以及战争结束后更先进更和平的文明。此外,我们也很想知道不同的政治制度之间在回应特别是提高大学或高等教育入学机会方面相差有多大。战后,随着法西斯主义和国家社会主义的灭亡以及共产主义和社会民主主义的崛起,家庭的、政治的以及经济特征与教育机会之间的关系是否发生了变化?

教育程度在阶级、种族以及性别之间的持续的不平等是欧洲历史的古老特征。解释这种状况的方法一直有两种基本模式:文化资本理论和经济约束理论。文化资本理论假定穷人大多缺乏语言优势、动机和技能,而这些可以促使学生学业进步并使其具备成功升入大学的能力。由雷 212
蒙·布东所提倡的(虽然不一定不相容)经济约束理论⑥认为在大多数国家,教育资金必须来自家庭资源,要把直接的成本和放弃的收益都包括在内。因此,根据意大利的情况,贫困家庭如果想接受高等教育,相比较富裕家庭他们要做出更大的牺牲,并具有更强大的抱负。⑦ 从这个意义上来说,各阶级和不同社会地位群体之间文化和经济的不平等性结合在一起,导致其孩子之间的教育不平等。

在回应经济日益技术化要求的时候,作为迈向现代性大趋势的特征之一以及既得的先赋角色的替代品,精英观念依然存在。因此,社会出身

⑥ Boudon, *Education* (note 5).

⑦ D. Gambetta, *Were they Pushed or Did they Jump? Individual Decision Mechanisms in Education* (Cambridge, 1987).

与教育资格之间的关联随着时间的推移应该会消失，尽管并不是所有国家都具有扩大学生数量以及延长其就学时间的决心。无论是从现代化的角度还是从再生产的角度，看待教育的理论家们往往都认可教育扩展——无论是应对现代经济的功能需求或各社会地位群体之间对稀缺教育资源的竞争——将导致较低层次的教育获得较高的平等性。但是这两派对高等教育结果的看法却不同。现代化理论家预计阶级出身的影响会随着时间的流逝而消失。相比之下，坚持再生产观点的理论家则预计阶级等级导致的不平等影响不会变化，甚至会加强。高等教育机构的扩展肯定会以这样或那样的方式导致一个新的扩大了的威望和权力等级层出现，以便将校友安置在专业及管理结构中。由此，既能使得毕业生比例增加，又能使得具有阶级出身优势的人拥有稳定的差别优势。

高等教育的模式

1945至1989年间，高等教育的组织出现了两种不同的模式。在苏联以及东欧，义务教育后的教育由国家主导，并且被视为现代经济的开端以及培养社会主义新人之所。因此，专业的安排既狭窄又是职业性的，所谓
213 “没用”的学科专业，如古典学科则被忽视。⑧ 在西欧地区，高等教育也朝着科技方向发展，但并不如东欧那样明显，传统课程仍保持原有地位。与快速发展的公立高等院校相比，西欧私立学院或大学的重要性相形见绌，但仍得到认可。只有在欧洲外的美国与日本，私立大学迅速发展，而且这些学校大多具有宗教的根源，尤其是美国新教教派。西欧实践中，尽管倾向于美国模式（这种模式实际上是美国自己在19世纪时期取得巨大成功后引进的德国大学模式），但仍然保留了国家主导的学院与大学系统，政府成为战后大学扩展的主要资金提供者。

高等教育的扩展不能仅归因于满足大众对于扩大教育机会平等性需求的政治因素。至少，我们必须同样注意到政府决心通过研究并对现代

⑧ N. De Witt, 'Basic Comparative Data on Soviet and American Education', *Comparative Education Review*, 2(June, 1958).

劳动力进行教育及培训来使国家现代化。在苏联，义务教育之后的教育被定义为培养现代工业经济和中央计划经济所需劳动力的重要工具，这似乎也导致了对个体向上流动愿望的政治性回应。

宗教影响曾深刻塑造了中世纪欧洲大学发展的进程，但在战后时期其影响力逐渐减弱也是一个主要因素。大学生活世俗性的胜利虽然在西班牙极为微弱，但是法国却相当明显；英国牛津大学和剑桥大学的特例尤其引人注目，在这两所大学里，外国观察者经常会为僧侣学院、过时的紧密的师生间的辅导关系与现代化的实验室的共存感到困惑，在这些实验室里，诺贝尔奖以及著名的科学发现经常出现；在美国，宗教与国家的分离加速了私立院校的发展；在法国，拿破仑革命给予大学校崇高的地位；而在英格兰，国教会融入国家机器的结果导致了社会性的而非学术性的低一等的“红砖”大学的发展，这些大学拥有单独的录取程序。因此，欧洲大学的总体情况是包罗万象的，而非只是二元制的。苏联和东欧集团二战以后通过取消教会，实现了教会与国家的实际分离，匈牙利大学古老的教会基础便是一个典型的例子。 214

从某种意义上说，东欧各国对教育的干涉可以被合理地看作是对于入学考试和入学成员的基于宗教控制的再现，而这些在基督教的中世纪以及西方早期现代大学里司空见惯。值得注意的是，在英国，直到 1870 年颁布《宗教考查法》，英国才不再考察入学者的宗教观念和入学的情况。在匈牙利，继 1956 年的起义后，几百名教师以及更多的学生被驱逐出大学，1957 年诸如共产主义青年协会的组织建立起来，并最终全面控制学生的生活；传播马列主义意识形态的科目成为强制性的科目，其目的是影响人们的信仰，其做法正如中世纪欧洲基督教教义所做的一样。

直至 20 世纪 80 年代，随着市场自由主义信条的兴起和私有化以及“中立政府”观念的推动，公共性质系统才受到了严重的损害（无论是由国家还是由教会主导的）。这最终导致了 80 年代末东欧共产主义指令型经济的崩溃。直到 20 世纪 90 年代，私人组织与国家组织之间相互制约与平衡的新局面才得以重现。

许多共产主义革命以及1989年反向革命的后果在其他章节中有所追溯。⑨ 共产党通过国家有意介入大学录取，试图改变入学学生的社会成分，进而从总体上改变社会流动性的水平。因此，历史赋予了(以某种代价)人们机会，去对比不同社会变革带来的通过教育实现社会转型的效果。因此，东欧社会主义转型的尝试成为本卷的主要特点之一。

社会主义转型发生作用了吗？事实上，采用社会阶级分类进行招生的方式在1963年就被废止并继之以考试的方式。我们不知道在多大程度上成功地实现这一目标。这一时期是短暂的，存在大量的舞弊行为，党组织机关人员注定会为自己的孩子寻找机会；他们有各种"后门"，包括他们有权通过政府部门干涉上诉程序。总之，信息系统、对名望的竞争以及对现代化的追求给国立大学系统带来很大压力。西欧国家的信息对于寻求新
215 革命的研究人员和学生而言具有重要意义。在匈牙利1956年发生革命之后的30多年中，大学生活的重要性在东德是不可想象的。

同时，二战后学生入学人数增加了，课程多元化。20世纪70年代中期毕业生(不管来自是中等学校、中学后学院还是教育与培训领域)与劳动力市场需求之间出现了危机，最终在20世纪80年代进入了重建时期。在这一阶段入学机会与选拔在西欧越来越多地受到多重政治经济困难的影响，在东欧则是政治剧变的影响，这其中包括公共经费与失业率的急剧上升以及政府管理方面的经济自由理论的复苏。粗略地说，20世纪80年代是市场的时代，高等教育的发展受到了财政的束缚，这导致了大学结构与目的的多种重新定义。

这些变化中最为明显的是学术中学与大学之间传统上的密切联系弱化。在所有国家，中学的高级阶段实际上变成了一个独立的机构，它们不再是从普通小学中选拔少数人去接受精英高级教育的输送工具了。当然，40年代至60年代间，精英中学继续对学生进行选拔，尽管瑞典成为欧洲著名的综合学校或普通学校的实验先驱。关键的"分支点"是高中的课程，这些课程要么是准备法国的中学毕业文凭考试、德国的文科中学毕业

⑨ 详情请见第二章"模式"、第三章"与当局的关系"和第八章"学生运动与政治激进主义"。

文凭考试，要么是意大利或其他地区相类似的文凭考试。在英国这个阶段则是学生为大学考试进行准备的文法中学或高中的“第六学级”。这种中学的高级阶段依然是很重要的，但随着大多欧洲国家除了学术性教育逐渐安排职业培训之后，高中的课程变得更加多样化了。到了 20 世纪 90 年代，大部分中学生的离校年龄为 18 岁，其中许多学生推迟接受高等教育的时间，部分学生选择非全日制或某种其他形式高等教育机构中的全日制教育，还有些学生直接参加工作。然而，各个国家的状况无论是从传统的角度还是从适应新需求或财政支持的新条款方面看都不尽相同。

欧洲和大多数发达国家的高校学生一般直接源于中学，有时来自某种特定类型的学校。在这些学校里，学生集中学习学术性科目。意大利有一种非常专门化的结构，某些类型的学校与特定的高校直接联系在一起。英国与日本和美国一样，高等教育入学考试可以在任何一类提供后义务教育的学校进行，包括迅速发展的“第六级学院”。在其他国家（包括北爱尔兰和英国的其他地区），不同类型的中学可以对学生进行选择，尽管入 216
学后的某个阶段学生可以转学。不言而喻，高等教育入学考试主要是在侧重学术性教育的学校里进行。

表 6.2　高等教育入学准备：考试要求的特点

	开始年龄	学习年限	入学资格	考试年龄	科目
法国	15	3	高中毕业会考文凭	18	9
德国	15	4	文科中学毕业证书	19	5
意大利	14	5	高中毕业文凭	19	
日本	15	3	高中毕业证书	18	8—10
荷兰	16	2	离校证书	18	6/7
英国①	16	2	中学高级程度会考证书②	18	5
美国	15	3	高中文凭	18	6

①在苏格兰，获得苏格兰高级中学毕业证书需要在一年内学习五门以上学科。②A-水平或高级资格是通过两年内对至少六门课程（有些是必修的）的学习而获得的，通常包括数学、本国语和一门现代外语。英格兰、威尔士和北爱尔兰通常会限制学习的科目，因此专业化的学习开始得较早。本科课程的学习要求至少

通过五门 GCE 课程（普通教育证书考试，通常在 16 岁时进行），其中两门课程为高级水平（通常 18 岁参加考试），但大多数考生一般都会尝试考三科高级水平的科目，而且至少已经通过了普通水平的六科考试。

入学考试

每个国家都有特定的国民教育资格，这构成了高等教育入学的基本要求（见表 6.2）。

英国对于高级水平考试的特殊地位长期存在着争议，这些考试与德国文科中学毕业考试、法国及其他地区的业士考试一样控制着大学的录取。这背后隐藏着社会阶层以及阶级之间对占有教育资源的斗争，而这些斗争在改革和扩张的运动中愈加激化。同时，对于那些越来越多的成
217 人学生及缺乏"传统"入学资格的学生也采取了专门的安置措施。

尽管对学位的限制可能意味着针对某些类型的课程或某些学生需求强烈的学校会有进一步的筛选过程，但被高等教育机构录取主要取决于获得适当的入学资格。在英国，进入所有的高等教育机构都需要竞争。在东部和西部欧洲，自拿破仑时期以来国家对高等教育录取权的控制日益增强，国家要么确定考试的内容和标准，要么通过控制学生财政资助的各种渠道，或是通过积极的差别对待，更为常见的是设置入学障碍为特定社会群体的学生设置专门的鼓励机制。1945 年，红军对东欧的占领极大地改变了波兰、匈牙利、阿尔巴尼亚、南斯拉夫、捷克斯洛伐克、罗马尼亚、保加利亚和东德的高等教育入学录取规定。旧式资产阶级理念和主导权被推翻，迎来了工人、农民发展的新时代。但直到 1959 年苏共 20 次代表大会上赫鲁晓夫批判斯大林，人们才知晓苏联内部最初的改革运动以失败告终。

匈牙利的经历是典型性的。对相对较少的高等教育机构而言，社会上巨大的入学需求催生了入学限制。配额制曾被短期取消，高等教育机构的大门向包括妇女在内的所有人敞开。但高校的学位数量太少，难以满足需求，因此按配额录取的方式被重新利用并增加了入学考试。考虑到工农子弟以往不是因为资金就是中等学校资格方面的原因被剥夺了一

展才华的机会，因此改变学生群体阶级成分的压力自然存在。

在某种程度上，新运动是战前迈向大众民主自由运动的延续。早在1945年的共产主义国家，大学就为工人们开办了两年制的夜校课程。1947年以后，夜校提供与正常日间课程一样的课程。1949年以后优先录取工农出身的学生。由于中学内这些学生的数量不足，政府还专门开办了大学入学考试培训课程。人们对这种方法的公正性以及有效性仍有争论。但有一点毋庸置疑，大量聪明勤奋的青少年利用了社会革命所提供的这些机会。

一些西欧国家，如比利时和法国采用国家统一考试。瑞典尝试过把学生所学课程及工作经验（不动声色地修正了把年龄作为升学障碍的做法）进行打分排名的做法。欧洲并没有使用美国标准化学术性向测验系统。波兰、捷克斯洛伐克和匈牙利对于工人阶级背景的学生实施积极性差别对待，尽管考试成绩也是入学程序的一部分。对于要求较高的医学、科学和法学学科，入学考试被普遍采用。这导致了对诸如医学、药学和建筑学等受到高度重视的专业学科的限制。在一些国家，如德国，没有被大学录取的学生转道去具有开放入学系统的国家就读，如瑞士和奥地利，从而加重了这些学费昂贵的学习领域中的师资的负担。挪威政府更是觉得为公民到国外进行医学研究提供资助要比在国内建立新的医学院划算。没有升入希腊本国医学专业的学生经常会到东欧去，这些学生在东欧很受欢迎，因为他们会为自己的学习支付相对较高的学费，这有助于弥补接收国政府财力支持的不足。 218

限制性的招生政策并不仅常见于诸如英国的牛津和剑桥大学、法国的大学校这类著名大学，在东欧的共产主义国家中这种情况也存在。这些国家在招生的时候至少有四分之一的学额位置是为工人阶级子弟保留的。甚至抽签也发挥了作用，荷兰入学需求过大的问题就是靠抽签方法来解决的。采用抽签方法的时候，个人的入学机会通过中学毕业考试成绩的分数来确定。然而在法国和德国，取得高中毕业会考文凭或文科中学毕业证书的学生仍然拥有自动进入大学的权利，尽管还不能进入其他类型的高等教育机构。这样做的结果是显而易见的，即本科阶段的前两年学习存在着高失败率和高辍学率。自1992年将以前的多科技术学院并入高等教育系统之后，这种现象在英格兰和苏格兰也变得非常明显。这是高等教育大众化发展过程中不可避免的结果。换言之，把大学早期阶段的学习作为选拔性的机制来取代传统的高中是很有可能的。因此，毫不奇怪的是，迟至 1994 年法国才出现骚乱的恐慌，而且申请博洛尼亚进程的人非常多。其他国家，如比利时和西班牙，从来都没有授予中学毕业文凭任何优先权。然而，在法国，尽管有一些大学改革，如 1984 年萨瓦里改革，但业士文凭(高中毕业会考文凭)获得者的入学权利从未被动摇过。当然，选择性的大学校继续挑选前 15%的尖子生。法国和德国逐渐采用了入学名额限制，从而使得入学权利只具有名义上的意义。入学权利不能
219 保证在任何一所大学的某个系科获得一个位置。

总之，当代招生和录取方式已经从高中的挑选演变为高等教育机构招生办公室组织的考试。传统方式本质上是由大学教师控制的，现在则更多地掌握在政治家、法院和预算管理者的手中。中等教育阶段和高等教育阶段都出现了多样化特征，作为大学教育通行证的业士文凭、文科中学毕业文凭以及其他欧洲国家类似文凭的独特地位已不复存在。取而代之的是进入一系列多样化的义务教育后教育与培训机构所需的各种替代性模式，这些是与高级水平考试、业士文凭以及文科中学毕业文凭相当的职业类文凭。法国设置了技术类业士文凭会考，除了传统的 8 大门类之外，还包括 12 个专业选择。此外，还提出设置具有 30 个方向的实践性业士文凭会考，此种会考预计在 20 世纪末以某种形式推行至 80%的中学毕业生中。

在大多数国家，绝大多数首次进入全日制高等院校的学生年龄在 18—21 岁之间。至 20 世纪 80 年代末，这一年龄段学生全日制入学率在一半以上的经济合作与发展组织成员国中已达 10%以上。然而，年龄较大的学生也被各国院校所录取，德国在入学名额限制部分专门为他们保留一定比例的学额位置。1990 年，北欧国家、奥地利、西德和瑞士 22 岁至 25 岁之间的全日制学生高于 18 岁至 21 岁之间的全日制学生。较晚开始高等教育学习的原因是多方面的。如一些国家存在义务兵役制度，一些国家部分学生修读较低层次的全日制中学后教育课程或直接就业；有些人可能会重新参加入学考试以便提高高等院校录取他们的概率。

这段时期末，欧洲正规教育系统与劳动力市场之间的衔接进入了新的发展阶段。20 世纪 50 年代至 60 年代，不仅由凯恩斯、布雷顿森林体系以及左翼计划经济政府倡导的宏观经济管理出现崩溃，80 年代末东欧计划型经济迅速破产，而且劳动力的性别分工受到全面的重新审视。那种被某所大学录取作为“职业生涯”的关键，其可以终身拥有优越职业的现象趋于消失。兼职和临时合同成为常态，这种情况不仅存在于临时性、非技术性和非学历性的工作中，也存在于专业的、技术性的职位中。欧洲与 220
其他世界先进工业国正在进入一个迥异的经济和社会深刻变化的发展阶段。

未来并不只是简单的录取或落榜，而是要为再次录取、回归教育以及为那些处于系列婚姻关系或同居的双职工家庭提供更多机会。这些家庭的成员有时会分居两地，并经常更换不稳定的工作。随着大学学习投资的增加，结构性的青年人失业现象出现。容易流动的资金预示着一个更加不稳定的区域性劳动力分工。一个新的世界正在出现，在这个世界中被高等教育接纳注定要在生活机会的分配中承担更大的而且是不同的角色。

表 6.3　高等教育的新生:1983 年

国家	年份	第一学位课程所需时间(年)	学生总数(千人)	18—24 岁学生入学百分比	在大学中学生群体的百分比
法国①	1983	4	1144	19	82
德国	1984	4	1503	29	87
意大利	1984	5	182	18	99
日本②	1984	4	2403③	21	81
荷兰	1983	5	384	22	42
英国④	1984	3⑤	1007	15	42
美国⑥	1984	4	1246	44	62

①包括同时在大学机构和非大学机构注册的学生。② 包括在私立大学注册的学生，日本有 180 万，美国有 270 万。③包括函授课程的学生。④ 包括(卫生和社会福利部)机构中的护理和辅助医疗课程。不包括私立院校，大约 30 万。⑤苏格兰为 4 年。⑥基于 1982 年对入学率的统计。

经济合作与发展组织所建议的进入高等教育的比较标准涉及的是每个国家的某个派生年的所有新生(无论年龄)。新生指的是大学一年级的学生,不包括已经获得高等教育资格的学生,如毕业生以及那些具有五级资格,旨在获得第一级学位的学生。经济合作与发展组织所建议的相关年群组是这一年龄组的所有人口,其中包括70%的新生,由除以所涉及年份的数量而得。非全日制学习的新生也包括在内。总的学生数通常是国际的一个测量标准,不过这些数据可能会误导高等教育的入学人数,因为
221 课时和淘汰率会有所不同。但它们仍然可以用来对比各个国家高等教育的结构。例如,在意大利几乎所有的高等教育都被归类为大学内的教育,只有3%视为低于学位标准。相比之下,在荷兰只有42%被归为大学教育,其余低于学位标准。各个国家的差异明显,要远多于相似性。

1972年至1984年间,所有国家女性接受高等教育的比例都增加了,最显著的是荷兰(11个百分点)。在荷兰和德国,1982年女性研究生入学率不低于1972年整体入学率。到1991年,年龄在25至64岁间的一半欧洲女性都接受了某种程度的高等教育。

表6.4　1972年和1984年女性入学百分比(%)

	1972	1984	专科生5级	本科生6级	研究生7级
法国①	47②	49③	50	51	39
德国①	33④	42	65	38	33
意大利	38	45	56	46	32
日本	29⑤	34⑥	85	24	13
荷兰①	31④	42③	48	38	
英国⑦	42	45	48	45	34
美国⑦⑧	43	51③	55	51	45

①基于1982和1983年的数据。②只是1973年的大学数据。③1982。④1984。⑤包括函授课程。⑥包括私立学院和函授课程。⑦包括护理和辅助医疗课程(健康和社会福利部)。不包含私立学院。⑧包含私立学院。⑨基于1982—1983年合格学生的比例。

正如我们所指出的，战后欧洲高等教育的主要特点是大学拥有了各种替代形式。20世纪50年代欧洲各国提出的"在十年内翻一番"的高等教育发展口号改变了大学的录取条款以及大学内所学内容的规定。通过从各种高中获得业士文凭或其他类似的中学毕业证书进入大学的旧有模式发生了变化，传统的全日制三年或欧洲大陆国家年限更多的纯科学或纯文科的课程，转变为主要以职业或专业预备性课程为代表的各种各样的课程，而且这些课程在范围更广的机构里开设，有住校攻读的，也有非住校攻读的。欧洲迎来了高等教育大众化的曙光，青少年接受高等教育的比例显著增加。高等教育大众化的发展实际上大范围地取代欧洲传统的大学观念，正如一些传统主义者所宣称的，这是被稀释的第三级教育，而不是高等教育。 222

1970年以前的社会选择

现在已经有了对我们这一时期的早期通过教育进行社会选择的相关研究。⑩ 总体上这些研究是一致的，而且是相互补充的。这些研究断定，在欧洲范围内德国的高等教育二战后马上从低点开始扩展。在这一过程中，社会选择性对整个人群以及女性而言有所下降，但是对于弱势阶层的儿童而言，相对机会却没有发生太大变化。从招收以及职业安置的角度看，高等教育依然表现出与阶级结构中最优越的一端相连的特征。

这是欧洲精英教育发展的本质形态，也是大学在不断扩展和精细化系统中的角色。从整体看情况是错综复杂的，因为国家间存在各种差异，如人口、经济结构以及国家对各教育阶段教育机会安排的历史特殊性、课程内容、学生财政资助类型和获取、教育资格与专业和行业准入之间的联系等。因此，如像法国或波兰这样的农业大国，教育选择对农民的子弟而

⑩ Shavit and Blossfeld, *Inequality* (note 3); W. Muller and W. Karle, 'Social Selection in Educational Systems in Europe. Paper presented to the meetings of the International Sociological Association, Research Committee on Social Stratification, XIIth World Congress of Sociology, Madrid, July 9-13, 1990', in S. J. Bail (ed.), *Sociology of Education* (London, 2001), 717-749; Y. Shavit and W. Muller (eds.), *From School to Work: A Comparative Study of Educational Qualifications and Occupational Destinations* (Oxford, 1998).

言就没有什么意义了。而在英国这样的国家，教育与劳动力市场要求的资格之间联系较为松散，相对比较民主的进入大学的机会就可能出现。法国与英国之间差异明显。在对两国职业结构进行调整之后，我们发现法国获得高等教育学位的学生中有55%的社会出身是服务业，而英国只
223 有35%。因此，战后早期，相对于其他社会阶层的子女而言，法国的社会选择系统对服务业阶层的子女给予了比其他国家更多的获得最高教育的机会。在9个欧洲国家中，在小学阶段有不到10%的学生来自服务业阶层，但这些学生在这些国家获得高等教育学位的学生中平均所占比例为45%。

英格兰并不是社会选择性最低的国家，而是与苏格兰和北爱尔兰相当。德国与法国之间也有明显的差距。在义务教育结束的时候，法国来自服务阶层子弟的比例是最高的，而且在后续的各个“转变”阶段依然如此。在德国，直到中间的第二级学位阶段，服务阶层子弟的比例都是最低的，但随后有所增长，在教育过程的最后阶段，德国处于中间位置。值得注意的是，从阶级机会的角度而言，研究中所包含的两个指令型经济或说共产主义国家不在最平等的国家之列，尤其是匈牙利，在给较高的社会阶层颁发高等教育证书方面靠近首位。

在继承了欧洲大学的国家中有两个重要的过程：第一，所建立的教育系统使得在每个相继的教育阶段上都有越来越少的学生保留下来；第二，尽管严重性在下降，但辍学仍然是社会性选择。这两个过程的相互作用产生了诸多结果：一方面，扩展的政策逐渐使高等教育系统从大众化向普及化和平等化方向发展；另一方面，选择性的力量继续将学生全体的组成塑造成选择性的社会等级阶层。

对我们这个阶段早期所进行的研究表明，欧洲国家每个相邻年龄组获得教育资格的机会在程度上千差万别。研究数据是在20世纪70年代早期收集的，所做的分析涉及30至64岁之间的人群，即在1910年到1947年期间出生的人群。因此，他们几乎在1970年之前就已经中学或大学毕业了。他们之中只有很少一部分人的教育受到了20世纪60年代和70年代西欧国家教育改革的影响，但是东欧的教育改革起步较早，正如我们所介绍的匈牙利的例子。因此，早期数据基本上呈现出二元制的模式。英

国、瑞典具有相似的升学模式，而德国、匈牙利、波兰和法国则不同。法国和德国之间的差异最大。德国85%的学生完成了义务教育，而法国只有 224
30%。匈牙利和波兰在完成完整的中等教育方面的比率最高。尽管不同国家在早期学校教育方面的升学率不同，但是所有系统整体上引人注目的特点是高中结束后结果的相似性。在这一点上只有法国因获得高等教育学位的人数异常少而显得别具一格。

在以上所介绍的情境之内，研究将关注的焦点放在了阶层选择性的特征上。在德国、匈牙利和瑞典，上层服务阶层似乎给子女提供了相当优越的教育发展机会。这个发现与历史学家所观察到的“文化中产阶级”(*Bildungsbürgertum*)很一致。“文化中产阶级”是由公务员、专业人士以及高等教育领域的教师所构成的社会阶层。他们传统上对高等教育拥有一套共同的价值观，更有决心为自己的后代传递高标准的教育抱负和成就。文化中产阶级在德国可能是最为特殊的地位群体，但也存在于诸如瑞典和原属于奥匈帝国这些受到德国高等教育传统影响的国家中。⑪

20世纪初，英国社会中并没有这样广义的从教育的角度定义的上层阶层。进入英国社会的上层对教育渠道并没有明确的限制。法国如同英国和德国一样，二战后大学的入学人数呈指数型增长。1900年到1967年期间，法国院校的学生录取人数增长了14倍(从29 759人增长到428 479人)。但是1900年至1915年期间以及1925年至1940年期间，向上的发展几乎停滞。随后在我们这个时代以及1951年之前，学生数量又开始向上攀升。1960年后增长加速，在1960—1961年度至1966—1967年度6年内增加了2.15倍。尽管每年绝对数值在增加，但每年的比例增长速度仍然高于10%。虽然受到了战后婴儿潮时期新生婴儿数量增加的影响，但法国学生人数主要是20世纪50年代和60年代教育需求增长的产物，并且这个数字不断地超过了官方的预测，这种情况在欧洲其他地方也是如此。因此，1946年法国高等教育入学率已达到2.0%(19岁至24岁的学生 225
与这一年龄组法国总人口的百分比)，而1911年的数字是0.7%。1960年上

⑪ W. Conze and J. Kocka(eds.), *Bildungsbürgertum im 19. Jahrhundert*. Vol. I: *Bildungssystem und Professionalisierung in internationalen Vergleichenen* (Stuttgart, 1985).

升到 3.6%，1966 年升至 6.0%。20 世纪 70 年代速度有所减缓，但是到 1983 年其增长比例依然是欧洲国家的典型水平，如表 6.3 中所显示的 19%(18—24 岁学生入学百分比)。然而，计划所预计的是，到 20 世纪末相关年龄组 75%的成员都将会接受某种形式的高等教育。

关于女性入学，可以让人回忆起法国评论家的观点，尽管 20 世纪 60 年代末人们从阶层不平等的角度对入学机会的“民主化”抱有悲观态度，但这些评论家认为法国在提倡性别平等方面走在了欧洲大多数国家的前面。1955 年大学院系的女性学生比例为 36.4%。1965 至 1966 年，女性学生入学百分比稳步上升至 42.6%。[12] 到 1984 年比例为 49%，高于其他主要欧洲国家。[13] 就阶层不平等而言，我们已经注意到阶级不同导致的高度选择性，这种分层的障碍似乎在整个阶段都一直存在。

1970 年以后的社会选择

传统高等教育等同于大学、艺术和体育学院、神学院以及教师培训学院。在德国的典型模式中，大学课程的最短时间为四年。20 世纪 70 年代高等专科学校(短期高等教育机构)成立后，这一系统有了新的发展。这些学校的课程历时 3 年，主要是技术和经济类学科，而且主要面向男性。20 世纪 70 年代中期，一些州创办了将企业内的实际培训与学校内的理论学习联系起来的高等教育机构。这些职业学院比较成功地安置了毕业生，绝大多数毕业生进入他们曾接受培训的企业就业。

大学入学路径有几种，但传统路径是通过完成高中学业、取得(文法学校)毕业证书而获得升入大学或高等专科学校学习的权利。20 世纪 60 年代建立了一些特殊学校，这使得拥有中间证书的年轻人能够继续进行中学后学习，职业高中或文科中学都要求此证书。自 20 世纪 70 年代中期
226 起，文科中学越来越多的毕业生有了多种选择。一个重要的选择是双元制的学徒培训；另一个是医疗保健方面的职业教育路径。值得注意的是，

---

⑫ C. Grignon and J. C. Passeron, *Innovation in Higher Education: French Experience before 1968* (Paris, 1970), 84. OECD, table 14.

⑬ 见表 6.3.

有些文法学校的毕业生完成学徒培训后再开始接受高等教育，因此持有两个资格证书——一个职业培训证书和一个大学(或高等专科学校)学位。20 世纪 80 年代，由于高等专科学校具有相对良好的就业前景，越来越多的持有文科中学毕业证书的毕业生选择此类院校。大学毕业生的高失业率也导致大量的大学一年级学生由于相同原因而转入高等专科学校。

人口波动是所有欧洲国家的背景因素之一。20 世纪 50 年代德国出现了婴儿潮，到 20 世纪 60 年代中期，每年的出生人口超过了 100 万。随后十年中，人口出生率急剧下降，1984 年出生人口仅 60 万。随后，出生人口数暂时稳定下来。20 世纪 90 年代后，出生人口继续保持下降趋势。从长远来看，生育率会产生影响。但是，与个人需求增长相比，人口的影响则是最小的。这种需求是通过入学率来衡量的。因此，1960 年有 28%的 18 岁青少年参与了教育和培训，1985 年总参与率几乎增长到 80%，包括学徒制。1990 年，在所有欧洲经济共同体的国家中，德国和丹麦的入学率最高。

布洛斯菲尔在对 13 个工业国的比较研究中对德国进行了详细的介绍，⑭他采用的数据来自德国社会经济研究小组，其样本涵盖了西德的总人口，旨在揭示 1916 年以后出生的各社会阶层群体受教育程度的发展趋势。社会学中一个常见的假设是教育扩展降低了社会出身和性别对受教育程度的影响，也就是说，身份的归属已经被选择过程中的“成绩”所取代。因此，在德国大学和其他欧洲大学中，我们可以发现 1945 至 1990 年工人阶级出身的女性和学生在大学内比较突出。布洛斯菲尔区分了受教育程度和受教育机会。前者反映为在相继出生的人群中教育资格的比例在上升，后者反映为在每一阶段或教育系统中的分支点上对社会选择性的测量。通过教育的分支点，学生们继续踏上指向某个职业生涯的道路。 227

研究结果首先证实了已有的观点，即根据已获得的毕业生身份，男性和女性都从教育扩展中获得了好处。事实上，二战后男性和女性受教育水平也确实在趋同。然而，我们也应该同样注意到这一趋势的波动，因为它们反映了历史环境的变化。尤其是出现了这样的情况：1926 年至 1935

⑭ 见注释 3.

年出生的德国男性和女性获得学位的比例小于1919年至1935年出生的德国男性和女性。比较合理的假设是，比较年轻的一组在他们10—20岁的时候由于战后贫困和迁移的艰苦条件，他们接受教育的需求较低。这些因素对于女性的影响尤其强烈。随后，在西德的“经济奇迹”时期，追求性别平等的长期趋势得以继续并进一步增强。

1941至1945年出生的人群(他们到50年代后期和60年代早期成为入学的适龄人口)使得获取专业资格和学位的人员比例开始增加。这些比例随后以更快的速度增长。德国中学教育的发展起步晚，因此，在20世纪50年代末和60年代初中学教育和高等教育结构改革之前开始高等教育扩展也是偶然的。男性和女性在高级考试成绩上的趋同成为教育改革的结果。但是1950年以后出生的女性在专业资格方面进步相对缓慢，说明这种高等教育类型的发展高度依赖的是经济条件而不是政治条件。

二战后欧洲大学的新发展建立在广泛的决心之上，不管是政治民主体制还是国家共产主义的社会，都计划为广大民众提供更多的接受高等教育的机会。与其他欧洲国家相比，英国是严格限制录取与入学社会阶层混合统一在一起的国家，而且作为取得反对贫穷的战争的胜利者，其地位独一无二，因此值得特别关注。

1963年的《罗宾斯报告》(以高等教育委员会主席罗宾斯勋爵的名字命名)预示了英国高等教育的进一步发展。随后，1963至1990年的高等教育发展方式并没有以罗宾斯报告作为数值标志。高等教育系统的学生人数每年的绝对数都在增加。1962年，全日制学生总数为21.6万。1988—1989年，包括大学、开放大学、多科技术学院和提供高等教育课程的其他院校里的非全日制学生在内，高等教育学生总人数为96.4万。因此，显而易见，英国虽然面临经济和社会财富的波动以及工党政府和保守
228 党政府的交替，但一直保持着对高等教育成功投资的记录。事实上，高等教育的发展并不简单，而且更引人注目。不单是因为入学人数以不同的速度增长，更引人注目的是，罗宾斯提出的原始观念被扩大化了。英国，包括苏格兰和威尔士反映了欧洲的情况，但它仍然有自己的独特之处，如它给本科生提供的奢华的生活条件、三年制学位以及不同于高等教育的“继续教育”概念。高等教育以连续的方式包含了继续教育。这个观念逐渐发

展，并朝向美国式的高等教育概念发展，即包含所有义务后教育以及中学后学校教育。因此，上述统计始于全日制或三明治课程的学生，终于传统大学之外的各个高等院校的全日制或非全日制的学生。在 1992 年后的高等教育系统中，前多科技术学院和高等教育学院（包括苏格兰的中心学院）的学生占总数的 55%，开放大学占 9%，传统性大学占 36%。（在这些事实背后还存在着这样的承诺，即教育改革家们至少用了一个世纪要实现的为广大民众提供统一的接受义务后教育的机会。）

除了经济和资金的变迁外，在英国和其他西欧国家大学人口数的变化趋势中还存在人口和教育的因素。1965 年 18 岁学生人数达到高峰，超过 100 万，1973 年下降至 80 万，1981 年又几乎增长至 100 万，1990 年又降至 1973 年的水平。然而这些广泛甚至是无法控制的起落被中等学校效率的上升给拉平了。达到两个或两个以上 A 级水平（普通教育证书的高级水平）年龄组的比例从 1962/1963 年低于 8%到 20 世纪 80 年代末（1984—1985 年男生为 15.3%，女生为 14.1%）几乎增长了一倍。继 1960 年《安德森报告》后，十分之九的就读于全日制学位课程的学生获得了给予学费和生活费补助金的资格，尽管毕业生的比例有所波动，但仍然从 1965—1966 年的 16.9%逐渐发展至 1989—1990 年的 17.7%。

至于扩招的学生主体的构成成分，所出现的问题便是教育质量是否能够确保。在这个问题上，英国要比其他欧洲国具有更明确更详细的证据。就高等教育学生的整体而言，入学年龄比（小于 21 岁的学生与 18 岁入学的英国学生的百分比）增加了。二战前，小于 3%。1962—1963 年《罗宾斯报告》颁布前为 7.2%。1972—1973 年前稳步增长，但是随后年龄组 229
机会下降（1977—1978 年达到 12.7%），直到 1984 年才回升至 1973 年的水平，1988 年和 1989 年分别增长至 15.2%和 16.9%。

表 6.5 英国高等教育的入学年龄比率①

	小于 21 岁的高等教育一年级本地学生(千人)	英国 18 岁人口(入学年中)(千人)	年度百分率(第一、二栏之比)(%)
1962/1963			7.2
1972/1973			14.2
1977/1978			12.7
1982/1873			13.5
1984/1985	138.5	912.5	15.2
1985/1986	137.3	902.2	15.2
1986/1987	137.1	873.2	15.7
1987/1988	139.0	867.7	16.0
1988/1989	141.7	839.9	16.9

①资料来源:《教育和科学部统计年报》,1990 号,人口普查与调查署人口预测办公室。

表 6.6 英国大学新生:A-级考试分数①

	分数		
	3—8	9—12	13—15
1971	28.0	46.7	25.3
1972	29.8	43.9	26.2
1981	24.2	43.7	30.0
1984	14.8	49.3	35.7
1988	16.6	48.5	34.9(61225)
	分数		
	6—15	16—25	26—30
1989	12.6	54.2	33.2(70219)

资料来源:大学招生中央理事会统计增补,1987 年,表 B5,1988—1989,表 2C。

①本国申请者通过大学招生中央理事会(1993 年之后是大学入学申请办事处)(1971—1989)审查申请修读英国大学和学院全日制本科课程后可以获得录取资格。注释:只有考过三门或更多门 A 级科目的申请者被包括在内,最好的三门按五个等级计算分数:A=5,B=4,C=3,D=2,E=1。1989 年计分系统发生了变化,将准高级水平考试成绩也算在内。1963 年《罗宾斯报告》提出要把当时 18 岁

230 英国接受全日制高等教育的比例从 8.5%提高到 1980 年的 17%。

表 6.7　英国各类高等教育的发展，1970—1971 年度至 1988—1989 年度[①]

	1970（千人）	1988/1989（千人）	增加额（千人）	%
全日制大学本科生				
男性	128.3	139.7	11.4	8.9
女性	57.0	109.7	52.7	92.5
全日制多科技术学院和学院生				
男性	102.0	147.9	45.9	45.0
女性	113.1	146.7	33.6	29.7
全日制海外留学生总数				
男性	25.9	21.1	−4.8	−18.5
女性	8.0	14.0	6.0	75.0
全日制学生总数	434.3	579.1	144.8	33.3
非全日制大学学生				
男性	18.1	29.0	10.9	60.2
女性	5.7	21.1	15.4	270.2
非全日制多科技术学院学生(日间制)				
男性	69.8	118.5	48.7	69.8
女性	6.7	67.0	60.3	900.0
非全日制多科技术学院学生(夜间制)				
男性	39.8	38.1	−1.7	−4.2
女性	5.0	26.5	21.5	430.0
开放大学				
男性	14.3	45.0	30.7	214.7
女性	5.0	40.3	35.3	700.6
非全日制学生总数				
男性	142.0	230.6	88.6	62.4
女性	22.4	154.9	132.5	591.5
非全日制学生总数	164.4	385.5	221.1	134.5
高等教育学生总数	598.7	964.6	365.9	61.1

①资料来源:根据教育和科学部《教育统计》iii,继续教育及 vi,大学等资料计算。

发展总路线是清晰的。20 世纪 60 年代初期英国教授们谨慎地预期高等教育的适度发展,并设想了一个基本上趋同于二战前入学受到高度限制的高等教育系统。教育进步主义者和对大众受教育持有乐观态度的人们主导的公众讨论与实业家和政治家们的认识融合在一起,他们认为,
231 为了保证国家的繁荣,年轻一代需要接受更高水平的教育。《罗宾斯报告》后的十年内,大学扩招的经验使越来越多的大学教师坚信年轻一代有更多的人都有能力接受某种形式的高等教育。随后多科技术学院和高等教育学院扩招了大量的学生。在这一过程中,高等教育与继续教育之间的界限被悄悄改变了。

入学机会的社会分配变迁

在这个时候,我们能够看到自 20 世纪 60 年代以来体制和机会模式的不断演变。表 6.7 对英国教育扩展的总模式做出了说明和分析。

应该强调的是扩展不是简单的线性发展。大学以及高等教育总体上一直是从国库中争取自己的份额的,因此不仅在面对国家繁荣出现变动时会表现出脆弱,在面对政治上的优先事项以及教育投资的社会回报争论时也是如此。在普遍支持教育政策的国际背景下,公众对扩大义务教育后教育的信心也时起时落。回想起亚当·斯密所说过的,“学者”这个词在中世纪欧洲大学其含义等同于“乞丐”,我们也要强调这一事实,即在导致二战之后教育扩张的辩论中,所观察到的学术和社会之间的关系完全是颠倒过来的。学问过去是装饰性的附属物,现在人们逐渐接受的观点是社会需要学者和科学家们,以使社会更有效率和现代。这就背离了 20 世纪五六十年代所力主的高等教育无用的观念。不管对错与否,这些论点说服了政治家和选民们采纳高等教育必须扩张的政策。进步主义的观点认为毕业生的上升可以与 16 世纪绅士阶层的崛起具有同样的历史意义。教育演进注定要经历从精英教育到大众教育再到普及教育的过程。自古至今,只有少数人拥有免除费力的、终身劳动的特权,他们利用多数

人的轻信、弱势和顺从对这些人进行剥削。但是现在先进的社会要让更高层次的读写能力和计算能力扩展到所有的人。当然富人和特权阶层总是或多或少地为他们的地位和身份接受严格的并且是长期的教育和培训。无论是僧侣的还是军人的，这些传统都表明教育是一种投资。只有对贵族和资产阶级而言，高等教育无论从哪方面来说都是一种消费品。但是现在在正统的经济权威的支持下，人们越来越觉得教育是现代社会所需要的人力社会资本的投资，国家要适当承担教育的责任，要把教育作为消费品广泛地分配给社会大众。投资性教育要根据人的能力进行分配，而消费教育则根据民主权利进行分配。 232

直到弗雷德·赫希的开创性著作《增长的社会极限》发表，⑮扩张的民主化的教育才开始被看作是一种地位性商品，稀有时值得保存，人人有份时令人失望。教育的扩展显然不是自动承认每个人的教育特权。只要充满竞争力的工作分配是根据教育当局颁发的证书进行，稀缺性必定存在。相应地，教育在为争取到令人更加满意的工作方面仍具有竞争性。可教育性的社会决定因素与教育政治学依然具有重要意义，而教育政治学也日益将关注点放在中小学以及大学的更高阶段。

尽管1968年的巴黎、楠泰尔、柏林和伦敦出现了学生运动，教育扩展以及可能会出现暂停的美国人对毕业生市场的疑虑都是信息的来源。人们对高等教育实际上有无穷无尽的疑问，最近对相互没有关系的不知是否有特权的少数青少年所拥有的让人费解的“必经之途”也是如此。现在更大更引人注意的新问题是：大范围的设计精良的高等教育是什么样的？在哪里实施？如何实施？为谁服务？它们产生于对既有体制的服务性（经济的、政治的以及教育的）一直有疑虑和不安的欧洲社会，面对的是没有帝国早期的外部保证和经济的优越性，抑或是欧洲文明内在团结的未来。20世纪80年代提供了无数幻想破灭的教训，而首个教训便是教育扩展本身。

在20世纪70年代，预期学生数量持续缩减，而在这之前的十年中适龄参与率翻了一番，从7%增长到14%，但是在70年代又回落了。此外，

⑮ F. Hirsch, *Social Limits to Growth* (Cambridge, Mass., 1976).

经历了 60 年代后期人们对教育的希望和决心逐渐增强之后，中学后教育的吸引力逐渐减弱，考虑到人口出生率的降低，这预示了 80 年代和 90 年代不好的前景。70 年代主要的幻想破灭，即人们相信大学和学院的发展是有保障的，而且从实用的目的出发，其增长是无止境的。然而，到了 20 世纪 80 年代，出现了对教育扩展计划进行删减和大幅度修改的情况，因为对脑力劳动者的资助和工作环境的假设不同了。

这就是战后高等教育的历史。70 年代中期的增长已成强弩之末，但
233 是在 20 世纪 80 年代至少欧洲国家大多数人的收入增长了。教育扩张持续进行，部分依靠高等教育定义的扩大，除了那些被标之以“常规的”大学，以往属于职业教育，或者在英国称为“继续教育”以及开放大学的机构都被称为高等教育。部分时间制和短期课程成倍增加，例如法国的大学技术学院和其他中学后的短周期教育和培训中心，这些都成为以往传统的为青年人提供的全日制、三年制以及住校制度的组成部分。这种教育扩展虽然在入学机会的形式上有所增加，但对学生和教师而言价值上是有所贬值的，但它为什么会持续甚至会成为保守党和社会党的第一要务呢？为什么英国在 1979 年无可否认地下降到 12.5％后，到 1989 年 18—19 岁的参与率上升到了 16％？此数量相当于为 20 世纪末设定目标的三分之一或更多。从长远来看可能会得出这样的结论，即闲散有两个意义不同但紧密相连的选择：闲暇和失业。经济增长的关键是实现休闲，避免失业，并且从一种特殊的后工业化形式的闲散中获益。这就是伯特兰·罗素所赞颂的：把科学家和学者从盲目的辛劳中解放出来，由此让他们创造人类支配自然的更有力的模式，包括物质的、审美的和道德的。从这一点来看，高等教育是合乎情理的没有污点的闲散形式。它是利用闲散产生闲散，但前者是建设性的研究创造，而后者是更加文明的休闲。除了失败外，二者都不涉及失业。

然而在我们赞赏闲散时，20 世纪 70 年代的欧洲出现了戏剧性的改变。从国家这个角度来看，不管是二战中的战胜国还是战败国，可以说都收获了以往劳动力和研究的酬报，这是来自闲暇增加的经济增长。从另一个角度来看，欧洲进入了称之为英国病的更加明显的危险阶段，这表现出很多闲散的形式，如人员过多、无休无止的休息时间、上夜班睡觉等。同

样的情形在高等教育领域也非常明显。无论是对于科学生产力还是对文学创造性，闲散自在都是必要的（1∶8的比例，学术假，长假期，“大学教师不受时间限制”）。而这一切的总体要点是增强人们主宰宇宙的能力，由此提供更多闲暇时间用于更文明的使用。失业再次意味着失败。

然而，从70年代中期以来，首先在美国，其次在欧洲，高等教育的正当性面临着尖锐的挑战。这是注定要发生的。欧洲在20世纪70年代头五年时间里增加的学生数比战前进入大学的总人数还多，而且90%的费用都是由国家负担。学者们已经说服了政治家、雇主和慈善家们，他们的商品不仅对个人也是对国家的有回报的投资。教育被认为可以比工厂或机器产生更高的回报率。此外，教育被认为仍然是未来高回报率的源泉，因为更高的学问产生了技术的进步。在技术推进型的经济中，在全球市场对高水平劳动力的竞争中，教育扩展被广泛地看成是必不可少的。这些论据证明了大学校和帝国理工学院存在的合理性。类似的观点宣称教授能够引导政治家治理好政府。凯恩斯主义的宏观经济需求管理可以应用到各国政府、欧洲共同体的一些国际机构以及经济合作与发展组织的管理中，而且管理人员可以从国家行政管理学院招募。现在这些主张随着用于校舍、教职工工资和学生助学金的费用增加而受到越来越苛刻的审视，而且特别是在最薄弱的，也就是最近扩大的社会科学方面，最终受到直接的攻击。来自实用的主张几乎完全取代了来自闲散方面的论点。但是货币主义的、以市场为导向的政府决心缩减公共经费，对这两种主张暂时都不接受，因此，至少在当前人们的记忆中，传统上所界定的高等教育的真正资源开始消失。20世纪80年代可能格外引人注意的是他们证明“不断提高的期望值的革命”并非是20世纪60年代普遍认为的不可抗拒的力量。不仅来自实用的观点可以受到质疑，社会需求的原则也表现为不是不可亵渎，而且高等教育本身的吸引力（合格中学毕业生对大学位置的需求所显示的）也可以下降。到1981年，欧洲社会在某种程度上发现它在容忍30年代规模的大众非自愿性的闲散，尽管战后和1968年后的改革力图要清除的大学入学机会的社会不平等性还继续存在。遗憾的是20世纪70年代休闲的民主化方面几乎没有取得什么进步，而这是高等教育或继续教育应该体现出来的现代制度。相反的是，70年代末的各国政府，不 234

管是左派的还是右派的，都积极探索起对经济增长进行外部检查的解决办法。与此同时，受过教育的少数人开始对教育的性质做出了更加复杂的解读，把它看作是一种地位性商品，而不是投资或是一种消费。大多数
235 人仍旧处于饱受挫折的无知中，觉得教育对于私人生活或公共生活都具有建设性的意义。尽管如此，这一过程仍未结束。80年代后期，经济财富和政治力量都发挥了作用。在经济方面，极具争议的经济重组以及同样具有争议的扩展欧盟教育的运动产生了深刻的教育后果。竞争优势的实现推动了新的教育扩张。惹人厌烦的国际比较激发了几乎是歇斯底里的培训计划的重组，而且强化了各级学校教育中职业教育的压力。从不同的角度、不同的假设出发，不管是左派、右派还是持中间立场的党派都认为21世纪高等教育大众化势在必行。在教育的新时代，大众化的高等教育要为一半的中学毕业生提供服务。必须承认的是为新的教育发展提供资金的计划依然是不清晰的。更多依赖学费的做法引起了激烈的争论。政府也鼓励大学和学院从私营部门获取资金，特别是从工商企业、捐助者以及校友处寻求资助。高等教育的公共经费得到了保障，但最终的焦点放在了高等教育效率的进一步提高上，困境中的学者们将其解读为把高等教育标准降至同一水平并继续缩减师生比。毫无疑问，这个努力会一直持续到21世纪。但是20世纪末有一件事是肯定的：用英文术语来说，二元制已经失去其官方地位，后二元体制时代已经开始了。

精选文献

Annan, N. *Our Age*, London, 1990.

Ashby, E. *Education, Economy and Society*, Chicago, 1961.

Boudon, R. *Education, Opportunity and Social Inequality: Changing Prospects in Western Society*, New York and London, 1974.

Bourdieu, P. and Passeron, J.-C. *Reproduction in Education, Society and Culture*, London and Beverly Hills, Cal., 1977.

Carswell, J. *Government and the Universities in Britain*, Cambridge, 1985.

Collins, R. *The Credential Society: An Historical Sociology of Education and Stratification*, New York, 1979.

Dore, R. P. *The Diploma Disease*, London, 1976.

Fulton, O. (ed.) *Access to Higher Education*, Guildford, 1981.

Gambetta, D. *Were They Pushed or Did They Jump? Individual Decision Mechanisms in Education*, Cambridge, 1987.

Halsey, A. H. *Decline of Donnish Dominion: The British Academic Professions in the Twentieth Century*, Oxford, 1992.

Halsey, A. H., Heath, A. F., and Ridge, I. M. *Origins and Destinations: Family, Class, and Education in Modern Britain*, Oxford, 1980.

Halsey, A. H. *et al.* 'The Political Arithmetic of Public Schools', in P. Walford (ed.), *British Public Schools*, London, 1984. 236

Higher Education: A New Framework, *Cm. 1541* (*White Paper Presented to Parliament*), London, 1991.

Hirsch, F. *Social Limits to Growth*, Cambridge, Mass., 1976.

Husen, T., Tuijnman, A., and Halls, W. D. *Schooling in Modern European Society: A Report of the Academia Europaea*, Oxford, 1992.

Kerr, C. *The Uses of the University*, Cambridge, Mass., 1963.

Kogan, M., and Kogan, D. *The Attack on Higher Education*, London, 1983.

Moberly, W. *The Crisis in the University*, London, 1949.

Moser, C. 'Our Need for an Informed Society', Presidential Address to British Association for the Advancement of Science, London, 1990.

OECD. *Ability and Educational Opportunity*, ed. A. H. Halsey, Paris, 1961.

OECD. *Education in* OECD *Countries 1986—1987*, Paris, 1989.

OECD. *From Higher Education to Employment*, Vol I: *Australia*, *Austria*, *Belgium*, *Germany*, Paris, 1992.

OECD. *From Higher Education to Employment*, Vol II: *Canada*, *Denmark*, *Spain*, *USA*, Paris, 1992.

OECD. *From Higher Education to Employment*, Vol. III: *Finland*, *France*, *Italy*, *Japan*, *Netherlands*, *Norway*, Paris, 1992.

Ringer, F. K. *Education and Society in Modern Europe*, Bloomington, Ind., 1979.

Robbins Report. *Higher Education: Report of the Committee Appointed by the Prime Minister under the Chairmanship of Lord Robbins. 1961—1963, Cmnd. 2154*, London, 1963.

Shavit, Y., and Blossfeld, H.-P. (eds.) *Persistent Inequality: Changing Educational Attainment in Thirteen Countries*, Boulder, Col. and London, 1993.

Shavit, Y., and Muller, W. (eds.) *From School to Work: A Comparative Study of Educational Qualifications and Occupational Destinations*,
237 Oxford, 1998.

第七章　课程、学生和教育

谢尔登·罗斯布拉特

循环改变

乍看起来，高等教育的课程似乎比其他方面更稳定、传统，改变得也更慢，但是没有比这更能误导人的了。当对过去 50 年中欧洲的每个国家进行追寻，会发现他们传授和学习的科目以及课程传授和学习的模式在不断发生改变。一个迥异的高等教育也已经出现，源于英国并由此传播开去的远程大学提供了广播技术如何被更多民众获取的实例。因此，在 20 世纪后半期，欧洲大学课程最主要的发展可以被唐突地表达为：所有的一切都在改变。人们重新思考并频繁地修订关于合适的教学、培训和学徒制协议。关于应该教什么和学什么的共享假定、学位和文凭培养计划的强度及持续时间、考试需求、专业化的深度、课程和劳动力市场之间的一致、课程决定权的来源，所有这些都在被持续不断地审视。美国式的选择和教育经历的多样，一度被认为是不适合欧洲的，但现在却经常成为公共政策的宠儿。进一步实验的意愿获得一些人的支持，但也有人将其讥讽为时髦主义、消费主义及对政府部门一时的兴致和优先事务的屈服，同时公务员们关心更多的是数量以及工作，而非教育本身。

随着世纪末的到来，两种相互矛盾的趋势日益明显。一种趋势涉及各方面的多样化：任务、教学、课程结构和内容、学生培养以及对于大学水
238 平教师的职业要求。创新如此之多，以至于更难确认遗留下来的国家特征。每个创新又生发出其他的创新，一个国家之内的不同有时像两国之间的那样大。这种情形只有法国有些例外，尽管法国参与了欧洲共同研究和教育计划，但仍然保留了自己的很多特色。不过，还是有学者通过设计独特的学习机会（如西班牙）探讨区分不同大学的方法，而且还试图将意识形态学科与非意识形态学科分离开来。

第二个也是与多样化相反的趋势是在课程计划、学位、教学和质量方面寻求国际的等价物，这主要受到无数次全欧洲共同的努力、教师和学生的流动以及全球对市场和人才竞争的激发。共同的研究假设激发了观念的借鉴和移植，尤其在高新技术、通信、公共健康、社会福利、生态学和行政管理领域这种应用更为突出。

并不是所有的 1946 年以前建立的模式都被丢弃了。讲座制度虽然在精神层面上经常变化，但是依然保留了教学的精髓。欧洲的各个国家保持着对教学结构、课程和基金的全面控制。讲席教授在学术层级中依然居于统治地位。传统学科依旧是所有大学课程的基础。虽然欧洲各国家之间的合作水平不可否认地提高了，但是受到削弱的国家系统中的基础结构依然是完整无缺的。① 这些遗留下来的东西必须和正在进行的改革和变更和平共处。

这两种趋势混合在一起的结果，产生了让人眼花缭乱的普通的以及专业的大学课程。这些课程吸纳了各种各样的学生：从出类拔萃的到对

① U. Teichler, 'Structures of Higher Education Systems in Europe', in C. Oellert, *Higher Education in Europe* (London and Philadelphia, 1993), 30-31.

学习漠不关心的;从来自对高等教育有很深渊源的家庭到对高等教育无所期待的家庭。尽管大学的课程和系统在不断调整,习惯于吸收优秀本科毕业生的精英大学依然如故。然而,新设高校或那些无法对学生有所选择的学校,则要应付大量的困难以为那些未做好大学准备的学生提供好的教育经验。

20 世纪 90 年代,超过一半的法国大学以有限的专业提供课程。② 对于单科院校来说,增加课程的另一个不同的模式是成为综合性大学,即将各种类型的学术、研究和专业培训课程囊括其中,希望多渠道拓宽收益的来源。19 世纪大学的"理想"是成为一个整体的、有机的机构,建立在内在的"本质"之上,这些"本质"习惯上表现为权威标准学习的形式(例如古希腊、古罗马的文学著作或哲学)。但这种理想几乎消失了,只有在目前的复杂现实让人手足无措的时候才会想起。发展成多科模式的大学很快发现,以院、学院、学系或群组成的学习机构已经分解,以至于学者和科学家把其他学校甚至国家的同行称之为最亲密的伙伴和朋友。通过电子通讯以及航空业,"无形学院"开始繁荣,教师在本校的频繁缺席也导致人们对学校的本科生教学承诺产生怀疑。 239

发生在 1946、1950 或 1970 年以后的课程和教学的变化可以形象地描述为建筑上的巴洛克。语法的各个成分像是 17 和 18 世纪宏伟宫殿和教堂里的壁柱、拱门、阁楼和开窗,被认为是经典的,但是句法(各成分的安排)被认为是新奇和前所未有的。表面上看起来熟悉的整体实际上充满了来源和重要性不同的灵感。与巴洛克建筑一样,欧洲高等教育的政策和实践似乎是没有连贯性的,每一部分都与其他部分对立来突显自己。欧洲各国政府弱化甚至几乎抛弃了由来已久的对高等教育系统很多方面的控制。僵化的规章制度被指导性的政策及允许研究和课程创新的框架所取代。被称为私营化的应用市场规律的实验得以实施以替代集中的规范和成本控制。许多大学和它们的组成部分能够在更大的范围内在一些

② G. Neave and R. Edelstein, 'The Research Training System in France: A Microstudy of Three Academic Disciplines', in B. R. Clark(ed.), *The Research Foundations of Graduate Education: Germany, Britain, France, United States, Japan* (Berkeley, Los Angeles and London, 1993), 218 and passim.

特定的领域,如课程设计、教学、人员任聘、薪酬或考试类型、时间和内容等进行实验。学生群体则拥有了更广泛的课程选择权。一些国家或学校比其他国家或学校在这方面走得更远。从政府的立场而言,市场是提高效率和责任的可行的方式。从大学的视角来看,市场是它们与政府保持距离的手段。但是,私营化并不是私人的同义词,这意味着政府放松管理而不是放弃管理。尽管在 20 世纪的最后十年中更多的私立学院和专业学校
240 建立,包括英国的一所本科大学(白金汉大学),但是政府依然是高等教育基金的主要来源。

纵观欧洲大学的历史,课程一直是各种教育观点竞争的战场,这不仅仅是由于学生或职业的不同要求造成的。学者和科学家们自身也经常在学科的等级顺序以及学习方法方面持不同的意见。例如,"基础"知识或"纯"研究被认为在智力和认知方面的价值要优于"应用的"或者技术知识。同样对于专业化的含义以及应该给学生提供的学习深度也存在争论。这些争论是真实的,也是让人困惑的。在工程学、生物和化学等很多领域,基础研究和应用研究的区别是模糊的。学者们把学校中从事职业或专业教育的自己称之为"理论家",反过来情况也同样如此。结果,在古老的"书籍战争"中,书籍并没有轻易地分成清晰的类别。即使在 1704 年乔纳森·斯威夫特关于古代和现代著作相争辩的著名寓言中,古代的有时会成为现代的,现代的也可能成为古代的。两者之间的区别常常体现于作者创作的精神实质,而非作者本人生活的年代。

1946 年或 1950 年大学的定义似乎依然依赖于它是否强调知识的理论方面,此时技术学院意味着实践的和职业性的目标。然而,技术教育本身是多种多样的,它涵盖了从获取以进入市场为目标的专门技术和知识到很难与想象中的纯科学形式相分离的高技术的高级层次整个范围。结果,越来越难以确定高等教育的各个方面在教学标准或课程内容方面如何不同。这可能是为什么所有欧洲国家的教育部,或专业协会,或个别机构都如此热衷于有关课程评价、教学结果测量、课程效果、培养计划和教学法创新或研究质量等方面的问题了。不可否认的是,英国和荷兰比其他国家更着迷于此,尤其是英国。但是,欧洲东部和中部的大学在寻求改善他们教育遗产的时候也开始考虑类似的问题。大学的使命、学科和课

程重叠在一起。工程学不仅在技术学院和其他一些高度专门化的学校开 241
设,而且在大学也能找到它们的踪迹,并且,情况更为复杂的是,奥地利和德国开设了技术大学,一种包括经济学和商业管理的大学类别。除非受到政府政策的约束,像英国这种双重制国家直到20世纪90年代早期多科技术学院与大学分离的局面才结束。或者在荷兰,尽管高等职业技术学校部分在20世纪80年代从中等教育机构的地位提升到高等教育层次,但它依然是多科技术性的学校,没有大学所拥有的历史声望。有些学校有上升的趋势,它们向政府要求和大学一样的资源,以及同样授予高等学位或从事研究的权利。它们模仿知名课程的教学,其课程试图呈现旧时大学的特征。

事实上,尽管存在教科书的争议,关于大学教育含义的扩展一直在继续。这至少可以追溯到19世纪,一些方面可以追溯到启蒙时代。然而,相对来说,大学课程数量上的多样化是近期才开始的,并且变化的步伐和速度如此之快,以至于历史学家有理由认为性质方面也发生了变化。

一些大学的作用和任务基本上没有被其他变化所影响。在法国,专业工程和其他职业院校以及被称为“大学校”的学校,它们有些是私立的,有些是公立的,继续享有比大学更高的声誉。它们竞争性的入学要求依然如故。从历史上来看,这些大学校主要专注于教学、公共服务、商业、教师职业等领域人才的培养。20世纪80年代它们拥有了进行博士教育的功能。③ 灵比(靠近哥本哈根)、斯德哥尔摩、洛桑、苏黎世、柏林、慕尼黑、维也纳和伦敦高水平的工程学校早就存在,大多数开始于19世纪,它们在所在国家属于最精英的教育机构。这些学校也设置了相关的历史和社会
科学课程的教学(例如瑞典的皇家技术学院的科学与技术史教学)。 242

③ *Postgraduate Research Training Today:Emerging Structures for a Changing Europe*,临时国际咨询委员会关于研究生研究训练新的组织形式的报告(Ministry of Education and Science,the Netherlands,1991),14. Also for France the entry by C. Durand-Prinborgne in Clark and Neave,*Encyclopedia I*,217-224.

课程和教学的责任

欧洲大学层次的学习通常被安排在称之为学院的大型群组中，这种结构可以追溯到大学起源之时。在牛津和剑桥，也曾出现过诸如“学习理事会”或“学校”之类的其他结构。学院进一步分化为学科或系，在欧洲大学通常称为“系”(institute)。在瑞典，一个系可以进一步分化为部门(*avdelning*)。至少从18世纪开始，作为中世纪大学“预科”或称“文学院”的承继者的德国哲学学院，被认为是最高理想学问的传递者，未受到对实用学科妥协的影响(但是与哲学学院有着同样令人尊敬血统的法律和医学却避免了“实用”的贬义含义)。哲学包含的学科构成了自由教育，这在不同的欧洲传统下有不同的称谓(德国称之为*Bildung*，瑞典称之为*bildning*)，没有大家都认可的单一定义。然而，贯穿于所有国家传统的一个共同的主题是大学教育或它的一些主要因素理想上应该承认自身发展的重要意义，应该永久地影响那些有幸接受大学教育的人的道德和心智品格。然而，坚持这种承诺被证明是令人气馁的，体现自由教育特色所需要的内在的统一已不复存在，而且对于实用知识的需求超过了对自由教育的渴望。这个问题在整个时期一直将学术情感分割成两部分。

知识和教学的组织体现在学院结构中，中世纪大学仅设三个或四个学院，有些情况下几乎只有一个，随着时间的推移，学院不断扩大。到了20世纪90年代已经不存在单一课程构成的大学学院结构。1994年布拉格的查尔斯特大学是这种变化的典型例子。它拥有医学学院(实际上不止一个)、药学院、自然科学院、数学院、物理学院、教育学院、社会科学学院、体育教育和运动学院、艺术和哲学学院，但是，鉴于捷克斯洛伐克特殊的宗教历史，罗马天主教会、新教和胡斯神学都拥有各自的学院。在拥有多元宗教历史地区的其他大学中，这样分块的情况是存在的，例如斯特拉斯堡大学同时拥有新教和罗马天主教学院。

特别是在共产主义东欧的斯大林主义时代，传统的学院被面向社会
243 主义计划经济信条的更加专业化的学院所取代。1948年匈牙利建立了经济大学，1949年建立了重工业大学，1951年成立了化学工业大学，随后又

是布达佩斯科学大学。说来奇怪,这种专业化的大学和匈牙利早期改革并不矛盾,在共产主义取得政权之前的非共产主义时期,匈牙利农业大学于 1945 年成立[4],布拉格也设有经济大学。[5] 但是高度专业化的大学也存在于西欧国家中,例如矿业大学位于奥地利的莱奥本,1970 年一所新的教育科学大学在克拉根福成立。

然而如果从组织或细化的角度看,学院包含了广泛的专业、学科和教学,涵盖从医药之类的专业教育到基础的以及高级的基础科学或知识领域的教学。甚至在同一个国家也极少有两所大学设置相同类型或数量的学院,而且也很难仅从名称上猜出各系所开设的课程。查尔斯大学的自然科学学院开设了生物、化学、环境保护、地理学、人口统计学、地质学的课程。一个二级的医学院包含有儿科、肿瘤、牙科和传染病专业。1964 年之前,瑞典的社会科学一般包括在哲学学院的人文学科中。大多数欧洲大学的哲学学院分割为艺术学院、人文学院、文学院和自然科学学院。但是直到 20 世纪 60 年代,中世纪统一的文学院,后来被德国继承为哲学学院的形式一直盛行于科隆、基尔和马尔堡,而在维也纳和格拉茨一直延续到 1975 年。[6] 法律一般和政治学相伴,社会学在牛津大学加入到社会工作系中,然而很多大学会把学术性学科和职业预备性学科分离开来。19 世纪这种匹配是很普遍的,因为一些学科是最新发展起来的,还没有获得充分的独立。剑桥大学的人类学并入历史学中,心理学还没有从道德或精神哲学中获得独立。1962 年前,波兰的教育(教学法)学院和人文学科(或文科)通常是分开的,但是两者在 1962 年合并在一起。林茨大学——奥地 244
利一所战后兴建的大学,没有人文学院。克拉根福和萨尔茨堡大学没有医学院。在有些国家数学包含在基本科学中,有时在工程学中,或者两种情况都有。化学或者独立存在于自己的学院中,或者与化学工程相伴而

④ Communication from László Szögi, Eötvös Loránd University, Budapest, and entry on 'Hungary' by I. Vegvari in Clark and Neave, *Encyclopedia I*, 291-300. Cf. Appendix: 'Universities founded in Europe between 1945 and 1995'.

⑤ *Higher Education in the Czech Republic* (Prague, 1995); J. Kotâsek, 'Visions of Educational Development in the Post-Socialist Era', *International Review of Education*, 39 (1993), 473-487.

⑥ 有关自然科学脱离哲学系的内容参见第三卷,454f.

生。建筑学在哲学和工程学中寻找自己的位置。农业学院可能包含兽医学，但是兽医学有时也会被包含在医学中。这种联合和合作的课程的重要性是学科本身。但是不难想象一门学科从属于另一门会如何影响一套独立的方法和观念的发展，或者一门理论性学科如何影响应用性学科。对于支持传统上把大学看成是知识的发源地而非职业培训所的人们来说，重视理论和概念化等同于大学和职业学院之间的区别。在欧洲大陆，教学的责任一直与教学等级的级层安排有关，“普通教授”或教授席位的拥有者，在德国著名的学衔中被称为讲席教授，他们位于地位和权威金字塔的顶端，并且是教授会的成员。⑦ 在他们之下的等级中有助教，他们不总是承担实际的课堂教学任务，通常是在攻读更高级别的学位和为讲师职称而努力。在英国有些大学中，外语教学也聘用讲师(*praelectors*)，也有教授(reader)，此职称仅低于讲席教授。讲师(docent)在某些系统是助理教师，但是在一些国家中是独立的。讲师的责任有时仅仅限于做研究，但是他们所承担的责任在我们讨论的这一时期变化得如此之多，以至于很难做出适当的总结。也有一些额外教授，其地位在欧洲各地有所不同。他们有时类似于美国所谓的“兼职教授”，这些人属于专业的私人开业者，偶尔从事教学工作，而且其专业往往是大学里没有的。奥地利医学院聘用临时教授(*Professoren auf Zeit*)，但是有时这些教授也享受就业保障，并且与普通的讲席教授教同样的课程。在第二次世界大战之后的这段时间里，高等教育机会的扩大以及本科生和研究生数量的剧增，专业和课程的大量增加，不可避免地影响了继承下来的教学和教师聘任系统。

用“民主”这个词来表示改革的方向可能有些过分，但是两者之间是
245 有相关性的。老一辈精英影响力的降低，选民参与的扩大，公共意见和消费者压力的增强为学术行业打开了通向美国式影响的大门。教师级别间的差距有一定程度的缩小，初级人员拥有了更多设计和教授自己课程的权利。美国式的向上流动系统，即通过不同等级预定好的流动方式受到不同国家的青睐，而且有些大学采纳了美国对系科领导进行轮换的做法，这样不光是普通教授而是各种级别的教师都享有重要的行政管理责任。

---

⑦ 见第五章“教师”。

总的来说，教授的角色依然保持了已有的特点。给本科生上大课是其责任的一部分，但是人们希望教授们投入更多的时间来做研究和培养研究生。由于获得一个教授职位是在科学和学术方面的奖励，而且人们希望教授们继续从事这方面的工作，因此他们本科生的教学任务有所减少。但是，正如在美国，高级学者和初级学者之间在任务和权威方面的差别在不断减少，他们的责任也出现了重叠的现象。在挪威，新的职业晋升制度导致不同级别教师之间的教学任务的界限非常模糊。

早在20世纪60年代，挪威大学就改变了它们的德国模式。一般来说，这一趋势受到工会协议的支持。在对教学需求做出的反应方面，瑞典是一个很好的例子。直到20世纪50年代末，教席制系统基本上完好无损。教授们有助教和讲师的协助。在少数情况下有被称为"指导教师"(preceptor)的教员教授人文和社会科学的课程，而在医学和科学实验室中有被称为"示范教员"(prosectors)的人做一些辅助工作。20世纪60年代入学人数的激增导致引入新的"高级讲师"来教授本科生。当时的聘用速度表明不能再坚持最初要求的通常要拥有博士学位的资格。到了20世纪70年代，高级讲师拥有了在各个层次进行教学的资格。然而，尽管有必要在教学和课程方面进行更广泛的咨询，资深教授仍然拥有某些传统的权威，通常通过多数投票权来发挥作用，甚至在拥有强烈的社会民主主义氛围的北欧国家也是如此。

在学术等级内部，权威结构的变化与课程历史的相关性应该是很明显的。虽然不是一个原因导致了课程多元化发展，但是学术层之间等级差别的弱化以及权力分配范围的扩大都导致了课程多样化，以便满足学生和劳动力市场的需求，而这一因素日益重要。然而，在苏维埃制的教育系统中，学生课程的选择是受到严格限制的。学生被录取进高等教育机构的某个专业后，必须按部就班学习严格规定好的一系列课程。所有的学生都必须接受辩证唯物主义理论的教学以及在其理论指导下的各科的教学。在各加盟共和国，俄语教学是必须的。但有些国家如波兰则表现出独立于莫斯科的民族意识，这导致了某种程度上的比较开放的课程体系， 246

甚至允许放必须的马克思主义信条教学。⑧

在20世纪的最后几十年中，系科的强化体现出一些改革的趋势。系科通常从属于学院，在旧式系统中它的管理主要是由教授和系主任负责。系的形式体现出其成员对课程控制权力的提高，同时也意味着对学科以及次级学科专业化的日益重视。虽然并不普遍，但建立强有力的系科有时恰是政府政策的一个目标，比如1991年西班牙的改革。但其他结构性改革在欧洲却向相反的方向进行，不重视专业化的工作，而重视更广泛的教育目标。为了同时绕过学院和系科，出现了新的学科和方法的组合形式来加强新兴的研究领域之间的联系，这些新的形式在本质上也许更像学院而不是系科。1960年，作为新大学一员的苏塞克斯大学，它的英美研究学院或欧洲研究学院就是替代常见的系科的一种尝试。20世纪90年代，多科技术学院升格为大学，比如利兹城市大学创建了称之为"文化研
247 究"的多学科群，此学科群混合了社会科学和人文学科。这种比较新的范式的出现实际上是语言学、人类学和哲学理论在法国发展的结果，而且在美国被广泛采用。秉承着一个世纪前的德国哲学学院的精神，20世纪90年代的荷兰大学思考过在一个特定学院内把不同研究领域整合在一起的

⑧ 此处和相关国家信息见如下论著。关于奥地利的信息见：On Austria from Hans Pechar, Ministry of Higher Education and Research, Vienna, and Karl-Heinz Gruber, University of Vienna. 以及 *Higher Education in Austria* (Bucharest, 1987). 关于德国的信息来自：Walter Rüegg, Switzerland; 也可参见：C. Gellert, 'The German Model of Research and Advanced Education', in Clark, *Research Foundations* (note 2), 5-44, and M. Heinemann, 'The German Universities after the Second World War', in A. Romano and J. Verger (eds.), *I poteri politici e il mondo universitario (XIII-XX secolo): Atti del Convegno Internazionale (Madrid, 28-30 agosto 1990)* (Soveria Mannelli, 1994), 257-275. Cf. Appendix: 'Universities founded in Europe between 1945 and 1995'. 关于东欧的综合信息参见：J. Sadlak, 'Legacy and Change—Higher Education and Restoration of Academic Work in Romania', *Technology in Society*, 15(1993), 75-100, 以及 J. Sadlak, 'In Search of the "Post-Communist University"-the Background and Scenario of the Transformation of Higher Education in Central and Eastern Europe', in K. Hüfner (ed.), *Higher Education Reform Processes in Central and Eastern Europe* (Frankfurt/Main, 1994), 43-62, 和 J. Sadlak, 'The Emergence of a Diversified System: The State/Private Predicament in Transforming Higher Education in Romania', *European Journal of Education*, 29(1994), 13-23. Also J. Szczepanski, *Higher Education in Eastern Europe*, Occasional paper—International Council for Educational Development, 12 (S.l., 1974). 关于俄罗斯的信息由 A. A. Russalinova 和 I. V. Komarov 提供。

可能性。

多学科研究和“独立的”学科间的相互交流是20世纪七八十年代高等教育领域中迅速发展的国际运动的一部分。但课程创新也是由美国式的机构竞争原则所驱使,对欧洲来说这是一直要避免的很失尊严的市场导向的做法。为了吸引学生、资金和公众注意力,大学,特别是最近成立的大学,可以提供学生们可能感兴趣的新型的学科和方法。然而,竞争的实力很大程度上取决于高校是否完全能够掌控其所提供的课程,这一点在所有国家中并不是完全相同的。在法国和德国,高校的创新受外部影响的程度比西欧其他国家都要强。在法国,大学的学院由于受法国政府各种理性的制约,甚至失去了它们在课程开发方面的作用,而课程开发完全是由教育部控制的。1968年的大学法确立了大学作为系科网络的地位,法语称之为 *unités d'enseignement et de recherche*(即培训与研究单位),随后更名为 *unités deformation et de recherche*(*UFR*,教学与研究单位)。在德 *Fakultätentage*(学部会议,同一学科领域的所有德国学院会议)拥有安排制订和修改考试指南的权力,此机构要经过各州教育部会议以及大学校长会议通过。它们也接受实验性的学习项目的咨询。

对于本科生,⑨每个高等教育系统采用大量不同的教学形式。通过讲席教授或地位不那么高的讲师上大课成为惯例,但也有由初级教师或助教主持的规模较小的讨论课程。⑩ 强度最大的教学主要集中在英国的导师制中,这种制度在英国尤其是在牛津大学和剑桥大学的学院中存在了几个世纪。通常是一对一面对面的教学,科学方面的课程在辅导时也会不止有一个学生。1983年西班牙的改革导致了许多结果,但其中一项就是越来越多的研究生在一些学科的日常工作中发挥监督作用,例如生物学。⑪ 这可能是由于人数迅速扩张导致教学人员缺乏造成的。法国的大 248
学也比以往更注重启用较年轻的教师,荷兰也不例外。20世纪70年代,

---

⑨ 这个词是16世纪的一个英语新词汇,与宗教改革时期剑桥学院所赋予的更强大的教学作用有关。

⑩ 参见第五章“教师”。

⑪ Entry on ‘Spain’ by J. L. Garcia-Garrido in Clark and Neave, *Encyclopedia I*, 676-679.

由美国传入的以强调学生团队合作的“解决问题式教学”模式首先由位于马斯特里赫特的林堡大学医学院所采用，随后拓展到了法学院。在法学院，学生分成小组，经由大三、大四学生推选出的组长或指导教师带领，每周聚会两次，一次两小时。对两个控制组的初步调查表明，在传授知识和激励自省方面，高年级的学长同高级教师之间不分伯仲。位于哥本哈根城外的罗斯基勒大学 90 年代也采用了“解决问题式教学”模式。大学生被分成若干个话题研究小组，学生们自己会面或导师和学生一起聚会。大量的时间用于讨论、质疑、写作和考试。[12] “解决问题式教学”模式会产生多大的影响还需要进一步研究，但是它和其他大学教学系统有着密切联系，原因有二：首先它通过鼓励团队合作、自我和同辈评价改变大学生被动学习的习惯；其次它也是成本效益很高的教学途径。早在 20 世纪 70 年代，瑞典的教育研究者就开始考虑使用“人类学”的评估方式来刺激学生进行自我评估，这一方式和“农植物学模式”形成了鲜明对比。学生以往的知识、学生组长以及教师之间具有极大的相关性。

剑桥大学同传统的知识传递模式彻底决裂。一些被人们认为是理所当然的技能失去了光彩，而那些在 20 世纪 70 年代以前鲜为人知的技能成了司空见惯的东西。就读学生都熟悉电脑，也知道如何通过电子设备来获取研究信息，然而语言能力——不仅仅是口语能力，基本的语法能力、英语、外语或古典知识方面都大大地弱化了。所有这些改变都体现了以升学为目的的中学课程的改变。历史曾经是中学中一个举足轻重的学科，现如今逐渐被人们忽视，甚至英国历史也难逃一劫。在地理学中这一情况尤其严重，以至于 20 年前就做出了删除其中历史因素的决定。大学
249 教师们决定培养新生相关的能力以弥补其缺失的东西。对电脑的掌握意味着在以实验室为基础的语言学习中，学生们可以有效地利用欧洲电视卫星，但是与此同时，教师们也开始使用强度更大的语言教学法，例如沉浸式和互动式教学，来帮助学生恢复他们以往学习中所缺失的外语能力。

[12] J. C. Moust and H. G. Schmidt, ‘Effects of Staff and Student Tutors on Student Achievement’, *Higher Education*, 28(1994), 471-482. 关于 Roskilde 的信息由 Brian McGuire 提供。

越来越多的教学工作通过团队的形式进行，尤其是在“核心”或“基础”课程方面更是如此。这种形式非常重视跨学科学习，而且关注学习主题，而并非局限于像在历史学科中的那样只注意年代顺序。互动式教学技术也意味着本科学生们可以了解到更多的研究方法，并且这一趋势使得论文可以成为期末考试的组成部分，由此可以确定学生学位质量的水平。它同时也意味着学生将在考试内容的选择上有更多的自由。在剑桥源于18世纪50年代的书面考试史上，这种全新的自由可以说是一种彻底的变革。在课程的某些领域，甚至讲座式的上大课方式也发生了变化，不再是个人的独白，取而代之的是非正式的讲授，为了让学生能够参与，授课者允许学生打断插话并进行讨论。⑬ 这些方法的使用意味着“看不见的试卷”无可争议的统治地位在重要性方面已有所下降。

任何创新都会有批评的声音。一些剑桥大学的老师认为过分强调学习技能和精心设计的教学结构非但不能促进学生的自立，反而还会反其道而行之。这些变革意味着大学生被“填鸭”。⑭ 一些人怀疑，不管改革背后有着什么样的良好动机，这些改革连同在英国发生的其他变化其实都是对政府评估和高效政策的回应，高等教育基金委员会质量评估组采用访问小组的做法便是很好的例证。这一指控当然也不无道理，但是难以想象的是在20世纪后半叶没有一所欧洲大学没有受到来自外界的对高等教育的多重压力的影响。唯一不确定的是反应的确切特征。

相比德国和英国，教学在意大利、伊比利亚和法国（或者比利时的瓦垄尼亚区）更具有权威性。在意大利，学生的被动学习司空见惯，多是因为在特定领域有严格的考试和学习要求。然而1970年以后，学生们被鼓励大胆发言，随之而来的，用一位观察家的话来说是“过分的自由主义”。特别在人文学科或其他要求不太高的领域更为明显。总体上看，地中海和 250
北欧地区教学方式之间的大致区别从20世纪60年代的改革时期开始逐渐消失。在民主和信息技术的时代，被动学习被认为已经不能适应个人

⑬ J. Gregson, ‘Ars Docendi, Artium Liberalium’, *Cam* (*Cambridge University Alumni Magazine*) (Michaelmas 1993), 8.

⑭ Gregson, ‘Ars Docendi’ (note 13), 7.

发挥聪明才智和首创精神了。在曾经的理想的洪堡世界中，教学自由(*Lehrfreiheit*)是教授的特权，这可以让他根据自己最佳判断和知识的来源接受某个观点并相应地进行教学，然而学习自由(*Lernfreiheit*)，即获取知识和表达知识的自由是学生的特权。只有具有自主学习能力的学生最终才能受到良好的教育(*gebildet*)。

抵制对教学进行测量的一个显著的发展，便是早已提到过的非正式化教学。英国的导师制一直倾向于随意的谈话交流，而且在某些历史时期，导师都是非常年轻的，他们与所负责的学生几乎就是同龄人。但是尽管导师制教学是英国精英教育的中流砥柱，在这个大众教育的时代，其存在的合理性也受到了质疑。导师制通常需要很高的师生比，作为精英教育的最低要求，通常为 1∶8 或 1∶10，并不是所有的英国大学都有足够的资源能够负担。导师制以及教授讲座和小班教学的混合制在牛津大学、剑桥大学、伦敦大学以及各城市大学，苏格兰、爱尔兰以及威尔士的大学之间都存在着不同。然而即使在古老的学院制大学中，由于更加强调科研、研究生培养以及从工业界寻求资金，与学院的教学计划形成对照的是更强调强有力的大学。

英国的大学努力保持高成本的导师制教学，或者是部分导师制，其中主要采用讲座式的教学形式，与此同时，欧洲学生人数史无前例的激增为年轻(比较廉价)的教师提供了机会，也出现了充分利用高年级学生和博士生的需要。在法国、奥地利和德国，新生的大批涌入使得尚未完全培养好的教师和助教受聘上岗，导致出现了“教员课堂”。⑮ 学生数量的增加影响了大学传统的方方面面，并要求对教学问题予以更多关注，因为过去的观点，即认为学生可以很好地照顾自己，或者可以从家人和朋友那里获得
251 大学经验，已经站不住脚了。大学中有太多学生的家长从未上过大学。观察者们要求对学生提供更好的建议、咨询、指导和其他服务，这些迄今为止在欧洲特别是欧洲大陆几乎鲜为人知。⑯

⑮ G. Neave, ‘Séparation de corps: The Training of Advanced Students and the Organization of Research in France’, in Clark, *Research Foundations* (note 2), 159-191.

⑯ G. Layer, ‘Student Guidance and Support—Changing the Approach’, in M. A. Slowey (ed.), *Implementing Change from within Universities and Colleges* (London, 1995), 123.

尽管雇用了大量年轻教师和研究生，在这样一个高成本的大学时代里，保持良好的教师比例仍是普遍的难题。20 世纪 50 年代以后，欧洲大陆上的师生比例起伏不定，在 1∶20 到 1∶27 之间摇摆，现存的各国数据往往都是总数，无法对师生间的交流起到良好的指引作用。仅仅一个例子就可以说明这一难题，1984 年的挪威大学，师生比例从人文学院的 1∶11到法律学院令人难以置信的 1∶67 不等，⑰但即使是人文学院较为吸引人的这一比例，也不能引导人们将教学和研究进行实际意义上的区分，同时这一比例对真正用于与本科生进行一对一交流的时间也没有指导意义。

更有甚者，挪威大学的例子证明，许多大学不均匀分配其内部师资，以期用一种课程来补偿另一种课程，例如给研究生教育腾出时间，或者让人数多的讲座课程为特殊科目和领域的小班教学留出余地。当然，总的情况并不乐观，学生人数以及维持接近 1∶10 到 1∶12 师生比费用的压力意味着只有极少数的大学才能够维持精英教育。

师生比是能说明一些情况的，但是我们需要超越比例去抓住教学的另一个方面，这一方面不能由任何历史公式来计算。在任何一种教学结构中，不管是传统的、创新的，还是导师制的，人际交流的方式是不同的，而且也一直在变化，其程度之大以致都可以总结为传授知识的方法和艺术本身就是每个课程的一部分。要把一个科目的认知内容和其被表达出来的方式分割开来犹如天方夜谭，因为教授者自身的个性便是学习中的一个因素，而这一个性的影响远远比实际教授的知识更为持久，因为信息很容易被人忘却，人际关系却并非如此。

每一个高等教育机构都会让学生屈从于口头或书面考试，常常是两者都有，而且要求他们写论文或文章，但是这种神圣的测评学业成绩的方式在整个欧洲大陆绝不是千篇一律的。在很多国家，质量控制是通过国家生成的期末考试来实现的，如此一来就避免了美国课程结构的典型问题，即同一个教师在某个班级里既教又考，并且学位的授予不是以最后的 252

⑰ Entry on 'Norway' by S. Vangsnes and K. Jordell in Clark and Neave, *Encyclopedia I*, 524-534, and communication from Sivert Langholm.

综合测试成绩为基础，而是一定数量课程或学分累加的结果。

然而在许多国家，传统的期末考试制度发生了很多改变，一些国家采纳了美国式的模块课程制，另一些国家则开始减轻对期末考试的过分依赖，辅之以其他形式的评估，例如期中测试。在苏联以“改革”（*perestroika*）和“自由化”（*glasnost*）著称的经济政治自由化前后，大学考试融合了一年两次的考试（主要是口试）和最终的国家考试，有的要求有毕业论文，有的则不做要求，但是也有一个与考试并行的持续性评价制度。在比利时和南斯拉夫，最主要的还是在意大利的大学系统中，第一级学位（*laurea*）的获得主要还是依赖口头考试。在这之前有一个极短的论文要求。教授们抱怨考试负担过重，却对改变现状无所作为。在挪威、英格兰、苏格兰和爱尔兰，对三四年的学习进行最后的考试仍是常见的做法，但做了一些上文所提到的调整。为了确保客观公正，书面试卷采取盲判的形式，交由多人批阅，并且通常与口头考试结合（挪威更为频繁）。综合性的书面考试以及采用外部考试人员一直是英国的做法，直到 80 年代和 90 年代一些大学和以前多科技术学院广泛采用模块化课程或普通课程的时候情况才有所改变，例如贝尔法斯特的皇后大学和 1968 年建立的乌尔斯特新大学就是如此。

文凭与学位

在任何一个国家，当人们成功掌握了全部的教学内容，通过了写作练习和考试，会被授予一个证书或其他纸质凭证来证明其完成了学术工作。在欧洲，学位、文凭或执照通常是受保护的，按照惯例颁发学历文凭的权力是政府拥有的，在俄罗斯正是如此，在其他一些共产主义国家以及法国或德国也一样。在英国，任何一个被枢密院（其中的成员是政府内阁人员）
253 认定为“大学”的法定机构有权颁发自己的学位。相比之下，多科技术学院的学生从一个名为“全国学位授予委员会”的机构获得学位。[18] 直到 20 世纪 90 年代中期，奥地利才为非大学或多科技术学院等新的院校类型建立

[18] 到 20 世纪 90 年代末，根据议会立法，英国大学和学院之间在法律地位上所谓的“双轨”区隔得以消除，能够授予学位的特权的获得更为自由。多科技术学院从而能够要求得到大学地位和学位授予权。

了一个类似的学位授予机构(*Fachhochschulrat*)，没有大学地位的机构不能授予学位，但可以提供文凭，这也是可以授予学位的高校对完成一些特定课程的证明。葡萄牙和德国、比利时、荷兰一样，大学和比较强调技术的院校之间是互相分开的。在芬兰，建立职业性学校是为了减轻大学的压力。

建于1836年的伦敦大学，是全国学位授予委员会的历史样板。两所大学学院建校时间较早，而且都要求取得学位授予权，由于宗教和其他一些原因，以及对历史所衍生出的大学概念的考虑，枢密院不愿将这种独一无二的特权授予新的学院。一个折中的结果便是"伦敦大学"的建立，它只不过是一个很小的由院士组成的法人团体，被授权批准和举办考试来授予学位。而且这个在任何国家都没有先例的特殊制度，成为大英帝国及其自治领地新的学院为它们的毕业生颁授学位的工具。经过数十年的发展，伦敦大学完全成了一个联盟性的大学，由大学学院、几乎独立的专业学院和医院组成。然而到了20世纪90年代，伦敦大学联盟体系的组成机构开始竭力寻求更大的学位授予自主权以及对它们自己考试的进一步控制权，在这些机构中帝国理工学院(之后拥有了一些教学医院)成为最早获得这些特权的学校。

在英语国家的大学中，一般的学位课程时长是三或四年，学生可以取得一个学士学位。不过苏格兰例外，它所保持的历史传统是硕士学位是第一级授予的学位。在法国、西班牙、荷兰和德国，学生获得正式资格要通过三个阶段——在荷兰称为 *fase*，法国称为 *cycles*。第三个阶段包括高级课程或者用英国的术语来说就是研究生。在法国，前两个阶段被分成独立的阶段，其中的一些会通向职业资格或中小学教学。三阶段中的每个 254
阶段都要持续两年时间(学生按照惯例学三年)，在下一个阶段到来之前，每个阶段都是一个需要跨越的障碍。完成了第二个阶段可以获得普通大学文凭。第三个阶段是为那些想要取得硕士学位或之后有可能获得博士学位而进行研究训练的学生准备的。在荷兰，学生需要在四年的时间里完成前两个阶段，并且有失去政府财政资助的风险。自从西班牙在20世纪80年代改革后，其阶段体系与法国类似。完成前两个阶段共需五年时间，但随后的1991年改革使其完成时间可以减少到四年之内。第三个阶段包括高级的研究工作。葡萄牙大学的学位获得期是四到六年，依据所学的不同领域而定。理工学院的学生入学三年后会被授予学士学位（*bacbaraleto*），更专业性的文凭还需要两年多的时间。[19] 在德国获得一个同等的第一级学位需要六到七年时间，在奥地利获得一个硕士学位（*Magister*）平均需要七年半。

想要把第一学位的授予或者第二阶段的完成与学习时间长短、学生学业水平、学位地位与就业价值相关联几乎是不可能的，不管是在一个国家之内还是跨越国界。有时英国的大学文科学士学位，意大利的 *laurea*，波兰、德国和奥地利的 *Magister*，法国的 *dipome*，罗马尼亚的 *licenta*，西班牙的 *licenciatura* 和葡萄牙的 *licenciado*，还有一些其他的学位名称，取得它们都是为了进入某一特定的职场，比如说放射学、农学、会计学、物理疗法、计算机编程、社会工作。但是在其他一些情况下，它们是进入更高层次学习的许可证。没有任何一个欧洲国家把具有第一学位或第一和第二两个阶段学习的资质当作衡量一个人对普通文化掌握的尺度，而普通文化的掌握意味着与自由教育和公民领导能力这些传统的精华概念紧密相关文化的圆满了解和把握。这些长期以来被争论问题的最后落脚点是对中等学校给予恰当的关注，尤其是那些具有大学预科职能的中等学校。西欧大学专业化趋势的增强导致了下面这种局面的出现，即极少有国家要求大学本科生进行范围非常广泛的学习。但人们对此是有疑虑的。由于现在的中等学校面临着大众教育的压力，越来越多的声音开始质疑学校没有为学生提供必要的技能和自由教育的精神。但是挪威在本科生的课程中保留了一些自由教育的理想成分。学位第一年强制性的哲学考试包
255 括逻辑学和历史哲学，这从某些方面代表了学术工作是世界大同和教化的标志的时代的回归。[20]

[19] For Portugal, entry by E. L. Pire in Clark and Neave, *Encyclopedia I*, 585-590.

[20] S.-E. Liedman, 'In Search of Isis: General Education in Germany and Sweden', in S. Rothblatt and B. Wittrock (eds.), *The European and American University since* 1800: *Historical and Sociological Essays* (Cambridge, 1993), 99, 105.

本科生和研究生

在欧洲大陆国家中，大学的一个显著特征是本科生与研究生的地位缺乏像英语国家那样的非常明确的界限(尽管不是在中世纪)。本科生与研究生在不知不觉中融合在了一起，而并非各自拥有课程领域。在美国和英国，文科学士和理科学士是两大类主修科目的分界线，这在诸如医学领域会引起一些混淆。在美国，专业性学习如果不是为了取得第二级学位或者用于获得像工程和建筑这样专业的第一级学位的话，它们被归入另一个独立的轨道，从整个周期的第一阶段开始，在英国则是从第一级学位开始。

人们认为典型的英国或美国的本科生经验不足且刚愎自用，因此需要对其进行适当约束。英国的大学导师就像学生的监护人，而美国的学院和大学里都制订了大量的学院生活的规则来规范学生各个方面的行为。20 世纪 60 年代的学生运动使得以上一些规定被更为尊重法律的判断学生不良行为的制度所取代。但是，即使是在牛津、剑桥这种名牌学府，也存在导师权威下降的情况。但其他因素也导致了将本科生视为需要细微监管的青少年这一看法的改变。一方面，人们更多地关注各类教学人员的科研工作，在决定职业机会的时候将其看得比教学更为重要。另一方面，与权力运行相关的文化发生了变化。20 世纪 60 年代进入学术阶梯的大学生们是抗议大学家长制的一代。然而，另一原因是试图强制实施涉及与约会和吸毒相关规定时出现的不可避免的尴尬，尤其是吸毒，国家在这一方面都有严格监管。但关键的一点是，在许多国家，学者们觉得作为榜样已不再是令人惬意的了。作为一名杰出教授的标志——严格的中产阶级的行为举止，在 20 世纪末已经过时了。各级教授和学者与学生拥有同样的愿望，即要拥有一种不受世俗约束的私人生活。 256

在讲英语的国家里，人们认为年长的研究生更加成熟和富有责任感。这一根本性区别在课程安排和教学形式中都有所体现。英国的本科生一般都要为考试进行细致专心的准备，包括辅导、论文写作、非正式持续性评价以及个人建议等，然而研究生经常被忽视，或是被安排到档案室和图书馆查阅资料，社会科学和人文学科尤其如此。总之，直至大约20世纪的最后四十年里，研究生的数量相对较少，而且都集中在名牌大学里。

在欧洲大陆，学校希望所有的学生，不管年龄大小都能够自立。洪堡大学的自由学习传统就涉及这一点。大学不是中小学，而且不应该要求教授去约束规范学生，应该要求他们把握好自己的教育。（在美国、苏格兰和英格兰，直至19世纪后期，大学与中学才有了明确区分，美国甚至更晚。）欧洲大陆的大学，其自然环境更有利于学生更好的独立。从美国舶来的特有的带绿地的校园模式，常常让本科生住在大学里，而这些如果没有足够的土地是效仿不了的。传统的欧洲大学坐落在市中心，教学楼分散在城市的各个角落，通过“社区”的关系有时可以获得一些住房，比如瑞典位于乌普萨拉的大学，那里仍保留着中世纪“民族国家”的传统。来自不同地区的学生们可以联合在一起通过政府找到住房。当然，这里也有学生宿舍，大学的和私人的，就在教学楼附近。但是欧洲通常的做法是人们希望学生可以找到自己的住房或是住在家里，在这种环境下，“代替父母”几乎不是个可行的观念。

听课有很大的选择性，因为考试和听课没有必然的一致性（几个世纪以前，当牛津和剑桥大学的学院有效地把教学从教授手中接收过来时便出现了这个问题）。西班牙和德国的学生实际上可以选择他们愿意考试的日期。德国尤其不严格（奥地利在20世纪90年代后期改革前可能更加松散），并且实际上可以允许学生在大学混七年。取得学位或完成学业的时间具有如此大的伸缩性也成了问题的根源，部分原因在于可容纳的数
257 量和学业延长导致的额外费用，它们的优点在于课程完成率很高，学生认为他们已经准备好的时候才参加考试。

虽然有所改变，但公认的欧洲大陆大学中考试、文凭、学位之间松散的联系，最低限度的监督管理以及相对缺乏对书面作业的要求是植根于有关学生学业成就的精英假设。由于在同年龄组中只有非常少的人上了大学，人们便习惯性地认为他们拥有必要的学术资质和良好的学习习惯。因此，教授们并不过分注重学生的处境或辍学情况，尽管意大利的教授们迫切希望学生数量增加，因为在政府的收入下降的时候，曾经是微不足道的学生的学费会是大学收入的重要来源。由于高校经费在德国、法国、意

大利或奥地利(除了奥地利 1994 年新建的奥地利应用科技学院除外)，不受入学人数的影响，因此忽视学生并不会导致政府对大学的经济制裁。相反，其他国家试图严格控制学生规模。荷兰一般采用人头数的方法；在丹麦，学位的颁发数是有限定的；在英国，学额位置是分配的。20 世纪八九十年代，意大利、德国、奥地利及法国的大学都明显地严重超员。拥有英国国籍并获得贵族身份的著名社会学家拉尔夫・达伦多夫曾担任过德国教授，也曾担任伦敦政治经济学院的院长以及牛津大学一个学院的院长，他在严厉批评德国的政策时指出，"学生是三十年前的十倍，但是被塞入了同样的旧制度框架中"。达伦多夫爵士继续讽刺性地指出大多数学生感觉孤立和孤独，因为他们的老师把大部分时间花在了填表格或开会上。

在德国，基于学生有权自由地转换学校，对学生相对的冷漠实际上是合乎情理的，因为学位实际上是由国家而不是学校颁发的。20 世纪 60 年代，法国出于对人人拥有入学机会的考虑出台了相关政策，但这种政策凌驾于对有效大学教学的考虑之上。政府为了减小规模并提高就业的可能性，企图限制学生入学，但这激起了学生的强烈反抗而无法实行。对某些类型课程的需求，尤其是与教学直接相关的课程，如心理学，使得听课学生的数量出现了惊人的增长，出现了"坐在楼道里听课——自资金开始投入到大学扩展之后从未出现过的一幕"㉑。类似情况在实施限制入学名额
的被保护领域——如医学领域未曾出现过。20 世纪 80 年代，法国尽管入 258
学需求很高，辍学率也令人非常沮丧。大约 40%的理科新生、45%的法律和经济学新生，在第一阶段的第一年就被淘汰下来。㉒ 在 1995 年，只有三分之一的意大利学生获得了学士学位。㉓

㉑ *Times Higher Education Supplement*, 3 December 1993, News 10.

㉒ 'France' in Clark and Neave, *Encyclopedia I*. 亦可见：C. Musselin, 'Steering Higher Education in France: 1981—1991', *Higher Education in Europe*, 17(1992), 70-71.

㉓ 关于意大利的信息来源于：B. R. Clark, *Academic Power in Italy: Bureaucracy and Oligarchy in a National University System* (Chicago and London, 1977), 124ff., 139; F. R. Monaco, '*Universities in Italy: Problems and Perspectives*', *in F. Pancaldi (ed.)*, *Universities and the Sciences: Historical and Contemporary Perspectives* (Bologna, 1993), 20-28; O. Amaldi, 'The Italian Tradition', in Pancaldi, *Universities*, 40-48; R. Moscati, 'Italy', in G. Neave and F. van Vught, *Prometheus Bound: The Changing Relationship between Government and Higher Education in Western Europe* (Oxford, 1991), 91-108.

从事学术职业要求人们拥有最高一级的研究性学位。20 世纪后半叶，在大多数国家，这意味着是博士学位，但在奥地利、德国、瑞士的德语区、西班牙，特定时期的意大利和斯堪的纳维亚半岛国家，最高级别是教授备选资格，实际上就是第二篇博士论文，这在法国也同样是被授予正教授的一个先决条件。在法国，事实上各种各样的博士学位随着众多改革措施的出台不断出现，同时也规定书面研究成果可以代替通常与博士层次的工作相关联的研究论文。随后，英格兰采纳的变革允许以发表的成果为依据，在学术生涯以后的某个时候授予博士学位。一般而言，高度结构化的博士培养计划是非典型性的，对完成时间也没有特别的规定。即使是遍布欧洲大陆的德国引以为荣的研讨制，与组织严谨的美国研究生院的学位制度也不一样。那些试图获得教授备选资格的人，尤其是自然科学以外的人，是自己来进行相关的准备。他们常常是在某个地方从事全日制的教学工作或与学术研究无关的职业。但在 20 世纪 80 年代后期，"研究生院"开始出现，这可能是在组织和资金结构方面受到了美国的启迪，但又和美国有很多不同。它们在组织方面没有共同特点，而且现阶段仍停留在试验或初步的阶段。德国的一些研究生院都是跨学科的研究小组，出于研究的目的，它们偶尔会与马普研究所的独立网络联系在一起。荷兰和比利时的研究生院可以跨越学校甚至是国家边界形成合作关系。在法国，研究生院由通向一种或多种文凭的几个高级类别组成，其中一种
259 是高级研究文凭，此文凭需要在获得博士学位证书之后才能取得。负责进行研究训练的主体是博士培养小组，正如其他地方的国家哲学博士培养计划一样，此培养小组的成员可以由来自其他机构的人员组成，如国家实验室。在 1984 年改革中，另一个重大的改变打破了高度集中的政府对大学教学和课程的控制。在法国，国家学位授予机构拥有向大学颁发博士学位的特权。当 20 世纪 90 年代初博士生院成立时，法国研究生学位制度开始了新的变革。尽管是以特定的大学为基地，但这样的"学校"也可以跨越机构界限。更深层次的讨论就此展开，焦点集中于高级研究文凭和博士生院之间的关系。

研究生院为教授备选资格的候选人提供了机会，他们可以定期和同辈及资深同事讨论研究计划，还可以参与特殊项目。到 20 世纪 90 年代，

除德国、奥地利和法国，作为大学教学的准入资格，英美的单一哲学博士体系正在与教授备选资格进行竞争。

研究生教育在英国也发生了改变。[24] 20 世纪初，为了吸引那些通常去德国大学学习的海外学生，作为研究性学位的哲学博士学位被引入英国。一个学生要得到学位，要根据所学课程递交一篇论文，通常在三年或者是更长的时间之后，而且还需要完成由考官组成的答辩委员会的论文答辩。在一些国家，还有在大量听众面前的更公开的答辩，这种做法在瑞典和日内瓦、洛桑市的大学里还没有消失。它们没有像美国那样的单独分开管理的针对学术和研究训练的“研究生院”。其他的硕士层次或与其水平相当的高级学位偶尔也会包含一些指定的课程作业，但这些作业的大部分都是以写论文和口头考试为基础的。然而，作为美国研究生培养体系中前两年或三年中的支柱——“讲授”研究生课程，逐渐被看成是必不可少的可替代选择，尤其是随着研究生数量的增长以及对他们第一级学位实际价值的质疑出现以后。20 世纪末，讲授的学位课程比以前更多，但是由于绝大多数研究领域并没有大规模的学生，因此攻读这种课程学位还没有成为定式。 260

而在别的国家，一些别的学位和文凭，不管是本科生、研究生或是介于两者之间的，都是由独立的音乐学院、戏剧艺术学院、建筑或律师行业颁发的(教会法、民法、犹太人法律学位由大学授予)。

20 世纪 60 年代，北欧国家实施研究生教育改革，随后在 80 年代又改革一次。对传统学位制度改变的目的是为了使不同阶段的教育资格区别开来。在丹麦，为了与现有的工程学和自然科学的做法相一致，社会科学和人文学科领域的哲学博士训练更加正规，同时，更加重视交叉学科和各学校之间研究环境的构建。在芬兰，所采取的措施主要是用更负责任的管理来取代对学生研究监管的随意安排。挪威正规的研究生计划比较薄

㉔ 有关英国的情况，见：M. Henkel and M. Kogan, 'Research Training and Graduate Education: The British Macro Structure', in Clark, *Research Foundations* (note 2), 71-114; T. Becher, 'Graduate Education in Britain: The View from the Ground', in Clark, *Research Foundations*, 115-153; L. Goedegebuure and F. van Vught (eds.), *Comparative Policy Studies in Higher Education* (Twente, 1994).

弱，其采用了类似丹麦和芬兰的革新措施，特别是着眼于改善获取学位的比例和时间。在新的培养计划稳固之前，旧的非正式的体制、监管比较宽松的博士培养计划与新体制并存。从20世纪60年代前期开始，北欧最大的国家瑞典就发生了形式各异的变革，包括结构、组织、管理、课程等多方面。在旧体制之下的最后的博士论文答辩发生在20世纪70年代。此后引进了新的硕士学位，同时也制定了规章，将其确定为攻读博士学位前的一个正规阶段。

在影响整个高等教育系统的课程和课程开发方面，初等教育和中等教育（尤其是后者）所发挥的关键性作用是怎么强调都不过分的。欧洲大学的基本教育理念就是建立在高中精英教育基础之上的。正是这个教育体系，再加上高标准的毕业考试，使得大学教育的早期阶段能够设立专业化的课程，继之以宽松监管的高级学习。结果，当政府开始鼓励更多的学生通过小学和中等学校向上流动的时候，仅仅几年的时间，早期精英筛选的整个体系就受到了质疑。中学毕业考试专业化减少、不太强调学科分轨以及继续教育或第三级机构吸纳大量的毕业生，所有这些都意味着大学不能再指望所接收的学生拥有必备的水平和技能，并且守纪律。由于根基被削弱，很多老教师发现他们无法再使用和以前类似的学业标准。
261 但这种问题只有当历史学家获得该领域足够详细的资料后才能继续深入研究，也就是说，从课堂教学的历史着手。

从20世纪80年代开始，在法国时间甚至更早些，大众教育的到来，以及数量巨大的学生符合大学入学的资格彻底粉碎了学生为高等教育学习做准备这一已有的假设。除了美国掌握入学总人数对教学和大学课程影响的数据外，欧洲所有国家高等教育管理部门几乎都不去预测大众教育的预算、空间或学术方面的结果。在1959年之后的20年间，法国、德国、意大利的大学增长率已经超过了400%，比利时大约是300%，瑞典大约是350%，荷兰大约是364%，而英国则是384%。[25] 直到20世纪八九十年代

[25] G. Neave, 'A House Divided against Itself. The Changing Patterns of Authority and Participation in Western European Universities' (draft paper, Berkeley, Cal., 16 November 1984), table 1 following page 10.

才开始寻求办法，试图将入学机制与本科生和研究生的质量保障结合起来，同时也为精英和非精英学生创造各种机会。接踵而至的是几近疯狂的改革活动：建立模块制和学分制，引入学期制和多种文凭途径，持续性评价以及以问题教学法进入教学之中，采用终极学位课程（如丹麦）以区分本科生和研究生的教学，“讲授”课程出现在研究层次。当时，英美学位体系遍布整个欧洲。一个观察员推测文学学士、文学硕士、哲学博士学位以及学分制对东欧的影响超过了对西欧的影响，㉖也许是对马克思主义的排斥发挥了助推作用（至少直到 1999 年所谓的“博洛尼亚进程”启动）。

研究和课程

几个世纪以来，大学实质上是教学和训练机构。虽然认为科学研究在传统大学使命中没有位置的想法是错误的，但是对原创知识的追求以及探索发现的精神却是学术共同体闲暇和反思的副产品，而非为了达到预期的进步、发送和认可所进行的最重要的活动。大学的传统使命如此重大，以至于在现代早期就创立了仅次于大学的皇家学院来支持各种智力活动。但是，1810 年柏林大学的创立改变了大学的主要目标，这就是 262
说，从此以后大学将正规的科学研究纳入使命之中，为先进的科学工作提供所需设备，加强图书馆建设以及包含所有新旧领域知识的文献的收集，为纯理论研究、基础研究和应用研究的开展提供资源和支持。即使在德国，这个新的使命直到 1850 年左右才完全实现，但之后它很快就被所有大学接受，它们急切地想模仿德国的教育模式。

研究以多种不同的方式影响着课程。第一，它鼓励独立思考。第二，它促进了发现意识的产生，尤其是在科学方面，尽管是纯理论和基本知识的表达方式，但还是展现了技术和科学应用之间的联系。第三，它加强了知识的专门化。第四，它影响了知识产生与传播的新组织的产生，比如系科或实验室、研究中心或者专门的图书馆馆藏室，同时专门化起到了相反的刺激作用，使分离的学习领域联合起来。第五，研究改变了课程，促使新

㉖　Sadlak, ‘Search’ (note 8).

的课程结构被采用，学生根据前面提到的学习自由原则拥有更多独立的工作和讨论机会，更多的学生研究论文、讨论课以及允许学生探索各种观点的开卷考试。

在20世纪后期的大学中，研究有着全方位的影响。不断产生的新思想，追求这些思想的新方法、新范式，处理人类生活状况的新途径以及关于自然科学世界的新观点，所有这些不断推动本科生经验的发展（更不用说研究生了）。同时，这些也不断挑战着资助大学经费的方式以及将资源在科、系、学院及研究室间进行分配的方式。欧洲大学之间在课程多样化以及建立获取与传播知识新组织方面的速度与步伐差别很大，这种差别依据传统、保守观念的势力、学生的需求、可获得的资源以及政府政策的不同而不同。正如本章前面所阐述的，20世纪后期呈现出以下几个特点：前所未有的蓬勃发展、自相矛盾的政策、对政策的不断修正、对传统权威内部和外部的挑战、东欧从极权主义环境向容纳自由表达及创新环境的彻底转变。伴随组织结构变革的知识库的快速转变并不都是积极正面
263 的，同任一时期范围广泛的连锁式的激进变革一样，也导致了混乱和不稳定。创新和新发现的压力导致了一时的知识风潮，同时，也出现了粗制滥造的理论和现实生活中的热点的调和物。在现实世界中，教育本身经常被作为一种可买卖的商品来谈论。大多数理论都是政治性的和意识形态性的，或是带有政治或意识形态的意义。在一些领域人们认为客观性是虚无的，就人类的利己主义而言，价值中立的知识是根本不可能存在的。长久以来的主体和外部客体间的区别被宣称是错误的。事实上，它们之间是没有区别的。对于后现代主义来说，所有的观点都是主观的。这样的观点也浸入科学领域，但科学研究强有力的经验主义基础使得这些观念对教学并没有产生太大的影响。但是在人文科学和社会科学的某些领域，对所有已有理论的确定性的怀疑，有时也导致了相对主义和虚无主义。课程反映了新的敏感话题，这其中包括女性社会地位的假设（女性主义理论）、少数民族和其他边缘化人群的待遇问题、欧洲国家的帝国历史以及历史精英的作用。世俗思想是如此鲜明，以至于神学家和宗教学者都开始抱怨，认为一种新的褊狭已经进入大学。一种新的正统宣称宽容，但实际上对宗教研究和宗教道德计划几乎没有耐心给予尊重，而这些是

过去大学课程中的主要内容。不满在延续。

这些教条般的“正确理论”是消极的一面，但毋庸置疑，一个新的发明和创造也在广泛传播，它会对医药和生物方面的发现产生深远的影响，也会使人们对生活的基本过程产生新的理解。所有学习领域的边界都被打破了。社会科学跨入人文学科之中；物理学、天体物理学、化学、工程学和生物科学自由地吸取着彼此学科的精华，并相互借鉴着其他学科的方法。专业领域再也不可能和自由艺术及科学领域简单地区分开。接受式的学习从本质上而且在某种意义上被永久地改变了。学生面对的是更多的不同模式的学习、更多样的课程和教学内容、更多不同寻常的教学形式。他们被允许用更多的途径展示自己的能力，再也不是 20 世纪 50 年代大多数大学的样子了。他们比以往的大学生有更多的机会积极参与自身的教育。

新资源和新的理解方法对本科生的教与学的渗透确实存在，但又难以量化，对大学课程的影响程度也很难明确把握。这就需要明确区分根 264
据源自研究的观念而进行的对某个课程或学习计划的重塑和允许本科生参与实际研究任务的程度，尤其是和教授及高级学者一起的调查研究。让本科生参与一个研究小组，至少让他们了解小组是如何工作的，其价值是有待商榷的，但是这种情况发生的程度也是不可判定的，到底有多少学生可以自由地参与也是有问题的。评论家可能会说，欧洲大学的本科生事实上并没有真正参与到研究中或者是有机会汲取探索精神，因为他们的教育是以国家考试成绩为基础的，通常和教学没有多大关系。

在法国，高等教育中最受青睐的部分是大学校，主要由专门化的训练机构组成，关于教学和研究结合起来的争论在此从来没有取得实质性的进展。在法国，主要的研究任务是由拥有全职研究人员的国家科学研究中心承担的，但其他的研究机构也存在。㉗ 在德国，研究任务一半经由德意志研究基金会交予众多大学机构，一半由大约 60 个马普研究所来承担。但是在很多领域，尽管由政府宣称的劳动力分工更有效率（而且较少受到

㉗ 比如，开展农业研究的国家农业研究所（INRA），开展原子能研究的原子能委员会（CEA），开展医学研究的国家医疗卫生研究所（INSERM），开展海洋勘探研究的海洋开发研究所（IFREMER），开展教育和教育科学研究的教育研究所（INRP），以及居里研究所和巴斯德研究所。

学生激进分子破坏的影响），特别是在国际竞争越来越激烈的情况下，但是实质性的交叉影响其范围有多大也是难以把握的。两国教授都能够参与研究项目和研究团队，法国大学和国家科学研究中心有时会共享资源。

不过，批评者认为研究和教学的正式分离削弱了由古典的德国大学传统继承而来的伟大的讲座教授制度，在这种制度中研究生的教学和管理是由在研究上具有突出成绩的知名教授来负责的。随着这两个重要的专业功能的分离，详细的规章和资金安排都不再由讲座教授直接控制了。学院、研究所、科系和实验室曾经是具有崇高地位的高级别公务员——教授们的聚集地，现在也开始受制于外界的评价和监督。有人指出法国省级大学对研究支持不足，使得巴黎成为不可抵抗的诱惑，人员的流失对当地教学造成了很大的危害，相关报道特别提到了法国北部城市亚眠。[28] 然
265 而，历史发展过程中从来不缺乏具有讽刺意味的事件。在法国，将学生助学金、研究人员津贴以及教学职位与特定的实验室、学习计划或大学绑定在一起的做法再一次为某些领域的少数席位拥有者（讲座教授之类）提供了机会，使他们保留了以往与职业特权相关的某种庇护人的角色。[29]

课程中的学生角色

关于包括学生市场在内的高等教育的消费者与需求方的情况已有所提及。它表明入学机会的扩大使人们更加意识到所提供的课程如何与对特定科目的需求相互影响，或是引发新奇的教学形式、短期课程，或是伴有持续性评价的学分制模块课程。也可以假定在众多的“私营化”国家里，政府采纳指导性的政策，刺激了更多的学生参与到教育过程中，然而事情并没有那么简单。到20世纪90年代中期，学生还没有成为教育机会和教育价格的主宰者，或许是因为学生参与所起的作用最初被过高估计，也可能是因为政府发现学生需求与国家目标不一致时，一直对市场施加限制。学生们倾向于选择热门和资金不足的领域，然而政府希望更多关注应用

㉘ *Times Higher Education Supplement*，19 August 1994，News 8.

㉙ G. Neave in Clark，*Research Foundations*（note 2），201.

科学和工程学，因为它们被认为更有益于经济发展。这些科目也可以从高新技术部门、非营利性的慈善团体或校友处获得投资。

国家危机为学生发挥影响作用提供了机会，尽管效果是短期的。20世纪60年代法国、德国以及随后出现在美国的学生反抗运动，可能在课程内容方面产生了短期的变化，但这些并没有引起整个课程的根本变革。考虑到历史上学生参与的法国、德国、意大利和沙皇俄国的右翼和左翼的政治运动，学生们实际上更关注消极而非积极的结果。在法国，学生的压力经常通过抗议和游行来表达，尤其是在限制参与或提议学习领域的时候，或是因为资金严重不足的大学校园学生过度拥挤，像圣埃蒂安、加希耶、楠泰尔。楠泰尔大学计划的学生容量是1.4万人，但在1994年人满为患，数量达到计划的2.5倍。在英国，全国学生联合会试图在所有影响学生利益的大学事务上保持重要的发言权，尤其是在入学机会和财政上，但是值得怀疑的是这个联合会是否能以某种方式或在某个时刻能够深刻地影响到教学和教育的基本结构。 266

然而，在一些西方国家，比如挪威，学生们通过经营与他们的福利和娱乐息息相关的众多的校园内企业获得了积极的经验。由政府拨款、参与费、会员费和产品销售组合在一起的资金资助下，学生可以经营学生宿舍、书店、运动场、医疗卫生服务、幼儿园和旅游机构，通过这些方式学生获得了课堂以外的宝贵生活经验。学生干部经常会被给予一年的休学时间作为全职的学生积极分子和商业领导者发挥作用。

课程的主要决定因素为国家、学术界、考试系统、就业市场等，但学生自始以来在课程的形成方面作用是比较小的。由于年轻无经验，特别是他们属于“本科生”的范畴，还有他们在高等教育中学习时间相对较短，因此本科生（或者是研究生）对教育课程形成的直接贡献是有限的，或者是受到限制的。可能最有效的一次学生努力是20世纪60年代的德国改革。但是他们所起到的间接作用也不应被忽视。学生为学术工作所做的准备是决定学习过程中课程难易水平和课程内容的一个关键因素。欧洲的大学体系历来就受益于高质量的中学教育，尤其是义务教育之后最后两年的教育，以及严格的毕业考试，如英格兰普通教育的高级水平考试、苏格兰的高级证书考试、法国的中学毕业会考、德国的文科中学毕业考试以及其他已经提到的考试。在高质量中学教育缺失的地方，高等教育被迫采取补救措施，一个显著的特点就是在美国大学的第一年甚至是第二年的非精英教育（某种情况下是精英教育）。但是苏联阵营国家也被迫采取这样的措施，并且设立“预科”来弥补学生水平的不足。20世纪90年代欧洲大学体系中对学生准备状况的抱怨不绝于耳。

文化方面细微的或“悄悄的”改革也会对课堂教学产生一定的影响，因为学习的态度和纪律的习惯影响着材料呈现的方式以及学生是否自立
267 或者获得立即的关注。令人难以置信的是，过去四十年中不管是个人行为方式发生的显著变化，还是西欧物质消费标准的提高，都没有对学生和老师之间的联系方式产生影响。表面上，20世纪90年代观察者注意到在英国、北欧国家和荷兰更加非正式的课堂组织方式。这种随意性因为专业着装规范的缺位得到强化，而教师的着装规范是权威和地位的传统标志，它将学术文化与金融、商业和行政部门等更广泛的地位世界连接在一起。学术漫游者遭遇到每一种可以想象出来的穿衣模式，仿佛服装不再反映好的品味（或社会等级），而只是穿衣人的个人喜好，也可能是为了“舒适”。这就像是知识领域的深刻变化，伴随发现的兴奋以及获取知识的方法都需要更加随意的沟通方式，老师与所教学生之间的更方便的交流，对信息和观念传播者来说更为自由的环境，这个环境会容纳所有层次的学习者、教授、讲师、博士后和学生。教师向学生传达的或许是更适合传递学术探索兴奋之情的一种随性的态度。另外，因为有很多年轻的教师与本科生年龄相仿，他们受到同样的大众媒体的影响，同是50年代以后在放任环境中长大的，因此他们之间会少些冷漠多些融洽，更像是同伴而不是老师。

然而教学的非正式性、学生在与老师谈话或在提到他们时省略头衔直呼其名的倾向（这一点研究生比本科生更典型），并没有必然地给学生的前景带来确定性和保证。就所有关于学生课程选择重要性的讨论而言，很多人发现选择太多而且很混乱。毫不惊奇的是，处于历史上的繁荣时期，生活机会不可否认地改善了很多，但很多学生还是应该为发现自己而奋争，并准备应对动态的市场机会，准备应对多种职业变换的就业市场。从众多科目中自由选择，每门课都有不断修订的可能，这可能会培养

学生的自立，但很难为未来的可能性提供清晰的愿景。

20 世纪晚期大学散漫的学术环境并不具备旧式大学文化的清晰透明。1940 年前后的大学不怎么松懈，尽管正规严谨的程度取决于民族文化和对待精英的态度。非正式性的模式可能是英国的导师制，但是在德国，教授和学生之间的关系是一种混合类型，这也出现在效仿德国模式的 268
国家。它们处于一套由阶层派生出的关系范围内，通常年长的博士候选人会得到最多的关注。人员少、某种文化观念、文科中学的经历以及对尊重的假设使这些关系成为可能。在教授和自己的助手以及新老学生之间的非正式场合经常发生在教授的家中。在这样一个特别有益于接纳观点的环境里，思想得到交流或倾听。尽管如此，年长的讲席教授不管是在研讨课上还是在客厅里总是内敛的，这种内敛是衡量其作为公务员的社会地位及其潜在的庇护者的标尺。在美国开创了自己事业的社会学家汉斯·施派尔在介绍他在海德堡大学时的著名教师卡尔·雅斯贝尔斯时说："（他）非常内敛。只有一次当面似乎对我感兴趣。"另一方面，卡尔·曼海姆被斯比尔说成是"一个好教师"，而且"没有半点教授的高傲"。㉚

新的学习环境可能很让人放松，但在教室中也会产生焦虑，这是由于新一代的女性涌入大学，而且进入到一直为男性独有的专业中并产生了有力的竞争。自 12 世纪末大学建立以来女性大学生第一次在本科生数量中占据一半甚至更多，而且在法律和医学领域女性的比例也很高。然而，更值得担忧的是欧洲重新燃起的种族冲突进入了大学。几乎所有的国家都受到人口流动的影响，这些人有许多最初不是欧洲人，像土耳其实际上只是在欧洲拥有一角，即使这些人已经到了中欧和西欧国家，他们也不被普遍地认为是欧洲人。加泰隆人和巴斯克人从西班牙要求更多的独立。苏联和南斯拉夫的解体、自由共和国的建立、捷克斯洛伐克的分裂，甚至是比利时事实上的语言的划分，曾一度使得民族主义和分裂主义者影响到教育。这是一个古老的故事。甚至在相对平静的芬兰，在 20 世纪 20 年代，大学分别为芬兰人和瑞典裔芬兰人建立。但是不管旧的还是新的，大

㉚ H. Speier, *The Truth in Hell and Other Essays on Politics and Culture, 1935—1987*(New York and Oxford, 1989), 7, 38.

学学习要有助于种族和特殊身份形成的要求浸入了教育过程，使客观学习变成了主观学习，并在教室和演讲大厅里制造出了紧张的局面，即使不
269 是总能表达出来，但能感觉得到。

学生的流动性

直到欧洲为国家培养法律和管理人才的国立大学诞生之前，大学是向各国学生全面开放的。这些学生借助共同的古代语言，为了寻找适合自己的学科、老师和学习环境而自由迁移。德国的国家考试使学生成为像吉普赛人式的学者，游走于各个大学之间以寻求著名的教授。讲席教授而非单个的大学才是洪堡时代大学的核心。而其他的大学体系，譬如英国就不鼓励学生的自由流动。19世纪时曾出现过非常有限的一些流动现象。当时本科生从较晚成立的市立大学、伦敦学院或是苏格兰的大学流向牛津大学或剑桥大学，但这主要是因为这些新成立的院校和苏格兰的学校只面向年龄较小的学生，而且在办学水平上也还达不到牛津、剑桥那样的水准。苏格兰的大学虽然接受学生的转学，不过对于18世纪和19世纪攻读学位的学生来说，这种行为似乎还不太普遍，另外20世纪时还没有太多学生行使转学权利。大范围的学生转学兴起于美国，从19世纪后期开始出现，从本质上看是因为模块教学的采用。这种包括学生选修模块在内的体制打破了过去大学中典型连续性学位课程学习模式。模块自成体系，可以保存和累加，还能转化到受学生欢迎的学院和大学里。在20世纪早期某个时候，模块课程可以获得单位学分，这使得学生的转学制变得更具可行性。

从欧洲大学的角度来看，模块制并不受欢迎，因为它促使大量的不相关课程产生，抑制了专业化（至少是早期的专业化）的发展，而且由于其中的每个模块都具有独立性，所以难以保证教学质量。另外，因为转学的学生有多达一半的课程都是在外校修习的，所以模块制也削弱了一所大学学位授予能力的总体质量。由于缺少共同的课程或评分体系，全国性的学生成绩标准也很难得到保障。而且正如前面所提到的，模块制通过使课堂教学责任分配更平等而削弱了讲席教授的权力。1996年由英国学者

开展的一项调查表明，人们普遍抵触甚至憎恶这一制度。不仅仅是因为向模块化的转换过程中会产生难度很大的重组问题、时间表制订和评估时的困难以及耗时耗力，而且学术界也认为这是大学行政人员和管理者 270 强加的任务。㉛ 由于美国大学体系已经产生并发展了许多年，所以突发性的彻底变革还没有发生过。

不过，合法的政治性的欧共体的成立引发了中世纪欧洲那种认为大学应该向全体学生开放理念的复兴。这导致人们寻求各种途径来促进学生流动性的提高，以便实现把欧洲作为民族国家身份补充的目的。所以，模块教学和将学分单元包括其中的模块制学习计划也就逐渐被采用和推广。不过为了保留传统欧洲大学模式的一些特征，这一源于美国的制度常常被加以修改。这样产生的结果便是：出现了一系列促使学生广泛游走以寻求本国或本地区没有的课程和教学的方案。1987 年，欧洲大学生流动行动计划（伊拉斯谟项目）得以创建。㉜ 这一方案旗下的校际合作计划旨在推动人员流动以及形成学分互认、学习任务、考试、评价和评分的统一系统。其中最著名的是成立于 1989 年的欧洲学分互认体系。不久后，其他一些计划也相继产生，以更好地服务于高中生、研究生、教师或企业家们，例如坦帕斯计划（专门面向东欧和中欧国家）㉝、语言计划（面向学习语言的商界人士和中等教育师生）和可米特计划（面向大学生和商界员工）。1994 年曾准备将这些计划并入一个新的联盟组织，并将其命名为“苏格拉底计划”，但由于其间的犹豫和分歧，所以延迟至 1995 年才成行。

在伊拉斯谟项目实施的第一年里约有 1.1 万人参与其中。在 1988—1989 年调查中，该项目占比例最大的使用群体当属在国外读商科的学生，约占 33%；其次是出国学习外语的学生（18%）、学习法律的学生（11%）和

㉛ *Times Higher Education Supplement*, 25 October 1996, News, 4.

㉜ 关于伊拉斯谟计划和学生流动的信息来自：ERASMUS Monographs 13, 15, 16, 17, published by Wissenschaftliches Zentrum für Berufs und Hochschulforschung der Gesamthochschule Kassel, 1991, 1992, 1993; European Community Course Credit Transfer System (Commission of the European Communities (draft, 28 October 1993). 详细信息也可参见：U. Teichler and F. Maiworm, *The ERASMUS Experience: Major Findings of the Erasmus Evaluation Research Project* (Kassel, 1997).

㉝ 其他细节参见第三章“与当局的关系”。

学习工程学的学生(10%),共同占据学生选择最多的前几位。从国家来看,德国和比利时的学生在这一项目中人数“过多”,而葡萄牙、希腊、爱尔
271 兰、意大利、荷兰和丹麦等国学生人数则明显不足。考虑到欧盟各国多种多样的习俗、传统和环境,这样的差异在之前几乎没人能预料到。㉞ 建立共同的高等教育体系的努力受到阻遏,因为各国的做法令人眼花缭乱,无法使其实现国际化。西班牙在这方面特别突出,因为该国的地方性学习系统不利于增强学生的流动性。总体上看,来自地中海而就读于北欧国家的学生体现出了质量和标准上的差异,但来自北方而在南部就读的学生认为这些地方的课程要求不是很高。学生们反映对他们来说最大的困难在于使用外语参加考试,而那些来自没有主要的国际语言国家的学生在国外待的时间最短,大约只有三个月甚至更短。其他的困难,或者更确切地说是不同——体现着欧洲大学教育最根本的差异——就是课堂外与教师的关系、讲座的学生出勤模式、外语出版读物以及课程的选修程度等。

1990—1991 年接受调查的伊拉斯谟项目参与学生的平均年龄为 23 岁,在加入该项目之前平均完成了 2.8 年的学习。在参与项目之前大多学生都有出国经历,他们在国外的学习时间平均为 7 个月。从社会出身的角度看,有 39%的学生其家庭成员有一位或更多的家长接受过高等教育,41%的学生家长收入高于平均水平,只有 13%是低于平均水平的。另外,接受调查的学生超过半数都是女性。㉟

结　论

在伊拉斯谟项目初期,A. H.哈尔西曾总结道:

“课程的发展历史可以概括为以下四个主要支配阶段:第一个阶段由神父统治;第二个阶段由贵族统治;第三个阶段由专业人士掌控;第四个

㉞ 不要忘了,即便像瑞士这样的小国,都有四种官方语言,其州立大学彼此之间差异悬殊,如课程结构、学位年限、教职员工及大学系统的其他构成要素都不尽相同。最终授予的毕业文凭也不是等量齐观。

㉟ ERASMUS Monograph 17(note 32),125-126.(10 年后,伊拉斯谟项目成为欧盟的旗舰型项目——交换生很快就超过 100 万——该项目在世界其他地方被广为效仿。)

阶段可以被表述为民主性的，意味着‘学生/顾客至上的崛起’。但是多亏 272
有女神克利俄对现在施展的法术，所以至今仍有前三个阶段的痕迹。”[36]

确实，之前的篇幅已经体现了课程起源的混杂性及其类型的转变方式。学科的教学方法、教学发生的情境以及学生怎样掌握是一个极其微妙的过程，无法进行量化的分析。课程的传统分布、职业目标、研究方案、政府的规划措施以及人力资源目标、人口统计学、教育供需双方的运作、知识的扩展、计算机化教学的发展、有组织的学生活动、商业和职业的影响等，这些因素在课程与教学的发展过程中都发挥着相应的作用，虽然各自的地位不尽相同。由于各种因素交错复杂，所以很难精确区分出各自的作用究竟有多大。不过，我们可以合理推断出，如果过去 50 年里政府是影响欧洲大学结构的最强大力量的话，那么教学内容主要受到的影响来自知识的增长，特别是通过专业化和学科交叉等方式施加的影响。这里我们不能忽视一个明显的例外，那就是在共产主义国家里，政治性的意识形态对于人文学科和社会科学产生的影响。在西欧国家，虽然意识形态的臆测也渗透到历史、社会学、文学以及经济学和政治学等学科教学当中，但这通常都是受个别教师的影响而非政府力量所为。尽管学术专长并没有在本科生教学和考试方面自动找到一席之地，但是总体上学者的专业兴趣如果不是系统化的，也是在持续推动课程内容朝新的方向发展。劳动力市场的表面需求具有影响力，但并不具有直接的影响，除非在进入经济领域的最低点上，因为研究性大学一直对专业资格所要求的课程发挥着相当大的影响。

总体而言，有关某类课程目标的大胆表述也只能为研讨室内、阶梯教室里、讨论课上或实验室的教学提供非常有限的指导。一位历史学家写道：“我们可以肯定，学院教授和考察的正式知识以及所做出的对教师的聘任根本体现不出这些科目教学所蕴含的精神素质。”[37]仅仅一章有关欧
洲高等教育课程的篇幅很难提炼出每个学科的“精神素质”，或是生动地 273

[36] A. H. Halsey, ‘Who Owns the Curriculum ofHigher Education?’, *Journal of Educational Policy*, 2(1987), 341.

[37] M. Cowling, *Religion and Public Doctrine in Modern England* (Cambridge, 1980), 390.

描述出各个国家教学关系的不同特征。它最多只能算是一个有待完善的概略，一项针对已知领域和未知区域的调查，一个大体上的简介，同时也是一个仅仅停留在浅层次上的对于课程所遭遇困境的警告。在20世纪的末期和一个千禧年之时，欧洲的大学发觉自己正面临着一种前所未有的局面。它甚至不再是“大学”，只是各种不同机构组成的链条中的一个环节，这些机构既相互依赖又互不包容。但是在失掉大学所有以往意义的时候，也许还有一个剩下的按语言学家来说被降格了的词语，“高等教育”是唯一的同义词。20世纪90年代高等教育课程的复杂程度绝不亚于当代民族国家的复杂性。最终的结果要取决于人们的观点，要么是注定要自己倒塌的巴比塔，要么是极端具有活力和创造力的知识世界，拥有迄今为止在欧洲大学史上想象不到的学习可能性。

精选文献

Becher, T. *Academic Tribes and Territories: Intellectual Inquiry and the*
274 *Cultures of Disciplines*, Milton Keynes, 1989.

Clark, B. R. *Academic Power in Italy: Bureaucracy and Oligarchy in a National University System*, Chicago and London, 1997.

Clark, B. R. (ed.) *Research Foundations of Graduate Education: Germany, Britain, France, United States, Japan*, Berkeley, Los Angeles and London, 1993.

Clark, B. R., and Neave, G. (eds.) *The Encyclopedia of Higher Education*, 4 vols., Oxford, 1992.

Gibbons, M. *et al*. *The New Production of Knowledge: The Dynamics of Science and Research in Contemporary Societies*, London, 1995.

Halsey, A. H. *Decline of Donnish Dominion: The British Academic Professions in the Twentieth Century*, Oxford, 1992.

Kotâsek, J. ‘Visions of Educational Development in the Post-Socialist Era’, *International Review of Education*, 39(1993), 473-487.

Musselin, C. ‘Steering Higher Education inFrance: 1981—1991’, *Higher*

Education in Europe, 17(1992), 70-71.

Neave, G., and Van Vught, F. (eds.) *Prometheus Bound: The Changing Relationship between Government and Higher Education in Western Europe*, Oxford, 1991.

OECD, *Education at a Glance: OECD Indicators*, Paris, 1997.

Papadopoulos, G. S. *Education 1960—1990: The OECD Perspective*, Paris, 1994.

Rothblatt, S., and Wittrock, B. (eds.) *The European and American University since 1800: Historical and Sociological Essays*, Cambridge, 1993.

Sadlak, J. 'In Search of the Post-Communist University—the Background and Scenario of the Transformation of Higher Education in Central and Eastern Europe', in K. Hüfner (ed.), *Higher Education Reform Processes in Central and Eastern Europe*, Frankfurt/Main, 1994, 43-62.

Szczepanski, J. *Higher Education in Eastern Europe*, Occasional Paper—International Council for Educational Development, 12, S.l., 1974. 275

Teichler, U. *Changing Patterns of the Higher Education System*, London, 1988.

Tikhonov, N. 'La quête du savoir: Etudiantes de l'empire russe dans les universités suisses, 1862-1920', PhD dissertation, Geneva, 2004.

第八章　学生运动与政治激进主义

路易斯·沃斯

导　言

19世纪以来,学生们便自视作为一个团体在社会中发挥着特殊作用。在瑞典式的传统中,学生们一直以“光明的守护者”自居,认为自己的职责在于监督社区教化和启蒙。在自我管理下,学生运动发展成为有组织的学生集体性活动。学生运动的目标在于:在学生自身天职的驱使下影响和改造社会。学生运动是一类关注更广阔社会的社会运动或政治运动。作为一类运动,学生运动虽然表现出一般的政治倾向性,但缺乏明确计划。虽然某一组织可能成为某一学生运动的支柱,但是学生运动并不完全置身于任何组织之内。①

学生运动发展的唯一可能在于,(只要)学生这一角色被赋予某一特定的社会地位。② 这一社会地位意味着一种非典型性的现代社会角色。该社会角色有利于团体形成,并使社会抗议的代价趋低,使参与政治表达的趋势走高。这一社会地位还导致一种特殊的知识分子习性的发展。这 276
一知识分子习性允许——甚至希望学生批判性地分析社会。最后,这一社会地位还被赋予个人天职的色彩,其间交织着基于生活传统的自我形象与社会规范期望。只有一代代学生愿意用他们的生活体验和时代诠释这种天职,该天职才能存在。学生行动中所体现的思想意识的波浪式运动,不仅植根于代际传递与代际冲突中,而且还植根于更为壮阔的历史发展实践中。③ 由于同龄人的快速交替,学生运动经常表现为一种"零星分散"现象:维持跨越代际的连续性是一种例外,而非常例。④

激进分子的不懈努力使得学生运动得以存在。最初,他们依靠非正式的个人联系,但后来基于相同的经历,他们形成一种参与、团结和一种特定结构的意识。追求社会影响往往与提高自我意识相伴生。尽管意识和行动这两种因素常常同时出现,但具体侧重点将依据环境的不同而

① 学生的日常生活和永恒观念(mores)因而超越了这一界定。D. Rucht, *Modernisierung und neue soziale Bewegungen: Deutschland, Frankreich und USA im Vergleich* (Frankfurt, 1994), 77; D. Rucht, 'Die Ereignisse von 1968 als soziale Bewegung: Methodologische Überlegungen und einige empirische Befunde', in I. Gilcher-Holtey (ed.), *1968: Vom Ereignis zum Gegenstand der Geschichtswissenschaft* (Göttingen, 1998), 116-130.

② L. Vos, M. Derez, I. Depraetere and W. van der Steen, *Studentenprotest in de jaren zestig: De stoute jaren* (Tielt, 1988); K. R. Allerbeck, *Soziologie Radikaler Studentenbewegungen: Ein vergleichende Untersuchung in der Bundesrepublik Deutschland und den Vereinigten Staaten* (Munich, 1973); F. A. Pinner, 'Western European Student Movements: Through Changing Times', in S. M. Lipset and P. G. Altbach (eds.), *Students in Revolt* (Boston, 1969), 60-95.

③ A. Esler (ed.), *The Conflict of Generations in Modern History* (Lexington, Mass., 1974).

④ P. G. Altbach, 'Perspectives on Student Political Activism', in P. G. Altbach (ed.), *Student Political Activism: An International Reference Handbook* (New York, 1989), 1-17; L. Rosenmayr, 'Jugend', in R. König (ed.), *Handbuch der Empirischen Sozialforschung* (Stuttgart, 1976); K. R. Allerbeck and L. Rosenmayr, *Einführung in die Jugendsoziologie* (Heidelberg, 1976).

不同。

就广泛社会领域中现存的政治运动或政党而言，学生运动处于紧张关系之中。⑤ 学生运动经常自视为更广泛的国家、宗教或社会层面解放运动的移动先锋。同时，学生运动也是新激进分子的一个来源。依据这一“经典形式”——作为已确立“运动”的一部分——学生运动持续的时间也更长。与学生运动相悖，更广泛运动所持有的常规性期望使得个人天职传统更易于实现代际传递。这也意味着学生运动的意识形态——历史的根源，尤其是某一特定民族群体的不同学生运动传统，极大地影响着学生运动的发展。因此，一种关于欧洲学生运动的简要概括，就表现出某种程度的虚假性。然而，较整体的欧洲传统而言，个别民族的传统和历史发展

277 则更为重要。20 世纪 60 年代，遍布欧洲的学生运动此起彼伏，相互影响。

国际学生组织

第一次世界大战后成长起来的几代学生都积极倡导国际合作。⑥ 1941 年，苏联推行一项旨在动员支持致力于“反法西斯主义”和“世界和平”事业平台的计划。作为苏联倡议的一部分，追随者和激进分子被鼓励加入“代表性”和“非党派性”组织。1941 年，英国全国学生联合会的学生领袖积极与其他国家学生取得联系，该项计划的英国发起人包括一些“地下组织”或“地下共产主义者”。⑦ 1945 年 1 月，来自 13 个国家的代表齐聚伦敦，为筹备成立国际学生联合会做准备。

在伦敦会议召开之前，委员会收到一份有关在布拉格举办首届战后

---

⑤ H. Fogt, *Politische Generationen: Empirische Bedeutung und theoretisches Modell* (Opladen, 1982), 95-102; M. Kimmel, *Die Studentenbewegungen der 60er Jahre: Frankreich, BRD und USA im Vergleich* (Vienna, 1998), 13-132.

⑥ R. Cornell, *Youth and Communism: An Historical Analysis of International Communist Youth Movements* (Buffalo, 1965); G. van Maanen, *The International Student Movement: History and Backgound* (The Hague, 1966); P. G. Altbach and N. T. Uphoff, *The Student Internationals* (Metuchen, N.J., 1973); J. Kotek, *Students and the Cold War* (Basingstoke, 1996); J. Kotek, *La jeune garde: Entre KGB et CIA. La jeunesse mondiale, enjeu des relations internationales. 1917—1989* (Paris, 1998).

⑦ 这些名称依据的是新的档案资料，见：Kotek, *Students* (note 6), 10-43.

国际学生协会的邀请函。布拉格会议的目的是纪念1939年11月17日被德国军队杀害的学生，这些被杀害的学生参与了布拉格大学学生示威游行活动。召开布拉格会议的倡议由捷克斯洛伐克学生组织中的共产主义学生领袖提出。赶在1945年11月国际会议召开之前，伦敦委员会召开了自己的代表大会。38个国家的150名代表从伦敦赶赴布拉格。最后，来自51个国家的600余名代表在布拉格齐聚一堂，在友好和国际团结的气氛中召开了国际代表大会。会议期间，选出筹备委员会以就新庇护组织的结构做出规划。最终，新庇护组织发展成为一个高度集权的组织，总部设于布拉格，并于1946年8月召开了成立大会。委员会决定由每三年召开一次的代表大会决定总的政治路线，共产主义者在执行委员会中拥有大多数席位。

最重要的问题是，除提供非政治性服务和召开会员代表大会之外，该组织是否还应开展追求“和平”“民主”及“反法西斯”的政治活动。共产主义者代表对此持肯定态度。西欧少数庇护组织（包括比利时、荷兰和斯堪的纳维亚国家）主张非政治方向，只关注“学生自身”利益，但是英国、美国及法国的学生希望允许学生组织采纳某一政治立场，前提是学生组织参与政治活动是自愿的，而非强制性的。后者的建议得到采纳。同时，为保证成员之间的联系，国际学生联合会在布拉格出版发行了一份名为《世界学生新闻》的月刊，后来该刊物以多种语言出版。⑧ 20世纪40年代，国际学生联合会代表了东西方绝大部分国家的学生组织，组织成员大多数来自欧洲，仅有少数来自发展中国家。 278

然而，最初的合作注定是要失败的。战后美苏关系急剧恶化。国际学生联合会各成员之间的关系日益紧张。虽然没有放弃国际学生联合会的统一，一群活跃的非共产主义少数派试图反对国际学生联合会中日益强大的共产主义力量。1947年夏，新成立的美国学生联合会（又译“全美学生会”）决定采取行动。美国学生联合会计划于1948年夏赴布拉格，讨论

⑧ 1966年该刊物出现了阿拉伯语、英语、法语、德语和西班牙语的版本。*World Student News. Magazine of the International Union of Students*, 20: 7-8-9(1966). 特辑：'Twenty Years of the International Union of Students'.

加入国际学生联合会的要求。但此计划因“布拉格政变”（又称“二月事件”）而搁浅，1948 年 2 月共产主义者获得捷克斯洛伐克的控制权。他们立即开始清除捷克学生协会中的“右翼分子”。国际学生联合会秘书处认可了这一行动。为表示抗议，丹麦和瑞典的全国性学生协会退出国际学生联合会。美国和瑞士的学生联合会也拒绝参加国际学生联合会。英国全国学生联合会——直到 1952 年仍然作为一个成员——利用共产主义者维护国际学生联合会统一的愿望，联合其他西方代表团表示反对。这些是议程中首要被关注的问题。

由于对共产主义者操纵国际学生联合会深感失望，英国和瑞典学生联合会倡议 1950 年 12 月在斯德哥尔摩召开国际学生协会会议。来自 22 个国家学生协会的代表参加了此次会议，会议决定成立国际学生协会以
279 代替国际学生联合会。1952 年国际学生协会正式成为一个永久性组织，并在荷兰莱顿设立了协调秘书处。同年，丹麦、瑞典、瑞士和美国学生会以及英国、挪威、比利时、法国、加拿大、澳大利亚、巴西及苏格兰的学生组织，均脱离国际学生联合会，转而支持国际学生协会。

于是，在 20 世纪五六十年代，以冷战为背景存在着两大对立的国际学生组织。一方是国际学生联合会，一个由苏联建立并支持的共产主义组织，奉行明确的左翼政治路线；另一方是国际学生协会，受英国和美国支持，其成员还包括一些国家的学生协会，他们发现国际学生联合会过于倾向共产主义，秉持政治中立路线。国际学生联合会于 1956 年 9 月在布拉格召开第四次大会，来自共产主义国家的学生代表与西方诸国学生代表之间的冲突公开化。同年 11 月，苏联对匈牙利革命的镇压导致很多国家的学生联合会及国际学生协会站到匈牙利一方，而国际学生联合会的领导者及除波兰外的所有共产主义学生组织，均支持苏联一方。

20 世纪 50 年代后半期，国际学生协会发展迅速。到 1962 年，国际学生协会已拥有 80 个国家的学生组织作为集体会员。从 1956 年到 1968 年，国际学生协会以四国语言发行由协调秘书处（学生）负责编纂的一份月刊。国际学生协会还资助一些项目及会议，其中包括国际学生新闻研讨会，并组织学生开展国际旅行。同时，“学生责任”的支持者与“学生事务”的建议者之间的争斗愈演愈烈。前者认为学生运动应对其他一些广

泛的社会问题共同负责，而后者则希望学生运动仅仅关注学生自身的一些问题。⑨ 分享相同法律理念的西欧及美国学生协会都认为，作为个体的学生可以拥有某一政治立场，但作为学生协会的代表应避免参与政治运动。发展中国家正在遭受越来越大的来自学生协会的压力，学生协会不断质疑脱离社会与政治框架而孤立地讨论“教育”是否适宜，因而更加支持经典式的学生运动。1960 年左右开始的非殖民化运动进一步巩固了这
一立场。为阻止“年轻的国家”加盟国际学生联合会，国际学生协会被迫许 280
可将“政治”包含在辩论之中。至此，国际学生协会的演进又回归原点。在 1964 年召开于新西兰的第十一届国际学生协会上，投票通过了一项章程，该章程把国际学生协会改造为与国际学生联合会相对抗的政治组织。

除国际学生联合会和国际学生协会等国家学生联合会的组合体之外，还存在一些具有明显意识形态特征的“国际性”学生协会，⑩其中最古老的学生组织便是宗教组织。19 世纪世界基督教学生联合会诞生，战后接受世界基督教联合会的资助。20 世纪初，又诞生了基督教青年协会，其姊妹组织是大学校际志愿者运动。最古老的世界天主教学生协会成立于 1921 年，作为天主教学生联合会组织，以罗马帝国和平—国际天主教学生运动协会的名义存在。1946 年诞生了第二个天主教学生协会，即国际天主教青年学生协会，⑪该协会将关注具体天主教行动的学生协会联合起来。世界犹太学生联合会成立于一战与二战之间。尽管 20 世纪 60 年代后受拉丁美洲解放神学的影响，这些具有宗教背景的学生组织政治兴趣渐浓，但其特别关注的仍是学生世界的社会宗教状况，而不太关注政治。1962 年，国际基督教社会主义党派党员联盟成立。20 世纪 60 年代世界自由和激进青年联盟成立。1968 年，世界自由和激进青年联盟被发现接受美国中央情报局拨款，联盟陷入危机，一系列活动也临时中止。

对于众多国家性学生联合会非政治化运作的不满导致学生运动联合会的欧洲代表们召开一系列会议：1966 年 7 月的日内瓦会议，同年 12 月

⑨ Van Maanen, *International* (note 6), 117-143.

⑩ Altbach and Uphoff, *Student Internationals* (note 6), 98-113.

⑪ B. Pelegri, *IMCS-IYCS: Their Option, their Pedagogy* (Kowloon, 1979).

的根特会议，1967 年 2 月至 3 月的布鲁塞尔会议，相继讨论该问题。来自比利时、德国、英国、法国、爱尔兰、卢森堡、荷兰、葡萄牙、西班牙、瑞士的学生代表出席了上述会议。他们指责全国学生联合会领导层将学生活动限定于组织旅行、学生交换项目或纯粹的技术文化合作，而缺乏学生自身的
281 任何参与。于是，“学生工团主义”概念的内容逐渐发生了变化：对维护学生实际利益的关注越来越少，对民主社会政治追求的关注越来越多，并将其作为学生最重要的责任。

新工团主义者拒绝政治冷漠所导致的“学生身份”和“虚伪的保守主义”的愚蠢理论。他们的目标是发动一次激进的欧洲学生运动。他们的计划包括组织年度会议、出版发行工团主义通讯、组织双边和地区研讨会、开展周末学习。1967 年 8 月，学生联合会领导人利用在柏林召开会议的机会，与其他国家的同仁建立了新的联系。此次会议展示了两种目的迥异的方针。一种方针主张学生联合会应为学术问题争取更多支持，而另一种方针则认为学生联合会应更加关注世界重大事件，如越南战争、发展中国家及对民主的威胁。

公开宣称非政治的、经济独立的国际学生协会，却在 1967 年被披露出其超过 3/4 的经费来自美国中央情报局的秘密资助。这导致国际学生协会信誉尽失，并走向终结。的确，当美国中央情报局停止对其资助之后，国际学生协会的运转宣告结束。作为唯一幸存的学生庇护组织，国际学生联合会仍然存在，并继续运转，但其对新左派的影响已不复存在。“新学生运动”对作为苏联掩护组织的国际学生联合会持不信任立场。但国际学生联合会仍然开展常规工作、组织大会，并为来自世界各地的学生举办一些其他活动。国际学生联合会仅有一次受到来自内部的威胁。1981 年秋，即波兰团结工会时期，一个独立的全国学生联合会驱逐共产主义学生组织，谴责国际学生联合会是一个由莫斯科操纵的、不具代表性的工具，并倡议于 1981 年 12 月在华沙召开世界学生会议，创建一个新的独立的世界学生组织。⑫ 但是，同年雅鲁泽尔斯基将军发动的政变阻挠了该计划的实施。直到 1989 年，随着苏联的解体，国际学生联合会才彻底停止发挥

⑫ L. Révész, *Jugendbewegungen im Ostblock* (Vienna, 1985), 107.

作用。

国际学生联合会和国际学生协会的重要性不在于在某些国家组织开展学生运动，而在于为全世界学生组织的领导者提供彼此会面的机会，这两个国际学生组织发挥着“培训”和“提供会面机会”的作用。⑬ 其次，作为冷战的缩影，两个超级大国竭力利用国际学生联合会和国际学生协会吸引学生们——“明天的领袖”——加入他们的阵营。无论如何，这两个组织都为成就“国际学生运动”神话做出了贡献，进而增强了 20 世纪 60 年代全国学生运动的信心。如果没有它们，真正的国际“新左派”学生将不会存在。

不同的使命(1945—1956)

第二次世界大战结束后，民主国家和非民主国家的学生运动担负着不同的使命。学生继续反对“经典学生运动”的传统，通过支持公民自由或民族独立体现出学生所承担的更广泛的社会责任。他们面对着无情的镇压，也不能依靠大众媒体做出公正的报道，因此他们冒着比民主国家激进分子更大的风险。在那些国家，如果一些学生希望学生运动遵循“经典模式”，其他一些人就希望学生运动仅仅关注那些与学生角色相关的事务。

1945 年，尽管形式上与官方政党路线保持一致，苏联学生运动实际上是非政治化的。⑭ 1956 年，在第比利斯(格鲁吉亚)、维尔纽斯(立陶宛)、列宁格勒(今圣彼得堡)、基辅、哈尔科夫、斯维尔德洛夫斯克和莫斯科，学生们通过海报、宣传册及秘密报纸的形式支持匈牙利革命。此类激进活动

---

⑬ Altbach and Uphoff, *Student Internationals* (note 6), 4-5.

⑭ S. K. Morrisey, *Heralds of Revolution: Russian Students and Mythologies of Radicalism* (New York, 1998), 231-234; R. D. Dobson, 'Soviet Union', in Altbach, *Activism* (note 4), 263-278; R. J. Misionas and R. Taagepera, *The Baltic States: Years of Dependence 1940—1990*, 2nd edn (Berkeley, 1993), 115.

283 很快遭到镇压。⑮ 在德国苏占区，苏联占领当局联合当地信仰共产主义的学生，⑯共同开展大学的重新开放及大清洗活动，但是直到1950年左右仍有人对此进行公开抵抗。1946至1947年，在学生理事会选举中，尽管逮捕学生和开除学生学籍事件屡屡出现，但洪堡大学（东柏林）的共产主义学生分子还是未能获得多数选票。⑰ 1948年2月，共产党执政后的捷克斯洛伐克上演了相似的一幕，少数共产主义学生，或称作“学生管制者”（studentocracy，捷克斯洛伐克术语，指学生控制大学里的共产党组织）获准清除大学教授及学生。⑱ 然而，1951年、1953年及1955年都爆发了针对此种状况的抗议。1956年，部分学生对匈牙利事件表示抗议。⑲

在波兰，国家反应产生了不同的情况。⑳ 非共产主义教授继续掌控大局。1953年，波兰学生党员人数仅占9%——但在德意志民主共和国及捷克斯洛伐克，学生党员数为波兰的3到4倍——到1958年，学生党员比例

---

⑮ Révész, *Jugendbewegungen* (note 12), 183.

⑯ M. Müller and E. Müller, '*Stürmt die Festung Wissenschaft!*': *Die Sowjetizierung der mitteldeutschen Universitäten seit 1945* (Berlin-Dahlem, 1953); E. Richert, '*Sozialistische Universität*': *Die Hochschulpolitik der SED* (Berlin, 1967), 43-45; W. Klose, *Freiheit Schreibt auf eure Fahnen*: *800 Jahre deutsche Studenten* (Oldenburg, 1967), 254-260; W. Krönig and K.-D. Müller, *Anpassung, Widerstand, Verfolgung*: *Hochschule und Studenten in der SBZ und DDR (1945—1961)* (Cologne, 1994), 148; W. Krönig and K.-D. Müller, *Nachkriegssemester*: *Studium in Kriegs-und Nachkriegszeit* (Stuttgart, 1990), 215-237; R. Jessen, '*Zwischen Diktatorischer Kontrolle und Kollaboration*: *Die Universitäten in der SBZ/DDR*', *in J. Connelly and M. Grüttner (eds.)*, *Zwischen Autonomie und Anpassung*: *Universitäten und Diktaturen des 20. Jahrhunderts* (Paderborn, 2003), 229-263; J. Weberling, *Für Freiheit und Menschenrechte*: *Der Ring Christlich-demokratischen Studenten (RCDS) 1945—1986* (Düsseldorf, 1990), 21-22, 32-46.

⑰ K. W. Fricke, P. Steinbach and J. Tuchel (eds.), *Opposition und Widerstand*: *Politische Lebensbilder* (Munich, 2002), 162-186; Klose, *Freiheit* (note 16), 249-268; R. Köhler, 'Neubeginn und Neubestimmung. Universitäten und Hochschulen in der antifaschistischdemokratischen Umwältung', in *Magister und Scholaren, Professoren und Studenten*: *Geschichte Deutscher Universitäten und Hochschulen im Überblick* (Leipzig, 1981), 195-215; Weberling, *Freiheit* (note 16), 32-46.

⑱ J. Havranek, 'Die Tschechischen Universitäten unter der kommunistischen Diktatur', in Connelly and Grüttner, *Autonomie* (note 16), 157-171; Richert, *Sozialistische* (note 16), 590; Köhler, 'Neubeginn' (note 17), 217.

⑲ Révész, *Jugendbewegungen* (note 12), 36, 43-44.

⑳ Révész, *Jugendbewegungen* (note 12), 26-31.

甚至降至2.5%。[21] 1956年6月，在波兹南发生了学生参与的短时间的武装起义。[22] 此后发生的所谓“波兰十月”事件，是波兰共产党希望通过实施更大的开放恢复信心的努力，是去斯大林化的开端。该事件对匈牙利产生了富有感染力的影响，1956年10月22日，匈牙利学生举行游行，要求 284
获得更多的民主和自由。这成为全国武装起义的导火索，起义后发展成为一次国家争取民主自由的战斗，很多学生在战斗中失去了生命。[23] 该事件震惊了东西方阵营，为此爆发了各种形式的强烈抗议。

1956年之前，在欧洲非民主制右翼国家的学生世界里，很少听到持不同政见者的声音。在佛朗哥统治下的西班牙，西班牙大学工会是唯一被当局批准的学生协会。尽管偶尔在君主主义者、佛朗哥支持者及长枪党员之间存在冲突，但会员是强制性的，且严格按照当权者的路线组织活动。长枪党党员于1954年被清除出西班牙大学工会。[24] 1956年2月，数百名马德里学生呼吁西班牙大学工会更加民主化，这导致了他们与长枪党学生之间的冲突，造成一人死亡。[25] 在萨拉查统治下的葡萄牙，针对官方法西斯青年及学生协会的抗议与日俱增，最终引发1956年在里斯本和科英布拉爆发的第一次学生抗议活动。[26]

在民主制的西欧，第二次世界大战结束后，学生领袖最初关注的是提高学生社会地位和大学民主化水平。他们的目标是双重的：其一，通过在奖学金、学生住宿、学生食堂、学习服务及学生医疗等方面采取措施，降低低收入阶层学生的入学门槛；其二，让学生参与其他事务。“学生工团主

---

[21] J. Connelly, 'Die polnischen Universitäten unter der Staatssozialismus. 1944—1968', in Connelly and Grüttner, *Autonomie* (note 16), 173-197.

[22] Révész, *Jugendbewegungen* (note 12), 67.

[23] Révész, *Jugendbewegungen* (note 12), 119-199; G. Pétery, 'Die kommunistische Idee der Universität—ein von den Erfahrungen Ungarns inspirierter Essay', in Connelly and Grüttner, *Autonomie* (note 16), 129-155; D. F. Burg, *Encyclopedia of Student and Youth Movements* (New York, 1998), 4, 155, 98-100.

[24] L. S. Feuer, *The Conflict of Generations: The Character and Significance of Student Movements* (London, 1969), 295-296; M. A. Ruiz Carnicer, *El Sindicato español universitario (SEU), 1939—1965: La socialización política de la juventud universitaria en el franquismo* (Madrid, 1996).

[25] B. Schütze, 'Widerstand Spaniens Universitäten', *Kursbuch*, 13 (June 1968), 29-30.

[26] Feuer, *Conflict* (note 24), 291-294.

义”可能严格局限于学生事务咨询，否则就有可能成为嵌进民主社会追求中的一项辩护运动。在第一种情况下，尽可能远离政治，避免冲突；在第二种情况下，他们构成运动的核心。第二次世界大战结束后，即便非政治化路线占据上风，20 世纪 50 年代后半期更广泛的政治背景仍居于主导地
285 位。然而，在一些国家，惠及更全面的国家、社会或宗教解放的由来已久的学生运动持续存在，并不时与“学生工团主义”联手。

在此进程中，法国学生运动的发展最为显著。二战后共产主义学生和天主教学生在法国学生联合会相遇。法国学生联合会利用了新兴第四共和国学生进入国家社区的愿望。㉗《格勒诺布尔宪章》为法国学生运动确定了指导方针。㉘宪章被称为《勒诺布尔宪章》，是因为法国学生联合会于 1946 年曾在格勒诺布尔召开过一次会议。该宪章要求将学生视为一个团体，即青年知识工作者(青年工人知识分子)，他们致力于寻求真理和自由。但现在学生应该接受国家资助，以便以后在身体、智力和道德上回报社会。甚至，如有可能，应该向学生发放一定数额的工资。1951 年这项要求没有成为法律，并随后在公众视野中消失。直到 20 世纪 60 年代，该宪章仍然为法国学生运动及外国同行们提供了参照。

在其他一些国家，如英国、瑞典和荷兰，学生领袖与政府当局不谋而合。英国全国学生联合会在二战期间已为战后新大学绘制了蓝图，新大学要与学术界及公务员合作。英国全国学生联合会宣称每个人都应接受高等教育，学生们对自己的事务应拥有完全的自治权，同时学生们应更多地融入社会。㉙ 1949 年的《学生宪章》重申了上述要求，同时提出开展个别指导、组织研讨会、在教育中采用视听技术及举办口语考试。㉚ 1945 年，

㉗ C. Singer, *L'université libérée, l'université épurée: 1943—1947* (Paris, 1997), 66-73; D. Fischer, *L'histoire des étudiants en France de 1945 à nos jours* (Paris, 2000); J. P. Worms, 'The French Student Movement', in Lipset and Altbach, *Students* (note 2), 267-278.

㉘ Burg, *Encyclopedia* (note 23), 42; Worms, 'French' (note 27), 272-273; Singer, *Université* (note 27), 118; Fischer, *Histoire* (note 27), 52-54.

㉙ A. Marwick, 'Youth in Britain, 1920—1960: Detachment and Commitment', *Journal of Contemporary History*, 5(1970), 37-51; Burg, *Encyclopedia* (note 23), 141-142.

㉚ E. Ashby and M. Anderson, *The Rise of the Student Estate in Britain* (Cambridge, Mass., 1970), 86-105.

瑞典学生联合会迅速在政府高等教育委员会中获得一个席位。[31]战争结束伊始，荷兰学生理事会发现：古老的兄弟会的复苏，导致学生世界"远离社会"这一传统形象的回归，最终使自己陷入困境。[32]

在饱受战争损害的德国和奥地利，军事占领区是战后数年的特征。西德匮乏的物质生活条件强化了"我不参与"（without me）的心态，继之以十二年的意识形态灌输，学生们更加关注的是食品，而非民主，并且易受怀疑主义影响。[33] 民主学生组织的发展获得占领当局的鼓励，而传统的学生协会遭到禁止，既因为它们引发沙文主义的回忆，也因为它们散发出精英主义色彩。在新民主时代，这些看起来似乎已"落后于时代"[34]。然而，德意志联邦共和国成立之后，决斗兄弟会及他们的道德观念——包括"学术击剑"重新出现。到 20 世纪 60 年代，他们已经成功地吸引了 30％的学生群体加入他们的阵营。[35]在奥地利，兄弟会构建起极端右翼的思想意识体系，具有反犹太主义及德国民族主义特征，其人数甚至更多。[36]

20 世纪 50 年代前半期的非政治化也在法国出现。1950—1956 年，因

---

[31] N. Runeby and C. Skoglund, 'Sweden', in Altbach, *Activism* (note 4), 279-295; R. Tomasson and E. Allardt, 'Scandinavian Students and the Politics of Organized Radicalism', in Lipset and Altbach, *Students* (note 2), 96-126.

[32] A. Doeve, 'De Nederlanse studentenraad', in *Studenten van haver tot gort* (Delft, 1957), 115-132; R. Hogendijk, *Het studentenleven* (Amsterdam, 1980), 2-109; J. Janssen and P. Voestermans, *Studenten in beweging: Politiek, universiteit en student* (Nijmegen, 1984), 61-67; K. van Berkel, *Academische illusies: De Groningse universiteit in een tijd van crisis, bezetting en herstel, 1930—1950* (Amsterdam, 2005).

[33] H. Schelsky, *Die skeptische Generation: Eine Soziologie der deutschen Jugend* (Cologne, 1957).

[34] Weberling, *Freiheit* (note 16), 31; Klose, *Freiheit* (note 16), 268-331; L. Elm, 'Das Vergangene ist nicht Vergangen', in L. Elm, D. Heither and G. Schäfer (eds.), *Füxe, Burschen, Alte Herren: Studentische Korporationen vom Wartburgfest bis Heute* (Cologne, 1992), 180-219; K. H. Jarausch, *Deutsche Studenten, 1800—1970* (Frankfurt, 1984), 222.

[35] Klose, *Freiheit* (note 16), 322-323; H. O. Keunecke, '250 Jahre Erlanger Studentengeschichte. Soziale Bestimmung, politische Haltung und Lebensform in Wandel', in H. Kössler (ed.), *250 Jahre Friedrich-Alexander-Universität: Erlangen-Nürnberg* (Erlangen, 1993), 153-203.

[36] M. Gehler, '"...erheb'ich, wie üblich, die Rechte zum Gruß..." Rechtskonservatismus, Rechtsextremismus und Neonazismus in österreichischen Studentenverbindungen von 1945 bis 1995', in D. Heither, M. Gehler, A. Kurth and G. Schäfer, *Blut und Paukboden: Eine Geschichte der Burschenschaften* (Frankfurt, 1997), 187-222.

287 为担心不得不在阿尔及利亚战争中表明立场，接管法国学生联合会的多数派不愿意采取任何政治行动。㊲ 同期的英国学生联合会在与政府当局的谈判中变得越来越非政治化，越来越主张技术专家治国论，因而失去与大多数学生的联系。㊳ 同样，疏远政治的现象也发生在瑞典。在 1955 年"高等教育扩张计划"的实施中，瑞典学生联合会的确发挥了巨大影响。但在学生联合会是否应该谴责奉行种族隔离的南非政权或越南战争问题上，瑞典学生联合会发出反对的声音，他们提出回归经典的学生运动路线，要做"光明的守护者"。在赫尔辛基，学术自由联合会与正式的学术传统主义结盟，主张一种理想的非物质主义、非享乐主义的芬兰民族主义。㊴

在比利时，不存在非政治化问题。二战后，鲁汶的佛兰德学生运动恢复了自己的前卫角色，并为芬兰民族运动输送新成员。㊵ 但是，比利时学生运动的重点有所变化——传统的民族要求体现了社会需要，并与新的学生工团主义聚合成为一个平台。在布鲁塞尔和鲁汶讲法语且生活优裕的学生那里，已不再拥有"回归群众"的传统，民族主义和学生工团主义不再引起共鸣。在那里，非政治的畅饮啤酒的学生社团仍然拥有一定地位。

"新学生运动"(1958—1969)

社会学家对战后欧洲民主国家的青年进行了一个简要且较为早期的归类：怀疑且不问政治，20 世纪 50 年代末情况发生了变化，这导致一场"新学生运动"。㊶这次运动的起源和发展受到个别国家历史的影响。㊷然

㊲ Fischer, *Histoire* (note 27), 185-204.

㊳ S. Ellis, 'A Demonstration of British Good Sense? British Student Protest during the Vietnam War', in G. J. De Groot (ed.), *Student Protest: The Sixties and After* (London, 1998), 54-69; A. H. Halsey and S. Marks, 'British Student Politics', in Lipset and Altbach, *Students* (note 2), 35-59.

㊴ M. Klinge, Eine nordische Universität: Die Universität Helsinki *1640—1990* (*Helsinki*, 1992), 715-747.

㊵ L. Vos, 'Van Vlaamse Leeuw tot rode vaan... en verder: de naoorlogse Leuvense studentenbeweging', *Onze Alma Mater*, 47:3(1993), 241-259.

㊶ J. Habermas, L. von Friedeburg, C. Oehler and E. Weltz, *Student und Politik* (Neuwied and Berlin, 1961).

㊷ Kimmel, *Studentenbewegungen* (note 5), 132-190.

而，这次运动获得出生于第二次世界大战期间或第二次世界大战结束后一代学生的广泛支持。他们是历史上真正生活在福利和民主社会中的第一代人，这更增强了他们“经历分层”的感觉。他们可以猛烈抨击纯粹消费社会及政治系统的虚伪。回顾起来，对“1968 这一代”而言，抗议成为他们这一代人的事件。这逐渐带来学生运动主题和形式上的国际趋同，最终 288
创造了一个单一运动的形象。

从内容上看，最重要的“新学生运动”发生在西德。“禁止炸弹运动”强化了反权威的新左派观点的影响力，1959 至 1967 年，新左派每年在诺登举行一次会议，㊸并且通过借鉴以霍克海默、阿多诺、哈贝马斯和马尔库塞（当时旅居美国）等四位社会学家为代表的法兰克福学派的“批判理论”，他们提出了价值中立的科学实证主义的辩证批判理论。1961 年，社会主义德国学生联盟的组织机构与德国社会民主党断绝了所有关系。德国学生联盟主要活动中心是西柏林和法兰克福。㊹ 围绕柏林自由大学政治演讲自由的争论引发了社会主义德国学生联盟的上述行为，但是对广大学生的动员是随着对越南战争的抗议活动才真正开始的。对越南战争的抗议源于美国，后来成为各地学生活动的主要催化剂。这主要基于以下三个原因：㊺第一，从道德上讲，越南战争是非正义的；第二，发展中国家的农民能够反抗超级大国，这样的事实使很多人相信压迫人的政权可能也应该受到挑战；第三，学生们开始把他们本国及世界各地的镇压活动视为同一系统的组成部分，此种镇压活动一定要在世界范围内遭到反对。1965 至 1967 年，抗议越战曾动员了上万名德国学生。

马尔库塞曾在其中一次聚会上发表演讲。㊻ 考虑到德国的纳粹历史，他把抗议越南战争看作是一项道德责任。参照美国学生所进行的抗议活

㊸ K. A. Otto, *Vom Ostermarsch zur Apo: Geschichte der außerparlamentarischen Opposition in der Bundesrepublik 1960—1970* (Frankfurt, 1977).

㊹ A. D. Moses, ‘The State and the Student Movement in West Germany, 1967—1977’, in De Groot, *Student Protest* (note 38), 139-149.

㊺ Ellis, ‘Demonstration’ (note 38), 55.

㊻ I. Gilcher-Holtey, *Die 68er Bewegung: Deutschland, Westeuropa*, USA (Munich, 2001), 54, 65-71; W. Kraushaar (ed.), *Frankfurter Schule und Studentenbewegung: Von der Flaschenpost zum Molotowcoctail. 1946—1995*, Vol. I (Hamburg, 1998), 249-250, 265-267.

289 动，他主张要支持道德、性及政治形式的抗议活动。马尔库塞强调，只有通过工业化国家中特权阶层（享有特权的学生和知识分子）、非特权阶层（工人阶级、少数民族、社会边缘群体及失业人员）与第三世界国家（解放运动）联合起来，抗议活动才能有效地进行。基于共同特征实现整体的社会批判运动的联合，在政治抗议与文化反抗活动中建立联系。学生领袖鲁迪·杜契克认为，对民主的最大威胁来自悬而未决的纳粹遗留问题，这导致在个人日常生活中无意识地形成“威权主义性格”。㊼ 鼓动人们反对独裁主义者及威权主义结构有助于个人自由的实现。此类批判性的鼓励既能改变个人，也会在经历较长时间的抗议之后改变结构本身。这就有可能同时促成“新人类”的诞生和“新社会”的建立。

1967年6月2日，在柏林爆发的反对伊朗国王访问德国的示威活动中，一位名叫本诺·奥纳索格的德国大学生被警察枪杀。此行为再一次让人们确信“既定秩序”又步入法西斯主义旧辙。数千名愤怒的学生涌上街头。在接下来有关抗议策略的辩论中，较左翼社会主义路线而言，反威权主义路线获得更多支持，他们主张学生运动要与工人运动联合起来。在1967到1968年，得益于学生自我激励及学生与教授的长期对话，学生运动导致“批判性大学”的建立，其目标是理清意识形态信条，谴责所谓的“价值中立”和“客观”科学。此类“批判性大学”出现在柏林、法兰克福、海德堡、基尔、美因茨、慕尼黑、明斯特及图宾根。1967年，该模式被荷兰、意大利和佛兰德的大学借鉴，但是却没有对法国大学产生影响。

这些发展与持续的反越战抗议相伴，同时也针对消费者社会和《紧急状态法》——目的在于削减议会权力——表达了抗议，此外，还有针对右翼媒体大亨阿克塞尔·施普林格的抗议。1968年2月17至18日，反对帝国主义的越南会议在柏林举行。会上多茨克成功集合了来自全西欧的学生。他力劝学生们加入作为世界革命孵化者的院外反对派。但是在4月11日星期四濯足节（神圣星期四）那天——马丁·路德·金遇害后不久，

㊼ The notion of ‘Authoritarian Personality’ was coined by Adorno in an empirical analysis of authoritarian structures; see T. W. Adorno *et al.*, *Studies in Prejudice* (New York, 1950).

多茨克也遭到枪击而身受重伤。随后爆发了强烈的学生抗议活动，并导致更多的伤亡，学生运动也更加孤立。学生领袖试图说服工人反对接受《紧急状态法》，并采取工业行动，但是没有成功。5 月 30 日，议会通过了紧急法案。[48] 290

20 世纪 50 年代末期，法国反殖民地运动及针对阿尔及利亚战争的抗议活动改变了学生的政治观。从 1958 年 5 月开始，法国学生联合会中主张参与政治活动的一派终于赢得控制权，多年来该派在法国学生联合会中一直都是少数派。此后该派把法国学生联合会变成了针对阿尔及利亚战争的整个抵抗运动中的中心力量。有些学生发誓仍然坚守不问政治的立场，在 1961 年退出了法国学生联合会，并成立了他们自己的不涉及政治的学生联合会。1962 年冲突停止，整整一代人已经意识到学生对历史进程可能产生的决定性影响。[49] 这时成立了一些包括极端左翼分子和极端右翼分子在内的学生组织。法国学生联合会对大学的技术、经济重组表示抗议，该抗议在 1967 到 1968 年发挥了一定作用。随后，1968 年"五月风暴"爆发。"五月风暴"由楠泰尔爆发的"3 月 22 日运动"所引发，丹尼尔·柯本迪领导了此次运动。5 月 2 日运动阵地转移到索邦，对大学的占领因警察出动而告终。

接下来的几天及在"路障之夜"(1968 年 5 月 10 日及 11 日)，学生与警察发生了一系列暴力冲突。警察的过分行动导致公众舆论站在学生一方。5 月 13 日，不同社会团体人员发起的大罢工达到高潮，参与罢工人数达 750 万到 900 万人。当时的标语是"自治"("工人控制"或"自我管理")，不仅大学，其他学校和工厂都希望能够实行这个原则。在公开会议、咖啡馆及大街上出现过永无停止的辩论。在此过程中，激进批判主义者批判现存社会性质，希望发动一次左翼革命。[50] 但是革命没有发生。戴高乐成

---

[48] Kraushaar, *Frankfurter Schule* (note 46), 289-312; Gilcher-Holtey, *Die 68er* (note 46), 90-92, 94.

[49] Fischer, *Histoire* (note 27), 224-259; Gilcher-Holtey, *Die 68er* (note 46), 80-93.

[50] J.-P. Le Goff, Mai 68: *L'héritage impossible* (Paris, 2002), 457-463.

功地维护了政权。学生界迎来了各种左翼派系之间思想意识斗争的新阶段。[51]

在意大利,对学术结构的不满引发了“新学生运动”。[52]与德国情况相同,学生是由于对越南战争的抗议而被调动起来的。1967年3月,特伦特大学的社会学系学生举行罢课,并占领学校的教学大楼。随后数周内,抗议活动在罗马、比萨、米兰、佛罗伦萨及佩鲁贾大学相继开展。[53] 1967年与1968年秋冬季节,特伦特大学的抗议活动再度兴起,并且蔓延到其他地方,例如米兰的天主教大学。1968年1月,共有36所大学被学生占领。对学术权威主义的批评不久演变成反独裁主义及全球性的反社会对抗。受马尔库斯、弗洛姆及精神分析学派的影响,该运动也指向杜契克的有关信念。学生占领大楼为反文化运动的开展提供了契机,其间团结精神及社群的重要性超越了个人,同时禁忌也被打破。[54] 虽然传统的性别角色在此类性别试验中常常继续处于支配地位,女性学生并未感受到来自男性同学的歧视。第一公社就是该进步的自然延伸。

291

在意大利的学生抗议活动中,暴力发挥着重要作用,如1968年3月1日在罗马朱利亚庄园发生的学生与警察之间的冲突,标志着对抗的开端。[55]同法国情况相同,警察的过分行动导致公众意见站在学生一方,学生为此受到鼓励,在抗议中更多地选择暴力形式。当时在学生中最流行的革命歌曲是《暴力》,实非偶然。这是意大利“铅弹时代”的开始。[56]

在德国与法国,尽管时间稍晚一些,学生运动也走向瓦解。反独裁主义一派强调学生的权力(学生权力),他们希望把大学作为激进主义的阵地。而倾向政治的一派则强调工人的权力,他们建议在工厂内行动,坚持

---

[51] Fischer, *Histoire* (note 27), 383-417; G. Statera, *Death of a Utopia: The Development and Decline of Student Movements in Europe* (Oxford, 1975), 181; Kraushaar, *Frankfurter* (note 46), 312-341.

[52] R. Lumley, *States of Emergency: Cultures of Revolt in Italy from 1968 to 1978* (London, 1990), 63-65; Gilcher-Holtey, *Die 68er* (note 46), 42-45, 71-72.

[53] Halsey and Marks, 'British' (note 38), 44-47.

[54] Lumley, *States* (note 52), 87-107.

[55] Statera, *Death* (note 51), 106-107.

[56] Gilcher-Holtey, *Die 68-er* (note 46), 75-77.

反对官僚主义和基础性的民主导向。毛泽东主义者也主张发动工人，但是旋即放弃了反独裁主义观点，随后他们改革政党结构，使其在工人运动中发挥着革命先锋的作用。当阿尔卑斯山另一侧的法国工人开始行动之后，毛泽东主义者引导的工人运动获得新的动力。在1968年到1969年的罢工活动中，学生通过基层委员会发挥了非常重要的作用：普通成员委员会强化对官方“改革家”商业联盟的不信任，并热烈推进“工人自治”。[57] 292

在英国，英法对埃及的进攻及1956年苏伊士运河危机导致学生对帝国主义的抗议，而苏联入侵匈牙利加速了“新左派”的崛起，其中牛津大学学生在新左派发展中发挥了一定作用。之后新左派借助加强核裁军运动得到进一步发展壮大。1964年11月，伦敦学生游行示威反对种族隔离，数月后抗议越南战争。工党从1964年开始执政，[58]其右翼政策招致越来越多的人的失望。1967年3月在伦敦经济学院举行的静坐示威活动源于学科冲突，该冲突又由政治立场所引发。在英国，越南战争才是导致学生们走上街头组织抗议活动的主要原因。1968年3月和10月，在伦敦美国大使馆外爆发了规模最大的示威活动，在英国其他地方也发生了一些示威活动。1967年和1968年，英国约半数大学或学院都出现了示威活动。[59]

总的来说，与其他国家相比，英国“新学生运动”较少暴力，意识形态上也不那么激进。但是，尽管英国学生联合会领导层对学生运动依然冷漠，甚至明确反对，但它确实成功获得了在大学中的民主决策权。英国学生联合会遂成为保守的联合会，与学生成员完全失去联系。为破坏英国学生联合会的领导权，1967年，部分激进学生揭露国际学生协会接受美国中央情报局的资助。到1968年11月，激进派的力量已经相当稳固，他们迫使英国学生联合会退出国际学生协会。对英国学生联合会的不满致使一些地方大学学生联合会，如基尔大学与赫尔大学学生联合会，退出英国学

[57] Statera, *Death* (note 51), 221-259; I. Gilcher-Holtey, '*Die Phantasie an die Macht*': *Mai 68 in Frankreich* (Frankfurt, 1995); I. Gilcher-Holtey, *Die 68-er* (note 46), 102-120; G. Dreyfus-Armand, R. Frank, M.-F. Lévy and M. Zancarini-Fournel (eds.), *Les années 68: Le temps de la contestation* (Brussels, 2000).

[58] M. Shaw, 'Great Britain', in Altbach, *Activism* (note 4), 236-248.

[59] Ellis, 'Demonstration' (note 38), 54-65; K. Mehnert, *Twilight of the Young: The Radical Movements of the 1960s and their Legacy* (Stanford, 1976), 601.

生联合会，这最终导致 1967 年一个新的改革派左翼学生联合会(激进学生联盟)的建立，然后 1968 年又成立了革命派学生联合会(社会主义革命学生联盟)。1969 年，在校园激进运动的支持下，激进学生联合会成功获得英国学生联合会的领导权。

在比利时，20 世纪 60 年代初，鲁汶的佛兰德学生运动成功调和了学生工团主义与佛兰德民族主义。在两次学生起义之后，比利时学生运动最终转变为“新学生运动”。自 1963 年起，佛兰德实施强迫性的单语政策，促使佛兰德民族主义者要求把鲁汶大学中讲法语的院系转移到比利时的
293 沃伦地区。1966 年，比利时主教对此表示反对，并要求所有人无条件服从。[60] 主教的反对引发了 1966 年“五月起义”，起义最终发展成为佛兰德民族抗议运动，并在全国迅速蔓延开来，但最重要的是该运动表现出民主、反宗教和反独裁的特征。在学生界，重点迅速从佛兰德民族主义转向新左派倾向的反独裁主义。1967 年，一个激进(最初人数很少)的学生工会成立。在抗议运动的压力下，主教决定把决定权留给政府。然而，法语区学术当局决定留在鲁汶，这导致 1968 年 1 月佛兰德学生第二次抗议活动的爆发。抗议持续三个星期，导致比利时政府倒台，也导致了大学的分裂。最终，鲁汶大学讲法语的院系迁往沃伦地区的一所新大学。结果，鲁汶激进分子断绝了与佛兰德政府的所有联系，成为新左翼运动的支持者。1968 年 5 月，布鲁塞尔的大学生发动了他们自己的“新学生运动”，该运动持续了整整一个月，[61]他们拥有一个自由协会。在鲁汶，接下来的一个学年中学生运动再度爆发，并扩展至安特卫普、根特和列日大学。虽然最初的主题是学生参与，但是经由第三世界和越南战争主题，学生运动迅速扩展到对全球社会的批判，同时激进分子试图与罢工工人建立联系。

在荷兰，直到 20 世纪 60 年代初，学生还是远离社会现实的。[62] 但是新的一代突然重新发现他们具有激进的批判能力，并建立起学生工会。

---

[60] Vos *et al.*, *Studentenprotest* (note 2), 22-29.

[61] S. Govaert, *Mai '68: Cétait au temps où Bruxelles contestait* (Brussels, 1990).

[62] P. de Rooy, '"Kapitalist moet je geloof ik niet zijn": On the Reinvention of the Student in the 1960s' (lecture, Amsterdam, 27 May 2005); van Berkel, *Academische* (note 32), 37-66.

随后，在所有荷兰大学中，学生组织相继建立，要求授予学生一定的权力，并为学生提供一些社会设施。1967 年，各地建立了批判性大学。同时，在阿姆斯特丹出现了先锋派和挑衅运动，即所谓的"普罗沃"(Provo，青年无政府主义者)，学生及曾经做过学生的人在其中非常活跃。1969 年 4 月，政府计划在大学实施技术专家政治论改革，引发大规模的学生抗议活动。抗议首先出现在蒂尔堡和奈梅亨的天主教大学，后阿姆斯特丹和莱顿大学也爆发了抗议活动，同时还伴随静坐示威活动。学生运动迅速扩展，社会批判也被纳入运动主题之内。[63] 1969 年秋，学生运动失去了大量的追随者，政治派系开始逐渐出现。学生运动的最重要结果是 1979 年 12 月《大学管理改革法案》的颁布。通过简化议会法则，在大学决策中为所有层次的协同民主决策——包括管理人员和技术人员——打开了大门。这或许是 20 世纪 60 年代通过学生运动实现的最具深远意义的学术民主。 294

斯堪的纳维亚国家也爆发了学生抗议活动，其中在斯德哥尔摩、哥本哈根及赫尔辛基都出现了静坐示威活动。不过局势还算平稳，没有出现警察干预或发生骚乱。[64] 在瑞典，瑞典学生联合会领导层与激进分子之间产生了较大分歧。激进分子将瑞典学生联合会的领导层视为叛徒。激进分子希望在大学层面建立联合管理体制。抗议活动的确导致了学术立法的修正。参照以前作为"光明守护者"理想的经典学生角色，部分激进分子组织了反越战的示威抗议活动，同时也对瑞典和罗德西亚白人政府计划举办的一场网球锦标赛表示抗议。他们通过放弃部分特权，实施把协会及学生设施向所有年轻人开放等策略与公众建立更多的联系。在隆德和乌普萨拉，仪式性地烧毁白人学生的帽子事件，也表明局势正趋于缓和。

---

[63] H. F. Cohen，*De strijd om de academie：De Leidse universiteit op zoek naar een bestuursstructuur 1967—1971*(Meppel，1975)；H. Krijne，*Geschiedenis van de Nederlandse studentenbeweging 1967—1973*(Amsterdam，1978)；F. de Jong(ed.)，*Macht en inspraak：De strijd om de democratisering van de Universiteit van Amsterdam*(Baarn，1981)；J. de Vries，*Katholieke Hogeschool Tilburg，Vol. II：1955—1977*(Baarn，1981)，288-346；Janssen and Voestermans，*Studenten*(note 32)；H. Righart，*De eindeloze jaren zestig：Geschiedenis van een generatieconflict*(Amsterdam，1995)，256-261；J. C. Kennedy，*Nieuw Babylon in aanbouw：Nederland in de jaren zestig*(Amsterdam，1995)，168-172.

[64] Tomasson and Allardt，'Scandinavian Students'(note 31)，96-126；Runeby and Skoglund，'Sweden'(note 31).

20 世纪 60 年代，丹麦政府做出让步，较成功地处理了学生参与大学学术政策决策的事务。尽管如此，1968 年 3 月，围绕大学层面的学生权力问题，哥本哈根大学还是爆发了大规模的示威抗议活动。[65] 6 月初，政府决
295 定在国家层面通过法律以制约学生的参与行为。[66]

在芬兰，传统和新知齐头并进，传统的芬兰民族主义仍占主流。但是，自 20 世纪 50 年代中期开始，芬兰全国大学生联合会在倡行学生共同参与、为学生提供社会设施等方面发挥了领导作用。他们的要求获得了聚集在一份名为 *Ylippilaslehti* 的学生报刊周围的学院知识分子的支持，该报纸倡导学生工团主义。[67] 这导致了两极分化的出现。左翼学生希望大学在一些诸如越南战争等重大社会问题上能够坚持某一道德立场。赫尔辛基大学管理者非常愿意联合学生共同参与，故 1968 年 11 月联合委员会就各层次决策过程中的代表权问题提出建议。然而，左翼学生还是利用该大学建校一百周年校庆时机，发布了一部批判性的纪念论文集，详细列出学生的各项不满。在庆祝晚宴上，数千名学生着正装参加联欢宴会。他们在学生协会办公室上演了“静坐”一幕，身着“套头衫”的学生还举起了红旗。左翼学生仍是少数派，随后在马克思-列宁主义（而非毛泽东主义）为指导方针的学术社会主义者协会中，他们自称是“1968”观念的继承人。他们成功地在学生大会上赢得四分之一席位。1973 年，无政府主义-工团主义者退出，但是其他两个左翼学生协会合二为一，并将他们的地位维持至 1981 年。

较德国与法国而言，奥地利学生运动的右翼倾向更为突出。[68] 1965 年在一次针对极端右翼教授布拉德加维兹的示威抗议中，一名示威者遭

---

[65] S. E. Stybe, *Copenhagen University: 500 Years of Science and Scholarship* (Copenhagen, 1979), 212-217.

[66] P. Boje and K. J. V. Jespersen, *Pastures New. Odense University: The First 25 Years* (Odense, 1991), 47.

[67] Klinge, *Nordische* (note 39), 748-799.

[68] A. Pelinka, 'Zu einem konlfiktfreudiger Bewußtsein', in E. Welzig, *Die 68-er: Karrieren einer rebellischen Generation* (Vienna, 1985), 9-24; Gehler, 'Rechtskonservatismus' (note 36).

一名极端右翼学生殴打致死。[69] 这导致社会主义学者和学生联合会采取激进活动，他们曾在复活节“禁止炸弹”活动中举行游行示威。1967 到 1968 年，小规模的新左翼学生运动证明自己存在的方式包括开展辩论与讨论、参与社会主义学生联合会越南大会、游行抗议杜契克被袭击、维也纳大学的静坐示威以及艺术课罢教活动。鉴于示威抗议活动日趋强烈的挑衅性，组织者解散了他们的协会，在稍后举行的学生联合会选举中，左翼候选人成为少数派，仅赢得 13%的选票。 296

1968 至 1969 年，一位新校长的就职典礼被扰乱，导致一组身着校服的学生发起反抗活动。1969 年 1 月，在伊朗国王访问期间，出现了学生与警察及敌对的右翼学生团体之间的对抗。尽管维也纳左翼相继开展了诸如争取大学生的共同参与权、争取学生协会拥有更多自由权、抗议美国电影《绿色贝雷帽》的宣传等系列活动，但其力量逐渐削弱。1969 年至 1970 年冬，左翼学生选择在每个学院组成基本小组的组织形式。

列宁主义者的转向及衰落(1969—1974)

在民主化的西欧国家，“新学生运动”于 1968 至 1970 年间消失。[70]新学生运动衰落具有以下原因：其一是政府当局所采取实施的镇压行动和政策；其二是学生运动实现从乌托邦到意识形态的转变，即从自发运行发展到具体的政党组织。1968 年夏，“列宁主义者”的出现导致学生运动瓦解，出现敌对的干部、政党与宗派。几乎每一派都未能吸引到众多追随者，绝大部分政党与宗派未赢得学生信任，所以他们无力再次开展真正的“运动”。很多激进分子对学生运动不再抱有信心，他们认为唯一的出路在于工人革命运动。他们中断了学业，去工厂工作，担任革命的红色传教士。

在法国，新学生运动崩溃最快，也最壮观。“3 月 22 日运动”反威权主义阵线在“五一国际劳动节”期间已受到一些批评，特别是受到试图引导

---

⑲ F. Keller, *Wien, Mai '68: Eine heiße Viertelstunde* (Vienna, 1983).

⑳ Statera, *Death* (note 51), 219-33.

该运动的毛泽东主义者(毛主义者)与托洛茨基派分子的批评。⑪ 所有被法国政府在 1968 年 6 月 12 日取缔的学生社团组织,很快又以新社团组织的形式出现。在托派群体中出现了一个更加教条的公开组织。在毛主义者群体中,存在一个"毛主义者自发组织"或"毛主义者组织"的核心圈子,他们反对"僵化的列宁主义",并准备发起反对资本主义的武装斗争,但是绝大部分左翼学生都在几个马克思-列宁主义党派中找到了自己的归宿。他们继续反对共产党,并按照适合他们自己意识形态教条的需要解释一切。他们接受了某些形式的"民主集中制",并复兴了"新学生运动"的各种
297 抗议主题:机构臃肿、官僚作风、中央集权、盲从或奴性意识。经历此次"列宁主义者的转向",学生运动似乎又回归原点。当一派希望把学生联合会改造成为一个"大众政治组织",另一派则致力于把学生联合会改组为一个"大众工团主义组织"时,1968 年 12 月法国学生联合会走向终点。1971 年,出现了两个替代法国学生联合会的新组织:共产主义者支持下的新法国学生联合会,托派支持下的法国工团主义学生联合会。两个学生联合会开展了一系列运动,以争取成为官方唯一认可的学生联合会。

在德国,在反对《紧急状态法》行动失败之后,新学生运动于 1968 年夏开始瓦解。这引发了派系斗争,他们拥有不同的意识形态和内部工作程序。⑫ 反独裁主义者希望继续延续多茨克的激进遗产,将学生和社会边缘群体作为运动主体。马克思-列宁主义者则对工人阶级的革命力量抱有绝对信任,他们计划根据毛主义者模式动员工人阶级力量。1969 年秋,两派之间的矛盾再也无法调和。1970 年 3 月 21 日,社会主义学生联合会正式解散,宣告矛盾的真正终结。一年后,另外几个新成立的组织日益强大,如德国共产党毛主义者、西德共产主义者联合会、无产阶级左派先锋队或"红细胞"组织。但是这些组织仅仅是原先运动的继承者。赤军旅也是如此,该派以安德列亚斯·巴德和迈霍夫为领导核心。巴德和迈霍夫将抢劫银行、袭击及绑架视为正当的革命方式。他们谋杀司法和经济界主要

⑪ Statera, *Death* (note 51), 222-233; Gilcher-Holtey, *Die 68er* (note 46), 100-102; Fischer, *Histoire* (note 27), 448-456.

⑫ Kraushaar, *Frankfurter* (note 46), 341-527; Gilcher-Holtey, *Die 68er* (note 46), 105-111; Kimmel, *Studentenbewegungen* (note 5), 198-199; Statera, *Death* (note 51), 234-247.

代表，更有甚者，他们还劫持了一架德国客机，导致公众和政府当局都将他们视为最大的安全威胁。[73]

在意大利也出现了类似情况。1969 年，学生组织逐渐被取缔，但这并没有阻止无数新学生团体的出现。1969 年底，“新学生运动”基本上结束。在意大利，毛主义者和托派也成为该运动的继承者。社会抗议活动的温床确实从学生转移到了工人。工人开展了多次激进的罢工和武装示威活动，将 1969 年下半年变成漫长的炎炎夏季和同样漫长而炎热的秋季。同样，在意大利，由于对学生运动所抱有的幻想破灭，出现了一个新的恐怖主义组织——红色旅。如在德国一样，该组织反对既定的资本主义秩序，298 并以诉诸武力的方式谋求成功。几个陷于绝望的德国和意大利团体选择暴力和恐怖主义路线，导致公众对学生运动的彻底抵制。[74]没有其他武装团体像此类团体一样，是从其他欧洲国家的学生运动中生成的。

事实上，学生组织的解体变得司空见惯。各地毛主义者组织指示他们的激进成员放弃学业到工厂工作，帮助工人开展革命斗争，或向工人学习。在比利时、丹麦、瑞典、奥地利以及荷兰，这些小团体都自称马克思-列宁主义者，认为大学仅仅是一个活动基地或提供逻辑支撑的机构。另外，还存在托派分子、三大洲主义者、无政府工团主义者及无党派新左翼分子。在一些学生团体中，上述几个组织均拥有相当多的追随者，他们对马克思主义表现出偏爱，认为自己注定成为“新学生运动”传统的修正者。

1974 年前后，新的转折点出现。年度性的大规模运动节奏开始放缓，并最终停止。这在鲁汶与奈梅亨表现得尤其明显。长期以来，位于鲁汶与奈梅亨的两所天主教机构为左翼提供了总体性的方向引领。尽管在具体派别之间存在意识形态上的差异，但两所天主教机构还是为大规模的群众运动提供了机会。学生运动偶尔也会开展大规模的动员活动，但是他们的目标明显发生了变化。这缘于 1974 年开始的经济危机。20 世纪 70 年代后半期，学生抗议活动不再像 20 世纪 60 年代那样聚焦于左翼主题，而是转而保障当下正受到威胁的学生地位问题。1977 年，学生们对不断

---

[73] Kimmel, *Studentenbewegungen* (note 5), 219.

[74] Kimmel, *Studentenbewegungen* (note 5), 199-200; Statera, *Death* (note 51), 247-259.

增长的学费表示抗议。拉尔夫·达伦多夫，一位伦敦政治经济学院负责人谈道："1968年，学生们认为他们是一个上升中的社会团体，要求获得自己应该拥有的地位。1977年，学生表现得像是夕阳产业一样。他们要求获得更多的资金和政府支持。"[75]很明显，至少在民主的欧洲国家，学生们又回到了他们自己的小世界中，学生运动快速消失。

"新学生运动"的本质

20世纪60年代在西欧民主国家出现的"新学生运动"，至少在三个层面上与传统学生运动存在差异：第一，新学生运动不再追求成为现有更广
299 阔的"制度化"社会或民族运动的急先锋，而是致力于整体的社会变革。第二，新学生运动引入了新的主题，并发展为反独裁主义理想，即构建一个个人发展与社会公正齐头并进的新社会。第三，新学生运动引入了直接政治行动的新形式，以揭露并摧毁既定秩序，同时用参与性民主取代代议制民主。如此的整体性抱负构成学生运动历史的高点，但与此同时，也导致新学生运动的终结。

学生运动所引入的新主题大部分源于20世纪60年代出现的新左派。其五点认知倾向在赫尔苔那里得到最清晰的概括：[76]对马克思主义进行新的诠释，强调马克思早期著作中的"异化"理论；一个全新的社会主义社会模型，以抵消异化；强调个人发展，这样"新人类"才能与新的社会和政治结构同时出现；强调挑衅行为的新组织概念，以促使激进主义者与社会改变的发生；青年知识分子和社会中的边缘群体取代工人阶级，成为新学生运动的主力军。因此，涵盖个人解放与集体解放、社会批评与文化批评以及文化革命与社会革命的协调发展，均由一个共同的现在被称为"后唯物主义"的乌托邦理想联系起来，如注重提高生活质量，而非物质福利。

---

75 *Daily Telegraph*, 15 February 1977, quoted by Mehnert, *Twilight* (note 59), 165.

76 Gilcher-Holtey, Phantasie (note 57), 44-104; I. Gilcher-Holtey, 'May 1968 in Frankreich', in Gilcher-Holtey, *1968* (note 1), 13-18; I. Gilcher-Holtey, 'La contribution des intellectuels de la Nouvelle Gaucheà la définition du sens de Mai 68', in Dreyfus-Armand *et al.*, *Années 68* (note 57), 89-98; Gilcher-Holtey, *Die 68er* (note 46), 11-17; Kimmel *Studentenbewegungen* (note 5), 29-30.

最初,"新学生运动"的倾向并非别的,而是较多地被描述为一种"情感",其特征是:反独裁主义、反教条主义、浪漫主义、直接民主、道德纯洁及社团精神。据此,斯塔泰拉认为,该运动具有"千禧年"性质。[77]据曼海姆所言,相对于仅仅致力于社会现实的部分调整而言,新学生运动持有的乌托邦理想则要求实现全新的改变。该理想谋求把现实从现存状态中解放出来,从而为改变社会开辟道路。这一意识形态属于少数群体,但乌托邦概念却吸引了大众,并为引导更广阔的运动提供了支持和自信。两者之间的平衡以同样方式改变了其他国家的状况。这种演变是不可避免的内部逻辑结果:任何一个社会运动,或者改变其本身使其成为一个组织,或者消失。缺少组织,任何一个永久持续的承诺都将难以存在。[78] 300

根据基梅尔所说,从比较国际视角来看,"新学生运动"包括七个特征:第一,它由千禧年的愿景所驱动,旨在一个"新社会"中造就"新人类"。[79]第二,它改变了政治观念,公众和个人领域的隔离将不复存在。第三,它宣传了一种新的生活方式,其中社区发挥着关键作用,而个人主义则受到抑制。第四,它拒绝"理性政治""成本—利润"分析的客观逻辑及愤世嫉俗的马基雅维里主义。相反,它选择了情感牵涉、理想主义承诺及与社区团结一致。第五,它视否定为主要的生活态度:拒绝在系统中扮演"齿轮"的角色。第六,在策略和行动方式上,它强调"有表现力的政治",而不是"工具性的"政治。第七,该运动渗透着意识形态的矛盾。从对社会的批判出发,朝着不同的替代性方向发展:或是个人自由意志主义者的方向,或是平等主义社会主义者的方向。

就激进主义者的心理来说,存在严格的意识形态道德主义和二元论世界观。在自身发展动力的推动下,通过采取揭幕式的挑衅行动策略,通过拒绝以上行动,并采取更为激进的行动,通过偏向马克思-列宁主义对社会"制度"的特定方面开展反独裁主义批判,其心理体系不可避免地趋于完善。在意大利和德国,剩存的激进组织欲管束整个社会而不能,陷于绝

[77] Statera, *Death* (note 51), 153-218.

[78] Allerbeck, *Soziologie* (note 2), 37-44.

[79] Kimmel, *Studentenbewegungen* (note 5), 170-174.

望与不满，其下一步便是走上恐怖道路。大部分社会变革的动力都起源于最初的反独裁主义阶段，同时随着该动力变形为新马克思主义，[80]变革对社会所产生的影响逐渐减少。

除政治成分外，“新学生运动”还具有文化因素，其致力于将日常生活改造成为另一种替代性经验。[81]这种突破常规的热情希望将自身从追求物
301 质享受的生活方式中解脱出来，解脱手段为：通过实验性公社和其他集体生活的方式，进而创造一种新的生活方式。在这种新生活中，愿望得以从传统的约束中解放出来，通过音乐、性和毒品获得即时的快乐。自然，这意味着与传统文化及政治价值观的决裂，因而，在学生运动过程中学生形象与身份均发生了变化。[82]学生着装的突然变化具有典型性：男女学生身着蓝色牛仔裤、牛仔夹克或迷彩夹克，以及巴勒斯坦式头巾。在意大利，学生穿着爱斯基摩式夹克；20世纪70年代，比利时和德国流行绿色派克大衣，年轻人蓄留古巴式胡子，且发长过耳。这种着装和时尚表现了他们政治上的自我形象及态度。学生的着装与服饰成为反对物质主义生活方式的整体示威性行动的组成部分，同时也是参与全球性对抗的指向标。[83]

这些发展在公民、宗教权威和普通百姓之中催生一种“道德恐慌”（斯坦利·科恩语）感。[84]新学生运动被视为是对现有社会秩序、价值及利益的一种威胁。[85]新学生运动厌恶知识的系统化积累，崇拜自发的自我表达，主张大学成为学生领导下的永久性教育机构。因此，许多现有学术机构将新学生运动视为一场摧毁文化和科学，甚至摧毁大学自身的反智运动。在一些政治党派、工会及教会中，也持有同样的看法。他们都认为学生运动是一种威胁，因此试图削弱或引导学生运动。另一“道德恐慌”的实例表现为，曾积极参与学生运动的毕业生，在谋求从事教育、青年或政府服务

[80] Kimmel, *Studentenbewegungen* (note 5), 174-179.

[81] J. Tanner, '"The Times they Are A-Changing"-Zur subkulturellen Dynamik der 68er Bewegungen', in Gilcher-Holtey, 1968 (note 1), 207-223.

[82] Le Goff, *Mai 68* (note 50), 720-473.

[83] Lumley, *States* (note 52), 70-74.

[84] S. Cohen, *Folk Devils and Moral Panics: The Creation of the Mods and Rockers* (London, 1972), 28 quoted by Lumley, *States* (note 52), 73.

[85] Ashby and Anderson, *Rise* (note 30), 123-129.

工作的过程中，均遭遇不信任。自1968年到20世纪70年代初期，在很多国家，对左翼渗透的恐惧——尤其是在意大利和德国——造成一种对曾经是学生激进分子的学生的拒绝。

一个令人好奇的情况是，在各地天主教大学中新左翼学生运动都非常强势，如鲁汶大学（佛兰德）、蒂尔堡大学（荷兰）和米兰大学（意大利）均是如此。与我们想象不同的是，并非外部因素导致这些大学"向左转"，而是年轻一代的天主教徒自身意识到改革的需要。第二次梵蒂冈教廷大会（1962—1965）之后的骚乱，暴露了处于变革中的天主教会领导层的权力行使模糊了主要矛盾。年轻的天主教徒已经"发现"，社会主要矛盾存在于统 302
治者与被统治者之间，或存在于资本家与工人之间。

天主教大学学生公开参与"1968年运动"的部分原因在于该运动表面之下还存在着一种道德（也即是"宗教的"）因素，一种远远超出现有社会主义或共产主义政党和团体的道德因素。拉姆利称之为"感情的宗教结构"[86]。在19世纪涌现的社会主义运动中，也存在千禧年信仰说，但后来由于社会主义运动的无神论信仰立场，或担心其难以抑制的激情而遭禁止。20世纪60年代，这种左翼的"宗教情感"在学生运动中重新出现。因此怀有宗教信仰的年轻学生对新学生运动持开放的态度也就不足为奇了。在比利时，该学生运动及其后来的发展在天主教青年运动中都开展得特别成功，而更加传统的坚信社会主义信仰的（及无宗教信仰者）青年则更倾向于远离学生运动。[87]信奉"马克思主义"的年轻天主教徒并未很快受到意识形态解体的影响，原因在于其理论上或实际上都未植根于现存的左翼传统，此类"马克思主义"更多地表现为一种模糊的灵感或分析模型，而非完善的思想体系。

20世纪60年代的学生运动可以被视为新社会运动的最初表达，20世纪60年代一种新的抗议形式首先出现在西方工业化国家：非集中组织、不信任正式结构、拥护受威胁的后物质主义价值、倡导一种选择性的生活方

---

[86] Lumley, *States* (note 52), 84.

[87] E. Daniëls, 'Links in Vlaanderen—Contradictio in terminis', *De Nieuwe Maand*, 29 (1986), 99-117.

式，其间公众自我实现和政治参与发挥着核心作用，其追随者大多为第三产业从业人员，其信息传播主要借助于现代大众传媒的信息发布、交流和传播渠道。[88]

为自由而战(1956—1989)

在非民主的欧洲国家，没有必要推行“新学生运动”，因为在这些国家，
303 “传统的”的学生运动从未消失，甚至，这两种现象之间还存在某些相似之处尽管享受不到福利报酬，这些国家的学生们仍然积极为非物质主义的事业和目标而奋斗：自由、真理与正义。他们希望建成一个更加真实、民主和开放的社会，一如西欧国家“新学生运动”试图建立的那种社会。即使在行动方式上，二者也存在非常类似的地方，尽管在独裁主义政权统治下的国家，学生们将面临更大的风险。[89]

20世纪50年代后半期，非民主制右翼政权国家的特点是学生运动的持续发展。在西班牙，学生运动主要关注现存西班牙学生民主工会的民主化问题。在经过一系列的游行示威之后，一项提议被付诸实施：自1958年起，西班牙学生民主工会代表在成员中选举产生。该学生运动支持阿斯图利亚斯、加泰罗尼亚及巴斯克省的工人罢工，并在1959年策划一次大罢工，计划失败后许多学生被捕。1961年秋，最重要的三个反对派学生联合会联合成立西班牙大学民主联盟，成功地为西班牙学生民主工会的成员选举提名候选人。1963年12月，西班牙大学民主联盟在九个大学学区中(共有十二个)成为多数派。1964年，在马德里，一些教授举行了多场批判性演讲之后，“大学改革周”被禁止，遂引发大规模的学生游行示威和静坐活动。政府因此决定关闭大学，并且开除了一百多名学生运动领袖。1965年2月，局势升级为围绕有关结社自由和言论自由的冲突事件。这导致各地断绝了与西班牙学生联合会的合作关系。

---

[88] B. Klandermans, 'New Social Movements and Resource Mobilization: The European and American Approach Revisited', in D. Rucht (ed.), *Research on Social Movements: The State of the Art in Western Europe and the USA* (Frankfurt, 1991), 18-19.

[89] Mehnert, *Twilight* (note 59), 191-195.

尽管有无数的逮捕事件发生，1965 年 3 月，一个独立的学生联合会在巴塞罗那举行第一次全国代表大会，在与西班牙学生民主工会合作的基础上，大会建立了代表所有非法西斯主义学生的学生工会。1965 年 4 月，纯粹出于政府的需要，取缔了西班牙学生民主工会。1967 年 4 月，西班牙政府被迫承认筹建一个新的政府学生组织——大学生协会的努力，最终宣告失败。[90] 1967 至 1968 年间，当时仍是非法组织的西班牙学生民主工会在各个大学继续开展活动，在中等学校和大学建立网络，举行完整的学生亚文化研讨会、讲座及政治辩论，发行杂志，建立（二手）书籍的交易会，并且为大学生奖学金募集资金。该组织希望实现民主自由，认为工人运动致力于在短时间内改善工人待遇的倾向，已经导致工人运动在某种程度上落伍，并且阻碍发展。 304

1968 年 1 月针对操纵学生选举的抗议遭到暴力镇压，随后几个被捕的学生领袖秘密死亡。[91]为回应此等"官方"暴力行为，左翼突击队得以组建，并开展了针对银行、办公大楼及政府大楼等地的恐怖行为。在加泰罗尼亚及巴斯克省，民主的民族主义学生团体秘密成立。[92] 1959 年成立的埃塔（巴斯克祖国与自由）已发展成为恐怖组织。[93] 1973 年，西班牙首相卡雷罗·布兰科在一次炸弹爆炸中被暗杀。此后政府中的自由派以此为借口，主张进行改革。1974 年，在利用民众积极性的基础上，三个选举产生的学生委员会在每一所大学都拥有代表，实现了大学管理的共同参与。1975 年 11 月佛朗哥去世，独裁政权逐渐瓦解。

葡萄牙政府禁止传统的"学生日"庆祝活动，导致在科英布拉、波尔图及里斯本发生持续三个星期的学生游行示威活动。学生们要求建立一个自由的全国学生联合会，并结束在安哥拉及莫桑比克进行的殖民战争。当局镇压了学生运动，逮捕了一些学生，还解雇了一些大学教授，但这仅

---

[90] J. Maravall, *Dictatorship and Political Dissent: Workers and Students in Franco's Spain* (London, 1978), 98-112; Feuer, *Conflict* (note 24), 296-298; Schütze, 'Widerstand' (note 25), 18-47.

[91] Mehnert, *Twilight* (note 59), 152-153.

[92] M. Miclescu, *Die spanische Universität in Geschichte und Gegenwart* (Cologne, 1985); Maravall, *Dictatorship* (note 90), 112-117.

[93] Burg, *Encyclopedia* (note 23), 68.

对学生运动造成暂时的破坏。1965 年 1 月，又爆发了一次新的学生罢课活动，2.5 万名学生中有五分之四的学生参加了罢课活动。这又一次导致政府逮捕、折磨及开除学生。相对于西班牙，葡萄牙则是年轻的军官而非学生于 1974 年 4 月推翻了独裁政权。[94]与其他公众一样，学生支持葡萄牙革命，校园突然成为就国家未来命运开展政治辩论的中心。

1967 年 8 月 4 日，在希腊，数名陆军少校发动政变终结了右翼独裁政权。民主派教授和职员被解雇。被军事政权认可的唯一学生组织对新政
305 权表现出忠诚。[95] 20 世纪 70 年代初，学生们在雅典大学组织了抗议活动。1973 年 3 月，占领法律系教学大楼的一些学生被开除，学生领袖被征召入伍。1973 年 11 月，学生占领了雅典国立技术大学，要求获得“自由、面包及教育”。全世界都可以通过电视看到以下画面：一辆坦克驶过大学正门，碾压了几十名学生，造成 34 名学生死亡。[96]此次“军事”胜利结束了独裁统治，并预示着民主的回归。学生要求清除大学中军事政权的追随者，要求享有参与大学共同管理的权力，这些要求后来得到了满足。通过罢课、联合抵制及游行示威，学生们试图保持其对政治的影响，但是政治分裂导致他们的权力逐步削减。

20 世纪 50 年代后半期，东欧学生运动不得不与日益强势的新斯大林主义做斗争，不过每个国家的情况有所不同。在波兰，“波兰十月”事件后的开放政策并没有持续太长时间。在大规模的抗议声中，面向学生及年轻知识分子的批判性周报《平凡的世界》(Po Prostu)[97]还是于 1957 年被政府取缔。20 世纪 60 年代见证了党派直接干预大学事务的开始。[98] 重要的辩论性社团遭禁止，学术界被指控犯有托洛茨基主义，一些给政党写公开

---

[94] Mehnert, *Twilight* (note 59), 175-176.

[95] *National and Capodistrian University of Athens. 1837—1987. One hundred fifty years: Catalogue of the Exhibition of Memorabilia* (Athens, 1988), 18-19, 86, 173.

[96] Mehnert, *Twilight* (note 59), 176.

[97] G. Z. Bereday, ‘Student Unrest on Four Continents’, in Lipset and Altbach, *Students* (note 2), 108-113.

[98] Connelly, ‘Die polnischen Universitäten’ (note 21), 188-195.

信要求以工人民主取代共产主义统治的教师被捕入狱。[99] 1966 年 10 月，“波兰十月”事件发生十周年后，应一些具有批判精神的学生的要求，著名哲学家莱谢克·柯拉柯夫斯基起草了一份“政治平衡表”，并总结宣称：波兰正处于无法治状态。这样一份声明立刻为他带来了惩罚。

1967 年，在“俄国十月革命”五十周年纪念日当天，上演了 19 世纪波兰作家亚当·密茨凯维奇所写的一部戏剧，观众对剧中的反俄情节表现出极大的热情。波兰当局立即禁演该剧，并用暴力驱散了 3 月初在华沙校园组织的一次抗议集会。这即是波兰“三月运动”的开端。[100] 此后运动扩 306 散至所有大学，并得到作家、天主教会及某些工人团体的支持。“布拉格之春”具有极大的激励效应，3 月 11 日，大约一万名学生在华沙大学教区长办公室集会，学生们高呼：“所有波兰人都等待着杜布切克！”[101]自 1967 年六天的阿拉伯-以色列战争起，就爆发了反犹太复国运动。政府将学生运动描述为“犹太出身”的学生所进行的一场密谋的结果，由此发起了反对犹太人的运动。[102]在与警察及歪曲事实的媒体对抗期间，学生变得非常愤怒，对政权永远失去了信心。[103] 1968 年 8 月“布拉格之春”改革运动被华约军队摧毁，学生抗议活动再次爆发，但很快又遭到镇压。在西方学生运动中，波兰学生运动很少被提及。法国与意大利的学生运动完全忽视波兰学生运动。德国学生运动中的反独裁主义因素使其与波兰学生运动保持一定距离，而马克思-列宁主义阵营则对其进行指责，认为波兰学生运动具有小资产阶级性质。[104]

---

[99] Révész, *Jugendbewegungen* (note 12), 72-76; S. M. David, *Student Politics and Higher Education in Socialist Poland* (Ann Arbor, Mich., 1972), 220-231.

[100] David, *Student* (note 99), 232-237; A. Friszke, 'Ruch protestu w marcu 1968 (wświetle rapport od MSW dla kierownitwa PZPR)', Więź, 3(1994), 92; Burg, *Encyclopedia* (note 23), 196-202.

[101] Révész, *Jugendbewegungen* (note 12), 59, 84-87; *Wydarzenia marcowe* (Paris, 1969), 50-51.

[102] 'Dossier 2: Warschauer Bilanz', *Kursbuch*, 13 (June 1968), 91-105; Statera, *Death* (note 51), 143-152; Révész, *Jugendbewegungen* (note 12), 79-84.

[103] J. Eisler, 'March 1968 in Poland', in C. Fink, P. Gassert and D. Junker (eds.), *1968: The World Transformed* (Cambridge, 1998), 237-251; J. Eisler, *Marzec '68* (Warsaw, 1995); David, *Student* (note 99), 238; Révész, *Jugendbewegungen* (note 12), 89-95.

[104] Statera, *Death* (note 51), 143.

在捷克，在历经20世纪50年代后期学生中表现出的一定程度的非政治化倾向之后，1963年5月1日的学生节——“五月之王”上再度响起批判性口号。“五月之王”节日于1963年得以恢复。为此，学生运动的组织者被大学开除。[105] 1967年秋，布拉格发生了学生示威活动，以唤起人们对学生住宿问题的认识。国民军对游行的学生进行了残酷镇压，引起了其他大学发起更多的抗议活动。[106] 1968年1月，在“布拉格之春”期间，新任捷共总书记亚历山大·杜布切克宣布推行一系列的“人道社会主义”改革。是年5月底，波希米亚与摩拉维亚成立独立的高等教育学生组织团体
307 以支持改革。

但是，1968年8月21日华沙条约军队的入侵挫败了每个人的计划。在最初几天，镇压活动造成70人死亡，其中大部分是青年人。随后捷克学生运动试图尽可能维持改革，并反对复辟活动。[107] 1968年11月17日，为纪念1939年反对纳粹占领者而发起的最后一次学生抗议活动，学生们进行了为期三天的罢课，并占领了大学大楼。近八万名学生参与其中。在布拉格工厂也出现了团结一致的行动。一个月之后，波希米亚和摩拉维亚高校学生协会与金属工人联合会之间达成协议。此后的一个月，学生们在全国散发小册子。1969年1月16日，哲学系学生扬·帕拉赫在温塞斯拉斯广场自焚，以抗议外国势力对捷克的“占领”。这又一次导致学生及工人抗议活动的复苏。大量的民众（约十万人）参加了这位学生的葬礼。1969年6月，波希米亚和摩拉维亚高校学生协会被禁止。8月21日，华约军队入侵一周年纪念日，爆发学生与军人之间的最后一次对抗，对抗以设置路障和人员意外死亡而结束。接下来又发生一系列的镇压活动，并在1970年春达到高潮。

1970年12月波兰格但斯克的工人举行抗议活动，他们呼吁学生采取

---

[105] Révész, *Jugendbewegungen* (note 12), 44-52; Havranek, ‘Die tschechischen Universitäten’(note 18), 166-169; J. Havranek and Z. Pousta, *History of the Charles University*, Vol. 2: *1802—1990* (Prague, 2001).

[106] G. Katsiaficas, *The Imagination of the New Left: A Global Analysis of 1968* (Boston, 1987), 60.

[107] Révész, *Jugendbewegungen* (note 12), 52-62; K. Bartosek, ‘Rencontre inattendue en Tchécoslovaquie (octobre 1968-juin 1969)’, in Dreyfus-Armand, *Années 68* (note 57), 299-311.

团结一致的行动，但是却没有得到学生的回应。[108]直到 1976 年一波罢工潮消退之后，学生们才在追求更加民主的运动中，借助于工人支持委员会的支持，变得积极起来。1977 年，一名学生激进分子遭到谋杀成为学生行动的催化剂，加速了各大学独立学生协会——学生团结联盟的成立。学生团结联盟开展运动，争取在学术环境中获得更多的自由。1980 年夏，在对抗政府的团结运动胜利之后，学生团结联盟进一步拓展了运动范围。[109]在罗兹，学生们开展了为期近一个月的罢课活动，在这之后的 1981 年 2 月，政府正式承认独立的学生组织——全国大学生协会。同年，全国大学生协会迅速发展，成为全国最大的学生组织，在 89 所大学和学院拥有八万名会员。

1981 年 12 月 13 日，雅鲁泽尔斯基将军发动政变，所有自由学生协会再次被取缔，但是全国大学生协会作为秘密组织继续存在。1988 年，波兰 308
继续推进朝向民主开放社会建设的改革，当时仍作为非法组织的全国大学生协会再次变得引人注目。在促使波兰转变为民主社会的高潮——“最后的斗争”中，全国大学生协会甚至发挥了先锋作用。在政权转变后，全国大学生协会继续存在。由于其支持者来自基层，全国大学生协会需要在自我管理的学生组织中与新兴学生社团开展竞争，这些新兴社团随后组建成为本地学生社团。

在捷克斯洛伐克，政府希望赢得学生对新政权的支持，但是没能成功。20 世纪 70 年代，学生们对政治抱有冷漠态度成为一种常态。即便如此，政府仍将其视为一项成功，因为这意味着学生们没有参与“七七宪章”民权运动。直到 1987 年，学生的态度才有所转变。一些非正式的学生协会开始出现，并散发“地下”刊物，甚至官方学生协会也开始谨慎地发出批判的声音。1989 年，在 1939 年 11 月 17 日纳粹关闭大学及镇压学生运动五十周年纪念日上，学生进行未被批准的游行示威，游行队伍经过当年扬·帕拉赫牺牲的地方时，与警察发生了激烈冲突。这成为各大学学生

[108] Révész, *Jugendbewegungen* (note 12), 97. This is at least the ‘Solidarność-myth’: the reality was more complex.

[109] Révész, *Jugendbewegungen* (note 12), 98-103.

开展罢课及静坐活动的信号，并且学生们开始呼吁民众举行大规模的抗议活动。学生的呼吁得到公众的回应。11月27日的大罢工之后，政权倒台。之后，激进的学生把领导权移交给民主运动“公民论坛”的领导人瓦克拉夫·哈维尔。1989年12月29日，哈维尔当选为捷克斯洛伐克总统。

在南斯拉夫，世界性的学生抗议潮流也于1968年形成抗议的氛围。当时学生生活条件很差，知识分子失业率很高。[110] 1968年7月2日，学生们对贝尔格莱德剧院座位不足表示不满，并捣毁了剧院大楼。次日，学生游行队伍从学生区出发，一直游行到城市中心。警察对学生进行了残暴镇压，驱散了游行示威的学生，进一步导致学生酝酿占领教学大楼及开展一系列表达不满的活动。南斯拉夫政权的安抚及承诺起初没有任何效果，但一周之后，学生们在收到铁托的一份严肃声明后停止了一切行动。铁托对激进分子的理想主义、政治义务及参与表示赞赏，并且对政府系统
309 功能的改善表示关注，最后个人承诺将为学生的所有不满寻求解决之道。1968年秋，学生激进分子意识到他们的抗议已被政权有效地阻滞，抗议没有取得任何结果。在整个南斯拉夫，批判性的学生运动完全结束。

与此对照的是，塞尔维亚的学生运动在联邦共和国层面确实开始发挥了一些作用，但也遭到了镇压。1971年，“克罗地亚之春”之年，一项复苏的社会运动倡议克罗地亚应拥有更多的自治权，学生在运动中发挥了主要作用。1971年11月，在克罗地亚，35 000名学生罢课，12月又爆发大规模的抗议示威活动。[111]在贝尔格莱德，学生罢课活动被指责为“过分的民族主义”及“反革命”，许多学生被逮捕。1974年，在南斯拉夫，宪法审议赋予联邦共和国更多的自治权，但是占主导地位的问题是：科索沃地区仍然以塞尔维亚一个省的形式存在。铁托去世之后，1980年，阿尔巴尼亚民族主义运动在普里什蒂纳大学阿尔巴尼亚学生中获得新的动力。1981年，学生们提出以下要求：在语言及文化上，科索沃属于阿尔巴尼亚，获得一

---

[110] R. Pervan, *Tito and the Students: The University and the University Student in Self-Managing Yugoslavia* (Nedlands, 1978); N. N. Soljan, ‘Yugoslavia’, in Altbach, *Activism* (note 4), 297-312; Feuer, *Conflict* (note 24), 302; Révész, *Jugendbewegungen* (note 12), 200-202.

[111] Révész, *Jugendbewegungen* (note 12), 202-204.

个共和国的地位，且拥有退出的权利。1981 年春，学生就实现上述要求举行了第一次大规模的游行示威活动，结果导致 8 名学生惨遭杀害，100 多名学生受伤，1000 多名被捕。1982 年爆发了类似的游行示威活动，一些学生领袖被开除，其他学生领袖或被捕入狱，或选择隐匿，以实施暴力和恐怖行动来实现他们的目标。

在斯洛文尼亚，20 世纪 80 年代末学生成为民主改革运动的先锋，该运动为斯洛文尼亚争取更多的自治权。改革与自治的信息通过各种渠道在公众中散播，其中包括学生电台及无数学生出版物。贝尔格莱德当局将这些行动视为反革命，但却无法阻止“斯洛文尼亚之春”的推进。“斯洛文尼亚之春”最终以南斯拉夫联邦的解体而达到高潮。

20 世纪 80 年代，在苏联边缘地区民族问题同样成为学生运动的推动力。[112]在拉脱维亚，1968 年 8 月首都里加的学生举行示威活动抗议捷克斯洛伐克的侵略。1969 年 4 月 13 日在独立纪念碑附近，一位名叫伊利亚·芮普斯的学生自杀，示威活动达到高潮。[113]但伊利亚·芮普斯自杀未成，后 310
由于其犹太血统被驱逐出境，最终抵达以色列。1972 年 5 月 14 日，一名 19 岁学生罗马斯·卡兰塔在考纳斯剧院外自杀身亡，[114]以抗议 1940 年苏联对立陶宛的吞并。在其葬礼上，数千名示威学生高呼“立陶宛的自由”。学生与警察在街道上发生冲突，数百名学生被捕。三天之内，在立陶宛其他地方又发生更多的自杀事件。1980 年 10 月，塔尔图大学几千名学生举行游行示威活动，要求教育部长埃尔莎·格瑞茨基纳（半俄罗斯血统）辞职。学生们认为任命格瑞茨基纳为教育部长，表明日益增加的俄国化趋势。学生打出的标语有“驱逐俄国人”及“更好的精神食粮”。[115]

1978 年，哈萨克斯坦的哈萨克学生举行示威活动，抗议大学利用哈萨克民族学生缴纳的学费招收其他民族学生的数量超出相应比例。同年，格鲁吉亚数千名学生要求共和国新宪法宣布格鲁吉亚语为官方语言。

---

[112] Dobson, ‘Soviet Union’ (note 14), 273-278.

[113] Misionas and Taagepera, *The Baltic* (note 14), 245.

[114] Misionas and Taagepera, *The Baltic* (note 14), 252-253.

[115] Révész, *Jugendbewegungen* (note 12), 27-28; Misionas and Taagepera, *The Baltic* (note 14), 253.

1979 年 7 月及 1986 年夏，雅库特的学生们也参与到在雅库茨克举行的反俄抗议活动中。

戈尔巴乔夫所提出的“开放”及“改革”政策导致更多学生运动的发生。1985 年 10 月，塔尔图的学生在歌剧院升起爱沙尼亚国旗。在立陶宛，学生们成立秘密组织，并在 1986 年发行地下出版物《学术青年》。1986 年 12 月，哈萨克斯坦爆发抗议活动，反对任命一名俄国人作为地方共产党书记。在阿拉木图，为追求独立而举行的大学生游行示威导致多名学生伤亡，校长解职，多名教授被捕，许多学生被开除。在苏联中亚及高加索地区也屡屡爆发民族主义者的抗议活动。

1987 年 6 月，数千名拉脱维亚学生举行游行示威活动，对 1941 年斯大林将 1.5 万名拉脱维亚人驱逐至西伯利亚的事件表示抗议。两个月之后，波罗的海三个共和国数千名居民举行游行示威活动，对 1939 年苏联与德国签订《莫洛托夫-里宾特洛甫条约》(即《苏德互不侵犯条约》)表示抗议，该条约的签订使得苏联实现对波罗的海国家的控制。1989 年前半期，时值苏联政权垮台之前，苏联的学生激进行动达到高潮。苏联共青团员数量减少，在很多城市新成立的学生组织取代了共青团组织，学生组织成
311 员数量不断增加。同时，在爱沙尼亚、拉脱维亚、立陶宛、亚美尼亚、阿塞拜疆和格鲁吉亚，学生们举行示威、罢课及联合抵制性的演讲等活动，成为崛起中的民族主义运动的急先锋。

超越学生运动(1974—2000)

在西方，“1968 年事件”的影响一直延续到 20 世纪 70 年代。对此次事件的参与者而言，这一经历成为决定他们社会地位的主要因素。[116] 1978 年，在一份《政治平衡表》首次被制订时，对“1968 年事件”的“感觉”仍然存在。“1968 年事件”被看作是 20 世纪 70 年代许多行动的发源地。之后，传统开始失去活力。1988 年，即“1968 年事件”二十周年纪念日时，与“1968 年事件”的所有联系好像尽被切断。新一代学生在回顾“1968 年事

[116] K. Ross, *May '68 and its Afterlives* (Chicago, 2002).

件”时，将其视为已经结束或完成的事件。但是二十年后，曾参与“1968 年事件”的激进分子基于自身的信念做出了各种各样的解释。直到 1998 年出现出版物风波，“1968 年事件”才彻底成为历史。一位作者宣称：“1968 年的五月风暴不属于任何个人。”[117]

对于年轻一代的学生而言，当经济危机来袭时，古老的传统早在 20 世纪 70 年代后半期即开始衰落。然而，在学生领袖中，虽然减弱了“大学民主化”口号，但它作为一个动员神话，一直持续到下一个十年。没有人能像发起“古典学生运动”一样创建一种新生活传统，使学生运动的火炬可以代代相传。因此，运动逐渐消失。这一切是如何发生的？这可以通过密切关注继承了悠久“古典学生运动”传统的“新学生运动”的演变，如我个人运用原始资料研究鲁汶大学的学生运动演变，而得到解释。我相信，这在 20 世纪 70 年代以来西方民主国家中发生的学生运动中具有广泛的代表性。[118]

20 世纪 70 年代后半期，虽然鲁汶新一代学生仍然自认继承了“1968 年事件”的“衣钵”，但他们不再准备将学生运动仅仅绝对集中在激烈的社会改革上。[119]为应对始于 1974 年的经济危机，学生们努力实现从“大学教育民主化”向学生工作新平台的转变。1977 年，学生运动恢复活力，其开展的反对大学注册费增加一倍的行动获得巨大支持，该运动迅速蔓延至 312
全国，在法国和英国也发生了类似运动。然而，该运动没有成功，部分原因在于大多数学生的社会参与度持续走低。在 1980 年 10 月的学术年开幕式上，学生发言人——他自己同情毛主义者学生——用他的发言谴责“过高的教授工资”与“过低的有权享救济金的个人收入”之间的差异。一时间，这一谴责获得一种激烈对抗精神的回应，同样的精神也出现在同年的学生出版物上。但很明显，更广泛的学生群体，甚至部分积极参与学生协会的学生表现出不一致的精神。

除小部分边缘性的左、右翼极端分子边缘群体以及那些关注普通协

---

[117] Le Goff, *Mai 68* (note 50), 465-475.

[118] Fischer, *Histoire* (note 27), 419-522.

[119] Vos, ‘Vlaamse Leeuw’ (note 40).

会的学生外，20 世纪 80 年代早期，存在着具有鲜明差异的两代学生群体：一代学生群体自视为 1968 年“新学生运动”的继承者，继续关注(捍卫)大学教育的民主化；一代学生群体则不希望与“1968 年事件”保持任何关联，并且提议禁止学生协会参与政治。前一代学生群体继续开展抗议活动，反对延期支付奖学金，反对取消奖学金计划，反对学生餐厅价格上涨，并讨论支持学生会——以鲁汶学生运动为代表——加入反对美国部署巡航导弹的运动。这激怒了数个院系中的学生协会领导人，他们主张政治在现代学生协会中没有位置。1984 年 2 月，经济学系的“非政治化”学生协会认为现有学生联合会参与政治，并具有左翼倾向，因此他们选择退出。1984 至 1985 年，他们联合其他七个小一些的官方联合会，继续努力建立自己的学生联合会。

新学生会很容易就获得了官方的认可，并获得学术机构的资助，同时其非政治化的立场也获得了悄悄的称赞。然而，旧学生会继续获得三分之二的教师组织支持，这些教师组织拥有更广阔的学生运动视野。在下学年的大部分时间里，调停会议的召开对学生杂志《投票》的存在构成威胁。如果不是杂志本身，也是杂志名称被视为“1968 年事件”的残余。调
313 停会的结果是成立一个新的获得教师协会重新认可的学生组织。作为学生运动职责的“社会民主化”从意识形态宣言中消失，宣言文本更为强调的是学生自身的情况。

1986 年夏，学生的生活和学习饱受外在因素威胁。当时佛兰德教育部长科恩斯把大学的社会津贴减少了一半，从生活费开支扣除，同时提高大学学费。当时，法国大学生正举行大规模示威活动，抗议法国教育部长德瓦凯的教育计划。[120]根特、布鲁塞尔及安特卫普所发生的抗议活动，进一步激励了佛兰德的学生，使他们有机会在自己抗议的旗帜上增加了科恩斯和德瓦凯的名字。学生们联合抵制注册费增加，但以失败告终。1987 年 10 月发生了全国性的示威活动，11 月底至 12 月中旬鲁汶学生组织的游行示威活动只是其中的一部分。罢课行动，高举火炬的队伍，占领学区办公楼、中央图书馆及数幢院系教学大楼，与警察冲突，所有这些都唤起

---

[120] Fischer, *Histoire* (note 27), 470-472.

人们对“1968 年事件”的回忆。但是这次行动的参加者仅限于 3000 名学生(总学生数超过 2 万名)，且大部分学生来自人文学科。这次运动充满内部矛盾，如“受到目标激发的学生”与“仅仅希望与警察发生冲突的学生”之间的矛盾，仅仅希望维护“学生利益”的学生与希望同时满足学生、年轻失业人员及国家公职人员要求的学生之间的矛盾。1987 年，一次全国性的示威活动预示着运动的高潮，但同时也是运动的终点。随后，1988 年 12 月发生的示威活动几乎没有吸引到鲁汶大学的任何学生参加。虽然“行动”没有产生政治影响，但是对那些参与其中的人们来说，这些行动塑造了新的一代人。有人希望“1986 年事件”——“1968 年事件”数字顺序的颠倒——能够成为学生运动复苏的起点，但是事实证明这种希望落空了。由于局限于学生自身地位的保护，且仅有少数学生关注更广泛的社会问题，学生政治化运动再一次烟消云散。

20 世纪 90 年代中期，对大多数学生运动领袖而言，一种集中于保护学生利益的非政治化表述成为学生运动最重要的行动指南。主要的学生组织不再关注种族歧视、年轻人失业、儿童虐待等社会问题。然而，学生周刊《投票》杂志的编辑小组仍把“捍卫民主”作为“学生运动”的一个普通目标。《否决权》杂志所持有的“代表性”及“批判性”立场受到学生组织领导
人的质疑。1989 年、1993 年及 1996 年都一再出现同样情况。于是，在学 314
生联合会的一次公开大会上形成一项决议：将来由该大会指派《否决权》杂志的主编及编委会秘书。《否决权》杂志的批判立场遭到削弱。

尽管“学生运动”转变为一种神秘主义的模糊形式，但对于未具有明确个人态度的鲁汶大学学生而言，他们与教师组织之间的团结仍然存在，教师协会内的团队忠诚及社会交往成为唯一的“学生运动”表现。在正式代表的基础上，与学术权威开展非政治的、建设性的合作成为被推选出的学生代表的行动指南。就宏观的社会视野来看，显露出来的紧张状态未见激化，只是表现为针对具体措施或个人的不满。即便在 2003 年，当校长推行其继任者不再选举产生，而是任命产生的计划时，仅遭到了教授的抗议，而非学生。学生运动的所有意图和目的都已不再存在。

导致学生运动消亡的最重要的原因在于学生社会地位的改变。这也导致新一代大学生自我形象的转变。学生不再把自己视为一个群体，而

是视为一个在一定社会环境度过成长岁月的个人，这一成长环境与他们个人的学习和人生计划存在关联。他们已成为文凭工厂的客户，而不再是一个社区成员。学生不再被排除于他们的同龄人以外，学习趋于“常态”，大学与其他形式高等教育之间的区别已经模糊，社会的规范性期望已经消失。此外，学生的“整体角色”也受到影响。学生只有部分时间是在大学里度过的，他们的团队生活在很大程度上局限于典型的“学生式”参与形式。尽管如此，协会志愿者工作仍然很受欢迎，但这主要发生在大学环境之外。此外，学生参与仍然是“异质性的、零散的和不可见的”，不再具有“完全奉献、团结一心、远大理想”的特点，而是主要衡量个人课程简历或发展的有用程度。[121]

在此背景下，传统逐渐消失，失去了特定社会学生的呼声，失去了学
315 生运动存续的潜力。学生不再作为一个群体在社会中发挥直接作用。学生团体自身的科层化发展成为一项不言而喻的进程促进了这一转变的完成，在更广泛的社会中，学生几乎不再发出抗议的声音。除少数学生仍然认为自己是已逝的学生运动的幸存继承人外，大多数学生和学生领袖不再视自己为学生运动链条中的一环，不再承担把学生运动的火炬传递给下一代的工作。

导致这一切的深层次原因并不是“1968年事件”的余波，不是20世纪70年代“适者生存”的学术失业心态，甚至也不是20世纪80年代或90年代繁重的学业负担或大学学生人数的迅速增加。这一切既不是政治经济“向右转”发展引起的，也不是后现代主义“宏大叙事”破坏的结果。所有这些因素肯定发挥了作用，但年轻一代学生之所以不再提出“回归人民精神”以履行他们作为学生的使命，之所以不再服务于更多的社区民众，主要是社会结构性原因。导致这一切的原因在于学生社会地位的根本性变化，这实际上恰与学术界和大学自身的情况保持了一致。在此背景下，学生运动是否可能在西方民主国家获得再次发展尚存疑问。或许学生运动

---

[121] 2001年鲁汶大学学生开展的一项关于社会责任的社会学调查：L. Hustinx，T. Vanhove，I. Verhalle，K. Lauwerys and F. Lammertyn，*Het maatschappelijk engagement van de K.U. Leuven studenten：Een sociologisch onderzoek*（Leuven，2002）.

可能在世界其他地方，如在发展中国家、政治独裁国家或尚未赢得独立的民族地区恢复。在这些地方，学生的社会地位仍然体现了近两个世纪以来欧洲所具有的所有特征。

精选文献

Altbach, P. G. *The Student Revolution: A Global Analysis*, Bombay, 1970.

Altbach, P. G. (ed.) *Student Political Activism: An International Reference Handbook*, New York, 1989.

Altbach, P. G., and Laufer, R. S. (eds.) 'Students Protest', *The Annals of the American Academy of Political and Social Science*, 395(1971).

Altbach, P. G., and Uphoff, N. T. *The Student Internationals*, Metuchen, N. J., 1973.

Ashby, E., and Anderson M. *The Rise of the Student Estate in Britain*, Cambridge, Mass., 1970.

Bausz, G. *Die Studentenbewegung der sechziger Jahre: Handbuch*, Cologne, 1977.

Burg, D. F. *Encyclopedia of Student and Youth Movements*, New York, 1998.

Connelly, J. *Captive University: The Sovietization of East German, Czech, and Polish Higher Education 1945—1956*, Chapel Hill, N.C., 2000.

Connelly, J., and Grüttner, M. (eds.) *Zwischen Autonomie und Anpassung: Universitäten in den Diktaturen des 20. Jahrhunderts*, Paderborn, 2003. 316

David, S. M. *Student Politics and Higher Education in Socialist Poland*, Ann Arbor, Mich., 1972.

De Groot, G. J. (ed.) *Student Protest: The Sixties and After*, London 1998.

de Maupeou-Abboud, N. *Ouverture du ghetto étudiant: La gauche étudiante à la recherche d'un nouveau mode d'intervention politique. 1960—1970*, Paris, 1974.

Dreyfus-Armand, G., Frank, R., Lévy, M.-F., and Zancarini-Fournel M.

(eds.) *Les années 68: Le temps de la contestation*, Brussels, 2000.

Elm, L., Heither, D., and Schäfer, G. (eds.) *Füxe, Burschen, alte Herren: Studentische Korporationen vom Wartburgfest bis Heute*, Cologne, 1993.

Feuer, L. S. *The Conflict of Generations: The Character and Significance of Student Movements*, London, 1969.

Fink, C., Gassert, P., and Junker, D. (eds.) *1968: The World Transformed*, Cambridge, 1998.

Fischer, D. *L'histoire des étudiants en France de 1945 à nos jours*, Paris, 2000.

Fraser, R. (ed.) *1968. A Student Generation in Revolt: An International Oral History*, New York, 1988.

Gilcher-Holtey, I. *Die 68er Bewegung: Deutschland, Westeuropa, USA*, Munich, 2001.

Gilcher-Holtey, I. '*Die Phantasie an die Macht*': *Mai 68 in Frankreich*, Frankfurt, 1995.

Gilcher-Holtey, I. (ed.) *1968: Vom Ereignis zum Gegentsand der Geschichtswissenschaft*, Göttingen, 1998.

Heither, D., Gehler, M., Kurth, A., and Schäfer, G. *Blut und Paukboden: Eine Geschichte der Burschenschaften*, Frankfurt, 1997.

Jarausch, K. H. *Deutsche Studenten: 1800—1970*, Frankfurt, 1984.

Keller, F. *Wien Mai '68: Eine heiße Viertelstunde*, Vienna, 1983.

317 Kimmel, M. *Die Studentenbewegungen der 60er Jahre: Frankreich, BRD und USA im Vergleich*, Vienna, 1998.

Klose, W. *Freiheit schreibt auf eure Fahne: 800 Jahre deutsche Studenten*, Oldenburg 1967.

Kotek, J. *Students and the Cold War*, Basingstoke, 1996.

Kraushaar, W. *Frankfurter Schule und Studentenbewegung. Von der Flaschenpost zum Molotowcocktail. 1946—1995*, Vol. I: *Chronik*; Vol. 2: *Dokumente*; Vol. 3: *Aufsätze und Kommentare. Register*, Hamburg, 1998.

Krönig, W., and M·uller, K.-D. *Anpassung, Widerstand Verfolgung: Hochschule und Studenten in der SBZ und DDR(1945—1961)*,Cologne,1994.

Lipset,S. M.(ed.)*Student Politics*,New York,1967.

Lipset,S. M.,and Altbach,P. G.(eds.)*Students in Revolt*,Boston,1969.

Lumley,R.*States of Emergency:Cultures of Revolt in Italy from 1968 to 1978*,London,1990.

Maravall,J.*Dictatorship and Political Dissent:Workers and Students in Franco's Spain*,London,1978.

Marsh,A.*Protest and Political Consciousness*,London,1977.

Marwick,A. *The Sixties:Cultural Revolution in Britain,France,Italy,and the United States,c. 1958-c. 1974*,Oxford,1998.

Otto,K. A.*Vom Ostermarsch zur Apo:Geschichte der ausserparlamentarischen Opposition in der Bundesrepublik. 1960—1970*,Frankfurt,1977.

Pervan,R. *Tito and the Students:The University and the University Student in Self-Managing Yugoslavia*,Nedlands,1978.

Révész,L. *Jugendbewegungen im Ostblock*,Vienna,1985.

Ross,K.*May '68 and its Afterlives*,Chicago,2002. 318

Ruiz Carnicer,M. A. *El Sindicato español universitario(SEU),1939—1965:La socialización política de la juventud universitaria en el franquismo*,Madrid,1996.

Statera,G.*Death of a Utopia:The Development and Decline of Student Movements in Europe*,Oxford,1975.

Van Maanen,G.*The International Student Movement:History and Background*,The Hague,1966.

Vos,L.,Derez,M.,Depraetere,I.,and Van Der Steen,W. *Studentenprotest in de jaren zestig:De stoute jaren*,Tielt,1988.

Walczak,J.*Ruch studentcki w Polsce*,Warsaw 1990.

第九章　毕业与职业

乌尔利希·泰希勒

导　言

为促进学生“能力”的发展，20世纪的欧洲大学致力于增长学生知识，培养学生个性、态度和价值观。同过去一样，大学仍为未来师资提供培训，并提供与未来就业相关的基础知识和基本技能，且比以往的方式更有组织，也更为细致。

各国家、院校以及专业之间，对以上三种大学职能及实现三者平衡的重视程度存在差异。随着时间的推移，变化也在发生。一方面，大学为形式多样的专业能力奠定基础；另一方面，大学直接为特定职业培训学生。后一种情况则在职业培训时间、大学和其他高等教育机构或专业培训机构的职责分工之间出现了问题。

越是重视教育任务的认知性要求，就越难直接认识培训。在大学职责中，人们希望大学发挥关键而创新性的功能。大学毕业生应了解“规则”，掌握“工具”，表现积极，并能在职位上质疑专业实践旧制，适应未来工作模式的变化。第二次世界大战结束后，学生人数激增，特定领域持续的“人力”需求使得大学学位成为谋求高级职位的先决条件，这些职业需要高水平的系统思维和认知能力。与此同时，专家、政治家和一般民众普遍 319
担忧濒临崩溃的传统“体制”。

所提出的四个普遍性问题包括：

1.能否确保毕业生在大学获得的技能可以满足就业系统的要求？数量供应与需求之间的差异，质量上技能与要求之间的差异，会产生什么后果？

2.大学学位的获得是如何影响社会选择以及地位配置的？基于学历的新兴精英教育是如何影响学生能力与工作任务，以及大学教学和学习之间联系的？

3.毕业生的动机、倾向、职业期望以及前景如何随所需技能的改变而改变？调整后的动机和期望又是怎样影响教学与学习的特点与质量的？

4.刚刚讨论的变化如何改变了学生的入学、入学率、毕业、学院模式、学习方案和教学？大学如何应对高等学校毕业生就业和工作条件的变化，大学如何积极改变这些条件？

本章目的在于提供1950年至1990年期间欧洲大学入学率和毕业生数量变化的报告，概述了围绕高等教育和就业之间的变化关系而开展的重要政治性和研究性讨论，概述了毕业模式、学位授予以及它们与专业实践之间的关系，分析了毕业生就业和工作的变化。大学已经着手统计资料和实证调查，并选择性地考虑高等院校应对不断变化的高等教育与就业之间的关系。最后，本章将讨论近年来观察到的发展趋势和政策。

此前段落所使用的术语暗示第二次世界大战后欧洲大学面临重大的变化。20世纪40年代，就研究与教学的联系而言，高等院校仍然是社会的核心机构。20世纪60年代以来，高等院校被视为“高等教育机构”，而不再是唯一提供先进知识和专业技术的机构。大学和其他高等教育机构之间的区别变得模糊，它们各自的职能相互重叠。文中提到的许多资料以 320

及随后文章在涉及"高等教育""第三级"或"第三级教育"以及"终身学习"的讨论以及统计数据时，都未对大学和其他机构的差异进行明确区分。

招生、毕业和受教育程度的整体发展

1945 年以后，高等教育经历了前所未有的扩张，对毕业生就业产生了深远影响。由于现有数据在来源、国家收录、高等教育机构类型以及统计手段（即选择和定义随时间而变化）等方面的不同，这里仅举例来说明这一发展。

谈及高等教育机构的录取和入学，一些汇总数据足以显示诸多趋势：

1.联合国教科文组织的统计数据显示，富裕国家（人均国民生产总值位居世界前三分之一）高等教育的录取人数占同龄人口比率从 1950 年的 3.7%上升至 1960 年 8.4%，从 1970 年的 13.6%增至 1975 年的 18.9%。同样，西欧十国大学和类似专业学院 20 岁至 24 岁学生的平均入学率在 1950 年是 4.5%左右，1960 年约为 6.4%，1975 年是 17.4%。① 根据经济合作与发展组织的统计，以市场为导向的（经济合作与发展组织成员国）欧洲国家高等教育机构中学生的数量，在 20 世纪 50 年代年均增长 5%，60 年代年均增长 8%，与此同时"大学型高等教育"的增长率超过了那些"非大学型高等教育"机构。②

2.1991 年，在西欧（经济合作与发展组织）成员国中，"第三级教育"入学率——注册学生人数占总体同龄人口平均数——的平均数为 38%。他们中有 24%接受大学教育（见表 9.1）。③ 相比之下，联合国教科文组织的统计数据显示，直到 20 世纪 80 年代后期，在经济上和政治上同苏联合作的东欧国家高等教育的入学率仍低于 20%，即直到他们实现社会经济的
321 迅速转型，成为市场导向型经济国家开始。④

① R. Schneider, 'Die Bildungsentwicklung in den westeuropäischen Staaten', *Zeitschrift für Soziologie*, 11(1982), 22.

② *Education in OECD Countries 1978—1988* (Paris, 1990), 81-83, 113.

③ OECD, *Education at a Glance: OECD Indicators 1993* (Paris, 1993), 126.

④ 不过，东欧国家的发展状况相当多样，见：L. Cerych, S. Colton and J.-P. Jallade, *Student Flows and Expenditure in Higher Education 1965—1979* (Paris, 1981).

322

表 9.1 选择经济合作与发展组织成员国 1991、1994 年高等教育毕业率

（占相应年龄组的百分比）

	1991 年入学率			1994 年毕业率		
	非大学	大学	总数	非大学	大学	总数
a.西欧						
奥地利	5	23	28	5	9	14
保加利亚	22	28	50	m	m	m
丹麦	14	24	38	9	26	35
芬兰	29	33	62	25	21	46
法国	15	29	44	25	14	39
德国	11	33	44	11	13	24
爱尔兰	16	17	34	14	23	37
意大利	—	36	36	9	11	20
荷兰	25	13	38	m	m	m
挪威	m	m	m	47	23	70
西班牙	—	40	40	1	21	22
瑞典	34	13	47	12	13	25
瑞士	m	m	m	25	9	34
土耳其	2	12	14	2	7	9
英国	8	20	28	25	27	52
b.中欧和东欧						
捷克共和国 *	1	15	16	5	14	19
斯洛伐克共和国	*	*	*	m	m	m
匈牙利	9	7	16	m	14	m
c.其他国家						
日本	29	24	53	28	23	52
美国	27	38	65	22	32	54

m＝数据丢失

* 1991：捷克斯洛伐克

资料来源：OECD，*Education at a Glance*：1993. *OECD Indicators*（Paris，1995）；OECD，*Education at a Glance*：*1994*. *OECD Indicators*（Paris，1996）.

3.1994 年 13 个西欧经济合作与发展组织成员国中，获得大学第一学位各年龄人口的平均率为 33%(见表 9.1)，其中 16%接受了大学教育。⑤

表 9.2 1960—1985 年 25 岁以上人口受教育程度百分比(%)

年份	未接受学校教育	初等教育	中等教育	高等教育	平均在校年数
经济合作与发展组织国家					
1960	6.4	61.1	25.5	7.0	6.71
1965	6.0	58.0	27.8	8.2	7.03
1970	5.2	54.0	31.3	9.5	7.42
1975	5.4	47.6	34.2	12.8	7.88
1980	4.6	39.4	40.2	15.8	8.65
323 1985	3.3	37.7	40.8	18.2	8.88
计划经济国家					
1960	5.0	68.8	22.3	3.9	6.83
1965	5.3	62.1	27.6	5.0	7.29
1970	4.0	53.3	36.3	6.4	7.97
1975	3.7	47.9	40.9	7.5	8.33
1980	2.7	39.4	49.9	8.0	8.78
1985	2.3	36.1	51.8	9.8	9.17

资料来源：OECD *Job Study*(Paris，1994).

成年人口接受高等教育的百分比存在相当大且不可避免的时间间隔。正如表 9.2 所示，经济合作与发展组织成员国中 25 岁以上人口，进入大学学习(其中大部分完成了学业)的比例从 1960 年的 7%增长到 1985 年的 18.2%。“计划经济国家”中相应比例分别为 3.9%和 9.8%。20 世纪 90 年代初的数据显示，在 16 个欧洲经济合作与发展组织成员国中成年人口接受(完成)高等教育的平均比例为 16%左右，他们中大约 10%拥有大学学位。⑥

⑤ 见表 9.1.

⑥ OECD，*OECD Education Statistics 1985—1992*(Paris，1995)，194.

接受高等教育人口的比例因年龄而异。20世纪90年代早期,16个欧盟成员国中55岁至64岁人口中接受高等教育者占9%,而25岁至34岁人口中接受高等教育者占19%。

考虑到排除或包括非大学机构学生和毕业生的情况,表中记录可能与各国情况不尽一致。在某些情况下,几年前的统计数字随着一所院校的升级而被修正,其他数据则未被修正。排除或包含在国际统计数据中的院校,在相关国家内没有获得高等教育机构的官方地位。

欧洲的变化

新生、在校生和毕业生占各年龄组群的比例从1950年到1990年没有持续增加,也没有出现任何收敛趋势。整个欧洲,新生比例持续提高,但近十年这一比例在个别国家出现停滞甚至略有下降,且各国之间差别极大。 324

根据联合国教科文组织的统计,1950年,荷兰20至24岁学生比例达到最高值7.4%,波兰为5.9%,但西班牙只有2.1%,阿尔巴尼亚和土耳其则更低。经济合作与发展组织的统计显示,在1990年前后主要欧洲经济合作与发展组织成员国中,全日制高等教育机构的初次入学新生中,处在"理论入学年龄"段的人数比例超过40%,但在中欧、东欧以及土耳其却低于20%。⑦

1950年,奥地利和荷兰适龄组毕业生比例是法国的3倍;25年后,法国毕业生的比例超过了20%,而丹麦、瑞士和荷兰毕业生的比例低于10%。如表9.2所示,据经济合作与发展组织报告,挪威和比利时相应年龄组获得高等教育学位的比例在30%以上,但意大利低于10%。表中一些国家提高了相应年龄组获得高等教育学位的比例,然而另一些国家的比例却有所下降。总体而言,20世纪五六十年代,在起始比例低的国家高等院校毕业生比率没有出现普遍增长。

20世纪50年代和60年代初期,计划经济国家的高等教育规模迅速扩大,此后只有适度增长。相反,大多数欧洲经济合作与发展组织成员国

⑦ *Indicators 1993*(note 3),126.

在 20 世纪 60 年代，部分国家在 20 世纪 70 年代经历了高增长，最终在 20 世纪 80 年代入学率平均达到计划经济国家的两倍。⑧ 此外，各国间新生和毕业生比例的差异，低于获得大学学位与完成各类高等教育者之间比例的差异。在西欧，1991 年接受非大学高等教育学生的比例从 2% 到 34%不等，而接受大学教育学生的比例从 12%到 40%不等(见表 9.1)。

不能依据前几年学生的入学率推断不同国家高等教育的毕业率，原因在于随着时间的推移，许多欧洲国家辍学率不断提高(以不同速率)。一份由欧洲理事会发表的研究报告表明，界定为 1985 年毕业生与 1980 年学生入学人数之比的“成功指标”，在九个相关国家各不相同，最高的超过 90%，最低的低于 50%。⑨ 各种研究表明，20 世纪 80 年代意大利的辍学率为 63%，南斯拉夫为 70%。⑩

更多经济合作与发展组织近期的统计数据或许阐明了劳动力受教育
325 程度不同的影响。20 世纪 90 年代早期，25 岁到 64 岁之间人口接受高等教育的比例，挪威和瑞典最高，分别为 25%和 24%，而奥地利、意大利、葡萄牙和土耳其的相关比例不到 8%(见表 9.3)。

⑧ 见：UNESCO/CEPES, *Planning in Higher Education* (Bucharest, 1986).

⑨ U. Teichler, *Convergence or Growing Variety: The Changing Organisation of Studies* (Strasbourg, 1988), 85.

⑩ OECD, *From Higher Education to Employment: Synthesis Report* (Paris, 1993), 58.

表 9.3　1992 年 25 岁至 64 岁中已完成某种高等教育人口的百分比(%)

	幼儿教育和小学教育			初级中等教育			高级中等教育			非大学第三级教育			大学教育			总计		
	m+w	m	w	m+w	m	w	m+w	m	w	m+w	m	w	m+w	m	w	m+w	m	w
欧共体																		
比利时	28.3	25.4	31.2	26.4	27.6	25.2	25.0	26.2	23.8	11.4	9.2	13.6	8.8	11.6	6.1	100	100	100
丹麦	—	—	—	41.1	36.6	45.7	39.7	44.4	34.9	5.9	5.0	6.8	13.2	14.0	12.7	100	100	100
法国	26.2	24.3	28.1	21.5	19.5	23.5	36.3	39.9	32.8	5.7	5.1	6.4	10.2	11.3	9.2	100	100	100
德国	—	—	—	18.1	11.4	24.9	60.5	61.1	59.9	9.8	12.7	6.9	11.6	14.8	8.3	100	100	100
爱尔兰	31.7	33.7	29.7	26.1	27.4	24.7	25.3	21.2	29.3	8.6	7.9	9.3	8.3	9.8	6.9	100	100	100
意大利	36.9	32.5	41.3	34.6	37.0	32.3	22.1	23.1	21.0	—	—	—	6.4	7.3	5.4	100	100	100
荷兰	16.7	14.4	19.1	25.3	21.8	29.0	37.1	40.0	34.1	—	—	—	20.9	23.8	17.8	100	100	100
葡萄牙(1991)	77.6	76.3	78.7	8.3	9.0	7.6	7.5	8.4	6. 7	1.7	0.9	2.4	5.0	5.4	4.6	100	100	100
西班牙	61.1	58.0	64.1	16.0	16.4	15.6	9.9	10.9	8.9	3.0	4.1	1.0	10.0	10.7	9.4	100	100	100
英国	—	—	—	31.9	26.1	37.8	49.6	53.9	45.3	7.7	6.2	9.2	10.7	13.8	7.7	100	100	100
其他经济合作与发展组织成员国																		
奥地利	—	—	—	32.0	22.3	41.7	61.0	69.7	52.4	—	—	—	6.9	7.9	6.0	100	100	100
芬兰	—	—	—	38.5	38.9	38.1	42.9	41.2	44.6	8.2	7.8	8.5	10.4	12.1	8.8	100	100	100
挪威	1.4	1.6	1.1	19.6	18.6	20.7	53.7	52. 7	54.8	12.8	12.4	13.3	12.4	14.8	10.9	100	100	100
瑞典	—	—	—	30.2	31.7	28.6	45.8	45.2	46.4	12.4	10.9	13.8	11.7	12.2	11.2	100	100	100
瑞士	—	—	—	19.2	13.0	25.4	59.8	56.8	62.9	12.9	19.2	6.6	8.0	11.0	5.1	100	100	100
土耳其	80.0	73.1	87.1	6.4	8.7	3.9	8.9	11.6	6.1	—	—	—	4.8	6.6	2.9	100	100	100

资料来源：OECD,*OECD Statistics 1985—1992*(Paris 1995),194-198.

学习领域分布

1945 年后，在校生和毕业生的学习领域构成发生了重大变化。其中可能的原因包括：学生选择、政治及行政政策、学业压力、学术兴趣、雇主需求和专业门槛，当然还包括设施成本。我们发现在所有欧洲国家，学习领域或机构有的面向所有具备资格者招生，而有的则加以限制。⑪ 整体来看，在计划经济国家，基于“人力需求”的规划占主导地位；在大多数西欧国家，“社会需求”，即所有学生的选择发挥着根本作用。⑫ 教师培训及相关领域经历了最大波动。科学和工程领域继续获得重视。

积极参与汇编教育统计资料的国际组织、联合国教科文组织和经济合作与发展组织随着时间推移变更了学习领域分类。因此就学习领域分析 1950 年约至 1990 年欧洲高等教育构成的变化，缺乏可资利用的文件。在比较 1955 年和 1985 年联合国教科文组织统计的基于学科群的学生构成的基础上，⑬，我们注意到中东欧一些计划经济国家与大多数西欧国家之间存在巨大反差。1955 年罗马尼亚招收学习人文社会科学的学生比例只有 29%，1985 年下降到仅为 16%。苏联和捷克斯洛伐克，相关数据从 40%以上下降至 30%以下，和西欧国家相比，学习工程科学的学生占据了相当大比例。西欧修读人文科学和社会科学的学生比率分别从 1955 年的 43%和 45%，上升为 1985 年的 65%和 62%。

在经济合作与发展组织提供的 20 世纪 80 年代后期 9 个欧洲国家高等教育机构学习领域的一份概述中，⑭人文社会科学（包括教师培训，但不包括经济领域和法律）囊括了 61%的丹麦全体学生，大多数国家的比例在

---

⑪ 见：UNESCO, *Access to Higher Education in Europe* (Paris 1966); *Access to Higher Education in Europe* (Bucharest, 1981); OECD, *Policies for Higher Education in the 1980s* (Paris, 1983); B. B. Burn, 'Higher Education: Access', in T. Huéen and T. N. Postlethwaite (eds.), *The International Encyclopedia of Education* (Oxford, 1985), 2179-2185.

⑫ 参见：J. Marceau, 'General Report', in OECD(ed.), *Individual Demand for Education* (Paris, 1979), 9-48.

⑬ UNESCO, *Access* (note 11), 34-35; V. Nicolae, R. H. M. Smulders and M. Korka, *Statistics of Higher Education* (Bucharest, 1989), 86.

⑭ OECD, Synthesis Report(note 10), 40.

30％到40％之间，但挪威只有17％，比利时22％，德国24％。德国理工科学生比例是40％，因为大量工科生就读于高等专业学院。尽管自然科学和工科专业经常由高等教育资源的规划者命名，这些领域的学生比例和其他领域一样，在不同国家之间不尽相同：从17％（西班牙）至34％（挪威）不等。最后，瑞典修读健康科学的学生比例最高（25％）。与此形成鲜明对比的是，荷兰只有7％，联邦德国也只有5％的学生注册修读医学，这可能是因为德国护理专业在高等教育之外的机构招生。总而言之，在西欧国家，学生在各学习领域分布的变化更多依据专业设置，而非公众谈论的依据高等教育与就业的关系。

大学教育与就业之间数量和结构关系不断变化的论争

相对于就业和工作，欧洲各国大学在基本教学和学习方式上差别很大，而且，如上所述，适龄组开始与最终完成大学或其他高等教育机构课程学习的比例也存在很大差异。不过，在1945年后的最初几年，许多欧洲国家在战乱之后集中精力重建大学，学业和职业之间关系的重大变革并没有排上日程表。 327

扩展将为经济增长和社会平等服务

此后，欧洲不同国家的高等教育和“工作”之间关系的变化伴随着类似的争论——至少在那些贯彻类似的经济社会政策的国家如此。20世纪50年代初期，东欧计划经济国家的领导人决定，有针对性地增加训练有素的干部，以促进技术迅速进步以及经济显著增长。20世纪50年代，苏联生产部门的工程师和高级技术人员的总人数增加了50％以上，1960至1965年增加了40％以上。[15] 计划经济国家的科技发展对西方以市场为导向的工业国家产生了重大影响，继所谓的“人造卫星冲击”之后，便是回应

---

[15] D. Chuprunov, R. Avakov and E. Jiltsov, *Enseignement supérieur, emploi et progrès technique en URSS* (Paris, 1982), 43.

1957年苏联首次空间探索任务的成功完成。现在，经济合作与发展组织发挥重要作用，⑯西欧大多数专家和政治家同意一种在美国和西欧教育经济学领域广为流传的观点：教育是经济增长的一项主要驱动力。

计划经济坚持人力资源预测，要求个别生产企业事先说明他们未来几年所需毕业生人数。这些预测数据形成了相应学习领域录取学生的数量。在苏联和罗马尼亚，该体制有一个相对严格的执行方式，但在波兰更加灵活。⑰

西欧国家采用两种方法处理高等教育体制与相关高素质劳动力的供需关系问题。首先，他们也采用人力需求法，通过推测趋势和未来可能发生的方向变化预测未来需求。20世纪60年代初期，这一方法首次大规模运用于“经济合作与发展组织地中海区域项目”中。⑱ 其次，他们在所谓
328 “人力资本”的基础上，计算出教育投资回报。后一种方法的一些追随者得出的结论是，较高收益的毕业生表明，高技能人才的短缺和过度供应将带来低收入。⑲

同时，西欧国家致力于做出政治努力以减少基于社会经济背景、性别及地区差异的教育机会不平等。当20世纪五六十年代东欧一些国家固定产业阶层与农民家庭子弟的招收名额时，西欧国家则采取了取消学费、提供助学金、为弱势群体提供补偿教育、为贫困地区提供补偿教育机会，至

---

⑯ OECD, *The Residual Factor and Economic Growth* (Paris, 1964).

⑰ I. V. Ivanov, 'Skilled-Manpower Planning Forecasting and Training in the USSR', in R. V. Youdi and K. Hinchcliffe (eds.), *Forecasting Skilled Manpower Needs* (Paris, 1985), 153-172; A. Josefowicz, J. Kluczynski and T. Obrebski, 'Manpower and Education Planning and Policy Experience in Poland, 1960—1980', in Youdi and Hinchcliffe, *Forecasting*, 135-152.

⑱ 关于这一方法，见：G. Psacharopoulos, 'The Manpower Requirements Approach', in G. Psacharopoulos (ed.), *Economics of Education* (Oxford, 1987), 331-335；关于其应用，见：Youdi and Hinchcliffe, *Forecasting* (note 17), and O. Fulton, A. Gordon and G. Williams, *Higher Education and Manpower Planning* (Geneva, 1980). 也可见：H. S. Parnes, *Forecasting Educational Needs for Economic and Social Development* (Paris, 1962); G. Williams, 'The OECD's Mediterranean Regional Project', in Psacharopoulos, *Economics* (note 18), 335-336.

⑲ 参见 D. M. Windham 的评论：'Social Benefits and Subsidization of Higher Education: A Critique', *Higher Education*, 5 (1976), 237-252.

少是开展了宣传活动等措施。⑳

结构调整

20 世纪 60 年代末至 70 年代初，高等教育大众化的价值信仰式微。人们越发怀疑高校扩张的资金是否可以覆盖最初预计的范围，是否需要如此众多的毕业生，以及是否可以在快速扩张中保证质量。现在结构调整中的高等教育体制倡议考虑日益多样化的学生以及他们的才能、动机和职业前景的差异性。一些专家和政治家青睐一个高度结构化、多元化的高等教育体制，以便在保障“精英高等教育”的同时，为越来越多的学生提供“大众化的高等教育”。㉑ 其他人提出宽泛的教育目标及以更便利的方式调整个人的教育选择。最后，一些人选择限制质量差异。

在这些论争之后，西欧国家以“院校升格”或“新建院校”的方式形成一类所谓的“非大学”或“短期”高等教育新机构，如法国的大学技术学院、英国的多科技术学院、挪威的社区学院和联邦德国的高等专科学校。其中 329 一些高等教育机构设法保持等同于大学的入学要求。此类高等教育机构在为学生提供类似于大学所设短期学习项目的同时，还提供“职业课程”或通识课程教育。㉒为传统上不具备高等教育入学资格的高中毕业生，甚至高中没毕业的成人，开启了高等教育之门。此外，还建立了从非大学高等教育到大学项目教育的转换通道。

一些国家试图限制扩张中的高等教育体制上的质量差异。因此，1976 年联邦德国颁布实施的《高等教育框架法》规定，在同类高等教育机构中同时提供“理论导向”和“实践导向”课程。然而，只有六所综合性大学为学生在学习过程中提供了二选一的机会。根据瑞典的高等教育立法，所有高等教育机构被命名为学院(*högskole*)，以及在同一所高等教育机构中提

---

⑳ 见：U. Teichler, ‘European Practice of Ensuring Equality of Opportunity to Higher Education’, *Journal of Higher Education Studies*, 3:2(1988), 2-11.

㉑ M. Trow, ‘Problems in the Transition from Elite to Mass Higher Education’, in *OECD*(ed.), *Policies for Higher Education*(Paris, 1974), 51-101.

㉒ 见：OECD, *Short-Cycle Higher Education: A Search for Identity* (Paris, 1973); UNESCO/CEPES, *New Forms of Higher Education in Europe*(Bucharest, 1976).

供短期和定期的学位课程。㉓

欧洲没有出现统一的高等教育结构。一种双类型或三类型的制度模式广为流传，但并未成为定制。“综合型”模式仍然是个例外。在一些国家(例如奥地利、意大利和瑞士)，单一的结构被保存或重构。20 世纪 70 年代末至 80 年代末重构活动陷于停滞，只是在 1990 年左右重现，尤其是在实施长学制的国家。许多国家在远离大学或城市中心的偏远地区设立了新的高等教育机构，例如，1968 年创建于挪威北极圈北部的特罗姆瑟大学。㉔

悲观主义与“学历过度”的关注

20 世纪 60 年代关于高等教育扩张的乐观主义被 20 世纪 70 年代的悲观主义所取代，20 世纪 60 年代盛行的政策遭到猛烈批评。这些观点的
330 转变表现在四个方面。

第一，1973 年“石油危机”以后，有关对高素质人力资源持续增长需求的信念衰退，在以市场为导向的社会中失业率开始大幅增长。许多政治家和研究者指出供需之间“不匹配”的现象增加，同时毕业生能力和工作要求之间的差距也在拉大；“学术无产阶级”的出现，让人们开始担心大学毕业生将面临 1930 年左右世界经济危机期间出现的大规模失业。批评也表示了对新兴“替代者”的关注，㉕即大学毕业生接手了那些传统意义上只需高中毕业生或职校生从事的工作，使后者的就业机会减少，而且还在工作中表现得不尽如人意。

第二，较之以往，社会弱势群体获得接受高等教育的机会确实有所增

㉓ 见：H. Hermanns, U. Teichler and H. Wasser (eds.), *The Compleat University* (Cambridge, Mass., 1983).

㉔ 见：J.-E. Lane, ‘Higher Education Regionalisation’, *Higher Education*, 13(1984), 347-368；J.-E. Lane, ‘Local Communities and Higher Education’, in Clark and Neave, *Encyclopedia II*, 946-956；K. N. Bie, *Creating a New University*: *The Establishment and Development of the University of Tromsø* (Paris, 1973).

㉕ A. Hegelheimer, ‘Verdrängen und verdrängt werden’, *Der Arbeitgeber*, 27(1975), 1097-1099.

加，虽然比之前希望的进展要缓慢一些。㉖ 除荷兰和瑞典等极少数国家外，教育机会的增加似乎没有转化成相应求职机会的平等。㉗ 一方面，雇主可能会根据毕业生的社会技能或“文化资本”选择人才；㉘另一方面，为了缓解社会不平等的压力，可能会增加教育证书之间微小差异的分量，或加剧高等教育机构的类型差异。㉙

第三，教育的职业回报成为质询重点。供大于求开始持续；以前“缺人手，涨工资；多人手，减工资”的循环不再奏效。人们要求采取行动矫正“文凭主义”以及对在能力与绩效评估中所获资格的人为强调。㉚

第四，信心削弱了富有针对性的教育政策及规划的合理性和成功的可能性。社会宏观规划被更谨慎地看待。教育经济学分析不再流行。㉛ 331
雄心勃勃的改革目标让位于对改革实施过程中各种不足的认识。㉜ 在这一背景下，强调的是人力资源预测能力以及相应规划活动的局限性。㉝

㉖ 见：M. Kotwal，‘Inequalities in the Distribution of Education between Countries，Sexes，Generations and Individuals’，in OECD(ed.)，*Education，Inequality and Life Chances*，Vol. I(Paris，1975)，31-108；G. Busch，‘Inequality of Educational Opportunity by Social Origin in Higher Education’，in OECD，*Education*(note 26)，159-181.

㉗ Y. Shavit and H.-P. Blossfeld(eds.)，*Persistent Inequality：Changing Educational Attainment in Thirteen Countries*(Boulder，Col. and London，1993).

㉘ 见：P. Bourdieu and J.-C. Passeron，*Die Illusion der Chancengleichheit*(Stuttgart，1971)；P. Bourdieu and J.-C. Passeron，*Reproduction in Education，Society and Culture*(London and Beverly Hills，Cal.，1977)；see also R. K. Kelsall，A. Poole and A. Kuhn，*Graduates：The Sociology of an Elite*(London，1972).

㉙ See U. Teichler，‘Struktur des Hochschulwesens und“Bedarf”an sozialer Ungleichheit’，*Mitteilungen aus der Arbeitsmarkt-und Berufsforschung*，7(1974)，197-209.

㉚ D. Davies，‘Credentialism’，in Clark and Neave，*Encyclopedia II*，871-877；R. P. Dore，*The Diploma Disease*(London，1976).

㉛ 见：OECD(ed.)，Educational Planning：A Reappraisal(Paris，1983)；G. Williams，‘The Economic Approach’，in B. R. Clark(ed.)，*Perspectives on Higher Education*(Berkeley，1984)，79-105.

㉜ L. Cerych and P. Sabatier，*Great Expectations and Mixed Performance：The Implementation of Higher Education Reforms in Europe*(Stoke-on-Trent，1986).

㉝ 参见 Youdi 和 Hinchcliffe 的总结：*Forecasting*(note 17)；Arbeitsgruppen des Instituts für Arbeitsmarkt-und Berufsforschung und des Max-Planck-Instituts für Bildungsforschung(eds.)，*Bedarfsprognostische Forschung in der Diskussion*(Frankfurt，1975)；U. Teichler，D. Hartung and R. Nuthmann，*Higher Education and the Needs of Society：A Study*(Windsor，1980)；Fulton，Gordon and Williams，*Higher Education*(note 18).

“供需不均”受到重视。

这一时期相对于就业和工作的讨论而言，有关高等教育任务和职能的辩论，较战后以来其他任何时期更具争议性。但是，当大学毕业生开始面临大规模就业问题时，大学感到需要认真对待毕业生的可雇能力。㉞ 此外，正如一方面满足经济要求，另一方面促进教育机会平等的政策一样，现在大学的学术目标和职业目标出现了互不相容，甚至相互矛盾之处。较扩张时期而言，在高等教育支出的停滞期或下降期，面向任何方向采取行动都变得更加困难。㉟

调整的迹象和多样化的选择

然而，在20世纪70年代初至80年代末期间，论争有所缓和。这反映在毕业生就业的变化以及对已发生变化了的事务的适应过程中。也许有两个原因。毕业生人数的增长超出了计划，然而并没有导致任何重大问题。相反，这里存在多种回应。接受高等教育的机会并没有像以前一样扩张；一些学生回避了毕业即面临就业问题的学科；其他学生则延长他们的
332 求学时间；求职期略有增加，初次就业更有风险。㊱ 高等教育与就业之间的关系变得更加灵活，不仅在英国如此，在其他国家也同样：约8%的英国人文学科大学毕业生受雇于工业或农业部门，约15%的大学毕业生受雇于私人服务业。在联邦德国，基于20世纪70年代人口普查的数据，劳动力市场职业研究所计算出，六分之一的职业类别原通常由机械工程毕业生任职，实际上已为来自其他学习领域的毕业生占据，还有五分之一的职员是非大学毕业生。相应的“事实替代”(realized substitution)在电气工程和法律毕业生中发生率更高，然而在科学家中，纵向替代仍然是一个例

㉞ 见：G. Williams, 'Graduate Employment and Vocationalism in Higher Education', *European Journal of Education*, 20(1985), 181-192.

㉟ 见：P. Windolf, *Die Expansion der Universitäten 1970—1985: Ein internationaler Vergleich* (Stuttgart, *1990*).

㊱ 见本章第341—353页，也可见：U. Teichler, 'Beziehungen von Bildungsund Beschäftigungssystem: Erfordern die Entwicklungen der achtziger Jahre neue Erklärungsansätze', in A. Weymann(ed.), *Bildung und Beschäftigung*, Soziale Welt, Sonderband 5(Göttingen, 1987), 27-57.

外,横向替代的可能性更高。㊲

导致论争缓和的第二个原因是,毕业生就业前景已经变得更加多样化,正如他们学习领域的功能以及他们就读的机构类型与声誉一样。一些机构的毕业生拥有许多选择,而另一些则面临严峻的就业问题。做出明智选择是个人责任,但目前在西欧国家,最明显的就是在至今耗资不菲做教育规划的国家,诸如瑞典和德国,已制订出更为折中的规划目标。在计划经济国家,办学方式也发生了变化。㊳

20 世纪 80 年代初期经济合作与发展组织会议有关高等教育政策的表述,阐明了未来教育规划可能性角色的基调。它不建议收缩高等教育体系,担心高等教育创新可能会停滞,而这在过去教育扩张时期是受到鼓励的。它还建议反对自由放任政策,即只希望做出调整,要么降低社会对高等教育的需求,要么在较低级别的工作中吸纳越来越多的大学毕业生。它指出,学校应该引导学生学习"职业相关课程",应该激励学院更敏锐地面对就业问题,优先开设满足工作需求的课程。㊴ 333

在此期间,许多西欧国家政府和高等教育机构之间的关系发生了重大变化。除英国外,多国政府削弱官僚控制,进而提高个别大学权力以塑造自身形象。㊵ 政府引进自我评估系统和"绩效指标"作为分配资金的标准。㊶ 尽管科研及教学方面的学术质量最受关注,自我评估强化了大学科

㊲ R. Butler, *Employment of the Highly Qualified* (London, 1978); Institut für Arbeitsmarkt-und Berufsforschung der Bundesanstalt für Arbeit, *Berufliche Flexibilität und Arbeitsmarkt*, Quintessenzen, 7 (Nuremberg, 1977), 14, 20. 也可见: D. Mertens and M. Kaiser (eds.), *Berufliche Flexibilitätsforschung in der Diskussion*, 4 vols. (Nuremberg, 1978); U. Teichler and B. C. Sanyal, *Higher Education and the Labour Market in the Federal Republic of Germany* (Paris, 1982), 90-99.

㊳ 见: K. Hüfner, 'Higher Education in the Federal Republic of Germany: A Planned or a Market System? Or a Third Way?', in R. Avakov et al. (eds.), *Higher Education and Employment in the USSR and in the Federal Republic of Germany* (Paris, 1984), 185-196; UNESCO, *Planning* (note 8).

㊴ OECD, *Policies* (note 11), 35.

㊵ 见: G. Neave and F. A. van Vught (eds.), *Prometheus Bound: The Changing Relationship between Government and Higher Education in Western Europe* (Oxford, 1991).

㊶ 见: H. R. Kells, *Self-Regulation in Higher Education: A Multi-National Perspective on Collaborative Systems of Quality Assurance and Control* (London, 1992).

研、教学和随后毕业生择业之间的联系意识。[42] 在西欧和东欧，舆论认为，竞争力的提升超越了传统要求，不应解释为“学历过度”。[43] 工作角色可以在改变复杂和不太复杂任务结合的方向中加以重塑，创新可以在被忽视的领域中得到激发。

最终，在 20 世纪 80 年代后期和 90 年代初，高等教育与就业之间关系的讨论变得更为普遍。然而，意见严重分歧，特别是在中欧和东欧国家，1989 年以后社会政治制度发生了巨变。第一，雇主们在考虑招聘和晋升员工时，对大学毕业生的工作态度和社会技能更为看重，也提出了比过去更为严格的要求。[44] 第二，20 世纪 90 年代初欧洲大多数国家，一般劳动者和大学毕业生的失业率都在增加。因此，具有针对性的就业政策重获重视。第三，在法国、瑞典和英国政府的支持下，一些西欧国家入学儿童人数
334 占同年龄段儿童总数的比例出现增长。这种增长的发生与赞同扩张高等教育的主要论争无关。第四，在其他国家，毕业生就业越来越受到关注。例如，在“伊拉斯谟计划”中，约五分之一的学生在另一个欧洲国家学习，并最终在国外工作。[45] 最后，进一步扩大招生最终使人们质疑经济和社会福利在很大程度上依赖于稀缺的精英人才的传统观点。

---

[42] 见有关标准和指标广泛使用的综述：in F. J. R. C. Dochy, M. S. R. Segers and W. H. F. W. Wijnen(eds.), *Management Information and Performance Indicators in Higher Education: An International Issue*(Maastricht, 1990).

[43] See D. Mertens, ‘Unterqualifikation oder Überqualifikation’, *Gewerkschaftliche Monatshefte*, 27(1976), 488-497; Z. Suda, ‘Universal Growth of Educational Aspirations and the“Overqualification”Problem: Conclusions from a Comparative Data Analysis’, *European Journal of Education*, 14(1979), 113-164; D. Vaida, ‘The University Does not Overqualify’, *ibid.*, 165-174.

[44] OECD, *Synthesis Report* (note 10); ‘Higher Education and the Labour Market’ (special issue), *Higher Education in Europe*, 18: 2(1993); U. Teichler, ‘Higher Education and Employment—The Issues for University Management’, *Higher Education Management*, 6(1994), 217-225; ‘Higher Education and Employment’(special issues), *European Journal of Education*, 30: 1 and 2(1995); J. Brennan, M. Kogan and U. Teichler(eds.), *Higher Education and Work* (London, 1995); The European Round Table of Industrialists, *Education and the European Competence*(Brussels, 1989).

[45] 关于伊拉斯谟项目及其效果，见：U. Teichler and F. Maiworm, *Transition to Work: Experiences of Former ERASMUS Students*(London, 1994), 57.

学位和毕业

许多欧洲大学设有两个级别的学位：以基础学术和可能性的专业能力为标准的大学学位，如奥地利的文学硕士(*Magister*)；博士学位，授予完成重大的、在某些情况下属于原创的学术成果者。在一些欧洲国家，额外的奖学金是普遍的。在英国和爱尔兰共和国，存在两类基本的大学学位，第一类通常称为“学士学位”，一般授予在校学习三年或四年的学生；第二类被称为“硕士学位”，一般授予获得学士学位后继续学习一年的学生。在苏格兰，第一类和第二类学位都称为硕士学位。在法国以及传统的北欧国家，普遍存在人文和科学两个类别的考试和学位：在法国有“文凭”(licence)者，经过多年学习可获得硕士学位(*maîtrise*)。在挪威，经过三年半时间的学习可获得学士学位(*cand.mag.*)；再经过两年的学习，学习者可成为更高一级学位的候选人(*candidatus*)，这里指的是某一门学科，如心理学(*cand.psychol.*)。20世纪六七十年代，北欧国家试图淘汰这种课程和称号，因为涉及的时间和精力几乎与其他国家取得博士学位相当，但在丹麦和挪威仍保持旧的方式。一些国家开始授予一种高级(博士后)学术资格，通常被视为是通向教授职位的通行证。具体表现为德语国家的“特许教师资格”(*Habilitation*)和计划经济国家的科学博士(*doctor scientiae*)。[46]

在课程规范方面，欧洲大学彼此相异，并继续保持差异。追随洪堡传统的西欧大学，尤其是这些国家的人文学科和社会科学，往往提供了许多选择。而一些南欧大学，例如，意大利和西班牙的大学，学生除了能自己决定学习年限外，往往只拥有很少的自由。 335

伴随着整个20世纪六七十年代高等教育扩张的潮流，课程更趋于规范化。许多因素促成这一趋势。许多高等教育领域不断增进与职业的关联，要求对所教授的技能有明确定义，并要求掌握不断增加的知识。不能

---

[46] 本部分参考自：H. Jablonska-Skinder and U. Teichler, *Handbook of Higher Education Diplomas in Europe*(Munich, 1992).

得益于松散结构的教学和学习过程的学生比例似乎呈上升态势。越来越多的资金投入要求高等教育不断提高效率，没有获得学位就离校的学生数量（辍学）有可能比过去更被视为教育浪费。

然而学位课程趋于标准化并未免于遭受挑战。"终身教育"和"回归教育"要求一个开放的、高度结构化的课程体系。特别是英国和北欧的大学，在 20 世纪 60 年代末和整个 70 年代提出了一些更具战略性的需求，为那些起步晚的学生提供学习的机会。这些学生可能没有标准的中等教育文凭，希望在业余时间学习或参与远程学习项目。

学位课程标准化的提高对毕业和学位授予有许多影响。学业成就必须受到更加仔细的监督。20 世纪 60 年代末期到 80 年代早期，连续的学生课业负担评估及学分——有些类似美国的制度——被引进。例如，瑞典点（*poäng*）和芬兰学习周（*opintovikko*）被视为相当于一周的学习，不受班级学习或自学时长的影响。荷兰大学开始以整体学业负担估算所有学习方案。一个课程计划包括四年 6720 个小时的学习（每周 40 小时，共 42 周）。一些国家划分学习阶段，这在传统的法国被一贯采用。20 世纪 60 年代部分实施，20 世纪 80 年代开始推广应用到所有领域。例如，联邦德国的大学生在进校约两年后，将接受重要的学习进展中期评估（*Vor-Diplom* 或类似文凭）。

毕业生收到证书领域资格证明的同时，通常还获得一个称号。证明材料可能包含授予机构的一般信息，该机构提供的课程方案、授予称号、机构级别和学位课程、课程计划和学位的法律依据、研究领域和课程的标
336 准期限。它还提供学位获得者的资料（姓名和其他可能的履历详情）、他或她学习的具体情况、能力、成就以及专业领域的选择、此前通过的考试、论文题目和所获等级。[47]

通常，颁授的学位和称号是相同的，如奥地利文学硕士（*Magister*）、丹麦学位候选人（*kandidat*）或大多数其他北欧国家都是同样的。其他地方

---

[47] 参见：U. Teichler, 'The Informational Value of Higher Education Diplomas and the Information Needed to Understand them', *Higher Education in Europe*, 11:4(1986), 10-19; C. Berg and U. Teichler, 'Unveiling the Hidden Information in Credentials', *Higher Education in Europe*, 13:3(1988), 13-24.

可能有所不同。意大利大学学位获得者(*laurea*)则被称为博士(*dottore* 或 *dottoressa*)。基于完成课程学习所获得的学位则因学科、能力类型和专业领域不同而有所区别。例如,联邦德国的文学硕士(*Magister*)主要授予在人文学科领域完成学术和通识课程项目学习的学生;专业证书(*Diplom*)则绝大部分授予科学、工程学和社会科学领域的学生,表明获得者已具备一些基本的专业能力;国家考试证书(*Staatsexamen*)则是公务员或其他接受公众监督职业人员的第一项专业资格。

在许多欧洲国家,例如,荷兰的工程师(*ingenieur*,*ir.*)和瑞典的工程师(*ingenjör*)等特定称号授予那些毕业于工程科学领域的人员,荷兰的法律硕士(*meester in de rechten*,*mr.*)或瑞典的农艺师(*agronom*)则授予其他强调专业准备的领域。在瑞士,根据颁授机构、区域、国家标准或认可标准的不同,称号也各不相同:如工程硕士学位(*Dipl. Chem.-Ing. ETH*)持有者是一位毕业于瑞士联邦苏黎世理工学院(*Eidgenössische Technische Hochschule Zürich*)的毕业生,而建筑师文凭(*architecte diplomé EPFL*)获得者则是一位毕业于洛桑联邦理工学校(*École polytechnique fédérale de Lausanne*)的毕业生。专业律师则被授予律师(*Fürsprecher*,*Fürsprech*,*Anwalt*,*Rechtsanwalt*)专业资格证或其他类似专业资格证书。

高等教育机构有责任证明学生顺利完成学业,这是惯例。但也存在例外:

1.在英国,大学经皇家宪章授权授予学位。传统上,其他院校必须与大学合作授予他们的学生“外部学位”。当 20 世纪 60 年代后期多科技术学院成立时,全国学位授予委员会则基于多科技术学院或其他非大学高等教育机构的学位授予及实施课程考核的目的而成立。同样,爱尔兰成立了一个国家教育学位授予委员会。 337

2.在联邦德国,学生在完成一个领域的学习后,通常被导向一个政府监管的职业,主要是在医学、法律和教师培训领域,并不获得大学学位。相反,他们需要通过一场由大学教授和国家考官联合举行的国家考试。

3.在英国、爱尔兰共和国和其他一些国家,一些专业机构或其他外部机构,如教会,拥有授予学位的权利。

4.在计划经济国家,学院有权授予学术学位,即博士学位以及高级的学术学位(或类似的学位)。

5.自20世纪70年代以来,一些高等教育机构与其他国家的伙伴机构合作,授予"双学位",即一个国内高等教育机构与国外伙伴机构共同颁授相互承认的学位。

20世纪50年代到80年代,四个相关因素促使欧洲毕业生结构和学位再次接受审议:建立和扩大非大学型高等教育,一些欧洲国家关注学习年限,重视日益增加的职业相关课程,努力促进大学生和博士学位候选人的国际学术流动。

大多数新设或通过升格建成的非大学高等教育机构,提供一至四年的课程学习项目,并授予学位,所授学位的学术地位通常被认为低于大学颁发学位。[48] 但是,也有例外:英国和爱尔兰的学院也可以授予学士和硕士学位,挪威地方学院也可以授予大学第一学位。一般认为法国大学校的学位课程要求高于法国大学。

学位国际等效性的辩论对于学时长度的关注,导致20世纪80年代末丹麦授予已完成三年学业的学生学士学位,而不论该方案是否计划持续
338 三年。此外,欧洲各国还开设了各种文凭的短期"学位后"课程。

借助于1976年至1986年联合学习计划的持续推进和1987年"伊拉斯谟计划"的启动实施,国际和跨国组织参与便利学位资格的转换以及鼓励跨境流动。[49] 欧洲理事会正式通过高等教育入学同等资格公约(1953年)、大学学时同等公约(1958年)和大学学历的学术认可公约(1959年),[50]1972年十个计划经济国家政府在布拉格也签署了一项公约,相互承认中学、中等专业学校毕业证书和高等教育学位证书的有效性。1979

---

[48] 见OECD在Short-Cycle(note 22)中的概述;R. A. de Moor(ed.),*Changing Tertiary Education in Modern European Society*(Strasbourg,1978);G. Vedel(ed.),*Reform and Development of Tertiary (Post-Secondary) Education in Southern Europe* (Strasbourg,1981);Teichler,*Convergence*(note 9),110-130;C. Gellert(ed.),*Higher Education in Europe* (London,1993).

[49] 见:F. Dalichow,'Academic Recognition in the European Community',*European Journal of Education*,22(1987),39-58;J. Preston(ed.),*EC Training, Education and Research Programmes: An Action Guide*(London,1991).

[50] 参见:Council of Europe,*Report on Mutual Recognition of Degrees and Diplomas in Post-Secondary Education*(Strasbourg,1975).参见第三章。

年联合国教科文组织又通过了学业、文凭和学位认可公约。[51] 在欧洲共同体框架内，欧洲委员会基于专业目的在有限领域(医学，1975；兽医医药，1978 年；建筑，1985 年；药剂学，1978 年)内通过有关学术认可的指令；1988 年，欧洲委员会针对欧洲共同体高等教育机构中已顺利完成三年学业的毕业生通过一项指令，规定毕业生原则上具有在欧洲共同体内任一成员国家从业的资格。[52]

欧洲毕业文凭可分为九大类：

1.中期证书，如，在法国经过两年学习获得的普通高等教育研究文凭(DEUG)。

2.授予完成短于第一学位课程学生的结业证书，如法国的大学本科以上学历(DUT)。

3.基于相对较短课程的大学第一学位，如法国的学士学位(*licence*)，英国、威尔士和爱尔兰的学士学位，以及挪威的学文学士(*cand.mag*)，或在非大学机构修读一个较长的课程方案后所获的学位，例如，德国高等专科学校颁发的附有“德国高等专科学校”(*FH*)字样的文凭(*Diplom*)；由 339
20 世纪 80 年代后期荷兰学院授予的学士学位(简略为 bc 或 B)，之前该学位被称为高等学位(*hoger boroepsonderwijs*，HBO)。

4.基于至少需要四年学习课程计划的大学第一学位，如奥地利的文学硕士(*Magister*)、芬兰的基础学位(*Kandidaatti*)或意大利的研究生学位(*laurea*)。

5.高级大学学位，历经相对短期学习后国家授予的大学第一学位，例如，法国的硕士学位(*Maîtrise*)。这类学位往往被视为等同于相对长期的课程方案后获得的第一大学学位。

6.补充或附加文凭，基于获得第一个学术学位后授予的短期学术或专

[51] 见：'International Recognition of Studies and Degrees：Challenges and Perspectives'，*Higher Education in Europe*，13：3(1988)，5-66. 参见第三章。

[52] 见：Commission des Communautés Européennes，*La reconnaissance mutuelle des diplômes et des qualifications professionnelles*(Brussels，1980)；G. Neave，*The EEC and Education* (Stoke-on-Trent, 1984)； Bundesministerium für Bildung und Wissenschaft，*Akademische Berufe im EG-Binnenmarkt*(Bonn，1992). 参见第三章。

业资格认证，如英国的研究生教育证书(PGCE)、德国短期研究生教育或继续教育的一类文凭或证书。

7.高级大学学位，在完成一个相对较长的学位课程的基础上，经过随后几年学习所获得的学位，尤其是一些北欧国家的硕士学位。

8.博士或类似级别的学位。

9.高级学术学位，如大学执教资格(*Habilitation*)、理学博士(*doctor scientiae*)、意大利的研究博士(*dottorato di ricerca*)或法国的国家博士(*doctorat d'État*)。

有关完成高等教育课程后所授文凭价值的国家和国际论争，最终达成广泛的一致，学习时间成为最重要的绩效指标。至20世纪90年代，大多数专家将其划分为以下四个层次：

1.高于大学第一学位的文凭；

2.相当于学士的学位；

3.相当于硕士的学位；

4.博士学位。

然而，目前国家之间以及国家内部还没有实现课程时长的完全标准化，例如，大多数英国学生往往在规定期限内完成学业，而西班牙、芬兰、意大利、德国、法国、奥地利和其他一些国家的学生，则普遍延长他们的学习
340 时间，往往超出官方认可时限的50%。[53]

因此，有关厘清学术文凭价值的必要性以及确立国际等值标准的持续讨论，直到20世纪90年代早期才导致欧洲一致的文凭和称号体系的形成。此前，完全是由政府或私人雇主判断某一学位是否是获得某一职位

---

[53] 见：U. Teichler and W. Steube, *Studiendauer und Lebensalter: Beiträge zur Diskussion aus sieben ausgewählten Ländern*, Bildung und Wissenschaft international, 1/89 (Bonn, 1989); R. Ciucci, 'Students in 1984: A Part-Time Activity along with Other Jobs? Illustrations from Italy', *European Journal of Education*, 19 (1984), 299-308; P. Määtä and S. Valkonen, 'Study Careers and Productivity', in P. Hakkarainen, H. Jalkanen and P. Määtä (eds.), *Current Visions and Analyses on Finnish Higher Education System* (Jyväskylä, 1992), 121-135; R. J. Bijleveld, 'Programme Length and Duration of Studies in German and Dutch University Education: A Comparative Analysis', in Stifterverband für die deutsche Wissenschaft (ed.), *Studienzeitverkürzung* (Essen, 1991), 83-107.

的先决条件。个人可能独立开展某些专业活动，不论他或她是否被授予学位；政府可能会明确提出重视素质而非学位，举行公共资格考试以决定获准进入随后培训或专业实践的人选。在法国，毕业生希望转至教师培训需参加竞赛(*concours*)。在德国，通过国家考试(*Staatsexamen*)后是一段时间的专业实习和复试，通过复试者即视为合格，或者被授予一项头衔。[54]

最后，在一些国家，专业机构继续行使决定职业准入的权力。[55] 例如，在英国和爱尔兰工程和商业领域的一些职业，要求既要成功通过理论考试，又要在额外的实习阶段获得积极评价。这一过程接受专业人士监督，将此作为获得专业执照的一个先决条件。甚至他们在获得学位后，还需要参加额外的考试。

毕业生就业与工作

在20世纪70年代毕业生就业受到持续关注前，有关高等学校毕业生就业的常规统计数据还很缺乏。[56] 然而，20世纪70年代后，常规的一年或二年的毕业生就业调查大幅增加。在后期，从教育到就业的过渡成为一个长期的过程，毕业生需要准确的就业机会信息，并在就业前进行持续的信息搜集。在奥地利，复杂搜索不断增加：1975—1976年在私营部门或公共机构求职的大学毕业生中，16%的人申请工作单位的数量超过10个。十年后，这一比例增加到34%。[57] 求职时间的不断延长也可以在奥地利得到证明：1975—1976年待业大学毕业生的比例是50%，在缓慢的经济复苏后下降到1978—1979年的40%，1985—1986年最终又上升到79%。那些

---

⑭ 见：C. Händle, 'Lehrerausbildung(Organisation)', in L. Huber(ed.), *Enzyklopädie Erziehungswissenschaft*, Vol. X (Stuttgart, 1983), 623-632; U. Branahl, 'Rechtswissenschaft (Studium)', in *ibid.*, 685-692.

⑮ 见：S. Goodlad(ed.), *Education for the Professions: Quis custodiet...?* (Guildford, 1984).

⑯ 见：E. Esnault and J. Le Pas, 'New Relations between Post-Secondary Education and Employment', in OECD(ed.), *Towards Mass Higher Education: Issues and Dilemmas* (Paris, 1974), 105-169; M. Tessaring and H. Werner, *Beschäftigungsprobleme von Hochschulabsolventen im internationalen Vergleich* (Göttingen, 1975).

⑰ S. Loudon, *Zum Berufseinstieg von Akademikern/innen* (Vienna, 1988), 21.

等待六个月以上的时间才实现就业的毕业生在曲线图上的数据分别是9%、6%和24%。这些数据更清楚地显示了毕业生就业时间的变化情况。(这些数据说明自愿等待者超过那些被迫等待者。⑱)相比之下,在瑞士,20世纪80年代那些等待就业超过三个月的毕业生比例略高于20%。⑲ 在瑞典,1984—1985年一年后就业的毕业生中,只有4%的毕业生等待就业的时间超过了四个月。⑳

在一些国家,刚毕业的大学生失业率增加,尽管没有持续。例如,1965年至1967年英国大学生毕业六个月后的失业率为2%,1972—1973年完成学业的同龄毕业生失业率增至8%,1980—1981年达到16%,但在1986—1987年,该数字下降到9%。㉑ 同样,在荷兰,近期大学毕业生失业率不断增加,每年5月毕业人数同前一年毕业人数相比急剧增加,从1980年的17%增加到1985年的49%;之后,在1989年这一数字逐步下降到36%。㉒ 欧洲一些小国的毕业生,在国外工作可能是解决当地劳动力市场问题的途径之一。例如,20世纪80年代,当爱尔兰整体失业率增加之时,
342 高等学校毕业生失业率从1981年最初的14%上升到1983年的22%,1989年之后下降到7%;同时,到国外求职毕业生的比例从1981年的8%上升到1989年的29%。㉓

定期合同变得更加频繁。例如,在奥地利,毕业生首份工作定期合同的比例十年之内翻了一番,从1975—1976年的21%提高到1985—1986年

---

⑱ L. Lassnigg, S. Loudon and H. Spreitzer, 'Austria: Developments in Higher Education and the Changing Transition to the Labour Market', in OECD(ed.), *From Higher Education to Employment*, Vol. I(Paris, 1992), 113.

⑲ T. Ogay, 'Suisse', in OECD, *Employment*, Vol. IV(note 58), 191; see also B. Morgenthaler, 'Die Beschäftigungssituation der Neuabsolventen der schweizer Hochschulen 1985', *Wissenschaftspolitik* (Beiheft), 34(1986), 55.

⑳ Statistika centralbyran, *Högskolan 1984/1985: Elevuppföljingar 1985* (Örebro, 1986), 20.

㉑ M. Bee and P. Dolton, 'Patterns of Change in U.K. Graduate Unemployment, 1962—1987', *Higher Education*, 28(1990), 27.

㉒ I. M. T. Coppens, 'The Netherlands', in OECD, *Employment*, Vol. III(note 58), 340.

㉓ G. Hughes and P. J. O'Connell, 'Higher Education and the Labour Market in Ireland, 1981—1991', *European Journal of Education*, 30:1(1995), 79-80.

的 42%。[64] 在联邦德国，20 世纪 80 年代初期，超过三分之一新受雇的大学毕业生签署了固定期限合同，其中半数毕业生供职于政府部门，十分之一在民营机构。20 世纪 80 年代后期，超过三分之二的新毕业大学生签订了固定期限合同，其中 90%以上就业于公立机构，其余就职于民营机构。[65]

人们常说，就业问题导致大学毕业生在毕业后继续学习，一方面作为失业的可能的避风港，另一方面为了提升个人素质。然而，在欧洲这并不是一个普遍的现象。事实上，在奥地利，1985—1986 年毕业生继续学习的比例比他们十年前的学兄学姐高出 10%(42%，10 年前为 32%)。[66] 然而，在德国，1973 年到 1991 年注册研究生中获本科学历学生的比例维持在 12%—13%。[67]

整体而言，调查表明学生已习惯日益复杂的过渡过程。例如，瑞士大学毕业生报告说，毕业一年后的大学毕业生调查显示，毕业一年后面临就业问题的毕业生比例从 1985 年的 47%下降到 1989 年的 28%。[68]

当时，刚毕业大学生的就业机会已经显现，这被视为经济结构和劳动力市场快速变化的结果。

1.法国，农业领域的就业率从 1949 年的 30%下降至 1990 年的 6%；工业部门的就业率经历了短暂的上升以后开始缓慢下降，从 33%下降到 29%；服务业就业率从 37%上升到 65%。 343

2.联邦德国，第一产业的就业率也出现类似的下降，从 1950 年的 22%下降到 1990 年的 4%；工业部门呈现出类似的曲线，从较高水平的 45%下降到 39%；第三产业部门的就业率从 33%上升到 57%。

3.意大利工业化较晚。农业部门的就业率从 1951 年的 44%下降到 1990 年的 9%，工业部门的就业率从 30%上升到 32%，服务部门的就业率

---

[64] Lassnigg, Loudon and Spreitzer, 'Austria' (note 58), 134.

[65] K.-H. Minks and R. Reissert, Studium, *Übergang und Berufseintritt unter veränderten Arbeitsmarktbedingungen* (Hannover, 1984); K.-H. Minks and R. Nigmann, *Hochschulabsolventen zwischen Studium und Beruf* (Hannover, 1991).

[66] Loudon, *Berufseinstieg* (note 57), 30(该比例不包括正式招收的毕业生).

[67] Bundesminister für Bildung und Wissenschaft, *Grund-und Strukturdaten 1993/1994* (Bonn, 1993), 154-155.

[68] Ogay, 'Suisse' (note 59), 188.

从 27%上升到 60%。

4.第二次世界大战后英国农业部门的就业率已经下降，从 1951 年的 5%持续下降到 1990 年的 2%。工业部门就业率的下降比上面提到的国家更为快速（从 47%下降至 29%），然而，服务业的就业率最初是非常高的（48%），之后仍继续增长（达到 69%）。[69]

总之，行业的变化为越来越多的毕业生提供了更多就业机会，大学毕业生就业率与活跃于社会各部门的大学毕业生的绝对数出现了同步增长。例如，根据政府普查和微观人口数据，在联邦德国工业部门就职的人员中，接受过大学教育者所占比例不断上升，从 1961 年的 1%上升到 1970 年和 1980 年的 2%。曾在大学或高等专科学校接受训练人数的比例从 1976 年的 3.3%上升到 1987 年的 5.7%。在银行业就职人员中，大学毕业生所占比例从 2.7%增长到 3%，随后达到 3.4%；在保险业就职人员中，相应比例从 4.4%上升到 7.7%。政府和社会保障部门工作的大学毕业生比例从 1961 年的 5.7%下降到 1970 年的 5%，在 1980 年上升到 7.7%；就职于政府和社会保障部门的大学毕业生和曾接受高等专科学校培训的人数比例从 1976 年的 9.7%增加到 1987 年的 15.4%。[70]

现有数据表明，20 世纪 70 年代和 80 年代毕业生进入劳动力市场的主要途径是通过增加个别部门毕业生的比例。例如，在挪威，就职于第一、第二产业的大学毕业生比例从 1975 年的 5%增至 1989 年的 11%，就职于商业和交通业的大学毕业生比例从 7%增至 12%。传统上容纳较高比例的高等学校毕业生的行业领域，如金融和商业服务业，接受过大学教育的
344 人员比例从 23%增加到 41%；公共管理领域中受过大学教育的人员比例从 26%增至 37%。相类似地，在瑞典，就职于工业领域的大学毕业生比例

---

[69] OECD, *The OECD Jobs Study: Evidence and Explanations, Part I: Labour Market Trends and Underlying Force of Change* (Paris, 1994), 5.

[70] 见：K. Parmentier and M. Tessaring, 'Bildungswesen und Arbeitsmarkt für Hochqualifizierte: Eine Übersicht', in Arbeitsgruppen, *Bedarfsprognostische Forschung* (note 33), 257; U. Teichler and B. C. Sanyal, 'Higher Education and the Labour Market', in Avakov *et al.*, *Higher Education* (note 38), 105; D. Hartung and B. Krais, 'Studium und Beruf', in U. Teichler (ed.), *Das Hochschulwesen in der Bundesrepublik Deutschland* (Weinheim, 1990), 195.

从 1971 年的 2%增至 1991 年的 6%，就职于其他私营部门的比例则从 3%增至 9%，在卫生系统的比例从 5%增至 11%，在公共管理领域的比例从 20%增至 35%。⑦¹

政治家和专家对毕业生就业的“垂直”变化给予了特别关注。1970 年以前，高等职位和需接受大学教育的专业职位向合格中层职位转移。该现象在大学生数量增长开始较早的欧洲国家表现得更为明显。在法国劳动力市场中，接受高等教育者以及大学毕业生发展成为雇主、专业人员和管理人员比例从 1954 年的 73%缓慢下降到 1968 年的 68%，并最终下降到 1975 年的 62%。相比之下，同期大学毕业生出任中层管理人员的比例从 16%上升至 21%，最终达到 26%。但那些持有证书的毕业生的就业情况没有发生实质性变化，此类毕业生的就业情况有些特别，仍维持在 11%—12%左右。⑦²

职位和任务的变化可以运用职业类别加以“客观”测量。例如，1975 年法国高等教育机构第二阶段的毕业生中，三年后的就业者中，中等职位占 15%，较低职位占 2%（工人和其他职业）；1984 年的毕业生，三年后相应就业比例增至 19%和 4%。⑦³

20 世纪七八十年代，在欧洲其他国家接受高等教育的人员中，低于 10%的人就职于那些对高等教育学历并没做出特别要求的职业岗位，超过 20%的人就职于“中级职业”领域，如技术员、销售员和办公室工作人员。一些专家认为，这些职位不需要学位，而其他人则认为，在这种情况下，自评判断比“客观”的职业分类方案更有效。公司内的功能分类也是如此。在 20 世纪 90 年代早期德国专家的讨论中，一些专家声称大约 1/5 大学毕业生的职位和工作任务明显低于与其相适应的级别，⑦⁴而其他专家则指出，并非所有的营业员被视为雇佣不当（见表 9.4）。 345

---

⑦¹ 见：OECD, *Synthesis Report* (note 10), 98.

⑦² V. Vincens, ‘Postgraduate Education and Employment: The French Case’, *European Journal of Education*, 16(1981), 34-35.

⑦³ A. Charlot and F. Pottier, ‘France’, in OECD, *Employment*, vol. III(note 58), 118.

⑦⁴ ‘Akademiker-Beschäftigung: Ein Fünftel unter Niveau’, *iwd* (Informationsdienst des Instituts der deutschen Wirtschaft), 10(1994), 30.

表 9.4　1989 年联邦德国接受大学教育的专业功能者的年龄和性别百分比(%)

	总计	35 岁以下	35—44 岁	45 岁以上
a.全部				
个体经营者	15.5	8.3	16.6	20.7
领导岗位	20.7	13.7	20.5	27.1
资深专家	47.0	50.6	49.3	41.7
营业员	6.5	11.3	4.9	4.0
工人、低级别雇员	9.3	14.1	8.3	6.3
未作答	1.0	2.0	0.4	0.3
总计	100	100	100	100
b.男性				
个体经营者	18.0	8.7	19.4	23.1
领导岗位	26.7	17.5	26.8	32.8
资深专家	42.3	50.1	44.2	35.4
营业员	5.0	9.4	4.0	2.9
工人、低级别雇员	6.7	10.9	5.1	5.5
未作答	1.3	3.4	0.6	0.4
总计	100	100	100	100
c.女性				
个体经营者	10.5	7.7	11.4	13.4
领导岗位	8.6	8.3	8.2	9.7
资深专家	56.6	51.2	59.1	60.8
营业员	9.6	14.1	6.7	7.2
工人、低级别雇员	14.7	18.7	14.6	8.8
未作答	—	—	—	—
总计	100	100	100	100

资料来源：H. Plicht，K. Schober and F. Schreyer，'Zur Ausbildungsadäquanz der Beschäftigung von Hochschulabsolventinnen und-absolventen'，*Mitteilungen aus der Arbeitsmarkt-und Berufsforschung*，27(1994)，197-198.

考察教育成就与职业之间联系的另一种方法在于分析个别职业中学位持有者比例的上升。(如果高等教育扩张之前某一学位即为从事专业实践所需要，此类变化不符合定义预期。）在瑞典，1970 年几乎所有的专业医生、牙医、护士、心理学家、律师和教师都接受过高等教育。1970 年到 1985 年出现了显著提高，当时在 30 至 39 岁的专业人员中接受过高等院校教育者占所有劳动力的比例几乎增加了一倍（从 12％增加到 22％）。30 岁至 39 岁专业人员中接受高等教育者占所有专业人员比例的增长情况分
别是：电子工程与电子通信类专业人员从 12％增至 38％；建筑、土木工程 346
和电学工程类专业人员从 14％增至 37％；社会福利工作者从 47％增至 69％；新闻记者从 28％增至 49％；系统分析师和程序员从 35％增至 56％；学前教育教师从 71％增至 91％；公司经理和高级管理人员从 20％增至 39％；人事管理者从 29％增至 47％。[75]

所有接受大学教育者与那些没有学位者收入统计的比较显示（见表 9.5），在欧洲，两者收入差距的缩小并无持续趋势。

表 9.5　接受大学教育者和接受高中教育者的收益比（％）

	20 世纪 70 年代早期	20 世纪 70 年代晚期	20 世纪 80 年代早期	20 世纪 80 年代中晚期	20 世纪 90 年代早期
a.男性					
丹麦	—	—	1.39	1.42	1.31
法国	1.88	2.38	—	2.42	—
挪威	—	—	1.35	1.25	1.26
瑞典	1.44	—	1.22	1.30	1.36
英国	1.52	1.32	—	1.47	1.53
b.女性					
丹麦	—	—	1.33	1.27	1.21
法国	1.67	2.02	—	2.13	—
挪威	—	—	1.19	1.26	1.26
瑞典	1.44	—	1.22	1.30	1.36

资料来源：H. Plicht，K. Schober and F. Schreyer，'Zur Ausbildungsadäquanz

[75] S. Forneng and D. Anderson，'Sweden'，in OECD，*Employment*，vol. IV（note 58），155. 有一点应该记住，直到 20 世纪 90 年代初，瑞典一些准职业培训仍然有一部分是在高中提供的。

der Beschäftigung von Hochschulabsolventinnen und-absolventen', *Mitteilungen aus der Arbeitsmarkt-und Berufsforschung*, 27(1994), 197-198.

三个重叠现象之间彼此关联：在时间上大学毕业生的失业率变化与总体失业率变化一致；女性比男性更可能失业；几乎所有西欧国家的大学毕业生比那些未持有大学学位者面临较低的失业风险。然而，20 世纪 70 年代，德国和荷兰高等学校毕业生失业率较低的优势减少，而在法国和意大利却有所扩大。

人们普遍认为，20 世纪 70 年代后，大学毕业生数量远远超过要求学位的职业岗位数量。基于职业类别的测量结果并没成为中级职业的有效指标，大多数毕业生调查借助于毕业生的自我分类提出了“适当就业”问
347 题。调查不是以类似的方式定期重复，提出的问题也明显不同，往往随着时间的变化而变化，很难对其分析。然而，所提出的多样化问题，为建构内涵丰富的概念提供了有趣的见解。

在被问及他们所接受的高等教育训练能否适应目前的工作时，瑞典 1984 年毕业的大学生在就职大约一年后，70％的毕业生回答完全适合，24％的毕业生认为部分合适，5％的毕业生回答他们所受的教育根本不适合他们的工作。[76] 无独有偶，20 世纪 80 年代中期，德国 3％的来自所选研究领域的就职两年后的大学毕业生表示，他们的职业并不符合他们所接受的教育；11％的毕业生指出不太符合。[77] 只有 7％的瑞士新毕业的大学生在 1985 年的调查中反映，他们就业的职位以前是由非大学毕业生担任的。[78]

其他调查要求毕业生说明他们所认为的合适的继任者所应具有的教育水平。相应地，1979 年在波兰，33％接受调查的已毕业一年的大学毕业

---

[76] Statistika centralbyran, *Högskolan* (note 60), 9, 28.

[77] U. Teichler, 'Zum Zusammenhang von Studium und Beruf in der Einschätzung der Absolventen', in U. Teichler and H. Winkler (eds.), *Der Berufsstart von Hochschulabsolventen* (Bad Honnef, 1990), 154.

[78] Morgenthaler, 'Die Beschäftigungssituation' (note 59), 75.

生指出，未持有大学学位者可以胜任他们的工作。[79] 通过比较发现，在17%的德国大学毕业生中，约有一半的毕业生在毕业两年后表示，最适合他们工作的教育远远低于在一所高等教育机构中获取学位的教育要求。比较数据证实了人们普遍的观点：在计划经济国家，"就业不足"是一个相对频繁出现的现象。德国的一项调查显示，18%的人认为自己的职位与所持学位是"不相称的"，2/3 的人表示他们自愿选择了一个职位，19%的人表示他们难以利用他们在大学所获得的能力和知识。[80] 在其他国家进行的调查显示，高达 20%的毕业生认为他们的工作并不需要一个大学学位。

如果考虑到更广泛的反应，被定性为不恰当雇佣毕业生的比例可能存在显著差异。因此，在开始于 1982 年的一项研究中，新近毕业于意大利和法国大学相关选定专业的大学毕业生会被问及两个问题："你目前的工作和你大学接受的教育相符吗?"，"你知不知道，有人没有学位却和你做同样的工作吗?"那些对第一个问题没有做出肯定回答，而对第二个问题做 348
出肯定回答的人则被归为"未充分就业"一类；那些不知道劳动市场中未持有学位的劳动力，但认为他们的工作不符合自己在大学所受教育的人，被归为"部分就业"。研究者的结论是：在意大利和法国，34%的新毕业的大学毕业生"未充分就业"；8%的意大利新毕业的大学毕业生"部分就业"，22%的法国新毕业的大学毕业生"部分就业"。[81]

绝大部分的德国大学毕业生追求他们的地位和教育质量之间的实质性联系。一方面，少数毕业生工作报酬丰厚，不需要通过学习培养能力；另一方面，需要担负艰巨任务，报酬微薄。一些毕业生选择一所大学或研究院的初级职位，从而实现在固定期限内就业与在职业生涯中的某一阶段面临退职的风险之间取得平衡，这种风险源于与他们同时毕业的人取得更高的专业成就。一些追求社会政治目的的毕业生选择他们认为与其相

[79] A. Buttler, 'Probleme von Hochschulabsolventen im ersten Jahr der Berufstätigkeit', in J. Kluczynski, A. Neusel and U. Teichler(eds.), *Forschung zu Hochschule und Beruf in Polen und in der Bundesrepublik Deutschland*(Kassel, 1984), 178-179.

[80] Teichler, 'Zusammenhang'(note 77), 153.

[81] J.-P. Jarousse and F. de Francesco, *L'enseignement supérieur contre le chômage*(Paris, 1984), 108, 227.

关的任务，即使物质奖励很不吸引人。

许多毕业生调查仅涉及高水平能力和适度工作要求之间的潜在差异。根据定义，他们排除了反向关系。然而，一项调查显示，也存在"资质不足"问题。1979年，在波兰受过大学教育的经济学家，被问及为接替他们的工作高等教育是否必要，以及在何种程度上使用他们在大学课程学习中所获得的知识。研究者的结论是，经济学家提供了一个排名：匹配优良为35%（28%的女性/42%的男性），资格有余为18%（15%的女性/22%的男性），资格不足为12%（16%的女性/8%的男性），部分匹配为13%（16%的女性/8%的男性），资格浪费为12%（14%的女性/9%的男性），资格缺乏为7%（8%的女性/5%的男性），匹配不良为3%（3%的女性/5%的男性）。[82]

20世纪70年代后期，一份针对联邦德国雇主的调查显示出类似结果：合适工作和不合适工作之间的区别，在已形成明显等级地位和任务区分的专业领域表现得非常明显，而这种区别在许多工业和私人服务业领域则是模糊不清的。就理想的职业和理想的工作任务而言，不同学科和
349 职业拥有不同文化。当然，逐步下降的职业期望值并非唯一的反应：一些毕业生感到失望，一些毕业生将注意力放在他们工作中有趣的方面，同时也有些毕业生的结论是某些中层职业需要复杂的知识，他们正在积极地重塑自己的工作。

反应的差异部分源于毕业生最初学习领域与其之后从事职业的关联。这可在1985年芬兰收集的数据中得到说明：当时，受过大学教育的人在劳动就业市场的比例接近10%。不低于66%的人文学科毕业生受聘为教师，其余34%分布在各种文化职业、公共服务和私人服务业。社会科学毕业生分布最广，其中私人管理部门占16%，公共管理占14%，金融、统计以及其他研究与规划部门占11%，社会工作部门占9%，初级文秘或体力工作者占11%；67%的心理学科毕业生为专业的心理学家，9%的毕业生从事教师职业；曾在经济领域学习和培训的毕业生中，在管理和私营部门

---

[82] J. Kluczynski and B. C. Sanyal, *Education and Work in Poland* (Warsaw, 1985), 144.

就职的占35%，教师占11%，初级文秘和蓝领职位占15%；法律专业毕业生在法律专业和司法系统就职的占52%，在公共行政职业高级职位就职的占16%，在私营企业高级职位就职的占13%；自然科学专业毕业生从事教师职业者占37%，约三分之一的毕业生出任私营部门的专业科技人员。最后，大约一半的受过大学教育的工程技术人员分别被列为专业人士——"工程师"(42%)或"建筑师"(75%)——其中21%的人在企业以及其他非公有制经济组织中从事管理工作。[83]

人们普遍认为应届毕业生在职业选择上会变得更加灵活，但现有数据并没有证实这一点。英国在商业部门供职的大学人文学科毕业生有大幅度增加，从1961/1962年到1973/1974之间的年均4%，增至1974/1975至1986/1987年之间的年均11%。[84]

比较而言，瑞士大学毕业生受聘于大学(1981年和1989年均为23%)、司法系统(1981年和1989年均为9%)以及工业部门(1981年为14%，1989年为15%)的比例大体上保持不变。人文学科毕业生没有进入学校教育系统就业，他们早期的主要就业领域(从60%下降到40%)，最常见的是转移至文化活动领域(1981年为15%，1989年为24%)以及私人服务行业(1981年为4%，1989年为10%)。工程专业毕业生的重点就业专业领域维持不变。[85] 350

多年来，作为一个整体的欧洲，在认识到就业机会跨度越来越大之后，学生选择学习的领域也出现了有限程度的变化。一些专家将此视为存在于部分学生的"职业主义"成长的标志。然而，与此相反，证据表明，有相当大比例的学生在最初选择的领域内保持了他们的固有兴趣。此外，20世纪七八十年代毕业生就业结构并没有发生如此巨大的变化，并未导致大部分学生内在和外在动机的被迫分离。

在有关20世纪70和80年代究竟发生了什么的问题上，传统的观点

---

[83] 见：A. Haapakorpi, 'Academic Graduates in the Finnish Labour Market', in Ministry of Education (ed.), *Higher Education and Employment: The Changing Relationship* (Helsinki, 1990), 71-90.

[84] Bee and Dolton, 'Patterns' (note 61), 36.

[85] Ogay, 'Suisse' (note 59), 198-202.

可能产生了误导。在许多欧洲国家，不仅人文学科和一些社会科学的毕业生经历了超出平均水平或更严重的就业问题，自然科学毕业生也面临相当大的就业问题。例如，英国的新近大学毕业生中，生物科学毕业生已经大幅增加，他们经常面临着失业，而那些毕业于民用工程和商业研究的毕业生已接近平均水平。[86]

第二次世界大战之后，欧洲大学学习和专业工作之间最明显的联系存在于医学教育领域。医生需要获得规定的资质，在大多数国家医学院，入学名额由国家控制——这部分反映了职业压力，部分反映了高额的教育经费投入。医学教育的大部分入学名额由大学医学院提供，但有时也由独立的医科大学提供，通常要求六年的学习，其间相伴进行的临床实践则在医院进行。在一些国家，医院是一个大学的组成部分，而在其他地方则是独立实体。辅助医疗培训的制度基础在一些国家得到升级，但仍然形式多样。1990 年，在一些国家由大学提供医学专业辅助培训，而在其他一些国家则由非大学机构提供医学专业辅助培训，还有一些国家的医学专业辅助培训部分或全部由高等教育体系之外的职业学校完成。

在大多数欧洲国家，公共服务部门将教育证书和职业道路进行了明确区分。一个大学学位——在德国、法国和一些南部欧洲国家，获得一个法学学位——往往是进入高级公务员职业的先决条件。进入司法领域就业也同样需要这一法学学位。在英国、爱尔兰和其他一些国家，不具备规定的大学学习经历的经验丰富的管理人员，可以通过学习短期课程和通过考试的方式获得资格认证，而在其他一些国家则必须完成大学学习。
351 如果法学专业毕业生数量增加超出了预期需求，他们中的许多人可能会选择收入下降、客户减少的法律职业。[87]

20 世纪五六十年代的学术型高中教师培训包括大学学习、相对应的平行专业培训或在完成大学教育之后参加为期一年的教师培训项目。大多数欧洲国家的小学教师培训和那些非学术型中学教师培训由学院承

[86] Bee and Dolton, 'Patterns' (note 61), 27-31.

[87] 见：C. Hommerich, 'Die Anwaltschaft unter Expansionsdruck', *Anwalts Blatt*, 5, Beilage (1988), 1-35.

担，比大学通常提供的课程学习时间要短。多年来，不少国家的师范学院升格为大学；一些国家要求小学教师持有正规大学学位。到了 20 世纪 90 年代，所有欧洲国家规定获得高等教育机构学位是进入公立学校任教的一个先决条件，同时许多国家要求幼儿教师需要在大学或其他高等教育机构接受培训。

就业市场强烈地影响着教学职业。尽管 20 世纪六七十年代人文学科和教师教育专业的学生人数不断增加，然而教师职位没有相应增加，作为此前扩张的结果，师资补充需要出现下降，严重的“不匹配”现象浮出水面。整个 20 世纪 80 年代，师范专业学生比例有所下降，反映了教学岗位需求和毕业生供给数量之间存在的差异。

第二次世界大战后，在大多数有关高等教育和毕业生就业的描述中，神学作为相关学科消失。现在，神学专业的学生可以作为人文科学的下级学科加以统计，神学被并入许多机构。人文学科系科、神学院或单独设立的神学院都开设神学相关课程。作为一项规定，对于神学学习和神学专业工作的控制仍然很严格：各教会对课程学习、专业人员任命和最初的专业培训实施监督。

自然科学领域的学生可能会选择在工业机构的研发实验室、大学和研究机构就业，或选择教师职业。他们的职业生涯模式不同于一些国家接受高等教育短期培训项目的实验技术人员，也与另外一些国家接受高等职业学校教育的实验技术人员存在差别。在许多国家，科学家在从事多年实验工作之后转向管理职位的现象经常发生在私营产业领域。 352

大多数欧洲国家大学水平的工程师培训一般在专门机构中进行，如（高等技术专门学校、多科技术学院等）。在其他国家，工程师培养则由多学科大学实施。全欧洲工程师培训的类型和层级各不相同。许多国家拥有一个工程师等级制度，大学水平的工程师等级最高；在非大学院校学习，修读具体课程项目，或者在高级职业学校接受培训的工程师，位居第二等级；在高级职业学校接受培训或蓝领工人升级而来的技术人员，则属于最低等级。晋升做法各不相同。较行政、私人产业和服务业部门而言，不同职业发展路径的重叠较为少见，但比科学研究和发展部门中较为常见。行政、工业领域中的贸易和服务部门以及公共部门中最少受到法律、专业和常规的控制。然而，第二次世界大战后，这一行业的改变最为显著。管理职业毕业生的就业范围不断扩大。只有少数几个欧洲国家——仅在少数领域——表现出控制专业执业资格和标准的专业化倾向。管理岗位招聘科学家和工程师，在计划经济国家的实践中表现最为显著，在西欧国家则不同程度地发生。

女性就业与工作

第二次世界大战后，一项最重要的社会变化是女性受教育机会的平等化。根据联合国教科文组织的统计，1950 年欧洲国家高等教育机构中女大学生在大学生总数中所占比例略低于 30%，直到 1960 年这一比例几乎没有变化，在 1970 年增加到 37%，1980 年增加到 43%，1990 年最终达到 48%左右。[88] 在此过程中，东欧和北欧国家可谓一马当先。类似的趋势也表现于毕业生中女性所占比例和女毕业生就业比例。20 世纪 90 年代早期，欧洲经济合作与发展组织成员国中，在所有高等教育培训和专业活
353 动中女性的比例平均达到 40%左右。[89]

就业机会不平等突出表现在两个方面：首先，妇女可选择学习的专业领域有限。1987 年，奥地利女性工科毕业生只有 9%，经济领域为 32%，医药领域为 42%，但在人文学科和教师培训领域，女性成为大多数。[90]同 14%的男大学生获得物理学学位相比，只有 5%的英国女大学毕业生获得物理学学位。在工程领域，女生与男生比例(4% / 15%)差异与物理学领域类似。女性完成社会科学学业的比例为 15%(男性为 8%)。女性学习语言学的比例为 8%(男性为 4%)，约为男性的两倍。[91] 其次，女性面临就

---

[88] UNESCO, Access (note 11), 28; UNESCO/CEPES, *Statistical Study on Higher Education in Europe 1970—1975* (Bucharest, 1978), 19-20; Nicolae, Smulders and Korka, Statistics(note 13), 53. 计算依据：UNESCO, *Statistical Yearbook 1993* (Paris, 1993), 3/266-3/273.

[89] 估算依据：OECD, *OECD Education Statistics 1985—1992* (note 6), 194, 199.

[90] Lassnigg, London and Spreitzer, 'Austria' (note 58), 129.

[91] J. Tarsh, 'Trends in the Graduate Labour Market', *Employment Gazette*, 93: 7 (1985), 125.

业不公平现象，她们从事临时性工作的比例很高，但收入较低，且往往遭受歧视。在联邦德国，20 世纪 80 年代中期接受大学教育的女性员工收入仅相当于男性员工收入的 57%，女性自由职业者收入相当于男性自由职业者收入的 62%，女性公务员收入相当于男性公务员收入的 66%。[92]

期望、招聘和工作

尽管存在大量可资利用的有关毕业生就业期限、职业地位、职业收入和失业情况的信息资料，但对其工作内容和教育关联的分析只是偶尔进行，且分析方法多有不同。这使得难以对一个国家在不同时期的情况进行比较，也不能就某一时期不同国家的情况进行比较。

20 世纪 70 年代后期，在五个欧洲国家（奥地利、联邦德国、荷兰、波兰和南斯拉夫）开展了一项有关学生动机和态度的调查。接受调查的学生倾向于基于兴趣，而非职业前景，选择自己的学习领域。知识目标居于首位，但详细的证据分析显示，受访国家的大部分学生认为学术动机和职业动机并不矛盾。[93]

毕业生调查表明，独立和艰巨的工作、利用能力的机会、实现自身职业抱负的努力、良好的工作环境成为毕业生首先考虑的因素。已毕业四至五年的德国大学毕业生，在 22 项可能的目标和晋升前景中，仅将“高收入”排在第八位。然而，对毕业生来说，在毕业四五年后的这一阶段，地位 354
期望已变得比大学最后一年和毕业后两年更为强烈。[94] 相当数量的毕业生变换工作，以确保获得更好的符合实际的和期望的工作。

20 世纪 80 年代早期，在英国和联邦德国以非常类似的方式开展了一

---

[92] M. Tessaring, ‘Germany’, in OECD, *Employment*, Vol. I(note 58), 24.

[93] B. Dippelhofer-Stiem et al., ‘Students in Europe: Motives for Studying, Expectations of Higher Education and the Relevance of Career Prospects’, *European Journal of Education*, 19(1984), 309-325.

[94] H. Schomburg, ‘Berufliche Orientierungen und Berufszufriedenheit’, in U. Teichler and M. Buttgereit(eds.), *Hochschulabsolventen im Beruf: Ergebnisse der dritten Befragung bei Absolventen der Kasseler Verlaufsstudie*, Studien zu Bildung und Wissenschaft, 102(Bad Honnef, 1992), 207-242.

项有关招聘标准和雇主期望的调查。[95] 这两项调查研究均以访谈毕业生招聘的负责人为基础，并重视不同职业机构的各种聘用标准。公司形成了各自独特的招聘风格和招聘策略，而不是遵循技术或经济的逻辑。高等教育和学生谋求一套最好课程以及为实现未来就业获得技能的压力，比大众舆论所认为的要小很多。这两项调查研究的结论是：雇主对于课程学习细节和具体知识的兴趣低于学术管理者。在某些方面，英国雇主不同于他们的德国同行。首先，他们更加强调毕业生是否来自特定的院校；其次，存在更高比例的参与毕业生招聘的德国人事经理质疑高等教育分级的有效性；再次，德国雇主高度重视把知识类型、具体资质和认知技能作为解决问题的基础，而英国雇主更有可能寻求接受一般训练的人才。

20 世纪 70 年代开展的一项比较研究选择了法国和德国几家规模、产品相似的企业，以分析它们的资质和工作。[96] 该研究的结论是，在一种较为注重职业资质的体制下（德国即是此类），更可能为蓝领工人或相似级别的雇员开发复杂的职业角色，并让该级别的雇员担负更多的责任。相
355 比之下，一种不太重视职业资质的体制更有可能增设监管岗位，并把决定权赋予公司上层管理者。商业机构调整合格入职人员的工作则相对灵活。

---

[95] J. Roizen and M. Jepson, *Degrees for Jobs: Employer Expectations of Higher Education* (Guildford, 1985); see also M. Kogan, 'The "Expectations of Higher Education" Project', in D. Jaques and J. Richardson (eds.), *The Future for Higher Education* (Guildford, 1985), 99-109; U. Teichler, M. Buttgereit and R. Holtkamp, *Hochschulzertifikate in der betrieblichen Einstellungspraxis* (Bad Honnef, 1984); M. Buttgereit, 'Certificates and Recruitment', in Avakov *et al.*, *Higher Education* (note 38), 217-230.

[96] M. Maurice, F. Sellier and J.-J. Silvestre, *Politique d'éducation et organization industrielle en France et en Allemagne* (Paris, 1982); B. Lutz, 'Bildungssystem und Beschäftigungsstruktur in Deutschland und Frankreich', in H.-G. Mendius *et al.* (eds.), *Betrieb—Arbeitsmarkt—Qualifikation*, Vol. I (Frankfurt, 1976), 83-151; B. Lutz, 'Education and Employment: Contrasting Evidence from France and the Federal Republic of Germany', *European Journal of Education*, 16 (1981), 73-86.

变化中的毕业生就业与工作:大学的反应

主要争论与活动

第二次世界大战后,欧洲大学一直面临如何应对毕业生不断变化的职业和工作分配问题。具体问题随时间而变化,但基本主题保持不变。譬如:

1.在何种程度上,教学和学习应该是对学术知识的"内部指向",还是对毕业生预期工作的"外部指向"?

2.在何种程度上,课程应按学科形成体系?

3.大学是应该专注于传授知识,还是在传授知识的同时,也要努力塑造学生人格?

4.专业准备是通过一般间接方式完成,相信知识迁移、学生应用知识的能力以及此后的训练过程,还是通过直接的方式完成?

5.在何种程度上,大学应该强调一项关键的和创新的功能?

争论不能草率地概括为上述几个主题,因为论争背后是不同国家有关大学教育功能的教育哲学理念。人们普遍认为,法国大学对于专业准备和专业化价值持有比许多其他国家更积极的看法,[97]德国大学关注知识和学术研究,[98]而英国大学牢记学生个性的全面发展。[99] 无论这些假设是否有效,争论不能脱离体制模式(例如,将专业机构整合进入大学,以及建立非大学型高等教育机构)、课程、教学和学习、人员编制、管理(例如,外部 356
个人和团体参与大学管理,与专业人员和雇主进行正式或非正式的沟通)和提供支持服务(例如,职业指导、就业、与校友合作等)。

在所有国家,不同学科专业的学习与职业之间存在不同的联系。人

[97] 见:A. Bienaymé, 'France', in P. G. Altbach (ed.), *Systems of Higher Education: France* (New York, 1978), 657-670.

[98] 见:L. Huber, 'Hochschuldidaktik als Theorie der Bildung und Ausbildung', in Huber, *Enzyklopädie* (note 54), 118-120.

[99] 见:G. Squires, *The Curriculum beyond School* (London, 1987).

文学科和一些社会科学的学术价值受到高度重视，这与职业要求之间存在潜在冲突。自然科学的学术范式盛行，这主要被解释为与专业要求达成一致。

结构回应

在20世纪六七十年代欧洲高等教育普遍扩张的时期，相当多数量的强调职业准备的专门学院，通过合并已有机构或扩张现存的专门学院并入多科性大学。这些结构变革导致多科性大学中更多的学科与知识应用联系密切，并习惯致力于学生的职业准备。这或许从总体上强化了大学中的专业重点，从而有助于职业导向学科"学术漂移"的发生，过去受高等教育环境的影响，此类学科以强调学术为荣。很明显，发生了双向交流现象。

在大多数欧洲国家，日益复杂的学生入学程序导致高等教育出现体制差异。[100] 许多国家选择双重制度模式，一方面，大学强调对知识的追求优先于满足可见的就业制度的需求；另一方面，高等教育机构以更为直接的方式服务于专业需求。高等教育机构分化的目的在于让不同的教育理
357 念存在于相应类型的高等学校，但差异小于预期。[101] 非大学机构试图提高其学术地位，表现出诸多"学术漂移"迹象，例如，降低研究型教师的教学负担，开展科学研究，制订时间较长的课程方案，弱化与就业制度的联系。虽然大学更倾向于在课程学习方面涉及毕业生未来的工作任务，这在某种情况下意味着"职业漂移"，事实上，高等教育领域"专业化"盛行。[102]

---

[100] 参见OECD在*Short-Cycle*(note 22)中的概述；U. Teichler, *Changing Patterns of the Higher Education System*(London, 1988)；G. Neave, 'Foundation or Roof? The Quantitative, Structural and Institutional Dimension in the Study of Higher Education', *European Journal of Education*, 24(1989), 211-222；J. P. Jallade, *L'enseignement supérieur en Europe: Vers une évaluation comparée des premiers cycles*(Paris, 1991).

[101] 见：G. Neave, 'The Dynamics of Integration in Non-Integrated Systems of Higher Education in Western Europe', in Hermanns, Teichler and Wasser, *The Compleat University*(note 23), 263-276；U. Teichler, 'Structures of Higher Education Systems in Europe', in Gellert, *Higher Education*(note 48), 23-36.

[102] 见：'Professionalisation: Recent Trends in European Higher Education', *European Journal of Education*, 27: 1-2(special issue)(1992).

着重强调专业知识和专业能力强化了二元结构；而强调一般准备和个性发展，则青睐模糊的体制划分。如此可以解释这样一个事实，1992年英国多科技术学院被命名为“大学”；[103]联邦德国高等专科学校此前相对稳定，而目前追求“学术成分”；法国的大学技术学院仍然与大学泾渭分明。

设立或者扩充不同类型的高等教育机构所带来的多样化，伴随着独特的教育和培训理念，然而，其未必能有效充当“缓冲器”以对抗大学的职业压力。事实上，人们甚至认为，在大学仍然是唯一官方高等教育机构的国家，不同高等教育机构类型共存对大学产生了更大压力，这一压力远远超出不断增长的学生数量带给大学的压力。欧洲多数大学因此没有保留一类“精英”高等教育机构，以保护越来越多的学生免于为职业工作做准备的压力。

欧洲大学模式中第三项重要的结构变化是越来越多地参与成人教育。这可能包括范围广泛的不同活动，特别是尖端的学术研究，前卫的毕业生专业培训，短期的专业培训课程（更新和扩充知识），公开讲座和其他面向成人的开放的知识传播形式，为成年人提供定期的学位课程（可能是部分时间制的和远程的学习安排），提供矫正或第二次机会（特别是入学资格的正规课程方案），提供短期学习准备（例如，正规课程方案中的专项计划招生以及一学期或一学年的学习项目）和大学在职职工培训。此外，358
特殊招生计划可面向那些不具备必要的中学教育资格的成年人实施。[104]

20世纪六七十年代，许多欧洲国家将成人和终身教育纳入高等教育立法，视其为大学教育的一项核心功能。然而，在成人教育与终身教育参与程度方面，各大学之间差异显著。[105] 大学在组织结构上也存在差异。在许多大学，成人教育由单独机构管理，以教学为主的专门学术人员承担成

[103] M. Kogan, ‘The End of the Dual System?’, in Gellert, *Higher Education* (note 48), 47-58.

[104] OECD(ed.), *Adults in Higher Education* (Paris, 1987).

[105] 见：R. Sayegh, *The Diversification of Post-Secondary Education in Relation to Employment*, International Yearbook of Education, 16 (Paris, 1990), 第六章。

人教育任务。[106]

课程回应

课程改革、学习结构以及学生预期学习内容的修订，可能表现出体制导向、机构导向、课程导向、学科导向、理论导向、教育导向、职业导向以及消费者导向。在所有情况下，毕业生未来工作要素可直接进入课程发展。[107] 最后但同样重要的是，课程在与职业工作的密切联系方面存在差异，一些课程与职业准备密切相关，一些课程则根本无意与工作保持关联。[108]

1950 年起，与传统欧洲大学相比，东欧国家的大学趋向工具主义模式。常规学习内容的重点放在必修课程“马克思-列宁主义”上。最终，课程方案高度专业化，例如，可能把物理学分为 6 类不同的学习项目和学位。“产学研一体化”受到热捧，特别是要求学生每年用约 2 个月的时间完成生产性任务，这种任务包括从农作物收割到与未来职业密切相关的工作。[109]
359 然而，从 20 世纪 70 年代末开始，学校再一次努力拓展课程。[110]

20 世纪 60 年代晚期，学生运动的主要批判议题之一是大学的课程和教学缺乏“社会相关性”。当时的批判显示，教授的“象牙塔”态度已导致对研究和专业工作的经济、社会和文化结果的忽视。大学已经失去其关键

---

[106] 见：OECD, *Recurrent Education: A Strategy for Lifelong Learning* (Paris, 1973)；亦可见：M. Blaug and J. Mace, 'Recurrent Education—the New Jerusalem', *Higher Education* 6 (1977), 277-299.

[107] C. J. Boys et al., *Higher Education and the Preparation for Work* (London, 1988), 66-68.

[108] 见：U. Teichler, 'Higher Education: Curriculum', in Husén and Postlethwaite, *Encyclopedia* (note 11), 2199-2200.

[109] 如，可见：J. Mericka, 'Integration of Education, Research and Productive Work of Students in Czechoslovakia', *Higher Education in Europe*, 4: 3 (1979), 7-10; and the literature named by J. Kluczynski, 'Research on Higher Education in European Socialist Countries', in P. G. Altbach and D. H. Kelly (eds.), *Higher Education in International Perspective: A Survey and Bibliography* (London and New York, 1985), 55-86.

[110] 参见：Sayegh, *Diversification* (note 105), chapter 5.

功能，转而支撑起当时的社会政治制度。[111] 20世纪70年代早期，对毕业生失业的日益关注，加剧了高等教育与就业之间联系的争论。与此同时，许多国家政府得出结论，他们的规划对知识内容及其专业能力的意义重视不够。[112]

总结各种旨在改变学习与专业实践之间联系的课程活动，[113]可以确定两个主要的方向。

首先，学习领域和课程内容的变化无疑是主要推动力。例如，1976年联邦德国颁布的《高等教育框架法》呼吁加强学术性学习和专业实践之间的联系。而在瑞典，20世纪70年代末对所有课程进行了修订，以服务于各重点专业和职业：技术职业、行政、经济和社会职业、健康职业、教育职业、文化和信息职业。[114] 十年以后，即1987年，重新引入一类“学术”学位（哲学候选人，缩写 fil.kand.或 F.K.），各种独立课程得以组合。

在其他国家，课程的转变还不太明显，但仍影响到许多学生。新的跨学科课程方案出现。例如，外国文学研究往往与社会科学或商业研究结合起来，成为商科的学位课程，或新的专业发展成为独立的研究项目，如
卫生系统的信息科学。然而，20世纪80年代，一切恢复如初。专业的相 360
关性被认为依赖于学习和未来工作之间的密切而本质的联系。[115]

其次，系统化的努力加强了学习与实际工作经验的联合，这并不仅限

---

[111] 见：'Student Activism', *Higher Education*, 8:6(1979) and 9:2(1980)(special issues).

[112] 见：Fulton, Gordon and Williams, *Higher Education* (note 18), 102.

[113] 见：Boys *et al.*, *Higher Education* (note 107); N. Kluge, A. Neusel and U. Teichler, *Beispiele praxisorientierten Studiums* (Bonn, 1981); B. Jonsson *et al.*, *Kompetensutveckling pa framtidens arbetsmarknad: Huvudrapport* (Stockholm, 1991); 亦参见：A. Jaumotte, 'The Purpose of University Training', in CRE (ed.), *The European University 1975—1985* (Oxford, 1975), 51-61.

[114] 见：Jablonska-Skinder and Teichler, *Handbook* (note 46), 230.

[115] 可见欧洲企业家圆桌会议和欧洲校长会议对话记录，收录于：*CRE-action* (1990), 92.

于中欧和东欧国家。[116] 在大多数国家,延长的临床实习提升了医学学习质量,学校参观和教学实习则丰富了教师培训。此类工作安排形式多样,包括学生自己发起组织的强制性的工作经验,以及由大学教授合作监督的实践项目、实地考察,或模拟解决实际问题的校园活动,如“在项目中学习”。此类将实践经验系统纳入学习项目的现象在非大学机构中表现得更为明显。荷兰的学院要求所有学生将四年学习计划中的一年用于工作。英国多科技术学院把学习阶段和工作阶段的交叉称为“三明治”项目。德国的高等专科学校根据学习领域和地区而做出不同的规定。20 世纪 80 年代后期,普遍达成的协议是,将一年时间安排为参与实践和考试。相比之下,尽管德国大学要求(学生)在各学习领域中的实践经验,往往倾向于低估作为课程项目一部分的扩展性实践阶段,而不论学生在开始学习时还是完成学习之后进行实习,或者学生是否在假期实习,或者学生是否在学术性学习间隙进行实习。

关于大学课程与非大学课程专业相关性差异程度的意见,可谓众说纷纭。20 世纪 80 年代后期,英国和德国的调查提供了相反证据。毕业于多科技术学院的英国学生在就业中面临更多问题,但在毕业五年后的报道中,他们中相当多(32%,大学毕业生 23%)的毕业生认为自己的工作从学位课程知识和技能中“获益良多”。相比之下,德国这两类高等教育的毕
361 业生在就业过渡期也面临着类似问题。

其他回应

如果大学教师不仅在掌握学科专业知识方面才华卓著,而且在专业知识运用方面也多才多艺的话,大学就可以在其不同功能之间达成一个更好的平衡,在这方面经验之外的关联可以提供帮助。1992 年进行的一项比较调查表明,对于高等教育以外的职业生活,德国大学教授平均投入约 4 年时间,英国教授 5 年,瑞典教授 6 年。非大学高等教育机构教师投

[116] Note the elaborate schemes at German universities referred to in U. Teichler and H. Winkler, *Praxisorientierung des Studiums* (Frankfurt and New York, 1979); U. Lindner et al., *Higher Education, Industry and Human Resources: The German Experience* (Milan, 1992).

入职业生活的时间约高出(大学教师投入职业生活的)一倍。[117] 兼职教师的参与是高等教育机构加强专业准备的另一种手段。例如,在联邦德国,每10位全职教师中,兼职教师从20世纪70年代早期的3位增加到1990年左右的4位。

最后,大学可能会直接参与服务,帮助学生了解工作领域,顺利实现毕业后向就业体系的转移。20世纪70年代和80年代期间,许多欧洲国家在扩招过程中,学生的学术咨询事务日益增多。[118] 然而,大学积极参与毕业生的职业安置,满足毕业生职业愿望,或与校友保持联系的能力,在不同国家之间表现出显著差异。

职业主义趋势?

一些专家建议,随着20世纪五六十年代高等教育的扩张,高校所面临的毕业生工作和职业前景的压力进一步加大。另外一些专家则认为,制订协议的是劳动市场。然而,专家们共同认为,20世纪七八十年代,大学比此前的几十年更需要集中关注毕业生未来的就业和工作问题。

四十年的趋势和政策

在20世纪90年代早期所做的一项有关结构和课程发展的概述中,作者得出这样的结论:随着对文化及此后对公平的格外关注,大学正急于证明自己的专业功用。[119] 在承认大学专业功用的同时,面向未来的思考是开放的,即思考大学是否可能会失去完成复杂和不确定任务的能力,是否可能失去回应革新的能力。 362

高等教育入学人数的不断增长,已经成为1945年之后所有毕业生就业和工作分析的一项关键因素。大多数情况下孤独与自由的相对缺失

[117] J. Enders and U. Teichler, *Der Hochschullehrerberuf im internationalen Vergleich* (Bonn,1995),16.

[118] 见:R. W. Dawes,'The Role of the Counsellor in Mass Higher Education', *Higher Education*,2(1973),267-270.

[119] 亦可见:G. Neave,'On Instantly Consumable Knowledge and Snake Oil', *European Journal of Education*,27:1(1992),5-27.

（“排他性和自由”）成为关注思考的一个原因，而非资源增长时代的政治抗议，重要的公众尊重，以及刺激经济增长和减少不平等的动力。接受大学教育的人数大幅增加，到20世纪90年代已超过同年龄组的30%，不允许学生成为“少数精英”。传统上对任何具有合格资质者开放的高层职位，正在被越来越多的大学毕业生填补。经济结构朝向服务性行业的转变为毕业生提供了更多的就业机会。因此，20世纪五六十年代大学在扩张过程中并没有感到压力。

20世纪60年代后期，学生的抗议破坏了自治性学术界的信仰，政府开始重新思考他们扩张教育系统的长期战略。随着经济增长放缓和失业率大幅提高，劳动力市场中进一步增加的毕业生数量再次成为一个重大问题。中欧和东欧国家在追随苏联的社会政治模式后，似乎已经避免这一困境。20世纪50年代和60年代初期，许多中欧和东欧国家的高等教育实现了扩张式发展，但此后保持适度增长。学习计划变得更加高度专业化，更加密切配合预测的人力需求。

20世纪七八十年代，西欧国家的毕业生就业和工作较过去几十年更不尽人意，但也未如20世纪70年代中期所预测的那么悲观。大多数毕业生实现就业，进入传统上被认为是毕业分配或至少没有明确禁止他们进入的职位。从事体力劳动、简单服务或常规性白领职业的毕业生比例至少翻了一番。调查显示，大约3/5的毕业生认为自己受雇于毕业生职位，1/5的人对此提出质疑，只有1/5的人表示极度失望。学习、辍学、延期毕
363 业、缓和及缩短就业过渡期的努力等方面的逐步变化，都有助于减少潜在问题的出现。

关于由谁确保实现高等教育与就业之间的平衡的舆论发生了明显变化。20世纪60年代，许多人认为，明智的政府规划，基于预测的人力需求和供应趋势是至关重要的。然而，到了20世纪80年代，欧洲各国政府放松了监督控制，期待各大学管理化和企业化，通过精心设计的评估程序对社会负责。要求个别大学和系部进一步注意学习和就业之间的关系，以此作为采取有效行动的一个标准，这往往导致具有贬义的“职业主义”的出现。

1990年前后，原则上，宏观社会蓝图激发了纷扰不断的类似20世纪70年代中期的有关高等教育和就业之间关系的激烈辩论。20世纪90年

代早期失业率急剧上升，而毕业生数量出现了预期性增长。各方面专家曾预测并提出，合格劳动力的需求将会增长，但比20世纪六七十年代或乐观或悲观的预测更加模糊。尽管如此，对现象复杂性的认识无疑在不断明确。高等教育的学术、文化和专业职能之间达成平衡的方式并不是唯一的。

大学需要或者必须要发挥双重作用。大学应适当远离社会，为了自身的目的而追求知识。然而，作为大学实施相对自治性的结果，大学被要求关注毕业生的命运，关注满足毕业生们合理的职业需求。需要时间来判断大学所追求实现的平衡是否合理有效。

大学有没有屈从于来势迅猛的"职业漂移"？是否存在一个加速走向多元化的趋势，在某种程度上，学术型大学、高等职业院校和一些高等教育机构之间的共同因素是否消失了？它们之间是否出现了鸿沟？只有时间能证明一切。

附笔：20世纪90年代以来的趋势和政策

20世纪90年代和21世纪早期，高等教育继续扩展。根据经济合作与发展组织的统计，西欧第三级教育入学率不断增加，从1991年的38%增至2003年的62%，即在12年间增长了24%。[120] 在这一扩张过程中，一 364
些国家的非大学性高等教育机构升格为大学，而在其他国家，此前未被列为"高等教育"或"第三级教育"的职业教育和培训机构部门也升格为大学。然而，在多数国家，学生入学人数的增长出现在第三级教育机构。经济合作与发展组织得出结论，高等教育的扩张势头已在20世纪80年代中期得以恢复。随后，关于"过度教育"的质疑让位于大众辩论中的主流观点：为应对"知识社会"日益增长的教育需求，必须发展高等教育。经济合作与发展组织还发现，欧洲高等教育的发展走向已在20世纪90年代晚期的许多欧洲国家表露无遗：在同龄人中，无论是在完成中学教育后，或在以后的生活阶段，约3/4的人受益于某种形式的第三级教育。[121]

---

[120] 见：OECD, *Education at a Glance: OECD Indicators 2005* (Paris, 2005).

[121] OECD, *Redefining Tertiary Education* (Paris, 1997).

已有毕业生调查并未显示高等教育扩张导致了劳动力市场出现严重的毕业生就业问题。20 世纪 80 年代，对许多毕业生而言，越来越清楚的是，从高等教育到就业是一个被拉长的且不确定的时间段。此外，越来越多的毕业生较以往从事更少体面和更低要求的任务。不过，最终在“不适当的”职位工作的毕业生比例仍然很小。

根据 1995 年针对欧洲 11 国高等学校毕业生所开展的一项代表性调查，73％的毕业生约在（毕业）四年后从事管理工作和职业，20％的毕业生是准专业人员或技术人员等，只有 7％的毕业生从事了办公室文员、销售人员、工人和其他工作，在这些工作中学位一般被认为是非必需的。[122]

2000 年，一项针对欧洲 13 国毕业生所开展的类似调查显示出几乎相同的结果：74％的毕业生约在（毕业）五年后供职于行业内普遍认为需要一个学位的工作，19％的毕业生的工作有时被称为“半专业”，7％的职业显然并不需要一个学位。[123]

学习和随后职业水平之间关系的相对稳定性，并不意味着 20 世纪 90
365 年代以来欧洲劳动职业领域对高等教育的变化无动于衷。尽管缺乏准确的信息，专家们还是能够针对已经实际发生变化的程度，指出高等教育变化的四个主要领域。

首先，正式课程与学位结构的变化必将影响毕业生的就业和工作。1991 年欧洲多国教育部长签署《博洛尼亚宣言》，同意建立一个类似于盎格鲁-撒克逊传统的学士和硕士学位资格的学习方案和学位框架。[124]因此，欧洲大学面临的挑战是设计出相对短期的课程（主要是三年）学习方案，其（《博洛尼亚宣言》原文）将“与作为一个相应资格水平的欧洲劳动力市

---

[122] U. Teichler, *Higher Education and Graduate Employment in Europe* (Dordrecht, 2006), 90-91.

[123] H. Schomburg, ‘Young Higher Education Graduates—the Winners of Globalization’, in *European Research Network on Transitions in Youth*: *15th Annual Workshop* (Ghent, 2007), 4-6.

[124] J. Witte, *Change of Degrees and Degree of Change*: *Comparing Adaptations of European Higher Education Systems in the Context of the Bologna Process* (Enschede, 2006); cf. also U. Teichler, *Higher Education Systems*: *Conceptual Frameworks*, *Comparative Perspectives*, *Empirical Findings* (Rotterdam and Taipei, 2007)，见书中关于此后趋势与政策的概述，以及本卷“尾声”。

场”保持关联。这一结构变化还导致高等教育机构开设硕士课程，硕士课程没有坚守大学中盛行的“学术”传统以及对研究与教学之间的密切联系。

其次，高等教育非正式结构的差异对毕业生就业的影响日益突出。大学“研究排名”以及大学之间围绕实现成为“世界一流大学”目标而开展的日益激烈的竞争，[125]已经吸引了公众的注意力。在那些传统上大学之间存在鲜明“等级”多样性的国家，机构声誉和毕业生就业机会之间的密切联系有赖于传统智慧。传统上大学等级模糊的国家，毕业生就业机会是否趋于同等层次，这仍有待观察。

再次，重塑21世纪早期课程内容可见性的努力，远远超出“博洛尼亚进程”推进学习方案和学位结构趋同化的需要。许多专家一致认为，“知识社会”和“知识经济”概念的日益频繁使用，导致大学在研究、教学和学习方面面临工具性的压力。此外，近年来欧洲评价和认证活动的不断蔓延，要求对教学与学习的职业意义持有越来越明晰的认识。诸多学人对大学即 366 将丧失服务于社会的创新性潜能表示关切，具有讽刺意味的是，压力使他们以一种实用的方式表现得更加创新，牺牲了以知识本身为目的的创新性的知识探究潜力，牺牲了大学的关键功能，牺牲了学生面向不确定任务的训练。21世纪早期，“就业能力”成为课程调整中最流行的口头禅。认真审视这一论争发现，高等教育机构改造课程使其适应就业体制预期需要的愿望，采取大量辅助措施在劳动市场“推销”自己的举动，或许与坚持高等教育与就业之间存在联系这一精英教育理念并不相关。此外，有关毕业生雇佣能力的解释存在极大差异。例如，在英国，“通用技能”的加强往往被认为是提高个人就业能力的最适当手段；而在德国，混合“关键技能”的培养，包括从“计算机知识”、外语熟练程度、“社会交际技能”到“问题解决能力”，都备受青睐。[126]

最后，近年来“国际化”成为高等教育政策中的一项关键主题。在此框架中，大学正在努力增强教师和学生的流动性，促进更多的跨境合作，以

---

[125] J. Sadlak and N. C. Liu(eds.), *The World-Class University and Rankings: Aiming beyond Status*(Bucharest and Cluj-Napoca, 2007)，参见书中概述。

[126] 参见：U. Teichler, ‘Higher Education and the European Labour Market’, in *EUA Bologna Handbook: Making Bologna Work*(Berlin, 2007), 23-30(part 3.2-1).

各种方式加强欧洲各国之间的联系，越来越多的大学将自己定义为由全球性的知识和声誉市场所塑造，加强他们支持发展中国家高等教育的活动。此处仅列举一些正在考虑的主要议题。[127] 事实上，对个人职业生涯而言，高等教育国际化可能具有更为深远的意义。例如，花费一段时间在另一个欧洲国家学习的欧洲学生，毕业后数年间到国外工作的可能性为学习期间没有选择出国交流学生的 5 倍。他们在国内选择承担国际性工作
367 任务的可能性，也要高出他们此前选择非流动性的同行的 2 倍。[128]

然而，一句对于似乎已经发生了的巨大变化的忠告是：即便在推进多年的国际化和欧洲化之后，在欧洲劳动力市场中，也只有约 5% 的高素质人才为外国人，而这些人中约有一半的人来自其他欧洲国家。大学和工作市场之间的关系正在发生明显变化，但这些变化的影响可能并不深远，也比目前有关政策建议实现的进程要更为缓慢一些。

精选文献

Bodenhöfer, H. J. (ed.) *Hochschulexpansion und Beschäftigung*, Vienna, 1981.

Bowman, M. J. et al. (eds.) *Readings in the Economics of Education*, Paris, 1968.

Brennan, J., Kogan, M., and Teichler, U. (eds.) *Higher Education and Work*, London, 1995.

'Higher Education and Employment' (special issues), *European Journal of Education*, 30 (1995).

Holtkamp, R., and Teichler, U. (eds.) *Berufstätigkeit von Hochschulabsolventen: Forschungsergebnisse und Folgerungen für das Studium*, Frank-

[127] 参见：J. Huisman and M. van der Wende (eds.), *On Cooperation and Competition*, 2 vols. (Bonn, 2003 and 2005).

[128] 见：V. Jahr and U. Teichler, 'Graduates' International Experience and Mobility', in U. Teichler (ed.), *Careers of University Graduates* (Dordrecht, 2007), 211-224; U. Teichler and K. Janson, 'The Professional Value of Study in Another European Country: Employment and Work of Former ERASMUS Students', *Journal of Studies in International Education*, 11: 3-4 (2007), 486-495.

furt and New York, 1983.

Husén, T. *Social Background and Educational Career*, Paris, 1972.

Lindley, R. (ed.) *Higher Education and the Labour Market*, Guildford, 1981.

OECD. *Education, Inequality and Life Chances*, 2 vols., Paris, 1975.

OECD. *From Higher Education to Employment*, 4 vols., Paris, 1992.

OECD. *The Utilisation of Highly Qualified Personnel*, Paris, 1973.

Perkin, M. *The Rise of Professional Society: England since 1880*, London, 1989.

Psacharopoulos, G. (ed.) *Economics of Education: Research and Studies*, Oxford, 1987.

Roizen, J., and Jepson, M. *Degrees for Jobs: Employer Expectations of Higher Education*, Guildford, 1985.

Sanyal, B. C. *Higher Education and Employment: An International Comparative Analysis*, London, 1987.

Schomburg, H., and Teichler, U. *Higher Education and Graduate Employment in Europe*, Dordrecht, 2006.

Teichler, U. 'Higher Education and Work in Europe', in J. C. Smart (ed.), *Higher Education: Handbook of Theory and Research*, Vol. 4, New York, 1988.

Teichler, U., Hartung, D., and Nuthmann, R. *Higher Education and the Needs of Society*, Windsor, 1980.

Williams, G. 'The Economic Approach', in B. R. Clark (ed.), *Perspectives on Higher Education*, *Berkeley*, Cal., 1984, 79-105.

Youdi, R. V. and Hinchcliffe, K. (eds.) *Forecasting Skilled Manpower Needs*, Paris, 1985. 368

第四编 学 术

第十章　社会科学、历史学和法学

诺特克尔·哈默施泰因，迪尔克·海尔堡*

导　言

19世纪和20世纪初，一种潜在的历史方法成为很多学科的特征。① 几乎所有学科都是如此，尤其是在文科领域——语言学、哲学、艺术史和考古史、法学及所有与之相关的分支学科、经济学等，这种情况都以不同的形式表现出来。同样的方法论亦被社会科学、社会学、地理学、政治学、人种学（社会人类学）、经济学、法学、心理学（尤其是社会心理学）等学科所采用。上述学科，除法学和经济学外，大都是在第一次世界大战后，才在欧

* 诺特克尔·哈默施泰因负责社会科学与史学部分，余下法学部分由迪尔克·海尔堡负责。

① 参见本书第三卷第十一章。

洲的大学中逐渐出现。不过某些学科已经在一些大学(主要是德国和法国的大学中)中被讲授了相当长的时间。尽管这些学科所探讨的基本问题自人类出现就已存在,但它们却很少被称为社会科学。在取得大学对其地位的认可之前,这些新学科不得不采用了一些乏味的迂回路线,直到 20 世纪后半期,才得以庆祝它们的胜利到来。

在不同的国家,这些学科被大学所认可的方式明显不同。例如在法国,社会学成为大学学科的时间相对较早,尽管范围并不是很大。在英格兰,社会学主要是非大学人士、企业家、记者和知识分子的禁脔,并且自产生之日起就形成了强有力的实证研究方法,这与欧洲大陆形成了鲜明对
371 比。再以人种学为例,该学科在英国和德国最初只是博物馆学的一种,而在法国则是以人类学好奇心的副产品的形式出现的。政治学在德国是从金融和政治科学中演变而来,在英国则是从历史学和道德哲学中发展起来的。社会科学中其他学科的发展亦可表现出类似差异。

虽然进展缓慢,但重要的是,所有的欧洲国家都在 20 世纪对这些关注现代世界需求的学科逐渐开放。欧洲的大学在接纳新学科时一般都会面临诸多困难。这与美国的情况存有矛盾:在美国,学院传统教学项目已吸收融合了德国模式,结果它们对社会科学所涵盖的那些新学科采取了开放务实的态度。② 另外,美国大学不像欧洲大学那样以学院(faculties)为基础,而是以系部(departments)为基础,这也是其优势之一。美国能在很早的时候就授予社会学博士学位,而在欧洲,类似的论文很长一段时期内都被归属于其他不同学科内,这并非巧合。③

直到 1945 年之后,社会科学才真正取得实质胜利。④ 在美国,这些学

---

② P. T. Manicas, *A History and Philosophy of the Social Sciences* (Oxford, 1987), 214f.

③ A. J. Reiss, Jr, 'Sociology. The Field', in D. L. Sills (ed.), *International Encyclopedia of the Social Sciences*, Vol.XV (New York, 1968), 12.

④ R. A. Scott, 'Social Sciences. Introduction', in Clark and Neave, *Encyclopedia* Ⅱ, 2072.

科——尤其是社会学和政治学,被视为“民主社会的基本要素”。⑤ 二战期间,美国人把这一理念作为重要的制胜力量带到欧洲。由于这场比一战激烈程度更高的战争本身就是一次科学技术优势的竞争,因此各个国家的政治家和民众深刻认识到科学研究的重要性。作为在军事实力和对军事研究的战略关注方面最为成功的国家,美国成为各个国家竞相模仿的典范。美国的社会科学在很大程度上也是如此。二战之后,很多社会学家,如塔尔科特·帕森斯,认为借助科学的手段来规划进而实现更美好的未来是可行的,这是一个令人迫切把握的殷切期望。

战争的恐怖,纳粹的罪恶政策,欧洲意识的破碎,这样和那样的灾难带来的破坏,公民凝聚力和宗教信仰的丧失,所有这些都使得美国的生活方式看起来更具吸引力。人们开始放弃自己的传统,他们认为,由于有了这些能够解决所有社会和政治问题的新学科,迈向现代世界的进程方得以顺利启动。美国社会就是一个鲜活的例子,其本身就是以对社会科学的深刻洞察为基础的——正如李普赛特所阐释的那样。理性民意能够借助社会科学方法的途径而产生,它基于社会现实而非舆论和价值观的冲突而构建,其结果是国家的民主政治得以保障。 372

美国自身愿意接受这种社会乐观主义,那些受战争直接影响的国家更是如此。美国不仅仅是一个毋庸置疑的军事上的胜利者,也是知识上的胜利者和发展方向的主导者。在自由与人性理念基石之上,美国建成了一个人道、民主的社会。按照某种方式它似乎可以迁移到其他地方,但这种方式并不适用于欧洲模式的民主政府。美国自身确信其观念可以安全无虞地适用于任何地方,尤其是当它在德国拥有作为战胜国所具备的能力时。有人认为这取决于社会科学的性质,美国对实证性科研成果的运用确保了它的成功。⑥ 那些饱受战争打击、不满于欧洲境况的战后年轻一代的知识分子们,急切地把握住这些承诺,并利用科学方法和态度以确

⑤ F. H. Tenbruck, 'Deutsche Soziologie im internationalen Kontext', in *Deutsche Soziologie seit 1945, Kölner Zeitschrift für Soziologie und Sozialpsychologie, Sonderheft* 21 (Opladen, 1979), 71.

⑥ D. Bell, *Die Sozialwissenschaften seit 1945* (Frankfurt and New York, 1986), 60ff.; Tenbruck, 'Deutsche Soziologie' (note 5), 88ff.

保民主政治。这种相对的非历史性、普遍性的观念孕育着能够带来一种成功而备受赞誉的生活方式的希望，这要归功于新的技术和新的科学方法，因为似乎新的技术和新的科学方法赋予了这种生活方式稳定性和灵活性。“在某种程度上，这是战争的结果”，G. 威廉姆斯的论断或许有些夸张，但仍确实无误。⑦

社会科学在 1945 年之后之所以能取得成功的进展，一个关键因素是人们对美国在该领域卓越成就的普遍认可。当然，社会科学需考虑不同的国家传统，不过对美国理念和方法的接纳还是开创了国际学术视野的
373 整体感，为这些学科在 20 世纪五六十年代的发展提供了几乎无所不在的高度认可和公共影响，并一直保持到了 21 世纪。在那个年代，公共问题、经济问题和社会问题激发了人们异乎寻常的兴趣，这一方面是因为战争导致的破坏与流离失所，还因为欧洲国家普遍存在的社会不公现象。当然美国自己也需要解决由于战争而导致的巨大的社会动荡，实际上，在所有受到战争影响的国家，难以胜数的男青年——在一些情况下也包括女青年——都不得不参军服役或从事类似工作。现在，这些年轻人——不论其社会地位、工作和培训需求，迫使政府采取更积极的干预政策，而这需要从具有计划性和检测性的社会科学中找寻指导和建议。大规模的高校入学潮来势汹汹，而这些院校还没有做好迎接这一任务的准备。它们尝试掌握从社会科学中获取的有用知识，由此进一步给部分有争议学科的兴起提供了动力；同时，这也常常会给大学以刺激，让它们在 1945 年之后试图抓住机遇，发展到它们此前从未曾想象到的程度，并且吸引大量的学生。

这种发展并非突然启动，不会总在战争结束之时立即发生，也不会同时出现在所有的学科上。不过在 1970—1975 年间，那些此前被称作“人文学科”的社会科学已发展成为重要的引领性学科，其研究方法和科研成果被视为其他很多学科的基础原则和方法论典范。尽管它们也无法避免内部冲突或不同学派、不同研究方法之间的严肃论争，但从另一方面来看，

---

⑦ ‘In some cases this was the result of the war.’ G. Williams, ‘Introduction’, in Clark and Neave, *Encyclopedia* Ⅱ, 849.

引发争论，恰恰是活跃的和前沿性的学科在其发展中的必然。到 20 世纪 70 年代后期，这些学科中的很多学科要被迫应对那些对它们而言相当新的危机状况，而它们的主导地位并非毫无争议。现代科学的多样化发展和专门化趋势将导致学科地位的突然变化，催生出延至今日的领军学科，由此那些曾经似乎是不可或缺的知识在今天变得不合时宜。

20 世纪 40 年代一度流行的世界史观和学科被社会科学所取代，这不仅仅取决于政治和历史因素，还包括学科自身因素。因此在进行历史探讨之前，我们首先应对这些学科有所了解。同时，由于这些学科在战后欧洲的发展过程中，美国模式扮演了至关重要的角色，因而我们在研究各学科在欧洲大学的发展时，将按学科首先从它们在北美地区的前期发展历程着手。 374

社会学

美　国

每个学科的兴起，不仅源于不同的质疑路径，还源于对不同问题领域和不同问题组合的探究。一般而言，其研究目标是当时的人们尽其所能可以辨明的社会中的人，同时来自包括对政治、人类、经济、文化和历史等诸多领域的相关质疑也起到了重要作用，所有疑问的核心是“人”——可以是作为社会存在的人，可以是作为集体的人，也可以是作为个体的人。社会学同样如此。爱德华·希尔斯认为，最根本的议题是“人类的独特性和社会生活的基本规则”，亦有其他学者将之表述为“在集体行为或一般社会秩序影响范围内的人”。因此，社会关系，社会本质，社会系统和结构，社会阶层、组织、制度、机构，亚文化群，等等，均为社会学所研究问题的一部分。⑧

社会学在美国很早就得到认可并迅速发展起来，这与其在欧洲（可能

⑧ ‘Social relationships, the nature of society, social systems and structures, social stratification, organisations, institutions and communities, subcultures etc.’: some of the formulations in J. F. Short, ‘Sociology’, in Clark and Neave, *Encyclopedia* Ⅱ, 2169.

只有荷兰除外)的发展历程明显不同。1883 年,莱斯特·弗兰克·华德(1841—1913)出版了《动态社会学》教科书。1905 年,美国社会学协会成立。同年,弗兰克·威廉·萨默(1840—1910)的著作《民俗论》将社会学这门学科引介给了更多的社会公众。

1892 年,艾尔宾·斯摩在新建的芝加哥大学创办了社会学系。在威廉·伊萨克·托马斯(1893—1947)⑨和弗洛里安·兹纳涅茨基(1882—1958)的努力下,这里因"芝加哥学派"而声名鹊起。它从实用主义出发,促使社会学研究进入城市问题、种族关系、集体行为模式等实际领域,其目
375 的是明确导致社会秩序混乱的根源,从而改善其功能的发挥。

1895 年,《美国社会学杂志》在芝加哥大学出版社创刊。美国的高校,特别是中西部地区的高校,纷纷效仿芝加哥大学建立社会学系。由工业化、城市化和移民所导致的一系列实际问题是这些高校社会学教学与研究的焦点所在。

这一时期,社会学的主要关注点是对分析工具的开发与应用,以及出于把握社会现实而提出所谓的"好问题"。很多社会学家,如索斯藤·维布伦(1857—1929)和罗伯特·S. 林德(1892—1970),都在致力于揭露社会结构的不平等,以及分析资本主义政府体系的实际效果。20 世纪 20 年代末之前,美国绝大部分的社会学家都来自宗教界和农村地区,经验主义构成了他们开展研究的基础,其关注点直接指向了社区和社会中个人与群体的社会化的诱因及表现、这一进程中个人与群体的文化适应和去文化化,以及这一进程的政治后果等。⑩

20 世纪 30 年代,美国东海岸的传统大学成功地掀起了一场针对社会学缺乏明晰理论的运动。1923 年被苏联政府驱逐、后任哈佛大学社会学教授的彼特里姆·索罗金(1889—1968)为学生们开启了新的视角。他从详尽阐释社会学的概念和分类体系入手,来分析不平等、流动、动因和社

---

⑨ Known through the Thomas theory developed in collaboration with Znanicki[W. Rüegg, *Soziologie: Funkkolleg zum Verständnis der modernen Gesellschaft*, Vol. VI(Frankfurt,1969—1975),249].这些段落本人要特别感谢瓦尔特·吕埃格。

⑩ L. Bransom, *The Political Context of Sociology*(Princeton,1961).

会变革等现象。⑪ 同时，他也让学生们意识到社会学思想传统的差异。⑫该方式促成了“帕雷托学群”(Pareto circle)的出现，该群体的成员对帕雷托关联社会学与经济学的尝试兴趣不大，而是更为关注帕雷托创建综合的社会科学理论的努力。在帕雷托和涂尔干以及社会人类学家斯宾塞和马林诺夫斯基的共同影响下，索罗金的学生塔尔科特·帕森斯(1902—1979)从1937年起开始将应用结构与功能分析作为其毕生使命。⑬ 他与社会现实主义彻底决裂，发展出自己的概念体系，借此他得以将社会现象作为与所处的整个社会背景相互作用的动态因素加以分析，并且构建起了一种兼收并蓄的理论和方法论。帕森斯的目的是建设一个统一的、有科学依据的社会环境，这种社会环境的有效性不再由社会中某一占主导地位的领域决定，而是取决于社会活动的整体情况。20世纪60年代，帕森斯的“结构功能主义”⑭——经由其他学派代表人物的努力而得以拓展——主导了全美乃至大部分欧洲的社会学。 376

在纽约，由罗伯特·K. 默顿(1910—2003)和乔治斯·G. 霍曼斯(1910—1989)⑮带领的哥伦比亚大学的社会学家们，成功地将结构功能分析应用到实证案例研究之中。默顿对帕森斯关于整体社会体系的理论主张加以扬弃，在此基础上形成了关于中间适应性的理论。该理论采用结构功能分析的方法对诸如社会变革、科学技术发现的社会环境、社会活动及社会价值传播过程中相关群体的重要性等社会学问题进行研究。⑯ 这样一来，功能主义主要是作为一种颇有成效的实证研究方法得到了发展，

---

⑪ P. Sorokin, *Social and Cultural Dynamics*, 4 vols. (New York, 1937).

⑫ P. Sorokin, *Contemporary Sociological Theories* (New York, 1928).

⑬ T. Parsons, *The Structure of Social Action* (New York, 1937).

⑭ T. Parsons and E. A. Shils, *Toward a General Theory of Action* (Cambridge, Mass., 1951); T. Parsons, R. F. Bales and E. A. Shils, *Working Papers on the Theory of Social Action* (New York, 1953). R. *Dahrendorf*, *Die angewandte Aufklärung: Gesellschaft und Aufklärung in Amerika* (Munich 1961); N. Herpin, *Les sociologies américaines et le siècle* (Paris, 1973).

⑮ G. C. Homans, *The Human Group* (New York, 1950).

⑯ R. K. Merton, *Social Theory and Social Structure: Toward the Codification of Theory and Research* (Glencoe, Ⅲ., 1949); R. K. Merton, *On Theoretical Sociology: Five Essays, Old and New* (New York, 1967).

但在其所宣称的为所有事物提供一种令人信服的社会学理论方面却未能取得进展。这在默顿的哥伦比亚大学同事保罗·拉扎斯菲尔德(1901—1976)所从事的一系列实证研究工作中表现得尤为明显,保罗的研究工作包括诸如美国公民的选举行为以及他们对无线电的使用情况等。[17]

在此期间,社会学成为一门专业化学科,联合国教科文组织还授命拉扎斯菲尔德对社会学发展概况进行调查。[18] 社会学因其自身的学术地位和精神特质而成为大学中一门重要的学科。随着越来越多的社会关系被当作社会问题重新界定,对训练有素的社会学家的需要也日益增长。到1960年前后,美国几乎所有的大学都设立了社会学系,授予的社会学博士学位超过70个,其他层次的毕业生也持续增加,形式多样的专业学术活动日渐活跃,最明显的表现就是美国社会学协会的下设部门及其成员数量的增长。该协会涵盖了所有能想到的社会学感兴趣的每一个枝节。1963
377 年时,协会下设5个部门,到1976年增至14个,1988年增至26个。1945年,协会成员约为1000人,1972年为15 000人,1980年骤增至56 000人。[19] 尽管20世纪80年代协会成员人数暂时有所下降,不过这仍确定无疑地表明这个学科已经形成。在二战后的20—30年间,社会科学成为最有可能实现如下希望的学科,即建设一个更加美好、公正、和平的社会。

然而到20世纪50年代末,哥伦比亚大学出现了一场激烈的对抗运动,其代言人查尔斯·赖特·米尔斯(1916—1962)提出以"社会镶嵌理论"(engaged sociology)来抗衡默顿和拉扎斯菲尔德成功确立的立足于理论的实证社会学。这种新式社会学批判了在数据统计关联性方面的自我炫耀式的增长,认为这不过是打着抽象理论和科学中立实证论的幌子,仅仅服务于美国权力精英的利益。他们认为,这种做法的唯一目的就是借助这

---

[17] P. F. Lazarsfeld, *An Introduction to Applied Sociology* (New York, 1975); R. K. Merton, J. S. Coleman and P. H. Ross (eds.), *Qualitative and Quantitative Social Research: Papers in Honor of Paul F. Lazarsfeld* (New York, 1979); J. Lautman and B. Lecuyer (eds.), *Paul Lazarsfeld (1901—1976): La sociologie de Vienne* (New York and Paris, 1998).

[18] P. F. Lazarsfeld, 'La sociologie', in *Tendances principales dans les sciences sociales et humaines: Première partie* (Paris, 1970), 69-197.

[19] Clark and Neave, *Encyclopedia* Ⅱ, 2170ff.; L. J. Rhoades, *A History of the American Sociological Association 1905—1980* (Washington, 1981).

种调查方式来操纵那个沉湎于消费和娱乐、对政治无动于衷的美国社会。毕业于哥伦比亚大学的阿文·W. 高德纳(1921—1982)在其1970年出版的一本书中,以最极端的语言表达了这种抨击,引起了巨大的震动。⑳

社会学和其他社会科学一同在动荡的20世纪60年代成为人们的兴趣焦点。民权运动、越战、嬉皮士、大学学潮为这些学科提供了发展的土壤,因为这些学科宣称它们不仅可以对社会及其组织和缺憾的状况与可能性进行分析,还能够加以改善。社会科学衍生出很多新领域、新理论和新的分支学科,这在一定程度上使社会科学在20世纪70年代名望和声誉迅速衰退时期得以幸存下来。愈发明显的是,70年代末带着近乎宗教式的狂热引发的有关理论和技术用语的频繁讨论并没有产生效果。它们的确在理论和实践导向方面做了很多努力,但并没有哪种努力得到普遍认同,诸如新机能主义、结构主义、理性选择理论、认知社会学、语言变化、后结构主义、后现代主义、符号互动论、新种族方法论等层出不穷、混乱不堪。政治家,实际上甚至连科学家都不再信任作为基础科学的社会学的功能,致使20世纪80年代社会学的经费削减、声誉受损,在政治活动中更容易 378
遭受攻击。同时它推动新马克思主义的传播,这在美国是个新生事物。当然,基于实证的社会学最终仍是该学科的永恒主题和最重要的部分,同时社会学的专业性进一步加强,现在毕业资格和考试文凭变得愈发重要。

欧　洲

如本章导言所述,美国的主导地位无疑对社会科学在欧洲的发展产生了影响,不过,即便成长中的国际主义依然存在,科学和文化的本土意识以及理论传统过去不曾、现在也不会被轻易地压制。实际上,在"较为柔软"的人文学科和社会科学方面,这种本土意识和理论传统扮演的角色比它们在那些业已形成的表面上似乎很稳固的自然科学领域更为重要。与其他学科相比,人文社会学科只是对某些文化中方法的采纳和应用更为快捷。从对欧洲一些国家的研究中,这一点展露无遗。

⑳ C. W. Mills, *The Sociological Imagination* (New York, 1959); A. Q. Gouldner, *The Coming Crisis of Western Sociology* (New York, 1970); S. Lukes, Emile Durkheim: *His Life and Work. A Historical and Critical Study* (London, 1973).

一战以前，在奥古斯特·孔德和埃米尔·涂尔干（他们都是致力于社会科学的权威人士）曾经工作过的法国，社会学在除波尔多和巴黎之外的大学里的角色甚至是微不足道的，只是被视为某种应用性或实用性学科，没有独立的学科地位。涂尔干27岁时在波尔多大学获得"社会科学和教育理论"教席，开设讲座并出版社会学著作。1897年，他创立了权威刊物——《社会学年鉴》。1902年起，涂尔干在索邦大学（即巴黎大学，本节下文同——译者注）担任教育学教授助理。1906年他开始主持教育学教席。1913年，巴黎大学为涂尔干设立了社会学教席，涂尔干在此教席主持了四年，直至去世。尽管涂尔干在社会学方面有着不弱于在其他学科方面的持续影响力，但官方对于社会学的冷淡态度并未因此而改变。

在法国，人们认为社会学应该传递出基于哲学和理论的知识，实际上这并非在呼吁开展实证领域的研究，[21]此类工作被视为非大学的专门机构的职责范畴。社会学在当时几乎完全缺乏其在现代大学取得显著成效的量化基础。在20世纪40年代末50年代初，社会学可能有助于实现经济

379 复苏、建设美好社会的观念迅速传播，但这对巴黎大学这所法国最负盛名的大学几乎未产生任何影响，直到1958年，雷蒙·阿隆才获得教授社会学的资格。

1956年，法国孟戴斯-弗朗斯政府实行大学改革，这场改革在一定程度上是社会科学推动的结果。改革的直接结果是促成了法国高等研究实践学院第六部的成立。这所学校始建于1868年，是一所私立院校，但它在师资和校址方面与巴黎大学有着千丝万缕的联系，在引导高年级学生开展研究方面借鉴了德国的习明纳和实验室模式。1963年，高等研究实践学院第六部改组为高等社会科学院，与法国人文科学院的创办联系在了一起。[22]

作为大学的一门学科，社会学在巴黎大学以外的传播是以另外一种方式果断推进的。在法国国家科学研究中心的框架内，社会学研究机构开始得到发展。这些机构在行政和法律上隶属于国家科学研究中心，但

㉑ C. E. Lemert(ed.), *French Sociology*(New York, 1981), 12ff.

㉒ 见第三章第95—96页。

却是由大学教授担任领导，因而这些教授除了在大学开展教学工作外，还可在此岗位上进行研究。通过这种方式，法国大学形成了这样一种局面，即社会学能够运用自身的研究服务于教学。

社会学大致沿四个方向发展，除一个方向外，其余三个方向均深受北美模式的影响。方向一采用了帕森斯的结构功能方法，默顿以中程理论的形式发展了该方法。弗朗索瓦·布里科（1922—1991）通过对帕森斯社会学思想的翻译和批判，为功能主义在法国的传播做出了重要贡献，他还将其应用到国家科学研究中心委托的有关南美的研究项目之中。㉓ 曾在斯坦福大学学习、在哈佛大学开设客座讲座的米歇尔·克罗齐耶（1922—），后来担任国家科学研究中心的主管。他在促使基于思想体系的社会学方法与开展有关工作关系和组织形式的实证性具体分析的社会学相适应方面，发挥了积极作用。㉔

方向二涉及方法论和对以数学为基础的定量社会学的应用。该方向的倡导者雷蒙·布东（1934—）在 1965—1970 年间与保罗·拉扎斯菲尔德合作出版了该方向社会学的基础性教科书。作为巴黎大学教授以及国立研究机构的负责人，雷蒙对社会学的专业化及其向服务教育和经济政策 380
方面的延伸影响甚深。㉕

阿兰·图海纳（1925—）是第三个方向的代表，该方向主要是由战后初期马克思主义导向的社会学家组成。完成在美国的学业，经过 1968 年学潮之后，阿兰开始尝试不同于以往的分析方式以影响社会变革。㉖

㉓ F. Bourricaud (ed.), *Éléments pour une sociologie de l'action, introduction à T. Parsons* (Paris, 1955); F. Bourricaud, *Changement à Puno: Étude de sociologie andine* (Paris, 1962).

㉔ M. Crozier, *Le monde des employés du bureau* (Paris, 1965).

㉕ R. Boudon and P. Lazarsfeld, *Le vocabulaire des sciences sociales: Concepts et indices* (Paris, 1965); R. Boudon and P. Lazarsfeld (eds.), *L'analyse empirique de la causalité: Choix de textes* (Paris, 1966); R. Boudon, P. Lazarsfeld and F. Chazel, *L'analyse des processus sociaux* (Paris, 1970); R. Boudon, *L'analyse mathématique des faits sociaux* (Paris, 1967); R. Boudon, *Quantitative sociology* (New York, 1975).

㉖ A. Touraine, *La conscience ouvrière* (Paris, 1966); A. Touraine, *La société invisible 1974—1976* (Paris, 1977).

第四个方向源于民族学，这是一门在法国历来都很重要的社会科学。㉗ 皮耶·布迪厄(1930—2002)的社会学研究生涯是从对柏柏尔人(Berber)文化的实地考察开始的，很快就获得成功。一系列研究成果的出版——其巅峰是1960年《阿尔及利亚社会学》的出版——使布迪厄在1964年获得了高等社会科学院的研究教授职位，并担任研究部主任。布迪厄有关文化和教育社会学的工作在很大程度上是以对日常生活的实证分析为基础的，这使他在法国和国际上声名鹊起。1982年，法兰西学院专门为他设立了社会学教席，使社会学这门在四分之一世纪前还被当时法国保守的当权派蔑视的学科获得了无上荣耀。布迪厄的成就在于他把社会科学的结构主义范式和马克思主义范式结合在一起，这在法国现代社会学类型中占据了支配地位，同时也符合国际发展趋势。他运用马克斯·韦伯的社会活动和符号互动理论对克劳德·列维-施特劳斯的结构主义进行了社会学解释。通过对不同于冲突理论的其他社会对抗的引介，布迪厄从理论上和实践上扩展了卡尔·马克思创立的阶级斗争理论。当然最重要的是，布迪厄用一个极为重要的社会学概念"习性"(*habitus*，或译为"习惯")取代了社会环境这一狭隘的教条式概念，以此为社会和文化条件及其互动的多样性——这构成了所有社会活动的基础——提供了一种共同特性。㉘

1945年时，意大利的大学还没有单独设置的社会学教席，社会学课程是由一些哲学、法学或社会政策教授讲授的。1950年和1952年，佛罗伦
381 萨大学和罗马大学分别设立了社会学学科。1964年，特伦托大学组建了一个独立、完整的社会学系。截止到1991年，意大利大学中已有662名社会学领域的教职人员。从20世纪60年代起，意大利的社会学家已涉足社会科学的所有领域，特别是公共服务和社会服务领域。㉙

㉗ Reiss, 'Sociology' (note 3), 14.

㉘ 德裔美籍艺术史学家欧文·帕诺苏斯基(Erwin Panofsky)从经院哲学中借用"*habitus*"这一术语，用于描述文艺复兴时期艺术家的通才教育。不过这一术语进入大众视野，布迪厄是首倡者。

㉙ F. Barbano, *La sociologia in Italia: Gli anni della rinascità* (Turin, 1985); F. Barbano, *La sociologia in Italia: Ingressi teorici negli anni della formazione ('50—60)* (Turin, 1986); D. Pinto (ed.), *Italian Sociology: A Reader* (Cambridge, 1981).

除美国的社会学外，马克思主义在社会学的所有不同模式中都扮演了主要角色，成功地将社会批判变成了大众运动。1960 至 1980 年间，如下内容成为社会学研究的主要议题：工作、社会活动、社会阶层、精英统治，还有最为重要的资本主义生产与劳动组织、社会机构的适应机制、阶级和学校体系，以及在经济、社会和文化上服务于统治阶层的社会学等。在剧烈的社会变革和社会流动时期，这种状态被解释为是统治阶层的担保者。[30] 另一方面，意大利社会异常混乱的现代化进程致使大批社会学家支持那些拥有政治权力、能够影响变革的人。而所有形式的政治介入通常都会导致对理论工作的忽视，这种情况到 20 世纪 80 年代末才开始改变，基于实证研究的理论工作开始加强，然而在很多情况下仍相当不完整，缺乏确实可信的系统性——仅有亚历山大·皮佐诺(1924—)是个例外。[31] 不过，这门学科还是开始摆脱其主要用作政治学附庸的状态。

1995 年前后，意大利的社会学主要集中在文化社会学、政治社会学、工作和组织社会学、社会现象学等领域，前景有限。至少到目前为止，其学术发展无法克服两个障碍：各研究中心之间制度性联系的缺乏，以及在史学和哲学支配的意大利学术文化中社会科学的扭曲。[32]

尽管英国在 1914 年之前就发展了其特有的社会学研究方法——“调查”，尽管英国拥有赫伯特·斯宾塞这位在社会学方面影响遍及本土乃至大西洋两岸的社会学和教育学名家，但直到 20 世纪 50 年代以前，社会学作为一门学科仍只是在大学特别是牛津和剑桥两校内缓慢而踯躅地发展。长期以来，不管是大学还是地方社区或专业机构，社会学研究仅仅是 382 一种“社会工作”，即便有人通过了相关考试，或是进行了案例研究，也都不会因此而获得学位，而只是得到某种证明或文凭而已。社会学作为一门学科能够得以授予学位，伦敦经济学院功不可没：在这里，社会学和经济学、史学、人类学一同为人所学习、研究。在伦敦大学示范作用下产生的城

---

[30] F. Ferrarotti, *Una sociologia: Dalla sociologia come tecnica del conformismo alla sociologia critica*, 5th edn(Bari, 1975).

[31] A. Pizzorno, *Political Sociology: Selected Readings* (Harmondsworth, 1971); A. Pizzorno, *I soggetti del pluralismo: Classi, partiti, sindacati*(Milan, 1980).

[32] 本段内容需感谢乔瓦尼·布希诺(Giovanni Busino).

市学院，特别是莱斯特大学和诺丁汉大学，首次在伦敦以外的地方设立了社会学教授席位。在大学内部和大学之间，社会学家与历史学家建立起了密切的联系，后者在社会学发展过程中发挥了重要作用。人类学和心理学继续独立发展，工业社会学也是如此，因而比起与法国或德国的联系，它们与美国机构（并非所有的大学）的联系更为强烈。在英国，教育变革特别是大学扩张是通常所称的“社会研究”最主要的促成因素，这种称谓主要是依据实际内容而非学院式的学科标准来划分的。包括牛津和剑桥在内的一些大学对“社会科学”这一用语持抵制态度。20 世纪 60 年代涌现出一些新大学，其中很多大学注重课程改革，追求学科交叉，这使得该时期成为社会学教授（讲师）和学生数量增长最快的阶段。相对于小规模团队和学生一起准备单个研究项目来说，课堂教学是一种不太受青睐的学习方式，而到 20 世纪七八十年代则出现了相反的迹象，学生们更偏爱那些容易就业的课程，这在很大程度上是经济形势变化所导致的结果。不过到 20 世纪 90 年代，随着高等教育的重组，依附于媒体的“社会研究”达到了前所未有的繁荣程度。[33]

德国在 20 世纪上半叶所拥有的社会学家数量仅次于美国，但却鲜有大学设立社会学教席。社会学总是与那些已得到认可的学科——一般是经济学或哲学——一起被讲授。不过这并未掩盖如下事实：一场有关社会学本质和理论的广泛而深具影响的讨论已经出现，国外地区也关注到这场讨论。参与该讨论的重要人物——盖奥尔格·西美尔、马克斯·韦伯、斐迪南·滕尼斯、弗兰茨·奥本海默、阿尔弗雷德·菲尔坎特和卡尔·曼海姆——进一步充实了这场旷日持久的国际性的理论讨论。虽然
383 以史学和人文学科为导向的社会学也能够采用实证方法，但其首选的定位仍是基于德国的历史、政治和哲学传统。尽管社会学在大学里的声望不高（这与欧洲其他国家一样，越是传统的教授越倾向于与之保持疏离），

㉝ 本段内容需感谢阿萨·布里格斯。

不过自一战之后，一些地方还是开始有条不紊地教授社会学。㉞ 除了柏林（对各种事物持开放态度是其传统），这种意义深远的状况首先出现在了一些主要城市（法兰克福、科隆、汉堡）的新大学里，随后是莱比锡、基尔和哥廷根，在这些城市的大学中，现代经济学和数学占据了相当重要的地位。

纳粹对社会学甚少关注。1933 年，纳粹驱逐犹太裔学者和政治对立人士，对社会学和其他学科造成了沉痛打击。众多知名社会学家被迫远走他乡，留下的是一个日渐衰微的学术界。当然，这不是说社会学像人们长期确信的那样几于彻底消亡，一些年轻的社会学人尤其是人口统计学、农业社会学、统计学和工业社会学方向的学者仍可在大学工作，他们多从事实证工作，并推动了社会学的专业化进程。

1945 年后，美国人明确鼓励包括社会学在内的社会科学在西德大学里的复兴，他们希望看到社会学能够作为一门应用学科来传播。很快，社会学在 1933 年之前所呈现出的遍地开花的局面通过新的教学和研究活动得以重现。㉟ 这得益于勒内 · 科隆、马克思 · 霍克海默、西奥多 · W. 阿多诺、赫尔穆特 · 普莱斯纳等侨民的回迁。到 20 世纪 50 年代中期，社会学还只是边缘性存在，同期出现了一场关于如何理解这一学科的激烈争论，人们根本不清楚社会学研究怎样才能以更引人注目的形式呈现出来。社会学教席主要设置在经济或人文院系，直至 20 世纪 50 年代仍然没有制定约束性的考试规程。

到 1952 年，西德已有 10 个社会学教授席位，此后社会学的教授席位与学生人数急剧增长，特别是在 20 世纪 60 年代，并在 1970/1971 年达到顶峰。当时有不少于 131 名的社会学教授活跃在西德大学的不同岗位上。 384
从 20 世纪 70 年代中期开始，学生数量的增长和学科自身的扩张出现了大

㉞ D. Käsler, *Die frühe deutsche Soziologie 1909 bis 1934 und ihre Entstehungsmilieus* (Opladen, 1984); K. W. Nörr, B. Schefold, and F. Tenbruck (eds.), *Geisteswissenschaftenzwischen Kaiserreich und Republik: Zur Entwicklung von Nationalökonomie Rechtswissenschaft und Sozialwissenschaften im 20. Jahrhundert* (Stuttgart, 1994).

㉟ 参见：G. Lüschen (ed.), *Deutsche Soziologie seit 1945*, Kölner Zeitschrift für Soziologie und Sozialpsychologie, Sonderheft 21 (Opladen, 1979)，特别是 R. Lepsius, *Die Entwicklung der Soziologie nach dem Zweiten Weltkrieg 1945 bis 1967*, 25-70. 统计数据和进一步的分析参见上述论著。

幅萎缩，其原因在于经济危机的爆发及由此导致的对大学资助的减少，更深层次的原因是 20 世纪 60 年代末 70 年代初大学生抗议期间社会科学角色的不确定性，以及在当时那个陶醉于规划的时代社会科学所受到的单方面优待。这一时期人们对社会学的可靠性与科学性的信心有所下降，不过该学科的地位及学科自身对其角色的理解始终未存异议。

1945 年以后，西德的社会学领域形成了三个相互竞争的学派。第一个是列奥波特・冯・维泽和勒内・科隆领导的科隆学派，倾向于理论化、国际化和实证分析；第二个是法兰克福社会学群——后以法兰克福学派而知名，该学派由持自由马克思主义立场的学者组成，领军人物是霍克海默、阿多诺以及此后的哈贝马斯；第三个是赫尔穆特・舍尔斯基领导下的明斯特学派，舍尔斯基基本上是精确地运用实用和实证的方法开展研究，不太注重理论发展，正因如此，这一学派得以吸收了大部分社会学领域的大学教师。第三帝国时期，留在德国的那些学者最初都汇聚在上述学派周围。一部分来自大学以外的机构（这些机构是在二战后按照美式路线创办的）中的学者进行了调查研究，继续与大学并存。尽管在有限的一段时期内社会学曾在学生间享有盛誉，但在大学这个创立社会学的机构内，它并没有持久的影响力。社会学的公共声望有所提高，不过它却从未达到与其在美国所拥有的地位相媲美的高度。学习社会学的学生的前景亦是如此，除研究机构和大学外，他们实际上几乎没有任何就业机会。

尽管如此，由于同时期的每所大学都开始讲授社会学，因而它就成为定制。不过社会学在统一的表现形式方面的欠缺使之格外重视提供可信赖的技术与材料，以此增加学生的就业机会，打消其他学科领域中具备相应学术背景的同事们的疑虑，提高学科的可靠性。曾经在学生抗议时期达到极致的阐释转瞬即成往事，而左翼倾向也不再贯穿于社会学的所有分支。甚至连法兰克福学派也都几乎不再依赖于其早期的经典和理念。他们对（可能）存留下来的法西斯和纳粹思想的兴趣重心，使得马克思主
385 义的分析方法仍旧保持了生命力，不过这并没有让他们接受早先魏玛政

府时期的极端立场。㊱ 这进一步发展成"批判理论",该理论宣称要诠释历史全貌,但也得以从列宁-斯大林主义中脱离出来。异化、盲目崇拜、虚假意识/道德成为该学派的暗号,它们被暴露在它们依赖的基于利润积聚的晚期资本主义体系的繁衍机制内,并由此而为人所明辨进而走向终结。㊲

与苏联一样,在德意志民主共和国,马克思主义观决定了其与社会学及其他社会科学的关系。处于从属地位的社会科学被迫根据执政党的路线传播教条。在东德的大学里,即便历经多年,社会科学的意义也未有所增加。直至两德统一以后,它才得以按照类似于西德那样的模式被引进或重新引进。㊳

政治学

政治学和社会学一样在概念上有着不确定性,这在德语地区非常明显。称之为政治学(political science)、政治科学(science of politics)或政治(politics),依据的都是人们希望如何定义这门学科。尽管长期以来关于国家、合法性、权力、主权、正义和其他事项的争论一直存在,但政治学以大学学科的形式出现是相当晚的事情。19 世纪的时候,政治学在法国和意大利是作为法学的一部分被教授,在德国是宪法研究的一部分,直到 1945 年以后才具有了完全不同的特点。这种变化并不是以某种统一的方式发生的,而是经过了激烈的争辩。先前有关宪政国家、合法治理、守法机构的规范性原则与该学科不同表现形式和排列组合而形成的实用性、描述性、行

㊱ C. Albrecht, G. C. Behrmann, M. Bock, H. Homann and F. Tenbruck, *Die intellektuelle Gründung der Bundesrepublik: Eine Wirkungsgeschichte der Frankfurter Schule* (Frankfurt and New York, 1999).

㊲ O. Rammstedt, 'Formierung und Reformierung der Soziologie im Nachkriegsdeutschland', in K. Acham, K. W. Nörr and B. Schefold (eds.), *Erkenntnisgewinne, Erkenntnisverluste: Kontinuitäten und Diskontinuitäten in den Wirtschafts-, Rechts- und Sozialwissenschaften zwischen den 20er und 50er Jahren* (Stuttgart, 1998), 251-289.

㊳ Cf. J. -S. Kowalczuk, *Geist im Dienst der Macht: Hochschulpolitik in der SBZ/DDR 1945—1961* (Berlin, 2003); M. Parak, *Hochschule und Wissenschaft in zwei deutschen Diktaturen: Eliteaustausch an sächsischen Hochschulen 1933—1952* (Cologne, Weimar and Vienna, 2004).

为主义及心理学的概念相结合——实际上是被后者所取代，进而分化出
386 很多分支学科，这些分支学科大都是与其他社会科学结合而形成的。与史学结合回归到传统理论，或是与心理学（行为背景）、社会学（社会背景）、社会人类学（文化背景）相结合，不管怎样，根据其所探究的问题，政治学形成了丰富多样的研究领域。[39] 只有在一个有限的程度内才有可能将政治学归纳为一个单一的概念。

另一方面，这种信念能够在1945年之后的现代世界得以确立，需要对国家间人类共存的可能性进行理论研究和实践探索。人们认识到，政治学研究可以使服务于公共利益的现代民主形式的公共生活在一国体系内成为可能。这一理念来自对如下现象的观察，即在那些处于繁荣中的西方民主国家，特别是美国，几乎每一所大学都教授政治学这门社会科学。

1945年以后，政治学很快通过极力争取成功地在美国大学中获得一席之地，同样的事情在欧洲国家仅仅缓慢地启动，美国这一新兴世界强国的典范也在其中起了推动作用。[40] 这种相信该学科有能力创造一个更加美好、更加公平的世界的信念，促使联合国教科文组织把政治学作为一门重要的大学学科推荐给了其所有的成员国。他们认为该学科是在二战灾难之后成功实现社会重建的正确工具。[41]

因此，20世纪50年代，在几乎所有的欧洲国家里，政治学开始作为大学的一门学科得到发展，并且和社会学一样在20世纪70年代达到第一个高峰。尽管国家传统依然重要，但更高程度的国际化的学术方法和学术研讨在此期间成为标准。由挪威人斯特恩·罗堪领导的欧洲政治研究学会（European Consortium for Political Research）按照在密歇根大学的同类学会（即1962年密歇根大学成立的“政治与社会研究校际学会”，Inter-university Consortium for Political and Social Research——译者注）的方式成立，该学会成为联系跨国研究的纽带。福特基金会为该机构提供了大量

[39] O. Ruin, ‘Political Science’, in Clark and Neave, *Encyclopedia* Ⅱ, 2126f.; *Handwörterbuch der Sozialwissenschaften*, Vol. XIII (Göttingen, 1964), 388ff.

[40] 特别参见：W. C. Andrews (ed.), *International Handbook of Political Science* (Westport, Conn., and London, 1982).

[41] *Ibid.*, 3ff.

捐赠。该学会通过召集会议、出版期刊以及为年轻学者提供支持的方式鼓励欧洲合作开展研究，以提供制衡北美的力量。

20 世纪 50 年代末进行的一项关于政治学家的调查显示，当时英国有 587 名政治学家，德意志联邦共和国为 390 名，法国为 306 名，荷兰为 164 名，意大利为 112 名，比利时为 92 名，丹麦为 83 名，瑞士为 81 名，瑞典为 80 名，西班牙为 26 名，葡萄牙为 4 名。[42] 就比例而言，这个数字显然高于 387 美国，在数量上处于领先地位，在某些大学里该学科的学术人员甚至超过 30 人。这样一来，这个学科的很多不同方法和概念都能够找到表达的途径。同时这也表明政治学在政界受到的高度评价。

当然，随着政治和意识形态状况的变化，政治学的核心议题、理论研究和研究方法也随之改变。这是政治学宣称能够明辨、分析和改变当下政治环境和问题的自然的结果。简单了解一下政治学选择的一些研究领域，就可以看出为什么大学政治学研究在不同国家有不同的发展路径和发展方向。

战后，有关权力、国家利益、合法性和政治机构以及国际关系的问题似乎都一涌而出并持续到 20 世纪 50 年代。战后第一代政治学家把这些问题视为具有决定意义的基础性问题，而这些问题大体上被其后更专业的研究者们所回避。昆西·怀特、雷蒙·阿隆、简·梅诺、汉斯·摩根索、卡尔·J. 弗里德里希、亨利·基辛格和伯特兰·德·朱内凡等人，在处理这些问题时采取了历史与政治相融合的思考方式。此后，有关合法性的问题开始盛行，这些问题对政治稳定的重要意义成为李普塞特、亨廷顿和兹比格涅夫·布热津斯基主要的兴趣点。与此同时，被黑格尔、马克思、列宁或奥斯瓦尔德·斯宾格勒、弗雷多·帕雷托和马克斯·韦伯等人阐述的有关宏伟世界蓝图的讨论也在持续进行。他们不仅促进了李普塞特和斯特恩·罗堪的政治学研究，而且对诸如舒默凯·艾森施塔特等社会学家也产生了影响。另外有些学者选择了社会达尔文主义的方法，这在康拉德·洛伦兹的著作中得到证实。还有一些学者，如 C. H. 沃丁顿、卡尔·萨根、鲁伯特·里德尔等，为了得到某种科学尊严的保证而宣称支持

---

[42] *Ibid*.6，footnote 19.

以社会生物学为基础的政治学。[43]

20 世纪 60 年代，这些主题逐渐退居幕后。更专业的问题和更具限定性的分析——决策过程分析、政治行为个案研究、选举分析等——与关于政治学本身学术有效性和关于以数据为基础的研究方法的必要性等方法论议题一同主导了相关研讨。借助明确的指导原则，政治学获取了有关自身认识及其学术地位的界定(当然该过程并非毫无异议)。这些对方法
388 论的关注一部分趋向于和人文学科日渐紧密，一部分则趋向于精确的科学程序。唯一可以预料的是，它们通常是建立在某些著名理论或复兴某些传统理论的基础之上的。在威廉·狄尔泰的带动下，一些学者将精力集中在了诠释学(或解释学)上，其中有美国学者列奥·施特劳斯和理查德·考克斯，英国学者彼德·拉斯莱特和迈克尔·欧克肖特，以及法国学者雷蒙·柏林和罗贝尔·德拉泰。20 世纪 50 年代，一种新的左翼倾向开始产生影响，相比来自其他理念的影响。这种倾向更多地受到了北欧社会民主主义和马克思主义政治学的影响，后者是一种以阶级对抗为基础的批判性学说，它对社会财富分配关注较多，对其生产则关注较少。这种左翼倾向所追求的目标是一种近乎无政府状态的自在型开放社会，并且认为推动这一目标的实现是国家的责任。该倾向遭到驳斥，因为人们认为自由市场和公平竞争足以带来一个开放和民主的社会，[44]对大多数人而言这是不言而喻的，同时这也是政治学领域缺乏统一认识的特征之一。

在热衷于从心理学角度理解政治学的人(尤其是弗洛伊德或阿德勒的追随者)中，那些以人种学为基础的人(其灵感来自玛格丽特·米德和丹尼尔·莱文森或列维-施特劳斯和让·皮亚杰的研究结果)与那些拥护博弈论或数学分析的人，彼此间为了寻找并运用正确且最有成效的方法而展开竞争。其中不乏那种觉得只要通过实证验证和相应的标准化程序就可以提供问题解决方法的政治学模式的代表。现代数据技术——这要归功于计算机和量化方法的采用——可以提供较 1950 年之前更有把握的

㊸ *Ibid.*,9.

㊹ 其中有卡尔·波普尔(Karl Popper)、哈耶克(F. von Hayek)、米尔顿·弗里德曼(Milton Friedman)；见：Clark and Neave, *Encyclopedia* Ⅱ, 2126ff.

研究成果。此外，还有一些政治学家认为政治社会学及其实证方法存在欠缺，因此转而更加强调实验数据。㊺ 系统论、认知研究和模型化及其他观念都对学者们产生了影响，然而，方法论和知识途径的多样性导致这门学科变得模糊、主观或者漫无边界。其核心内容——人类社会生活的成就、可能性和状况——依然保持完整，并在理论学派、学术活动和大学之间出现了诸多层次的认识。到 20 世纪 70 年代初，在没有激化对政治学的知识产生能力质疑的情况下，这种曾长期处于争论中的关于统一方法论和理论的观点最终为人们所弃，同时政治学在大学中的地位变得更加牢固。 389

对政治学认识更为规范的学者代表抛弃了在美国长期占据主导地位的行为主义者的理论。社会科学领域中的行为主义——与其在政治学领域一样——都专注于人类生活中那些显而易见的以及观察家们可以迅速达成一致的方面。虽然不能明确断定这些人的动机和驱力来自外部，但这却可以从他们的行动中推导出来。有人认为，这也适用于那些拥有各自兴趣焦点的群体、机构、社会团体和组织。他们的出发点始终是所有分析的实证基础，即个人。"证实假设、量化技术、纯粹科学"是大卫·伊斯顿所阐述的能够通向学术研究结果的方法论步骤。㊻ 此外，人类学、心理学和社会学知识的相互结合，换言之即学科交叉，也是非常有用的。为了使政治行为主义的绝大多数声明显得无懈可击，理论与实证数据要相互一致。有人认为，理论家和经验主义者都将从中获益。与其找到一个包罗万象的纲要性理论，不如围绕可证实的假设进行自我定位。任何形式的确保科学的(或至少表面上是科学的)方法都能用于开展这些分析。人们希望政治学家能够通过这种方式形成一种建立在稳固常识基础之上的关于人类生活以及人类社会的一般性理论。实际上该目标并未实现，不过这一过程中却产生了很多非凡的见解，丰富了这门学科。

在 20 世纪 70 年代，这种方法的影响逐渐减弱，被迫让位于一种经过

㊺ 如默顿(R. Merton)、李普塞特(M. Lipset)、丹尼尔·勒纳(Daniel Lerner)、欧文·绍伊希(Erwin Scheuch)、佩尔蒂·皮森恩(Pertti Pesonen)。

㊻ 引自：Sills, *Encyclopedia*, Vol. Ⅻ (note 3), 296f.

修正的理论，即后行为主义。现在这一理论中诸如“关联、参与、行动”等观念都是其组成部分，这些观念也不能促成该学科统一概念的形成。因此不论是在单个国家还是从国际上看，政治学和政治一样，都是以观点多样性以及现实的观念调和为特征的。[47]

1945 年之后，某些欧洲国家的政治学发展一直在一定程度上受到美国的支配。在法国，尽管有关政治的理论主张久已有之，但它和其他国家一样在大学内都没有与之相对应的学科，这些问题一直都在法学院或文
390 学院内进行论证。虽然早在 1872 年巴黎就已经出现了旨在培养高级政府公务员的私立性“自由政治科学学院”，但直到 1945 年，政治学才首次获得大学认可的学科资格。这在一定程度上归因于美国提供的范例，但更大程度上归因于战争及其影响。在大学里，这门新学科的起点是历史学——尤其是当代史——以及有关政府、议会制度、权力、国家等内容的法律和比较法学的观点，所有这些都是律师所熟悉的。在法国，政治学与关注现代问题的人类学/民族学及地理学之间的密切联系变得越来越明显。从这个出发点来看，欧洲的政治学也存在一条通向数学分析方法的路径，但它却始终没有取得能与其在美国相媲美的地位。

相应的教学大纲未被采用，各个学派按照其认为正确的理解讲授这门学科，因而在 1978 年以前，大学并没有将正规学历证书授予政治学科。当时仅引进了一本题为《控制》(*maîtrise*)的政治学著作。1945 年之后，只有非大学性质的政治学院颁发毕业文凭，持有此文凭的人有资格进入国家行政机构。[48]

20 世纪六七十年代，政治学在大学里得到相当程度的发展。不过当时很少采用盎格鲁-撒克逊式的问题和研究方法。相反，法国传统的目的是进行一般性的解释和分析，与纯粹分析政治学术语相比，这种方式能够从人类学、社会学、史学和哲学上更好地被理解。这在福柯和布迪厄等人

---

[47] Clark and Neave, *Encyclopedia* Ⅱ, 2133; E. M. Kirkpatrick and W. G. Andrews, 'United States of America', in Andrews, *Handbook* (note 40), 371ff.

[48] 特别参见：P. Favre, 'France', in Andrews, *Handbook* (note 40), 154-167. 基于既没有法国政治学史也没有政治社会学的事实，这门学科的相对年轻是显而易见的。*Ibid.*, 166, footnote 6.

的成果中得到明确的反映。他们的实证调查是在法国高等社会科学院中开展的。

在像丹麦这样的北欧小国中，大学传统上将自身定位于德国北部的路德教会大学的模式。1945年之后（即结束战时被德国占领的阶段之后）美国接管了这些地区，尽管原来的联系在某种程度上仍然发挥着作用。政治学上那些明确的理论性观点不得不与实证性观点达成和解或对后者占据优势，演绎法亦对归纳法产生了影响。当时丹麦的两所大学中都没有独立的政治学。直到1968年奥尔胡斯大学才设立了政治学教授职位。很有代表性的是，最初获此教席的是律师或史学家，其后在哥本哈根大学和欧登塞大学也出现了类似的情况。可见政治学的生存状态相当卑微。 391

因此在战后初期，政治学在丹麦的发展格局因循了美国模式，特别是采用了阿诺德·布莱希特、大卫·伊斯顿和行为主义者的著作。另一方面，几乎没有采用解释学的方法来解决问题的学者。1968年的动荡在丹麦相对较为温和，但在意识形态上却异常坚决，这导致政治学科引入了新的课程和大学规程，也造成了新马克思主义的倾向。社会学研究的法兰克福学派——从霍克海默到冯·弗雷德堡——和哈贝马斯的著作一起成为年轻的政治学者及其学生的典范。伴随着阿尔都塞和巴里巴尔的结构主义，以及丹麦国家垄断资本主义学派的兴起，政治学产生巨大影响。[49]

在英国，政治学是20世纪二三十年代剑桥大学荣誉学位考试中的一个重要且备受重视的内容。1920年牛津大学设立了一个新学位：政治学、哲学与经济学联合学位（PPE）。该学位将政治学与哲学和经济学融合在一起。PPE是作为古典学[即人们所熟知的“巨著”（Greats）]的现代替代者而被设立的，因为人们认为对于那些要担任公职的人来说，哲学和古代史课程不再具有实质意义。因此，PPE最初被称作“当代巨著”。在20世纪60年代新大学建立之前，政治学（politics）——通常英国不将之称为“政治科学”（political science）——在其他大学的独立发展非常缓慢，尽管该学科是基尔大学（1950年创立的一所大学学院）通识教育的必修科目。1945

㊾ P. Nannenstad and O. Gaasholt, ‘Denmark’, in Andrews, *Handbook* (note 40), 132-143.

年以后政治学研究中最重要的新元素是有关大选的研究（牛津大学率先开展，后来埃塞克斯大学专攻该领域的研究）和有关政党政治的研究（伦敦政治经济学院率先开展，随后其他大学将之作为“政治文化”继续进行研究）。有关政治学的通识性教材很少，连续几届政府都没有向美国那样为获取资政建议而吸收具有学术专业背景的成员，也不存在批评性的政治学派，法学课程中几乎完全没有体现政治学内容。不过，在具有大学学历的国会议员中，大学期间修过一些政治学的议员的比例有所增加。[50]

在荷兰，1945 年以前大学里没有作为学术研究科目的政治学科。1948 年阿姆斯特丹大学率先成立了首个政治与社会科学系，此后，位于同一个城市的自由大学在 1953 年、位于奈梅亨市的天主教大学在 1955 年也成立了政治与社会科学系。1963 年，莱顿大学和格罗宁根大学组建了同
392 样的机构，但并未在教学与课程内容上保持一致。第一批教授主要来自法学领域，这与欧洲其他国家一样。直至 20 世纪 70 年代中期之后，政治学科的毕业生数量才开始增加，并保持在一个适度的水平。

教学和研究通常倾向于实证调查，这些工作的开展往往伴随着理论的发展。美国的影响处于主导地位，对选举的分析以及对政党政治的研究非常普遍。行为主义和当时所谓的后行为主义被采用。在法国，政治学被认为是传统的和无趣的，德国则程度更甚。[51] 政治理论失去了早期所具有的显赫声望，被强制性地与其他社会研究尤其是社会学和心理学联系起来。随着对该学科的接受，学生和老师对日常政治表现出愈发强烈的兴趣。1968 年学潮期间，政治学同其他社会科学一起取得了与马克思主义接近的地位，从而导致了不无暴力的争端，特别是在阿姆斯特丹。理论和评估让步于果断的行动。学术研究一度被视为社会变革的工具。[52]

在德意志联邦共和国，政治学的复兴要归功于西方大国——尤其是美国。在 1949 年瓦尔德莱宁根和 1950 年柯尼希施泰因的会议上，来自德国及其占领国的学者们就社会科学特别是政治学对德国的民主重建的预

---

[50] 此段内容需感谢阿萨 · 布里格斯（Asa Briggs）。

[51] A. Hoogerwerf，'The Netherlands'，in Andrews，*Handbook*（note 40），227-245.

[52] Ruin，'Political science'（note 39），2132.

期贡献进行了认真研讨。来自法国的学者在会上从理论、政治和历史的角度进行了争辩，不过同时他们也不得不承认，当初在法国他们也没有自己的机构或大学教席，是美国人从理论和实践两方面提供了直接的帮助。通过设立客座教授和奖学金的方式，这个最有可能维护民主政治的学科在大学里固定并发展起来。[53] 其结果是这个学科的第三次创立随之很快出现，第一次是18世纪时具有了财政学和实践哲学的伟大传统，此后是19世纪时具有了政治经济学的伟大传统。现在，这个学科与美国的学科联系在了一起，这至少在部分上吸收和发展了这一传统。[54]

393 最初，政治学在大学中并未受到热烈欢迎。很多文科相关领域的学者对这样一个(所谓)纯粹建立在实践及其应用基础上的科学表达了保留意见。[55] 不过美国人的决心及其众多支持者(这些人经过一段时间以后常常成为这个学科真正的代表)的政治名望使政治学最终在一些大学中拥有了教席。与魏玛共和国时期一样，当时的确有计划要发展专注于政治学的大学机构，不过这些计划很晚才被发现，且仅为个案。学科的广泛建立看起来更重要些，最早完成该工作的是黑森州，随后联邦其他州陆续完成。

为(政治学的)学术岗位找到合适的候选人是很困难的。只有少数先前已移居美国并对该学科熟悉的教授准备返回遭到摧毁的德国。其中有卡尔·洛温斯坦、弗朗茨·诺伊曼和之后的奥西普·弗雷希特海姆、赫尔曼·弗兰克尔和埃里克·沃格林。尽管如此，政治学领域返回德国的学者人数比例仍高于社会学，约为25%。[56] 像赫尔曼·布里尔、奥托·苏尔、

---

[53] A. Mohr, *Politikwissenschaft als Alternative: Stationen einer wissenschaftlichen Disziplin auf dem Wege zu ihrer Selbstständigkeit in der Bundesrepublik Deutschland 1945—1965* (Bochum, 1988).

[54] Manicas, *History* (note 2), 213f., calls this the de-Germanization of the American social sciences.

[55] G. C. Behrmann, 'Die Verselbständigung der Wissenschaft von der Politik; Gründungund Begründung einer neuen Fachwissenschaft', in Acham, Nörr and Schefold, *Erkenntnisgewinne* (note 37), 443-478, here 446.

[56] C. D. Krohn, 'Deutsche Wissenschaftsemigration seit 1933 und ihre Remigrationsbarrieren nach 1945', in R. von Bruch and B. Kaderas (eds.), *Wissenschaften und Wissenschaftspolitik* (Stuttgart, 2002), 437ff., here 447.

路德维希·柏格斯特拉瑟等适合这一职位的政治家，以及像欧根·科贡、道尔夫·施坦因贝格、沃尔夫岗·阿本德罗特和西奥多·艾尔伯格等这些来自新闻领域并对政治感兴趣的人，都对政治学科的建设做出了贡献，但很显然他们都不是了解大学的内部人士。因此，对怀疑论者来说，这个学科呈现出一种非学术性，且失于严谨。然而到了20世纪50年代中期，这些局外人中至少有30位在大学任职，正是他们使政治学科在黑森、柏林和巴登符腾堡的大学里牢牢地存在。[57]

不过政治学科并未回到此前的那个著名时代，因为抵抗民主的思想和行动已经无法阻止，现在人们希望政治学科发展成一种新的独立形式。由此为关于该学科的美式阐释打开了大门。当然，个别学者按照自己的观点常常折回到以前的传统。所有这些并没有促成该学科方法论在理论和系统上的统一。其间也进行了很多讨论，但这些讨论并未达成共识。

1961年，德意志研究联合会在一份文件中呼吁所有大学在五年内都
394 设立社会学和政治学教授席位。[58] 该呼吁在很大程度上得以实现，其结果是政治学和社会学差不多成为联邦德国新的教育研究的基础。[59] 考试制度和大学学位确保了该学科在大学里的发展。此外，20世纪60年代政治局势的变化使仍坚持文科定位的政治学拓展了对实证和分析方法的运用，因此，该学科与社会学的结合开始被视作年轻的新联邦共和国的一项实实在在的成就。1960至1970年间，政治学教授职位增加了一倍，所有创立于20世纪70年代的大学都设立了政治学教席，到1976年联邦德国已有133个政治学教授职位。

对美国方法的采用并不局限于理论方面。在联邦德国，反对行为主义的呼声开始高涨。他们以间接的方式重新开始了盛行于一战以前的有关方法论的讨论。这是一个关于捍卫传统政治学的规范的政治与道德诉求、反对在解决社会问题上的实用主义导向的议题，而不再是一个主要关于确保民主体制和自由国家的议题——相对于另一个德国即民主德国而

[57] Behrmann, 'Verselbständigung' (note 55), 455.

[58] 对中学教学有同样的要求。

[59] Behrmann, 'Verselbständigung' (note 55), 468.

言，联邦德国似乎在这一方面已取得了成功，因此政治学可以将其关注点转到更广泛的任务上来。由阿诺德·柏格斯特拉瑟和威廉·亨尼斯领导的弗莱堡学派以及柏林自由大学奥托·苏尔研究所在这场讨论中扮演了特别重要的角色。

1968 年的动荡在短期内提升了政治学科的重要性，但与此同时，和社会学一样，它们也带来了激烈、偏执、极端的论争。政治学如社会学一样经受着这种论争。在界定现实方面，政治学显然占据了若干年的主导地位——主要是学生运动过程中的新马克思主义激进分子这样认为——但在此后的 20 世纪 70 年代末政治学开始面临危机。在美因河以南地区，一种不过于偏执的新左派政治学还在讲授并得到了支持，因此该学科仍坚守住了曾获得的地位，并且在一系列理论性和实践实证研究的成果中延续了现在常规研究项目的广泛性。然而即便如此，政治学再也无法获得它曾在 20 世纪六七十年代享有的地位。[60]

尽管奥地利在其大学史的早期阶段与德国有很多相似之处，但其发展道路却迥异于德国。1945 年之后战胜国对待奥地利不同的处理方式，
以及奥地利在第三帝国中所扮演的不同角色，这两个因素结合起来，使这 395
个国家有可能获得比战败的德国更多的独立地位。由于奥地利的大学里一直没有政治学，因而 1945 年时人们也没有感觉到缺少了什么。和其他地方一样，与政治学有关的内容是在法学院里讲授的，且主要是由国家规定。直到 1961 年在维也纳新建的高等研究院开设社会科学主题讲座之后，人们才开始有了引入德国模式政治学的想法。萨尔茨堡大学已经开设了该领域的课程，不过并未产生重要影响。直至 1971 年全国统一的课程与考试制度建立之后，维也纳大学和因斯布鲁克大学才设立了政治学教席。不过当时政治学仍是一门小学科，[61]其中有关法律和历史的内容被减少，并且经由德国的影响而采用了美国的实践方式和方法，但理论性议题仍处于较高的地位。

---

[60] 亦可见：K. von Beyme, 'Federal Republic of Germany', in Andrews, *Handbook* (note 40), 169-176.

[61] P. Gerlich, E. Talos and K. Ucakar, 'Austria', in Andrews, *Handbook* (note 40), 85-92.

在同样的小国瑞士,政治学的引入途径有些不同。[62] 作为中立国的瑞士显然未被战争触及,在 1945 年以后没有面临与其他参战国类似的状况,其他处于灾难中的欧洲邻国更无法与之相比。一个传统悠久的稳定的民主国家,不需要从社会科学中寻求应对之道。有关政治和社会秩序的问题可以通过法律手段加以解决。因此迟至 20 世纪 60 年代末政治学在瑞士的大学里仍不为人所知。只有在日内瓦才有人试图利用如此不常见的学科来赢得声誉,这种尝试的原因来自那些按照法国模式建立的国际性院校,源于他们感觉在德语大学占据主导的环境中,自己属于少数派。1927 年日内瓦高级国际关系学院创立,它在国际政治研究领域达到了很高的水平。在其发展过程中并没有出现同质化的学说或理论,这在瑞士和其他国家都很少发生,但是至少人们意识到了政治学的存在。到 20 世纪 60 年代,在瑞士德语区,巴塞尔大学和苏黎世大学引入了政治学教席,均设在法学院。在圣加仑大学,一个类似的教授席位花落经济学家手中;在波恩大学,法学院的经济学系和社会学系也增设了两个政治学教席。

在瑞典,探讨政治理论的学科,如历史学和法学,在大学中同样有着
396 悠久的传统可以回溯。因而在 1945 年之后,与其他北欧国家相比,瑞典的大学保持了其教学惯例,没有独立的政治学科。直至 20 世纪六七十年代,瑞典的大学才接受了美国的理论与实践,并与丹麦和挪威的大学一样快速跟进。这个学科经历了一次人气的巨大飙升。瑞典有五所非技术大学都建立了社会研究系,不过即便把它们全加起来,也不如美国大学单独的一个系大。

20 世纪 60 年代末,瑞典也爆发了学潮,但其规模小于德、法两国。政治学依附于行为主义,其马克思主义的立场并不明显。与正统的马克思主义相比,斯堪的纳维亚社会主义更关心正在出现的现代社会。

20 世纪 70 年代的危机对这门极其重视对未来所抱有的乐观态度的学科产生了消极影响,不过对其研究方向的影响并未持久,至多使其出现

[62] M. Wennegah and D. Frei, 'Switzerland', in Andrews, *Handbook* (note 40), 327-335.

了从有关计划和发展的知识到分析政治进程及其机制的转变。[63] 瑞典有名的政治中立立场，使它避免了其他欧洲国家出现的动荡，但似乎没有为一种持续的批判性分析提供依据。在很多领域这个国家成为一种典型，人们期望学术活动可以支撑国家政治生活。[64]

在苏联，政治学的发展路径与前述各国完全不同。这些学科的职责是开展明确规定好的工作。政府有关部门和科学院规定了教科书和教材讲义的内容。而且，尤其需对列宁的著作进行全面解释。在莫斯科、基辅、列宁格勒以及乌拉尔的大学中都设有专门的机构，这些机构都是以莫斯科高等教育部为模版建立的，其任务是使他们的学生变成受过良好教育的政治官员、学校教师以及下一代的学者。到 20 世纪 70 年代初，培养了约27 000名受过学术训练的学生，其中约 3%的人获得博士学位，成为新一代知识分子。他们的工作是确保马列主义均衡地渗透到国家及学术的所有领域，并以此为导向。[65] 苏联所有的卫星国也提出了同样的要求，德意 397
志民主共和国最甚，几乎完全照抄苏联。

伴随着政治时局的变化，政治学的情况也发生了变化，开始谨慎地接近西方观点，不过社会科学仍无法在大学取得相应的地位。很多国家缺乏合格的教师，对西方社会科学的接纳程度也因各国传统而有很大差异。与其他欧洲国家的情况一样，国民偏好和风俗习惯仍很重要。一般来说，美国政治学的方法与理论被当作范例。

经济学

经济学有着悠久的传统，但发展成为一个独立的大学学科相对较晚。到 19 世纪晚期，经济学主要是在法学院以官房学派或国民经济学的形式（德国尤其如此，法国也一样）来教授，在哲学院的形式是实践哲学和自然

---

[63] O. Ruin, 'Sweden', in Andrews, Handbook (note 40), 299-319; Jílek, *Historical Compendium*.

[64] Behrmann, 'Verselbständigung' (note 55), 455.

[65] V. E. Chirkin, 'Union of Soviet Socialist Republics. Socialist Political Science', in Andrews, *Handbook* (note 40), 336-351.

法则与道德学说。直到1914年，新建于美因河畔的法兰克福大学才成立了独立的经济与社会学院。学院同时教授国民经济学、商学和社会学，但并未有效区分不同学科之间的理论联系。

纳粹主义和法西斯主义，甚至也包括二战，改变了这个已有的规范，最初在欧洲，之后在美国。由于很难在考量经济问题时抛开政治的影响，因此战争的灾难、统一欧洲的尝试及其最终的成就对经济学而言都意味着一种相当大的挑战。在大部分情况下，人们期待由国家和政治家来提出监管准则。与美国不同，经过大幅修订的所谓弗莱堡学派的德国秩序自由主义，以及英国经济学家梅纳德·凯恩斯和荷兰经济学家扬·丁伯根的学说，认识到了公共之手的义务，但对市场本身或一个开放的与自我调控的社会几乎没有任何关注。人们尝试运用统计学、计量经济学和数学来搞清国家经济的基本状况，传统的德国式的以史学和文学为基础的问题解释范式被摒弃。在经济学领域，尽管美国范式有其国际化色彩和卓越性，但民族传统仍然致力于塑造自己的问题解释方式和方法路径。
398 在走向融合的时期，欧洲视自身为一个独立体，同时也是一个美国所感谢的伙伴。

很显然，就文字表述和行动而言，那些意在实现欧洲统一的多样化的协定、措施和主张都需要适当的经济和政治模式来为其提供参考。从马歇尔计划(1947)、欧洲经济合作组织(1948)、欧洲委员会(1949)、欧洲煤钢共同体(1951)，直到由欧洲经济共同体和欧洲原子能共同体两个条约组成的《罗马条约》(1957)，出现了一系列挑战，面对挑战的则是从1958年到1972年间遍布欧洲的乐观主义观点。随之而来的经济和石油危机、布雷顿森林体系条约崩溃、预算危机和欧共体的扩张削弱了这种热情和乐观。不过，从1984年到20世纪90年代初，对良好的世界经济的新希望开始出现。在1992年《马斯特里赫特条约》签订前，有关货币主义和共同财政措施的讨论在学术生活和政治中都处于主导地位。[66] 两者之间的紧密联系(这是现代世界的特征)在1945年以来的经济学理论和学说中得到持续不

---

[66] A. W. Bob Coats,'Introduction',in A. W. Bob Coats(ed.),*The Development of Economics in Western Europe since 1945*(London,2000),2f.

断的反映，这一点在对某些欧洲国家相关情况的考察中也显而易见。

在英国，关于新经济秩序和经济利好政策的讨论一直在持续进行。但这并未促成大学里经济学科的发展或其地位的相应提高。尽管在了解快速发展的美国社会学研究中所具有的语言便利理应会带来观念上的变革，但 1945 年以后，英国大学的招生仍继续面向数量有限的精英，加上政治和经济领域对有天赋的业余人士的传统认识，导致有关引入新学科的讨论看似引人入胜，实际上却了然无功。要想将经济学作为一门大学的一般性学科引入大学之中成为可能，就需要在态度和大学政策上加以改变。在商业和公务员体系中，作为在学术地位上完全平等的大学毕业生，经济学人的就业逐渐增长，这种情况开始于 20 世纪 60 年代，在 70 年代最终实现。[67] 总体上看除伦敦经济学院外，欧洲的大学大都效仿了美国模式，甚少关注欧陆地区在此领域的首创性。英国人梅纳德·凯恩斯开创了在 1945 年以后居于领先地位的欧洲经济理论，但他最初在使经济学成为大学学科方面所做甚少。 399

在瑞典这个很大程度上免受战争破坏的国家，一些对欧洲经济和社会发展观察敏锐的人士很快就认识到须在这些领域做出特别的努力。他们提出了旨在塑造整个公共和私人领域的策略。他们的左翼主张，把政府支撑和政府规划看作是引领国家走出战后贫困，并借助建立全球性的福利国家来作为积极塑造未来的途径。[68] 经济学的重要地位，体现在很多经济学界代表人物成为国会议员或内阁部长，以及该学科教授席位（1945 年有 8 个，1996 年升至 57 个）和相应机构的设立上。盎格鲁-萨克逊的方法和理论逐渐取代了民族性的传统方法与理论。学术职位的增加也带来了专业化程度的提升。

在荷兰，对经济学的学术认识在 1945 年之后也逐渐改变。曾领导中央规划局、后任鹿特丹大学教授的扬·丁伯根早在 20 世纪 40 年代就针对成功的经济政策建立了宏观经济学模型，该政策旨在为这个曾遭严重破

---

[67] R. E. Backhouse, 'Economics in mid-Atlantic: British Economics 1945—1995', in Coats, *Development* (note 68), 20-41.

[68] B. Sandelin, N. Sarafoglou and A. Veiderpass, 'The Post-1945 Development of Economics and Economists in Sweden', in Coats, *Development* (note 66), 42-66.

坏的国家进行战后重建奠定基础。模型在设计过程中一方面关注世界贫困问题，另一方面关注社会公正的经济秩序。通过运用现代经济学和计量方法，以及凯恩斯主义的经济学理论，这些问题得以解决。丁伯根模型的影响远不仅限于荷兰，在一定时期里，几乎与凯恩斯主义具有同样的影响力。[69]

人们期望荷兰大学里的经济学家不仅要研究国家经济，而且还要研究数学和计量经济学。美国模式专业化程度的提升迫使大学采取分级制度，减少跨学科课程。学生、讲师和副教授的数量迅速增长。20 世纪 60 年代末 70 年代初的学潮对经济学产生了持久影响，像欧内斯特·曼德尔那样的讲师和年轻助教现在也需要并采纳了马克思主义者的理论。因此，阿姆斯特丹大学、格罗宁根大学和蒂尔堡大学设立了马克思主义教授席位。不过，由于 20 世纪 90 年代学生们对这门已经流于排外主义的学科不再抱有兴趣，因此蒂尔堡大学在 1993 年又取消了该教席。

除大学之外，私立院校和一些公立院校同样为经济学知识的发展与
400 扩充做出了贡献。荷兰也因此有了足够的创新和自由来吸收其他国家的现代成果。对大学而言也是如此，荷兰的大学在经历 1968 年及之后几年的破坏后，越来越国际化，特别是具有了美式特征。大学对政治议题的兴趣不断增长，但对宏观经济理论的关注却越来越少。

在比利时，1945 年以前经济学并没有特定地位，直到 20 世纪 60 年代才开始受到重视，最初是在鲁汶大学，然后是在布鲁塞尔大学，其学术方法在某种程度上与荷兰大相径庭。虽然在发展模式上也曾考虑过法国和荷兰，但比利时最终选择的还是美国模式，其学术重点是数理方法、博弈论和货币主义。在比利时，经济学并未在获得独立地位方面进行认真的尝试。

在法国，自 19 世纪以来经济学便一直存在两种教学方向，即政治经济学教授和工程经济学家并存。在大学里，政治经济学教授的教学活动属于法学院，因此主要应对的是国家战略目标和经济任务，这种情况与数世

---

[69] H. W. Plasmeijer and E. Schoorl, 'Post War Dutch Economics: Internationalization and Homogenization', in Coats, *Development* (note 66), 67-93.

纪以来法国的经济实践相符。在大学校，工程经济学家是以一种注重数学和科学程序的方式接受教育的。甚至在接受培训的过程中，他们已经是政府文官，且绝大多数都会继续留在文官体系之内。大学和大学校中的经济理论及其教学活动在很大程度上屏蔽了外国的影响而带有了纯粹的法国特色。他们都以政府及其服务为导向，没有向德国或英国一样从历史或哲学的角度研究经济学。

这种情况一直持续到 1945 年。此后盎格鲁-撒克逊式的方法逐渐取得一定地位，特别是在工程学的课程内容方面。统计学与计量经济学实践的引入，以及非国有经济的强大导向，虽然没有从根本上改变这个学科，但它确实使经济学开始符合当时的标准。1970 年以后，经济学教授开始从法学院分离出来，这使其与工程师的学术文化更为接近，两者间的传统差异也从而减少。至少到 1995 年前，大学中的经济学科一直在发展，其学生数量也一直在增长。历届社会党政府都对这门社会学科持支持态度，到 20 世纪末，法国大约 60 所大学中的最后 16 所都设立了经济学系和商学系。

巴黎第九大学的创建者们利用 1968 年后法国高等教育制度变革的需要，创办了这所以"决策和组织科学"为基础的大学。这一举措将盎格鲁- 401
撒克逊模式中对公司组织的兴趣与法国的经济学传统联合在了一起。

意大利是不同于法国的一个特例。与法国一样，在意大利的大学里，国民经济学(政治经济学)也都是在法学院中教授的。19 世纪末商学院(商科学校)在威尼斯、巴里、都灵、热内亚等大学内的建立间接强化了这门学科的独立性。由于这些学院旨在进行培训而非开展研究，因此它们对大学几乎没有产生影响。法学和经济学保持了密切联系，其很多代表人物有权直接参与国家政治生活，他们代表了自由主义、法西斯主义或马克思主义的倾向。这种情况即便是在盎格鲁-撒克逊模式的强大影响下仍然延至 1945 年以后，并依旧具有影响。墨索里尼政权结束之后，意大利一方面支持自由贸易和国际市场相互依存，另一方面也支持强大的国有经济。因而仅可能在有限的范围内对美国化进行探讨。经济学与国家日常政治生活的紧密联系很难与一些美国学者对现实政治表现出的节制相调和，也很难与苏联或中国的国家计划理论相调和。

20世纪六七十年代出现了独立的经济学院。尽管采用了经济学的现代国际化的方法，但其对传统理论和实践模式的影响非常有限。政治经济学视自身为其他社会科学特别是法学的附属学科，然而较之以前，越来越多的学生选择了这个学科，因为他们看到了日渐增长的社会需求，其职业前景更具吸引力。20世纪90年代这些学院开始进行商业研究。位于米兰的一所私立大学即博科尼大学在其中居于领先地位。在这些研究领域，传统的直接面向城市经济状况的学术兴趣也逐渐加强。[70]

在西班牙，马德里大学于1944年组建了政治经济学院，这成为经济学开始独立的标志。1955年毕尔巴鄂大学和巴塞罗那大学也随之成立了政治经济学院。[71] 由于独裁体制的影响，当时学院的课程（1953年起依照教
402 学大纲设定）以一种更类似于中学的方式受到严格控制。1975到1978年西班牙从独裁体制向民主体制过渡期间，学院的学生数量快速增长。当时经济学的毕业生也获得了此前被其他学科毕业生所享有的职业前景。受此变化的影响，新的课程在很大程度上根据美国尤其是芝加哥模式而引入了新的内容，从而使经济学成为一门更能满足人们需要的学科。1970年的一项法案把商业学校并入大学，这使得学院和师生数量都有了明显增长。不过这种增长并不包括博士生，因为当时一般来说攻读博士学位仅仅是为了谋求大学教职。因此西班牙并未产生足够的高层次学术研究，其结果是经济学院难以在大学中获得更高的地位。

在德国，早在威廉时期国民经济学就已经作为一门成熟的学科在大学法学院或人文学院的体系框架内进行教授，尽管当时并未在所有的大学中取得独立地位。如前文所述，威廉时期建立的最后一所大学——美因河畔法兰克福大学——在1914年建立了经济学和社会研究学院，其他大学也在魏玛共和国时期相继组建了类似机构。同时，与政治学和社会

---

[70] I. Maes, E. Buyst and M. Bouchet, 'The Post-1945 Development of Economics in Belgium', in Coats, *Development* (note 68), 94-112. C. Schmidt, 'Economics in France: A Manifold System', in Coats, *Development* (note 66), 29-47. P. L. Porta, 'Europe and the Post-1945 Internationalization of Political Economy: The Case of Italy,' in Coats, *Development* (note 66), 148-190.

[71] S. Almenar, 'The Development of Economic Studies and Research in Spain (1939—1995)', in Coats, *Development* (note 66), 191-226.

学类似，经济学在德国也有相当重要的传统，这种传统在1945年以后仍然继续发挥着决定性的影响。[72] 由于与苏联地区相邻且有民主德国的存在，马克思主义在联邦德国处于下风，而自由主义和国家导向理论占据主流。

1945年以后占据主导地位的弗莱堡学派出现于20世纪20年代，该学派通过构建其自由主义和基于“基督徒自由”与法治的原则，来反对纳粹主义。阿登纳领导的联邦政府的政策与当时负责经济事务的内阁部长路德维希·艾哈德（艾哈德是法兰克福大学经济学家弗朗茨·奥本海默的学生，奥本海默曾移居巴勒斯坦）的影响，共同形成一种对国家的经济认识，概言之即“社会市场经济”。上述进展亦有利于经济理论在大学的发展。[73] 不过弗莱堡学派对自由的强调并非源于西欧的自由理念，他们最终所依赖的是有组织力量的政府。而这成为他们被普遍接受的阻碍因素， 403
并且为自身打上了作为战后经济学发展过程中一个特例的标签。[74] 社会政策与经济政策的关联才是核心。虽然这并不意味着对凯恩斯主义观点的认同，但其差异也不太大，而且鉴于德国的战争灾难，反映在经济政策上也就不免带有某种凯恩斯主义的形式。

具有代表性的是，当时大学的经济学教学是按照基尔大学教授埃里希·施耐德编写的教材开展的，当时他结束了侨居生涯返回国内。在他之后，美国人保罗·萨缪尔森的教材成为教学的主导。20世纪60年代经济学大受欢迎，经济学教授职位数量的可观增长也反映出了这一点。从20世纪60年代到80年代，经济学教授职位数由537个增加到2907个。[75] 经济学院成长为大学里规模最大的学院（当然社会学和政治学也推动了这一增长）。20世纪80年代以来经济学的发展在很大程度上要归功于商学研究，该领域的研究自始至终都是更多地基于实践而非理论。除大学外，20世纪60年代有6所重要的经济学研究机构成立，这些机构与大学

---

[72] H. Hagemann, ‘The Post-1945 Development of Economics in Germany’, in Coats, *Development* (note 66), 113-128.

[73] E. Heuß, ‘Kontinuität und Diskontinuität in der Nationalökonomie nach dem zweiten Weltkrieg: Ordoliberalismus versus Keynesianismus’, in Acham, Nörr and Schefold, *Erkenntnisgewinne* (note 37), 331-349, here 332f.

[74] Heuß, ‘Kontinuität’ (note 73), 353.

[75] Hagemann, ‘Development’ (note 72), 123.

合作，主要开展实证研究。它们的出现为经济学家和社会学家提供了职业前景，同时，它们的理论原则在很大程度上也反映了大学中流行的研究趋势。

在奥地利，政治经济学的发展也是发端于 19 世纪。但与德国不同的是，奥地利的政治经济学并非完全依附于大学而发展。19 世纪末 20 世纪初，维也纳出现了诸如心理学、医学、法学理论、政治经济学以及艺术史等类型的学派。它们形成了各自单独的领域，并借助思想交流而得到发展。它们吸引了有天赋的年轻人，使得关于上述各类学科的教学和研究活动从大学转移到了这些开放而令人振奋的私人团体中。其中最著名的有“精神兄弟会”(学者圈)、政治经济学会、路德维希·冯·米塞斯私人研讨小组等。1938 年，纳粹的全面独裁开始后，很多参与这些自由松散的学术团体的学者被迫移居国外。知识分子的网络体系分崩离析，然而他们的思想理念以及很多学者仍然影响着西欧乃至美国的经济学研究。戈特弗里德·冯·哈伯勒、弗雷德里希·奥古斯特·冯·哈耶克、弗里茨·马克卢普、路德维希·冯·米塞斯、奥斯卡·摩根斯特恩等人都是从维也纳学派中脱颖而出的，他们早在 20 世纪二三十年代提出和发展的方法论在二
404 战后成为经济学的基本方法论。[76]

在奥地利，早在帝制时代结束之前，知识文明之花便已绽放，其中经济学可从 1856 年的课程中溯其源头，这体现在法学教育与经济学研究的密切联系上。皇帝希望拥有一支受过普遍教育的文官队伍，这些人可以从经济和文化两个方面推动这个多民族国家的发展。这为后世政治经济学的独立开辟了路径，同时这也很好地揭示了为什么律师会是政治经济学的最初和最具影响力的代表人物。在纳粹统治下，这一历史传承消失无踪，这对奥地利而言是一种相当大的损失。不过在 1945 年以后相当困难的情况下，人们还是为经济学研究的重建进而达到全盛做出了努力。当然，这只有在如下情况下才能够成为可能，即奥地利作为战后的四国占

---

[76] K. H. Leube, ‘Über die Diskontinuitäten und Kontinuitäten der österreichischen Schuleder Nationalökonomie’, in Acham, Nörr and Schefold, *Erkenntnisgewinne* (note 37), 301-324.

领区，同时新马克思主义社会民主党占据主导地位，鼓励对其他领域的关注，并且支持合作性的国有经济。

人类学/民族学

民族学这个经常处于变化之中的学科也有很长的历史，最初该学科在大学里并没有独立的地位。人们对所谓土著居民的关心由来已久，并希望借此揭示人类的早期历史。来自传教士、殖民官员、军人和旅行者的记录，形成了民族学书面研究的最初基础。收藏活动兴起，众多博物馆随之建立，这体现了人们对土著居民的兴趣。借助收藏和博物馆，人们尝试对土著文物——进而对其所处的外部世界进行学术考察。最初，主要是在德国和英国出现了将这些材料引入大学教学的尝试，也正是基于这一目的，民族学作为一个业已形成的学科将其自身推向大学。因此就不难理解为何在最初的民族学者群体中科学家会占绝大多数，也就不难理解像这样一个生僻的学科会从生理学、物理学、生物学、地质学、地理学和古生物学等学科中获得支撑。对通常人口规模很小的人类群体及其社会秩序与文化展开分析，其隐含目的是"同样借助实证调查来研究人类本质"[77]。由于并不清楚究竟如何才能实现这一目的，因此出现了很多极具差异的理论和研究范式。

作为一种古老的学说，扩散理论来自如下假设：同处于原始状态的人类在此后走过了不同的发展路径——这与进化论是相一致的，而欧洲的文化和生活方式则是截至当时这种学说最完美的体现。然而当面临20世纪初越来越多的实证研究时，人们不得不摒弃这种观念，转而去发掘新的理论方法。 405

在英国，随着机能心理学的发展，社会人类学率先得到发展。在布罗尼斯瓦夫·马林诺夫斯基和芮克里夫·布朗的领导下，人类学在大学中有了一席之地。1927年，伦敦经济学院为马林诺夫斯基设立了第一个社会人类学教授席位，1937年牛津大学也为拉德克里夫·布朗设立了同类

---

[77] B. Shore, 'Anthropology', in Clarke and Neave, *Encyclopedia* II, 2081.

教席。即便他们对机能心理学的认识并不一致，但他们对人类学的学科方法却有相同的基本假设。他们都致力于获得堪比自然科学的精确的程序方法。这决定了他们在分析其考察的社会群落时所采取的方式：视之为宏观的有机体系和系统，其中在个体研究和整体把握之间存在某种必要的联系。[78] 针对小型社会的研究（因为此类研究才可能是综合全面的）使他们得以对单个的社会或文化机构加以分析，并且展示其对被视为一个系统的社会整体所做贡献的内容与方式。由于研究的成果是对研究对象实时实地情况的反映，因此这种成果是静态的而非历史性的。这与马林诺夫斯基的观点有一定联系。马林诺夫斯基认为所有的文化都必须满足同样的基本生理需求，因此文化植根于人类本性。马林诺夫斯基的学生塔尔科特·帕森斯曾尝试让上述假说在社会学领域结出硕果。

芮克里夫·布朗认为文化并不受天然的约束，而是一种重要的社会结构功能。他认为这符合人类的一般特性。他在关注社会文化机构个体对社会整体的综合功能的基础上对机构个体进行了分析，这些个体机构是由相应的社会结构支撑的，而社会结构是个体机构存在的必需要素。因此他确信保持社会秩序的连续性对所有社会都是至关重要的。

20世纪50年代，上述导向受到越来越多的批评，理由是它过于关注血缘关系问题，没有充分顾及非英国学者的研究成果，且忽略了历史和社会的变化。[79] 殖民帝国开始解体也有助于摒弃上述研究对数理统计和同步分析方法的强调，有助于对建立在社会势力交互平衡基础上的相关社
406 会形象的抨击。现在人们认为它反映了一种思想上的白日梦。对于英国社会人类学，这意味着一场需要花费很长时间才能平复的严重危机。

1945年以后，美国的文化人类学开始在推动民族学成为欧陆大学中的一门学科的过程中扮演愈发重要的角色，这要归功于其代表人物在美国占领军中担任了重要的顾问角色。从其创始之父弗朗兹·博厄斯到鲁思·本尼迪克特、玛格丽特·米德、阿尔弗雷德·克罗伯和梅尔维尔·赫

---

[78] K.-H. Kohl, *Ethnologie: Die Wissenschaft vom kulturell Fremden*, 2nd edn (Munich, 2000), 138ff.

[79] W. Petermann, *Die Geschichte der Ethnologie* (Wuppertal, 2004).

斯科维茨，他们认真审视了人类文化的每一种形态。每种形态都确定无疑是独一无二的，因此他们将其自身与欧洲人的历史进化论做了区分。

欧洲的民族学在战后迎来了大发展，其作为大学学科的地位也得到普遍认可。德国、法国、荷兰和比利时的大学都已设立了开展相关研究的教授席位，只不过这些教席大多冠之以民族心理学或民族学(*Völkerkunde*)等名称。殖民列强为保护其海外财产，也常常有意识地建立相应的研究机构。值得注意的是，在去殖民地化运动之后，荷兰、英国和法国等国的这些机构陆续关闭，而民族学尽管出现了相当多的研究成果，但至少在最初阶段仍然是大学里的一个小学科。

在德国，一战后民族学教席在汉堡、科隆和美因河畔法兰克福等大学中的设立在很大程度上要归因于包括商贸政策、文化和社会兴趣、浪漫主义与哲学推动力等在内的多重动机。1945 年时传统理念仍旧居于支配地位。不过，1968 年的一系列事件推动了民族学模式的改变，同时也引发了民族学的流行巨潮——这主要是由政治动因所致，因为当时外国模式被誉为是更好的模式。[80] 这一时期，民族学教授席位主要设立在人文学科领域，亦有设在经济学院和社会科学学院的情况。

在法国，1945 年之后民族学以类似方式得以发展。当时很快出现了一种新的人类学理论，这种建立在明确的法国传统基础之上的理论在 20 世纪五六十年代变得极具影响。该理论与克劳德·列维-施特劳斯这个名字紧密联系在一起，并且从容不迫地拥有了超越涂尔干、马塞尔·莫斯等著名学者的影响。列维-施特劳斯从其他学科特别是索绪尔的语言学中形成了他自己的方法论，同时将地质学、心理分析和马克思主义都视为重要的辅助学科。[81] 对亲缘关系和婚姻行为的研究，连同未开化民族的神话传说，让他逐渐认识到每一种社会秩序都遵循着逻辑规则，而这应归因于人类大致相同的基因组成。每一种文化都取决于明确的人类学意义上的常量，这种常量建立在人类超越不同文化的同一性基础之上。相对于功能 407

---

[80] 1999 年，在当时德国的 22 个研究所中共有12 888名学生；见：Kohl, *Ethnologie* (note 78), 13.

[81] Kohl, *Ethnologie* (note 78), 856ff.; Petermann, *Geschichte* (note 79), 854ff.

主义(功能主义的基本假设提出了另外一种类似性),结构主义在无意间找出了这种同一性。该论断亦非历史性的。不过恰由于其现代语言文学概念的贫乏,反使其对史学和文学研究(不仅限于法国)产生了强有力的影响,这种影响也体现于哲学和心理学领域。无论米歇尔·福柯、罗兰·巴特、雅克·拉康、路易斯·阿尔都塞等人之间存在多大的差异,他们的关键理念都受到了列维-施特劳斯的影响,并且都接受了他反历史的基本立场。

20 世纪 50 年代后期,结构人类学成为在法国大行其道的一种思想模式,但直至 20 世纪 60 年代列维-施特劳斯才受邀进入了法兰西学院和索邦大学。当时法国的人类博物馆、高等研究实践学院和民族学研究所里已经出现了一批列维-施特劳斯的追随者。与此前占主导地位的存在主义形成鲜明对比的是,这种思维方式在 20 世纪 70 年代末被福柯和德里达的后结构主义取代之前,对法国(在一定程度上也包括欧洲)知识界的发展产生了影响。不过在法国以外的民族学领域并没有发现这种思维方式。

地 理 学

地理学家描述、分析和解释地球上人类和自然界(物质)的特征。他们的工作有一个独特之处,就是他们既在地图上存储信息,同时又在地图上传达信息。自古以来广泛分布的自然景观以及建筑环境是地理学家的关注对象。在方法论上,地理学指向了经验主义,自 19 世纪后期该学科在很多大学中扎下根来以后,这种经验主义将其划分为了自然地理学和人文地理学两大部分。[82]

最初地理学仅仅是被允许在大学中存在,而未被大学严肃认真地接纳与对待。20 世纪 20 年代以后,地理学才开始在欧洲作为大学的一门学科得以发展,而当时在美国,地理学至少已经成为本科基础课程的组成部

[82] J. Bird, *The Changing Worlds of Geography: A Critical Guide to Concepts and Methods* (Oxford, 1989).

分。[83] 人们认为这门学科对历史学家极有帮助，甚至在法国两者之间的关联具有了强制色彩，这就不难理解地理学地位的提升。在包括年鉴学派在内的很多关于人类生存条件的研究中，地理因素都被赋予了极为重要的意义。由于地理学的研究兴趣既包括人文也包括自然，因此它不仅对从事人文和社会科学研究的学者极有助益，而且在为通向自然世界真实状况搭建便利的桥梁方面，也显示出了自身的重要性。它既融入了人文学科，也融入了自然学科。比如经济地理，它时而会从社会科学中寻得栖息的家园。尽管地理学的学科概论完成起来相对容易一些，而这也鼓励了学者间的合作，但地理学的构成要素究竟有哪些，这仍是一个存有争议的话题。

二战展示了地理学家的价值，这也引起了地理学在 1945 年后的繁荣，特别是在法国、英国和联邦德国。1950 年到 1970 年间，这个学科有了相当大的发展。许多从战场上回来的地理学家对他们以前的同事（这些人控制了地理学）的保守的大学政策感到震惊，由此他们启动了对地理学的新发展。这些发展的理论基础通常源于以前的德国大学方法，而其实践和方法论则取自战后瑞典隆德大学的地理学派。学科的发展提升了专业化程度，但这也招致了来自学科内部左翼力量和传统势力的抨击。尤其在英国，随着地理学变得与史学或经济学一样广受欢迎，对其批评之声显得尤为刺耳。20 世纪 90 年代，当地理学家们能够为生态学这一新领域做出重要贡献时，[84]地理学不同观点之间在方法论和理论方面的冲突也就日益减弱。与此同时来自马克思主义者和现象学家的"后现代"批评对地理学几乎没有产生任何影响，正如解构主义者声称他们可以使地理学话语体系和地图去神秘化一样了然无功。

历史学

与其他大部分社会学科相比，历史学（如果不是始终将其作为一门学

---

[83] B. W. Blouet (ed.), *The Origins of Academic Geography in the United States* (Hamden, Conn., 1981).

[84] D. E. Leary, in Clark and Neave, *Encyclopedia* Ⅱ, 2136-2150.

409 科来看)早在 19 世纪便已经出现在所有的大学里。历史学的学术诚信,与其作为一门学科的主导角色,以及它对每个国家的重要意义,都是毋庸置疑的。因此,就历史学的认知与效用而言,1945 年并没有什么突破性的变化。不过,在战后学术重建和发展的年代,历史学也同样经历了教授席位与研究机构大量扩张的过程。

从另一方面来看,1945 年也的确代表了一个拐点,因为历史学连同它此前赋予自身的价值发生了变化。尽管历史研究曾常常以政治导师的角色出现,但它却未能阻止 20 世纪众多灾难的发生。在那些已不再享有民主政体的欧洲国家,历史研究也没能对其现代民主社会的发展做出任何贡献。人们认为历史研究已经倒向了对政权立场的支持,而非对其进行批判性的审视。许多人便倾向于将希望寄予新的社会科学。

为反击上述评价,历史学做出了回应,逐渐远离了对国家和政治史、伟人及强权大国的叙述,转而偏爱其他主题。战后,尽管仍沿用了传统方法,但在这一时期实现了历史学在发展方向上从国家史到社会史的根本转变。[85] 这不仅反映了当时的理念和现实经验,也反映了学术方法的改变。与此同时,历史学也正式确立了其地位,这种地位在 20 世纪 20 年代以后曾推动了美国社会史和法国年鉴学派的发展。它被视为一种更适合这个高度理性化和技术驱动的世界的方法,同时也更好地将研究焦点放在了国家、法律、行政、非公开机构、情绪化运动和群体现象上,而不是放在个体身上。新的经济史和系列史学(*histoire sérielle*),不仅大规模使用计算机数据和其他技术创新手段,还期待从诸如气候、出生/死亡率、物价和农业技术等这些显而易见的非历史现象中,获取新的学术知识和新的研究方向。

在法国,菲利普·阿里埃、弗朗索瓦·孚雷和埃马纽埃尔·勒华拉杜里等人在 20 世纪 70 年代希望深入洞悉历史法则(通过运用上述方法可以揭示这些法则)。年鉴学派甚至超越了那些社会和历史问题。其创始人马克·布洛克和吕西安·费弗尔——他们在二战前很早就运用了这些方法——积极致力于更为宽泛的文化历史学。他们将宗教、地理区域和区

---

[85] G. G. Iggers, Geschichtswissenschaft im 20. *Jahrhundert* (Göttingen, 1996), 9f.

域理念视为极具影响力且需认真加以考虑的因素。在高等研究实践学院第六部，费尔南·布罗代尔和欧内斯特·拉博鲁斯寻求将这些因素归结为一个概念。他们认为，历史并非遵循着一种线性模式，而是根据不同地域沿着不同时间进度发展起来的。传统的国家史缺乏现实性，要进入过去的历史之中，就需要区域性甚至跨国性和超区域性的研究。作为人类活动的永恒基础，地理性和生物性前提的改变是从占支配地位的社会与经济环境中获取动力的，这些条件反过来又确立构成共同性和计划性的政治、社会冲突之基础的趋势与循环体系。只有在这样的背景之下，才能够观察和分析“伟人及其思想”所引发的政治和军事事件。[86] 这既不是个人行为的问题，也不是个体理想化观念的问题。人际关系和行为模式的复杂性才是其兴趣所在。在年轻一代追求思想方式的历史中，通向文化历史学范畴的路径就更进一步。罗伯特·芒德鲁、乔治·杜比和雅克·勒戈夫等人曾尝试将农业史、经济史和社会史与文化历史学联系起来。 410

20世纪六七十年代繁荣时期的年鉴学派，其所有研究方向关注的都是从中世纪到现代早期这一历史时期的话题，而回避了19世纪、20世纪和当代史。总的来说这种历史思维方式深深植根于法国的传统，这就在一定程度上解释了如下事实，即这种思维方式在其他地方永远不可能达到同样的一致和成功的地步。源于该思维方式的一些想法被欧洲国家特别是意大利、荷兰、比利时和民主德国甚至还有美国所接受，但在其他国家的接受程度很有限。不过，20世纪80年代法国历史学家和出版商皮埃尔·诺拉发起了一项有关(民族)记忆凝结点的重要的采集汇编工作，并出版了《记忆亮点》(*Les lieux de mémoire*)丛书，这些亮点的收集对象既包括重要的民族事件和神话传说，也包括空间地点、历史象征物和节日活动等。[87] 这是一种反思法国和法兰西民族的新方式，并进而影响到欧洲其他国家的民族史研究。

联邦德国的历史学采用了另一种发展模式。纳粹时代的经历和对罪

---

[86] L. Raphael, *Geschichtswissenschaft im Zeitalter der Extreme: Theorien, Methoden, Tendenzen von 1900 bis zur Gegenwart* (Munich, 2003), 96ff.

[87] P. Nora (ed.) *Les lieux de mémoire* (Paris, 1984—1992; 3 vols. in 7).

行的真实见闻让活跃于其时其地的年轻的社会史学家们把批判功能赋予了各种形式的史学研究。[88] 在他们看来，传统的编纂史学已经彻底失败，而深具影响的法国年鉴学派关注的仅是前现代(pre-modern)。他们的任
411 务是运用严格基于社会史学的方法描述晚近史，以便分析德意志民族过去所犯下的错误及其特殊性。法兰克福学派的批判理论似乎为很多人提供了充足的指导原则。

在英国，劳伦斯·斯通于 1979 年在社会史学的重要刊物《过去与现在》(创办于 20 世纪 50 年代)上发表了一篇文章，宣称要复兴叙事史学，作为“日常文化史”，叙事史学可以远离历史的宏大结构，回归到个体人物。他的做法与社会史学相当传统的批判方式(正如年鉴学派所实践的那样)相一致，该方式对历史发展、科学方法论和现代化模式的信条持怀疑态度。这种批判在其他国家也重复出现，在法国它源于后结构主义和解构主义(福柯、德里达和利奥塔)。尤其是出于美国新文化史学的关系，他性(alterity/otherness)成为一种新的代号。

因此，一种一直以来被忽略的非正统文化突然走上前台，而这是对所谓“68 后”的一代史学家中很多人的反叛行为的善意呼应。它使得实现对过去时代的可靠再现成为可能。对现代史学家来说，这是一个完全不同的遥远领域。同时，由于对历史发展持有一种过于乐观的信念，很多社会研究模式不得不为对此所承担的责任而检讨。随着争论的发展，1970 年以前的著作已不再为人所需，与价值导向和重要成果有关的准则，与民族文化理念一样都遭到废弃。多元主义成为重中之重。[89]

那种理性的、可确定的历史并没有得到多少信任，这对法国后解构主义(其研究重点是文本论)而言尤为如此。在雅克·德里达和罗兰·巴特看来，文本以外没有史实，换言之，它从来就只是文本编纂的事情。巴特和海登·怀特认为，历史就像诗歌一样不可能是客观知识。而截至当时语言所呈现出的就像是一种封闭的文本，除了其自身无法解释任何事情，它

---

[88] W. Schulze, *Deutsche Geschichtswissenschaft nach 1945* (Munich, 1989), particularly 207ff.

[89] Raphael, *Geschichtswissenschaft* (note 86), 215ff.

只能够破解其内在目的和曾对政权提出的要求(福柯)。政权并不仅意味着一种中枢系统,它决定了人类社会生活的方方面面。就此而言,在朝着女性或性别史、政治思想史的方向上,以及在把一名作者在某一时代背景下的种种意图联系在一起加以讨论的方向上,它迈出了小小的一步。

在还没有一个普遍范式能够将所有不同的问题方式整合到一起,并且引导它们互为支撑的情况下(19 世纪和 20 世纪初曾存在这样一种普遍范式),历史学的问题领域就已有了极大的拓展。如针对现代世界的非同寻常的抨击态度就是一个最有力的论据,1980 年以后这种抨击包含了某些反启蒙的因素,而这正是历史学此轮发展的典型特征。[90] 412

1945 年以后,传统的编纂史学形式仍然继续在很多国家存在,这一事实无损于史学在这一时期所取得的新发展的价值。各种传记,各种关于特定时代、特定事件、知识史和政治史的专著,各种有关科学史、大学史、国际关系史、教会和宗教史的论文,仍然像以前一样继续被人们书写着;所有这些都直接对新的史学理论及其成就表示了敬意,并且在尝试满足每一代人在面对或忍受与他们那个时代相适合的过往的时候所感觉到的需求。

作为史学的一个次场域(特别是对战后时期而言),科技史的发展很好地说明了本章的主题。在美国,姑且不论很多偶发性事件,(在哈佛大学所提计划的推动下)为了向联邦公民传授他们所需要掌握的"科学战略与战术",美国的大学在战后很快就启动了科学史的学院化进程。当然,该学科的知识结构(也是在美国)是建立在亚历山大·柯瓦雷的学说基础之上的,柯瓦雷是一名法国哲学家,他像考察思想史那样考察科学史。柯瓦雷的思想与哈佛大学计划的结合,产生了托马斯·孔恩 1962 年出版的《科学革命的结构》一书(这本书因使用这一概念而声名鹊起),该书成为全球社会科学初学者的科学范本。

自 20 世纪 60 年代后期开始,作为对以科学为基础的技术在东南亚战争和大规模工业污染中所扮演角色的回应,科学史学者——当时他们还置身于历史系、理学院、科学史与科学哲学/科学社会学研究机构,沉浸在

---

[90] Iggers, *Geschichtswissenschaft* (note 85), 101ff.

"科学、技术和社会"系列课程之中——将科学解构为他们中很多人所看到的与科学的丑陋本质一样的东西。原来科学家与其他人一样很容易受到野心、权力、荣誉和贪念的感染，他们的理论不过是妥协于强权政治（即社会结构）的解决方案。这种趋势源于那些对科学一无所知的学者，相反，先前柯瓦雷类型的知识史，则在那些受过科学训练又转向史学领域的学者的推动下得以发展。这种知识方向在一些欧洲国家特别是意大利、西班牙、丹麦和法国（程度相对较低）占据了主导地位，而在英国，大学中有关
413 科学社会学和历史学的研究具有了社会方向的特征，德国和瑞典的大学亦有此特征（但程度较低）。20 世纪 60 年代起，一些史学家日渐尝试将上述两种走向弥合为一体。

与科技史领域的特例类似，1945 年以后综合性的历史学在欧洲和美国也都沿着相似的路径发展。对新起点的希望，从"过去的错误"中汲取教训的决心，以及越来越多的年轻人对大学教育的渴望，促成了高等教育领域所有元素向乐观主义方向的扩张。新的教授席位为新一代学者打开了前所未有的机遇之门，引领历史学的各个学科进一步走向专业化。[91] 新的期刊和新的专业学术团体的出现为愈发具有国际化导向的一代学者提供了服务。新的沟通方式，以及教授对自身看法的改变，促进了人际思想的交流。[92] 不过这个持续了相当长时间的复兴阶段在 20 世纪 80 年代走到了尽头。对社会科学和人文学科的支持逐渐衰落，其学科基础开始受到质疑。史学的新阶段业已开启。

法　学

开展法学教育和法学研究的学院的历史是大学史的一部分，但又不仅限于此。法学院属于两个领域：学术领域和法律领域。许多法学教授、老师和研究者与法律专业人士间的关系要比他们和大学中其他学院的同事间的关系更为亲密。实际上，许多专业法学家本身就是职业律师，纯粹

[91] 在编纂史学领域，除传统的古代史、中世纪史和现代史方向外，还有早期现代史、当代史、经济史、宗教史、科学史、教会史和管理史等。

[92] 见第五章"教师"。

的专业法学家在法学院中只是很小的一个群体，仅存于某些非实践型（因而也非常狭窄）的领域，如法哲学领域。而且，与其他科学不同，法学不是普适性的而是国家性的，这意味着在20世纪后半期科学和教育的全球化进程中，国家性的法律、法律文化和法律职业已经完成了对法学院的塑造，[93]这些议题在律师甚至专业法学家探讨法学院的历史、现状或改革史的时候常常被忽略掉了。尽管法学院也置身于欧洲大学的整体发展进程之中，但很多时候这种发展的通常模式却被法学领域的专属元素所改变， 414
一些发展是法学院所独有的。

二战之后，“风向改变”。[94] 欧洲大学失去了在法学领域对美国大学的领导地位，其原因有很多，如美国在政治和经济上的主导地位，以及20世纪30年代德国一批最具潜力和创造性的学者移民至美国[95]（也包括英国[96]）。这只是法学对美国取代德国作为科学世界领导者地位的一般趋势的顺应。而德国法学的衰落早在20世纪30年代以前就已经开始了。1800年前后伟大的法典编纂运动之后，欧洲国家开始发展本国的法律体系，以取代当时仍在流行的作为欧洲公法的“普通法”（*ius commune*）。这意味着法律教育和法学已开始变得国家化，其影响不再超越国家边界。德国是个特例，因为直到1871年德国才实现政治上的统一，故而它一直沿用传统的“普通法”，这使得德国的法学家继续保留甚至扩大其在18世纪就已取得的在欧洲法学领域的领导地位。这种情况随着1900年民法典的编纂而终结，当时德国法律也变得国家化，德国法学家失去了其普适地位。[97] 因此即便没有纳粹时期，没有出现法学家的移民现象，德国法学也

---

[93] 参见：J. -F. Flauss, ‘Deux siècles d’enseignement de droit constitutionnel: Esquisse d’unbilan’, in J. -F. Flauss, *L’enseignement du droit constitutionnel* (Brussels, 2000), 204-205.

[94] U. Mattei, ‘Why the Wind Changed: Intellectual Leadership in Western Law’, *American Journal of Comparative Law*, 42(1994), 195-218.

[95] M. Lutter, E. C. Stiefel and M. H. Hoeflich (eds.), *Der Einfluss Deutscher Emigrantenauf die Rechtsentwicklung in den USA und in Deutschland* (Tübingen, 1993).

[96] J. Beatson and R. Zimmermann (eds.), *Jurists Uprooted: German Speaking Emigré Lawyers in Twentieth Century Britain* (Oxford, 2004).

[97] R. C. Van Caenegem, *An Historical Introduction to Private Law* (Cambridge, 1992), 155-159; see also R. Zimmermann and M. Reimann (eds.), *The Reception of Continental Ideas in the Common Law World, 1820—1920* (Berlin, 1993).

终将会失去其关键地位，只是这一过程会更为缓慢。而纳粹统治的暴行也意味着，即使德国法学家仍然有领导法学领域发展道路的能力，他们也不会再有相应的道义权威。德国法学家自身也意识到了这一点，因而在二战结束初期德国出现了自然法研究的(短暂)繁荣。[98]

与其他学科领域相比，逃亡美国的德国法学家所取得的成就，以及美国法学对欧洲的影响，都不甚明显。这是因为法学的国家特征成为思想
415 传播的障碍。因此在美国，那些移民法学家的成就往往局限在那些国家因素不甚重要甚至是不存在国家因素的领域，如法哲学、法学史、罗马法、国际公法或国际私法，以及最多的比较法学领域。即便如此，有时他们也只有在重新接受培训之后才能得到认可。[99] 即使美国已经成为欧洲法学家到国外攻读研究生学位的目标，国界仍阻碍了美国法学思想和法学理论在欧洲的移植。不仅如此，在美国非常重要的新的法理学派，诸如有关法学、经济学和批判法学的研究，[100]实际上也没有在欧洲扎根；欧洲的法学教育和法学研究仍然保留了更多的实证和权力基础：上议院高级法官、立法者、法官和顶尖教授们说法是什么，法就是什么。[101] 当然其中也有例外。例如，虽然传统的讲授制没有被美国的案例研究方法所取代(在案例研究方法中，师生以苏格拉底式的对话方式分析法庭做出的前导判定)，但基于美国模式的案例辑录作为讲座的补充却深受欢迎，只不过它们是在另一种情境下来使用的——更多地去教授法规而不是去教授形成这些法规

[98] A. Kaufmann, 'Die Naturrechtsrenaissance der ersten Nachkriegsjahre-und was daraus geworden ist', in M. Stolleis, *Die Bedeutung der Wörter, Festschrift für Sten Gagner* (Munich, 1991), 105-132. See, however, also M. Stolleis, 'Reluctance to Glance in the Mirror: The Changing Face of German Jurisprudence after 1933 and post-1945', in C. Joerges and N. Ghaleigh (eds.), *Darker Legacies of Law in Europe: The Shadow of National Socialism and Fascism over Europe and its Legal Traditions* (Oxford, 2003), 1-18.

[99] K. Graham, 'The Refugee Jurist and the American Law Schools, 1933—1941', *American Journal of Comparative Law*, 50(2002), 777-818.

[100] 见：N. Duxbury, *Patterns of American Jurisprudence* (Oxford, 1997).

[101] J. H. Merryman, 'Legal Education There and Here: A Comparison', *Stanford Law Review*, 27(1975), 869.

的法理过程。[102]

二战之后，这种仅适用于小规模学生群体的案例研究法并未被欧洲所移植。这不仅是由于法律文化的差异，也是因为20世纪60年代兴起的欧洲教育民主化和“大众化”进程，该进程对法学院的影响远甚于大学其他学院。大学董事会和政府都认为法律教学收费低廉。只要课堂还没有满，那么多增加一名学生就不会产生额外费用，如果可以增加一名，那么为什么不多增加上百名呢？结果，有着上百名学生的班级成为标准，但却没有往教师和教学设施上追加任何投入。在很多国家，即便法学教授们越来越多地承担了就新立法向政府提供顾问咨询的责任，但法学院仍是收入最少的学院。[103] 不过，法学院在20世纪60年代深受学生欢迎的原因有很多：在就业市场上，法学教育是最好的普通教育，它为学生们打开了通向有较高社会地位的行业或高级管理职位的机会之门，学生为获取学位所付出的较少。因此法学院成为大量过剩的，希望轻松获取一个学位的年轻人的庇护所——这种趋势在拉丁国家比在北欧更明显。[104] 416

不过法学研究的流行使这种情况变得困难起来。虽然就大部分法律职业的准入条件而言，拥有一个法学学位是必要的，但这远远不够。大量新入职者的涌入导致入职资格更加严格；新的律师、法官、公证人员等必须接受强制性的职业培训和/或考试。除德国和瑞士（这两国的相关考试由当局组织）外，其他国家的法律职业准入都是由专业组织掌控的。[105]战后大学里的其他学院都要求更多的自由，减少政府对其事务的介入，而法学院却要置身于法律职业的监管之下。由于这种监管趋于保守，新的非传

[102] 参见：F. Ranieri, ‘Juristen für Europa: Wahre und falsche Probleme in der derzeitigen Reformdiskussion zur deutschen Juristenausbildung’, in D. Strempel(ed.), *Juristenausbildung zwischen Internationalität und Individualität* (Baden-Baden, 1998), 292-301.

[103] R. Wahl, ‘Die Misere der Betreuungsrelation in der Juristenausbildung. Wie eine Juristenausbildung durch gesetzlich vorgesehene Normen denaturiert wird’, in Strempel, *Juristenausbildung* (note 102), 379-394.

[104] 参见：W. Twining, *Blackstone's Tower: The English Law School* (London, 1994), 51.

[105] J. Lonbay, *et al.*, *Training Lawyers in the European Community* (London, 1990).

统的法学教学形式难以取得突破，同样的情况也出现于法学学术领域。[106] 法律从业者重要性的增加也在某种程度上导致了对学院化的轻视，这一趋势在那些有着自己培训学校的法律行业尤为明显，例如在法国，地方法官在专门的学校里学习。[107] 类似于德国在 1971—1984 年所做的将理论与实践统一到大学教育之中的一系列尝试也都以失败告终。[108] 一般来说，由那些希望其所受教育尽可能有用的学生支撑起来的法律职业，加剧了法学教育应是实用教育而非博雅教育的观点，进而导致法学教育课程体系中元法学课程的消失或者减少。牺牲品之一就是罗马法研究，该课程（与
417 教会法）数世纪以来都是大学中唯一研究的法学科目。[109]

除法律职业的巨大干扰外，法学研究还在各种法律急速增加的影响下而变得更加艰难。与美国一样，欧洲各国都是“律师控制下的国家”[110]。二战后的几十年间，法律已经渗透到社会的各个角落。法律和律师进入了工厂、农田、医院、学校、体育俱乐部等领域。因而大学中出现并开始研究林林总总的新的法学领域，如航空法、体育法等，不过绝大部分是以选修课的形式出现的。以保险法或劳动法为例，这些法律对普通民众而言变得极其重要，但是法律课程体系并没有给予它们相应的地位。[111] 法律开始主导社会，因为它是政府社会工程的工具。处理政府及其与公民的关系的公法进而赶超了处理公民内部关系的私法。不过在很多法学院中私

---

[106] 参见：M. Feldman, ‘The Transformation of an Academic Discipline: Law Professors in the Past and Future (or Toy Story Too)’, *Journal of Legal Education*, 54(2004), 471-498; R. Zimmermann, ‘An Introduction to German Legal Culture’, in W. F. Ebke and M. W. Finkin (eds.), *Introduction to German Law* (The Hague, 1996), 22.

[107] C. Atias, ‘Enseigner le droit’, in ‘L’enseignement du droit civil à la fin du XXe siècle. Libres propos sur une question fort débattue’, *Revue trimestrielle de droit civil*, 96 (1998), 287.

[108] J. Brunnée, ‘The Reform of Legal Education in Germany: The Never-Ending Story and European Integration’, *Journal of Legal Education*, 42(1992), 416-418.

[109] 如关于法国，可见：J. Hilaire, ‘La place de l’histoire du droit dans l’enseignement et dans la formation du comparatiste’, *Revue internationale de droit comparé*, 50(1998), 323.

[110] M. A. Glendon, *A Nation under Lawyers: How the Crisis in the Legal Profession is Transforming American Society* (Cambridge, Mass., 1996).

[111] B. Bercusson, ‘Law, Legal Education and Practice and Labour and Social Law’, in B. De Witte and C. De Forder (eds.), *The Common Law of Europe and the Future of Legal Education* (Deventer, 1992), 429-431.

法仍然居于主导地位，因为私法教授们的地位根深蒂固。直到 17 世纪乃至其后更晚，公法才开始作为一个独立的学科被讲授。[112]

与发展之中的立法机关相比，公法的崛起只是政府干预所引发的一个不太显著的效果。其他科学的基础可能相当稳定，然而在法学领域，一个学者必须牢记如下格言："立法者说三个字，整个图书馆就变为废纸。"[113]而不幸的是，主要法律条文的定期大幅度修订已经变得非常普遍，法官非常积极地创造判例法，结果导致很多法学家无暇开展新的研究，而是不得不局限于描述法律的新变化。这样不会提高他们在大学同事中间的地位。[114] 然而，如果不为法律从业者撰写文章，又会拉大其与法律行业的裂痕。自 20 世纪 60 年代起，评论家就一直主张教授法律知识不如培养有经验的律师。[115] 但事实上这并未实现，因为判例法的骤增已经引起了对学生 418
需求的不断增长。虽然教授们可能声称他们仅关注于一般原则，但考试仍然集中在更加细节的问题上。[116] 对于立法潮的一个反应就是要求放松管制（这始于 20 世纪 70 年代美国的法律和经济运动）。[117] 虽然法学和经济学在 20 世纪 80 年代取得了某些成功，但其拥护者在欧洲的影响力较小，因为他们的学术往往与右翼的反福利国家政策联系在一起。（事实上，20 世纪 90 年代见证了另一个立法潮。）应对立法机关发展的另一条路径

---

[112] 如，可见：J. W. F. Allison, *A Continental Distinction in the Common Law: A Historical and Comparative Perspective on English Public Law* (Oxford, 2000).

[113] 'Drei Berichtigende Wörter des Gesetzgebers und ganze Bibliotheken werden zu Makulatur.' From an 1847 lecture by J. H. von Kirchmann (for a recent edition of this lecture, see H. Meyer-Tscheppe, *Julius Hermann von Kirchmann: Die Wertlosigkeit der Jurisprudenz als Wissenschaft* (Heidelberg, 2000).

[114] W. Twining, W. Farnsworth, S. Vogenauer and F. Tesón, 'The Role of Academics in the Legal System', in P. Cane and M. Tushnet (eds.), *The Oxford Handbook of Legal Studies* (Oxford and New York, 2003), 940.

[115] E. g. M. Storme, 'Beschouwingen over de juridische opleiding', in F. Fleerackers (ed.), *Recht en vorming: Juridisch onderwijs in de kering* (Brussels, 2003), 23.

[116] 如关于德国，可见：E. W. Böckenförde, 'Juristenausbildung-auf dem Weg ins Abseits?', *Juristenzeitung*, 52(1997), 317-326.

[117] 关于这一主题的综合性内容，可见：J. Den Hertog, 'General Theories of Regulation', in B. Bouckaert and G. De Geest (eds.), *Encyclopedia of Law and Economics*, Vol. Ⅲ (Cheltenham, 2000), 223-270.

是专门化，[118]但这种方式并不总是受欢迎的，许多律师更喜欢通才而不是专家，大多数法学课程计划反映了这一点。不过尽管如此，专门化仍然在专业实践和研究中得以发展，但其中法律单项领域之间的隔离又成了一个不断加剧的问题。[119]

法学的上述变迁历程以不同的方式影响着所有的国家，这不仅仅是因为各国大学的差异，也是因为各国有着不同的立法传统。英国是个特例，它有自己独特的法律体系，并把大学推向边缘。[120] 直至战后，在面对“大学能教授英国法吗?”这一问题时，大多数法律从业者才愿意回答“是的”。[121] 从那时起，大学开始在英国的法学研究中占据主导地位，但直至今日，一个人如果没有法学学士学位，仍有可能成为一名初级律师。[122] 不过
419 就欧洲而言，仍然存在法律体系以及法学教育和法学研究的趋同现象。[123]

这一现象主要是受到了建设欧洲联盟(始于 20 世纪 50 年代)的驱动。最初这一因素对法学院的影响很有限，而且在很多国家——甚至在部分老成员国里——直至 20 世纪 90 年代欧洲法才成为整个法学课程体系的一部分，[124]这证明法学院没有及时跟上这一进程。欧洲一体化与欧洲法学家们的体验是相互对立的。法律具有国家性，人们在大学中只能研究自

---

[118] H. Palm, 'Gedanken zum Einheitsjuristen', *Juristische Zeitschrift*, 45(1990), 609-618.

[119] 一般而言可见：A. Kronman, *The Lost Lawyer: Failing Ideals of the Legal Profession* (Cambridge, Mass., 1993).

[120] 见：R. C. van Caenegem, *Judges, Legislators and Professors: Chapters in European Legal History* (Cambridge, 1987).

[121] A. V. Dicey 在他担任牛津大学维尼里安讲座教授(Vinerian chair)的就职演说中提出了这个问题。(A. V. Dicey, *Can English Law be Taught at the Universities?* (London, 1883).

[122] R. Burridge, 'Landmarks, Signposts and Directions in Legal Education in the United Kingdom', *Journal of Legal Education*, 51(2001), 315-324; A. Wilson Green, 'Legal Education in England', *Journal of Legal Education*, 28(1976), 137-180.

[123] 参见：B. Markesinis, 'Learning from Europe and Learning in Europe', in B. Markesinis (ed.), *The Gradual Convergence: Foreign Ideas, Foreign Influences and European Law on the Eve of the 21st Century* (Oxford, 1993), 1-30.

[124] 参见：R. Bakker, 'Europeanization of Law and Lawyers v. National Provincialism in Legal Education', in B. S. Jackson and D. McGoldrick (eds.), *Legal Visions of the New Europe* (London, 1993), 346.

己国家的法律,其所获得的法律文凭仅限在本国之内有效。然而,从 20 世纪 70 年代开始,欧洲的院校和公民开始致力于取得一个得到全欧洲认可的文凭。1977 年、1989 年和 1995 年先后颁布的一系列指令性文件,以及 20 世纪 90 年代出现的一些著名案例,如雷纳斯、范·宾伯根、希弗利、克罗珀、弗拉索普洛、克劳斯、格布哈德等,为法学家们拓展了生存空间。[125] 然而作为一名法学家,想要自由地在他国立足仍然受到限制,这主要是因为大学中仍然教授本国法律,而不是其他成员国的法律体系。虽然大学也因此更强调欧洲法和比较法,但绝大多数大学所教授的大部分法律仍然是国家性的。

一些学者呼吁效仿美国的国家学院(American national schools),建立一个欧洲法学院。[126] 在美国的国家学院,学生学习的不是其所在州的法律,而是全美 50 个州共同的法律原则。同样,欧洲法学院也应该教授欧洲各国法律体系的共同原则,而非仅限于一个国家。第一个这样做的是荷兰的马斯特里赫特大学,他们于 1995 年创办了欧洲法学院,[127]不过马斯特里赫特大学的例子也说明,一个真正意义上的欧洲法学院还未成为现实,因为这所大学的学生仍然必须学习荷兰的法律。而且,在最初阶段,马斯特里赫特大学的教师也有一个问题,因为他们希望讲授的课程在开始的时候还仅仅是一个边缘性的存在。大部分法律仍然是国家性的,因此在 20 世纪 90 年代以前,教科书、法律评论、案例辑录之类也都是国家性的, 420
只有比较法学和法学史例外。[128]

---

[125] H. Schneider, 'The Free Movement of Lawyers in Europe and its Consequences for the Legal Profession and the Legal Education in the Member States', in M. Faure, J. Smits and H. Schneider (eds.), *Towards a European Ius Commune in Legal Education and Research* (Antwerp, 2002), 15-38.

[126] 见参考文献, De Witte and De Forder, *Common Law* (note 111), 书中的第一篇文章。

[127] A. W. Heringa, 'Towards a European Law School: A Proposal for a Competitive, Diversified Model of Transnational Co-operation', in Faure, Smits and Schneider, *European Ius Commune* (note 125), 5-6.

[128] 自 1974 年起,位于(佛罗伦萨附近)圣多米尼克非索那湾的欧洲大学学院(见第三章第 119 页),在其法学研究生系开始鼓励有关欧共体/欧盟法律意涵的研究。

20 世纪 90 年代，一些国际法学家团体开始编写欧洲法的总则，[129]在欧洲法学家的合作项目中，最早的也是最著名的案例是兰多合同法委员会。[130] 这些项目所激发的热情是巨大的。2001 年，欧盟议会接受了一项有关呼吁在 2010 年建立合同法规则共同体的决议。[131] 同时，虽然没那么雄心勃勃但却更为现实的是，欧盟委员会在 2003 年启动了一项旨在为欧
421 洲合同法建立一个“公共参照框架”的行动计划。[132] 此外，20 世纪 90 年代也出现了关于欧洲法的学术期刊[133]、案例辑录[134]和教科书[135]。不知是不是一些学者有些夸张，他们甚至成立了一个希望协调和整合欧洲婚姻家庭法的委员会。[136]

有关法律史的研究，如赖因哈德·齐默尔曼的《债权法》[137]也激发了对欧洲法的新热情。其传递的信息可以概述为：

> 过去，在伟大的法典编纂运动之前的普通法时代，欧洲曾经有过一个法学体系，未来它还将再次拥有一个共同的法学体系。

---

[129] R. Zimmermann, *Roman Law, Contemporary Law, European Law: The Civilian Tradition Today*(Oxford, 2001), 108-109.

[130] 兰多委员会的成果提供了多个欧洲语言版本。In English: O. Lando and H. Beale (eds.), *Principles of European Contract Law*, Vols. Ⅰ and Ⅱ (Dordrecht, 1999); O. Lando, E. Clive, A. Prüm and R. Zimmermann, *Principles of European Contract Law*, Vol. Ⅲ (Dordrecht, 2003).

[131] ‘Resolution for the Approximation of the Civil and Commercial Law of the Member States 15 November 2001’, *Official Journal of the European Union*(2001), C 140 E, 538.

[132] *Communication from the Commission to the European Parliament and Council, a More Coherent European Contract Law-an Action Plan*, COM 2003, *68*(final).

[133] 如：*Zeitschrift für Europäisches Privatrecht and European Review of Private Law*, both since 1993.

[134] 如：W. van Gerven, P. Larouche and J. Lever, *Cases, Materials and Text on National, Supranational and International Tort Law*(Oxford, 2000).

[135] 如：H. Kötz and A. Flessner, *European Contract Law*, Vol. I (Oxford, 1997) (first published in German in 1996).

[136] 见：K. Boele-Woelki (ed.), *Perspectives for the Unification and Harmonisation of Family Law in Europe*(Antwerp, 2003).

[137] R. Zimmermann, *The Law of Obligations: Roman Foundations of the Civilian Tradition*(Cape Town, 1990; Munich, 1992; Oxford, 1996).

这条信息曾经被很多人误解，他们认为这是要有一个公共法而不是一个公共的法律文化。其实，它并不是要取消国家性或地方性法规，而是说法学家将采用共同的法律话语、教科书、案例辑录等。[138]

人们不应该过高估计新公法的重要性。不管在哪里，永远会有对纯粹的地方性律师的需求，[139]也可以认为还会有更多的需求，因为战后几十年间，人们也见证了包括英国和西班牙在内的各国区域性法律和法学教育机构重要性的不断提高。[140] 422

再者，今天的法学家们，即使他们只能阅读本国的出版物，他们也仍然能够继续存在。不过，除了缺乏共同语言外，他们还有许多障碍需要去克服。[141] 不管怎样，拜欧洲一体化所赐，仍然有像齐默尔曼、兰多、冯·巴尔、甘道尔菲和冯·格文等众多欧洲知名学者存在（至少在学术圈内）。也许新一代的欧洲法学家们能够重新获得曾被美国法学院夺走的领军地位，但这属于未来，而不是历史。

精选文献

Acham, K., Nörr, K. W., and Schefold, B. (eds.) *Erkenntnisgewinne, Erkenntnisverluste: Kontinuitäten und Diskontinuitäten in den Wirtschafts-, Rechtsund Sozialwissenschaften zwischen den 20er and 50er Jahren*, Stuttgart, 1998.

Albrecht, C., Behrmann, G. C., Bock, M., Homann, H., and Tenbruck, F. H. *Die intellektuelle Gründung der Bundesrepublik: Eine Wirkungsge-*

---

[138] S. Mittelsten Scheid, 'Zimmermann und das römisch-kanonische Recht als Grundlage einer europäischen Zivilrechtsordnung', in T. Hoeren (ed.), *Zivilrechtliche Entdecker* (Munich, 2001), 442. See also D. Heirbaut, 'Comparative Law and Zimmermann's New ius commune: A Life Line or a Death Sentence for Legal History?', in *Ex iusta causa traditum: Essays in Honour of Eric Pool*, Fundamina, Editio specialis (Pretoria, 2005), 136-153.

[139] E. Hondius, *Juridisch onderwijs in vergelijkend perspectief* (Deventer, 1999).

[140] H. L. MacQueen, A. Vaquer and S. Espiau (eds.), *Regional Private Laws and Codification in Europe* (Cambridge, 2003).

[141] 由此亦可见法学和语言学课程的重要性。P. Goldsmith, 'Globalization: The European Experience', *Journal of Legal Education*, 46 (1996), 319.

schichte der Frankfurter Schule, Frankfurt and New York, 1999.

Andrews W. C. (ed.) *International Handbook of Political Science*, Westport, Conn., and London, 1982.

Barbano, F. *La sociologia in Italia: Ingressi teorici negli anni della formazione('50-60)*, Turin, 1986.

Beatson, J., and Zimmermann, R. (eds.) *Jurists Uprooted: German Speaking Emigré Lawyers in Twentieth Century Britain*, Oxford, 2004.

Bell, D. *The Social Sciences since the Second World War*, New Brunswick, N. J., 1982 (German translation, Die Sozialwissenschaften seit 1945, Frankfurt and New York, 1986).

Cane, P., and Tushnet, M. (eds.) *The Oxford Handbook of Legal Studies*,
423 Oxford and New York, 2003.

Clark, B. R. and Neave, G. (eds.) *The Encyclopedia of Higher Education*, Vol. Ⅱ: Analytical Perspectives, Oxford, New York, Seoul and Tokyo, 1992.

Coats, A. W. Bob(ed.) *The Development of Economics in Western Europe since 1945*, London 2000.

De Witte, B., and De Forder, C. (eds.) *The Common Law of Europe and the Future of Legal Education*, Deventer, 1992.

Faure, M., Smits, J., and Schneider, H. (eds.) *Towards a European Ius Commune in Legal Education and Research*, Antwerp, 2002.

Heilbron, J. L. (ed.) *The Oxford Companion to the History of Modern Science*, Oxford and New York, 2003.

Iggers, G. G. *Geschichtswissenschaft im 20*.Jahrhundert, Göttingen, 1996.

Kohl, K. H. *Ethnologie, die Wissenschaft vom kulturell Fremden*, 2nd edn, Munich, 2000.

Lemert, C. E. (ed.) *French Sociology*, New York, 1981.

Lonbay, J. et al. *Training Lawyers in the European Community*, London, 1990.

Lutter, M., Stiefel, E. C., and Hoeflich, M. H. (eds.) *Der Einfluss deutscher*

Emigranten auf die Rechtsentwicklung in den USA und in Deutschland, Tübingen, 1993.

Manicas, P. T. *A History and Philosophy of the Social Sciences*, Oxford, 1987.

Petermann, W. *Die Geschichte der Ethnologie*, Wuppertal, 2004.

Raphael, L. *Geschichtswissenschaft im Zeitalter der Extreme: Theorien, Methoden, Tendenzen von 1900 bis zur Gegenwart*, Munich, 2003.

Sills, D. L. (ed.) *International Encyclopedia of the Social Sciences*, New York, 1968.

Strempel, D. (ed.) *Juristenausbildung zwischen Internationalität und Individualität*, Baden-Baden, 1998.

第十一章　数学、精确科学

约翰·齐曼*

大框架下的传统图景

本章所涉及的是"数学、精确科学"。应包括什么内容呢？与大学事务一样，我们向来不能把实际情况进行简单的归类。数学有着高贵的人文主义传统，在整个自然科学和社会科学领域都有重要的应用：在许多大学，数学甚至不与物理设置在同一院系之中，而物理则是典型的"精确"科学。化学通常要求精确计算，但原则上并不局限于那些能被数学描述的

* 约翰·齐曼是一位理论物理学家和科学政策学家。他撰写的本章内容，对二战后精密科学的发展而言，既是原始资料，也是二手资料。本章的独特价值在于其对以固体为研究对象的自然科学的处理方式，尤其是与之相关的政策考虑。

内容。通常，地质学被归为自然科学之一(虽然有重要的生物学基础)，但是它非常依赖于图解和口头描述。大学这些重大活动领域间的界限越来越难以划分，这正是我们将要解决的历史现象之一。

另一个由来已久的边界存在于作为知识的科学与作为技能的科学之间，或者说存在于基础科学及与之相关的技术之间。本书前几卷已经按照各学科的特质对自然科学的产生进行了追溯，并且从学术角度将自然科学与同其有着认知关联的众多工程学分支加以区分。大学式的机构仍为教育技术从业者做出了显著的贡献，例如技术专科学校、高等技术学校和技术学院等，一直在基础物理学、化学和数学方面为学生提供正规的教育，其教师经常会在这些研究领域有杰出贡献。到 20 世纪中期，这个一向 424 基本上不易明确的边界，已经在很多方面变得越来越站不住脚了。

到目前，大学在精确科学教育方面侧重于为学术、政府或工业机构培养研究人员，或者为中学培养讲授同样科目的教师，以启发激励未来的科学家。在过去半个世纪里，与原创性研究相关的态度及行为一直主导着欧洲大学中精确科学和数学的发展历程，丧失了对本科教学、学习及职业发展的关注。这是我们将深入探究的另一主题。

随着很多杰出的欧洲科学家去往未被战火破坏的自由国度寻求庇护，到 1945 年时，科研事业的中心已经跨越至大西洋的另一端。所有发达国家的政府和工业企业都以美国为榜样，开始向自己实验室中的基础研究大幅增加投资，用来孵化技术革新。现在，欧洲大学中数学和精确科学的发展史不能再以主要局限于大学或欧洲的科研活动发展编年史的形式来呈现，而是需要一个更大范围的框架来容纳这个深深植根于过去的图景。

1945 至 1995 年这段时期可以大致划分为 3 个阶段，每个阶段约为 15 年。

战后重建:1945—1960 年

在军方的质疑声中，物理学家们“打了漂亮的一仗”。在军事领域特别是雷达和原子弹方面的贡献为物理学家们带来了崇高声望，他们带着这种声望回归到平民生活之中。公众对未来和平时期取得同等规模的红利充满期许。① 科学家已经习惯于政府为其所从事的国防研究所提供的高额资助，并且毫无困难地保留住了其工作所享有的特权地位。同时他们也有机会尝试更为精细的仪器设备，并学会使用广泛的工程技术。然而在欧洲，物质资源仍然非常稀缺，绝大多数大学的科学家们最大的渴望是重新开展 20 世纪上半期那些令人兴奋的科学研究。经过相当长一段时间后，他们意识到，更为深奥的研究方法已于战时及战后在美国得以发展，
425 并以此来劝说欧洲各国，如果希望迎头赶上美国，就必须在先进设备上进行更为大胆的投资。

扩张：1960—1975 年

在这个时期，投入到精确科学领域的物力和人力以极高的速度增长。目前尚不清楚这是受高等教育大众化本身的驱动（这可能已经发生在人文学科领域），还是孕育于对技术红利的期望之中。比如，学习精确科学的学生数量并没有与该领域的研究活动保持同比例增长。欧洲实验室正在以堪比北美实验室的规模进行重组，许多欧洲科学家有在美国工作的经验，德国的科研机制正在回归。尽管欧洲的科学仍然是分散和不连贯的，没有能与美国国防部和能源部相比的大规模经费来源，但相对于美国而言，欧洲在很多领域正在变得具有竞争力。

稳定状态：1975—1995 年

相对于其他国家，这一时期英国在科研经费的稳定性方面更为显著。② 当然，还是出现了从一个几乎完全自由的扩展系统过渡的显著变化，而且也有了更多的对优先开展的学术研究特别是与其经济能力相关的学术研究的质疑之声。然而，在新型通信技术的推动下，这一时期仍然成为一个前所未有的科学进步的时代。在欧洲西部，欧洲共同体及其他国际组织的科研项目开始在大学科学中扮演重要角色。不过在中欧和东欧地区，由于经济滑坡，技术发展缓慢，国家科学院（此类机构在战后接管

---

① V. Bush, *Science: The Endless Frontier* (Washington, D. C., 1945).

② S. Cozzens, P. Healey, A. Rip and J. Ziman, *The Research System in Transition* (Dordrecht, 1990).

了大学在基础研究方面的职能)停滞不前,各国最初“赶超西方国家”的希望已经破灭。

显然,精确科学在不同国家、不同学科和不同机构中的具体发展历程远比本文所介绍的更加复杂和多样。不过,本文还是描述了欧洲科研事业整体发展过程中发生的一系列变化,一如作者自1945年以来在欧洲的经历。426

巡视知识的内部边界

与国家史一样,大学史是大小不同维度对立统一的历史,是内部联合的历史。在我们这个时代开始之初,精确科学被明确地区分为若干相互隔绝的学科,如化学、物理学、地质学和数学。在对本科生进行教学时,它们好像是一门门独立的学科,各自以其仅有的独特方法来处理世界上某一特定领域的问题。大学的任务是培养出“化学家”“物理学家”“地质学家”或“数学家”,他们以与各自学科相应的方式理解事物并且知道如何提高这种理解力。

当时,各门科学也都在审慎地从学术角度将自己与其相对应的技术加以区分。物理学家可能最终能够娴熟地应用他们的知识,但他们却不会和机械或电力工程师上同样的课程。真正的化学家不会对石化企业中发生的复杂散乱的化学反应感兴趣,而所谓的“应用数学家”虽然要学习如何解关于流体流动的方程式,但从来不会去研究现实中的螺旋桨或涡轮机的特性。

这些存在于“纯粹”科学和“应用”科学之间的界限,以及存在于不同学科间的界限,从大学拓展到更高和更广泛的领域。例如,在英国,直到20世纪60年代物理协会(Physical Society,成员大多为大学教师)才和物理学会(Institute of Physics,代表着在工业领域工作的物理学毕业生)合并。德国工厂的“工程”岗位也仍然不会聘请“物理学家”来担任。在大多数国家,一起在国家研发机构工作的职业科学家们被划分为化学家、物理学家、数学家等不同类型,在各自不同的职业方向上进行着探索。

这种意识形态上的“学科主义”,既是对大学中专业和组织分化的反映,同时也是帮助这种分化形成的一种方式。与其他所有学科一样,精确科学被划分到各自不同的院系,每个院系聘请的几乎完全都是所对应学科的毕业生,据称也都在围绕该学科的相关主题进行基础研究。即使形式上他们有资格转入其他院系,但大学教师们仍旧陷于各自的学科而难以自拔。之所以出现这种情况,与其说是其教学专长所限,不如说是他们个人在高度专业化研究中所付出的巨大投入造成的。大多数欧洲国家通过提供更高的职位来大力鼓励相同学科领域内的学者在不同的学术机构之间流动,但只有那些最有才华、最有进取心和最急需的人才,方能永久
427 地留居他国。

有人提出,学术领域内的组织结构与(学科)知识结构之间存在关联,③例如,像数学这样的抽象学科与地质学那样的现象学科会发展出完全不同的院系格局。这大概存在于整个学术界,但精确科学领域内的这种结构变化却完全淹没在欧洲各国大学系统内的一般性变化之中。④

某些研究领域已经突破了传统的学科边界。但诸如化学物理学、地球物理学、数理统计和气象学等交叉学科,却在教学和科研上被边缘化了,而且常常以一种不稳定的机构状态存在于学术版图中一个很小的、被忽视的区域。尽管很少被正式承认,但在有些人的理解中,主要的大学科与交叉学科之间的关系,就像是欧洲大国与其内部划分出的居民稀少的边远省份之间的关系。而有机化学和无机化学之间的结合就像捷克和斯洛伐克之间的联合。纯粹数学号称比其衍生出的应用学科有更高贵的传承,但就像意大利北部被划分为若干古老的共和国一样,它也被划分为解析、数论、代数、几何等分支。同19世纪被统一的德国一样,曾被牛顿和麦克斯韦强行结合在一起的物理学,后来也走向解体。有些人使用量子理论,有些人使用相对论,有些人两者都用,还有些人两者都不用(直到20世纪四五十年代还有很多这样的人),并没有足够充分地理解进而以恰当的方式进行教授。

---

③ R. Whitley, *The Intellectual and Social Organization of the Sciences* (Oxford, 1984).

④ 见第二章“模式”和第七章“课程、学生和教育”。

理论物理学的机构设置有着显著的区域差异。它或设在自己的专业学会中,如哥本哈根大学;或是物理学实验室中的一个非正规研究团队,如布里斯托尔大学;或与应用数学一同附属于数学院,如剑桥大学。在不同情况下,理论化学中完全相同的研究可能会被作为是化学、物理学或数学研究得以开展。根据不同地区的发展方式,冶金术也曾被作为化学、物理学或工程学的一部分来进行研究,甚至还可能自建院系。

二战前,这些卓越的研究中心的研究进展已然确立了某些学科的课程发展;二战后,他们仍然影响着学生、教师和研究经费在欧洲国家内部的流动,以及欧洲以外其他国家学者在科学领域的跨国交流。但是,以前曾主导了精确科学研究的德国的众多学派被砍掉以后,其他欧洲国家出 428
现新的优秀研究中心的道路得以开启,即便如此,这些中心在很多专业上仍无法和居于领先地位的美国大学院系相媲美。欧洲最优秀的研究团队,与众多希望与之竞争的普通研究团队一起,跨越大西洋(而不是在其邻国)去追寻他们的科学灵感。

那些体验过美国大学研究生院教育广博而精深的特征的人,带着价值巨大的共同经历和雄心壮志重返欧洲(如果他们确实已经回来)。另一个刺激因素是教科书。狄拉克的《量子力学原理》、理查德·库朗和戴维·希尔伯特的《数学物理方程》等经典著作的译本在全欧洲得到广泛使用,这表明欧洲已经建立起一种关于教学和科研的共同文化。因此从科学角度来看自然学家们的跨国研究变得容易了,尽管在语言、就业状况等方面还存在着一些严重的困难。不同国家大学体系间的差异,实际上也包括同一国家内不同大学间的差异,在学科教学或学科方法以及教学的深度与技能上的体现并不明显。

在我们分期的第一阶段(1945—1960年),专业化的"学科主义"仍然主导着欧洲大学精确科学的思想体系。然而,实际上传统学科和次生学科的界限正在变得像国家和地区边界一样过时。精确科学正在开始融入以围绕微分方程而建的数学模型为特征的所谓"语言区"。这些领域的边界并没有正式明确,因为它们恰好穿插过若干根深蒂固的学科的中心。无机化学家便属于这个领域,迄今为止他们主要关注的是简单化合物,此类化合物的特性能够借助量子论的术语得到最佳的阐释。而跨过边界之后，他们很难理解有机化学家所从事的工作，二者使用的专业语言存在很大差异，有机化学关注于一种微妙的非量化现象，用以指明越来越复杂的分子生物学结构的意义，例如 DNA。

然而，在自然科学的语言区内，借助同样的基本技能，从一个学科转向另一个学科，在知识上已经具备了这种可能性。在 20 世纪五六十年代，这样做仍有很大风险，因为追求一个新的专业领域，通常就意味着要放弃
429 来之不易的学术机会和学术声望。⑤ 但是随着时间的推移，先前区分各种精确科学、将之与非学术世界隔离开的社会屏障开始消融。这表现为新的跨学科研究领域和跨行业研究机构的出现，如有关材料、"系统"、气候之类的研究中心等，这些研究机构由大学、政府和企业共同资助。在更深层次，各学科、大学院系、科学专业、政府机构、经济部门之间的相互结合、交流以及依赖有所增强，使精确科学领域的研发发展出很多新维度。

"多科性"是学术改革永久的口号之一——但多年以来这个口号的拥趸一直都很失望。最近 20 年来，精确科学是如何在欧洲大学中得到如此广泛的发展的？其原因有很多，部分原因来自学术事业内部，部分来自科学进步带来的社会、政治、经济环境的变化。

最明显的因素是，新的研究技术从物理学和电子工程学向其临近学科的扩散。随着电子测量仪器在化学和地质学研究中得到采用，两次世界大战之间开始了方法论的革命。二战期间，科学家们回到实验室开展通信和雷达实验，加速了这一进程；到 20 世纪 60 年代，对所有精确科学领域的实验研究和观测研究来说，应用这些技术的能力已经成为必需。20 世纪 70 年代，随着微电子控制、数据处理和数字运算能力与每一种科研设备的关联、结合进而整合，真正的革命到来了。这一发展势不可挡。就定义而言，精确科学的所有研究都涉及定量数据的获取和逻辑控制。性能、速度和算法复杂性不断提升的数字微电子技术能够履行这一使命。在这项革命的初始阶段，欧洲大学并没有起多大作用。其科学家只是在外围参与了使之成为可能的软硬件的开发工作，他们对新设备和新技术的采

⑤ J. Ziman, *Knowing Everything about Nothing: Specialization and Change in Scientific Careers* (Cambridge, 1987).

用相对缓慢，而这些技术设备在美国的科研实验室中已经变得很普通。但是到20世纪80年代初，欧洲迎头赶上，西欧大学的物理学和化学实验室里也配备了与美国同样完备的电脑和计算机数据终端设备。不过在中、东欧地区，大学中的精确科学却并非如此，有时落后的设备使他们不可能赶上国际实验研究的前沿。 430

信息技术向所有精确科学（包括纯粹数学）的渗透将它们紧密联系在一起。它们之间的联系不仅仅是技术层面上的，从一定意义上说，所有大学校园里的每一座科研建筑中几乎都在使用同样的视觉显示设备、电路板和高级语言。所有科学都正在开始学习同样的新“智能”程序，如模式识别、计算机模拟空间现象或观测数据的层析重建。地球物理勘测领域研发出的一项程序可能恰好适用于材料无损测试的需求。海洋学研究最初所需的大规模并行超级计算机，其后则可能会被用于研究宇宙史、原子内部夸克的相互作用，或是火焰中的化学反应。

如今，X射线衍射、电子显微镜、激光光学装置、同步辐射、放射性同位素、质谱分析（这样的清单可以无穷尽地开列下去）被广泛应用于从天文学到动物学的自然科学的所有分支领域。不管是结构合金、硅晶片、陨石、矿石还是大有机分子，扫描隧道显微镜都可以提供关于其表面异常详细的地形信息。激光束也可以用于测量陆地板块的微小变化，或者捕捉化学反应的过渡状态。新实验技术的扩散并未止步于精确科学的边界。X射线光学被用于研究恒星和海星，以及大分子和生物薄膜。同步辐射的应用覆盖了整个科学领域。新近出现的通用研究技术集群对欧洲每一所大学的变革而言都是一支重要力量。

跨学科科目

按照以前的知识树的概念，自然界的各个侧面，在规模上从夸克到类星体，在复杂性上从粒子到政党，都能够以其固有结构为特征。某种观察或理论都可以根据其所展示出的自然界的某一方面而被分类至某种科学。到20世纪中期，知识树的隐喻陷入困境。为了做出改变，热切的开拓者们向所有的未知领域进军，对其进行了粗略的研究，并将其占领。他们在各门科学领域的交汇处建立起了过渡区域，例如地球化学、天体物理学、地球物理学、化学物理（切勿和物理化学相混淆！）、数学物理学等，这些复合型称谓表明了它们都是混合体。只有处在生物化学和细胞有机性之
431 间的分子生物学，发展成为一门此前未被考察过的全新的科学。

尽管精确科学在过去 50 年里取得了令人称奇的进展和发现，但它却没有打开通向未知领域的大门。例如，探索自然界基本组成元素的物理学，已经深入原子核内部，穿过电子、核子、光子和中微子的层面，发掘到更深的夸克和胶子层面。但是大多数物理学家只是将这些发现看作是 20 世纪 30 年代启动的探索原子成分这项宏大科研项目的一个连续的阶段。⑥同样，与 20 世纪 30 年代相比，天文学获取了更大范围的天体现象的显著证据，但其关于宇宙的一般性概念与当时教给学生的并没有质的区别。

自 20 世纪 70 年代初以来，欧洲许多大学成为一个新的学术现象的参与者：把从很多已有学科中获取的要素聚合起来，构建一个新的、范围更广的科学领域。事实上，这些跨学科领域的范围常常远超精确科学。例如，认知科学就囊括了哲学、心理学和生理学，以及数学和计算机操作。地球科学包括了地质学、地球物理学以及社会科学领域中涉及地质学的很多内容。信息技术不仅仅是一门先进的工程学，因为它一方面要以数学、物理学为基础，另一方面还要依赖心理学、社会学和管理学。

试举一例，材料学就已经超越了已有的精确科学及与之相关的技术。⑦ 它从物理学和化学中获取的知识与技术来自传统学科的主流研究，而材料学的应用正在彻底改变电学、机械学和结构工程学的所有分支领域。最初，它或许曾被看作是那些公认的次生学科（如冶金学、连续介质力学、结晶学、高分子化学和固体物理学等）的松散联合；而今则成为无数专门研究领域的联合体，关系到诸如半导性、磁力、晶体成长、机械强度等种
432 类繁多的物料性质。或者，在实用术语中，它也可以被界定为对强度更高、更具弹性、更为轻便，更有绝缘性、超导性和生物惰性的新材料的研究。

---

⑥ A. Pais, *Inward Bound: Of Matter and Forces in the Physical World* (Oxford, 1986).

⑦ I. Bernstein, 'Materials Science and Engineering', in Clark and Neave, *Encyclopedia* Ⅳ, 2362-2372.

这门新科学的拥趸倾向于夸大其学术一致性。虽然战后一些非常强大的概念的发展有着无处不在的影响力，例如点阵缺陷，但却没有一个统一的知识主题。它的实践目标和所研究的问题之间存在很大差异，以至于被分隔成若干次生学科，这些次生学科根据材料类型被定义为陶瓷、金属合金、半导体和光学材料等。但尽管如此，如果不全然是跨学科，那么每一个次生学科也都有多学科性，因为它需要物理学家、化学家、数学家和工程学家们的共同努力。这些学者既要对这些不同的学科有充分而全面的了解，也要掌握与特定类型材料有关的专业知识。无论材料学在某所大学是否被视为一门独立的学科，它都不再只是改革者的口号，而是作为一个学术类型在很多机构中得以牢牢确立，这种学术类型恰好跨越了精确科学的传统体系。实际上，它根本不属于这个体系，而是作为另一种分类的成员而出现。这种真正的“矩阵结构”的出现是精确科学领域多科性发展的实证。在本章随后的部分，我们将讨论欧洲大学所面临的这个非常严峻的教育和组织问题。

精确科学内部跨界性交流日益增多，既是科学与其相关技术之间联系更加紧密的原因，也是它所带来的结果。因此，一方面，化学和物理学之间的互动显示出化学工程领域的新发展；另一方面，石化工业遇到的实际问题也只能靠化学、物理学和数学知识的联合运用才能够解决。而“基础科学”和“应用科学”之间的鸿沟最终以定型为结果而得以弥合。这指的是特定领域研究能够被“定型”的程度，即有效指向现实目标的程度。1973年，“定型”理论⑧由马普学院的一个科研团队首先提出，该校坐落于慕尼黑附近的施塔恩贝格。这一观点引发了一场政治风暴，因为它似乎是在极力鼓吹政府对学术研究日渐加强的控制。但这种解读并不合理，因为“定型”理论只是在描述现象而不是确立标准，不过它已经倾向于转移人们对过去半个世纪中欧洲大学在精确科学领域出现的一系列重大历史发展中所蕴含的共同因素的关注。 433

⑧ G. Böhme, W. van den Daele, K. Hohlfeld, W. Krohn and W. Schäfer, *Finalization in Science: The Social Orientation of Scientific Progress* (Dordrecht, 1983).

“定型”理论依托于托马斯·孔恩关于研究领域生命周期的解释。⑨这个周期通常分为两个阶段。一个阶段以一种约定的范式为特征，按照这种约定范式构造研究领域，置身该领域的人员不会因方法或解读方面的基本问题发生争辩。另一个阶段是重大变革阶段，以非常规的观察为特征，此类观察有别于任何现有的解读方式，并普遍认为已具备条件去寻求突破，形成一种更为连贯的理论范式。这个阶段仍然不切实际地将研究导向一个指定的技术目标；但从长远来看，为形成更好的基本认知所做的重大努力或许是值得的。我们可能会说，高能物理、天体物理学和宇宙学正处于一个漫长的变革阶段，仍有一些完全没有经过探索的基本现象。在那些应当加以规划的研究领域，其理论框架仍然存在广泛的不确定性，还有大量具有高度理论推测性质的研究项目正在积极进行，这些项目大都得到了学术资助。⑩

二战以来科学上一个令人兴奋的特征是，很多重大领域已经历过了孔恩所说的重大变革阶段，这点已非常确定，因此这些领域实现了定型。在这一时期的初始阶段，古典宏观物理学（例如水动力学）早已确立了一
434 种范式。在这种范式下，科学研究能够集中于那些已被观测到但尚未得到解释的重要现象上，例如海洋、大气以及很多工程系统。到这一时期的末期，这种状况适用于凝聚态物理（如半导体设备）、简单分子结构（如物理化学和无机化学）的很多方面，也适用于宏观的陆地现象（通过板块构造理论）。

这一发展对精确科学而言显然具有独特意义，因为一个强大的理论范式对于任何自然或人工系统的计算机仿真建模都是不可或缺的前提条件。相应地，这些模型在知识和实践的进步中也都是必备工具。大学里的科学家们愈发需要使用越来越多的超级计算机设施来模拟上层大气中的化学反应、蛋白质分子折叠、地心的流体流动和磁场、核子内部夸克的交互作用、宇宙的初始五分钟等。企业界的科学家和工程师在他们的工作

---

⑨ T. Kuhn, *The Structure of Scientific Revolutions* (Chicago, 1962).

⑩ J. Barrow, *Theories of Everything: The Quest for Ultimate Explanation* (Oxford, 1990).

中采用了相同的范式，甚至更多地应用超级计算机，他们借此模拟喷气发动机的气体流动、微晶存储的电子流、矿床的地质形成、核弹头的中子通量，以及他们受命所制造的其他任何物品和所做的任何项目。

根据更为确切的规划，更加系统地开展研究的可能性影响着科学事业的其他各个方面。定型所产生的直接影响常常是使科学工作走出大学，进入企业研发实验室，在这里，强烈的商业动机加大了科研工作的规模。最明显的例子是基础半导体物理，尽管起决定作用的工作在很多欧洲国家进行（这是为了维持大学在该领域的存在），其发展进度却是由跨国电气公司（大部分在欧洲以外）确定的。而定型（这基本上是一个应用科学的概念）使学术研究的成果看上去更贴近实用目标，并可能更快地开发获利。因此，为了科学家和工程师的基础教育，为了高级研究培训，为了研究项目形成方案并获得支持，它将大学和工业部门紧密地联系在一起。对这些问题的考虑转而影响着科研机构和部门的选址、科研活动的构架，以及大学在社会中的地位。

集体主义

在我们这个时代，精确科学研究的开展形式已经发生改变，甚至比研究内容所发生的变化更大。简而言之，是从个人的科学工作转向高度组织化的合作研究模式。[11] 最直接的证据就是合作发表科学论文的现象。[12] 二战前发表的大多数自然科学和数学论文，或由一位作者独立署名，或由两位紧密合作的作者联合署名，后一种情况中最典型的是学生或初级研究员与其教授联合署名。这并不意味着这些人是完全独立地进行研究。 435
在大多数情况下，大学院系或科研机构中的学生或教师与十余名科学家和技术人员共享科研及教学实验室里的基本设备。不过他们在名义上拥有自己的实验台和个人项目，独自承担着从研究创意、产出成果到出版发表的全部责任。原则上这甚至还适用于更大范围的“研究学群”，实际上，

⑪　J. Ziman, *Of One Mind: The Collectivization of Science* (New York, 1995).

⑫　D. Price, *Little Science, Big Science* (New York, 1963).

几乎所有研究都是在一位著名教授的密切监管下展开的，而大部分研究成果也归其所有。

现在我们发现，所有精确科学领域中那些非理论性的学术论文的作者通常署名为一个团队，人数从两三个到十余个不等，甚至多达上百人。这反映出合作这一事实，不管这种合作是专业同事之间自愿的伙伴关系，还是作为有组织的科研团队中的成员所接受的管理指令。这个团队或许有一名明确公认的领导，但研究工作还是作为团队所有成员劳动的合作性成果来呈现的。不同领域里这种现象的规模和程度不一，但绝不仅限于精确科学。实际上，这种现象非常普遍，以至于不能将之归结于任何单一的简单原因。它代表了一种向欧洲扩散的文化形式，这种文化形式来自更为富有、更具商业色彩的美国大学。战时的军工研究，以及大型工业企业中的技术研发等事例展示出大规模科研团队在集中精力解决明确提出的问题方面的有效性。在精确科学的一些领域——尤其是高能物理和空间研究——这种模式几乎无可避免。甚至在一门科学的变革阶段，科研工作在很多技术方面的有效定型使得那些太过复杂、只能由大规模高度组织化的专业团队完成的项目的立项和实施成为可能。

在那些本身实际上已经具有交叉学科性质的科学领域里，科研项目无法被拆解为一个个研究者个人有限专业领域内的独立子项目。科研项目的进展，需要大量有着不同学科背景的专家们积极的日复一日的合作。即便是一项研究表面上看来只是集中在一个主要的传统学科领域，但它仍然需要大量不同专业技术人员的共同投入。现在，几乎没有哪个物理学家能够同时熟练掌握有助于其研究领域的实验技能和理论技能。因此，与技能互补的同行联合发表成果就会具有优势。

这一时期，最显著且重大的发展之一，就是在精确科学的大多数领域进行的有益研究及尖端教学，其所需设备的复杂性和成本迅速增加。⑬ 其原因众所周知：一个领域应用的是其他领域所研究的技术（如化学中的核磁共振），系统设计以及新颖且功能强大的标准化设备由商业公司负责，

---

⑬ J. Ziman, *Prometheus Bound: Science in a Dynamical Steady State* (Cambridge, 1994).

而设备的自动控制由电子计算机来完成。一项特定研究或许不总是需要制造与使用专门仪器,但会经常需要对一系列精密设备进行常规运用,如电子显微镜、质谱仪、红外光谱摄像机以及高性能计算机和数据库等。

一个有效的研究机构如大学院系必须在这些设备上投入巨资,即便它们只是供很多"小科学"的研究团队来使用。就组建这样一个在经济上可行的院系而言,人们对设备集中的程度与规模持有不同的观点,不过现在相当明确的是,这涉及安排好数十名,甚至是上百名科研者秩序的问题。这并不一定意味其研究计划必须与他人密切协调(在企业研发实验室中,这一点是确定无疑的),或者他们必须处在一种集中式管理下。实际上,尽管在实践中常常遇到困难,但在分散于大学不同建筑中的众多学术部门之间安排设备共享,甚至让当地其他机构的研究人员也来分享设备,在原则上还是有可能的。不管怎样,大学里的科研人员必须拥有正常使用种类广泛的研究设备的权利,这些研究设备要由一个强大的通信网络和其他基础设施来支撑。

满足这一要求需花费大量的人力和财力,但却必不可少。二战以来,精确科学领域科研竞争所必需的设备标准已由美国所确立。西欧战后重建阶段完成的标志之一,就是大学实验室能够宣称在这一方面已和美国持平。而在中欧和东欧国家,当前科学衰落最严重的表现之一,正是这一资源的极度匮乏。这种情况在大学尤为严重,当然,其他学术研究机构也存在这一问题。

国际化

规模相对较大的机构在资助和管理科研资源方面所体现出的经济和行政优势,并不意味着研究工作本身也需要以同样大的规模来组织。[14] 有些研究机构规模很小,比如只有五六个专业研究人员,另有一些助理、学生和技工。对于这些机构来说,如果它们能够使用那些必要的仪器设备,

[14] M. Franklin, *The Community of Science in Europe: Preconditions for Research Effectiveness in European Community Countries*(Aldershot,1988).

437 那么它们在开展涉及精确科学众多领域的“战略基础研究”方面仍然是最理想的场所。在一些大学中，这些机构之间系统性的智力合作，也能够产生高于“临界质量”(这是对知识产生竞争性贡献所需要的)的联合性效果。不过，有一些研究领域，其所必需的设备规模很大(随之也就很昂贵)，以至于即使是最大的大学，其人力和物质资源也难以企及，它只能作为国家性或国际性设备来提供。这是精确科学很奇特的一个特征，也是它们在大学世界中地位的一个主要方面。整个欧洲的物理学家们，现在正不得不作为“大科学”机构(在其所在的大学之外)的活跃“用户”，投入越来越多的研究时间。这些设备最初是由国家提供和管理，但最基本的规模经济理论正在不断推动其向着投资、运行成本和使用的多国共担、共享的方向发展。⑮

在此，像欧洲核子研究中心、德国电子同步加速器研究所、劳厄·朗热万研究所、欧洲分子生物学实验室以及伊希斯(ISIS)、加兴(Garching)* 和欧洲联合环流器这些集团化科研机构，我们无法尽述它们各自形形色色的历史起源及其当代地位，对那些现已成为欧洲精确科学领域主体部分的天文望远镜、计算机网络、太空平台等，也不能详细介绍。简单地说，对这些设施在建设、管理和使用方面做出的分担共享的安排，现在已经是欧洲大学实现其科研和教育使命的主要途径。那些高度实用性和跨国性活动的出现及其制度化发展，可以被视为自宗教改革以来欧洲大学合作史上取得的最有意义的成就之一。⑯

当然，国际机构并没有完全取代大学在精确科学方面的角色和功能，甚至在研究领域也是如此。一些研究机构(如欧洲联合环流器)的研究团

---

⑮ A. Hermann, J. Krige, U. Mersits and O. Pestre, *History of CERN*, Vol.I(Amsterdam, 1987); Vol. II (Amsterdam, 1990); J. Krige (ed.), *History of CERN*, Vol. III (Amsterdam, 1996).

* 由于本书索引没有收录“ISIS”和“Garching”两个词条，因此译者无法确定其具体含义。但根据上下文意思，结合欧洲主要的大型科研机构情况，译者推断“ISIS”应是英国著名的大型综合性国家实验室——卢瑟福·阿普尔顿实验室(Rutherford Appleton Laboratory)的“散裂中子源 ISIS”项目；而“Garching”指的应该是总部位于德国城市加兴的“欧洲南方天文台”(European Southern Observatory)，这是一个著名的国际性天文台，由 15 个国家共同参与建设。——译者注

⑯ R. Herman, *The European Scientific Community* (Harlow, 1986).

队，其科学家来自众多国家，均为全职雇员，接受国际化的管理，围绕高温等离子体的磁约束开展大型实验。这样的机构却几乎不属于大学的范畴，尽管这些研究距离其最终实用目标（即通过核聚变发电）仍很遥远。这些设备齐全的研究机构在国际上相当少见，建立这些机构的目的，主要是为了满足非常专业的科学或技术需求。

即便是拥有雄厚资源和设施的欧洲核子研究中心，也没有一支属于自己的大规模学术队伍。在该中心巨型粒子加速器上进行的那些极其复杂、极其昂贵的实验，实际上是通过所谓的“合作”方式进行设计和实施的。438
也就是说，是由来自多个欧洲国家数十所大学中的数以百计的科学家组成的临时团队来完成的。虽然这些学者有着极有价值的国际经验，但他们却常常把日常的学术工作留给所在大学的其他工作人员或者学生。

很多大科学的仪器设备（它们似乎主导了精确科学领域的研究活动），是有着独特辐射作用的资源，或是被很多独立开展工作的小型研究团队使用的非常强大的研究仪器。因此，一名大学科研人员，会在格勒诺布尔待几天，把预先准备好的样品放在劳厄·朗热万研究所高通量核反应堆的中子束工作站里。或者北欧的天文学家可能会在拉帕尔马花上一些时间，在北半球天文台进行观测。虽然各国政府之间在这些设备的运营方面达成的协议经常是非常复杂的，且时有纷争，但这些协议离大学事务非常遥远，几乎不会对那些惯常使用这些设备的科学家们的工作产生直接的冲击。

学术科学“欧洲化”的另一途径是通过国际项目的发展，这种国际项目中的单个项目需要基于多个国家的大学研究团队的积极合作。这样做有时是出于政治原因，有时是为了强调强、弱科学界之间的跨国凝聚力，有时是把研究项目作为一种有市场前景的技术创新的基础加以培植。这种做法也具有令人信服的科学理论依据，特别是在地球科学方面。因此，欧洲地学断面工程是一项关于整个欧洲大陆的地质构造的系统研究，并不考虑国家疆界的问题。不过话又说回来，尽管各个研究团队在项目研究中的合作非常紧密、和谐，但他们各自的法律或体制身份并没有消失，仍然稳定地隶属于各自所在的机构。

因此，研究领域出现的欧洲化趋势，并没有削减或者取代大学在精确科学领域的作用。在这些学科领域，并不存在创办一所面向全欧洲的本科或研究生教育机构的强烈需求。⑰ 物理学的大部分研究，仍然是由大学或国家研究委员会的人员，在座落于大学里的实验室中来开展的。即便这种研究的确是由跨国性研究团队来实施，其大部分工作是在国际性设
439 备上进行，但研究的成果还是要归属于参与“合作”的所有大学个体。

事实上，西欧国家政治、经济的一体化进程，以及对这一进程向东欧发展的期待，已经强化了大学在精确科学领域的独立法人地位。一种“欧洲研究系统”或“欧洲科学总部”正在浮现，它并不是一个以布鲁塞尔为中心的指令性结构，而是一种松散的网络，其成员包括非政府组织，如欧洲科学基金会；包括学术团体，如欧洲人文与自然科学院；包括多边性政府间机构，如欧洲核子研究中心和欧洲空间局；当然还包括那些拥有隐秘力量的跨国公司，如西门子、空中客车和壳牌公司等。各国的国家研究委员会以及其他机构的协调职能和提供资助的职能很大一部分都正在上移至该网络，逐渐远离作为研究项目承担者或联合承包者的大学及其研究实体。现在，欧洲大学里的很多教授和科研负责人发现，他们与欧共体或者欧洲空间局打交道，跟他们与本国机构打交道一样直接。

由于有了这些进展，在使欧洲大学进一步全球化方面，精确科学正在发挥着领军作用。在本部《欧洲大学史》的每一卷、每一章中都可以找到例证。欧洲大学的学术、知识和科学一直都是一种国际性的行为，学者们在其职业生涯中可以从一所大学转到另一所大学，从一个国家迁至另一个国家，这是一种普遍和非常典型的现象。不过，对大多数物理学家和数学家来说，这种调动只是随着个人的不同境况附带出现，比如收到就职通知、遭受政治流放、个人身份从求学者升至学术领袖等，而非其科学工作的组成部分。那些有价值的研究工作是他们在家中与一小群同事和学生共同来完成的。

精确科学纯粹的研究技术已经迫使科学家们在研究视野和工作实践上变得越来越全球化。高能物理学家们以科学友情为基石，率先创建了一个可供共同开展工作的永久性研究设施，进而展示出跨国科研团队的

⑰ 见第三章“与当局的关系”。

效力，并且建起了接通科学家各自实验室的数据网络。通过上述途径，高能物理学家们在向全球化的转变方面走在了前列。学术型的电子邮件系统还要继续发展，不过，作为精确科学数据网络系统的副产品，该网络却从位于在日内瓦的欧洲核子研究中心衍生开来。该网络在个人通信方面的非正式使用，为其自身获取了新生。现在，它为一个囊括所有学科的世界性的无形学院提供了永久性的公共空间，且日夜开放。

二战以来，精确科学在形式和技术文化上的国际同质性已经从字面、会议厅、实验室扩散到科学生活的其他层面。现在，在一个跨国性研究团 440
队中工作，用混杂了蹩脚英语的语言进行交流，以及共同抵制地方官僚主义的故意阻碍，这些似乎都很正常。对一个牛津大学的科学家来说，在巴黎或日内瓦一天的工作，与在爱丁堡或者斯温登没什么不同。一个国际委员会对在欧洲一架望远镜上的观测时间进行分配，就像一个国家评审委员会做同样的工作一样自然。如果创立一个类似于美国的“欧洲合众国”可行的话（就像人们经常主张的那样），那么在这条路上，精确科学已经远远走在了欧洲大学其他大部分学科的前面。

欧洲科学已经被赶超美国科学的愿望驱动了近半个世纪，但这种竞争只是一种共生的伙伴与合作关系的要素之一。人与人之间，以及研究团队、工程、项目、工业企业、军事需求、计算机网络等之间跨越大西洋的联系，自战后它们帮助欧洲科学回归正轨以来，已经在范围和实施能力上大大地拓展了。这种联系现在正在向全球扩张。

全球环境研究领域国际项目的快速发展表明，对全球范围内更为紧密的合作而言，它们所必需的文化基础建设已经准备就绪。诸如气象学等领域的研究，在技术管理上已经是全球性的了。同样的情况无疑也适用于大科学的所有形式。最基本的经济考量将促使竞争者们走向合作与融合。例如，尽管存在财政问题，但凭借国际合作，欧洲核子研究中心的大型强子对撞机在2009年得以运行；相反，由于无法得到国外支持，美国最终放弃了超级对撞机项目。如果要建造一个更大规模的粒子加速器，那么它将是一个全球性的机器，欧洲大学的高能物理学家将会与来自全世界的同行们一起在此工作。

将学术与工业联系在一起

如前所述，直到二战结束之际，精确科学和与之相关的技术之间仍然泾渭分明，这反映了社会上学术机构与工业部门之间的职业分化。电子工程学专业的学生和物理学、数学专业的学生一同学习基础知识，一些大学也建立了应用物理学系来打破他们之间的隔阂，这的确是事实。但物
441 理学领域的这种边界特征比化学和地质学更为显著，这也是事实。化学是最早被系统应用于工业领域的自然科学之一。从化学成为一个独立学科之初，较为现代的化学工程职业就得到了发展，不仅仅在工业工程基础教育领域，还包括研究主题方面。地质学在职业上一直与矿井、油探和其他采掘业相联系。不过，所有学科领域还是明确保留了学术研究的独特角色。

不过，任何技术史都将说明精确科学的边界面必然是意识上的，而且始终都具有高度的可渗透性。事实上，技术革新“线性发展模式”的重要前提是基础科学发现（如电磁感应的发现）终将导致技术革新（电动发电机）。我们当前这个时代最有意义的特征是拱卫边界的意识形态已经被实践的酸性所溶解，尤其是学术研究的前沿。在大学校园里，在科学园区内，在公司的研发实验室中，工业部门和学术部门独特的研究活动和旨趣在细节上相互渗透。

材料学一个典型的研究问题是：“隔离在玻璃材质中的化学杂质，其光学特性是什么？”这个问题或许已经出现在有关处于这种系统中的电子的基本量子力学状态的基础研究过程中，也可能同样出现在用于光电通信的更加透明的玻璃纤维的开发和制造过程中。这类研究将涉及完全相同的设备、样品、理论、档案来源和技术鉴定。大学里的化学系、物理学系、材料科学系或电子工程系，跨国电子公司的研发实验室，或是一国的国防部科研机构，恰好可能都已对同样的研究给予立项。每一种情况都认真考虑过该研究是否会带来可用于商业的应用成果。

这并不意味着当前大学在精确科学领域所有的工作都直接瞄向技术革新。在整个欧洲，学术界有数以千计“真诚地探寻真理”的科学家依然在

从事着“猎奇驱动性”“探索性”和“仰望苍穹性”的科研工作，这些研究“为其自有使命”而存在。欧洲大学里开展的大量研究是实实在在的“学术性”的，这些研究并非是针对某个专门的、即时性的和实用性的需要。私营企业并没有开展所有那些他们认为可能会支撑其工业研发的所有的“基础”研究。尽管一些科学领域如固体电子学已经从大学转移到了工业部门，442 但培养这些领域的学生和科研工作者仍然是大学的责任。和过去相比，学术与工业之间彼此更加开放，但在科学活动和技术活动方面，它们在本质上仍然具有互补性。

“战略”研究或“竞争前”研究的概念，为大多数精确科学（天体物理学、宇宙学、纯粹理论数学和纯粹高能粒子物理学不含在内）提供了保护伞。物理学的其他领域、化学的所有领域，或者地球科学领域的任何一个研究项目，都可能产生这样一种知识：一种能够改善我们对通用技术（这种技术最终能让一项有利可图的实用发明成为可能）的基本认识的知识，这样说并非天方夜谭。尽管与推向市场仍相距甚远，这一概念还是为大学里那些正在为他们的项目寻求道义支持和财政资助的科学家们提供了一种宝贵而华丽的资源。

仍然有一种显著的文化界限横亘于学术和工业之间。根深蒂固的学术态度和学术实践，诸如自由地选择研究问题、自由出版、根据理论确定研究目标、引用参考本学科同行的成果、在学院结构内保持个人自主等，无法轻易地与面向市场的项目相调和，即一个研究项目应该生产出面向市场的智力财产，用以解决企业管理中业已明确的亟须解决的实际问题。这种文化上的不协调，与通常所公认的公开劝导相比，更能阻碍学术跟企业间的互通，而且广泛建立的旨在打通两者之间差异的新机构也没有完全消除这种障碍的影响力。这些机构包括：科学园区（意在把高新技术产业引入大学地产），德式“弗朗霍夫研究所”（寻求一种勤奋踏实的生存之道，为具有开发价值的学术观点担当代理人或开发者），得到大学、企业和政府机构支持的半自治性的“跨学科研究中心”“联合研究中心”（设在大学内，但主要是由那些最先对他们的研究成果提出权利主张的公司提供资助），“创业公司”（由大学创办，用于营销其科研产品、科学服务及学术员工的技术专长）。

有些这样的机构发展得太过激进，威胁到了欧洲大学的知识、社会、财政和管理原则，而欧洲大学正是建立在这些原则基础之上的。在高新技术化学和电子工业领域，精确科学的能动及通用功能已经将这些基础科学向非常强大的社会、政治和经济影响力开放。甚至在大学实验室里，
443 科研项目的目标和结果都可能取决于商业或军事上的考虑，而非传统的学术价值。这是过去半个世纪里欧洲大学在精确科学发展史上所取得的重大进展之一。在打通大学与企业之间的组织边界的过程中，人们主要关注管理和职业问题。实事求是地说，从管理的角度来看，解决这些问题实际上并不那么困难，比起在协调医学、法学、工程学和建筑学的学术事务与专业实践关系过程中出现的问题，前者要容易得多。许以重金，便会克服掉对科学自治和学术自由的道德上的不安。

有人为这种情况做出辩护，指出理论(学术)与实践(工业)创造性的相结合将为社会带来大量好处，并且还会体现大学所具有的重要的社会功能，甚至在大学开展那些最深奥和最消耗经费的活动时，仍然可以使其体现出重要作用。在这些活动中(其他活动亦然)，大学只有通过最大限度地服务和回应社会，借此不断实现自我更新，才能够生存下去。但伴随着丰厚无度的资助，这种联系也要输送道德责任。精确科学的一些学术研究领域，如核物理学与等离子物理学，已经高坐于对军事技术和能源技术所做贡献的功劳簿上，而随着这些技术失去公众的支持，这些研究领域正在面临危机。而在另一个极端，以高能粒子物理学为代表的精确科学的其他分支也受到了威胁，它们似乎并未从更为昂贵的、纯知识性的巴洛克式象牙塔中“战略”地抽身而出。

教学和/或研究

精确科学的活力集中体现在其研究能力而非教育功能上。由专门学术机构聚集起来的同一学科院系中教学与科研之间共生的伙伴关系，决定了欧洲大学的传统。而前文所述的发展却已经将这种关系置于重压之下。事实上，研究边界已经发生了扩散、多样、混杂和转移，因而不再直接与需要教给学生的那些基础学科相联系。

444 这并不是说课程科目过时或落后于当前的实践，也不是说与当前的知识相矛盾。它们只是不符合大多数学生长远的职业需要。其中一些课程仍会继续存在于学术研究中那些高度专业化的领域，另一些课程则会从学术领域彻底转向工业研发的前沿。要做到恰如其分，学生们需要熟知那些形形色色的精细、复杂的理论概念和操作技能，还要熟练掌握解决一定范围内科学和技术问题的不同方法的技术能力及其内在关系。要想做好在专业领域就业的充分准备，或是成为一名独立开展研究的新手，仅靠在精确科学领域3或4年的本科教育是远远不够的。

自然科学中课程面临的压力尤其强烈，因为自然科学的知识是不断累积和发展的。新的知识建立在原有知识基础之上，但又不会取而代之。例如，物理学和化学的大部分理论知识的基础是量子力学。这是一个深奥的智力学科，其原则与方法不能简单地归结为一些基本概念。有关量子论的深刻易解的导论需要耗费时间，在那些依赖量子论的大学学科里，这种导论已经占据了每门课程相当大的比重。因为学科课程主线之间是相互联系、互为依托的，所以由若干不同院系开设其他一些数量有限且互不关联的课程模块，来为新学科构建起一个连贯的课程体系，就变得非常困难。

因此，欧洲大学不得不以美国为榜样，在本科教学后开展指导学生走向研究前沿的正规教学。在介绍最新的科研议题方面，传统的专业习明纳不再令人满意。博士学位曾经是个人通过学习而精通于学术实践的标志，但现在正转变为一种资格证书，表明其接受过有关研究方法的高级指导和训练。出于这种意图，更为规范的研究生院得以建立，而精确科学则成为最早建研究生院的学科。其他团体，比如北约科学委员会，也已经积极组建具有类似职能的高级研究所和暑期学校。⑱

本科学位(或第一级学位)课程地位的降低，自然让传统人士感到痛惜，尤其是在那些包含其他学科内容的现有学科中，这种情况就意味着“主流课程”被削弱。不过，那种有关预备的、经过充分训练的物理学家、化学家、数学家或地质学家的概念已经过时(战前就已经被逐步废弃)，现在

⑱ 见第三章“与当局的关系”。

它的存在只是为了限制更激进的改革。这种改革是要建立一种灵活的、
445 旨在培养学术与技术精英的、更高层次和连续性的教育体制。

美国在学术研究中培养博士后的理念正在赶上欧洲的大学。不过，这并不能调和适合本科教学的相对稳定的学科结构与那种处于变化之中的跨学科、多国性的交叉分类(这些分类以在所有精确科学领域的前沿性研究为特征，或许只有纯粹数学除外)之间的矛盾。解决办法之一，就是割断把教学与科研捆绑在一起的那条绳子，另建一套独立的体系，聘用全职研究人员组建新的研究院所、部门、实验室或中心等。法国的国家科研中心、德国的马普研究所实行的是这种政策。同时，中东欧各国复制苏联模式，把几乎所有的学术研究都集中在国家科学院。基于同样的考虑，英国研究委员会在机构内部设立研究实验室，尽管精确科学并不是他们的优势项目。

把大学的基础研究活动拆分出去，仅给教学人员保留有限的研究设备，有关这种政策利弊得失的探讨在本卷随处可见。[19] 乍看上去，这种安排似乎特别符合精确科学对巨型设备以及高水平的技术潜力的需求。然而美国、英国、荷兰、瑞典等国的实践却表明，即便不将学术型科学家工作中的教学与科研分离开来，那些问题在大学框架内仍然可以得到解决。

正如前文中所透露的信息那样，问题的关键不是让传统学科院系去管理其教职员工的科研活动，而是为他们提供在相对独立的众多研究实体(如科研单位、中心、课题组、实验室、委员会等)中开展研究的时间。这些研究实体或在院系结构之内，或是跨院系性质的，或是超出了院系结构的范围。英国的一些大学里已经出现了类似现象，并且用不了多久就可能普及欧洲其他的大学。

回顾与展望

冷战的结束，为回顾过去和窥测未来提供了合适的视角。冷战期间，精确科学得到了蓬勃发展。无论是科学上还是技术上，精确科学都践行

[19] 见第七章“课程、学生和教育”。

了要取得巨大认识进步和实践成就的承诺——这些承诺是它们二战时提出的。这已是知识界的美好时代。有关物质世界的真实可信且有重大意义的信息大量增加。

对这些知识的应用也证明了一项非常繁荣的事业，在这项事业里大学已经是一个主要的参与者。可以肯定的是，在1945年时，这项事业的前景看起来还是不切实际的。核裂变与/或核聚变的新时代的欢欣狂喜已经不复存在。民用核能被过分吹嘘，而对核武器的狂热追求在现在看来更像是一种可怕和可憎的道德错乱。飞向行星空间的计划也令人失望地被推迟了。另一方面则有一些未曾预料到的成就。战前就在半导体研究方面处于领先的物理学家们完全没有预测到他们这个晦涩的专业所蕴含的巨大的信息与通信潜能。

人们并没有期待战后欧洲大学的复兴能够重建此前它们在精确科学领域的卓越地位。不过在大部分领域它还是回到了有着较高声誉的相对比较舒服的位置，在很多领域还保持了世界领先的地位。挑出特定的大学、院系、机构或者个人，把他们作为特定学科领域的卓越的中心，这在以前还有意义，现在则不然了。当然，尽管在那些缺乏竞争力的大学中还存在着大量没有充分激发的普通研究，但是遍及整个欧洲的众多研究机构中的大量才华卓越的科学家们正在进行着高水平的研究工作。

这些实实在在的成就，可能是凭借物力和人力的极大扩张而取得的。前者来自国家政府，他们对精确科学作为长期的技术经济投资的价值深信不疑。后者则是长期以来欧洲在科学领域异常高标准的中等和技术教育传统的产物。这是西德在高端科学领域能够快速重新发展的秘诀所在。它也推动了与工业相关的研发活动在意大利南部、西班牙、葡萄牙、爱尔兰和希腊的拓展。换句话说，西欧社会的全面现代化，是与传统科学(即数学、精确科学)技术现代性的升级换代相伴而行的。

现今，东欧国家的科学共同体面临的挑战是要把自身提升到与西欧一致的水平。尽管科学仪器和通信设施极度短缺，不过与同处于共产主义领导下的其他所有学科相比，精确科学所经受的痛苦与损失可能是最小的。它们得到政权的青睐，并未受意识形态的干扰。这些国家的大学，虽然与科学院等机构相比，它们在科学研究方面的地位降低了，但由于需

要在各学科基础领域开展全面(但缺乏创造性)的技术教育,大学强大的
447 研究传统还是得以保留。实际上,东欧国家中训练有素的科学工作者数量严重过剩,他们接触过较为现代化的科研设施,他们可以竞争世界任何一地学术和工业领域中的研究职位。

这是欧洲的大学在世纪之交面临的最严重的问题。阻止中、东欧国家最优秀的年轻科学家流失到其他地区的唯一方法,是在他们各自的国家营造出有吸引力的研究环境。科学器材和其他物资设备的成本肯定昂贵,不过在以较合适的价格适当地连入国际电子网络和其他科研交流渠道方面,可以有所作为。对于那些必须使用大型跨国数据库的天文学、地质学、化学等领域的自然学家,以及那些历尽艰辛想要充分利用电子硬件及软件的自然学家来说,这既是必要的,同时也相对容易一些。

不过,对整个研究系统来说,真正需要的是一场深远的结构改革,以适应后社会主义时代的形势。由于形势尚不稳定,因而还无法准确表述改革的明确目标。全面转向西欧模式,需要有选择性地缩减研究机构规模,把战略性研究和应用性研究直接与工业部门联系起来,并重新激发传统的活力——高水平基础研究与大学教学相结合的传统。这些结构性变革业已展开,特别是在前民主德国,但还远未完成,而且也无法确定改革的最终效果。

苏联和其他社会主义国家科学危机的结果之一,是吸引了人们对大
448 学社会功能的关注,以及对由大学推动发展的科学的社会功能的关注。这种高涨的意识甚至适用于精确科学以及它们比较简单的技术角色。大概直到 20 世纪 70 年代,人们仍普遍认为自然科学领域和数学方面基础知识的进步是一项毫无争议的社会红利,因此在促其发展时不会有道德上的疑惑。学术界的科学家们经常会卷入有关核战争的伦理问题的广泛争论之中,但他们通常会辩称这与不曾预料到的科学知识的用途有关,与最初获取知识的过程无关。这项致力于"真诚地追求真理"的职业,因其与社会上腐败现象——不管是共产主义社会还是资本主义社会——的相对隔离而备受自然学家们的尊重。大学被视为一个生产和传播知识的自治性的社会机构。至于政客、实业家、匪徒或是将军们的愚蠢或犯罪行为,大学不应对其负有直接的责任。

然而荒谬可笑的是，同样是这些政客、实业家、匪徒和将军，却试图从研究体系中榨取更多的使用价值，他们的这种尝试已经撕裂了道德中立的观念。正如我们已经看到的那样，大学与社会的联系比以往任何时候都要紧密。而精确科学领域的一个主要趋势是，对有关"科学的社会责任"要求的正当性，以及对"科学、技术与社会"问题开展教育与研究的需求，同时持默认态度。[20] 从管理上的组团主义，到危险的无政府主义，有着不同目标的改革者们正在致力于把这些东西推行到学校和大学课程之中。这违背了长久以来确立的学术传统。这种传统在很多方面强调，除了人类以外，对所有事物都应保持技术上的客观性、理性和非人格性。

精选文献

Barrow, J. *Theories of Everything: The Quest for Ultimate Explanation*, Oxford, 1990.

Böhme, G., Van den Daele, W., Hohlfeld, K., Krohn, W., and Schäfer, W. *Finalization in Science: The Social Orientation of Scientific Progress*, Dordrecht, 1983.

Bush, V. *Science: The Endless Frontier*, Washington, D. C., 1945.

Cozzens, S., Healey, P., Rip, A., and Ziman, J. *The Research System in Transition*, Dordrecht, 1990.

Franklin, M. *The Community of Science in Europe: Preconditions for Research Effectiveness in European Community Countries*, Aldershot, 1988.

Galison, P. *Image and Logic: A Material Culture of Microphysics*, Princeton, 1997.

Herman, R. *The European Scientific Community*, Harlow, 1986.

Hermann, A., Krige, J., Mersits, U., and Pestre, D. *History of CERN*, 2 vols., Amsterdam, 1987—1990.

Hoddeson, L. et al. *Out of the Crystal Maze: Chapters from the History of-*

449

⑳ J. Ziman, *Teaching and Learning about Science and Society* (Cambridge, 1980).

Solid State Physics, New York, 1992.

Kragh, H. *Quantum Generations: A History of Physics in the Twentieth Century*, Princeton, 1999.

Krige, J. (ed.) *History of CERN*, Vol. Ⅲ, Amsterdam, 1996.

Kuhn, T. *The Structure of Scientific Revolutions*, Chicago, 1962.

Lemaine, G., MacLeod, R., Mulkay, M., and Weingart, P. (eds.) *Perspectives on the Emergence of Scientific Disciplines*, The Hague, 1976.

Pais, A. *Inward Bound: Of Matter and Forces in the Physical World*, Oxford, 1986.

Price, D. *Little Science, Big Science*, New York, 1963.

Veltman, M. *Facts and Mysteries in Elementary Particle Physics*, River Edge, N. J., 2003.

Whitley, R. *The Intellectual and Social Organization of the Sciences*, Oxford, 1984.

450 Ziman, J. *Knowing Everything about Nothing: Specialization and Change in Scientific Careers*, Cambridge, 1987.

Ziman, J. *Of One Mind: The Collectivization of Science*, New York, 1995.

Ziman, J. *Prometheus Bound: Science in a Dynamical Steady State*, Cambridge, 1994.

Ziman, J. *Teaching and Learning about Science and Society*, Cambridge, 1980.

第十二章　生物学

赫伯特·C. 麦克格瑞格

从骨骼到生物技术

在20世纪的前40年间,我们对生命系统的理解逐步深入。在生物学领域,没有任何一个分支学科能够一枝独秀。19世纪的主要假说被重新 451
检验,有的假说得到证实并被并入其他学科领域。在生物学领域,动物学家,植物学家,研究人体结构的解剖学家,主要研究真菌、谷类作物和果蝇的遗传学家,在最能代表生物系统特性的分子运动领域进行开创性研究的生物化学家,都在各自的领域进行生物学研究。生物学所有分支学科都有各自的学术性课题。在有些分支学科中,人们渴望了解癌症,找到应对病原体微生物的办法,这些研究具有清晰的医学目标。遗传学家一直致力于农作物的选择性培育,以服务于农业生产。但是,大多数生物学领域与实际应用尚存在距离。

1945年后,生物学及其分支学科为了应对新发现、新技术的挑战发生了变革。医学、科学、技术之间的联系更加牢固,细胞生物学、发展生物学、分子生物学、海洋生物学、神经生物学等新兴学科进入人们的视线。研究课题和相关假说更加精细,界定更加严密,因此也能尽快地、更加客观地得到验证。虽然他(她)是一个对昆虫卵巢内卵子生长感兴趣的动物学家,但这个借助于电子显微镜研究动物细胞的学者更可能被称为细胞生物学家。因此,对生物学领域从业人员工作的描述和称谓日趋多样化。如今,欧洲大学在生物学领域可以颁发50多种第一级学位。在学科不断分化的
452
同时,战后初期生物学的资本聚集性程度越来越高。合作关系越来越紧密。因为随着研究技术的不断发展,研究者如果不借助其他掌握不同专业技能的专家的帮助,很难完成一项有意义的研究。以数字为标志的科学意味着研究的进行、成果的发表和成就的共享均以团队为单位。

1945—2004年间生物学领域的进步、发展和发现

1945年以来,几乎所有生物学领域开发的重要新技术都以提高人们在分子学水平上理解和解决生命系统相关问题的能力为最终目标。① 科学家运用色谱法在纸上就能把作为蛋白质构成要素的氨基酸分离出来,并在此基础上对蛋白质进行分析和比较。借助电子分离、离心、超级离心技术,科学家可以对生物机体的分子进行分离和提纯,评估有机体之间、细胞之间和不同生长阶段之间在分子水平上的差异具有的生物学意义。20世纪50年代,电子显微镜技术日趋完善。至60年代早期,生物学家借助电子显微镜在超大分子的水平上对生物体展开研究。借助于放射性同位素,生物学家不仅可以跟踪观察细胞和组织内的分子,而且更重要的是确定大分子的活动方式,这可能对于生物体的遗传和发展非常重要。

① 相关评论参见 B. Glass, 'Milestones and Rates of Growth in the Development of Biology', *Quarterly Review of Biology*, 54(1979), 31-53; H. C. Macgregor(ed.), 'Biological Sciences', in Clark and Neave, *Encyclopedia* Ⅳ, 2181-2270.

DNA 奥秘的揭示

1953 年，詹姆斯·沃森和弗朗西斯·克里克实现了 20 世纪生物学领域一个最伟大的发现。至此，所有分子生物学领域的核心技术均已齐备。DNA 的结构被揭示出来后，DNA 在遗传、演变和发展中的重要意义很快就为生物学家所知。迄今为止，生物学历史上任何一项成就都不如揭示 DNA 奥秘的影响迅疾和巨大。生物学家因此能够逐渐认识到包含在生物体 DNA 中的信息如何传递和表达。他们已经弄明白这种表达是如何被控制的、生物体和细胞在代与代之间如何根据分子特性中固有的规则进行复制和传递信息等。并且，生物学家对于 DNA 如何演变及这种演变对生物体的影响等也已知晓。

DNA 分子生物学理论给生物学各分支学科都带来了变革，免疫系统的研究就是一个突出的例子。1976 年以前，免疫学领域大多数研究集中在探究抗体的结构、了解抗原和抗体之间相互作用的特性方面。70 年代早期，免疫球蛋白的三维结构图绘制完成，②在理解抗体多样性方面跨出了关键的一步。此后的十五年间，每年都有近一千篇左右关于基因序列的论文发表，探索与实验的历程错综复杂。到现在，在免疫系统的基因、影响抗体产生的信息传递过程等方面，生物学家基本上已认识清楚，未知的环节所剩无几。不过，免疫系统细胞生物学仍是细胞生物学领域最大的 453 挑战，涉及的问题包括细胞之间复杂的相互作用及信息转换、细胞变异、细胞行为的变化等。所有这些现象都是以闪电般的速度、在数目庞大的细胞之间产生的。这些细胞在基本上呈环形的血管系统和淋巴系统内游动，使脊椎动物保持良好的生存状态。

20 世纪 60 年代后期，维尔纳·阿伯尔和丹尼尔·那森斯(Daniel Nathans)发现了限制酶，推动了生物技术的巨大进步，两人因此于 1978 年获得了诺贝尔奖。限制酶可在特定的位置切断脱氧核糖核酸，产生脱氧核

② D. R. Davies, E. -A. Padlan and D. M. Segal, 'Three-Dimensional Structure of Immunoglobulins', *Annual Review of Biochemistry*, 44(1975), 639-667.

糖核酸片段。在连接酶的作用下实现这些片段的重新排列和黏合。在此之前,科学家已经发明了把外源性脱氧核糖核酸注入细菌体内,或使之与病毒内的脱氧核糖核酸合并在一起的技术。新旧技术相互配合,为遗传工程提供了有益的工具。在生物体整个遗传系统中,科学家可以通过可控的方式对特定的脱氧核糖核酸片段进行隔离和修饰,使之与其他脱氧核糖核酸片段融合或链接在一起。以前只能在科幻小说中出现的情节一下子变成了可能实现的事情。在确保基因控制细胞全部活动的前提下,科学家可以控制基因的排序和结构,使细胞产生可以预见的结果。在这个意义上来说,借助于基因控制技术分子生物学逐渐在几乎所有的生物学领域中取得了支配性的地位。

1940年,癌症已是绝对的"杀手"。早在25年前,西奥多·博韦里就提出了癌症与染色体变异之间存在关联性的观点。③ 1940—1950年间,欧洲的科学家逐步确信癌症与涉及核酸的细胞变异有关。④ "费城染色体"(导致白血病的染色体异常现象,源于两个染色体之间遗传物质的交换)被发现之后⑤,科学家普遍认识到产生恶性肿瘤细胞的变异主要是由染色体基因损伤引起的,环境因素、辐射、有毒化学物质、自由基等都是引发这种损伤的原因。此后,癌症迅速成为分子生物学关注的焦点。短短几年之后,科学家了解绝大多数恶性肿瘤细胞的一般细胞特性,脱氧核糖核酸成为未来研究的主攻方向。20世纪80年代早期,在数个实验室进行一系列精密研究的基础上,迈克尔·毕晓普和哈罗德·瓦慕斯(Harold Varnus)证实了肿瘤基因的存在,并确认了肿瘤基因的特性,两人因此获得了1989年诺贝尔奖。到1990年,科学家发现特定肿瘤类型与特定染色体损伤之间有超过50种之多的密切关联存在。到现在为止,为了更好地理解癌症的生物学原理,科学家密切关注脱氧核糖核酸、癌症细胞的基因及其表达方式。虽然人们还在死于癌症,但至少我们对于要攻克的对手已多

③ T. Boveri, *Zur Frage der Entstehung maligner Tumoren* (Jena, 1914).

④ T. Caspersson, *Cell Growth and Cell Function* (New York, 1950); J. Brachet, *Biochemical Cytology* (New York, 1957).

⑤ J. D. Rowley, 'The Philadelphia Chromosome Translocation: A Paradigm for Understanding Leukaemia', *Cancer*, 65 (1990), 2178-2184.

少有了些了解。

生物化学研究的领域并不仅限于脱氧核糖核酸。沃森和克里克也许曾经说过脱氧核糖核酸揭示了生命的奥秘，但他们的发现揭示的只是若干生命奥秘中的一个。在他们发现脱氧核糖核酸 15 年之前，另一位同样也在剑桥大学工作的年轻科学家，揭示了绿色植物仅仅借助于水和二氧化碳，利用太阳光的能量合成碳水化合物的奥秘。⑥ 此后，光合作用的分子生物学研究稳步推进。截止到现在，对于植物细胞中捕光色素内部能量的转换、光合反应中心的分子排列、基本的生物事件我们均已认识清楚。这些生物学事件是光化反应的典型特征，引起了光子能向可为生命细胞利用的化学能的转变。

能量分子生物学涉及与运动、生长及绿色植物捕捉光能等相关的一切生物现象。它与研究脱氧核糖核酸的分子生物学共有两个重要特征，但在一个有趣的方面存在差异。这两个学科都致力于理解和阐释生命系统中主要的生物事件；两者都以生物体为研究对象，力争找出最简单的模型系统用于实验分析。两者之间的区别与实验仪器及程序有关。分子生物学几乎全部依赖物理学开发的工具，只是因生物学研究课题的需要进行了一定的改造。脱氧核糖核酸的研究在初期也同样依靠物理学研制出来的仪器和技术，如超速离心机、同位素探测系统、穿透式电子显微镜。现在这些都已经在脱氧核糖核酸的研究领域消失了。21 世纪分子遗传学的研究材料或者是整个微生物体，或者是生物学家选定的生命体的特定组成部分。现在，以脱氧核糖核酸和细胞信息传输为研究对象的分子生物学正在采用人类已知的最原始的方法进行研究：我们研究时先用并不锋利的工具把研究对象切开，期望可以发现更锋利的工具，以帮助我们在下次工作中做得更加迅速，更加细致。抑制酶、介体、重组微生物以及正在当 455
今分子生物学实验室进行的所有自然移植等领域的研究状况也是如此。

---

⑥ R. Hill, 'Oxygen Evolution by Isolated Chloroplasts', *Nature*, 139(1937), 881-882.

生态学的兴起

对生物体之间及生物体与环境之间相互影响的研究与测量引发了 20 世纪生物学领域第二次革命。在 1950 年以前,生态学还是技术含量低、研究成本也比较低廉的学科。当时美国的生态学领域主要进行植物群落演替研究,而欧洲关注的是群落类型的统计描述、群落数量波动的原因、野生状态下物种之间的相互影响等问题。50 年代的生态学还是描述性和推测性的学科。当时研究的生态系统非常复杂和多变,因此对统计数据的分析就显得异常重要,计算机成为取得突破的关键。

1970 年后,借助计算机与统计技术,生态学家可以设计实验、展开更大范围的抽样研究,更迅速、更富有洞察力地分析数据,建造可供验证的模型。1989 年查尔斯・克雷布斯在出版的《生态学方法论》一书中,⑦描述了这些现代的方法。这本书是 20 世纪该学科领域最重要的著作之一。和其他生物学的分支学科一样,生态学在利用其他学科领域的技术进步方面获益匪浅。具有电子俘获放大功能的气液色谱技术,使得对农药残留物等有毒化学物质的探查和测量成为可能。放射性同位素追踪器可以跟踪源自生态系统的化学溶液及营养系统中的元素。不久前,源自飞机和空间卫星的摄影技术和高难度的计算机模拟与分析技术相互配合,在研究植物群落的绘图与分类、与人类活动及相应干预有关的全球变化方面极具价值,这一点也被广泛证实。

不可避免的是,脱氧核糖核酸技术已经渗透到生态学领域。20 世纪五六十年代,生态学家和分子生物学家并无交流。一个领域的科学家脚蹬惠灵顿长筒靴,另一个领域的科学家却身披白色外套。此后人们发现,通过一些脱氧核糖核酸的特性可以发现不同的物种,而获悉遗传特性是一件非常容易的事情。而且,种群之间的分类关系以及物种分化的年代等问题都可以通过研究遗传特性得到高分辨率、高精度的确认。这可是长期以来生态学家梦寐以求的事情,脱氧核糖核酸技术的引进因此成为

---

⑦ C. J. Krebs, *Ecological Methodology* (New York, 1989).

很自然的事情。首批应用脱氧核糖核酸技术的人员包括亟须了解不同类别脱氧核糖核酸排序特性变异速度的生物学家和对基因与物种形成之间的关系感兴趣的生物学家。在此后极短的时间内,科学家发明了基因指纹识别技术。⑧

生态学关注的是个体与种群之间的相互关系。这种关系在动物界中很难跟踪,因为与人类相比,动物个体更难识别和追踪。例如,在我们的眼里所有的雄性鸟类外表都很相似,幼鸟与成年鸟也很难区别,此时我们该如何研究鸟类家族之间的关系?而脱氧核糖核酸技术恰好解决了这一点。这一技术引发了生态学中一个非常重要的研究领域的变革和进步。

关于生命现象,除了怎样创造生命之外,人类未知的领域已所剩不多。我们能够操控所有的生物体,这种状况在50年代之前只有在科幻小说中才会出现。几乎全部生命系统中所有主要的方面我们均已了解。虽然在动物的发展方面我们还有未知的问题,但大多数这种问题都已界定清晰,毫无疑问我们将在适当的时候解决这些问题。我们能够控制人类的大多数疾病和痛苦。我们也许永远也找不到对付癌症的灵丹妙药,但能够说我们已经放弃寻找这样一种灵丹妙药本身就是真正的进步。与50年前相比,现代的治疗策略更富有知识含量,更加合理,更有前途。在能力所及的范围之内,我们已能消除衰老现象并在理论上证实了长生不老的可能性。当今人类面临的最大挑战就是如何与人类进化过程及破坏地球的人为力量保持同步。细菌、艾滋病、癌症和热带地区主要的寄生虫病表明,细胞与微生物进化与分化的速度很快,经常超越我们免疫系统和科学发展的水平。我们的后代也许会惊讶,发现生物系统活动的奥秘怎么会花了我们这么长的时间。一百年以前,E. B. 威尔逊在其著作《发展与遗传中的细胞》的结论部分曾经写道:“总体上来看,细胞的研究似乎并没有缩小,而是进一步拉大了生命体(即使是最低等的)与无机物之间的巨大差距。”⑨60年后,当时最前沿的、最富有经验的细胞生物学家之一的让·布

⑧ A. I. V. Jeffreys, D. Wilson and S. L. Thein, ‘Hypervariable “Mini Satellite” Regions in Human DNA’, *Nature*, 314(1985), 67-73.

⑨ E. B. Wilson, *The Cell in Development and Inheritance* (London and New York, 1896).

拉舍，以这样一段话作为其著作《生化细胞学》的结尾："我们对这些问题（他指的是生命体的基本概念）探讨的越深，生命现象对我们来说就越是一个谜。"⑩今天，与人类生存和生活质量有关的问题异常重要，成功地解
457 决这些问题需要我们对生物体有一个全面的理解。所幸的是经过人类的努力，未知的秘密已所剩不多。

人类基因组计划是一项为期 15 年的研究项目，主要在 20 世纪最后的 20 年组织实施。该项目的经费为每年两亿美元。虽然这已经是一个很大的数目，但不及美国国家卫生署研究经费总额的 1%。这个项目被誉为生物学研究历史上第一个国际合作项目。虽然美国为该项目提供了绝大多数的资金和研究人员，但欧洲国家，特别是法国和英国的参与，也非常重要。在酵母基因组研究的过程中，欧洲的实验室已经积累了开展基因组大规模合作研究的经验，20 世纪 90 年代早期法国科学家在基因图谱绘制技术方面占有领先地位。

该技术的目的是测定一个完整的核苷酸序列，一个完整的人类基因由 23 个染色体组成，而它的 DNA 就是由核苷酸构成的。DNA 是由 4 个被设定为 A、C、T 和 G 的核苷酸按照不同顺序组成的非常长的序列，如下图所示：

ATTCGCTAGCTAAGTCGAGTCCATGCATC

人类最长的基因拥有三亿个核苷酸。形象地说，如果我们以上述方框中字母的尺寸、格式表示人类最长的基因中 A、C、T 和 D 的全部序列，打印出来的纸张的长度将超过 400 英里。人类基因组计划就是要准确测定构成这个巨大染色体和其他 22 个染色体的 A、T、C 和 G 的序列，这 23 个染色体就是人类所拥有的全部基因。这是一项庞大的任务，需要各高级技术部门和专业人员之间以前所未有的规模进行广泛的合作。

通过绘制基因图谱，我们将认清脱氧核糖核酸决定有机体表型特征和左右其发展的方式，找到影响人类不同类型疾病的基因。人们希望，这些信息能够帮助科学家发现诊断这些疾病的新方案。

⑩ Brachet, *Cytology* (note 4), 464-466 (Final remarks).

自2005年起，这项计划的效益开始显现。分子预测与诊断学——通过检测脱氧核糖核酸研究发病前状态的科学，发展的速度很快。人类基因组计划催生了很多新技术，这些技术正在用于绘制具有重要商业价值的微生物（包括植物和动物）的基因图谱，为科学追踪研究遍及整个生物界的有关课题提供分子工具。为了争取财政支持，20世纪90年代早期这 458
个计划的积极倡导者的观点也许过于激进，但现在人们也开始认识到这些科学家并不是仅凭空想。

像人类基因组这样的工作当然还要继续。已有现成的技术，只待寻找新的研究课题。已有的研究课题，也在等待科学家去提供答案。80年代末，如果不发起更高水平的研究，生物学就有陷于停滞的危险。脱氧核糖核酸图谱的绘制成了解决问题的良方。只有在脱氧核糖核酸与人类有关的条件下，研究所需的资金才能募集到位。⑪

大学的角色

按照作者的观点，大学的任务就是传递已知的知识，研发新的、更有效的知识传递方法，通过分析与创新获得新知识，培植知识的未来增长点。因此，大学生产出来的畅销产品是新知识和个人能力。用通俗的话讲，就是研究成果和毕业生，这两者都与社会的需要紧密相连。知识和创造力必须超越人类不可阻挡的实践活动。未来一代人所面临的环境在变化的速度和复杂程度上要远超他们的前辈。因此，确保这两种产品的快速的生产非常重要。

不同国家之间的政策存在差异。然而一般来讲，普通的学生几乎都可以在几乎欧洲任何一所大学接受生物学某些领域的训练。当然，在这一方面一些大学的情况稍好一些。但一般来说，在评估大学对生物学发展的贡献时，本科生的产出率是一个既不好也不客观的指标。相比较而言，科研是一个比较好的指标。在最小量化单位上我们把科研成果称为

⑪ N. Grant Cooper(ed.), *The Human Genome Project: Deciphering the Blueprint of Heredity*(Mill Valley, Cal., 1994).

“科研论文”，所以完全有可能通过对科研论文的量化统计来评估和对比大学的业绩。

表12.1展示的是17世纪以来全部科学文献和过去100年间生物学文献增长的幅度。

在学术期刊论文发表方面，欧洲所做的贡献很突出吗？根据作者对1991年发表科技论文的作者的地理位置所做的研究，在生物学论文的发表方面，西欧、英国和爱尔兰合在一起居于第二位，仅次于美国和加拿大

459 之和。东欧和前苏联虽然近几年确实取得了进步，但在1991年发表的论文仅占4%。

表12.1　西欧国家发表的科技文献和生物医学文献[①]

年份	科学期刊数量	生物医学论文数量
1670	4	
1800	90	
1879		20000
1900	10000	
1979		250000
1991	70000	400000

①与 *Current Awareness in Biological Sciences*（Oxford and New York，1991）高级管理编辑 A. P. Swan 博士的个人通信。

在这些成果中有多少来自大学？表格12.2把1991年发表的现代生物学论文细分为11个领域，以厘清究竟哪些机构开展相关领域的研究。东、西欧的数据单独列出。研究发现，西欧仅有43%的成果来自大学，而东欧和前苏联国家来自大学的比例高达86%。

这种不足一半的研究在大学进行的状况，自然会引发人们的思考，作者在英国的经历恰好为这样的思考提供了最好的注解。在50年前的英国，大学的主要职能是培养年轻人，在负责具体实施教育的教师中维持和提高学术的水平，为那些高智商的人发挥聪明才智、以专注和高强度的方式推动知识的进步创造适宜的环境。这个阶层是社会的精英，也受人高

度尊敬。今天,越来越多的年轻人(也不是过于年轻)需要接受教育。教育这些人的工作要求很高,只有那些具有干好这项工作所需的专业技能的人才能承担。并且,与50年前相比,所有这些领域的知识越来越分化和复杂,总量越来越大。因此,对于提高和保持学术水平的工作的要求异常严格,并且强度非常之大,这与教学工作的情形大体类似。但是,我们关注的最大变化可能还是大学、政府、企业间的关系。

近些年来,大学得到了政府的财政投入。政府信任大学,更希望大学 460
能够以负责任的方式利用这些资源。一些后果由此产生。科学与技术变得十分昂贵,企业界向大学求援。这种状况循环反复,不仅对教育系统产生了影响,而且影响的范围还波及其他方面。大学要对政府负责,大学的工作要接受政府的检查,大学的政策要接受政府的评判,大学的工作方法要接受政府的评估,大学要对各项支出做出合理的解释。大学变成了拥有股东的企业。私营部门不再愿意为了高水平的研究和发展项目投入财力和人力,于是也向大学寻求帮助,大学要很快做出反应。对于那些囊中羞涩但有经营头脑的知识分子来说,这是一个新情况,充满诱惑力。这些人已经厌倦了教书的差事,厌倦了必须得对花在自己所喜欢的研究项目上的每一分钱负责。教育和推动知识进步的事业被培训、合同、咨询等所取代。研究工作需要大量财力,因此要有明确的目标。财务在管理者的心中变得非常重要。他们从新建立的企业合作伙伴那里得到启发,把实验室、图书馆和教室都变成了挤满雇员和生产原料的工厂车间。

表 12.2a　1991 年生物学论文的不同领域与出处:西欧

	微生物学	药理学与理学	生物化学	免疫学	遗传学与分子生物学	植物科学	神经科学	临床化学	细胞	生理与发育生物学	生态环境学	合计
大学	2403	2784	3588	1905	1797	2181	135	723	1583	3367	1173	21639
多科技术学院	370	247	387	79	140	324	11	42	70	191	232	2093
学院	473	409	806	145	237	683	28	59	321	621	369	4151
公司	619	2144	799	491	317	333	31	164	231	486	127	5742

续表

	微生物学	药理学与理学	生物化学	免疫学	遗传学与分子生物学	植物科学	神经科学	临床化学	细胞	生理与发育生物学	生态环境学	合计
机构	1543	2159	2084	1596	1373	625	140	384	1181	2197	82	13364
“国立”	1059	707	501	773	270	219	33	161	156	537	180	4596
合计	6467	8450	8165	4989	4134	4365	378	1533	3542	7399	2163	51585
461 大学占比	37%	33%	44%	38%	43%	50%	36%	47%	45%	46%	54%	42%

表 12.2b 1991 年生物学论文的不同领域与出处:东欧和前苏联

	微生物学	药理学与理学	生物化学	免疫学	遗传学与分子生物学	植物科学	神经科学	临床化学	细胞	生理与发育生物学	生态环境学	合计
大学	1048	851	1622	638	485	1399	51	310	884	1416	420	9124
多科技术学院	1	0	1	0	0	0	0	1	0	0	0	3
学院	0	2	6	0	2	15	2	0	0	13	7	47
公司	16	71	21	6	4	8	1	2	2	12	0	143
机构	65	28	23	80	29	143	1	3	20	54	5	451
“国立”	111	145	107	160	70	34	5	34	70	72	10	818
合计	1241	1097	1780	884	590	1599	60	350	976	1567	442	10586
462 大学占比	84%	78%	91%	72%	82%	87%	85%	89%	91%	90%	95%	86%

表 12.2 的数据由 *Current Awareness in Biological Sciences*(Oxford and New York,1991)高级管理编辑 A. P. Swan 博士友情提供。

也有一些老教师谴责这些趋势,呼唤向传统价值观和做法回归。然而,上述变化并非在方向上出现了错误,虽然有些成功靠的经常是运气,而不是明智的判断。曾有一段时间,企业的影响好像是要阻碍科学的进步，因为他们过分重视能够产生利润的应用科学。每当大学的一些部门被过分热心的政府关门、合并和逐渐取消的时候，都会有大声的抗议与抱怨。每当英国的大学试图哄骗高水平教师辞职时，人们也曾产生深深的忧虑。而这个政策最让人深感意外的一点是，许多最优秀的教师竟然真的愿意辞职，接受提前退休补偿这样的小恩小惠，这对于一直试图一方面留住人才，另一方面裁减不称职人员的教育系统来说非常有害。然而，经过三十年的变迁，教育系统看起来更健康、更节约、更高效，配置更加优化，运转的节奏与现代社会的生活更加同步。企业界对教育支持的范围不断扩大，数额不断增加。在应用研究纷繁复杂的乱象之中，高质量的基础研究在适宜的范围内逐渐繁荣起来。目标更加明确，大学仍然赢得了公众的尊重，本质上的东西并没有损失多少。在五六十年代传统大学的框架 463
之内，大学不经过发展在速度上根本就不可能满足现代社会的需要。

影响大学生物科学发展政策的最突出的因素就是研究经费的迅速增长。1979 年，本特利·格拉斯对此发表了一份重要的数据，颇为引人注目。⑫ 根据他的研究，自 1750 年以来每隔 15 年生物学领域发表论文的数量就会增加一倍。正如本章前面谈到的那样，1993 年一年的科技文献数量竟接近 50 万篇。格拉斯同时考察了生物科学领域具有突破性或里程碑意义的研究成果的增长度。他发现，尽管这类成果也出现了成倍增长的局面，但增长的速度远远低于一般意义上成果的增长速度，也远不如科研经费和科学家数量增长的速度。因此，虽然这些重要科研成果在增加，但一般的、普通的科研论文的数量与突破性、里程碑性的研究报告的数量之比也在迅速增加。格拉斯认为，科学研究取得显著成就所需的时间变得越来越漫长。因此，保持不断进步的势头，需要投入越来越多的财力和资源。

对此，格拉斯持乐观态度。他预计，只要保持科学队伍的现有人数和科研经费在国家生产总值中现有的固定的比例，在下个世纪科学就能取得进步。他同时预测，在相对不远的将来，也就是几百年的时间内，自然科学知识将非常完备，到那时只剩下零星的、微不足道的问题尚需探索。另

---

⑫ Glass, 'Milestones' (note 1).

一种观点认为，现在我们实际上处于生物科学起步阶段的末期，未来科学上不断进步的趋势只能而且必须依靠我们自己的效率和技术创新才能维持。作者也持这种观点。然而有一点绝对确定无疑，到 2100 年我们不会再以书写在 20 吨纸上的一百万篇论文的形式交流在科学研究上取得的成果。

生物专业本科生

就全世界范围来看，出现在大学招生教师办公桌前的学生有以下三类。第一类是因为没有更好的专业、退而求其次的学生。他们发现人文学科和社会科学主观色彩浓厚，缺乏智力上的吸引力。他们不能够或不愿意为数学或物理学的概念劳心费神，因而选择了生物学。接下来一类学生的成绩达不到医学、兽医学专业的要求，生物学成为这些学生的第二选
464 择，这也算是对于他们为了报考医学和兽医学院所做出的努力的一点回报。第三类学生人数不多，他们已经成为生物学家，对于认识在有生之年继续从事的生物研究工作已具有足够的经验。在整个学术领域，生物学在招生时面临的问题是最为复杂的。

我们的大学为这些未来的生物学家提供了哪些教学内容？在此我们又一次看到技术的进步、知识的拓展、年轻人在不断进步的科学面前展现出来的应对能力等因素相互影响的情形。在这些因素中，最重要的是教师掌握的资源。在教学内容的变革方面似乎有一种不祥的趋势，就是大量的知识和经验面临遗失、退化和僵化，在技术的对数曲线下它们的价值被低估，被忽视。而那些可以带来最新发现的技术，对于那些年轻的、易受外界影响的年轻人来说就具有巨大的吸引力。这些技术，在年轻人心中是与年轻的、整洁的、身着白色工作服的科研人员在洁净的、标有色码的、通常情况下很昂贵的实验室工作的情景联系在一起的。原来的旧知识在地下室布满了灰尘。三至四年的时间内就可以教授或学习有关植物、动物和微生物已知的全部知识。50 年后，三年的时间内都不足以打下生物技术领域的基础，也许仅够讲授现代生物学某些领域的原理。在 50 年代，这些领域还处于萌芽阶段。在动物比较解剖学、植物多样性、物种演变、生

长与形态等领域人类深入掌握的知识总量急剧减少。现在，能够讲授这些领域知识的人已非常稀少，能高效地讲授的人就更少了，而愿意学习这些领域的人少之又少。毋庸置疑，这种生物学领域具有绝对的价值，体现了人类所具有的关于生物体分类的知识。没有这种知识，过去50年间技术领域所有的重大进步就将失去意义。是通过有关知识保护的具体政策，还是按照市场经济的原则录取新生？大学应该对二者的比较价值进行分析。

在为接受高等培训所做的准备方面，生物学领域的大学新生甚至超过他们的学长，致力于为他们提供教育的系统也好于过去。20世纪五六十年代的大学新生掌握的有关动物、植物的知识可能超过21世纪的大学新生，但他们在数学和自然科学方面一般比较薄弱，对科学逻辑一无所知，对实验方法无所适从，对于数据极度恐惧。当时的教育技术仅仅包括黑板、教材和堆满大部头期刊的图书馆。写作风格非常怪异的论文充斥这些期刊，只有那些了解作者人格和背景的人士才能真正地理解。会议 465
公报、论文集、述评等比较稀少。因此在50年代，摘要类期刊无疑具有巨大的价值，但是这类期刊使用起来非常困难，且非常耗时。

毫无疑问，1956年面世的期刊《新科学家》是欧洲科学发展过程中的一个重要的里程碑。编辑们明确指出，该期刊的目标是："通过不懈的努力，在国家范围内调动对科技发展的兴趣，激发那些对科学具有潜在兴趣但还没有决定职业选择的年轻人的想象力，吸引那些关注科学发现及其所具有的工商业和社会影响的成年男女。"⑬借助编辑们的劳动，教师对当代科学有了更清醒的把握，除了干巴巴的教材或学术期刊之外拥有了更为丰富的资源，教学活动更加充实，教学活动的难度因此有了很大的降低。

这些教师在课堂上、教学实验室里向学生呈现科学发展的信息，推荐相关的著作。他们没有视频设备，没有计算机。幻灯片形式的视觉辅助教具制作费用高昂，而且质量不能令人满意。本科生肯定没有使用复印机的机会，其他人也只有在秘书和文书助理帮助下才能使用这些复印设备。

直到60年代，由单个作者完成的专著一直是本科阶段高级课程主要

⑬ 'Editorial', *New Scientist*, 1∶1(1956), 5.

的教学用书。直到今天，其中的一些仍然是经典，还在被广泛地推荐和阅读。所有这些都由一流的科学家或学者撰写。按照最现代的标准来看，这些著作中的精品无疑是具有永恒价值的辉煌巨制。E. B. 威尔逊1896年出版的《演变与发展过程中的细胞》，⑭至1924年已有不同的版本面世。1896年版在1966年以影印版的形式重印。1924年版在1955年最后一次重印。1896年版全书共有370页，至1924年扩充至1232页。迄今为止，这本著作一直是在细胞学水平上研究自然多样性问题的重要参考资料。

迈克尔·怀特的《动物细胞学》于1945年出版，该书的第二版和第三版分别于1954年和1973年发行。这本书为我们提供了有关染色体与遗传系统演变的大量的、具有永恒价值的资料，时至今日仍是该领域的经典著作。⑮ 戈德施米特终生从事果蝇的遗传学研究，并在此基础上撰写了《理论遗传学》一书。该书共563页，内含相关领域的事实和观点。虽然现
466 在人们不会再考虑要写这样的一本书，可在作者所处的年代该书是相关专业领域最重要的著作之一。⑯ 在现代动物学领域中那些真正具有里程碑意义、印制与插图精美的经典文献中，布洛克和霍里奇撰写的厚达1715页的两卷本《无脊椎动物神经系统的构造和功能》一书，无疑占有一席之地。⑰

今天，生物学所有领域的发展速度非常迅速，大学一年级以上的所有学生使用的教科书都被那些同行评议期刊所取代。《当代生物学》《生物学文献》《最新进展》系列和其他大量的月刊、季刊，都在帮助科学家、教师和学生追踪现代生物学热点问题最新研究进展等方面提供专业化服务。这些期刊虽有不足之处，但非常适合那些把兴趣高度集中在界定清晰并快速发展的生物学领域的科学家。当然，所有这些在互联网诞生之后已经发生了很大的变化。

有的人认为，生物学是实践性学科，在田野上或实验室里进行教学工

---

⑭ Wilson, *Cell* (note 9).

⑮ M. J. D. White, *Animal Cytology and Evolution* (Cambridge, 1973).

⑯ R. B. Goldschimidt, *Theoretical Genetics* (Berkeley and Los Angeles, 1955).

⑰ T. H. Bullock and G. A. Horridge, *Structure and Function of the Nervous System of Invertebrates* (San Francisco and London, 1965).

作才能更有成效。在大学经费充足、师资数量能够满足需要、技术相对简单、试验用的动植物样本容易获取、电脑尚未问世的年代，这样的观点很少受到反驳。此后技术取得了进步，所需的资金迅速增加，大学灵活支配的财力越来越少，在政策的激励下教师用在科研上的时间越来越多，所需的动植物样本生存状态越来越濒危，计算机可以在前所未有的程度上用来制作模型和进行数据处理。20 世纪 50 年代的毕业生在相对简单的科学领域掌握范围广泛的知识，具备大量的可以迁移的实用技能。他们都是通才，依靠自己的力量生存和成功的概率很高。而到了 21 世纪，毕业生都出自培养专才的系统。与过去人们的认识相比，他们所学的科学知识更多，但他们的专长限定在高度专业的领域。与自然界的状况一样，在成员所拥有的技能具有互补性的社会里，这种专才能够成功。

在世界范围内，大学相应调整了办学思想和具体措施。最重要的变化是确认了生物学学科的整体性与科学大发展背景下专业化的必然性，认识到为了给年轻人选择适合自己的专业创造条件，为他们在现代生物学所有领域提供入门阶段的教育非常重要。培养模式随之出现了改变，原有的模式是三四年时间集中学习逐步深入某一主要分支学科。改变后 467
的模式下，学生先学习一门内容广泛的入门课程，随后学习特定领域的单元课程，最后一两年的时间强化学习，直至在现代科学某一领域达到前沿水平，重点放在培养技术型毕业生上。这种趋势始于 20 世纪 60 年代初，80 年代中期达到顶峰，90 年代又突然向相反的方向转变。出现反复的原因很简单，因为技术需要大量的资金投入。生物学领域的进步一直在追求"成本效益"。生物学一直保持以有机物为研究对象的内在属性，该学科领域内所发生的一切均表明，与为了进行相关研究我们不断改进的技术相比，有机体本身更有趣，也更有意义。

互联网

互联网对于大学生活的方方面面产生了前所未有的重要影响，且这种影响迅速而巨大。随之出现的变化主要体现在科研信息的获取和出版、教学方法、大学生的学习行为等方面。

20 世纪 90 年代，欧洲大学或科研机构的科学家通过使用摘要检索服务获取出版的文献，对生物医学领域所有文献的扫描和分类是摘要检索的基础。查询到感兴趣的文献后，科学家随后要去图书馆，从书架上取下期刊，阅读相关的文章。网络建立之后，出版商在发行纸质印刷版的同时，开始推广网络版，教师和研究者因此能够在办公室或实验室的电脑上查询最新出版的文献。出版商在自己的网络中添加了越来越多的档案资料，上述获取文献的方法也就越来越被普遍采用。现在，也就是在 2005 年，那些最具影响的科技期刊在过去 10 年及更长的时间内出版的文献通过网络均能获取。只有少量的期刊，科学和医学方面的早期文献当下不能在网络上查阅。

由于网络电子服务的出现，医学领域图书馆服务的方式在美国正在发生改变，使用远程服务的用户超过使用内部电子资源用户的人数。5 个主要医学图书馆的使用者，特别是教职员工和科研人员发现，事实上他们的全部文献需要都可以通过利用馆外的资源得到满足。包括生物学在内的其他学科也出现了这样的趋势，越来越多的网络电子资源可供人们使
468 用。对许多用户来说，“图书馆”一词现在指的是认证机构或链接页，吸引他们使用图书馆的只是因为资料查阅服务是由图书馆出售和管理的。当所有电子文献向公众开放成为常态之时，人们与图书馆之间的联系将会终止。这并不意味着图书馆会成为可有可无的事物，只是未来人们不会像今天这样看待图书馆，并且纸质的期刊，也许包括书在内都会彻底淡出人们的视线。

在信息传播的速度方面互联网带来的变化最为明显。刚刚出版的科技文献，几分钟之内在家里、办公室或实验室都能获取。资讯、数据、图片在全世界范围内可以实时传播和交换。20 世纪 60 年代，科学家每周也许要给同事们写十几封信件，打几次电话。到了 2005 年，一周一百封电子邮件还是一个保守的数字。不过，这种便捷的、低成本的、高速的沟通方式被许多事实证明不利于培养人际沟通技巧、细致的规划能力、果断的品质和责任感。

现在，欧洲大学普遍通过电脑开展教学活动，教师为学生提供获取网络信息资源的策略建议。模型、图表、视频取代了实验室和田野，师生之间

的电子邮件沟通受到鼓励，作业、方案在网上撰写和提交，信息反馈也采取同样的形式。自评测评甚至考试也通过电子邮件的途径进行。理科大学生平均高达90％的正规学习和自学时间都花在电脑桌前。不过这种趋势向何处发展还很难预料。现在网络上能够获取的教学资料的质量千差万别，但总体上向好的方向发展。那些为了完成手头的工作而在网上获取最适合的、最佳的资料的方法也存在同样的情况。然而，如果不到图书馆去阅读纸质的资料，还是难以正确地认识现代科学。越来越少的大学向学生提供相关的场所。学生获得科学领域，直接实践经验的机会正在减少，因为使用互联网更加便宜和简单。实践证明，在生物学领域，互联网是一个适时的、受人欢迎的工具，因为那些有关健康与安全、在教学中使用动物样本（包括活的或死的）的法律，已经使那些实验室方式、田野方式面临绝境。

大学、毕业生和就业

取得第一级学位所需要的时间看起来与大学校园内学生的密度有广泛的联系。一般来讲，大学的规模越大，政府每年拨给每个学生的钱越少，学生达到第一级学位水平所需的时间就越长。在这一方面，校园规模较 469 小、师生之间的比例较低、政府的支持相对充足的英国大学系统总是能够通过平均时间恰好90周的校内培训，培养出质量相对较高的第一级学位的毕业生。那些拥有很大的校园、师生比例较高的大学系统，则要花费更长的时间才能使学生达到同等的学士水平。与学生人数普遍扩张相关，人们主要担心这些学生是否能够找到可以发挥才能的就业岗位。大约25％—45％的生物学专业毕业生成为专业的生物学研究人员或教师。其余的毕业生凭借那些可以在不同工作中运用的个人技能而不是掌握的生物学领域的专门知识，进入各种各样的其他行业。⑱

在20世纪60年代欧洲高校大发展的第一个阶段，那些希望成为研究

⑱　S. Green, 'Biological Science Graduates-Employment Prospects and Flexibility', *Biologist*, 36(1989), 209-213.

人员的学生读完哲学博士学位之后，很愿意以博士后或研究助理的身份与学校签订短期合同，他们对能够在大学最终谋得一个稳定的职位充满信心。大发展阶段在70年代后期结束，学术岗位录用的人数逐渐减少，研究人员被迫在一个短期合同结束之后跳到另一个短期合同。如果到了35岁左右的年龄还没有在学术性机构找到落脚之地，通常会脱离生物学领域而转到工业或管理领域就业。

直至1975年，生物学领域的大多数本科毕业生都希望以某种形式的专业生物学家的身份找到就业机会。1975—1980年间，这样的岗位数量不足，就业前景黯淡。当然，这也算不了什么。一些冷静、客观的调查证明，80年代早期绝大多数的生物学专业的学生毕业后能够找到与其学历相匹配的工作。剩余的毕业生大多数接受继续教育或抚育孩子，只有不足2%的人确确实实地、并不情愿地处于待业状态。⑲ 但是在80年代早期，那些即将毕业的生物学专业毕业生和雇主的看法确实发生了改变。雇主逐渐认识到，生物学专业的毕业生能够系统地处理大量的信息。与其他理科学生相比，生物学专业的学生接受的科学教育的范围更为广泛，因为生物学的学习不能与其他自然科学割裂开来。他们要了解统计学和计算机。他们的工作经常要以小组为单位进行，要习惯对自己在研究项
470 目中所做的部分负责，要养成与人合作的习惯。有机体非常复杂，设计研究这些有机体的试验时通常要考虑大量的可变因素，分析复杂的数据并给予巧妙阐释。具有这种学术背景就意味着学生接受过应对各种问题的良好训练。纽卡斯尔多科技术学院的大卫·欣德于1987年所做的调查表明，38%的工业界招聘新毕业生的广告都明确要求学生具有可以在多种工作中运用的技能。⑳

对于来自美国的诱惑，欧洲的学生不为所动，直到现在毕业后还是选择留在欧洲。欧洲国家之间的往来大都局限在一流的大学和研究机构内，那些希望成为研究人员的最优秀的毕业生参加这些交流项目。毫无

---

⑲ R. W. Pethen and P. Calow, 'Zoology Graduates of 1980—Where are they Now?', *Biologist*, 35(1988), 126-128.

⑳ Green, 'Biological Science Graduates'(note 18).

疑问，语言和文化在这方面产生了巨大的影响。目前，改革之风劲吹，政府为西欧大学和研究机构之间的合作研究提供资金支持，大型企业也认识到跨国经营与超越语言和文化的障碍乃大势所趋。

精选文献

Boveri, T. *Zur Frage der Entstehung maligner Tumoren*, Jena, 1914.

Brachet, J. *Biochemical Cytology*, New York, 1957.

Bullock, T. H., and Horridge, G. A. *Structure and Function of the Nervous System of Invertebrates*, San Francisco and London, 1965.

Caspersson T. *Cell Growth and Cell Function*, New York, 1950.

Davies, D. R., Padlan, E. A., and Segal, D. M. 'Three-Dimensional Structure of Immunoglobulins', *Annual Review of Biochemistry*, 44 (1975), 639-667.

Glass, B. 'Milestones and Rates of Growth in the Development of Biology', *Quarterly Review of Biology*, 54(1979), 31-53.

Goldschmidt, R. B. *Theoretical Genetics*, Berkeley and Los Angeles, 1955.

Green, S. 'Biological Science Graduates-Employment Prospects and Flexibility', *Biologist*, 36(1989), 209-213.

Hill, R. 'Oxygen Evolution by Isolated Chloroplasts', *Nature*, 139(1937), 881-882.

Jeffreys, A. I. V., Wilson, D., and Thein, S. L. 'Hypervariable "Mini Satellite" Regions in Human DNA', *Nature*, 314(1985), 67-73.

Krebs, C. I. *Ecological Methodology*, New York, 1989.

Macgregor, H. C. (ed.) 'Biological Sciences', in Clark and Neave, *Encyclopedia Ⅳ*, 2181-2270.

Pethen, R. W., and Calow, P. 'Zoology Graduates of 1980—Where are They Now?', *Biologist*, 35(1988), 126-128.

Rowley, J. D. 'The Philadelphia Chromosome Translocation: A Paradigm for Understanding Leukemia', *Cancer*, 65(1990), 2178-2184. 471

Watson, J. D., and Crick, F. H. C. 'Genetical Implications of the Structure of Deoxyribonucleic Acid', *Nature*, 177(1953), 964.

White, M. J. D. *Animal Cytology and Evolution*, Cambridge, 1973.

Wilson, E. B. *The Cell in Development and Inheritance*, London and New York, 1896.

Zallen, D. T. 'Redrawing the Boundaries of Molecular Biology', *Journal of*
472 *the History of Biology*, 26(1993), 65-87.

第十三章　地球科学

戈登·克雷格,斯图亚特·门罗

导　言

鉴于欧洲地质学家们的兴趣点各有不同,我们决定请教一些比较杰出的地质领域的朋友,请他们选出第二次世界大战以来彻底改变欧洲地质学的三大课题。他们都提到了板块构造学,同时也都认为自己所研究的领域是格外令人振奋的。第三个选项五花八门,但唯独没有提到行星地质学。行星地质学这门学科是伴随着战后人类征服太空的巨大努力发展起来的。二战行将结束之际德国率先开展火箭研究,苏联宇航员尤里·加加林实现了进入太空的壮观飞行,随后美国也付出了极大努力,直至 1969 年完成人类登月的壮举。

但是,地质学终究是关于岩石的学科。这些岩石具有经济意义,常常用来通过山脉、河道、海岸线来标记国界。在地质学的早期发展中,自然科学家通常观察研究本地的岩石。荷兰很少有裸露地表的岩石,而有大量源自莱茵河三角洲的沙、淤泥和泥浆,因此荷兰地质学家以其对沉积物和水文的研究而闻名也就不足为奇了。挪威和瑞典的大部分地区由变质岩构成,这种岩石因掩埋在高温高压的环境下而不断发生变化,这两个国家的教学和研究也自然集中在这类岩石上。作为内陆国家的瑞士之所以闻名于世,并不是因为海洋地质研究,而是因为其对山脉的形成和冰川的认识所做出的巨大贡献。意大利拥有欧洲大陆唯一一座活火山,而其科学
473 家也为我们对火山的认识做出了卓越的贡献等。

二战之后,区域研究让位给了超越国家和地质科学界限的跨区域、跨学科的研究。对大陆漂移及其机制问题的探索、为地质记录中气候变化做出定量解释的愿望,以及对太空与日俱增的好奇心,都促使地质学家与其他相关学科的科学家之间的国际合作空前繁荣。令人惊奇的是,我们还在大洋底部的岩石和淤泥中找到了许多地质问题的答案。

我们选出的三大课题是:

1.行星地质学。该学科研究太阳系的起源、岩石以及这些研究所带来的意外结果。

2.板块构造学。这是一个包罗万象的理论,旨在解释地热驱动下的地壳板块运动所导致的地壳变化。

3.气候变化。它反映了太阳系、大气层以及岩石圈的变化。

我们应该研究一下这些问题分别是如何产生的,是如何已经或正在得到解决的,以及欧洲大学对此做出了何种程度上的贡献。我们将探讨英国开放大学的建立在地球科学教学领域引发了哪些里程碑式的历史事件,这涉及将新技术及研究成果纳入不断更新的课程之中。

行星地质学

在为征服太空做准备的过程中和征服太空之后,天文学家、地球物理学家、地质学家、岩石学家、地球化学家和地貌学家共同开展的研究工作

是国际合作的一项伟大胜利。宇宙空间研究始于二战临近结束时德国在火箭研究方面的努力，①并在第一颗人造卫星“伴侣号”升空和加加林进入太空的时期达到鼎盛。地球作为一个整体来看就是一个悬挂在太空的蓝色小球，而加加林是看到这一景象的第一人。岩石圈、大气层、冰雪圈、水圈和生物圈之间的相互作用开始变得清晰，而今天被称为“地球系统科学”的学科随之诞生，尽管我们也在怀疑这门学科在当时是否被认可。同年，美国总统肯尼迪宣布美国打算在十年内把一名宇航员安全送上月球。在早期的苏联探月飞船和美国“探测者”号之后，1969 年，美国阿波罗登月
计划将一名宇航员送上了月球。对这些太空飞行带回的图片和岩石样本 474
所进行的研究比任何地球表面岩石和图片的研究都更为彻底。

地球及其卫星月球、火星、木星、水星和金星是太阳系的主要行星。通过对包括陨石在内的太阳系可用材料的年龄进行计算，我们得知它们大约形成于 46 亿到 50 亿年前。这些行星都有着相似的化学成分，但由于大气层的存在和内部持续的高温，地球已经发生了结构性和岩性方面的进化，这也使得地球不同于月球和其他无生命行星。

最初使月球和其他行星表面变得凹凸不平的剧烈的陨石轰击在大约 40 亿年前逐渐减弱，持续活跃的活火山和火山裂谷的形状并未被“流星火”摧毁，火山口和大量的熔岩流清晰可见。但是这种火山活动逐渐减弱，并最终在 25 亿年前随着月球冷却而停止。目前月球剩余的核心热量已经不足以引发火山活动。

通过太空摄影和已经在火星着陆的航天器我们知道了火星也有陨石坑和火山爆发，但不同于月球，它有一个由二氧化碳构成的大气层，沙尘暴和其他风积现象因此得以形成。在遥远的过去，火星表面在水流的切割作用下形成沟渠，现在它们大部分被锁在地下冰和永冻土之中。

在对现有军事优势和军事意义充分认识的基础上，美苏两国做出各自的政治决定。这些政治决定以及对自己国家声望的评估，构成了美苏两国之间太空竞争的基础。30 年后，这场竞争意外的赢家就是科学——它无疑是有史以来最为昂贵的科学工程并不知不觉得到了两国的认可。

---

① W. von Braun, *Across the Space Frontier*, ed. E. Ryan (New York, 1952).

地质学的好处之一就是能使我们了解到太阳系内行星的相似点。其中“化石行星”的发现无疑具有特殊的意义，因为“化石行星”非常详细地揭示出地球进化早期阶段的景象。2005 年 1 月在土星的卫星——泰坦上的着陆使我们对地球的演变过程有了新的认识。地球在其历史的前 10 亿到 20 亿年中，一定经历了大量陨石的撞击。

最有趣的意外收获是重燃了对地球上陨石坑影响的研究兴趣。在侵蚀的作用下，陨石坑这一地理现象的存在是短暂的，但在发生撞击时它一定带来过灾难性的后果。流星撞击后产生了沙尘暴，遮蔽了阳光，导致了
475 气候和植物的变化，恐龙等大规模生物种族因此而灭绝。科学家已经对陨石坑进行了测绘，对有关昂西塞姆陨石坑等早期的资料也展开了相关的研究。② 哈里森·施密特在 1972 年登上月球，是唯一一名在月球上行走过的地质学家。他毕业于哈佛大学，博士毕业论文是对斯堪的纳维亚半岛上变质岩的研究。

板块构造学说

20 世纪初一些科学家认为现在我们看到的大陆曾经是一个超级大陆，之后它破碎成拼图似的碎片并漂移分离。其中最明显的线索就是美洲东海岸和欧洲、非洲西海岸的明显契合。天文学家和气象学家阿尔弗雷德·魏格纳出生于柏林，就读于海德堡、因斯布鲁克和柏林的大学，他是大陆漂移学说的主要支持者。这个学说认为，大陆由较轻的岩石（如花岗岩等）构成，而海洋的底部则由很重的岩石（主要是玄武岩）构成。较重的岩石就好像一种非常黏稠的液体，大陆板块在其上面漂移。魏格纳提出现在的大陆曾是一块超级大陆，之后破碎断裂。大西洋两侧的岩石和化石极为相似，这一情况有力地证明了两个板块曾经连为一体。第一次世界大战之后大陆漂移假说得到了欧洲地质学家的谨慎支持，但在北美地区，反对的声音依然强劲。另外，英国的两个重要地质学家对此学说也

---

② U. B. Marvin, ‘TheMeteorite of Ensisheim: 1492 to 1992’, *Meteoritics*, 27(1992), 28-72.

持不同观点。剑桥大学的地球物理学教授哈罗德·杰弗里斯认为地球如此强大坚固,不会容许板块漂移。阿瑟·霍姆斯毕业于伦敦帝国学院并先后在达勒姆大学和爱丁堡大学担任地质学教授。他对大陆漂移假说持谨慎支持的态度,为此,他于1928年提出了一种机制:高热上升的岩浆对流形成地幔柱,起到水平传输带的作用,从而移动相对较轻的大陆。

二战把地质学家们关注的焦点转移到了本质上更为实用的关于原油和其他原料储备的问题上。大学里年轻的学者和有潜力的研究生被征召入伍,其余大多数人或超过了服兵役的年纪或受雇于更重要的工作,科研的机会微乎其微。战争结束后,教职员工们回到工作岗位,教育新一代学生。地质学家们得以重新关注包括大陆漂移之谜在内的纯科学问题的研究。现在的几块大陆是否真的曾经是一整块陆地的几个部分?如果是,那 476
么是一种或几种怎样的机制使原本结为一体的陆地分成几个部分呢?

20世纪50年代,伦敦帝国学院③和英国剑桥大学的地球物理学家开始使用高灵敏度磁力仪测量岩石中残余的磁力。很多岩石中都含有某种形式的铁,铁在岩石的形成时期就因地球磁场方向被锁定在特定的位置上,而磁力计可以测出当时的磁偏角和磁倾角。同时,我们还可以通过分析放射性矿物的同位素来计算岩石的年龄。通过这些技术就能测量出岩石的初始地理纬度和形成年代。慢慢地我们明显发现岩石形成时期所处的纬度和现在所处的位置相距甚远,同时地球的两极和大陆板块中至少一方面发生了位置变化并在之后的年轻岩石中留下了古地磁迹象的证据。这些古地磁迹象在同一个大陆板块中是一致的,但在不同的大陆板块中则有所不同。通过这些迹象我们发现北美和欧洲在经度上移动分离了大约30度。

但是这种运动机制仍旧不够清晰。剑桥大学的简·霍斯珀斯在冰岛进行的详尽的磁力研究显示,④磁场的南北极方向在连续的熔岩流中经常

---

③ P. M. S. Blackett,'Comparison of Ancient Climates with the Ancient Latitudes Deduced from Rock Magnetic Measurements',*Proceedings of the Royal Society*,A263(1961),1-30.

④ J. Hospers,'Remnant Magnetism and the History of the Geomagnetic Field',*Nature*,168(1951),1111-1112.

被倒转。在太平洋和大西洋的海洋学调查，特别是由哥伦比亚大学的亨利·海斯进行的调查，也发现了类似的磁性倒转现象。⑤ 调查还显示这些岩石在地质上都是年轻的。无一例外，这两项研究是相辅相成的。磁性转换不时发生并被记录在熔岩流中，在大洋中部火山山脊两侧的熔岩流中这种现象更为常见。1963 年，弗雷德·范恩和卓门·马修斯提出假设，沿大洋山脊的地幔中有一个具有对流特性的上升流，大洋中主要地壳就在这个上升流之上形成（1981 年，他们因为这个发现获得了巴尔赞地质与地球物理学奖）。随后的火山喷发物根据当时的地面磁场极性发生磁化，⑥ 这就形成了一种机制——海底扩张机制，这一机制可以用来解释主要大
477 陆的物理分离现象。

后续的研究还有更多。1965 年，加拿大地球物理学家图佐·威尔逊把地球表面划分为几个坚硬的板块。⑦ 1968 年，法国地球物理学家萨维尔·勒皮雄发现六大板块彼此相对移动，大陆被视为板块的几个部分而并非由海岸线界定的独立实体。⑧ 至此，具有革命性意义的板块构造理论诞生。

一个人所持的观点取决于他所接受的教育和他的同事们。1947 年，爱丁堡大学的阿瑟·霍姆斯领导下的一名初级工作人员，他作为 GYC 团队的成员之一，相信大陆漂移学说。他解释这一学说的方法使之看上去似乎合乎逻辑。然而，1958 年 GYC 团队在美国中西部一所大学和加州一年的工作中所面对的几乎全是质疑声。GYC 团队清醒地认识到，当加州大学的约翰·克洛维尔在证明沿加利福尼亚州圣安德烈斯断层发生数百

⑤ H. H. Hess, 'History of Ocean Basins', in A. E. J. Engel, H. L. James and B. F. Leonard(eds.), *Petrologic Studies: A Volume in Honor of A. F. Buddington* (New York, 1962), 599-620.

⑥ F. J. Vine and D. H. Matthews, 'Magnetic Anomalies over Ocean Ridges', *Nature*, 199(1963), 947-949.

⑦ J. T. Wilson, 'A New Class of Faults and their Bearing on Continental Drift', *Nature*, 207(1965), 303-347.

⑧ X. Le Pichon, 'Sea-Floor Spreading and Continental Drift', *Journal of Geophysical Research*, 73(1968), 3661-3697.

英里的强大横向运动时，克洛维尔本人甚至也被卷入争论之中。⑨ 北美洲的地质学家和地球物理学家共同反对漂移学说，而亲欧人士和南非著名的“漂移论者”，比如亚历山大·都涂尔特和莱斯特，则支持这种学说。⑩ 和政治上一样，地质学领域也存在孤立主义者。

古气候和全球变暖

瑞士是欧洲唯一拥有大量的高山冰川的国家。大量的外来巨石，包括花岗岩和不稳定的页岩，躺卧在谷底露出地面的沉积物上。它们显然是被搬运过来的，而唯一现实的运输工具就是水或者冰。索绪尔在 18 世纪首先对这些今天被我们称作冰碛的成堆废石进行描述，得出灾难性洪水是造成这种现象的原因的结论。⑪ 两百年前，爱丁堡地质学家詹姆斯·赫顿认为（尽管他从来没有去过瑞士）这些外来巨石最有可能的运输途径是流动的冰河，它们能够把这些不稳定的石块从数千米以外的源头带过来。⑫ 到 19 世纪末期，被广泛认同的一点是北欧的大半部分地区曾一度被冰覆盖，当时气候非常寒冷。 478

1842 年，法国数学家阿德马尔创立了一个天文学理论来解释冰川作用。⑬ 1846 年苏格兰地质学家詹姆斯·克罗尔进一步发展了这个理论。⑭ 之后在 1930 年和 1941 年，南斯拉夫地球物理学家米兰科维奇又两次将其扩充。⑮ 由于地球轨道离心率的变化，旋转轴左右倾斜、“摆动”或岁差，太阳光照射到地球上的能量也在发生相应的变化，而日照能量的变化就是

---

⑨ J. C. Crowell, *Displacement along the San Andreas Fault, California*, Geological Society of America Special Paper, 71(New York, 1962).

⑩ A. L. du Toit, *Our Wandering Continents*(Edinburgh, 1937).

⑪ H. B. de Saussure, *Voyages dans les Alpes*(Neuchâtel, 1779—1996).

⑫ J. Hutton, *Theory of the Earth*, Vol. Ⅱ (Edinburgh, 1795), 218.

⑬ J. A. Adhemar, *Révolutions de la mer*(Paris, 1842).

⑭ J. Croll, ‘On the Physical Cause of the Change of Climate during Geological Epochs’, *Philosophical Magazine*, 28(1864), 121-137.

⑮ M. Milankovitch, ‘Mathematische Klimalehre und astronomische Theorie der Klimaschwankungen’, in W. Koppen and R. Geiger(eds.), *Handbuch der Klimatologie*, Vol. I(A) (Berlin, 1930), 1-176.

这一理论的基础。最近的一些发现显示，这些变化所产生的周期性与冰盖的消长相一致，而冰盖的消长又在近来大洋温度的变化上体现出来。[16]这个令人兴奋的结论是一项涉及多国科学家的国际项目（气候项目）的研究结果。取自大洋洋底沉积物中的泥土的岩芯为我们提供了了解地质演变的线索。一些微生物，特别是有孔虫和硅藻化石，就是在这些岩芯中采集到的。这些物种中有些曾生活在热水中，有些曾生活在冷水中。对这些相对丰富的生物种群进行研究，可以确定大洋过去的温度。另外，通过分析辐射和古地磁，可以确定化石所处的沉积物层的地质年代。因此，洋底沉积物记录了几千年来海洋温度的变化，深海化石记录也被证实为认识过去全球气候模式的重要途径。

可以理解的是，比起过去的大陆冰盖遗存下来并历经千百万年侵蚀的不完整的遗迹，这些存在于不受干扰的海洋沉积物中的前冰河时期的遗迹要更具连续性。然而，撒哈拉的岩石显示当地四亿年前被冰层覆盖着，当时非洲仍离南极很近。早在 1924 年，苏黎世地质学教授鲁道夫就计算出非洲自巴伯顿前寒武纪已向北漂移了 5000 多千米。在非洲大陆和欧洲大陆逐渐靠近的过程中，阿尔卑斯山脉得以形成。持续北移的非洲大陆，对阿尔卑斯山脉产生了强烈的挤压作用，地壳因此缩短了 1000 到
479 1500 千米。[17] 但地质学家大概对这些问题已经非常厌倦了。现在，坐在爱丁堡，享受着由天然气（它仅有 1 亿年历史）带来的舒适温暖，我们意识到，仅仅一万年前，这里曾被冰层覆盖；地下的石炭纪煤层曾是生长在赤道附近的树木，而当时（即 3.5 亿年前）苏格兰还处在赤道附近。大陆板块跨越多个纬度发生漂移，借助于来自各个大洲的证据，地质学家和气象学家可以对与板块漂移相关的气候变化情况进行整理归纳。在板块的漂移过程中，洋流的循环多次改变了气候模式的复杂性。

20 世纪 90 年代的研究表明，陨石冲击不仅在改变地表形态方面产生了重要影响，而且可能更为重要的是，在陨石的冲击下曾经火灾频发，尘

---

[16] J. Imbrie and K. P. Imbrie, *Ice Ages: Solving the Mystery* (London, 1979), 1-224.

[17] R. Staub, *Der Bau der Alpen*, Beiträge zur geologischen Karte der Schweiz, N. F. 52 (Bern, 1924).

埃遮天蔽日，出现了化学变异并导致酸雨等多种破坏环境的现象。“核冬天”一词被频繁使用，并且人们认为这些影响可能曾导致恐龙等主要古生物种群的灭绝。⑱

从这种宏观的、历史的观点出发，现在我们必须对被称为“人类最浩大的地质化学实验”可能引发的后果进行更为现实和迫切的思考。在短短四百多年中，我们就燃烧了已累积四亿多年的化石燃料。二氧化碳和其他气体的大量增加及其对温室效应带来的影响，现在是一个全世界关注的问题。国际科学联合会理事会曾提出成立“国际地圈生物圈计划”⑲等专门委员会。该委员会旨在促成包括生物学、化学、地质学、物理学领域在内的多学科科学家之间的合作以及他们与社会学家的合作，探讨气候变化问题。

对地球科学教育的影响

关于体制方面的两个重要举措对英国的地质教学和研究实现了改造。第一个是建立远程大学即开放大学，第二个是在奥克斯伯格报告指导下将资源集中在少数大的院系中。⑳

在了解地球运行机制方面取得的很多进步都与今天被我们称为“地球系统科学”这门学科的发展相关，印证了詹姆斯·赫顿将星球看作一个完整实体的观念。特别应该指出的是，板块构造理论的发展将地球科学 480 的许多分支学科汇集在一起，因此需要一种新的教学方式。同时，随着研究人员不断发展板块构造理论的新概念，一种全新的高等教育理念诞生了。这就是被当时的首相哈罗德·威尔逊称作“空中大学”，即后来人们熟知的开放大学。这种不顾及以前学术背景的大学使所有人都享有接受高等教育的机会，也有人称它为“二次机会大学”。这种教育采用新的模式，

---

⑱ A. Hallam, *Catastrophes and Lesser Calamities: The Causes of Mass Extinction* (Oxford, 2004).

⑲ W. Steffen *et al.*, *Global Change and the Earth System: A Planet under Pressure* (Berlin, Heidelberg and New York, 2004).

⑳ R. Oxburgh, *Strengthening Earth Sciences: Report of the Earth Sciences Review Ad Hoc Committee* (*Oxburgh Report*) (London, 1987).

通过新媒介——电视，与在家的学生进行沟通。对于作为视觉学科的地球科学来说，这种方式带来了极大的机会和挑战。机会体现在用一种全新的完整的方式向学生展现这门科学，但完全用这种新技术传授这门科学同时也是挑战。

在强调地球科学活力这一理念的指导下，科学家开始筹划一本名为《了解地球》的教材。[21] 26 名世界闻名的科学家获邀参与该书的编写。这本书的作者名单现在看来就像是一本现代地质学的名人录：爱德华·布拉德、E. R. 奥克斯伯格（现在是奥克斯伯格勋爵），已故的约翰·萨顿、西尔维斯特和范恩都位列其中。此外，这是一本教学用书，更是一本论文选读，最新的研究成果通过这种方式对大学一年级的课程内容产生影响。该书在 1970 年 3 月构思，同年 12 月出版。这的确是一个奇迹。

英国人始终认为，当讲授的思想和观念继续发展时，教材就应与学术前沿保持同步。1972 年 10 月，该书第二版面世。新版本对一些章节进行了修订，一些章节被重新编写。通过这种方式，一些具有里程碑意义的成果在期刊上发表，并被收入高等学校的教学用书之中。

英国地质教育与研究领域另一项更为重要的机制改革是决定接受奥克斯伯格报告的提议，集中可以利用的资源。针对如何加强英国大学地理院系，政府曾展开相关调查。奥克斯伯格报告就是在调查的基础上完成的。这个发表于 1987 年的报告得出的结论是，当时地质院系过多，应减少三分之一的地质院系，重新分配资源和教职员工。调整后被保存下来
481 的院系应拥有更具影响力的教职工队伍，更好的研究潜能。报告发表后，英国地质院系的数量由 33 个下降为 22 个。反对者将其称为“导致分裂的、具有破坏性和麻木不仁的强制行动”[22]。这次行动耗资数百万英镑。此后，人们小心行事，并没有像曾经预想的那样在其他学科进行类似的变革。

但是更糟糕的情况接踵而至，另一个政府部门建议多科技术学院（高

---

[21] I. G. Gass, P. J. Smith and R. C. L. Wilson, *Understanding the Earth: A Reader in the Earth Sciences* (Sussex, 1971).

[22] E. N. K. Clarkson, ‘Academic Geology in the UK: A Matter for Grave Concern’, *European Geologist*, 17(2004), 6-7.

等教育的技术中心)转变成大学,结果是这次改革后的大学地质系几乎和以前一样多!不过,尽管由英国高等教育资助委员会资助的开放大学遍及英格兰、苏格兰、威尔士和爱尔兰等地,此类学校所取得的成功仍获得了广泛的承认。从创立之日起,有成千上万的学生在开放大学学习地质学。因此,开放大学有助于消除奥克斯伯格报告带来的后果。

这里所述的政策方面信息对于其他欧洲国家也同样适用。㉓ 虽然“开放大学”是英国独有的高等教育机构,但在其他那些通过面向大众定期播出的,或者是特别制作的广播、电视节目进行地球科学教育的形式中也能找到开放大学主要的办学理念。㉔ 新问题、新想法和新方法充实到大学课程之中,成为学术会议的讨论议题,或被列入欧盟或欧洲科学基金会的国际研究项目,为所有参与其中的大学的学生接触这些新问题、新想法和新方法打开方便之门。不幸的是,把资源集中到越来越少的地球科学系的趋势已经成了一个普遍问题。德国、荷兰和瑞士都受到这种政策的影响。地质专家对此政策的反对也只是偶尔产生效果,这是因为地球科学教育仍有很强的地域性。尽管在行星地质学、板块构造学或古气候学领域尽是吸引人的全球性内容,但一个学生首先要做的是绘制区域地图、在矿井下或考察船上工作以获得直接经验。当然,行星地质学等新的研究领域正在以各不相同的方式对大学教育和课程产生影响。例如,行星学就不如海洋研究更能引起人们的兴趣。海洋,从海岸线到深海,在过去数十年间成为地球科学的关注焦点,许多新课堂甚至是新系因此建立,有些系还拥有自己的船只。驾驶国家考察船或国际考察船都要求学生具有专业知识。顺便说一下,要想学习国际合作,最好的办法就是登上一艘有国际科 482
学家小组的考察船。当然,这只是今天符合高等教育需要的专业化的一个例子,但是大学教育面临的普遍问题还是如何寻找合适的途径,帮助学生以他们自己的方法,在规定的教学时间内,深入学习所有这些新兴的专业领域。

㉓　关于英国以外地球科学教育的信息由来自德国弗赖堡的欧根·赛博尔德(Eugen Seibold)友情提供。

㉔　参见第一章注释 19。

从整个欧洲来看，大学除了提供经典的课程外，现在有必要进行一些创新。要解决地球科学领域的新问题和创新研究方法，需要进行大量的计算机技术的培训。即使把地质学看作是历史性的科学，定量研究及其方法对这门学科来说也非常重要；对观察得来的数据进行收集、整理和利用，是我们在数据处理方面要应对的挑战；最后，模型的建构要求在视频技术上达到新的高度。

最终，地球环境科学的发展源于全球、区域甚至是地方的需要。要满足这些需求就要综合应用地质学、地球物理学、卫星大地测量学、同位素技术、地球化学、生物学的很多分支以及其他科学。一个新的且越来越重要的趋势涉及矿物资源——石油、天然气、煤、矿石、建筑材料和水，未来的挑战不仅是如何寻找和利用它们，更是如何保护和以可持续的方式开发它们。

结　论

这篇简短的评述表明，20 世纪初欧洲科学家个体提出的最初的思辨性观点，已由科学家团队，特别是美国的科学家团队进一步发展，美国因此成为战后地质学研究的领头羊。美国有足够的资金资助团队和大型科研项目。美国国土在战争中并未受到损害，所以美国的大学有机会接收前途光明的年轻科学家们。另外，高工资和优厚的科研经费，吸引了许多在欧洲大学学习的最有才华的年轻地球科学家。

跨学科的国际合作使得我们对于太阳系及其中的行星有了新的理解。出乎意料的是，对海洋的研究在促进我们理解板块构造学（火山活动和坚硬岩石层的磁条）和历史上全球气候变化（地表下淤泥中的化石）方面发挥了重大作用。在过去 200 多年的科学发展历程中，气候变化的基本原理得以确立。而气候变化所产生的结果，已被视为当今人类面临的最
483 大挑战。欧洲大学的地球科学研究，将不断面对与迎接在这个瞬息万变的星球上生活的挑战。我们要想生存下去，就有必要更好地理解地球是怎样运转的。

精选文献

Braun, W. von. *Across the Space Frontier*, ed. E. Ryan, New York, 1952.

Gass, I. G., Smith, P. J., and Wilson, R. C. L. *Understanding the Earth: A Reader in the Earth Sciences*, Sussex, 1971.

Glen, W. *The Road to Jaramillo: Critical Years of the Revolution in Earth Science*, Stanford, 1982.

Hallam, A. *Catastrophes and Lesser Calamities: The Causes of Mass Extinction*, Oxford, 2004.

Imbrie, J., and Imbrie, K. P. *Ice Ages: Solving the Mystery*, London, 1979.

Le Pichon, X. 'Sea-Floor Spreading and Continental Drift', *Journal of Geophysical Research*, 73(1968), 3661-3697.

Oxburgh, R. *Strengthening Earth Sciences: Report of the Earth Sciences Review Ad Hoc Committee (Oxburgh Report)*, London, 1987.

Steffen, W. *et al. Global Change and the Earth System: A Planet under Pressure*, Berlin, Heidelberg and New York, 2004. 484

第十四章　医　学

约翰·埃利斯

1945—1995 年大学医学的变化背景

从 1945 年起，医学知识、医学实践和教育实践、欧洲大多数人物质生活及政治生活方式等方面发生了持续快速的变化，大学医学院正是在这种背景下运行发展的。二战期间，医学知识得到迅速增长。特别值得一提的是，下面三个方面的发展确保了战后医学较战前发生巨大变化：输血、麻醉和抗生素。1939 年，在英国等一些国家，输血还是很少见的，而且献血者大多是受血者的亲戚。但是在战争结束的时候，国家输血服务体系牢固地确立起来，并且静脉注射开始成为普遍采用的治疗方式。在 1939 年之前，麻醉术已有一个世纪的历史。但尽管麻醉的方式有所进步，可真正起麻醉作用的药物还是没有什么变化，仍然是一氧化二氮、乙醚和三氯甲烷。二战期间，静脉麻醉被广泛运用，而肌肉迟缓剂预示着一个新时代的到来。与战争开始时相比，那些在部队培养了麻醉师的国家发现在战争结束时他们在这一领域拥有了更多的专家。如果没有这场战争，在和平年代的话，外科手术技术发展的速度也许会减慢许多。

20 世纪 30 年代晚期，磺胺类药物在治疗一些感染性疾病（如大叶性肺炎，主要的致命病）上引发过革命性的进步，但这些进步随着战争期间青霉素的出现就显得不那么重要了。由于稀缺性或供应量方面的限制，刚开始时抗生素在英国和欧洲大陆的发展受到了限制。但是从 1945 年 485
起，这类药物的发展就从未间断，始终领先于对药物具有抗药性的有机体的发展。抗细菌药物的范围不断扩大，一些抗真菌药物乃至一些抗病毒药物相继成为抗生素家族的新成员。这些成就的取得主要归功于制药企业和大学，当然两者之间的合作更为重要。

战后，用于治疗身体和心理上的非感染性疾病的化学疗法取得了非常大的进步，这些非感染性疾病包括心血管疾病如高血压、白血病及其他癌症、抑郁症和精神分裂症等一些精神疾病。随着技术水平的提高，人造器官开始发挥肾脏、心脏和肺等一些器官的作用，所有领域的外科手术因此得到了同样巨大的发展。1945 年后，精确测量身体各种功能的能力持续发展，通过内窥镜检查、X 光检查和核磁共振成像来观察身体构造的水平也不断提高。这些进步使诊断比以往更精确，无论是天生带来的疾病还是极高龄时才得的疾病，人们随时成功干预病程的可能性一直在稳步增加。

20 世纪 30 年代，外科学关注的焦点主要是去除身体坏掉的部分，到了五六十年代更多的是修复受损的部位，70 年代开始成功地用假肢替换臀部和其他关节，80 年代（由于免疫学的发展）成功实现了器官移植。骨髓移植为血液病的治疗开启了新途径。80 年代分子生物学的发展使人们对于遗传病有了更深刻的认识，使预防或治疗成为可能。

不幸的是，这些新的医疗技术最初是在老旧的医疗机构或条件下推广应用的。1945 年后，英国与欧洲其他地方相比在医学方面的进步更快一些。1947 年英国全面实施了国民健康服务制度（NHS），但维护这个制度所花费的资金大大超过了预算，以至于对医院的投资不得不大幅地削减。1938—1939 年度国民健康服务制度的年投资额超过 3000 万英镑。到了资金短缺和紧缩时期，1948—1949 年度的投资额减至大约 1000 万英镑。英国将近一半的医院在 1891 年前创办，五分之一的医院在 1861 年前创办。

在 20 世纪前半叶发展缓慢的医学专业化，在 20 世纪后半叶发展迅速。在原有的老专业内，很快诞生了儿科学、老年病学等二级专业，牙科也变得更为专业化。与此同时，这些新兴领域对接受过专业培训、能够从事
486 专业工作的护士的需求在 70 年代催生了基础后课程，相应的管理部门也发展了起来。其他二战前就存在的医疗专业，如物理疗法和 X 光照相技术得到了发展并细化出一些新的专业。与此同时，大多数国家的新型医护工作者加入到医疗工作中来。医学实践的范围逐渐扩大，既包括非专业医护人员在经验基础上实施的简单治疗，还包括各种专业医护人员团队在专用场所借助专门器材开展的复杂而昂贵的医疗活动。

尽管医疗实践的进步对疾病类型的影响很大，但文化、社会和经济的变化对疾病类型的影响更甚，这一点是确定无疑的。二战结束后的几年，欧洲大部分地方尤其是西欧，婴儿死亡率开始下降，急性器质性疾病的发病率也开始下降。结核病得到有效控制，骨髓炎几乎消失不见了，过去人类生命的主要杀手如大叶性肺炎、白喉症、风湿病越来越少，取而代之的是交通事故、自杀和不明原因的疾病如癌症、高血压和冠心病等，这些成了威胁人类生命的主要元凶。在致病原因方面，慢性疾病和退化性疾病越来越多，很快超过急性细菌(而不是病毒)感染。大多数国家的预期寿命都延长了。在 20 世纪 30 年代末期，一个伦敦东区人的预期寿命是 42 岁。至 1990 年，英国人平均预期寿命是 72.5 岁。① 经合组织国家中，出生时预期寿命涨幅最小的国家是丹麦，而丹麦男性的预期寿命是 72.2 岁，女性是 77.7 岁。② 1988 年世界卫生组织的数据显示，所有东欧国家民众的预期

① World Health Organization, *Health for All* (Geneva, 1990).

② 'Danes' Life Expectancy Stagnates', *British Medical Journal*, 306(8 May 1993), 1226-1227.

寿命都比西欧国家的要短。葡萄牙人的预期寿命是 74.1 岁，比其他西欧国家的预期寿命都短，但是仍然高于所有东欧国家。罗马尼亚人和匈牙利人的预期寿命最短，匈牙利男性的预期寿命为 66.1 岁。③

尽管预期寿命增长，生活标准提高，但 20 世纪后期鲜明的特征还是健康状况的恶化，尤其是表现为情感障碍及各种形式的犯罪数量的剧增。这两者都可能（至少在部分上可能）与不断变化的环境和生活方式有关系。每个国家的老龄人口都增加了。1992 年世界卫生组织的欧洲办事处曾预测，2000 年欧洲将有 21 个国家 20 岁以下的人口不到总人口的 30%。虽然在通过医学和法律手段克服身心残障方面也取得了进展，但即使在生活节奏加快的农村地区，那些有轻微精神或身体缺陷的人还是很难独立生活。 487

人们对健康、疾病和医疗护理的态度在很多方面都发生了转变。到了 20 世纪 50 年代，享受医疗护理的权利被广泛认为是基本人权。但人们对尽快实现医疗护理的期望被严重夸大，个中的原因不仅仅是媒体对新的治疗药物经常进行的无知和不负责任的报道。医学的加速发展、复杂性和专业化使其很难为常人理解，这不足为奇。个体保持身体健康的责任意识逐渐淡化，尤其是当人们越来越相信医学可以治愈所有疾病，国家卫生服务也将转向所有民众的时候更是如此。在欧洲许多地方，人们普遍认为免疫是预防传染性疾病的一种手段，而免疫手段应在不同程度上由政府来实施。癌症和艾滋病是在 1982 年公布存在的，虽然国家在健康教育上投入巨资，但通过改变生活方式（如放弃吸烟或减少滥交）降低这两种疾病的发病率的进展仍十分缓慢。医学界对健康教育的投入仍然有限，其部分原因在于长期以来医生关注治疗多于关注预防，还有部分原因是这个行业根本就没有组织起来，没有就任何问题达成共识并呈现给公众。国家医疗协会可能在财政和就业等问题上能够代表大多数医生，但在许多国家，专业化导致各自为政的局面，一个专业攻击另一个专业的情况并不少见。

---

③ D. Rowland, 'Health Status in East European Countries', *Health Affairs*, 10:3 (1991), 202-215.

对医生的评价更多的是看他的实际能力而不是称谓的神秘，④而且医生常常被看作是权威而不是向导或者朋友。针对老年病人的急性病进行物理的、化学的、心理的和社会因素的调查对于了解疾病常常是必要的，但（由于长期以来的疑虑和恐惧）病人和家属常常感到焦虑。而采用科学手段帮助病人的医生也要面对被认为没有人情味和只关心高科技的危险。他们不仅要面对批评，还要应对诉讼，尽管诉讼还没有达到美国那样的规模。他们还要面对“非主流医学”带来的冲击。在很多人看来，非主流医学更加人性化，要求比较低，更有吸引力，而且在一些国家比“传统医学”更便宜。

在20世纪50年代，尽管还尚未转换成客观的需要，各地对医疗护理
488 的主观需求还是有了很大的增加，在那些可以免费获得护理的国家更是如此。但真正促使病房和门诊医护人员数量迅速增长的原因还是专业化。正是因为专业化，所有国家都迫切需要更多的医生、更多的护士和更多的保健人员。每一个新的专业部门不仅需要高级、初级的医生和护士，还需要更多的物理学家、化学家、技术员、理疗师和社会医务工作者。为了对这种扩张实施监管，还需要更多的管理人员，以及随之而来的清洁工、看门人和餐饮服务人员。

然而20世纪50年代，在医院外的社区提供卫生保健的人员数量和类别没什么变化。在荷兰和英国等一些国家，还是一如既往地在很大程度上依靠全科医生、牙医、地区护士和助产士，并不鼓励直接向专家求助。另一方面，如在苏联，人们还是更多地信赖未曾接受高等专业培训的中级医务人员。⑤ 直到20世纪七八十年代，初级卫生保健才需要各种接受过专业教育的专门人才，他们虽然每个人都能独立完成特定的操作，但是还要作为一个团队一起工作。在大多数国家，类型各异的医护专业人员应运而生，包括最终接受医护培训并获得授权的药剂师和救生人员。

提供医疗保健的模式发生了变化，其部分原因是成本的增加，更多的

④ *Report of the Royal Commission on Medical Education*(London,1968),30.

⑤ Ministry of Health of the USSR,'The Training and Utilisation of Feldshers in the USSR',*WHO Public Health Papers*,56(1974),7-52.

是要适应不断变化的医学上的要求。各个专业部门在一个机构内组合在一起，这不仅是为了共享昂贵的辅助性服务，也是因为通常疾病或者事故会影响身体的很多部分，对老年人来说更是如此。在设计周全的健康服务体系中，医院拥有的专业范围要足够大，专家小组的执业领域要足够广阔，以维护医院应对疾病的能力。一个在20世纪70年代接受过各种专业培训的医生，如果他不经常实践并拥有足够的助手，到了80年代在农村社区他都会无法提供高质量的医疗服务。20世纪后25年中，每隔10年，大多数国家医院的数量都在逐渐减少，规模在不断扩大。规模不是体现在床位的数量上，而是体现在科室的范围、门诊的数量和设施等方面。同时每隔10年，社区服务的范围就会更加多样，其中主要包括护士和其他类别的非专业医学人才。 489

20世纪90年代初期，提供医疗保健的方式与50年前一些西欧国家的理想模式已经大为不同。当时一个家庭医生就可以满足大约2000人的迫切需要，当地社区也都有自己全面的医疗服务体系。而现在将医疗资源向少数中心集中、通过非合格专业人员向周边地区提供服务的新模式，与20世纪前半叶苏联和西欧帝国殖民地采取的方式相类似。

在1945年之后的大部分时期内，英国在健康保健方面的开支占财富的比例比许多国家都要少。1949—1950年，英国政府在国民健康保险制度上的纯支出为4.46亿英镑，占国民生产总值的3.5%。在接下来的45年(1994—1995年)，英国政府在国民健康制度上的纯支出占国民生产总值的比例增长到5.7%，达到400亿英镑。20世纪90年代，全科医生开出的药物花费占初级治疗费用的比例略低于50%。任何两个欧洲国家的比例都是不同的，政府(国家或地方)、私人健康保险和慈善机构分担的份额也是不同的。但是从整个欧洲来看，中央政府发挥的作用越来越大，这不仅体现在财政支持上，也体现在医疗服务的规划和管理上。然而，任何地方只靠公共基金不可能满足所有人的所有需要，而且所有地方都同时提供公共和私人医疗护理。

半个世纪以来，所有国家和地方对医疗服务的主观需要一直持续增长，而且几乎可以肯定的是，在一些国家这种主观需要已经超越了合理的界限。⑥ 对乳腺癌或宫颈癌这种前期没有症状的疾病的筛查，会引出此前未被发觉的医疗服务需求。而应该到牙科就诊的病人人数超过了主观上有就诊需求的病人人数，个体需求和社区整体福利之间越来越频繁的冲突，迫切需要在国家优先发展上做出选择。

毫不意外的是，许多评论家质疑医学发展的方式，这种质疑在20世纪70年代达到高潮。支持“非主流医学”的人认为，医生虽在政策制定的过程中占据主导地位，但所起的作用弊大于利。⑦ 另一派观点认为，人们对医学在改善健康上所做的贡献评价过高，因此对未来有不切实际的期望，而实际上营养所起的作用更大。⑧ 其他人认为，由于科学方法在健康管理
490 中没有得到很好的运用，医疗服务效率低下，花费成本高，超过了合理的限度，⑨例如在医学实验过程中没有采用随机对照实验等设计方法，⑩因此有必要对这种状况进行“审计”。

医学教育对背景变化的适应

1977年，世界卫生组织呼吁“到2000年人人享有健康”，重新定义医学宗旨，着重强调基层医疗保健。⑪ 实际上，自1945年以来，基层医疗机构建设已取得实质性进展。然而，深思熟虑的教育改革往往较少出现，支持者与反对者时常旗鼓相当。

二战期间，大量医学院校已损坏、摧毁或被迫关闭，许多学校不得不改变课程以应战时之需，从而维持学校运作。敌对状态一结束，大多数国

---

⑥ J. S. Bulman, N. D. Richards, G. S. Slack and A. J. Willcocks, *Demand and Need for Dental Care* (London, 1968).

⑦ I. Illich, *Medical Nemesis: The Expropriation of Health* (London, 1974).

⑧ T. McKeown, *The Role of Medicine: Dream, Mirage or Nemesis?* (London, 1976).

⑨ A. L. Cochrane, *Effectiveness and Efficiency: Random Reflections on Health Services* (London, 1972).

⑩ C. Alvarez-Dardet and M. T. Ring, 'Thomas McKeown and Archibald Cochrane: A Journey through the Diffusion of their Ideas', *British Medical Journal*, 306 (8 May1993), 1252-1254.

⑪ World Health Organization, Alma-Ata, 1977.

家便立即采取措施，把教育恢复至战前状态。到20世纪40年代末，欧洲医学教育大部分已恢复至战前水平。但是一些国家，尤其是西德，由于缺少大学教师，恢复医学教育的步伐缓慢。东欧大多数国家在解放不久，便接受了共产主义政权实行的新型的政策安排，大多数情况下与苏联的情况类似。

除苏联以外，其他所有国家都在医学院校制订课程规划（有的包括实习，有的没有实习），培养全科医师，其中一些人之后可以通过深造和积累经验成为专科医师。这些课程分为两种，其中最主要的一种是仿照德国系统，实现大学教学与研究的一体化，教学通过讲座与示范进行。虽然一些院校会推荐一门特殊的课程，但学生仍可在很大的程度上自由决定学习计划以完成学期课程进度。行医执照要通过国家级考试获得。这种课程最初的目的是培养学生掌握科学方法，但由于在本质上偏于理论，没有达到预定目标并因此受到越来越多的指责。⑫ 临床实践多数情况下仅限一年的实习，1939年德国将其扩展后增加了三个月的农村督导实习。⑬ 491

在战后初期的法国和英国，医院对医学院的影响超过来自大学的影响。法国一些所谓的"中等"医学院和大学毫无关联。苏格兰的4所古老医学院的影响很大，但伦敦的12所医学院与伦敦大学之间的联系在很多方面只是名义上的，没有实际的内容。所有法国和英国的医学院都注重临床实践。

在法国，六年制医学课程的最后一年包括在临床部门进行的强制性实习，但学生的主要实践机会仍依赖于院内实习和院外实习系统。参加院外实习的学生通过医院当局组织的选拔考试后，要在医院以助手的身份实习三个月，此后才有资格参加竞争时间更长的院内实习机会。这种可以住在医院的实习机会只有八分之一的学生才能够获得。⑭

---

⑫ R. Dahrendorf, 'Traditionen der deutschen Universität', in P. Kipphof (ed.), *Hochschulführe* (Hamburg, 1965).

⑬ H. H. Simmer, 'Principles and Problems of Medical Undergraduate Education in Germany during the 19th and Early 20th Centuries', in C. D. O'Malley (ed.), *The History of Medical Education* (Berkeley, 1970), 173-200.

⑭ C. Coury, 'The Teaching of Medicine in France from the Beginning of the Seventeenth Century', in O'Malley, *History* (note 13), 121-172.

虽然英国伦敦医学院校的学生在来病房之前必须经过短期基础医学的专业学习而被称为"有知识的学徒",但他们一直被视为学徒而不是大学生。⑮ 虽然在 1950 年英国并不要求学生实习,但是战后教学重点仍在于临床教学和临床实习。在苏格兰,课堂教学是一项更为重要的教学方法。由于课程不够标准化,伦敦和苏格兰之间的差异也未能得到协调,英国地方医院院校的课程遭受了冲击。1939 年之前,斯堪的纳维亚⑯与荷兰的大学仿照德国的模式,增加了临床实习的数量,现在正进一步积极扩展。

总之,不论伦敦、乌普萨拉或莱顿等地有学生小组参加的临床教学,还是博洛尼亚、爱丁堡、柏林或巴黎等地权威的、面向众多学生的封闭性讲座,战后初期欧洲各地的教学仍旧以说教性为主,弥漫着教条主义和独裁主义。课程最少为 5 年,更常见的是 6 年,但许多学生花了更长时间。
492 毕业之时,大多数人都已接受完程序化培训,能识别(主要借助身体检查)当时常见的病症并按既定的方式进行处理;当诊断只是通过病症识别且治疗方法变化缓慢时,人们通常认为这种培训可以为医疗实践提供足够的准备。20 世纪 40 年代末,通过政府和大学的考试实施的认证制度(英国的许多学生通过专业机构的考试取得认证资格)开始推行,大部分新注册的医师能够像战前的前辈一样在(医生或病人)家里、私人疗养院或者小型医院提供大部分当时医疗水平所允许的医疗服务。

然而,战后医学的发展很快就使得从患者那里获得信息(通过借鉴病历或体检)这一基础临床技能变得尤为重要并难以掌握。诊断更多依赖于全面而准确的病史资料,其中包括高度隐私的个人信息。即使在欧洲这类没有任何语言障碍的多民族社区中,个人隐私也是很难掌握的。无独有偶,20 世纪 50 年代开始,患者允许学生在自己身上练习临床技能的时间越来越少。虽然慢性疾病增加,急性疾病减少,医疗与社会经济的进步却使得患者的住院时间不断缩短。那些去往急诊、门诊和全科诊所看

---

⑮ A. Flexner, *Medical Education: A Comparative Study* (New York, 1925).

⑯ W. Kock, 'Medical Education in Scandinavia since 1600', in O'Malley, *History* (note 13).

病的人，看病结束后更愿意赶紧回家而不是耽误时间忍受学生慢腾腾的、在学生看来不可或缺的询问。

这些改变对德国医学教育（及其他所有因为年入学规模而不能对学生实习实施有效指导的医学院校）模式的影响主要体现在实习期间。从大学课程中不难发现，即使急症患者人数不断下降，为大班学生举办讲座和演示仍需少量患者的配合，这便于学生形象地了解疾病诊断和治疗。医学教育环境的改变对于临床技能的掌握并没有在短时间内就产生巨大而明显的影响。

医学实践的改变对那些着重临床教学和临床实践的医学院校的直接影响更大。在英国，这些影响直接而深刻，英国学生的学习内容更多是由在病房所能见到的疾病类型决定而不是由讲座和示范决定。练习基本的诊断方法、实施诊断、进行小型手术操作的机会减少了。不仅如此，随着1948年英国国民医疗保健制度的出台，在慈善医院一度由学生参与医疗护理这类天经地义的事情，在国家接手医院后反倒被认为是不恰当的。 493

英国的许多医生仍然认为传统的学徒模式对于英国的医学教育是必要并且可行的。尽管医学教育更加专业化，疾病形式也不断改变，他们仍旧努力维持这一学徒模式，可在20世纪50年代这一传统还是被逐步蚕食。至20世纪60年代中期对英国所有毕业的学生进行的问卷调查显示，⑰学生更多地变成了旁观者而不是医疗服务的提供者。到学期结束时学生执行的腰椎穿刺平均数量为1.1次，75%的学生从未给人洗过胃，只有33%的人认为自己曾经在制订患者重要的治疗方案的过程中发挥过作用（最后一组的大部分人的假期都在美国医院实习，而这些医院甚至都难以吸引当地医生）。与此同时，由于人们长期相信学生必须从非专业病房中的急症病人身上学习，导致学生向数量不断增加的、范围广泛的地区医院分散，医学院的师资队伍因此大量扩充（专业化已使教师队伍扩充）。不同国家的医学院的类型不同，其临床培训受不断变化的医学实践的影响

⑰ *Survey of Medical Students in 1966*. Summary report by the Association for the Study of Medical Education and the National Foundation for Educational Research. *Report of the Royal Commission*（注释4），Appendix 19.

也不同，但是这些学院受医学知识和专业化发展影响的方式和速度都大致相同。教学大纲中必须包含新资料和新科目，同时旧科目也在努力保有一席之地。课程安排迅速变得更加拥挤不堪、支离破碎，学生失去了自我掌控学习步伐的自由。

在大多数国家，医学课程仍然至少为 5 到 6 年的时间（随后是实习）。增加学习时间变得愈加困难，尤其当补助金只够支付最短学习时间的学费和生活费时更是如此。个别教师甚至个别系科试图修改教学大纲，减少学生死记硬背的负担。但 20 世纪 50 年代由学院、学校、中央政府认证部门控制的考试，可以轻易地使这种努力遭受挫折。不同国家的具体情况存在很大的差异。20 世纪 50 年代，瑞典每个学生都要接受所有科目的教授亲自实施的测试，但测试的时间由学生决定。在丹麦，教授的问讯还需两名当地医师在场监督，医师可以向教授建议对学生进行附加问题的测试，但他们本身不可亲自发问。然而在许多国家，国家证书考试由官方制定。它们从服务公共安全的宗旨出发，考试更多地关注医学实践中已有的那些普通的、重要的内容，而不是把那些在将来有可能流行和重要的
494 内容作为重点。当认证系统采用大学或专业机构组织的考试时，考试的结果也就只有通过或没有通过两种形式，英国就是如此。即便在 1953 年学生必须参加的为期一年“预注册”培训或实习，起决定作用的还是人们对医生应该具备的知识或者操作能力的主观看法，而不是一个在监督下的执业实习生的实际需要。

医学教育改革

医疗实践和社会的变化对医学教育的直接影响势不可挡，医生再也不可能通过学校在 6—7 年之内培养出来。到 20 世纪 50 年代，人们普遍认为未来没有人能够掌握所有的医学知识。同样，获得医学的基础知识，了解人的正常情况和异常情况的起因与后果，掌握基础临床技能，这些对于所有医生来说都是必需的和可行的。除此之外，每名学生都必须掌握当前医学实践中某一特定分支的详细知识和相关从业技能。这些分支可以是身体的某个系统（如神经学）、某个特定的年龄群体（如新生儿儿科）或

者特定范围的保健(如初级卫生保健)。

为保证安全有效,所有的医生必须采用科学的、人道主义的方式,尽可能精确地测量每位患者的病患的所有方面。他们要像科学家一样思考,但要在仍然缺乏足够证据、没有绝对把握的情况下做出决定,采取行动。医生要把他们专业生活和工作中每一细节方面的变化看作常态。[18]他们肯定会碰到疾病识别诊断模式无法解决的临床问题,面对培训过程中没有涉及的新情况,陷入新的、全然陌生的道德困境。

未来,除某些狭窄的专业之外,医学领域将发生全面的进步。那些在这种不断变化的环境中无法保持某种程度的平常心而不能正常工作的医生,很可能要面对很多不确定性。他们不是要被迫将自己的越来越多的患者转交给其他医生,就是转变成不懂医学的技工。这些技工只能开展有限的治疗,他们虽然从不间歇地学习全面的知识,可到头来还是注定一无所成。[19] 另一方面,那些具有独立思考、推理能力的人能够和愿意利用
好继续教育的机会。 495

在本科课程中未被囊括的教育策略和方法将会促进继续教育的发展。研究生阶段的培训具有继续教育的性质,不可避免地要产生培训与教学的冲突、安排学生完全按照指令去行事与鼓励学生质疑指令之间的矛盾。在安排课程时要尽量减少这种矛盾和冲突。在医学教育中,尽最大可能使职业培训由大学本科阶段向后续阶段转变是有必要和有意义的,大量在医疗实践中仍然有用的知识的教学将向后推迟。

因此从逻辑上讲,本科教育不再试图提供全科医生的相关知识和技能,医生的准备期会经历三个阶段。所有的医学学生都要参加实习,这不仅是为了职业培训,也为了学习许多学科(比如治疗学、社会医学和伦理学)的实际知识和技能。若没有积极参与护理病患的经验,学生很难理解这些内容。每名医学学生都需要进行毕业后的在职培训并因此具备特定医学分支的相关知识技能,学习如何在多学科团队中协作并参与管理。

---

⑱ *Report of the Royal Commission* (note 4).

⑲ E. E. Boesch, 'Psychological Basis for the Education of the Physician', in *Preparation of the Physician for General Practice*, WHO Public Health Papers, 20 (Geneva, 1963).

为了跟上本职工作领域的发展步伐并留意其他领域的变化，所有的医生都需要参加继续教育。个人利用继续教育的能力有赖于初始阶段的大学课程的成功，反过来这种成功也与提供足够数量的第二、第三阶段的培训密切相关。

如果大学课程不能够使医生自学并评估医学的新发展，那就只能向他们提供定期的、必须参加的再培训，除此之外别无他途。只要医学教育依赖政府的资金投入，就不可避免要就下列问题做出公共决策：医学领域应该保留哪些分支学科，每个分支学科的职能，履行这些职能所需的学生的数量，等等。在一个相对狭窄的范围内界定一个专业的职能并非难事，更新这种职能主要指的是要与本专业的发展保持同步。然而，界定一个全科医生的职能绝非易事，政府应该就此在医学教育中发挥更大的作用。

1945 年，苏联与其他国家的情况完全不同，当时苏联政府已经确定了医学教育的目标以及相关政策。1930 年苏联医学院与大学和学术研究机构分离，由卫生部直接管辖。1934 年医学院（更名为医学研究院）被分成三部分，分别培养全科医生、儿科医生和国家卫生官员。所有学生都要参加第一部分的课程。这个以基础职业培训为主的阶段过后，学生必须参加针对成人、儿童护理和公共卫生工作量身定做的“后基础”培训，一些学生还有机会参加其他专业分支的继续培训机会。

496 尽管偶尔也会调整以配合政府关于医疗护理的决策，但 40 多年来这种医疗培训模式并无显著改变。不过，1958 年政府制定了相关政策，要求医学教育中要注意传授科学的认知方法、创造性的学习科学的方法、负责任的学习态度以及独立工作的能力。在此政策的影响之下，医学院虽未回到大学模式，但医学院的“科学圈子”在自愿的基础上建立起来，学生可以考虑并讨论医学的新发展并在此过程中练习外语。东欧的大多数其他国家虽然深受苏联医疗护理和培训模式的影响，但在大学中仍留有医学系。直到 20 世纪 80 年代末，俄罗斯才开始考虑把医学研究院放回到大学里。

没有任何一个西方国家效仿苏联体制，与之相反它们都开始加强和提高大学在基础医疗教育方面的影响力。20 世纪 40 年代第一批实施政策改革的国家，是那些战前体制在不断变化的临床实践的直接影响下变革最迅速的国家，其中包括瑞典和英国。这些学校依赖于学生的临床实践经历，对这些直接影响非常敏感。这种特点也造成了这些国家的医学院（瑞典 3 所、英国 30 所）规模较小，需限制录取人数。两国都寻求大学课程改革，增加本专业内普通教育的时长。至 20 世纪 60 年代，两国共同意识到有必要为医生提供第三阶段的研究生教育性质的培训。各自不同的发展速度反映了多种因素的影响，这些因素对变革有的起积极作用，也有的起消极作用。

1948 年，在年轻医生的鼓动下，瑞典成立了一个医学教育皇家委员会。1953 年该委员会提交了报告，报告所提的 15 条建议于 1954 年被政府采纳。1955 年医学院系开始实施全新的本科生课程计划，该课程计划以“未来研究生阶段的学习只为成为一名医生”为唯一目标。各专业内研究生阶段的培训组织随之出现，到了 1967 年，在整个医学领域参加研究生阶段的培训成为一种强制性的规定。这种快速发展得益于这样的事 497
实——在瑞典，医学教育始终以大学为基础，政府在咨询少量大学的基础上对高等教育实施集中管理。从 1960 年起，研究生阶段的培训隶属于单一的官方机构——国家卫生局的管理。所有这些都对医学教育领域所取得的进步大有裨益。

在英国伦敦，慈善医院的董事们拥有并管理医学院，全国半数以上的医学学生在这里接受全部或部分培训。在制订国家医疗服务规划的过程中，为了综合考虑该规划对医学教育的影响，成立了一个跨部门的委员会。该委员会 1944 年提交的报告（古迪纳夫报告）建议，医学院应该成为大学的必要组成部分，大学为医学院配备的教师人数应该大幅度增加。[20] 每所大学都应根据自身的性质和标准开设本科课程，为学生提供“广博文雅”的大学教育。随后要有为期一年的实习和作为专科医师所必需的、程度更高的研究生阶段的培训。每所医学院都应与一组医院和诊所相联系，但在财务上是独立的。

该委员会警告称，国民健康服务标准依赖于医学教育和研究的质量，

---

⑳ *Report of the Interdepartmental Committee on Medical Schools* (*Goodenough Report*) (London, 1944).

反过来医学教育与研究的质量又依赖于政府资金的大量投入。该委员会建议，作为“缩短必不可少的教育改革的启动与完成之间的时间间隔”的手段，“迫切需要建立数量足够的师资队伍，优先给予所需的物力和人力，开设研究生课程”。1944 年，这份报告并未引起专业人士或公众的注意，人人都忙于战争，但它并未被世人遗忘。1948 年起，随着那些不附属于大学的医学院被关闭，该报告开始得到贯彻。此后，通过大学拨款委员会附属的医学委员会，政府向那些愿意接受更多大学任命的教师的医学院提供充足资金，报告的建议得到进一步的落实。

大学对英国医学院的影响与日俱增，整个 20 世纪 50 年代，医学院全职教职工人数由 1938/1939 年的 432 人上升到 1961/1962 年的 2163 人。㉑ 1953 年引进了强制性的为期一年的实习期制。1957 年英国医学总会放弃了之前推荐详细的最短课程的政策，并且督促医学院系要“少授课，多教
498 育”，使它们注意到所享有的进行不同课程与教法实验的权利与义务。同年，为了收集和传播医学教育信息，推动与开展相关的研究，成立了医学教育研究协会，出版了《英国医学教育杂志》，大学开始引进新课程。㉒ 20 世纪 60 年代，重建国家医学院的计划启动(约为之前规模的两倍)，三所新学院也开始兴建。因为大部分现有学院缺乏大学教育设施，该计划采用了现代化与规模扩张有机结合的政策。

20 世纪 50 年代初期，一项新的培训计划推出，全科医生可以有选择地参加。根据该计划，全科医生在获准执业的领域担任为期一年的实习助理后，可以参加研究生阶段的培训。伦敦大学设立了英国研究生医学联合会，下设 14 所专业机构和伦敦研究生医学院。联合会在所有专业都开设课程。1961/1962 年联合会为 3800 名学生提供研究生教育，其中有 2500 人来自以英联邦国家为主的其他国家。㉓

在英国和爱尔兰，专科医师开始私人行医之前，并不被要求必须注册参加专业性质的研究生教育阶段的培训。但是长期以来，要成为医院任

㉑ University Grants Committee, *University Development 1957—1962* (London, 1964).

㉒ P. O. Williams and V. M. J. Rowe, *Undergraduate Medical Curricula: Changes in Britain* (London, 1963).

㉓ University Grants Committee, *University Development 1962—1967* (London, 1968).

命的专科医师，需有在大医院担任多年在职助理的经验，并通过皇家内、外科学院组织的考试。皇家内、外科学院是传统的、具有悠久历史的机构。

随着国民医疗保健制度的引进，医院初级职位大量增加，为英国那些要成为专科医生的年轻毕业生获得进一步的经验提供了机会，这种情况在世界上其他任何地方同样存在。然而这些职位并不是为培训设计的，工作条件也很艰苦。当政府强行限制专科医生的任职人数不断上涨后，许多毕业生选择移民，尤其是移民到美国，就不足为奇了。在美国，住院医师培训计划为受训者提供获得认证所需的一切。他们离开英国又促进了别国的学生到英国学习并毕业，这些学生主要来自较为贫穷的独立不久的国家，曾在当地匆匆建立的、规模过大的、教职工队伍人手不足的医学院校就读。在输出学生的国家，所有拥有英国高等学历的学生，即便只学过一点理论课程都会被认可为专科医师。1962 至 1967 年，每年有 800 名英国本土出生的医学毕业生离开英国，其中只有 400 人后来又回到英 499
国。㉔ 然而，英国的所得多于所失。1967 年，英国从事医疗工作的人中包括 2050 位非英国的医生和 1810 名英国本地的医学专业毕业生。尽管 1959—1969 年英国医学院年新生入学人数增长了一倍，从 1500 人左右增加到 3000 人左右，但 1969 年在英国国家医疗服务系统就职的医生中，还是有几乎 25％的人在国外出生且在国外接受大部分教育。㉕

由于人口流动对国家有利，在 20 世纪 50 年代和 60 年代政府没有采取任何举措改善专科医生的研究生阶段培训，既没有确定其内容或周期，也没有批准培训岗位或设立培训计划。英国医疗领域教育培训的完成一直以在英国国家医疗服务体系被任命为“高级顾问医生”（专科医生）为标志，而不是完成规定时间的学徒生涯或者是通过考试。然而，在 20 世纪 60 年代初，中等医院的工作条件得到了改善，医生可以获准参加短期进修，所有医生有必要参加继续教育。为了提供继续教育，英国成立了 300 个研究生医学教育中心（拥有图书馆、演讲厅、自修室和办公室）。该机构

㉔ O. Gish, 'British Doctor Migration 1962—1967', *British Journal of Medical Education*, 4(1970).

㉕ O. Gish, 'Medical Education and the Brain Drain', *British Journal ofMedical Education*, 3(1969)

的资金部分来自基金会，部分来自公开募捐，还有一部分是卫生部提供的。

1965年，为了更好地针对组织研究生阶段的实习、满足社会对医生的大量需求、实现大学医学院的合理化等提出建议，英国成立了皇家医学教育委员会。在1968年提交的报告中，该委员会建议继续执行1944年委员会制定的政策，即医疗教育包括更具灵活性的本科阶段教育(除基础知识和技能外还提供选修课程)，面向全科医生、专科医生和社区普通医师的普通专业培训阶段和研究生层次的培训，随后是继续教育阶段。该委员会还就研究生阶段培训的组织方法提出建议，如设立注册员告知公众医生在哪个医学领域参加过培训。此外，该委员会还建议重新组合伦敦的27所医学教育机构(包括12所本科学院和15所研究生教育机构)。

组织专科医生参加研究生阶段培训的工作随即展开，其中包括确定每门课程的内容、设计与在职岗位相联系的培训方案。在英国国家医疗服务体系被任命为高级顾问医生标志着培训阶段的完成。全科医生参加
500 培训之后，对下一代医生的培训也大有裨益。医疗专业领域对全科医生参加研究生阶段培训的敌视态度逐渐消减，继续教育的范围不断扩大。

然而直到1978年，那些希望在全科诊疗部门中成为负责人的人员参加研究生阶段的职业培训才成为强制性的要求。直到1983年，英国医学总会才承担起制定医学教育所有阶段的标准的责任。但是在十年以后，当英国医学总会提出实施新的课程体系，实现以基础知识与技能为核心的必修课程与着眼智力发展的选修课程相结合时，伦敦的大学医学院系抵制这个方案，该委员会在1979年和1992年的报告中对这个方案的极力推动收效甚微。因此，英国花费了近50年的时间所完成的改革，在瑞典不到20年的时间就完成了。在20世纪60年代，瑞典医生的数量增加了一倍。

20世纪60年代人们在说起英国时普遍认为，世界上没有哪个国家发表过如此之多的充满智慧的报告，更没有哪个国家发表报告之后采取的措施如此之少。事实上英国医学教育领域的进步还是很明显的，改革过程中毕竟存在着许多困难。其中包括大学缺乏附属医院，许多临床教师(特别是在伦敦)强烈反对增加教职工人数，医院组织系统内包括与高级职员数量相当的享有自治权的医师(主要为NHS任命的部分时间制临床

医师），包括位于伦敦、爱丁堡和格拉斯哥的皇家医学院在内的大量认证机构、研究生阶段的培训过程中与大学及 NHS 有密切关系的、数量更多的专业学院和协会。英国的年轻医生到那些提供优质研究生教育的国家去留学，在改革的过程中发挥过巨大的推动作用。然而，随着同等规模的来自其他国家的学生参加英国的文凭考试后愿意到英国的医院工作，这种推动作用在某种程度上就被削弱了。并且，全科医生并不是国家医疗服务体系的带薪雇员，他们与国家医疗服务体系之间一直保持着独立的关系。按照最初的设想，全科医生可以获得带薪雇员的身份，但这一设想遭到了英国医学总会的抵制。根据与国家医疗服务体系签订的合同，全科医生要提供与 1911 年国家保险法实施后投保的劳动者所能得到的全部医疗服务同等的医疗服务。

与英国相对缓慢的发展模式相比，瑞典的发展要迅速一些。此后，挪威、丹麦、芬兰和爱尔兰也实施了类似的发展方针，这些国家之间的一致性促进了医生之间的相互流动。在荷兰，由于国家认证资格考试的缺失以及政府对于大学未加以严密控制，医学院系，特别是像鹿特丹大学的医
学院，可以非常自由地决定本院的课程。1968 年，因为全科医生在医疗系 501
统中占有的强势地位，即将成为全科医生的学生可以选择参加 1 年的职业培训，基础课程的时间因此从 7 年减少到了 6 年。㉖ 至 1974 年，全科医生都必须参加研究生阶段的培训，1987 年培训的时间延长到 2 年，1993 年延长到 3 年。

法国医学教育改革的思考和酝酿始于 20 世纪 40 年代，当时实行的还是大学医学院系与“中等医学院”混合的模式。㉗ 大学教师由中央政府任命，其中的很多人缺乏临床和研究的能力。巴黎大学医学院拥有 21 所可供教学用的市级医院，但在任命医院的员工时大学仍然没有发言权，而大

㉖ P. A. J. Bouhuijs et al.,‘The Rijksuniversiteit Limburg, Maastricht, Netherlands: Development of Medical Education’, in F. M. Katz and T. Fülöp (eds.), *Personnel for Health Care*, WHO Public Health Papers, 70 (Geneva, 1978); J. C. van Es,‘Clinical Teaching inGeneral Practice’, in H. Beukers and J. Moll (eds.), *Clinical Teaching, Past and Present*, Clio Medica (Acta Academiae Internationalis Historiae Medicinae), 21 (1989).

㉗ Coury,‘Teaching’(note 14).

部分临床教学都是由在医院工作的专业人员提供的。这个问题不但与英国完全一致，还因为缺乏“入学名额限制”而更加复杂。没有严密设计的课程教学，就在挤满了学生的病房中从临床研究开始了。在这样的条件下，人们普遍认为必须对医学院系进行彻底重建。重建方案是通过罗伯特·德伯雷教授提出的“德伯雷改革”实施的。这位教授的儿子是法国总理(即米歇尔·德伯雷，1958—1962 年任法兰西第五共和国首任总理——译者注)，后任财政部长。

1956 年，法国成立了不同部级单位参加的委员会，德伯雷教授任主席。1958 年该委员会建议建立新的医学教学中心。在这个中心，大学和医院要能更紧密地结合在一起，所有科目的大学教师要全职任教，并且实现教学、临床、科学研究之间的有机结合。这项改革启动之初，课程也进行了修订。此后，为了实现学生人数与临床设施之间的协调，只有参加并通过考试的学生才能进入第二年的学习，校外实习和校内实习的制度也得到了延伸。然而，由于需要投入大量资金，这项改革的步伐逐渐放缓，导致了社会上对于医科学生、助理、总住院医师以及研究人员所扮演的角色越来越多的不满，反过来造成了 1968 年 5 月戏剧性事件的发生。[28] 当时，在大学课程中居于顶尖地位的是可获得认证资质的博士学位课程。从这种课程的角度来看，法国医学教育的改革与英国相比所取得的进步相对较小。

然而，研究生阶段的培养与上述状况不同。要获得专业学习的证书，
502 必须参加三年以上的教学活动并通过理论和实践考试。实施研究生阶段教学的不仅有大学，还有由国家科研中心、国家卫生和医疗研究中心控制并支持的官方机构。由于当时对专科医生的数量没有控制，选择专攻某一专业的本科毕业生数量迅速增加。1967 年，仅巴黎的医学院就有 5300 名研究生注册。

在医学院仿照战前德国模式、较少受到医学领域最新变化直接影响

---

[28] C. Escoffier-Lambiotte, 'Review and Analysis of Medical Education in France', in J. R. Krevans and P. G. Cunliffe (eds.), *Reform of Medical Education: The Effect of Student Unrest* (Washington, D. C., 1970).

的欧洲其他地区，20 世纪 50 年代社会对迅速改革医学教育并使其适应环境变化的迫切需求并不明显。当然也存在着阻碍变革的因素，如战后医学院校和医院的现状以及中央政府对它们集中控制的程度，保持大规模医学院系的倾向，在由中央政府任命的无退休限制的教授领导下的强大的自治性专业机构的传统、中央政府控制的国家认证考试机构、国家经济的状况以及国家对资助医学教育的重视程度等。在比利时等国家，种族差异进一步增加了改革的难度。㉙

要求变革的压力主要有三个来源：教师、学生、新毕业生。而最高级别和最有影响的教师往往希望维持现状，然而一些资历较浅的教师（包括临床医师和研究人员）则急于看到改革。不过，这些教师对于因公开批评现状给他们带来的升职方面的风险并没有做好应对的准备。那些原本希望讨论变革的团体，有时会认为最好秘密会面。来自希腊等许多国家的教师，成为伦敦医学教育研究协会的成员。当他们出席该协会的会议时，在自己的国家不会被人注意到。

在西德，联邦法律规定授予医学博士的标准和医师的从业资格，当然从业标准需要州委员会的认可。20 世纪 50 年代，在联邦内 10 个不同的州中的任何一个州建造新的大楼，都比修改联邦法案的条款要容易得多。一个部长级委员会除了把实习时间延长至 2 年之外，推行的其他改革相对较少。联邦研究理事会提出了许多改善措施，但重大的改革是从建立新大学和在这些大学之中的乌尔姆大学建立医学院开始的。改革的策划始于 1954 年，1969 年开始进行临床教学，研究生教学更早一些。与课程相比，那些规划新医学院的老师，更关注的是组织管理——探索组织管理系统和系级结构的模式，以促进学科间的交叉教学与研究，实现人们长期以 503
来一直期望的教学与研究之间的有机结合，促使学生掌握科学方法。㉚

20 世纪 60 年代后期，学生的抗议是大部分西欧国家医学教育改革的第二大动力。由于已经采取了改革医学教育的举措，英国医学专业学生

㉙ J. E. Dumont, 'The Example of the University of Brussels', in Krevans and Cunliffe, *Reform* (note 28).

㉚ E. F. Pfeiffer, 'Organisation of New Medical Schools', in Krevans and Cunliffe, *Reform* (note 28).

的抗议最少。在其他地方，医学专业的学生普遍拥有年轻人特有的对权威的对抗心理。他们要花费许多年的时间为一个要为别人承担很大责任的职业做准备，但却被要求只管闷头读书而不要过问其他任何事情。面对这样的现状，不同国家的学生所体会到的挫败感各不相同。至少在这种漫长准备过程的早期，他们很难看到自己按要求应该学习的东西有什么现实意义。许多人选择医学专业可能并不是出于对于科学的兴趣。不管是否出于利他主义，他们很容易被穷人和富人之间在享有的医疗服务方面越来越深的鸿沟所触动。同时他们中大多数人也会意识到，在教学医院中能见到的疾病类型不再能够反映外面世界的真实情况。[31]

学生们认为，如果课程中少一些"科学"的内容，就会给患者提供更多的"他们真正需要的东西"。不仅如此，在20世纪60年代他们还能够外出旅行，到其他地方去了解当地的医疗保健或医疗教育。虽然对国外的教育难以评估，但他们还是希望国外的做法在国内能够被采用。[32] 然而就一般而言，在学生抗议达到高峰的1968年，医学专业的学生除了要参与改革进程之外，远未清楚他们到底想要什么样的改革。在巴黎，要求变革的呼声最为响亮。可就是在这里，"尽管学院铜门之外灭火弹和催泪弹的响声震耳欲聋，学生还是能够沉着冷静地集中所有的想象力，在一张白纸上描绘未来的画卷，提出他们的建议和主张"[33]。他们自己认为他们赢得了胜利，因为临床实践在课程中所占的比例有了大幅的增加。

其他国家抗议的学生可能实现了他们希望在大学的决策过程中享有发言权的目标，不过实践证明，后续的医学专业的学生对于行使这一权利并不太热衷。具有讽刺意味的是，"入学名额限制"这项在医学教育改革中具有重要意义的变革，竟在有些国家被学生视为对其民主权利的侵犯而
504 遭到反对。不过，欧洲国家还是通过各种形式对医学院校的招生进行了限制。20世纪60年代德国和荷兰率先实施了这种限制性的入学政策，90年代早期意大利也推广了同样的政策。对于那些不能在本国进入医学院

㉛ J. R. Ellis, 'Demands and Responses', in Krevans and Cunliffe, *Reform* (note 28).

㉜ J. R. Ellis, 'Demands and Responses', in Krevans and Cunliffe, *Reform* (note 28).

㉝ Escoffier-Lambiotte, 'Review' (note 28).

校的学生来说，比利时成了接受他们这些外国学生最主要的国家。

毫无疑问，学生的抗议使人们注意到进行医学教育改革的必要性，但实践证明年轻医生对专业化矢志不移的追求更是一股强大的推动改革的力量。在这股力量的影响下，不仅研究生阶段的医学教育培训发生了改变，本科阶段的医学教育也产生了积极的变化。专业化进展的速度体现在瑞典相互独立的专业部门数量的增长上。瑞典1890年有10个这样的部门，1940年有332个，1960年增加至778个。[34] 虽然政府对高级顾问医生（专科医生）数量的增长实施了严格的控制，1949—1955年间专科医生的数量还是从3037人增加至4634人，增长的幅度为52.6%。[35] 在荷兰这样一个更加重视普通门诊的国家，在1975年的20 200名注册医生中，有4800人是全科医生，6600人是专科医生，专科医生数量的增长速度超过了全科医生。[36] 至1990年，英国全部医生中全科医生所占的比例不足一半。

在大多数欧洲国家，大学授予高等医学学位。大多数情况下，论文是授予学位的条件，但有时通过考试后也可获得学位。在获得政府准许以专科医生的身份行医之前，为了取得某种形式的证书（如法国的"专业学习证书"），多数国家的学生要参加更高级阶段的课程教学并通过考试。根据医学领域的最新进展，每个专业培训的模式和内容要及时做出调整。不过，决定专科医生人数的因素更多的是市场的影响，而不是政府的医疗卫生服务机构。在政府对移民进行控制的情况下，研究生阶段的培训一定要满足市场的需求。

在20世纪50年代和60年代，越来越多的本科毕业生在大学、独立的医学研究生院或专业机构参加研究生课程的学习。他们获得专科医生任职资格的条件不一而足，有的只要通过理论考试即可，有的只要在英国政府的医院担任一段时间的实习生，大多数人介于两者之间（既要参加考试也要实习）。然而，在20世纪七八十年代整个西欧日益认识到医学实践经验的重要性。即便如此，90年代欧共体在解决成员国之间专科医生任职

---

[34] H. Bergstrand, *Lakaekaren och provisiallakarevandet: Medicinalvasendet i Sverige* (Stockholm, 1963).

[35] C. Webster, *The Health Services since the War*, Vol.I (London, 1988).

[36] Bouhuijs *et al.*, 'Rijksuniversiteit Limburg' (note 26).

资格的标准化问题时还是发现，要成为英国国家医疗服务系统的专科医505 生所需要的实际工作的时间，比起欧洲其他任何地方都要多出好多年，标准也各不相同。大致来说，毕业生未能成为全科医生不是因为培训不足，也不是其他可能的原因，而主要是因为在医院进行的本科教学中“过度的专业化”。

20 世纪 70 年代，一些国家建立了新型的“实验性”医学院。其中马德里自治大学的医学院于 1969 年成立，马斯特里赫特大学的医学院于 1974 年成立。1975 年，在安卡拉新建的海斯特普大学里的社区医学院，除预防医学课程和在乡村健康中心进行的为期两个月的住院实习外，还提供两个月的乡村社区医学领域的见习机会。1975 年，匈牙利佩奇医科大学新的课程规划设计完成，该大学以培养服务社区的全科医师为导向。所有这些学校都有入学人数方面的限制。佩奇医科大学每年接受 200 名新生。决定一个学生能否入学的因素既有他们在生物学和物理学中的成绩，也包括一些社会因素，如他们是来自产业工人家庭或农场劳动者的家庭。㊲ 1969 年，挪威在北极圈以北的特罗姆瑟建立了一所新的医学院。在这里，社会因素在决定一个学生能否被录取时也具有决定性的影响。㊳

在 20 世纪 70 年代的欧洲，所有的医学院都面临一个共同的问题，即在本已拥挤的本科课程学习中挤出时间进行附加的教育活动或组织额外的培训，以满足当地个性化的需求或为学院服务社区的发展目标提供支持。为了在课程中给深入学习、研究项目和问题解决等教育活动腾出时间，很多医学院效仿美国西储大学于 20 世纪 50 年代率先采用的方法，即围绕器官系统实施课程重组。㊴ 英国的一些医学院因此可以在五年的学习时间内腾出一年的时间来开展上述活动。与此同时，其他的医学院还是给尽可能多的学生做工作，劝他们再多投入一年的时间专攻某一学科以获得理学学士学位。

㊲ Katz and Fülöp, *Personnel* (note 26).

㊳ L. Cerych and P. Sabatier, *Great Expectations and Mixed Performance: The Implementation of Higher Education Reforms in Europe* (Stoke-on-Trent, 1986), ch.6.

㊴ A. G. Swanson, ‘Medical Education in the USA and Canada’, in J. Walton et al. (eds.), *The Oxford Companion to Medicine*, Vol.I (Oxford, 1986).

在那些没有能力或不愿为全科医生提供研究生阶段培训的国家，更普遍的是医学院会将实施课堂教学重组后节省下来的时间用于社区医学或其他医学临床领域的额外培训。人们更加清楚地意识到不同的学生有着不同的目标和要求，于是诞生了在组合性的核心课程之后开设选修性课程的观念。在将教育过程尽可能多地与医学实践过程联系起来的强烈愿望的推动下，人们认识到综合性课堂教学应该围绕解决医学实践中的实际问题或从医过程中所需的能力，而不是围绕器官组织。[40] 506

与此同时，20 世纪七八十年代，教育技术的不断进步对医学教育具有重大意义。从磁带同步幻灯片到电脑辅助学习，这些自主学习的设备被学生自己普遍采用，学生因此可以在自己的时间内以自己的速度安排自己的学习。同样，通过使用闭路电视、单向屏幕和视频，再加上从使用模型到雇佣演员扮演病人等综合仿真技术，学生可以克服许多基本临床实践技能教学中遇到的困难。在 20 世纪 80 年代，所有这些都对医学教育发展成为独立的学科做出了贡献。在医学发展成为独立学科的同时，医学院建立了负责教育的部门，开设了面向医学专业的教师的教育课程（包括学位课程），对教学技术、学习方法、评估方法的研究也有了一定数量的增加。不幸的是，对新型医疗教育产品提供的服务的质量无法进行评估，可望而不可即。

医学教育的成本

在二战之前，医学教育在一些欧洲国家的费用一直很低。在英国，医学教育很大程度上成为慈善医院中病人护理的衍生品，大多数教师就是医院的工作人员。在那些依赖大学课堂教学的国家，医学教育的成本要高得多。1945 年以后，医学教育的成本迅速上升，在英国尤其如此。无处不在的专业化和技术的改进，需要更多的教师，大多数国家需要更多的科研设施。除基础医疗成本的上升（使得医学院成为大学中最昂贵的学院）

[40] W. C. McGaghie, G. E. Miller, A. W. Sajid and T. V. Telder, *Competency-Based Curriculum Redevelopment in Medical Education*, WHO Public Health Paper, 68 (Geneva, 1978).

之外，还有在提供更多的、组织更为严密的研究生教育阶段和不久之后就会出现的继续教育阶段产生的成本。

然而 20 世纪 50 年代末期，在人们可以承受改革的成本之前，甚至在一些国家的改革开始之前，人们认识到尽可能快地增加医生数量是完全必要的事情。在没有实行入学名额限制政策的国家，在对医学教育的类
507 型不做较大调整的前提下，增加医生的数量是很容易的事情。在法国巴黎，1964 年医学院共有学生 7690 名，医学预科阶段的学生 4050 名。1966 年，医学院的学生 9481 名，预科阶段的学生 4903 人。这种增长的趋势一直在持续。1968—1978 年间，法国授予的医学博士学位人数从 3000 名增加至 9000 名。[41]

在医学院规模较小且实行入学限制政策的国家，增加医学专业的毕业生是比较困难和昂贵的。不过 1960 年至 1970 年间，瑞典和英国的毕业生数量都翻了一番。在瑞典，当时存在的 3 所医学院校的规模都有所扩大，并且又建立了 3 所新的医学院校。医学专业学生的总数从 1960 年的 3316 名增加到了 1969 年的 6575 名。[42] 英国开始实施当时所有医学院校的重建计划，一方面使它们为提供大学教育做好设备方面的准备，另一方面使新生入学人数在上一年度全国平均水平的基础上增加了大约一倍(120—160 名)。[43] 英国在这段时间创建了 1 所新的医学院，20 世纪 70 年代又增添了 2 所。1959—1969 年间英国全国新生入学的人数从 1959 年的 1500 名增加到了 1969 年的 3000 名。此外，英国不再招收来自挪威和南非等国家的学生。过去这些国家的学生到英国接受医学教育，然后回国。在英国及其他所有国家，扩充医学教育规模的需要不可避免地延缓了改革的进程。

战争结束后，虽然在医学院或研究生院从事科学研究的教师一直在筹集大量的资金，但在整个欧洲医学教育成本还是主要由政府支付。1982 年成立于德国北莱茵-威斯特法伦的韦顿-赫德克大学，是一所独立于政府

㊶ Coury, 'Teaching' (note 14).

㊷ *Svenska utbiedningestatistic årsbok* (Stockholm, 1978).

㊸ University Grants Committee, *University Development* (note 23).

并拥有医学院的私立大学，当然这只是一个极其罕见的个案。[44] 在成本不断上升和国家投入资金等因素的联合影响下，对国家层面上的医学教育与培训产生影响的政策应运而生，且数量不断增加。在战前，政策主要涉及颁发执业证书和保持专业水准的方法。随着时代的变化，下列事项逐渐被纳入政府决策的范围：

1.国家需要的医生数量、种类，能够提供什么样的医生；

2.医学教育和研究投入的资金数量；

3.这些资金如何在全国分配； 508

4.可用资源总额中有多大的比例用来优化今天的教育，为明天提供更好的卫生服务；

5.医学院提供的和为了医学院的运行而提供的临床资源怎样与其他类型的国家、省、地区的卫生服务机构建立有机的联系；

6.研究生教育怎样在国家范围内扩展，谁来负责组织研究生教育，提供必要的设施，确保每个研究生教育机构的培训圆满完成并保持一定的水准。

对于应由哪个部或哪几个部为医学教育提供资金，不同国家间的看法并不一致。在有些国家，卫生部通常既负责医疗工作，又负责各个阶段的医疗教育与培训。

苏联就是实行这种体制的国家。在苏联，所有医生的培训方案都严格按照医疗工作的需要，或(现在或将来)政府部门了解到的需要制订。考虑到教育是在为不断变化的未来做准备，这种体制往往并不能令人满意，在那些独立于大学或研究机构的医学院校更是如此。在其他大多数欧洲国家，教育部负有资助大学的职责，基础医学教育因此处于教育部财政拨款的范围之内。因为大学同时提供绝大部分研究生阶段的培训和继续教育，事实上这两种形式的医学教育也同样由教育部资助。20 世纪 80 年代之前，荷兰的教育部负责资助教学医院和医学院所需的临床设施。另外一种体制是教育部负责资助大学，卫生部负责提供临床资源。

㊹ R. Wedersheim, 'The First Private Medical Faculty in the Federal Republic of Germany', *Medical Teacher*, 11(1989).

后一种体制可以克服教育部门对全国最复杂、费用最高的医院负责的弊端，但也带来了每一所大学的医学院每天都要与政府卫生服务部门打交道的困境。那些只关心当地医疗需要的地区或地方医疗主管部门，往往不情愿在为医学院服务全国的过程中提供必要的临床设施。国家医疗主管部门可以更好地把握医学院校应该发挥的整体作用，但往往脱离实际，忽视各地对医疗服务需求的差异性。㊺

509 一些欧洲国家努力使政府的财政资助不会限制学术自由。因此，在英国，大学拨款委员会（主要由学术人员兼职组成，设有小型常设秘书处）负责为政府评估大学的资金需求，并向大学分配由政府提供的资金。这种缓冲机制每5年进行一次评估，运行效果良好。但如果迫于经济环境的压力每年都要进行一次评估，效果肯定会差强人意。它在1988年被大学基金委员会取代。㊻ 紧随其后，1992年，综合技术学院升格为大学。所有这些都意味着政府对医学院校的控制更加严密。

在有些国家，医学院提供的教育只为学生将来要参加的培训打基础。在这样的国家，在本科医学院校设置一系列的临床设施并非易事，虽然这对本科阶段医学院校来说非常必要。当然，一定程度上教育可以根据具体的临床环境做出调整，而在培训中却不可能做到这一点。学生可以学会解决任何一个专业内临床问题的技巧，但一个参加神经科培训的医生必须亲自观察和处理神经科方面的疾病。与培训相比，教育对临床设施方面的要求较少。然而，由于欧洲大部分国家对医疗卫生工作准备阶段的后续培训没有清晰的认识，以致事实上医学院无法在同一课程中兼顾一般专业培训和大学教育的任务，对基础课程在资金和临床设施方面的要求缺乏清晰的认识。

尽管在其他的国家多年来本科课程教学的任务始终是培养全科医生，当然其中一些也会成为专科医生，但这对上述国家内问题的缓解并无帮助。在20世纪七八十年代，国际组织积极倡导根据国家医疗需要的现

㊺ J. R. Ellis, 'The Responsibility of Medical Schools for Teaching Hospitals and the Provision of Clinical Services', *Medical Education*, 15 : 3(1981), 171-183.

㊻ 见第一章，第15页（注释27）。

状确定课程内容。这一政策不仅对政治家有吸引力，而且对那些无法判断大学教育合理性的普通民众也极具诱惑力。政治面临着压力，而且并非所有党派都特别渴望看到医疗行业具有良好的理性水平(这种理性水平使之对个人的治疗目标和方法、保健的优先性或其提供方式提出质疑)，考虑到上述因素，许多欧洲国家的医学院能够将其基础课程定位于教育需求而非当前实践，这也许令人颇感意外。

然而，对于研究生阶段培训的需要(至少对专科医生来说)和继续教育的需要，公众很容易理解。在大多数国家，政府相对较快地对这种需要做出了反应。只要是研究生阶段医学教育工作的主要承担者，大学或其 510
他组织(包括政府卫生服务机构)都有可能获得政府的资助。不过另一方面，虽然没有人怀疑全科医生研究生阶段培训的必要性，然而因为仅在少数国家全科医生由政府直接聘用，这种形式的培训受到了很大的影响。例如在英国，作为国家卫生服务体系雇员的医生很容易获得参加研究生阶段培训的机会，但作为提供普通门诊服务的独立的签约医生，参加研究生阶段的培训就很困难，并且要承担高得多的成本。

因此，在20世纪后半段，医学教育不断适应始终处于变化之中的医学环境，其教育成本对调整速度产生了巨大的影响。虽然所有国家最终还是在努力向大学课程中加入更多的教育因素，把普通的职业培训尽量往后拖延，但它们的政府在面临很大的困难。在降低大学阶段培训的范围和降低相应标准的过程中，为了学生更长远的发展，政府要把更多的资源投入到教育领域。然而与政府相比，公众关注更多的是眼前而不是未来。

改革的成果

所有有效数据都表明，20世纪后半期欧洲国家人民的健康状况有了一定程度的提高，西欧比东欧提高的程度更高一些。[47] 但是在20世纪，人们却很难评价与社会经济变革相对应的医学在提高健康状况的过程中所发挥的作用，这种情况在19世纪没有出现过。医疗护理的质量仍然难以

㊼ Rowland, 'Health' (note 3).

被测定，人们也很少对医源性疾病的范围进行研究。即使在政府卫生服务方面开销越来越高的国家，也只是在20世纪的最后10年间才开始对医疗工作实施大规模的评估。

品质低劣的医疗护理或许是因为教育和训练的不过关，但也可能只是其他因素作用的结果，例如，有些人仅仅把医学当成一个职业，服务设施不尽人意以及服务条件的欠缺。20世纪80年代，在一些国家针对医生提起的诉讼数量迅速上升。在英国，大部分向医疗保障协会寻求帮助的医生是全科医生。然而，还是有少数案件被搬上法庭。20世纪90年代之后，尽管医院的工作处于媒体越来越严格的监督之下，那些被报道的案例
511 还是告诉我们，在持续较长时间的学徒阶段的初期缺乏必要的监管。

虽然大学考试的范围越来越大，然而与20世纪20年代相比，20世纪90年代医学院的结课考试仍然是对学生基本能力的评估，只不过更为严格。由于所有学生都必须通过这一考试才能成为医生或进入下一阶段的培训，学校还是希望学生们能够真正证明他们达到或实现了本科阶段医学课程的培养目的或目标。

20世纪七八十年代，医学院校在界定其办学目的和培养目标方面做了很多的努力。到了20世纪90年代，决定医学院校办学目的和培养目标的更多是毕业后学生要接受的专业培训，而不是大学期间的教育本身，这一点人们看得越来越清晰。公共安全要求对认证所需能力进行详细说明和认真评估，但对于大学课程中学生智力应该达到的发展程度并未准确限定。然而在许多国家，与考试相比，人们更愿意把专业培训时间的长短作为一种维护公共安全的手段，因此许多专业取消了研究生阶段培训的结业考试。在缺乏对医生从业能力进行准确评估所需客观证据的条件下，事实上所有欧洲国家在20世纪后半期都习惯于批评医学教育，当然它们批评的理由五花八门。

评论家们坚信，医学院校应该培养愿意从事初级保健护理并为之做好准备的毕业生(尤其是对于疾病的预防这一方面)。从这样的观点出发，他们对于医学院不够重视预防医学和普通门诊的现状继续予以抨击。同时他们认为，政府应以坚定的公开的政策对大学医学院施加影响。“就为将来培养医生来讲，国家各部与医学教育系统之间存在的沟通不畅的问

题，是这种以初级保健为发展方向的办学模式面临的主要障碍。”[48]

从事初级医疗工作的医生愿意倾听和关心病人，他们的出现会使普通病人享受到更好的服务。不过，欧洲大部分的民众还是需要那些参与或接触当代科学研究的专科医生。[49]

1985 年的一份关于欧洲初级保健的调查表明，并不是每所医学院校 512
都设有初级医学护理部门(如全科医师)。[50] 在比利时、丹麦、荷兰、挪威和英国这些国家，所有的医学院校里都设有初级医疗系；在芬兰、法国、联邦德国、爱尔兰、波兰、瑞典、土耳其、南斯拉夫等国家中，只有部分医学院中设有相应的机构。而在奥地利、保加利亚、捷克斯洛伐克、民主德国、希腊、匈牙利、冰岛、意大利、葡萄牙、罗马尼亚、西班牙、瑞士和苏联这些国家中，许多学校设有综合性医院作为教学的基地，但没有一所医学院设有初级医疗系。

学生毕业后宁愿成为专科医生，而不是从事初级保健工作(考虑到有些情况下医院并不是社区的一部分，初级保健经常被称为“工作在社区”)。可是要说本科阶段的教育是造成这种情况的主要原因始终缺乏有说服力的证据。在 20 世纪的后 25 年，为确保学生在“社区中”行医，许多国家付出了巨大的努力，医学教育关注的焦点因此实现了转移，本科课程中纯学术的气氛也逐渐淡化。曾在土耳其的海斯特普大学负责有进步意义的社区医学教育项目的费斯克于 1978 年曾经指出，“决定医生行为的不是国家的社会经济结构，也不是他们的大学本科教育”[51]，也许他的观点不无道理。有些医学院致力于培养希望从事预防医学和社区服务领域的毕业生，这些学生毕业后渴望到偏远的环境中从事医疗工作。从这些医学院

---

[48] H. Walton, ‘Primary Health Care in Europe’, *Medical Education*, 19(1985).

[49] The *Edinburgh Declaration of 1988*，该宣言由世界医学教育联合会(World Federation for Medical Education)在 WHO 的协助下发布，指出：“医学教育的目标是培养促进所有人健康的医生，尽管 20 世纪生物医学领域已经取得了巨大进步，但这一目标在很多地方仍未实现。”

[50] Walton, ‘Primary’(note 48).

[51] N. Fisek, ‘School of Medicine, Haceteppe University’, in Katz and Fülöp, *Personnel* (note 26).

出来的学生往往能够证明菲斯克的说法是正确的。[52]

20世纪90年代，一些学校的老师反映，“原来的毕业生处于热切和兴奋的状态，而现在的毕业生变得思想狭隘并缺乏理想主义”[53]。稍早一些时候，美国就有人批评本国特有的四年制医学院校培养的就是愤世嫉俗的人。这些老师们的发现印证了美国评论家的观点。在欧洲，人们认为发生同样转变的证据大多数情况下都是传闻性质的，各地之间也总是存在很大的差异。在英国的毕业生中间，不满的情绪和理想幻灭的感觉并非特例和出乎人们的意料。这些24岁左右的毕业生受过5到6年的本科教育，在实习期间每周要花80到100小时的时间照顾病人，但缺乏责任心。不过，从改革后的教育到传统培训模式如此急剧的过渡并非仅在英国存
513 在。甚至在英国，初级医院医生中存在的士气低落的情况虽然被大量曝光（媒体上把原因归于国家卫生服务系统缺乏足够的投资），但这并不妨碍1992年医生申请者人数出现15%的增长。

20世纪40年代到90年代，人们对医学教育培养出来的学生的批评之声一直持续不断。不过这些批评在不同的国家之间有很大的差别，甚至在欧共体内部也是如此。尽管93/16号理事会指令第23款规定医疗职业的基本培训应包括6年或5500小时的理论与实践指导，且这种培训既可以在大学进行，也可以在大学的监管下实施。不过，出现在各地的批评之声关注的焦点和以前相比并未发生变化，即本科的课程过于拥挤。实际上确定无疑的是，与政府报告显示的状况相比，每个学生所修课程并不像报告所说的那么繁重，可不幸的是对医学教育的批评主要基于政府的报告。不过欧洲人还是普遍认为过重的课业负担妨碍了学生的发展。

联邦德国尽管在1970年对既有的医学培训模式做出了重大的改变，并且用全新的多项选择问卷取代了过去的口头测试，但课程内容却在不断增加，迫使学生高度重视考前的临时突击。英国医学教育的改革虽始于1944年，但英国综合医学委员会在1993年指出大多数的本科课程过度

---

[52] B. Porter and W. E. Seidelmann, *The Politics of Reform in Medical Education and Health Service: The Neger Project* (New York, 1992).

[53] S. Lowry, *What's Wrong with Medical Education* (London, 1993).

拥挤的状况仍然存在。这一点也被教师所认可，并饱受学生谴责。这种强加给学生的几乎令人无法忍受的知识量考验的是学生的记忆力，对他们的智力没有构成挑战。这种课程的重点并不在于通过好奇和实验来进行发现，而是被动地获取知识，且大部分获取的知识会很快过时或者干脆被遗忘。很明显，这种情况就会造成大学课程中那些真正具有教育价值的内容过少。

客观地说，在过去50年间发生在欧洲医学教育领域的重大变化有个显著的特点，即改革的方向始终如一。大学医学课程应专注于教育，而不是培训。人们要求大学医学课程的重点应该放在教育上而不是培训上，相应的课程因此被开发出来，这种情况在那些长期以来以大学为医学教育基础的国家更为普遍。就像英国普通医学委员会1993年所总结的那样，毫无疑问教师应该为此在某种程度上承担一定的责任。总有一种“持续的力量在不切实际地追求课程体系的完整。对此趋势起到推波助澜作用的因素包括一些半自治机关不愿放弃在它们看来应该属于自己的权力（这一点很好理解），还有就是它们对自己的学科持有着值得称道的但有时过分的热情”[54]。1970年德国的改革旨在通过整合考试和建立考试内容与原先设定的目标之间的联系，克服医学课程中存在的支离破碎的情况。但是由于对目标的具体构成未能达成一致意见，专业考试的数量自然而然地持续增加。 514

上述状况的突破有赖于医学院校自身具有改变自己的主观愿望，也需要现代化和扩张过程中的成本投入。直到20世纪90年代，英国的一些之前比较热门的医学院仍然没有完成重建工作。20世纪70年代西德的改革方案之所以进展缓慢，其主要原因是改革的方案是在德国医学专业年新生录取人数为5000人左右的基础上设计的，而到了80年代医学专业年新生入学人数超过了1.1万人（随后减到1万人）。[55]

毫无疑问，在落实必要的毋庸置疑的改革方案的过程中之所以出现

---

[54] ‘Consultative Paper’, in *Recommendations on Undergraduate Medical Education* (London, 1993).

[55] 1993年与R. Toellner的私人通信。

拖沓的局面，最重要的原因在于对全科医生培养中的困难没有清醒的认识。在医学的发展已经超越了单一的思维定式的时候，全科医生的培养势在必行。全科医生最早出现在 19 世纪后半叶。接受培训并成为全科医生后再学习掌握更多的知识和技术就会成为专科医生，职业地位和收入也会因此大幅提高。到 1945 年，这种专业内的等级制观念已有近一个世纪的历史，不断扩大的专科医生队伍更是强化了这种观念。上述情况容易使我们忽视世事无常的事实。虽然通过高强度的培训培养优秀的专科医生比较容易，但培养好的全科医生的难度则大得多，而保持他们的能力水平则更加困难。不仅如此，全科医生的职责也没有得到准确的界定。英国有 2 万多名独立的、与卫生部签约并提供某种服务的全科医生，就全国范围来看他们服务的内容由卫生部与有着巨大影响的专业团体——全英医学协会商议确定。在协商过程中不可避免出现的相互妥协催生了“普通医疗服务”等词语，使得界定全科医生研究生阶段培训的内容和时间更加困难。1990 年，英国对医生与卫生部之间的合约进行了 1911 年以后的第一次重大修改，增加对诸如老人疾病筛查等预防性医疗服务的收费，降低由“家庭医生”提供的普通医疗服务的收费。不过，“家庭医生”一词基本上没有考虑到离婚率或者“伴侣”这些因素，而伴侣之间经常会选择不同的全科医生。

因此在很多国家，那些无法知道自己哪个学生可以成为普通医生的本科学生的老师，就有了一个很好的借口确保自己所在的某个特定医学
515 专业的全部知识都纳入本科生的课程范围。1992 年英国综合医学委员会在一份对本科医学教育的政策声明中指出：“本科课程中关于实践的教学没有理由不向后推迟。”[56]不过，该报告并没有明确说明哪些知识要等到学生认真负责地护理病人后才能理解。因此，英国医学教育改革非常缓慢是很自然的事情，况且这样的改革还需要持续地增加大量的投入，国会也要通过若干相关的法案。正如一位英国医学教授在 1993 年所说：“我们着力培养有创新思维的一代人，但其中的很多人在按照专业考试烦冗的要

---

[56] ‘Consultative Paper’(note 54).

求参加愚蠢的长期的学徒培训之后变得幻想破灭，这实在是毫无意义。"[57]

因此，历经50年的改革后，欧洲绝大多数国家医疗教育的问题依然存在。人们一致认为，所有的医生都应具有大学着力培养的那些品质，但是因为没能做到把大部分普通培训和专业培训推迟到后续的阶段进行，本科医学课程大体上还是没有达到预期的目的。

教师和学生

由于基础医学科学家和行为科学家更为广泛的参与及专业化程度的提高，所有医学院校聘任的教师数量自1945年起有了很大的增加。在临床领域，专业被一再细化，产生了许多附属专业，比如儿科就分化成了初生婴儿科和儿童神经科。随着需求的增加，病理学、麻醉学和放射学等所谓的辅助类专业也不断发展。1945年，有组织病理学部和中央临床实验室作为支撑的医院，也同时需要微生物学、病毒学、病理化学、免疫学和血液病学等专业科室。

医学院校还要给医学专业学生以外的人授课，这是教师人数增长的另一个原因。战争结束后，越来越多的欧洲国家的牙科学校由大学的医学院负责。随着口腔病理学、口腔医学、牙周病和口腔手术的进步，牙科教师的数量不断增加。护理及其他医学专业学位课程的开设扩大了教师职 516
业的范围。战前，法国和英国等国家医学院校的大部分教师由医院的工作人员充任。战后，更多地向以大学为基础的本科课程转变的同时必然导致大学直接任命的教师人数的大量增加。然而在大多数欧洲国家，教师数量的增加并没有使师生比更加合理，其中的原因部分是因为学生人数的增长，另一部分是因为医学院校总工作量的增加。

由于专业数量的扩充，在专业部门内对教职工的管理变得日益捉襟见肘，并且很多专业的规模很小。许多专业的负责人不愿履行日益繁重的行政职能，反倒是一些较为初级的教职工急于参与其中。专业内的行

[57] D. Weatherall, 'Crisis in Medical Education?', *British Medical Journal*, 307 (1993), 55.

政负责人通常向委员会和负责人轮换制等各种形式的管理机制放权。此外，教学和研究需要越来越多的跨专业的活动，许多学院因此在传统的专业管理机构之外寻求建立新型的、更加适合的管理模式。因此，一些院校把专业单位组合成包含内科、牙科或病理学等相关学科的学部，而其他院校以相近的课题而不是以专业为单位组织绝大多数的研究活动。不过，新的、被广泛认可的、理想的教职工管理系统并没有因此涌现出来。

在大多数国家，形式各异的专业框架依然存在，大多数医学院校还在探索如何能最好地找到拥有一流专业资质和信誉、热爱教育、对研究孜孜不倦、拥有广泛的管理经验和领导能力、对未来有清晰愿景的院长、校长和主任。第二个问题是如何避免管理者增加那些已长期不再从事医疗和教学工作的教师人数。

在欧洲大部分地区，医学院中的师生关系发生了很大变化。在英国等国家，跟从少量导师的、长时间的、紧密的学徒关系被在较短的时间内观察各种医生的工作状况的机会所取代。然而，小组教学和一些学校的导师制成为新的保持师生之间密切接触的方法。在一些地方，高级教师和学生之间的巨大距离有所缩小。例如在瑞典，教授带着自己的学生去
517 一些其他大学或医学中心进行正式访问是很常见的。

医学领域的专业人员在 20 世纪的欧洲仍然享有很高的声望，人数的增长并未导致他们的形象受损。在有些国家，医学专业人员一度很少被人看重，但他们人数增加后受到了极大的尊重。伦敦 12 所医学院曾经仅有 8 位药物或外科专家，他们被认为绝顶聪明，做事严谨，但是他们或许有些脱离社会，过于专注实验而无法在急诊中提供急需的诊疗服务。到 20 世纪 90 年代，加入大学诊所至少可以被视为见到了“哈莱街专家”(Harley Street specialist，哈莱街是英国伦敦的一条街道，以名医汇集而著称——译者注)，尽管该教授外出去参加会议了。

20 世纪四五十年代，许多欧洲医学院的学生由刚刚复原的男女军人和刚从学校毕业的男女学生共同组成。苏联的学生中学毕业后要有两年的工作经历才能入医学院校读书，此外苏联还制定了一些通过医学院促进护士和医生助手成长的特殊安排。其他许多国家对于年长的申请人实行优惠政策，重视本行业之外的工作经验。在这一政策的影响下，20 世纪

80 年代初的一段时间内瑞典医学院的平均入学年龄上升至 25 岁。在英国，大部分学生仍然是 18 岁进入医学院校，有些学生 17 岁入学，入学年龄比世界其他地区都小。

在实行限制性入学政策的国家中，选拔医学专业学生的主要标准是他们的中学考试成绩（通常指科学学科，但也并不局限于此），智力和能力测试在录取新生时很少采用。在英国等仍需面试的国家中，申请失败与申请成功的学生之间的最大区别也是在学业成绩方面。[58] 入学学生成绩的提升与课程的要求没有关系，但与入学竞争的程度密切相关。在战后最初的几十年里，仅就中学考试成绩来看，许多医学专业的学生超过了他们的大部分老师。不过在由运气决定能否入学的荷兰，医学院的情况与其他国家相比也无太大差异。

到战争结束时苏联一半以上的医学学生都是女性，其他许多国家也逐渐出现了男女学生人数均等的情况。波兰实行了对男生有利的政策，避免出现女生人数占优的局面。但是女性在专业能力上的提升就不像进入医学专业这么容易了。在英国，男性在外科方面能有更高的造诣，女性则较少，这或许是因为女性很少去尝试取得这样的成就。 518

大批女学生进入英国医学院校或许改变了公众对于医学专业的学生的印象。1939 年以前，医学专业的学生在很长一段时间内给人的印象是粗鲁但善良、热衷体育、酗酒、缺乏责任心。然而，从 20 世纪 60 年代起，英国医学专业的学生虽然年轻一些，但大体上与欧洲其他国家的医学专业的学生相类似：勤奋努力，囊中羞涩，在长期的学习过程和无休止的考试中挣扎，仍然喜欢娱乐和游戏，但比他们的前辈拥有更敏锐的社会责任感。

尽管在所有欧洲国家中，医学教育的主要花费由国家承担，但由于学生要承担漫长的大学求学期间的生活费用（在一些国家仅有短暂的假期），大部分医学专业的学生还是来自富裕的家庭。就是在英国，虽然人们一般认为这些学生接受了范围仅限于科学基础知识的中等教育，且学生

---

[58] M. L. Johnson, 'A Comparison of the Social Characteristics and Academic Achievements of Medical Students and Unsuccessful Medical School Applicants', *British Journal of Medical Education*, 5 : 1(1971).

在年龄较小时就要达到入学要求，大多数医学院校的学生还是很享受这样一种合理的、基础性广泛的教育。

对于那些因为利他主义而学医的人来说，如果不给他们机会去帮助别人，那他们很难安心长时间的学习。因此，英国的医学学生流失率通常高达10%，几乎全是因为学生们发现他们做出了一个错误的职业选择，实际上大多数学生渴望得到任何照顾病人的机会。

在20世纪50年代，英国的一些学校引入了为期两个月的“选择期”。最初的想法是想给学生创造一个完成自己选定的课题的机会，但实际情况与初衷并不一致。学生很快就认为这是一个优先到第三世界游学，救治那些患有容易诊断、容易治疗的急性器质性疾病患者的机会。凑巧的是，德国学生乐于接受每个到英国医院中观摩实际工作的机会。东欧的学生寻求各种西欧国家的选修课程，在学习选修课的过程中他们能够碰见新西兰人和美国人。此外，政府资助的欧洲交流项目，如伊拉斯谟计划、北欧学生与教师交换项目和坦帕斯项目等交流项目对学生的流动产生了
519 进一步的影响。[59]

教育和培训

尽管一些大学仍然主要依靠讲座和示范的教学方式(采用大班授课时更是如此)，但是这种说教式的教学方式已成为一种阻碍，它束缚了学生的求知欲，降低了他们的主动性和自立能力。许多大学开始重视新型教学模式(通常在小群体内)，吸引学生参与教学过程，创设教学情境。在这样的教学情境中，老师的角色已不再是指导学生，而是鼓励学生。

有些医学院对低年级的课程进行了设计，临床和基础科学的教师从解剖学、细胞生物学和生理学角度共同为学生讲解人体系统的基本知识，同时鉴别疾病的临床表现和治疗药物的效果。[60] 这样就可以帮助学生认识到应该学习的内容与医疗实践之间的密切联系，教学活动的着眼点是

[59] 见第三章第115—116页，“尾声”第564—566页。

[60] Swanson, 'Medical Education'(注释39).

学生的需要而不是专业教师的意愿。

在传统型的课程模式中，教学内容选择的标准是适应当前医学实践的需要，以确保普通病症都纳入教学的范畴。在教学目标向培养具备独立思考能力和准备参加研究生阶段培训的学生转化的情况下，课程会更多涉及教育方面的需求和医学领域未来可能出现的变化。

与为那些不需要学位的其他类型的医疗工作人员编制课程相比，改变医学院长期以来固定的课程模式自然要困难得多。在一些大学里，护士的课程比起医生的课程更需要学生积极主动地学习而不是被动地应付。牙科的情况也要好得多，这一方面是因为学生人数少，另一方面是因为虽然大量的指导和实践对于掌握手工技能非常必要，但是这种技能的训练可以相对容易地脱离教育而进行。

在改进教育技术、鼓励更有效的学习方法方面，英国医学院校领先于大部分其他欧洲同行。它们寻求并得到了教育心理学家的帮助，很多院校还成立了自己的教育系。在提高教师教学兴趣方面，它们也做出了很多努力，开设了提高教学技能的课程。也许它们没有认识到，临床教师（尤其是负责研究生教学的临床教师）的首要条件是做一名好的医生，提高一 520
个专业技术并不熟练的医生的教学技能可能是弊大于利。

到了20世纪80年代，许多国家成立了某种形式的国家医学教育协会，欧洲各个医学院校和牙科院校的院长们也开始定期召开会议。90年代在计算机辅助学习手段的帮助下，学生可以更加轻松地自主学习，大大降低了对老师的依赖。准确地模拟临床实践能力的增强，也减少了学生对老师的依赖，减轻了病人的负担。计算机在整形牙科中的应用，表明牙科培训中也出现了同样的进步。另一方面，社会方面的持续变化使人们认识到，教师和学生小组在开放病房内讨论患者的病症对相关人员来说是有害的，也是不可接受的。不过，设立专用教室，实现教学过程与患者护理过程的分离，会增加医学教育的成本。

然而在有些国家，医学专业化和学生分散到医院之外观察诊疗的过程，会造成教师队伍大范围的、广泛的扩散，学院因此难以密切地监控教师。在实习和全科医生培训的过程中，出现了同样的问题且更加严重。不论大学是否应该对这个医生培养的重要阶段承担责任，实习都需要大量的培训人员，且这些培训人员承担着繁重的服务职能。制定明确的目标可以确保参加实习培训的人员达到这些目标，不过制定明确目标的大学很少。

这一阶段的培训时间在不同国家之间各不相同(通常是按照学生意愿延长)。由于本科课程中实用经验所占分量的减少，这个阶段的培训很快就成为漫长的医生培养过程中强度最高的学习阶段。学生此前缺乏学习医学知识的终极目标，而在这个阶段要完全独立地照顾伤病员，在实践中他们要承担一定的责任。在这个过程中，他们第一次获得的实际经验为他们提供了强大动力，而这种动力在过去很少充分地发挥过作用。参训的学生因此长时间地完全投入到实践之中，处理急症，没有什么用于学习与思考的时间。培训之前所接受到的教育几乎没有涉及实习工作的方方面面，而实际工作又点燃了他们新的学习兴趣。[61] 他们对患者也缺乏理解能力，而这种能力在照顾病人的过程中更容易取得，依靠读书、讲座、小
521 组讨论、研讨会等形式学习理解人的能力则比较困难。

在很多国家，研究生阶段的培训主要基于大学里相对短期的理论课程。而其他国家，特别是斯堪的纳维亚半岛国家和英国，研究生阶段的培训主要是在医院的实习。越来越多的实践培训正在逐渐被大部分国家所接受，这种实践培训与所有国家鼓励大学更多参与其中的本科阶段医学教育相对应。只要临床专业技能的主要专业处于大学的控制之下，大学就自然要承担起在这些学科的培训任务，但大学的主要作用还是为学生提供参与某些创新工作的机会，使他们不仅对医疗领域的新发展，而且对他们本身的临床实践都能够进行批判性评判，从而完成相应的教育。

在继续教育中不同国家的大学发挥着不同的作用。不过在所有国家中下列两点目标是一致的：使医生与本专业的最新发展保持同步和了解其他专业的发展状况。参加继续教育的方法主要有三种：工作中学习、课堂上学习和回家自学。相对较少地借助于来自大学的帮助，专科医生就可以通过上述三种方法参加继续教育学习。全科医生独立工作或在小团队工作，所以很少有在工作中学习的机会，他们更多地依靠课堂上的讲授

[61] J. Grant and P. Marsden, *Service-Based Learning* (London, 1991).

或在家中复习消化的内容。在英国，获得额外的报酬是医生申请参加继续教育的主要动力。尽管来自医院工作人员的临床指导教师在组织方面做了不懈的努力，继续教育对高等学校教师的需求还是十分巨大的。尽管一些国家另行成立了专门的医学继续教育机构，但在其他大部分国家，大学通过与卫生服务机构和专业组织的密切合作，在国家、地区和地方等不同层次上继续组织实施继续教育。[62] 随着电子邮件、计算机辅助专家系统、卫星电视和视频等通讯与互动学习方面的技术日益进步，新的国家性或国际性继续教育机构很可能相继涌现。

除医学专业外，呼吁支持继续教育发展的声音在其他专业也时有耳闻。例如在医院不受重视的牙医，在大多数国家里他们比其他医生更依赖大学的更新性课程和牙科领域的新技术。如何使用那些在不同国家名称各异的日益增多的牙科辅助物，也需要同样形式的培训和再培训。那些向护士提供冠心病护理和重症护理等特殊技能的后基础课程，需要在很多国家内成立自己的继续教育专业化组织。与此同时，大学也很快认识到护士或其他专业人员对于这类课程的日益迫切的需求，并在某些领 522
域开设了硕士或博士学位课程。

研 究

研究对于医学教师一直都很重要。随着本科阶段医学课程中教育因素的增加和培训因素的下降，研究对他们的重要性进一步提高。“学生要与热衷探寻新知识的人交往，否则他永远也学不会如何评价已被广泛接受的观点，得不到能够帮助其面对未知世界的理解能力。”[63]正如一位英国科学家所述：“学生们应该从流淌的溪流中大口饮清水，而不是在死寂的池塘里小口呷绿锈。”[64]

从第二次世界大战起，对实验方法的作用人们就深信不疑。他们由

---

[62] J. Vysohlid andH. J. Walton, ‘Development of Continuing Medical Education in Europe: A Review’, *Medical Education*, 24(1990), 406-412.

[63] *Ibid*.

[64] 与 D. Dunlop 的私人通信。

此认为，只要投入足够的资金和人力，当前久思不得其解的问题都会迎刃而解。除大学之外，还有其他一些机构开展医学领域的研究工作，其中包括研究所、科学学会、专业院校和协会、医疗服务机构和医院、企业（尤其是制药行业）和政府部门。资金主要来源于政府、企业、基金会和普通民众。

在有些国家中，主要的资金支持仍然来自政府，总体上政府资金投入不断增加，当然基金会、企业和普通民众的资金投入也在增加。到 20 世纪 70 年代，虽然因部分项目没能激起民众的想象力或吸引其他方面的兴趣而使大学在获取资金方面出现了一定的困难，但大学从各种渠道获得的资金数量总体上还是十分可观的。20 世纪 70 年代以后，研究需要的成本越来越高，在很多国家资助未能保持同步增长。这种情况下，政府削减的经费最为明显。

到了 20 世纪 90 年代，大部分欧洲国家已经成功建立了国家生物医药研究机构，这些研究机构是对大学中的生物医药研究部门的很好补充。这些研究机构的主要作用是在全国范围内促进医学和相关生物研究的平衡发展，与同领域的其他研究机构建立合作关系而不是取而代之。[65]

政府对大学医学研究资助的力度在不同国家、不同时期存在很大的
523 差异，形式或是直接资助，或是通过研究委员会间接资助。20 世纪早期德国大学的医学研究就已经十分卓越，战后各研究机构的重点集中在基础研究领域。然而，苏联的研究却是在已经将医学院分离出去的大学中进行的。在英国，随着医学院校规模的扩大和实力的增加，大学中的医学研究也在大量增多。然而从 20 世纪 80 年代开始，英国政府对研究委员会的资金支持有所减少，这对大学也产生了间接的影响。同时，政府直接资助的方式也出现了变化，对研究和教学采取了分别予以资助的策略。

人们在评估大学医学院系科研工作的数量和质量方面进行了一定的探索，同时还尝试结合过去的研究成果确定后续的资助。那些在评估过程中被发现研究成果不佳的机构不得不缩减研究项目或向非政府部门寻求更多的资助。为了寻求企业资助和合作机会，大学之间展开了激烈的竞争。很多大学通过这种方式获得的研究资金比他们之前受政府资助的

---

[65] *Report of the Medical Research Council, 1960—1961* (London, 1961).

资金还要多。然而总的趋势是有些大学在很多领域都成为重要的研究中心，个别领域甚至成为“卓越中心”，而有些大学在有限的应用研究之外几乎得不到什么机会。

所有国家的医疗领域中的应用研究大大超过基础研究，应用研究的范围从临床医学延伸到医疗保健的方法和体系、教育和培训，研究人员包括来自各类医院、学校、医疗服务机构和大学中的各类专业人员。“医学评价”政策的出现和实施，进一步促进了从事新型应用研究的专业人员数量的增长。

在这个过程中，医学基础研究及相关应用领域的研究逐渐向跨部门、跨学科和国际化的方向转变，传统的以专业为基础的学院管理模式日益成为科学研究和开发以学生为导向的本科医学专业课程体系的共同障碍，而且对科学研究的阻碍作用可能更大。减少科系对教职工聘任、课程设计、科研项目的选择、实验室的调配、资源的利用等方面的控制，创造出新的管理系统，这些措施虽然在很大程度上符合人们的愿望，但却会威胁到教授自主从事研究的自由，临床医生的相关自由因为某种原因已经被削弱。

在那些大学可以转向各种渠道寻求资助而不只是依靠政府的国家里，大学教师享有的依据知识本身的价值探索新知识的宝贵的自由至少从理论上来说不受政府的管控。事实上，那些同时肩负着教学与病人护 524
理等重要职责的大学研究人员，比起其他人更难获得企业、公众及基金会的支持。在教师能够获得源于上述途径帮助的情况下，他们有时不得不更加专注于研究。教学、病人护理、研究之间必要的、微妙的三位一体式的平衡关系就会因此受到威胁。

研究资源向少数机构集中的趋势（类似于将医疗资源集中到少数大医院中）造成了只有某些医学院校才能进行科学研究的局面，而其他医学院校的专业人员则流失到大学外的其他研究机构从事全职专业研究，所有这些都是对医学院研究工作的进一步威胁。然而，欧洲国家间的合作大大提高了欧洲整体的研究水平。1978 年，欧盟开始实施生物医学与健康研究项目，该项目的四大目标领域为：

1.预防、保健和卫生系统；

2.主要的健康问题；

3.人类基因组分析；

4.生物医学伦理。

1978年8月，这四个领域只有3个项目。到了1990年4月，已经超过了200个项目。同期的经费投入由109万欧元上涨到1.33亿欧元，此外还有花在具体项目之外的项目协调方面的资金。[66]

除欧共体的研究项目之外，合作研究活动还涵盖了欧洲分子生物学组织的一些活动。欧洲分子生物学组织是一家私人性质的自治机构，成立于1963年，在海德堡大学设有一家实验室。它在促进700多名欧洲分子生物学家间的交流互动方面发挥了重要的激励作用，同时也为这种交流提供了资金支持。[67] 欧洲科学基金会（56家成员包括来自20个国家的研究理事会、学会和研究机构，经费由成员提供）成立于1974年，[68]包括欧洲医药研究委员会的常务委员会。该基金会的宗旨是将欧洲的科学家聚集起来研究共同关心的课题，协调昂贵设备的使用，在合作研究中发现并确定新的研究方向。尽管做出很多努力，但在研究资金方面欧洲仍然远远落后于美国。1990年，12个欧盟国家用于医学研究的总开支是20.45
525 亿美元，而美国是85.72亿美元。[69]

20世纪90年代是生物医药研究领域迅猛发展的10年。至此，虽然欧洲大部分地区的医学教育改革仍未完成，但大家基本上共同认识到大学课程一旦摆脱了常见的羁绊，就能帮助学生在学会自主学习、批判性地评估资料、冷静地面对未知事物等方面提供最佳的（即使不是唯一的）途径，并有助于确定医疗工作的重点及完成重点工作的方式。与过去任何时候相比，90年代大学在医疗护理方面更大的领域内承担了更多的责任。在过去50多年的时间内，大学对卫生领域的基础研究和应用研究方面的贡献持续增加，并在未来仍将发挥更大的作用。

---

[66] Commission of the European Communities, *EC Research Funding* (Brussels, 1990).

[67] *European Molecular Biology Organisation, 1964—1989* (Heidelberg, 1989).

[68] 见第三章第120页。

[69] Organization for Economic Cooperation and Development, *Basic Science and Technology Indicators, ACCEDE* (Paris, 1991).

在20世纪末，人们能够想象到大学应对的挑战将多么巨大，而面对的问题（尤其是医学院面对的问题）也将同样艰巨。在管理上存在的问题阻碍了各个专业之间教学领域必要的整合以及大量跨学科研究基础的建立。并且，实现教育、研究和病人护理三者适当平衡的问题日益突出，而在与政府卫生服务部门合作方面出现的问题也同样明显，因为政府部门考虑更多的是当前的需求而不是未来的需要。最后，成本上涨问题和资助方面存在的问题可能会威胁到学术自由，使医疗行业更加脆弱，更加依赖政府并接受政府的管理控制，不得不在越来越大的外界压力下去满足不断增长的各类医疗保健方面的需求。不仅是教师们选择研究领域的自由受到限制，而且政府还可能随时把医生的培养仅仅局限于职业培训。培训的专业领域根据政府的意愿确定，并且政府对此在一定周期内进行强制性的修订。在此背景下，在特定的大学建立国际资助项目（不能说没有风险，尤其对规模小的大学来说）可能会使医学院校发出的呼声更加强劲有力，以吸引政府关注他们的共同目标和需求。[70] 526

精选文献

Beukers, H., and Moll, J. (eds.) *Clinical Teaching Past and Present*, Clio Medica (Acta Academiae Internationalis Historiae Medicinae), 21, 1989.

Bie, K. N. *Creating a New University: The Establishment and Development of the University of Tromsø*, Studies in Research and Higher Education, 3, Oslo, 1981.

Boesch, E. E. 'Psychological Basis for the Education of the Physician', in *Preparation of the Physician for General Practice*, WHO Public Health Papers, 20, Geneva, 1963.

Briggs, A. *The History of the Royal College of Physicians*, Vol. IV, London, 2005.

---

[70] B. Rexed, 'The Role of the University in the Future', *British Journal of Medical Education*, 1 (1967).

Christie, R. V. *Medical Education and the State*, London, 1969.

Ellis, J. R. 'The Future Doctor', in *Priorities for the Use of Resource in Medicine*, Washington, D. C., 1976.

Ellis, J. R. 'Medical Education in the UK and Europe', in J. Waltonet al. (eds.), *The Oxford Companion to Medicine*, Oxford, 1986.

Himsworth, H. *Society and the Advancement of Natural Knowledge*, London, 1962.

Krevans, J. R., and Condliffe, P. G. (eds.) *Reform of Medical Education: The Effect of Student Unrest*, Washington, D. C., 1970.

Medawar, P. B. *Induction and Intuition in Scientific Thought*, London, 1969.

Miller, G. E. *et al. Teaching and Learning in Medical School*, Cambridge, Mass., 1961.

O'Malley, C. A. (ed.) *The History of Medical Education*, Berkeley, 1970.

Pickstone, J. V. (ed.) *Medical Innovations in Historical Perspective*, London, 1992.

Popper, K. *The Logic of Scientific Discovery*, London, 1972.

Report of Interdepartmental Committee on Medical Schools, London, 1944.

Report of the Royal Commission on Medical Education, London, 1968.

Rothstein, W. G. 'Medical Education', in Clark and Neave, *Encyclopedia* Ⅱ, 1163-1173.

Wall, W. D. *Child of our Time*, London, 1959.

Wilson, C. 'The Place of the University in Medicine', *British Journal of*
527 *MedicalEducation*, 8: 3(1974), 160-171.

第十五章　技　术

克里斯托弗·沃森

战后环境

1945年的欧洲大学呈现出两种迥异的特征。从外部看，大学是无数年轻人心目中希望的化身，是知识、专业技能和智慧的宝库，是超然于世外和公正客观的绿洲，然而，7年战乱却迫使他们与大学无缘。从内部看，在战争期间，尽管大学在一些人的努力保护下免受灭顶之灾，却仍然遭受重创，元气大伤。校园建筑和设备或屡遭破坏，或被征作他用，教师队伍缩减（特别是年轻教师，而他们或许恰恰是大学里最具创新能力的元素），求知若渴的青年学子乃是大学的生命线，能够为教师带来欢欣和挑战，但当时大学的生源却严重不足。

上述两种观点均略显夸张，前者太过乐观，后者又过于悲观。这一问题在涉及大学与科技相关的发展方面尤为明显。约有一半德国大学(特别是位于大城市的大学)在战争中遭到猛烈轰炸；①芬兰赫尔辛基市的重要大学和技术大学同样遭此厄运；②波兰大学损失尤为惨重，一多半实验室和75%以上的图书馆毁于战火。尽管如此，仍有很多欧洲大学的建筑和设施在战火中遭受破坏的程度相对较轻，总体上得以保全。③

528 将大学的建筑和设备用于战争并未完全背离其在和平时期的目标。战争期间，特别是早期，欧洲军界和政界领袖向大学寻求技术支持，由此确保了大学里最优秀和最具创造力的教师免于流失殆尽。大学在战前以开拓知识新领域为宗旨，虽然在战时服务于战争对此有所扭曲，但尚未造成破坏。尽管规模和质量都不能与战前相比，但大学仍在战争期间持续招募新教师并招收新生入学。

1945年，欧洲青年对大学丝毫不抱幻想。无论是因为战争爆发而被迫中断学业，还是根本就没有机会踏入大学校园，当时的年轻人普遍缺乏良好的教育，并且没有做好准备去恢复传统学科的学习。他们中有很多人目睹了技术的发展，发现其发展规模使战前大学实验室所取得的成果相形见绌，同时，传统的大学课程再也无法满足他们的需求。这些年轻人需要从民用角度(若不是学术角度)重新确立观念，学习适用于战后重建工作的技能。

当时，欧洲大学的状况无法立即满足这些要求。重新设置课程既需要时间，又需要充满热情和活力的教师。由于一时达不到条件，学校便暂时沿用了战时课程。技术教学和研究继续以战时需求为重点，明显集中于电子技术(特别是通讯和雷达领域的应用)、航空航天(空气动力学、操控装置、引擎、火箭技术)和核武器(核物理学、化学和工程学)等领域。这并不仅仅是习惯使然，而是反映出这些在7年的战争中形成的重点研究学科已经成为令人振奋的前沿学科。教师可以在课堂上讲解他们在这些领域

---

① N. Hammerstein在以“二战后欧洲大学历史”为主题的国际会议上的发言(根特大学，1992年9月)。

② M. Klinge, *ibid*.

③ J. Sadlak, *ibid*.

取得的新成果，还可以利用学生的个人经验。

大学中与技术相关领域的发展

欧洲大学的发展受自身固有问题的驱动，而非其他制度或机构的影响，各国大学的发展表现出显著的多样性。欧洲主要国家对高等技术教育的设置有很大差异，“大学”和“非大学”高等教育之间的界限并不清晰。其中比较典型的有原来英国的高级技术学院、法国的大学校、德国的弗朗霍夫研究所和所有东欧国家科学院的研究所。本章谈及的是狭义上的 529
“大学”，不包括上述教育机构。

整体发展状况

第二次世界大战之后，科学和技术立即受到即将进入大学的学生和欧洲公众的青睐。欧洲各国大学在招生时，对科技类科目成绩的要求高于其他学科的全国平均标准。各校扩大了相关专业的招生规模。表15.1④是牛津大学科技专业新生所占比例的发展情况。

表 15.1 牛津大学科技专业新生所占比例(%)

1951	1961	1971	1981	1986	1991
21	32	38	37	39	39

英国其他地区的大学也呈现出相似的发展趋势，见表15.2⑤。

表 15.2 伯明翰大学和曼彻斯特大学学习科技学科学生所占比例(%)

	1940	1945	1950	1955	1960	1965	1970
伯明翰大学	38	42	46	49	50		
曼彻斯特大学				33	34	38	40

④ *Oxford University Gazette*(8 June 1992).

⑤ R. Low and A. Gaukroger, Ghent Conference(note 1); S. V. Barnes, *ibid*.

就英国大学整体而言，1961 年，学习科技的学生人数占总人数的 45％。⑥而这一比例仍被认为过低。1963 年，《罗宾斯报告》⑦提议，为满足经济需求，英国政府应利用未来 20 年的时间积极促进高等教育发展，将其整体规模扩大 266％，将高等科技教育的规模扩大 392％（不包括医科）。
530 报告中提出，要特别加强技术教育，把英国高等技术教育水平提高至欧洲平均水平。报告引用了英国与欧洲大陆各国的对比数据，表 15.3 中的数据为 1959 年各国获得技术学位的大学生在获得科学和技术初级学位学生总数中所占的比例。⑧

表 15.3　1959 年各国技术学位获得者在获得科学和技术初级学位总人数中所占比例（％）

英国	36
法国	48
美国	49
瑞典	54
瑞士	59
加拿大	65
德国（西德）	68

《罗宾斯报告》绘制的蓝图得到了广泛实现。在其 20 年规划期中，大学生人数增长了 252％，接近目标中的 266％。⑨ 如果不考虑数据可比性的话，我们可以看到，科技专业学生人数增长的幅度达到 341％，略高于目标中的 312％，而作为其中一个组成部分的技术专业学生人数则增长了 445％，更是高于目标中的 331％。⑩无论是在欧洲大陆还是美国，技术专业

⑥ Lord Robbins，*Higher Education*，Cmnd.2154 HMSO，para 66，166.

⑦ *Ibid.*，para 509，165.

⑧ *Ibid.*，table 46，127.

⑨ 参见第六章表 6.6.

⑩ A. Barblan and J. Sadlak，'Higher Education in OECD Countries：Patterns and Trends in the 1980s'，*CRE Standing Conference*（April 1988），table 1.

学生人数都比科学专业学生人数增长速度更快。表 15.4 为 1980 年各国获得技术专业学位的大学生人数在获得科学与技术专业初级学位的学生总数中所占比例的排名情况。⑪

表 15.4 1980 年各国技术初级学位获得者在科学和技术学位获得者总数中所占比例(%)

英国	41
瑞士	42
德国	48
瑞典	49
法国	53
美国	82

《罗宾斯报告》委员会相信，技术人才的培养关系到国家经济的整体增长，但当时人们却对二者之间的关系存有疑问。

第一个比较明显的变化是第二级学位相对重要性的提高和(最近出现的)降低。从某种程度上讲，其相对重要性的提高是欧洲与美国教育体系竞争的结果。在美国，学科设置范围非常广泛，其中等教育起步相对较慢，所以需要在 3 到 4 年的初级学位教育中努力提高科技专业学生的水平，使其达到欧洲学生在进入大学前就已经具备的水平。这样，第二级学位的课程设置便具备了扎实的基础，并为接下来的博士阶段课程做好准备。20 世纪 60 年代，在麻省理工学院和加州理工学院学习研究生课程的欧洲学生把在美国的经历形容为“像是在消防水管下畅饮”。他们对美式第二级学位的热情极富感染力和传播力。同美国一样，欧洲各国也面临着很多类似的压力，他们努力通过各种方式解决问题。在法国，优秀的科技人才(每年约有 3000 名学生)需要先在预科学校学习 2 到 3 年后才能进入大学校继续学习 3 年。在德国，要获得科技专业学位通常需要 5 年半到

⑪ *Ibid.*，根据表 1 数据计算。

6 年半的时间。⑫

第二个新生事物是两个或更多个学科的联合学位，这种搭配模式在前人看来是不可能实现的。可以联合授予学位的学科有：工程学和经济学，物理学和哲学，科学和管理学，心理学、哲学和生理学。二战后设置的联合学位数量持续增长，并在 20 世纪 60 年代略有调整。教师和学生都希望科技教育所涉及的范围不要变得过窄。整个 20 世纪 50 年代及之后的公共舆论领袖在阐释"广博"一词时认为，其价值就在于广博本身。经历了世界大战之后，人们带着更为开阔的思路和视野回归学术领域，重视广博大概正是这一时代做出的正常反应。反对者则认为对广博的追求是无谓的妄想，会干扰人们在特定领域取得杰出成就。最终双方达成妥协，两个（或三个）科目混合的课程与传统的单科课程并存（例如，剑桥大学于 1968 年开设了物理学与哲学联合课程、工程学与经济学联合课程），或者把"拓展"课程的教学素材渗透到整个科技课程中。

第三种发展趋势与授予联合学位相反，倾向于把初级学位限定在比
532 战前更加具体的专业范围内。例如，英国大学设置了生物技术、声学工程、采矿工程、食品工艺学、造纸学等专业。⑬这一趋势在 20 世纪 50 年代表现得尤为明显，大学在各自擅长并具备坚实基础的研究领域设置相关学科，且经常从地方产业那里获得资助。这种做法在 20 世纪 60 年代末迅速发展，当时，学术研究的"实用性"也在大学师生中引起了广泛争论。

第四个变化趋势产生在初级学位的教学大纲中，"实践"活动的重要性相对而言有所降低。在战前，大部分课程的实践活动都使用最先进的设备。但战后，大学却日渐发现，无法把所有实践活动所需设备的数量和标准继续维持在战前的先进水平上。设备变得太过昂贵和专业化，并且更新速度太快。越来越多的大学退而求其次，保持了实践活动的全面性，却使用落后的设备，或者缩小范围，只重点选择某些"项目"，把培养学生实践技能的任务留给研究生教育。

---

⑫ *Ibid.*, table 2.

⑬ B. Heap, *Vocational Degree Course Offers 1987: A Student's Guide* (Richmond, 1987).

基础技术设施

大学中科技专业系部用于购置和维护基础技术设施的资金被削减，这既是本科阶段实践活动走向衰退的一种表现，也是原因之一。值得庆幸的是，该问题并未在公众范围引起激烈争论。《罗宾斯报告》在长达 837 个段落的阐述中，仅用了两个段落叙述文科和理科学生培养费用的差异。⑭报告只是指出在 1962/1963 年，英国用于文科学生(包括本科生和研究生)的公共支出为人均 568 英镑，应用科学专业为人均 774 英镑，理论科学专业为人均 902 英镑，之后的篇幅中对此再无详细讨论。

作为对基础技术设施建设投入整体下降的一种补偿，近 20 年来，信息科技获得的资助相对有了大幅提高。二战期间，电子计算机诞生于英美两国的军事机构(用于火力控制、核武器设计和解码)。1945 年，电子计算机的研制工作在英国国家物理实验室和曼彻斯特大学(由威廉姆斯和基尔伯恩负责)展开。⑮ 在此基础上，费兰迪公司于 1951 年研发出第一台商用计算机——费兰迪·马克 1 号。20 世纪 50 年代末，人们开始认为大学 533
应当配备计算机。1958 年，牛津大学斥资 10 万英镑购置了世界上最早的商用计算机之一：费兰迪·墨丘利。这台以电子真空管为核心部件的计算机由充满热情的计算机爱好者组成小团队负责全天候照管。尽管其性能远不及现在价格低廉的个人计算机(硬盘容量为 32K，加运算耗时为 0.18 毫秒)，⑯但它却对整整一代大学生的思想产生了巨大影响。对数学家和科学家来讲，计算机的使用把解析转换为运算，成为一种解决实际问题的方法。对工程师来讲，计算机的使用把大量长期以来依靠判断、工艺和经验法则处理的问题带入定量分析的范畴(因此被顺理成章地纳入大学而非学徒体系)。

有种观点持续了近 20 年，即大学应该拥有一到几台电脑，并将其放置

---

⑭ Robbins Report(note 6), paras 607-608, 201.

⑮ N. Metropolis, J. Howlett and G. C. Rota(eds.), *A History of Computing in the 20th Century*(New York, 1980), 37; M. Croarken, *Early Scientific Computing in Britain*(Oxford, 1990).

⑯ S. Lavington, *Early British Computers*(Manchester, 1980), 119.

在"计算机中心"。随着时代发展,计算机的性能和造价迅速提高:至 1971 年,牛津大学每年用于计算机实验室的资金为 6.7 万英镑,当时该实验室中有一位教授和若干名研究人员;至 1985 年,每年投入的资金增至 168 万英镑。⑰ 20 世纪 80 年代,个人计算机问世。学者个人(或者至少一小部分学者)开始有能力自己购置计算机。和 70 年代那种进行大量复杂数字运算的超级计算机不同,新问世的个人计算机更加方便,易于操作。人们很快发现,许多学术研究并不需要超级计算机的复杂性能,即使需要,也可以通过在个人计算机和中央处理机(主机)之间建立连接来解决问题。20 世纪 80 年代,个人计算机之间的连接越来越重要,起初只是作为传递程序和数据的手段,但很快就成为普遍使用的学术交流方式,既实现了快速交流,又满足了学者在创造性思考过程中希望免受外界干扰的需要。

个人计算机还为人们提供了文字处理器。20 世纪 80 年代,新一代大学生开始更多地使用键盘而不是纸笔来记录自己的想法。而奇怪的是,几乎没有公开发表的论著来研究这种变化对思想产生过程的规律和质量有何影响。可以肯定的是,因为计算机使文本修改变得更加容易,所以人们开始把尚未成熟的想法记录下来。与使用计算机编辑相比,在书写的
534 文本中对句子和段落进行调整比较复杂,不够灵活,因此要在写作初期确定宏观结构,否则就会破坏文章的逻辑性和条理性。而现在,学者们可以在创作过程中更加自如地进行远程合作。

复印机是 20 世纪末第二项使学术生活产生巨大变化的科技发明。(1956 年,复印机首度在欧洲开售,⑱但由于价格昂贵,直到 20 世纪 70 年代初大学才普遍具备购买能力。)在复印机出现之前,大量学术研究所需的文件都要通过排版印刷,或经过使用蜡纸、油墨和黏胶的复杂程序进行印制。上述方法非常费时费力,因此人们在写作时要设法从一开始就确保文稿准确无误。而物美价廉的复印机的出现使学术生活方式发生了剧烈变化。20 世纪末,大学在校学生人数不断增长,在复印机的帮助下,每

⑰ As reported in the *Oxford University Gazette* for 26 May 1971 and 1985.

⑱ J. Jewkes, D. Sawers and R. Stillerman, *The Sources of Invention* (London, 1962), 408.

位学生都能在图书馆阅读到所需的学习资料。学者则能够在确定研究结论或将论著交付印刷之前,借助复印机把自己的观点印发给同行,请他们加以评价、扩展和完善。当时,图书馆的利用率下降,学者也不愿花费时间把自己的研究观点整理出版成书,复印机的发明和广泛使用弥补了这种情况带来的不良影响,学者得以解放,可以自由地记录自己的想法。

第三项对大学产生革命性影响的科技发明是价格合理、以覆盖全国的广播和电视等通信设备为载体的"远程教学"。1963 年,当时在野的英国工党领袖、后来的英国首相哈罗德·威尔逊首次提出"空中大学"的理念。英国开放大学于 1965 年通过立法获准建立,并于 1971 年开始招生。至 1974 年,该校共有 4 万名本科生。1991 年,在校生人数达到了 12 万人。[19]类似的理念也被传播到欧洲大陆:1974 年,德意志联邦共和国(西德)建立哈根函授大学,1994 至 1995 年的在校学生人数达到 4 万人;[20] 1984 年,荷兰开放大学建立,至 1992 年,学生总数达到 6 万人。[21]

学生压力

二战结束后的前 20 年中,科技专业学生学习学校规定的课程。而在 20 世纪 60 年代后期,学生代表要求在课程设置和大学管理事项中拥有发言权。在科技课程设置上,其诉求重点在于课程要和外界建立更为紧密的联系(尤其是要与其日后所从事的工作相关联)。欧洲各国大学都在不同程度上做出了相应的变革。 535

就在这场变革进行的同时,否定科技的态度在欧洲迅速高涨,这在某种程度上也影响了科技教育的变革。这种否定态度最早出现在呼吁废除核武器的运动中,特别是核裁军运动。核裁军运动组织成立于 1958 年,并在 20 世纪 60 年代获得大学生的大力支持。很多学生反对大学接受军方提供的资金。20 世纪 70 年代,这种观点发展成更为广泛的反科技运动。其较有影响的思想来源包括对环境污染问题的日益担忧(如地球之友组

---

⑲ W. A. C. Stewart, Statement, Ghent Conference(note 1).

⑳ C. Boden, W. Becker and R. Klofat(eds.), *Universitäten in Deutschland, Universities in Germany*(Munich, 1994), 104.

㉑ H. C. de Wolf, Statement, Ghent Conference(note 1). Cf. chapter 1, 19.

织的观点）和日渐强烈的限制依靠有限自然资源实现经济增长的主张（如罗马俱乐部发表的研究报告）。这些观点对中学生产生了直接的影响，申请就读科技专业的学生很快开始减少。1981 年起，牛津大学化学专业学生人数开始下降，物理专业和工程专业学生人数也先后从 1989 年和 1990 年开始减少。[22]令人乐观的是，这一变化使人们对“绿色”学科的需求日益增强，如生态学、替代技术、可再生能源、环境与地球学等。尽管传统科技专业学生人数的减少引起了极大关注，但大学教师对来自学生的压力大体上可以积极应对。

和大学生一样，民众也对科技教育问题有所不满，但他们却对 20 世纪 60 年代激进的学生政治活动和部分教师极力宣扬个人观点的做法表示反感。20 世纪 70 年代，公众渐渐不再像以前那样为大学提供广泛资助。到了 80 年代，大学教师和学者的地位也有所下降。这种情况令有才华的科技专业学生毕业后不愿留在大学工作。

战后 20 年中，除少数资金充足、历史悠久的大学外，政府成为大学最主要的资助者，但在相应的权力行使上却一反常态，较为克制。1919 年，英国成立大学拨款委员会，自此，大学与政府之间的关系不即不离，彼此
536 相对独立。委员会由政府委任，但不受行政权力控制。[23] 20 世纪 60 年代，英国政府开始温和地扩大影响力，由财政部委任的罗宾斯委员会在遵循学术自由原则的同时，建议扩大和重点发展科技教育。80 年代初，撒切尔夫人领导的保守党政府断然大幅削减了向大学拨款委员会提供的资金[24]，但没料到委员会直接削减了科技教育的经费。[25]诸如此类的政府干预愈演愈烈，1989 年，大学拨款委员会解散并成立大学基金委员会，新机构更加关注如何确保政府划拨给大学的资金物有所值。[26]

㉒ *Oxford University Gazette*, 6 June 1994.

㉓ Robbins Report (note 6), para 728, 235.

㉔ 参见第一章，第 15 页。

㉕ A. Sampson, *The Changing Anatomy of Britain* (London, 1982), 52.

㉖ D. E. Bland, *Managing Higher Education* (London, 1990), 2.

技术知识和研究的市场

大学之所以能够存在，是因为它可以满足人类学习已有知识和创造新知识的需要。人类的这一需求催生出一个市场，大学也置身其中，其生存取决于是否能适应和满足不断变化的市场需求。作为这个市场中的一部分，所谓“技术”在20世纪发生了巨大的变化，大学必须在调查了解这种变化之后再做出反应。面对现代技术的兴起，大学陷于矛盾之中：一方面，他们明白是大学促进了技术的产生和发展；另一方面，他们也意识到技术已经独立存在，并已形成一套大学并不完全赞同的价值观。

信息爆炸

众所周知[27]，17世纪以来，信息通过各种载体实现了持续加速发展。书籍和期刊的出版发行量、电台和电视频道的数量以及电话号码位数的增加都可以证明这一点。因此，从某种意义上讲，1945年以后并没有什么特别之处。但在战后，保持信息发展所需的资源有史以来第一次成为国民经济的重要组成部分。同时，掌握信息储备技能的人才也开始显得不足。大学在促进资讯获取方式的发展中做出了卓越贡献。这一过程分为 537
几个阶段。20世纪五六十年代，图书馆是知识和信息的主要保存场所。至少历史悠久的大学图书馆已拥有大量藏书，其工作重点是扩充藏书量并为持续快速增加的书籍和期刊编目。这些出版物及其读者群体的专业化程度逐步提高。1959年，C. P. 斯诺在题为“两种文化”[28]的演讲中明确提到这一现象，他为“文艺复兴式人物”的渐渐消失而感到痛惜。斯诺提出这样的疑问，艺术界友人中有几位能够说出热力学第二定律呢？因此，人们开始不遗余力地推广这样一种理念：科学知识有益于艺术的发展，培养科学家和工程师的教育活动中也要加入“文化”元素。

20世纪70年代，计算机信息技术问世。人们开始使用计算机对图书

[27] D. J. de Solla Price, *Little Science, Big Science and Beyond* (New York, 1986).

[28] C. P. Snow, *The Two Cultures and the Scientific Revolution* (Cambridge, 1959).

进行编目，期刊文章的题目、关键词和摘要被输入计算机数据库以供人们搜索相关资料时使用。这在很大程度上缓解了学者对错失本领域重要研究资料的恐惧和担忧，并且这也不会阻碍信息的发展。现在，各类资料和信息通常只存储于计算机可访问的存储介质中，用户通过显示器进行查阅。如果没有计算机信息技术，图书馆有限的预算可能会严重地限制图书和期刊的采购数量，继而成为知识和信息持续发展的绊脚石。计算机信息科技的使用起码可以使信息储存的选择变得更加理性。

大科学

二战后，很多学者回归平民生活，参与大型团队研究项目，或者从他人经验中了解此类研究。政府也强烈地意识到这类研究所能带来的巨大效益，因此支持大学引进此类项目。由于战争刚刚结束，最初的项目便顺理成章地源自战时军事研究项目。

曼哈顿工程耗资 20 亿美元[29]，进行了世界上首批核弹研制，成为核研究领域的标志性事件，并确立了核研究领域的格局，该项目和战时雷达研制项目为之后 30 年整个大科学领域的研究项目提供了范例。通常，这类
538 研究都在层级分明的机构中进行。机构最高层为新型的有科学家背景的管理者(例如莱斯利·格罗夫斯将军和尤里乌斯·罗伯特·奥本海默博士)；机构内划分出不同部门，分别负责整体项目中的各项工作，严格地根据时间计划、预算和人力“资源”制订工作目标；机构中还包括官方(和后来出现的多政府)资助者，资助方在项目实施之前参与整体调配，不干涉具体的管理细节。曼哈顿工程证明，这样的(组织管理)方式可以使项目在科技基础形成之前就很好地运转。当出现重大疑虑时，可以同时展开多种不同的操作方法，在实施过程中随着各种方法相对优势的显现再做决策。

二战后，欧洲最早的类似项目是法国和英国的核武器研发项目。[30]英法两国的核武器研发均与民用发电核反应堆的建立同期进行。两国的成功(英国和法国分别于 1952 年和 1960 年成功试爆第一颗原子弹，1956 年

---

[29] R. G. Hewlett and O. E. Anderson, *The New World* (University Park, Pa., 1962), 724.

[30] M. Gowing, *Britain and Atomic Energy 1939—1945* (London, 1964).

英国凯尔德豪尔核电站落成)[31]证实了政府的观点,即应该为此类科技研究提供大量可利用资源。此类项目所需的基础设施建设由此受到极高的重视(如英国的哈韦尔核电站、卡彭赫斯特核电站、温茨凯尔核电站,法国的丰特奈核电站、萨克莱核电站、卡达拉奇核电站)。首批项目完成后,一批批杰出的科学家和工程师也获得了长期的资助和支持。

首批核项目大获成功后,包括来自大学的负责观察和辅助项目实施的人员在内的参与者构想出一系列新的大型项目。其中包括核聚变武器(热核武器)、受控核聚变反应堆和高能加速器。最初,这些项目均由各国在国家层面组织实施,但随着研发规模的扩大和成本的提高,逐渐发展成为欧洲的综合事务。1957 年,欧洲共同体成员国联合成立了欧洲原子能共同体,旨在协调欧共体各国的核研究。在其资助下,受控核聚变研究项目得以开展。最初,欧共体委员会只向被遴选出来的各国国家实验室项目提供资助。而在 1977 年,欧共体第一个大型核研究项目,欧洲联合环流器获准在英国卡勒姆进行。[32] 项目组成员包括一位德国负责人、一位法国 539
总工程师、一位爱尔兰管理者和若干来自欧共体成员国的工作人员,为大科学领域的合作提供了典范,并超越美国、苏联和日本等竞争对手,成为国际受控核聚变研究领域的领军者。

在高能加速器研究领域,欧洲各国也建立了类似的合作,1952 年,欧洲 18 个国家(其中包括一些非欧共体成员国家)联合成立了欧洲核子研究中心,成为实现合作的关键。1959 年,该组织在亚当斯的领导下成功研制出质子同步加速器,成为首例获得成功的研发项目,并激发了之后一系列规模更大的项目。这些项目包括 1971 年开始运行的质子交叉储存环,1976 年开始运行的超级质子同步加速器,以及大型正负电子对撞机,该对撞机周长 27 公里,安装在日内瓦附近汝拉山下的隧道里。之后,欧洲核子研究中心又在同一个隧道中安装了大型强子对撞机,实现总撞击能量为 14 万亿电子伏的质子束对撞,并获准于 2009 年开始运行。欧洲各国之间

---

[31] M. Gowing, *Independence and Deterrence: Britain and Atomic Energy 1945—1952* (London, 1974).

[32] E. N. Shaw, *Europe's Experiment in Fusion: The JET Joint Undertaking* (Amsterdam, 1990).

的协作再次成为发现新粒子等杰出研究项目获得成功的关键。[33]

在航空航天领域，大型研究项目起源于德国在二战期间由多恩伯格将军和沃纳・冯・布劳恩负责的军用火箭研制项目。二战结束后，军用项目和民用项目立即同时得以发展，军用火箭项目以发射核武器为目标，民用火箭项目则服务于太空研究。[34]在该领域，西欧落后于美国和苏联。战后，冯・布劳恩加入美国，主持了一系列大型研究项目，并最终研制出把航天员运送至月球的土星号火箭；苏联则在 1957 年成功发射了世界上最早的两颗人造卫星。[35]苏联的成功令世界各国大感意外，在这样的刺激下，美国于 1958 年成立国家航空航天局，欧洲也采取了一系列行动以重返该领域。1962 年，欧洲六国（比利时、法国、德国、意大利、荷兰、英国）联合成立了欧洲发射器开发组织，致力于研发主发射装置。1964 年，该组织的六个成员国与丹麦、西班牙、瑞典、瑞士联合建立欧洲空间研究组织，以研发人造卫星和其他太空研究设备为目标。这两个组织成功发射了多颗人造卫星，同样也遭受过多次众所周知的失败。1975 年，两个组织合并为欧
540 洲空间局，以阿丽亚娜运载火箭为基础取得了一系列巨大成功。阿丽亚娜火箭承担了多项远程通信卫星（包括欧洲通信卫星 1 号系列和国际通信卫星）的发射和大量科研飞行任务，如实现乔托号空间探测器与哈雷彗星交会，以及发射同步气象卫星并建立空间气象站。一直以来，与美国航天界紧密合作是欧洲航天局项目的一大特点。欧洲在自己没有运载火箭的时期使用美国的运载火箭，并与美国航空航天局联合开展了空间实验室项目。1983 年，欧洲设计研发的空间实验室搭载美国航天飞机进入太空。

欧洲其他的大科学项目还涉及天文学（1957 年，乔德雷尔・班克射电天文望远镜建成[36]。1958 年，剑桥射电天文望远镜建成[37]。这两个项目均与大学有紧密联系）、分子生物学（1963 年，欧洲分子生物组织成立）、信息

㉝ M. Goldsmith and E. Shaw, *Europe's Giant Accelerator* (Andover, 1977); A. Hermann, J. Krige, U. Mersits and D. Pestre, *History of CERN* (Amsterdam, 1987—1990).

㉞ Jewkes *et al.*, *Sources* (note 18), 357.

㉟ *20 Years of European Cooperation in Space*, European Space Agency Report (Paris, 1984), 64.

㊱ B. Lovell, *Jodrell Bank* (Oxford, 1968).

㊲ G. P. Kuiper and B. M. Middlehurst, *Telescopes* (Chicago, 1969).

处理技术(其中特别值得一提的是1985年由英国启动的埃尔维项目,和1984年起由欧共体委员会资助实施的欧洲信息技术研究战略项目)、气象学(英国、挪威和德国的气象组织在用于短期天气预报的大型计算机模型开发领域处于领先地位。1973年,欧洲在雷丁成立专门机构,重点研究中期天气预报)。

资金来源和竞争

国家和地方政府

和二战之前一样,20世纪40年代至50年代初,大学技术研究的主要资金来源是国家或地方政府拨款,并且几乎没有专门指定的款项。大学要求自主分配所得的政府资助,并通常能够获准。20世纪60年代,大学规模持续扩大,政府资助无法继续满足其需求,政府开始建立非大学机构(或扩展此类机构的职能),因此,即使有越来越多的附加条件,政府资助仍然能被专门用于技术研究。1962年,英国通过地方政府(主要向学生提供学费资助)和大学拨款委员会向大学提供的资助占大学外部收益总额的88%(同年,罗宾斯委员会提交《罗宾斯报告》)。㊳当时的科研资助主要来源于三家研究机构,分别为农业研究委员会(1931年成立)、医学研究委员会(1920年成立)和(占主导地位的)科学与工业研究部(1916年成立)。㊴截至1987/1988年(1988年,英国大学拨款委员会被新成立的大学基金委员会所取代),大学得到的资助中有68%来自大学拨款委员会和地方政府,10%(现为5%)来自研究机构,10%来自其他途径(工业、慈善等)。㊵如今,研究机构已经不再以资助大学的科研项目为主要活动:它们自身已成为研究主体,并根据各自的专业领域建立了大型研究中心。 541

20世纪70年代,作为新的官方资助来源,军方向大学提供的资助有所增加,这一变化在某种程度上令人厌恶。战后初期,出于高度保密和确

㊳ Robbins Report(note 6),Appendix 4,103.

㊴ Sampson,*Anatomy*(note 25),241.

㊵ D. Hague,*Beyond Universities*(London,1991).

保各类国防设施安全的需要，国防部一度与民用研究彻底分离。因此在1955年到1970年间，尽管军事研发经费占整个欧洲研发经费总额的25%（其比例在英国更高），[41]却并没有向大学提供十分有力的资助。然而，冷战对科技发展的要求越来越高，任何科技知识资源都不容忽视，国防部开始与大学签订协议，开展一些不太敏感的研究。这种做法导致大学在道德和实践方面陷入两难的困境。研究课题通常关注令人感兴趣的知识前沿，资金充足且不受过多的限制，但项目（资助）的申请过程却令人反感，针对研究成果的出版发表所设置的各种安全要求也令人感到厌烦。或许是出于以上原因，国防部提供的资助从未成为欧洲大学预算的主要组成部分，这与美国的情况有很大差异（1992年，该类资助在牛津大学所获资助预算中所占比例不足1%）。[42]尽管如此，北约仍是欧洲科技领域专家举行会议稳定的资金来源。[43]

20世纪七八十年代，超国家（supra-national）政府机构开始向大学提供资助，使国家政府资助日渐得到补充。二战结束后，欧洲立即对建立超国家政府机构产生了强烈兴趣。最早建立的是欧洲煤钢共同体，该组织6个成员国又于1957年签署成立了欧洲原子能共同体和欧共体。最初，欧共体委员会在研发工作中扮演协调者的角色，但到了20世纪70年代，随着成员国提供的资金不断增加，委员会最终能够通过向各种研究项目提供资助的方式独立地进行重大研发活动。委员会所提供的资助面向大学、国家政府实验室和设立于伊斯普拉和莫尔等地的欧共体联合研究中
542 心。至20世纪80年代，超国家机构所提供资助的规模相当于一个小型国家研发经费的总额。其影响力在核研究和信息科技领域尤为突出。[44]

除了政府主导的研发活动，私人企业的研发能力也不断提高。二战后的几年中，企业建立的研发实验室规模不大，主要从事产品优化或质量保障方面的研发。但也有少数化学、制药和电子行业企业实验室的规模

㊶ *Eurostat* 1970—1980.

㊷ ‘Vice-Chancellor’s oration’，*Oxford University Gazette*（1992）.

㊸ 参见第三章，第98—99页。

㊹ 1971年至1995年的发展情况参见第三章，1996年至2005年的发展情况参见“尾声”。

和水平与大学实验室相当。这些企业包括德国的通用电气公司、英国帝国化学工业集团、壳牌公司(荷兰)、英国石油公司、葛兰素公司和飞利浦公司(荷兰)。20 世纪 70 年代,企业研发活动的范围扩大,水平提高,并开始在人力、物力和财力等方面与大学形成有力竞争。现在,大多数欧洲大学都从高科技企业获取研究资助。有些资助面向教授和讲师,通常不明确设置限制条件;在有些资助项目中,企业与大学签订合同,大学负责提供技术并进行调查研究;在一些项目中,大学甚至直接根据资助方感兴趣的学科建立系所。

通过观察 1983 年欧洲各国的研发支出比例,见表 15.5,㊺欧洲大学所得资助来源的整体状况可见一斑。

表 15.5 1983 年英、法、德三国研发支出比例表(%)

	高等教育机构	国家非营利(项目)	企业研究
英国	21	41	38
法国	25	52	23
德国	40	36	24

准大学机构

欧洲各国有很多机构从事研究或教学活动,或二者兼而有之,其水平与大学相当,但却不是大学(或至少未能达到欧洲大学校长常设会议的标准)。法国的大学校、贡比涅工程技术大学、法国国家科学研究中心均属此类机构。现在,这些机构在法国技术专家(特别是顶尖人才)的培养中占主导地位,并比大学占有更多的研发预算(1985 年,仅法国国家科学研究中心就占了法国非军事研发经费预算的 7.5%)。㊻在德国,此类机构包括马普学会和弗朗霍夫研究所。很多西欧国家的科学研究院和技术研究所也都属于这类机构。在英国,相应的机构为研究理事会实验室和各所高级 543

㊺ *Eurostat* 1975—1985,12.

㊻ 'Innovation Policy France',OECD(1986),77.

技术学院。这类机构的共同特点是以政府资助为主要(如果不是全部)资金来源,并且没有严格限定的研究任务。在有可能进入这类机构工作的人看来,机构中大多数研究者在所获资助层次和完成研究后的职业发展前景上都高人一等。

政府机构

在欧洲国家,战争为政府资助的研究机构带来了巨大变化:承担明确研究任务的机构在数量上有所增加,受重视程度有所提高。尽管有些机构在二战前便已经存在(如德意志帝国物理技术研究所、英国国家物理实验室、英国皇家航空研究院),但其数量和地位都是在战后才得到大幅提高。至 1983 年,这些机构(除德意志联邦共和国之外,如表 15.5 所示)比高等教育机构在研发经费上占有更高的份额。在英国,这类机构主要有英国原子能管理局(1954 年成立)和国有产业机构的研究实验室,如中央发电局、煤炭国家委员会、天然气局、运输委员会等,以上机构均在 20 世纪 40 年代末实行了国有化。[47]

大学在应对竞争中的成败

我们来评价一下二战爆发后欧洲大学在科技发展进程中所起的作用。大多数重要人物是由大学培养出来的吗?大多数核心理念是由大学提出的吗?大学是否做出了重要创新并将其加以推广发展?大学在创新成果的开发利用过程中是否发挥了重要作用?对于第一个问题,我们大致可以给出肯定的回答,其他问题的答案则统统为否。看来在上述 20 世纪业已明确的科技发展进程中,欧洲大学充其量只是扮演了一个边缘化

544 角色。

可能很多学者会认为这样的评价有失公允。但在错综复杂的现代世界,处处需要专门化,大学的专长在于教书育人和从事基础研究。而大学实际的活动方式以及资助者、学生和社会施于其身的需求却冲破了这道

---

[47] Sampson, *Anatomy* (note 25), 533.

界线。自然科学和工程学系部都认为应用研究在其职责范围之内；即便是对核心科学系部来说，如果只从事基础研究，其研究资金和对学生的吸引力也会面临下降的风险。从 1980 年开始，社会期望大学能够和私营企业、政府机构等其他机构一样，在大致相同的基础上参与市场运营，提出具有应用性的理念。

技术专业毕业生的教育及职业生涯

由于法国大学校在法国高等教育中占支配地位，所以法国的情况比较特殊，但在欧洲其他各国，几乎所有重要人物都拥有大学授予的学位，其中相当大一部分人还获得了博士或同等学位。(J. B. 亚当斯则是一个罕见的例外，他从未获得过任何学位，却于 1969 年至 1980 年期间担任了英国卡拉姆核聚变实验室和欧洲核子研究中心的负责人。)即使在政府部门和私营公司，大学教育也对研发模式有重要影响：高层管理者对传统的学者生活方式念念不忘，有时甚至试图将其部分或全部复制到非大学机构中去。这也意味着他们了解并且能够克服大学模式的局限。事实上，大多数重要人物在欧洲接受了全部的大学教育。欧洲和其他地区在高等教育的阶段划分和时间安排上存在差异，所以欧洲人很难选择其他地区的大学，也无法将其与本土高等教育进行衔接。然而，他们中有许多人选择在美国或其他国家进行博士后研究。因此，尽管欧洲保留了自己独特的技术文化，但是仍从美国以及其他国家和地区(近期)的学术界汲取了很多营养。

除顶尖人才之外，其他大学技术专业毕业生基本上也都在各个阶段拥有广阔的职业发展前景。但其就业方式却发生了巨大的变化。至 20 世纪 60 年代末，因为大学的研究或教学岗位是终身制，受人尊敬并且收入颇丰，同时还赋予个人相当大的自由来决定教研结合的程度和研究领域，所以很多符合留校要求的高素质人才在毕业(甚至获得更高层次学位)时经常会留在大学中工作。当时，有才华的技术专业毕业生所面临最大的困扰就是要不要去美国工作，因为那里的薪资和研究资源要优于欧洲。但在 20 世纪 60 年代后期、70 年代以及 80 年代，制造业和服务业的薪资与影响力超过了教育、研究和政府等部门。 545

即便如此，大学的技术专家仍在社会中发挥着作用。实际上，当他们走下神圣的讲坛时，便被视作独立的、没有商业偏见的专业知识的源泉，受到高度重视。这些专家致力于各种事务，担任技术灾难调查委员会的主席；针对商业对个人和环境造成的侵害提出富有见地的抗议；捍卫长远利益，反对片面追求短期效益。由于大学和政界“绿色”发展趋势之间的联系进一步加强，科技在年轻一代中的受欢迎程度明显降低。但这种情况并未阻止技术专业毕业生进入高新科技商业领域的高层工作。相反，和过去几十年一样，在20世纪八九十年代，技术专业毕业生仍然在优秀企业的董事会中占较高比例。然而，会计师出身的董事会成员所占的比例也有所增长，雄心勃勃的大学毕业生开始认为能帮助他们在商业领域达到顶峰的是市场营销和销售部门，而非研究部门。

技术涉及设备、(研发)活动或者活动过程中所体现出的各种理念，但要确定具体是在哪个环节形成了理念，或究竟是在研发过程中的哪个阶段产生了附加值却并非易事。以核能为例，1934年，依达·诺达克首次公布核裂变的观点，豪特曼斯、西拉德和约里奥·居里几乎在同时提出了链式核反应在理论上的可能性。1938年，豪特曼斯、西拉德和约里奥·居里，以及哈恩和施特拉斯曼首次获得核裂变的实验依据；1939年，约里奥、霍尔班和科瓦尔斯基首次取得链式反应的实验依据。[48] 1939年，费米和魏扎克提出建造可以产生钚元素的“反应堆”；1940年，派尔斯和弗里希提议
546 分离铀同位素，把上文提到的学术研究转化成了新技术的基础。[49] 这些学者几乎都在大学工作。如果不是因为战争需要依靠他们的帮助来建立庞大的核产业，其理念可能永远无法成功地付诸实践。这一系列事件，从大学里的纯研究起步，到最终成功地形成产业，都为规划者树立了典范。

20世纪60年代，涓滴理论(“trickle-down” theory)在各界引发讨论。有人认为学者在提出最好的研究理念后并不十分关注其开发利用，事实真的如此吗？这个时期，政府部门和私营企业的实验室迅速增加，说明上述疑问并不成立。学者持续不断地提出新理念，任何一所大学都会引以

---

⑱ R. Jungk, *Brighter than a Thousand Suns* (Harmondsworth, 1960).

⑲ Gowing, *Atomic Energy* (note 30).

为荣。

面对挑战，大学以多种形式做出反应。首先，从个人层面讲，顾问制度的出现使学者可以在教学时间以外向政府或企业提供收费咨询服务。其动机既包含个人利益，又包含把大学的技能应用于国防或经济发展的理想。最初，大学并不严格控制此类行为。但到了20世纪70年代，大学开始保护本校员工知识产权中属于学校的利益，以学校名义取得专利权，通过公共代理机构，如英国国家科学研究开发公司，帮助他们将研究理念推向市场。

在大学与产业界关系领域的第二项进展是，大学在系部层面与产业界建立起了联系：鼓励产业界在校企双方共同感兴趣的领域出资设立岗位、职位，甚至建立新系部。此类案例可追溯到20世纪40年代，曼彻斯特大学与英国化学工业公司和英国大都会韦氏电气有限公司的联系。[50]部分情况下，举措更为积极的第三种做法发生在大学层面，通过建造楼宇、提供设备、借调高层次人才等方式投资兴建科技园区，即毗邻大学的企业。英国早期的案例是剑桥大学和爱丁堡赫瑞瓦特大学建立的科技园。

尽管如此，欧洲大学并没有创造出对战后世界产生重大影响的技术。喷气式发动机、雷达、火箭推动器、核能、风能、聚乙烯、有机玻璃、合成洗涤剂、集成电路、电子管计算机、机器人、粒子加速器、空间探索和射电天文学的发明创造都离不开欧洲大学。但若和非大学机构取得的成就相比，这 547
些便显得微不足道了。从商业开发角度看，大学对发展创新理念的作用更加有限。总体而言，大学在这一时期所起的作用是解决一些并不紧急的小问题，所以研究合同的存续期能够和“典型”毕业生3年的学习周期相匹配。这些合同提供的资金对某些大学的财务收支状况意义重大，而对资助机构来说却常常无足轻重。

总而言之，在最高水平的技术教育领域中，大学保持着统治地位，其强大的竞争对手只有法国大学校和东欧的技术学会。在基础研究或“蓝天”研究中，大学保留了重要地位但不占主导。在应用型研究与开发中，政府机构和私营企业的研发部门占据了绝对优势，而大学只能退至利基市

---

[50] Barnes，Statement，Ghent Conference(note 1).

场。为何会出现这种情况？结果会有所改变吗？

通过与美国进行对比，可以找到问题的答案。无论是发明创新还是推进其成果开发利用，美国大学都更加成功。与欧洲大学教师相比，更多的美国教师走出大学实验室，创立小型公司并且运营得很成功。美国的科学园区规模更大，并在国家科技发展中具有更加重要的意义。美国大学从企业研发资助中获得的资金更多。这种方式在欧洲发展得比较缓慢，一部分原因是欧洲大学自身具有反商业文化；一部分原因可归结于立法体系，许多欧洲国家仍禁止大学将其知识产权进行商业开发；还有一部分原因在于欧洲大学的内部组织结构，大学中的个体自由可以超越集体行动。因此，即使是前景美好的项目也很难形成气候。但最终其主要原因仍是科技自身的成功，科技发展的蓬勃程度使任何社会机构都无法将之操控。

精选文献

Barblan, A., and Sadlak, J. 'Higher Education in OECD Countries: Patterns and Trends in the 1980s', *CRE Standing Conference*, April 1988.

Bland, D. E. *Managing Higher Education*, London, 1990.

Carson, R. *Silent Spring*, Boston, 1962.

548 Croarken, M. *Early Scientific Computing in Britain*, Oxford, 1990.

Technology de Solla Price, D. J. *Little Science, Big Science and Beyond*, New York, 1986.

Forrester, T. (ed.) *The Microelectronics Revolution*, Oxford, 1980.

Goldsmith, M., and Shaw, E. *Europe's Giant Accelerator*, Andover, 1977.

Gowing, M. *Britain and Atomic Energy 1939—1945*, London, 1964.

Gowing, M. *Independence and Deterrence: Britain and Atomic Energy 1945—1952*, London, 1974.

Hague, D. *Beyond Universities*, London, 1991.

Hermann, A., Krige, J., Mersits, U., and Pestre, D. *History of CERN*, 2 vols., Amsterdam, 1987—1990.

Hewlett, R. G., and Anderson, O. E. *The New World*, University Park, Pa., 1962.

Jewkes, J., Sawers, D., and Stillerman, R. *The Sources of Invention*, London, 1962.

Jungk, R. *Brighter than a Thousand Suns*, Harmondsworth, 1960.

Krige, J. (ed.) *History of CERN*, Vol. Ⅲ, Amsterdam, 1996.

Krige, J., and Russo, A. *Europe in Space, 1960—1973*, Noordwijk, 1995.

Kuiper, G. P., and Middlehurst, B. M. *Telescopes*, Chicago, 1969.

Lavington, S. *Early British Computers*, Manchester, 1980.

Lovell, B. *Jodrell Bank*, Oxford, 1968.

Metropolis, N., Howlett, J., and Rota, G. C. (eds.) *A History of Computing in the 20th Century*, New York, 1980.

Sampson, A. *The Changing Anatomy of Britain*, London, 1982.

Shaw, E. N. *Europe's Experiment in Fusion: The JET Joint Undertaking*, Amsterdam, 1990.

Snow, C. P. *The Two Cultures and the Scientific Revolution*, Cambridge, 1959.

Williams, T. I. (ed.) *A History of Technology*, Vol. VI: *The Twentieth Century*, 2 vols., Oxford, 1978.

Wolovich, W. A. *Robotics: Basic Analysis and Design*, New York and London, 1986. 549

尾声：从在欧洲的大学到欧洲的大学

安德里斯·巴布兰

项目起源

编写《欧洲大学史》的构想萌生于 1979 年。欧洲大学校长常设会议从 1955 年开始组织欧洲大学校长集会，1979 年我作为该组织的秘书长，正在筹备即将于戈尔韦召开的会议，会议主题为“高等教育的区域作用”。爱尔兰的一些大学创办于 19 世纪 40 年代，其早期历史深深吸引了我。1845 年，可怕的“马铃薯晚疫病”(Potato Blight)在爱尔兰爆发，饥荒和移民导致人口锐减，大学设法处理疫病引发的亟须解决的社会和经济需求问题。

当时的爱尔兰大学似乎预示了日后美国赠地学院的诞生,但红衣主教纽曼的设想则是建立以教育为中心的高等院校,并据此对英国大学进行了改革。因此,爱尔兰大学的社会角色也很快发生了转变。纽曼的大学理念与19世纪遍布欧洲多国的德国大学洪堡模式截然不同。这使我想到曾经在欧洲大学校长常设会议上讨论过的问题,即大学在社会服务、科研创新和教育改革中的作用和地位。我开始思考是否能通过历史分析获得启示,特别是在一个高等教育科研机构日益分化,大学经历某种身份危机的时代。

1980年8月底,国际大学协会第七届大会在马尼拉举行。会议期间一个闷热潮湿的夜晚,我与近代史学家、苏塞克斯大学前副校长阿萨·布里格斯有过一次令人难忘的谈话。我们一致认为,从大学对社会发展所做贡献的角度编写欧洲大学史,可以为学者提供新的见解,帮助他们找到塑造个人学术活动的潜在力量。这套书尝试寻找长期以来学者行为和大学活动之间的相似之处,并且查明这些行为是否使欧洲社会产生了相应的发展。当时,欧洲大陆东西部地区局势紧张,在那样的时期通过这样的思路梳理历史尤具价值。1975年,人们曾尝试将欧洲大学校长常设会议转变为欧洲大学协会,将其建成一个致力于智力合作的泛欧组织,但由于当时东欧和西欧地区正处于剑拔弩张的对峙状态,该尝试以失败告终。 550

基于1980年与布里格斯在菲律宾的重要谈话,以及后来一些教育史学家和教育社会学家的建议,欧洲大学校长常设会议委员会于1981年建立了一个国际性研究团体。在负责人、高等教育历史学家盖伊·尼夫的帮助下,该团体决定对欧洲学术界现状及其历史和社会背景展开跨学科研究。欧洲大学校长常设会议的成员大学对这一大胆提议表示支持,并委派专家以"国家通讯员"的身份参与其中,向研究者提供各国的具体信息。1983年3月,欧洲大学著名的历史学家和社会学家聚集在瑞士伯尔尼举行会议,根据已有的研究工作讨论此项目的可行性并最终得出了肯定的结论。1983年9月,欧洲大学校长常设会议委员会任命编辑委员会,由伯尔尼大学社会学教授、法兰克福大学前校长瓦尔特·吕埃格担任主编,负责项目的执行与出版。

1984年,为纪念欧洲大学校长常设会议成立25周年,该组织向成员提供了一份长达350页、从古至今所有欧洲大学的简要大事记，名为《欧洲大学史纲》①，这为更加宏大的《欧洲大学史》的编写做了前期工作。《欧洲大学史》共四卷，描述了欧洲大学在中世纪晚期、近代早期（至法国大革命）、工业化和殖民主义时期（至第二次世界大战）以及二战后的发展。瓦尔特·吕埃格领导的编辑委员会由来自欧洲不同国家和地区大学的历史学家和社会学家组成。他们都是各自研究领域的专家，其中包括阿萨·布里格斯（牛津）、希尔德·德·里德-西蒙斯（根特）、亚历山大·盖伊什托尔（华沙）、诺特克尔·哈默施泰因（法兰克福）、奥拉夫·彼得森（奥尔胡斯）、约翰·罗伯茨（牛津）、爱德华·希尔斯（剑桥）、雅克·韦尔热（巴黎）等。这些编委的职责是选定研究上述四个历史时期欧洲大学发展情况的专家，并编辑整合不同作者的来稿。他们还负责突出强调高等教育史研
551 究的现状、有待填补的研究空白和针对某些特定问题的争论。鉴于大学在社会中的很多特性被忽视，我们鼓励编写者运用原创性和比较研究的方法，这延宕了本书的完成时间。书中很多章节的原文是用其他语言撰写的，最终由编辑用英语整理出书稿。总体而言，这套书在国际上引起了广泛关注，已被译成中文、德语、葡萄牙语、俄语和西班牙语。

历史经验

除了实际操作的问题，理论问题也增加了本书的编写难度。通过此项研究是否可能向书中被考察的大学（及其成员）提供有关其往昔与今日状况的详细说明、参考和启示？本书内容跨越了大学近千年的智力发展和组织机构发展过程，其客观性何在？为消除此类疑虑，本书四卷全部使用相同的主题结构，以共同的编写指南为基础，每卷为所有作者统一设置问题。这一方法便于将欧洲各国大学贯穿数世纪的发展情况同时进行横向和纵向比较。其编写结构帮助编者从历史叙述中抽离出来，去发现需要进一步研究的领域。由于很多作者习惯于在特定的语言或文化背景中工作，所以读者可以在本书中看到欧洲学者的独特视角。在此情况下，项

---

① Jílek, *Historical Compendium*.

目组建立了“国家”通讯员工作体系。各国通讯员对作者提交的书稿进行评估并提出修改意见,使书稿内容可以真正反映其所在国家的情况。

主观性是此类大规模研究项目的固有问题。例如,在有关各卷所涉及的历史时期的争论中,各位编者都坚持自己的观点。中世纪终止于何时?文艺复兴时期和人文主义究竟是一个时代的终点还是另一个新知识时代的开端?何为近代早期?又为何把法国大革命作为近代早期结束的标志?颇具历史意义的19世纪起止于何时?每个思想流派都对什么是历史以及历史是什么样的给出了不同的答案。为解决上述争论,本书根据主要的、被认可的社会文化界定来划分各卷的历史分期。尽管人文主义、民族主义和工业革命在欧洲大陆各个国家和地区兴起的时间有所不同,但都受到了大学的影响,并且同样要求大学适应其发展变化。因此,可以将其作为整个欧洲大学发展历史的时间界限。

按照最初的研究计划,本书第四卷内容的起止时间为1945年到1990年,因为这样编写最利于进行数据对比。但是,当初我们无法预见1989年 552
柏林墙会倒塌并成为历史上重要的里程碑。再加上同样具有重大标志性意义的《单一欧洲法案》的影响,欧共体于1992年实现了向欧盟的转变。因此,编委会最终把第四卷内容的结束时间延至1995年。本卷尾声部分没有选择某一具体时间,而是关注20世纪最后几年,因为这几年预示了21世纪初期学术界可能发生的变化。我将在尾声部分阐述20世纪最后20年学术界视角所发生的变化,它们证实了我的基本假设,即欧洲各国的大学正渐渐转变为整个欧洲共有的大学。

大学在欧洲的形象

欧洲的学术机构往往依靠“叙事”(narratives)来表明其身份。在形势发生变化时,学术机构会对此变化是机遇还是潜在威胁做出判断,“叙事”相应地成为他们采取行动的手段或者抵制变革的理由。洪堡、纽曼、雅斯贝尔斯是大学自我描述的常用参照;在少数情况下,学术界也以博洛尼亚大学为代表的学生型大学和以巴黎大学为代表的教师型大学为参照。而拿破仑式的大学遗产则鲜见沿用。

在博洛尼亚模式中，由学生选聘教授并管理学校。有学者强调需求以及社会相关性在高等教育发展过程中的重要作用，该模式符合这种观点。学生的提议可以得到学校的支持，例如向学生发放证件并允许“持证者”“用脚投票”。博洛尼亚大学正是通过这种方式将校址迁往雷焦艾米利亚，借此抗议博洛尼亚市政官员无视学生要求和阻挠学生活动的行为。巴黎模式支持教授重视学术质量，在教学过程中优先考虑教师的需求，并由科研同行来控制标准。《欧洲大学史》第一卷指出，这两种学术团体模式都具有培养神职人员、医生和律师的社会作用，这些职业的从业者在中世纪社会为人们提供了品质良好的生活。现代大学仍然提供这样的职业培养和训练。

本书第二卷继续研究大学历史并加入了新内容，进入近代早期后，欧洲建立了新的高等教育机构以满足造船、民用、军事工程和采矿业的实际需求。通常，这些教育机构的目的是逐步培养具备较高能力的人才，令他们感到自己是提升国家声誉的参与者，并能获得丰厚的物质回报。拿破仑和帝国大学使这些机构的发展实现了系统化，形成中央集权的教育体
553 系。在欧洲大陆很多地区都可以找到该体系下的教育机构。连同大学校和技术精英学校一起，拿破仑大学模式强行贯彻了这样一种理念，即，在法兰西帝国，学术要为国家服务。如第三卷所述，在 19 世纪，欧洲有很多此类机构(特别是工程学校)得以蓬勃发展，其中有很多在近期转变成了大学。但也并不是所有机构都如此：法国大学校至今仍保持独立，大多数大学校由教育部以外的其他部门提供资助。俄罗斯的情况与法国相同。在学术环境中提供实践训练已成为现代大学一项越来越重要的功能。

本书第三卷讨论了洪堡模式，该模式认为科学(广义)发展是人类发展的一部分，而学术界则在科学(广义)发展过程中起主导作用。后来的红衣主教约翰·亨利·纽曼在《大学的理念》中强调了这一观点。该书于 1852 年即纽曼担任爱尔兰天主教大学校长的第二年出版。虽然经常暴露出不足和脱离实际，但在当今欧洲，对那些相信教学与研究相结合是大学根本特征的人来说，洪堡模式仍为大学发展提供了重要参考。纽曼强调，教育和学术是培养优秀公民的途径。当今高等教育走向大众化，大学作为科技创新中心所获得的资助有所减少，纽曼的观点得到了认可。

本书第四卷展现了1945年之后，在高等教育机构尝试自我定位的过程中，各种模式之间的冲突、交叉与融合，而美国模式在当时也成为一种参照标准。因此，现在“大学”一词含义非常广泛。2000年1月24日，欧盟颁布《议会和理事会决议》，确定了第二期苏格拉底计划。该文件和其他欧盟文件规定，无论各欧盟成员国如何定义，“大学”一词均指任何类型的、根据国家立法或惯例颁发高等教育学历或文凭的高等教育机构。实际上，布鲁塞尔的大学似乎等同于第三级教育，提供多样化的、包括各种形式在内的中等教育以上水平的培训。

然而这样的概念未必符合高等教育行业内部的期望，对它们中的大多数而言，今日的大学平衡于现代与传统之间。在这一压力的推动下，大学在社会中扮演三种角色：知识的创造者、管理者和批判者。大学的目的既可以是实现社会再生产，即为已然和应然社会的存续来利用知识和人，也可以是培养人们形成挑战正统的质疑精神，通过质疑既定事实去探索未知。举例来说，大学能够同时容纳相同观点和不同见解，短期追求与长 554
远期望，坚持执行社会秩序的克瑞翁和遵从价值更高的真理的安提戈涅（二者均为希腊悲剧作家索福克勒斯作品《安提戈涅》中的人物——译者注）。

因此，内部的冲突分歧是大学特征的基本要素。有些高等教育机构更多地强调综合作用，有些则关注创新功能。同一所院校可能会在某一时间倾向于综合功能，在另一时间又倾向于创新功能。此外，同一所大学的不同部门可以同时践行这两种功能。置身于功能如此混杂多变的大学中，不同学派的学者往往并不认为彼此属于同一机构。自1945年以来，社会要求大学具备多种功能，也加强了这种分化。随着学生、教职员工和高等教育机构数量的大幅增加，有些国家有一半以上的适龄青年接受了某种形式的高等教育，大学已经完成了重要的民主化进程，最终不再因距离和神秘而令人仰望。

在欧洲很多地区，公立大学和私立大学常被视作另一种形式的培训中心，是为当地社会、雇主和商业培养人才的优质学校。终身学习的需求强化了大学这一作用：越来越多的成年学生回归学术。因此对很多人而言，大学生活不再仅仅是从青春期到成年的过渡阶段。以前，人们普遍希望通过上大学来实现社会流动，但是当学生数量如此庞大时，大学就再也无法完全满足这样的需求了。由于未来的知识型社会将在知识和技能水平方面对大多数职业提出更高的要求，而人们又把大学当作通往未来知识型社会的跳板，因此，大学仍然保持着很高的社会地位。本卷前几个章节记录了这些变化。在 21 世纪，这些变化将带领我们走向何方？它们又在近期对欧洲大学形成了哪些影响？

高等教育欧洲化的前提

1985 年，欧共体委员会主席雅克·德洛尔提交了《单一欧洲法案》。根据该法案，欧共体于 1992 年实现了向欧盟的过渡。1986 年，西班牙和葡萄牙加入欧共体，其成员国增加到 12 个。就欧洲大学而言，这两年则（1985 和 1986 年）集中讨论了“联合学习项目”②向伊拉斯谟计划转变的问
555 题。联合学习项目虽已取得成功，但却非常有限，而伊拉斯谟计划则鼓励欧共体成员国在大学教学项目中展开多边合作。1986 年，不愿接受高等教育国际化的成员国在关键时刻反对伊拉斯谟计划的实施，各大学不得不向欧洲当局施压，要求绕开反对意见并启动这一学术流动计划。伊拉斯谟计划为年轻人提供了一个独特的机会，让其体验整个欧洲的教育和文化，帮助他们发现不同文化之间的共性和差异。在伊拉斯谟计划实施之前，欧共体提出了促进高等教育和工业界合作的技术教育交流计划，即可米特计划。这些项目的目的不仅仅是鼓励在各国大学和高等教育体系之间进行对比，还要考虑课程的兼容性、研究的等效性、共同规范的重要性和对大学学习评估共享互认的需求。尽管只在欧共体 12 个成员国范围内开展，但正是这些项目使“欧洲化”成为学术国际化的一种形式。

同一时期，戈尔巴乔夫在欧洲大陆东部发起改革，致使欧洲社会主义

---

② 1976 年，联合学习项目（JSP）开始启动，不再进行传统的学生交换活动，而是由委员会提供一套系统的、适用于各成员国构建学术培养的学习经验。所谓“联合”，是强调对惯例的需求和实施，由参与项目的大学教学部门决定。该项目可谓是欧洲融合的实验田，成为欧洲学术一体化的代表。2001 年 3 月，欧洲大学校长常设会议过渡为欧洲大学协会。2002 年，欧盟委员会委托欧洲大学协会实施联合学位项目，继续鼓励改革，从设置简单的联合学习项目式课程内容走向完整的课程一体化，这成为各国多所大学共同的责任。

国家的结构彻底发生变化。因此苏联重新评估了高等教育的合作模式。1987年2月,经互会成员国的大学在莫斯科举行会议,决定扩大欧洲东部和西部大学形成校际合作的可能性。波兰大学校长一直通过欧洲大学校长常设会议和其他欧洲大学保持联系,因此,地处东欧各国首都的各所大学的校长请波兰大学校长按照欧洲校长常设会议双年会的模式组织一次与西欧大学校长共同参与的会议。③ 1988年6月,华沙大学校长格热戈日·比亚乌科夫斯基主持召开会议,主题为"作为欧洲文化熔炉的大学"。与会代表超过90人,其中有35位来自除阿尔巴尼亚和罗马尼亚之外的社会主义国家,各位代表强调了学术合作的必要性。 556

与此同时,被誉为"欧洲大学之母"的博洛尼亚大学正值900周年华诞,意大利举行了纪念欧洲大学起源的庆祝活动。活动持续了整整一年,于1988年9月18日在马乔雷广场落下帷幕。当天,约有430位大学校长出席活动,其中有三分之二来自欧洲,包括东欧和西欧;三分之一来自世界其他地区。他们共同签署了《欧洲大学宪章》,概述了未来学术一体化的原则。之前几个月,在欧洲大学校长常设会议主席卡迈恩的主持下,博洛尼亚大学校长法比奥·罗维西·摩纳科组织一些学术界领袖起草了该宪章。宪章象征着大学自主、学术自由及其赋予大学的社会责任,重要的学术界人士共同见证了文件的签署。意大利总统、多位部长和大使、教堂高级教士以及市政长官出席了闭幕活动。诗人、意大利文学教授乔苏埃卡·尔杜齐曾在1888年以"大学是统一的意大利的共同机构"为主题,策划了博洛尼亚大学800周年庆典。1988年,大学得到认可,成为该地区所有国家的共同机构,甚至成为欧洲的熔合点。因此,博洛尼亚大学在校庆活动中不仅把荣誉博士学位授予著名科学家,还授予了欧洲的政治领袖,其中包括教皇约翰·保罗二世、戈尔巴乔夫、弗朗索瓦·密特朗和西班牙国王。博洛尼亚大学校长及其顾问约瑟夫·卡普托的目的在于重申大学

③ 关于欧洲大学校长常设会议的早期发展,参见第三章,第94页、第100-101页。1955年,欧洲大学领导者在爱丁堡公爵辖地剑桥召开会议;1959年,在法国第戎创立欧洲大学校长常设会议。1964年,欧洲大学校长常设会议在哥廷根举行第三次会员大会,被列入瑞士法律,并决定将机构设置在日内瓦。从1969年起,该组织每半年定期举行会议,讨论学术管理和大学发展问题。

在社会发展中的政治功能;学术界通过塑造理念的方式促进欧洲大陆文化的融合,在使整个欧洲走向和谐的过程中发挥了关键作用。博洛尼亚大学在长达一年的庆典活动中邀请各国领导人参加,希望他们对学术界的关键作用给予肯定。

铁幕落下:1989 年及之后

1989 年 9 月,欧洲大学校长常设会议在杜伦举行大会,对来自保加利亚、斯洛文尼亚、匈牙利和苏联等国的 25 位新成员表示欢迎,这些新成员
557 均愿意振兴泛欧合作。从某种程度上来说,所有这些举措和会议都预示了两个月后发生的巨变。1989 年 11 月,随着柏林墙轰然倒塌,自二战后分割欧洲的"铁幕"消失了。欧洲政治两极化的局面戛然而止(这样的结束方式出乎大多数欧洲人的意料),40 多年来柏林墙两侧出于对"另一侧"心怀恐惧而形成的智力习惯、政治反应和文化偏见得以扫清,"大欧洲"的形成开始变得可能。但上述变化也给区域差异和种族分离提供了条件,激活了人们长期受到压抑的群体认同感,因此把可能变为现实就成为一项十分艰巨的任务。

两德统一工作包括按照西德地区惯例和组织模式对东德各省进行重整,这使民主德国(东德)各大学的人事和组织结构发生了变化,很多东德大学的新任领导是来自西德的学者。重大的公共投资使变革具有可行性,实际上,大量的资金投入令德国东部的学习环境比西部更具有吸引力。据此,德国赋予自身新的定位:成为欧洲区域合作的轴心而非旁观者。

随着苏联影响的终结,忠诚意识不复存在,并且当时各国正处于开拓边界的时期,所以欧洲更多地走向了分离而不是联合。以德国为例,由于东德地区进行的经济和社会变革,原来公认的共享团结的政治模式很快便销声匿迹,放任主义似乎成为方便实用的解决方法。经过几年的时间,欧洲从原来的满怀壮志变得对未来迟疑迷茫,表明当时的世界缺乏共同准则,社会充满利益集团之间的激烈斗争。

1948 年到 1989 年,世界处于两极政治格局时期,南斯拉夫扮演了调停者的角色:使对峙双方可以在贝尔格莱德、萨格勒布或亚得里亚海海岸

会晤。20世纪60年代开始,贝尔格莱德大学和南斯拉夫大学联盟每年都在杜布罗夫尼克旧城联合举办研讨会,即“当今的大学”年度研讨会,为欧洲东西部国家和地区的学术关系提供了一个中立空间,促进了多边学术合作。1971年,大学校际中心在杜布罗夫尼克旧城成立,研讨会的国际作用得到认可。然而,随着东欧剧变,南斯拉夫丧失了其特殊地位,南斯拉夫联盟最终于1991年分崩离析。斯洛文尼亚和克罗地亚率先宣布独立,并强调各自的文化特性。1992年,战火波及波斯尼亚,塞尔维亚试图维持自己先前在该地区的优势地位。大学作为文化中心成为种族清洗的首要目标,位于奥西耶克、萨拉热窝和杜布罗尼克旧城等地的学术中心遭到轰炸或烧毁。1991年夏季学期,贝尔格莱德政府驱逐了在原塞尔维亚自治省 558
科索沃任教的以阿尔巴尼亚语为母语的教师;同年10月,政府关闭了面向以阿族语为母语的学生开放的普里什蒂纳大学。为了应对当时的局势,使用阿尔巴尼亚语教学的非官方普里什蒂纳大学于11月成立,学校采用原有的组织结构并以半地下的状态运转了八年。另一个未得到官方认可的以阿尔巴尼亚语为教学语言的学术机构位于马其顿的泰托沃。1991年,马其顿脱离南斯拉夫,但到1993年才在国际上获得认可。1998年,米洛舍维奇执政的贝尔格莱德政府通过了一项法律,目的是抑制塞尔维亚大学的自治权。新法律规定,此后由内阁直接任命大学校长和其他重要职务。此举引发了教授辞职和学生罢课,其中很多人决定建立一个非传统学术教育联合组织(AAEN)来维护宽容和具有批判意识的传统学术价值观。

1999年,北约组织攻打南斯拉夫,最终由联合国接管科索沃地区。2000年,米洛舍维奇政府下台,由非传统学术教育联合组织成员领导塞尔维亚大学体系的重建工作。欧洲学术界,特别是欧洲校长常设会议,对塞尔维亚地区大学日益恶化的处境非常关注。早在1990年,该组织就委派特别学术工作组在巴尔干地区进行斡旋。在匈牙利、德国、瑞典、瑞士四国和一些大学的资助下,工作组帮助前南斯拉夫受到压制的学者与国际学术界保持联系。为了限制米洛舍维奇政府任命的大学校长染指欧洲学术界,欧洲校长常设会议于1998年做出决议,暂停塞尔维亚大学的成员资格。欧洲委员会、联合国驻科索沃特派团、欧盟和欧洲校长常设会议一起合作，组织会议、暑期学校和国际审核活动，为重建塞尔维亚地区高等教育的教学和管理做出了贡献。

面对新形势，欧共体迅速做出反应，1989 年便决定实施坦帕斯计划，后来，该项目对前社会主义国家高等教育的重建起到了促进作用。项目最初在波兰、匈牙利和捷克斯洛伐克开展，并很快扩展到其他大多数欧洲中东部国家，帮助大学院系从欧盟获得现代设备并和其他欧洲大学建立新的联系。欧盟成为政治改革和转型的主要焦点。二战结束后，欧洲被铁幕所分离，奥地利、芬兰和瑞典三国靠近分界线。1995 年，这三个国家加
559 入欧盟，欧盟的影响力继续增强。20 世纪 90 年代，欧盟成员国大学生交流项目的规模持续扩大，伊拉斯谟计划的成功实施便是具体表现。该项目自 1987 年启动以来吸引了成千上万名参与者，是重要的欧洲合作项目。其成功依赖于教授们同意把自己讲授的课程与其他国家同类课程加以对比并调整教学，从而对本国学生和外国交换生形成一套相同的评价体系。这套评价体系在实践中被转化至欧洲学分互认体系。前共产主义国家把参与伊拉斯谟计划看作是欧洲身份的证明。因此在 20 世纪 90 年代末，中欧和东欧国家甚至不惜以牺牲部分经济资助为代价，要求脱离坦帕斯计划（参与该计划被视作具有成为欧洲一员的资格和机会），加入伊拉斯谟计划。“欧洲兼容性”对这些国家进行大学改革的推动力比对欧盟成员国大学更强。对欧盟成员国来说，欧洲维度不过是学术流动的一个细微方面而已。90 年代末，《索邦宣言》和《博洛尼亚宣言》的签署改变了整个局面。④ 最初使原“铁幕”两端各国大学走到一起的联合活动仍然非常频繁。例如，1990 年在格但斯克成立波罗的海大学校长会议，该组织以创办于 1983 年的多瑙河大学校长会议为模本。之后，类似的组织纷纷建立，如阿尔卑斯-阿德里亚大学联盟、阿莫斯大学联盟（欧洲东南部）和黑海大学联盟，这些组织把传统的东欧与西欧大学联系到了一起。

随着俄罗斯共产主义政权的终结，它被迫重新进行自我定位。首先，俄罗斯把美国高等教育视为学术质量的标准和改革的手段。新标准和新

④ 有关这两项分别签署于 1998 年和 1999 年的政府宣言，参见第 567-572 页，宣言要求将欧洲高等教育转变为统一的探索和传播知识的体系。

手段被特别用来改革原来按照马克思主义路线进行教学的科目。1989 年以后,美国的大学、基金会和政府机构在大多数前社会主义国家中开展重要项目,推动这些国家和地区进行改革,包括推动各国建立私立大学和跨国创办中欧大学。中欧大学始建于布拉格,后迁至布达佩斯,使用索罗斯基金为顶尖学生提供研究生教育,这些学生包括从俄罗斯等地招收的学生。对尚未习惯把英语当作国际交流通用语言的国家而言,用英语教学是一项重要改革。二战后,在美国的支持下,萨尔斯堡论坛在奥地利设立,该智力合作机构从 1995 年开始邀请欧美各国学术领袖共同参与有关中欧和东欧大学管理的广泛合作项目。1998 年后,俄罗斯也参与了合作。针 560
对欧洲创新问题,欧洲校长常设会议于 1991 年在当时的列宁格勒召开会议,讨论提高高等教育质量的策略问题。在 1993 年 2 月召开的后续会议中,欧洲校长常设会议和圣彼得堡大学共同召集研讨会,邀请独联体成员国⑤中有意把坦帕斯计划扩展至前苏联国家的政治和学术领袖参加研讨(即后来的第二期坦帕斯计划)。各种类似的活动在接下来的几年中持续开展,并得到欧盟及德国、荷兰、芬兰、瑞典等成员国的支持。虽然俄罗斯大学因为财政问题遭受了严重的人才流失(包括教师和学生),但从总体来看,并没有对 20 世纪 90 年代欧洲的学术发展造成影响。

20 世纪 90 年代的主要问题:质量和流动

作为知识结构的网状体系,大学是社会一体化的核心,它向各界表明在欧洲大陆各国工作和生活条件存在巨大差异的情况下展开合作的迫切性和可能性。流动和质量在克服结构差异方面具有巨大潜能;相关话题的频繁探讨贯穿于 20 世纪 90 年代。质量和流动是一个概念性问题。欧洲运动的奠基人曾在二战期间和战后提出:如果人才、商品和资金都能够流动并且具有可比性,那么区域一体化必将得以实现。实现一体化不能简单地为了融合而强行使用统一模式,而是需要生产者、国家、政府(以及

⑤ 独联体:独立国家联合体(Commonwealth of Independent States),由除波罗的海三国以外的苏联加盟共和国组成。

大学)认识到他们之间的共同点,在此基础上制定趋同政策并将之转化成可以被普遍接受的规则,即欧盟所采用的倍增策略。由于需要所有相关人员和国家或者至少其中的大多数达成共识,所以这种做法常常显得比较烦琐且见效缓慢。多年来,不同区域形成了不同的观念,这些观念所达成的共识是使用比较法或质量原则来制定共同的程序、形式和标准。人们希望通过这种方式减少个人和国家经验的浪费,并使欧洲不同地区居
561 民的工作技能和知识水平相当。由此产生一致的质量话语方式,促进人才和思想流动。

学术界流行这样一种观点:虽然高等教育机构中教师和学生的日常教学生活似乎主要受国家利益的影响,但学术活动在本质上具有国际性。在新兴国家,重建的民族认同感与更加强烈的回归欧洲的迫切愿望形成冲突。经历了 40 年的国际主义后,中欧和东欧地区的智力精英需要了解以前无法接触的本民族历史。尽管有些神秘,但只有在了解民族历史之后,他们才能把自己的文化特征与更大范围的欧洲联系起来。单就有关质量问题的讨论来说(如寻求通用标准),即便不完全是空想,也是非常的理想主义。但和流动问题联系起来,质量问题就变得务实了:欧洲各国的经验有何相似之处?如果有相似点,是否可以参与欧洲所有国家和地区的共同活动?通用标准适用于一般需求,其实用性和可行性使其在生产行业比在服务行业更容易得以建立。例如在高等教育领域,虽然从理论上讲各国学术界都致力于追求真理,但仍然很难确立一个统一的标准。

有些人认为,反映学科动态是学术活动的固有价值,多年来,各个领域都形成了卓越标准,这些领域的科学家将之视为衡量质量的指标。有些人则以过程为导向,认为无论是在科学、社会还是政治方面,教育机构一旦确立目标,所谓质量就在于能否快速有效地实现既定目标。还有些人注重实用,关注学术活动的成果是否像预期那样服务于社会。20 世纪 80 年代,法国、荷兰和英国试行了各种评估程序,结合上述三种方法建立起不同的大学组织结构。20 世纪 90 年代,欧洲委员会将该话题的讨论范围扩大至所有欧盟成员国。与此同时,东欧大学体系的全面改革引发了政府的疑问:大学能否实现高学术水平运转?尤其是在有些地区,传统大学无法满足社会对高等教育日益增长的需求,因此政府要批准建立很多

私立高等教育机构。在这种情况下,大学是否还能保持较高的学术水平?为促进质量领域的合作,欧洲校长常设会议于1991年春天召开了前文中提到的列宁格勒会议,主题为高等教育质量管理。同年秋天,在乌特勒支继续召开会议,荷兰在形成以大学为驱动的质量评估中取得的经验使欧洲校长常设会议成员受到鼓舞,开始考虑开展项目来分析学术机构的质量策略。欧洲大学协会代表其成员(包括东欧和西欧地区)负责项目的实施,同时帮助它们提高能力以迎接质量竞争。1995到2003年间,来自35个国家的100多所大学同意公开教学活动和管理程序,接受欧洲其他国家拥有先进经验的同行提出的批评与建议,这些都促进了共同话语及相同观念的发展,并反映出整个欧洲学术改革的需求。 562

1991年,欧盟委员会在《欧洲高等教育备忘录》中提出质量问题。当时,各成员国正在对高等教育评估程序进行实验,评估主要关注大学课程的相关性、成本和效率而非教学与科研制度的合理性。关注课程反映出社会责任的必要性,而强调质量管理则使大学自身在面对各种责任和义务时具备做出制度变革的能力。尽管评估的概念和模式已在欧洲大部分地区进行测试,并且是通过非常相似的方式,但仍有人强调国家特征和差异。因此,政府和质量评估机构同意在各国具体实践时就当地情况进行了解和交流,但却拒绝使用通用的评估方式和标准。1993年,欧盟大学校长会议联合会接受委托对质量管理进行研究。1994年,欧盟委员会在此基础之上开展了许多试点项目。受此影响,15个欧盟成员国在1998年提议将各国实践对比加以制度化。

政府拒绝接受通用标准主要有两个原因:一是对欧洲集权和无序官僚机构的恐惧,担心中央政府在大学课程建设和学术教育发展中的地位被降低;二是高等教育机构的自治权日益扩大,高等教育和科研体系的发展使大学的经济支出持续增加,因此扩大自治权通常是出于财政原因而非意识形态的原因。拥有自治权后,大学和科研机构可以向外部广泛地寻求资金支持。学生和资助者的定位和概念由此变成了“客户”,美国高等教育学家伯顿·克拉克从这种变化中获得启示,在研究了五所欧洲创业型大学的发展轨迹后撰写出一部影响巨大的著作。⑥ 在欧洲，很多国家的教育部不愿继续监督学术活动中的细枝末节。从 90 年代起，法律开始代
563
替国家对学术活动进行公共监督。质量问题事关高等教育机构自身的发展，相关争论在高等教育机构中迅速升温，而政府则通过检查来确认教育质量是否得以保持。但是，这样的责任划分并没有推动整个欧洲维度下高等教育质量评估的发展。

讨论过质量问题之后，我们再来看看流动问题。流动凸显了整个欧洲大陆高等教育对欧洲维度的需求。事实表明，伊拉斯谟计划和可米特计划非常完美地展现出高等教育机构在活动和目标上的共性。欧盟委员会很快就在项目执行的过程中遇到了困难，因为他们很难使众多大学不同系部(在可米特计划中是不同的公司)达成一致。为简化行政监管，伊拉斯谟计划和可米特计划(现改名为达·芬奇计划)于 1995 年被纳入新的苏格拉底计划，委员会不必获得大学各个系部的同意，而是直接和学校签订协议。最终，大学领导者意识到，很多欧洲活动都是在大学中形成发展的。他们发现大学不仅在欧洲有着出色的表现，而且还有责任继续追寻更多的成就。这意味着 2000 所参与苏格拉底计划的大学都可以为了自身发展而推动欧洲政策的制定。为强调此战略，欧盟委员会从 1995 年开始要求参加该计划的大学针对欧洲政策问题提交报告，说明其在推动欧洲学术发展事务中的优势和劣势，及其未来三年内计划为发展和巩固欧洲实力而采取的措施。

欧盟委员会要求欧洲大学协会从上述角度监督苏格拉底计划的实施。通过几年的努力，欧洲大学校长常设会议分析了提交的报告，并通过走访数百所大学了解目标和实践之间的差距。最初，资助数额和大学的欧洲视野之间并没有关系，而到了第二阶段，随着苏格拉底计划的更新，经费多寡开始和学校的欧洲视野相关。最终，欧洲一词在大学里，至少在核心层面不再只是口号。根据苏格拉底计划，欧盟委员会不仅坚持主张学生的流动，还强调建立便于流动的机制，例如教师交流、联合课程研发、通用的欧洲学分互认体系(即欧洲学分制)等。然而，由于外部支持非常

---

⑥ B. R. Clark, *Creating Entrepreneurial Universities* (Oxford and New York, 1998).

少,这些补充机制相对于学生流动来说仍是次要方法。至2002年,参与伊拉斯谟计划的成员国中交换生的数量累计超过100万人。该计划成为欧盟最引人注目和最受欢迎的项目,充分证明了跨文化学习对实现欧洲一体化的重要性。

这些项目的成功彰显出大学在欧洲一体化过程中的作用。欧洲大学通过参与各种跨国和国际合作项目确立了欧洲形象,并在欧洲其他国家建立了良好声誉。因此,欧盟以外国家的大学也强烈地希望参与项目,或至少可以借鉴项目中的活动,例如在中欧和东欧的前社会主义国家和瑞士等联邦制国家,政府负责支付项目的全部费用,而在欧盟项目中,通常是由欧盟出资。非欧盟成员国的大学生则希望从欧洲大陆其他地区同类机构获得的文化合作机会中受益。

欧盟推行的学生交换方式在欧洲其他国家和地区同样可行。举例来说,欧洲学分互认体系为大学生提供了新的学习评价方式,不再完全依靠考试成绩进行评估。1999年,捷克还没有参加苏格拉底计划,而某外国顾问团在摩拉维亚地区的布尔诺参观马萨里克大学时,却惊讶地看到,校长已经决定在校内使用欧洲学分互认体系,来比较不同系部学生的学习任务。最初,学分互认体系只是一个转换体系,是大学用来促进流动的工具;后来,该体系被应用于所有学科并贯穿大学教育各个阶段,转变成学分累积体系。90%的大学生根本没有机会出国学习,而在这一互认体系中,评估方式变得公开透明,具有可比性,从而使学生可以从中受益。非欧盟国家的大学创新地使用欧洲学分互认体系(马萨里克大学并非特例),预示了1999年启动的博洛尼亚进程所实施的以兼容为目标的学分体系。这些现象同样清楚地表明,无论是否属于欧盟成员国,欧洲大陆所有的大学都开始发现自己的欧洲维度。

苏格拉底计划的另一要素是专题网络的发展,尽管没有受到欧盟的重视,但它却影响着整个项目的推进。最初,各学科教师的奉献精神和兴趣是苏格拉底计划取得成功的基础,教师的合作研究成为大学与欧盟正式签署合同的核心。当大学负责管理学生交流活动时,教师可以在项目初期借助专题网络从事比较工作。欧洲各国的历史学家、化学家或者地理学家就可以一起讨论学生在各领域对教育的需求。对于历史学家、化

学家或地理学家所应了解的知识，欧洲是否有着自己的认知？这个问题
565 促进了调整项目的推出，该项目由欧盟提供支持，旨在使欧洲在高等教育
问题上达成共识，为博洛尼亚进程提供参考。

伊拉斯谟计划和苏格拉底计划在欧洲的成功对高等教育国际化产生了影响。北美和日本的高等教育在赢得声望和保证成本收益比方面形成了非常成功的体系，欧洲并未加以效仿，而是进行了多元文化尝试，并对外输出自己的成果。因此，在 1993 年，包括日本、澳大利亚和大多数东南亚国家在内的亚太地区大学决定开展亚太地区大学流动计划（该项目与伊拉斯谟计划相似，以推动高等教育流动为主要内容和目的），并于 1998 年引进了欧洲学分转化体系。1997 年发表的《温斯布雷德宣言》呼吁北美各国扩大合作，可见北美地区也从欧洲汲取了很多经验教训，用于克服美国、加拿大和墨西哥三国高等教育的差异。1987 年，由欧盟委员会提供前期支持、由欧洲校长常设会议发起的哥伦比亚项目开始在拉丁美洲实施。拉美国家长期关注与海外高校的国际联系，却忽视了与周边邻国的合作，哥伦比亚项目则同时为大西洋两岸和拉美各国之间开展多边合作打开了大门。欧盟资助的 ALFA 项目（主要内容是促进学生交流）以伊拉斯谟计划的成功经验为基础。亚洲欧盟合作项目亦是如此，其目的是以某些特定学科为依托，以每个具体项目至少有三家高等教育机构参与的多边合作为基础，促进亚欧学术交流。由此，欧洲模式通过欧盟委员会推行的洲际合作得到了宣传，同时世界其他地区的决策者也研究欧洲模式并从中获得启示。欧洲把趋同目的的相似性作为实现国际化的途径，从某种程度来讲，这对其他高等教育体系的吸引力越来越强。在关贸总协定谈判中，高等教育全球化成为可以进入市场进行销售的服务产品，那么上述欧洲模式在这种更加广泛的讨论范围中是否依然有效呢？

1995 年，乌拉圭回合谈判结束，为二战后一直持续的关税与贸易谈判画上了句号。各国政府决定把关贸总协定升级为世界贸易组织，其性质为独立的国际组织。同时，各国政府还决定将谈判范围从货物领域扩展到服务业领域。现在，世界货物领域已基本实现贸易自由，而服务业是国际经济中增长最快的部分，各国政府仍对其采取了很多地方保护措施。尽管教育不像银行、保险、交通运输和卫生行业那样具有明显的特征，但

也属于服务业。有些国家希望讨论教育服务的贸易自由化,借此向外输出本国高等教育的经验和知识,或引进国外经验和技术来刺激国内的市场竞争。直到2001年,该问题才引起高等教育界领袖的重视,但是所有相关的讨论活动都被贸易谈判代表所掌控。他们很少向教育界的部长级同仁咨询,也不从学术角度向教育机构征求意见。总体来说,欧洲高等教育领域于20世纪90年代末做出的创新在国际范围广受赞誉。

各国政府考虑要在WTO框架内取消某些限制性条款,尽管一直受到这些条款的限制,欧洲高等教育仍然得到其他联合国机构尤其是联合国教科文组织的全力支持。1997年,在欧洲大学校长常设会议和欧洲高等教育中心⑦的支持下,来自40多个国家的400所大学的校长在巴勒莫举行会议。由于世界高等教育大会将于一年后在联合国教科文组织总部巴黎举办,所以这次会议的主要内容是为欧洲参会做准备。1998年,来自世界各地的4000余名代表参加了世界高等教育大会。会议明确指出,作为众多国家和各种问题的集汇之处,欧洲的高等教育观念明显不同于世界其他地区。在面对外部问题时,欧洲大学发现其共同点要多于预期,并且能够在此基础上形成共同的自我理解。举例来说,大多数欧洲国家认为政府部门在高等教育活动中是必不可少的。这种观点的理念基础包括:高等教育是一种“公共财产”;高等教育的发展决定社会未来的整体格局,其作用不仅仅是帮助希望找到高薪职业的毕业生获得利益,也不只是使学术训练成为“个人财产”或者改变个人社会地位的跳板。因此,大学正与政府形成伙伴关系,政府也希望赋予大学越来越多的自治权。1997年,在欧盟委员会和联合国教科文组织的支持下,欧洲各国就学位认证问题签署了《里斯本公约》,确立了合理的欧洲高等教育模式,后来被并入博洛尼亚进程。

欧洲一体化政策的回归

1998年5月,时任法国教育部长克劳德·阿莱格尔在巴黎主持古老

⑦ 欧洲高等教育中心(Centre européen pour l'enseignement supérieur),CEPES,1973年,由联合国教科文组织成立于罗马尼亚首都布加勒斯特。

的索邦大学建校 800 周年庆祝大会。英国、德国和意大利教育部长受邀参
567 加庆祝活动。邀请这三位部长不仅仅是出于外交礼节，也是为了请他们主持活动中为期两天的小组讨论。讨论活动还邀请了大学校长、教授和学生，以及来自工会、媒体和企业的代表。讨论的目的是倾听那些直接受益于大学教育和研究的人士的想法。四国教育部长和相关人士一起讨论促进欧洲高等教育发展所需的政治环境。最终，大会签署了《索邦宣言》，要求政府和高等教育机构协调学术服务和大学条款之间的关系。宣言向提出欧洲一体化理念的欧盟委员会提出了挑战，并使欧盟其他国家政府感觉受到了挑衅，认为英、法、意、德“四大巨头”占据了主导权并且无视周边小国的意见。他们提议发起政府间合作，给欧洲一体化注入新的活力。这种合作在官僚主义的牵绊下，尤其是在以欧盟为代表的“集权式联盟”中，跌跌撞撞前行。

为了回应欧洲边缘国家的担忧，意大利教育部长路易吉·贝林格于 1998 年秋邀请 15 个欧盟成员国和所有对高等教育改革感兴趣的欧洲国家参加 1999 年 6 月在博洛尼亚举行的会议。“四大巨头”同意以《索邦宣言》为基础签署新宣言，以满足更多参与此次部长级峰会国家的要求。在巴黎，各国教育部长和来自大学的代表一起展开讨论；而在博洛尼亚，第一天的讨论则只涉及学术问题。欧洲大学校长常设会议主席把针对提案的讨论结果提交给各国政治首脑。会议第二天，各国部长签署了《博洛尼亚宣言》，确定了与会各国政府在 2010 年建立起欧洲高等教育区的计划。当时，芬兰和匈牙利先后担任欧盟轮值主席国，他们在东道主意大利的支持下组织了初期工作。1999 年 6 月，意大利政府向 29 国部长提交最后草案。经过激烈的讨论，各方最终在圣卢西亚礼堂正式签署宣言。各国部长同意两年后在布拉格举行后续会议。

《博洛尼亚宣言》具有以下三个优点：

1.该宣言是一个意向书，而非协议，不需要各方在具体问题上做出妥协和让步。因此，宣言提出一系列目标但不设限制，例如对欧洲高等教育的远景规划是建立欧洲高等教育区。

568 2.该宣言是一个日程表，计划于 2010 年完成欧洲高等教育区的建立。

3.该宣言是一个行动指南，为各国政府提出六种实现欧洲高等教育区

的方法：建立两级学位结构（文学学士和文学硕士）；在学位证书中添加附录，详细列出学生在校期间的学习内容；将欧洲学分互认体系发展为学分积累体系；提高学术质量；加强学术流动；促进课程欧洲化。

该宣言既没有自诩为蓝图，也没有贸然规定计划于2010年建成的欧洲高等教育区应具有什么样的特征。宣言给未来留下无数种可能，并提供了一些操作方法，各国需要在为何以及如何运用这些方法上达成共识。这些方法已经过讨论并在欧盟的高等教育流动项目中得到检验，其中包括提供项目资助、文凭附录、欧洲学分互认体系和欧洲课程开发。两级学位结构的提出源于《索邦宣言》，高等教育的质量问题则长期在欧盟内部饱受争论。《博洛尼亚宣言》的新意在于使上述各项得以结合并相互加强。所有出席博洛尼亚会议的国家政府都把高等教育改革列入议程，并通过完善欧洲政府间合作扫清大多数障碍。《博洛尼亚宣言》延续了1998年《索邦宣言》提出的合作形式，要求和学术界及其代表，如欧洲大学校长常设会议、欧洲大学协会、欧盟大学校长会议联合会、欧洲各国学生联合会、欧洲学联等组织长期保持对话和伙伴关系。这些非政府组织在2001年布拉格峰会的筹备工作中起到了关键作用，并和欧盟委员会、欧洲理事会及欧洲高等教育机构协会合作，在筹备2003年柏林峰会和2005年卑尔根峰会的过程中推动各国保持政治对话。各方从彼此缺乏信任发展到相互合作，博洛尼亚进程因此而成为促进签约国进行相应的立法改革和行政改革的重要环节。大学、国家和整个欧洲都在不同范围召开会议讨论改革问题，会议邀请政府和大学的专家学者参加。学者们以欧盟委员会提出和资助的研究项目为基础，将欧洲大陆各国相关经验进行对比。博洛尼亚进程在内容、实施和涉及地域等方面均具有开放性：在布拉格峰会中，又有包括土耳其在内的4个国家加入；在柏林峰会中，签署加入的国家总数达到40个，其中包括俄罗斯。 569

对学习者、教师和管理者而言，2010年后博洛尼亚进程的目标是在欧洲共同知识空间内实现自由流动。参与者可以在其他国家享有与本国类似的资源：

1.同样可以进入众多高等教育机构学习并与当地学生接触；

2.同样可以通过获得个人和学校资助以发展学业；

3.同样的服务、技术和能力评估与认证(方式);

4.相似的工作和就业环境。

《博洛尼亚宣言》提出的方法旨在构建优秀的欧洲高等教育模式,从而推动某些疑难问题的讨论,如终身学习、大学生对教育(体制)建设所做的社会贡献、欧洲高等教育对世界其他地区的吸引力(各国教育部长在布拉格峰会提出的新主题)、教学与科研之间的联系(柏林峰会所强调的问题)。

签署《博洛尼亚宣言》所处的时代需要欧洲大学和政府适应并遵守新的规则。宣言加快了各国高等教育变革的步伐,同时也独具特色,是高等教育领域的共同事务,从大学生到教育部长人人参与。在这样一个滚雪球式的发展进程中,签约国首当其冲受到巨大影响,之后其影响力再延伸至世界其他国家和地区。另一方面,博洛尼亚进程也面临一些阻力,阻力最初来自一些大学生和教授,他们认为政府当局和大学形成合作就意味着对学术利益的背叛,会使高等教育流于商业化并受制于国际经济合作战略。这给该项目和关贸总协定中针对服务贸易问题的讨论带来了困扰,似乎政府建立欧洲高等教育区的目的是实现个人利益驱动下的全球化。2001 年秋,欧洲大学协会⑧、美国教育理事会和加拿大大学与学院协会签署联合声明,引起了欧洲和北美各国教育部长及高等教育机构的注
570 意。他们意识到,各国商务部长在对服务贸易问题展开讨论之前不向学术界和相关人士咨询和征求意见的做法是十分危险的。虽然(服务)供应商在高等教育体系中运营,但他们关注的是企业利润的增长而非高等教育体系的发展。为应对这样的威胁,支持高等教育发展的人士在各国和世界贸易组织举办的会议中四处奔走游说,提出高等教育应当成为国家发展战略中的关键因素。因此,在布拉格和柏林峰会上,欧洲各国政府重申了高等教育作为公共利益在贸易、就业和科研转化中的重要性。

《博洛尼亚宣言》通过为学生提供多种选择和出路降低了辍学率,使

⑧ 欧洲大学协会(Association of European Universities),成立于 2001 年 3 月 31 日,其前身为欧洲大学校长常设会议。欧洲大学校长常设会议和总部位于布鲁塞尔的欧盟国家大学校长联盟均积极参与了《博洛尼亚宣言》的准备工作,有些大学在两个组织中同时设有代表,从外界来看这种情况显得非常怪异。因此,两个组织决定合并成唯一的欧洲大学联合机构,欧洲大学协会正是在这两家机构合并的基础上成立的。

希望仅用3年时间完成学习之后便就业的学生不再觉得上大学是浪费时间。但是,如果大学像这样提供可以轻易完成的本科教育(3年即可获得学士学位),而只把硕士学位作为真正的学术学位,是否也剥夺了年轻人接受高等教育的权利呢?据政府预测,60%的大学生希望完成本科学习后继续深造,而政府却无法筹集到可以满足如此大规模需求的各类资源,因此新的两阶段学位体系会剥夺大多数学生接受真正意义上高等教育的机会。长期遵循传统程序的学术团体已经在改革的推动下转型,而另一方面,变革遇到的阻力也在增加。因此,法国意识到,原本在欧洲各国被认为是对等的评估方法一经比较就会显示出差异。以前民族主义者针对教育质量的争论又被用来反对旨在推动欧洲融合的博洛尼亚进程。此外,有些改革显得草率,其速度也招致了反对者的攻击。他们批评意大利在不到18个月的时间内重新设置了约1600门课程,实际上却不过是给课程换了新标签而已。但由于欧洲普遍渴求改革,再加上大量伊拉斯谟计划等教育流动项目受益者的极力主张,对博洛尼亚进程的各种抵制只能是徒劳的。然而,无论有多少优点,该项目采用的方法在面对不同观念时仍有可能遭受失败,最终仍会走向瓦解。

欧洲融合有助于世界其他各大洲形成具有连贯性和延续性的高等教育体系。拉美国家不但讨论了本国学术界类似的发展问题,还利用《博洛尼亚宣言》的方法推动创建了欧洲-拉丁美洲高等教育区。2003年,德国主办的柏林峰会邀请拉美国政府官员作为观察员参加部长级对话,使教育园区的创建迈出了重要的一步。博洛尼亚进程,特别是其以促进区域融合为目的的对比模式,引起了北美、亚洲和非洲国家的兴趣。尽管如此,欧洲大学教育的吸引力还是无法与美国形成有力的竞争。 571

欧洲高等教育模式

在过去9个世纪里,大学一直是欧洲的重要机构,但大学的特征从法国大革命时期开始演变。当时,社会中的民族主义为大学的发展提供支持,因此大学便以各种不同的方式容纳了民族主义。欧洲一体化运动于1945年后开始兴起,但大学却在形成欧洲维度上进展缓慢。起初,其活动内容主要是促进大学生、大学教师和思想的交流，特别是欧洲和北美大学的交流，并不是国际关系中的重要内容。而随着欧共体成员国及其联盟组织认为应当在欧洲实现人员、货物和资金的自由流通，欧洲一体化慢慢变成了一种责任。1989 年，柏林墙倒塌，东欧剧变，随之出现了亟待回答的、有关理念及其实施的问题。何为欧洲？欧洲文化模式的元素是什么？如何定义欧洲的核心特征？大学在其中扮演怎样的角色？博洛尼亚进程就是对上述问题的回答，该项目以对比、趋同以及合作为基础，需要政府、高等教育机构、大学生和大学教师共同参与。欧洲融合的目标自古有之，博洛尼亚进程则采用了新的方式。

1988 年，在博洛尼亚，大学强调其在欧洲各地所起作用的相似性，即某项智力活动网络中的节点。大学以分散的方式证明欧洲是一个文化实体。直到 1999 年，欧洲各国教育部长在博洛尼亚举行会议，启动新的学术一体化进程，大学才作为欧洲文化元素进入公众领域。《博洛尼亚宣言》提出的方法使欧洲学术一体化的层次更加深入。尽管文凭附录的使用和学士/硕士两级学习体系为各国高等教育带来了变革，但却没有考虑到其他成员国的需求和目标。为了推动高等教育流动，实现学分累积和发展联合学位，用于比较学习效果的欧洲学分转化体系势必使各国高等教育课
572 程和大学活动产生变革。因此，更要考虑和适应各国的需求和目标。⑨ 质量评估合作最终把高等教育从具有可比性转化至具有兼容性，这样各国大学才会信任整个欧洲高等教育的水平。博洛尼亚进程的每个阶段都需要在高等教育领域建立更多共同的目标和措施，至 2010 年，教育服务可以像有形商品一样在欧洲大陆所有地区实现自由流动。

博洛尼亚进程在结构上与本书存在相似之处。二者都是从与国家相关转向与教学发展相关；从人文和可利用财政资源研究转向课程和学生生活研究。如果博洛尼亚进程能够成功实施，教育机构就可以与出版商、传媒公司或其他专业公关公司合作，利用欧洲各地所有的人力和经济资源来发展和宣传其最具吸引力的教育服务，其形式非常多样，可以是课

---

⑨ 这正是调整项目（Tuning Project）的目标，2001 年后，该项目在欧盟的支持下把各大学的代表组织起来，探究整个欧洲地区大学课程的共同特征。

程、科研项目、资料或者出版物等。各年龄层次的学生可以根据自己的兴趣、职业发展和社会责任选择最为便利的教育服务。2000年，欧盟首脑里斯本峰会提出要建立知识型社会。教育服务还包括统一的评估体系，用来比较教育服务的价值。该体系就像是知识领域中的欧元，能够衡量知识型社会的兼容性和凝聚力。因此，除了探索知识(大学是创新主体)和储备知识(大学是储备场所)之外，高等教育的功能还包括明确阐释欧洲在经济、社会和文化方面新的共同特征——大学能够提出建设性意见。这些意见能够帮助欧洲在寻求公共利益而非谋取个人私利的基础上提高实现一体化的可能性。这样一来，21世纪的欧洲大学模式便会继续沿袭其自中世纪以来便具有的三大基本职能，并且必定与美国模式有所不同。

20世纪，美国大学在高等教育领域担负了全球性的责任。到2010年，欧洲大学能否在自身凝聚力方面具备足够的信心，并像美国大学那样担此重任？建立“欧洲堡垒”是欧洲一体化一项隐含的主题。欧洲国家个体无法直接应对来自欧洲外部的压力，因此要通过建立欧洲堡垒使欧洲大陆成为整体，从而拥有辽阔的疆域和强大的经济实力，形成一套欧洲保护体系。欧洲在高等教育领域的某些新举措似乎是为了建立堡垒。作为《博洛尼亚宣言》内容的一部分，欧洲竞争力就是要努力吸引顶尖人才来推动欧洲大陆的长期发展。2004年启动的伊拉斯谟世界项目获得了充裕的资金支持，尽管这种支持可以被视为欧洲式的放任，但(复杂多元的)博洛尼亚进程所具有的生机活力，还是能够帮助欧洲提升信心，使之在没有 573
堡垒的情况下也有能力创造美好未来。将来，欧洲高等教育界与世界其他各地高等教育的关系将会成为真正的考验。

位于欧洲地理范围内的大学历史悠久，其理想的发展结局是形成整个欧洲意义上的大学(群)，在更广的世界范围表达和捍卫欧洲文化的整体特性。

精选文献

A *travers l'histoire*, CRE-Information, 39, Geneva, 1977.

Carrier, H. *Rôle futur des universités*, Rome, 1975.

CRE: *40 Years of History*, CRE-action, 115, Supplement, Geneva, 1999.

Daxner, M. *Die blockierte Universität*, Frankfurt, 1999.

Marga, A. *University Reform Today*, 4th edn, Cluj, 2005.

Minogue, K. R. *The Concept of a University*, London, 1973.

Neave, G. *Abiding Issues, Changing Perspectives: Visions of the University across a Half Century*, Paris, 2000.

Neave, G. 'Apocalypse Now: The Changing Role of the University in the Emerging Information Society', in A. Tuijnman and T. Schuller (eds.), *Lifelong Learning Policy and Research*, Stockholm, 1999.

Neave, G. 'The Bologna Declaration: Some of the Historic Dilemmas Posed by the Reconstruction of the Community in Europe's Systems of Higher Education', *Educational Policy*, 17:1 (2003), 14-64.

Sonder le passé à la recherche de l'université, CRE-Information, 69, Geneva, 1985.

Steger, H. -A. (ed.) *Das Europa der Universitäten/L'Europe des Universit' es/The Universities' Europe: Entstehung der ständigen Konferenz der Rektoren und Vize-Kanzler der europäischen Universitäten 1948—1962, Dokumentation*, Bad Godesberg, 1964.

Stewart, W. A. C. *Higher Education in Postwar Britain*, London, 1989.

Town and *Gown*: *The University in Search of its Origins*, CRE-Information, 62, Geneva, 1983.

Weber, L. *Challenges Facing Higher Education at the Millennium*, Phoenix, Ariz., 1999.

Zimmerli, W. D. *Proceedings of the 1964 General Assembly*,

574 Göttingen, 1966.

附录:1945—1995年欧洲新建大学

瓦尔特·吕埃格

下列名录是以鲁伯·伊列克撰写的《欧洲大学史纲》(日内瓦,1984)为基础编列的。该书是《欧洲大学史》项目的前期预备成果,由欧洲大学校长常设会议筹划并出版。各国的国别条目,部分由各国大学校长会议(欧洲大学协会,EUA)承担,部分是根据相关大学提供的信息修订并完成的。这些大学收录在国际大学协会(IAU)2005/2006年及2006/2007年世界高等教育数据库中。

各国新建大学名录依其成立时间编列，同时包括如下信息 *：

第一栏为成立年份，系指官方承认其授予博士学位权力的时间（“/”指的是举行开学典礼或向学生开放的年份，该年份和大学成立年份不同）。

第二栏为大学所在城市。

第三栏为大学名称。

第四栏为大学前身名称及/或变更后的名称（与年份）。

575 **阿尔巴尼亚（IAU）**			
1957	地拉那（Tirana）	U.	由原工程学院、医学院、经济学院、法学院和理学院合并而成。1991 年失去工程学院
1991	地拉那（Tirana）	Polytechnic U.	
奥地利（EUA）			
1962	萨尔茨堡（Salzburg）	U.	
1962/1966	林茨（Linz）	*Hochschule* of Economics and Social Sciences	1975 Johannes Kepler U.
1970	克拉根福（Klagenfurt）	*Hochschule* of Pedagogical Sciences	
1973	林茨（Linz）	*Hochschule* of Art and Industrial Design	
白俄罗斯（IAU）			
1945	布列斯特（Brest）	Brest ‘A. S. Pukin’ State U.	
1961	戈梅利（Gomel）	Gomel State U. ‘Francisk Skorina’	
1978	格罗德诺（Grodno）	Grodno State U. ‘Janki Kupaly’	1940 State Teacher Training Institute

* 译者说明：在翻译本附录时，为便于读者查阅，译者采取如下方式：第二栏，中文与外文并列；第三栏，大学名称的外文全称，其中“U.”系以地名命名的大学简写；第四栏，尽量保留原文，但解释或说明性文字译为中文。

续表 1

1992	明斯克(Minsk)	Byelorussian State Academy of Music	1932 Academy of Music
1992	戈尔基(Gorki)	Byelorussian State Agricultural Academy	1840 Gory-Gorecky Agricultural School
1993	明斯克(Minsk)	Byelorussian State Technological U.	1930 Forestry Institute
1993	新波拉茨克(Novopolotsk)	Polotsk State U.	1968 Novopolotsk Polytechnical Institute
1994	明斯克(Minsk)	Byelorussian State Pedagogical U. 'M Tank'	1924 Pedagogical Institute
1994	维特伯斯克(Vitebsk)	Vitebsk State Academy of Veterinary Medicine	1924 Higher Agricultural Technical School
比利时(EUA/IAU)			
1965	蒙斯(Mons)	Centre universitaire de l'état	由不同院系合并而成
1965	蒙斯(Mons)	Polytechnical faculty	1837 Mining school
1965	蒙斯(Mons)	Centre universitaire	1971 U. of Mons-Hainaut; 1899 Institute
1968	鲁汶(Leuven)	Katholieke U.	1425 *Studium generale*
1969	新鲁汶(Louvain-la-Neuve)	U. catholique	1425 *Studium generale*
1969	布鲁塞尔(Brusseles)	Facult'es universitaires Saint-Louis (FUSL)	1898 Facult'es universitaires Saint-Louis
1969	布鲁塞尔(Brusseles)	U. libre de Bruxelles	1834 U. libre de Bruxelles
1969	布鲁塞尔(Brusseles)	Vrije U. Brussel	1834 U. libre de Bruxelles
1991	哈瑟尔特(Hasselt)	Universiteit Hasselt	1964 Postuniversitair Centrum, 1991 Limburgs Universitair-Centrum at Diepenbeek-Hasselt, 2005 年更名为 Universeit Hasselt。

576

续表 2

2003	安特卫普(Antwerp)	Universiteit Antwerpen	1965年合并RUCA (Rijksuniversitair Centrum van Antw-erpen,前身为1520年耶稣会商贸学校、1852年荷兰高等商贸学校)、UFSIA (Universita-ire Faculteiten Sint-Ignati-us Antwe-rpen),1971年合并UIA (Universitaire In-stelling Antwer-pen),UFSIA和RUCA开展大学第二阶段和博士阶段的教学
2007	布鲁塞尔(Brusseles)	Hogeschool en Univer-siteit Brussel (HUB)	1969年合并UF-SAL (Universitaire Faculteiten Sint-Aloysius,其前身为1898年Facultés universitaires Saint-Lou-is)和两所高等教育层次的非大学学院(VLEKHO及EHSAL)
波黑(IAU)			
1949	萨拉热窝(Sarajevo)	U.	
1976	图兹拉(Tuzla)	U.	1960 Faculty of mines
577 **保加利亚(IAU)**			
1971	大特尔诺沃(Veliko)	Turnovo St. Cyril and Methodius U.	1963 Teachers Training College
1972	普罗夫迪夫(Plovdiv)	Paillii Hilendarski U.	1964 Teachers Training Institute
1995	布尔加斯(Bourgas)	Prof.Dr. Assem Zlatarov U.	1961 Higher Institute of Chemical Technolo-gy

续表 3

1995	加布罗沃(Gabrovo)	Technical U.	1963 Higher Institute for Mecha-nical and Electrical Engineering
1995	普列文(Pleven)	Medical U.	1974 Higher Institute of Medicine
1995	索非亚(Sofia)	Medical U.	1917 Faculty of Medicine U. of Sofia
1995	索非亚(Sofia)	Technical U.	1945 State Polytechnical Institute
1995	索非亚(Sofia)	Agricultural U.	1945 Higher Institute of Agriculture
1995	瓦尔纳(Varna)	Prof. Dr. Parasker Stoganov Medical U.	1961 Higher Insitute of Medicine
克罗地亚(EUA/IAU)			
1973	里耶卡(Rijeka)	U.	1624 Jesuit College
1974	斯普利特(Split)	U.	
1975	奥西耶克(Osijek)	U.	
塞浦路斯(EUA)			
1989	尼科西亚(Nicosia)	U. of Cyprus	
捷克共和国(EUA)			
1945/1946	布拉格(Prague)	Academy of Performing Arts in Prague	
1946	布拉格(Prague)	Academy of Arts Architecture and Design in Prague	1885 School of Decorative Arts
1947	布尔诺(Brno)	Janácek Academy of Music and Dramatic Arts in Brno	
1950	帕尔杜比采(Pardubice)	Institute of Chemical Technology	1994 U. of Pardubice
1952	布拉格(Prague)	College of Agriculture	1994 Czech U. of Agriculture in Prague

续表 4

1952	布拉格(Prague)	Institute of Chemical Technology	
1953	布拉格(Prague)	U. of Economics	
1991	塞斯科·布德约维奇(Ceské Budejovice)	U. of South Bohemia	
1991	斯特拉瓦(Ostrava)	U.	
1991	奥帕瓦(Opava)	Silesian U. in Opava	
1991	比尔森(Pilsen)	U. of West Bohemia in Pilsen	1948 independent Faculty of Education
1991	拉贝河畔乌斯季(Ústí nad Labem)	Jan Evangelista Purkyne U. inÚstí nad Labem	1954 Faculty of Education
1994	帕尔杜比采(Pardubice)	U.	1950 Institute of Chemistry
1994	利贝雷茨(Liberec)	Technical U. of Liberec	1973 College of Mechanical Engineering
578 **丹麦(EUA)**			
1966	欧登塞(Odense)	U.	
1972	罗斯基勒(Roskilde)	U.	
1974	奥尔堡(Aalborg)	U.	
爱沙尼亚(EUA)			
1951	塔尔图(Tartu)	Estonian Agricultural U.	
1991	塔林(Tallin)	U. Nord	以前的本科民办学校
芬兰(EUA)			
1950	图尔库(Turku)	School of Economics and Business Administration	
1958	奥卢(Oulu)	U.	1956 Teacher training college
1966	坦佩雷(Tampere)	U.	1926 Citizens' College Helsinki

续表 5

1966	于韦斯屈莱(jyväskylä)	U.	Teacher's seminar 1863
1966/1969	拉彭兰塔(Lappeenranta)	U. of Technology	
1972	坦佩雷(Tampere)	U. of Technology	1966 年,赫尔辛基技术大学的一部分在坦佩雷
1977	图尔库(Turku)	Business School	1950 private foundation
1977	瓦萨(Vaasa)	Business School	1966 private foundation
1979	罗帆涅米(Rovaniemi)	Faculty of law and social sciences	
1980	瓦萨(Vaasa)	U.	1966 School of Economics and Business Administration
1982	赫尔辛基(Helsinki)	Sibelius Academy	1882 Helsinki Music Institute
1983	赫尔辛基(Helsinki)	U. of Art and Design	1871 Crafts School
1984	约苏恩(Joensuu) *	U.	1966 Institution of Higher Education
1984	库奥皮奥(Kuopio)	U.	1966 Institution of Higher Education
1987	赫尔辛基(Helsinki)	Theatre Academy	1943 年失去大学资格
1987	罗瓦涅米(Rovaniemi)	U. of Lapland	1979 Institution of Higher Education
1993	赫尔辛基(Helsinki)	National Defence College	1779 Cadet School in Joroinen

法国(IAU)①

* 原文为 Loensuu,经查芬兰无此城市,疑为约苏恩(Joensuu)。——译者注

① 1793 年大学被法国关闭,在较大城市,医学院和法学院(后来还包括文学院、理学院及少数神学院)将其取代。1896 年,同一地区的高等教育机构合并为一所大学,但不具备大学结构。1970 年,依据 1968 年《大学改革法案》,大学得以重建为自治性的公立院校(但仍是法律意义而非结构上的),大城市中的大学被分解为多所小型大学。

续表 6

1964	维勒班(Villeurbanne)	École nationale supérieure des sciences de l'information et des bibliothé ques (ENSSIB)	
1965	巴黎(Paris)	École nationale dugenie rural et des eaux et des forêts(ENGREF)	1824 National School of Water and Forests of Nancy
1968		École des hautes etudes d'ingénieur(HEI)	1885 年失去大学资格
1970	亚眠(Amiens)	U. de Picardie	1964 Centre universitaire
579 1970	塔朗斯(Talence)	U. Bordeaux I	1441 Studium generale
1970	波尔多(Bordeaux)	U. Victor Segale (Bordeaux II)	1441 Studium generale
1970	佩萨克(Pessac)	U. Michel de Montaigne (Bordeaux III)	1441 Studium generale
1970	布雷斯特(Brest)	U. de Bretagne occidentale	1461 Studium generale Nantes
1970	卡昂(Caen)	U. de Caen Basse Normandie	1412 Studium generale
1970	克莱蒙费朗(Clermont-Ferrand)	U. Clermont-Ferrand	1977 U. d'Auvergne (Clermont-Ferrand I). 1854 Fac. lettres, sciences
1970	克莱蒙费朗(Clermont-Ferrand)	U. Clermont-Ferrand	1977 U. Blaise Pascal (Clermont-II) 1854 Fac. lettres, sciences
1970	第戎(Dijon)	U. de Bourgogne	1722 U. Dijon
1970	格勒诺布尔(Grenoble)	U. Joseph Fourier (Grenoble I)	1339 Studium generale
1970	格勒诺布尔(Grenoble)	U. des sciences sociales (Grenoble II)	1339 Studium generale
1970	格勒诺布尔(Grenoble)	U. Stendhal (Grenoble III)	1339 Studium generale
1970	阿斯克新城(Villeneuve d'Ascq)	U. des sciences et technologies (Lille I)	1560 U. Douai

续表 7

1970	里尔(Lille)	U. du droit et de la santé (Lille II)	1560 U. Douai
1970	阿斯克新城 (Villeneuve d'Ascq)	U. Charles de Gaulle-Sciences humaines, lettres et arts (Lille III)	1560 U. Douai
1970	利摩日(Limoges)	U.	1626 School of Medicine
1970	维勒班(Villeurbanne)	U. Claude-Bernard (Lyon I)	1245 Studium generale
1970	里昂(Lyon)	U.Lumière(Lyon II)	1245 Studium generale
1970	马赛(Marseille)	U. de Provence (Aix.-Marseille I)	1413 Studium generale
1970	蒙彼利埃(Montpellier)	U. Montpellier I	1220 Studium generale
1970	蒙彼利埃(Montpellier)	U. des sciences et techniques du Languedoc (Montpellier II)	1220 Studium generale
1970	蒙彼利埃(Montpellier)	U. Paul Valéry (Monepellier III)	1220 Studium generale
1970	南锡(Nancy)	U. Henri Poincaré (Nancy I)	1572 U. Nancy
1970	南锡(Nancy)	U. Nancy II	1572 U. Nancy
1970	南锡(Nancy)	École d'architecture de Nancy(EAN)	
1970	奥尔良(Orléans)	U.	1306 Studium generale
1970	巴黎(Paris)②	Panthéon-Sorbonne (Paris I)	
1970	巴黎(Paris)	U. dedroit, d' économie et de sciences socials (Paris II)	
1970	巴黎(Paris)	U. Sorbonne nouvelle (Paris III)	
1970	巴黎(Paris)	U. Paris-Sorbonne (Paris IV)	

② 巴黎大学(1200 年前后建校,当时名为"巴黎师生行会")被分成 13 所大学。

续表 8

1970	巴黎(Paris)	U. René-Descartes (Paris V)	
1970	巴黎(Paris)	U. Pierre et Marie-Curie (Paris VI)	
1970	巴黎(Paris)	U. Denis Diderot (Paris VII)	
1970	巴黎(Paris)	U. de Vincennes à St-Denis (Paris VIII)	
1970	巴黎(Paris)	U. Paris-Dauphine (Paris IX)	
1970	巴黎(Paris)	U. Paris-Nanterre (Paris X)	
1970	巴黎(Paris)	U. Paris-Sud (Paris XI)	
1970	巴黎(Paris)	U. Paris-Val-de-Marne (Paris XII)	
1970	巴黎(Paris)	U. Paris-Nord (Paris XIII)	
1970	波城(Pau)	U. de Pau et des Pays de l'Adour	1969 Centre universitaire
1970	普瓦捷(Poitiers)	U.	1431 Studium generale
1970	兰斯(Reims)	U. Reims Champagne-Ardenne	1548 U. Reims
1970	雷恩(Rennes)	U. Rennes I	1461 U. Nantes
1970	雷恩(Rennes)	U. Rennes II-Haute-Bretagne	1461 U. Nantes
1970	蒙圣艾尼昂(Mont-SaintAignan)	U. Rouen	1966 U. Rouen
1970	圣艾蒂安(Saint-Étienne)	U. Jean Monnet Saint-Étienne	1961 Centre universitaire
1970	斯特拉斯堡(Strasbourg)	U. Louis-Pasteur (Strasbourg I)	1537 higher humanist school
1970	斯特拉斯堡(Strasbourg)	U. des sciences humaines (Strasbourg II)	1537 higher humanist school

续表 9

1970	斯特拉斯堡(Strasbourg)	U. des sciences juridiques, politiques, sociales et de technologie (Strasbourg III)	1537 higher humanist school
1970	图卢兹(Toulouse)	U. des sciences sociales (Toulouse I)	1229 Studium generale
1970	图卢兹(Toulouse)	U. Toulouse-le-Mirail (Toulouse II)	1229 Studium generale
1970	图卢兹(Toulouse)	U. (Toulouse III)	Institut national polytechnique
1970	图尔(Tours)	U. François-Rabelais	1306 U. Orléans
1971	尼斯(Nice)	U. Nice-Sophia Antipolis	1965 U. Nice
1972	昂热(Angers)	U.	1337 Studium generale
1972	贡比涅(Compiégne)	U. de technologie de Compiégne	
1973	马赛(Marseille)	U. de la Méditerranée (Aix-Marseille II)	1413 Studium generale
1973	马赛(Marseille)	U. de droit, d'economie et des sciences (Aix-Marseille III)	1413 Studium generale
1973	里昂(Lyon)	U. Jean Moulin (Lyon III)	1808 fac. théol., lettres, sciences
1975/1961	科尔特(Corte)	U. of Corsica Pascal Paoli	1765—1768 U. of Corte
1975	米卢斯(Mulhouse)	U. de Haute-Alsace	1970 Centre universitaire du Haut-Rhin
1976	旺德夫尔莱南锡(Vandœuvrelés-Nancy)	National Polytechnic Institute of Lorraine	1971 Institut national polytechnique de Nancy
1976	南斯(Nantes)		
1976	尼斯(Nice)		
1976	瓦朗谢讷(Valenciennes)	U. du Hainau-Cambrésis	1970 Centre universitaire
1978	勒芒(Le Mans)	U. du Maine	1960 Centre scientifique universitaire

580

续表 10

1978	佩皮尼昂(Perpignan)	U. Perpignan Via Domitia	Centre universitaire dePerpignan
1979	尚贝里(Chambéry)	U. de Savoie	1970 Centre universitaire de Savoie
1979	土伦(Toulon)	U. du SudToulon Var	1970 Centre universitaire
1984	图卢兹(Toulouse)	Institut national polytechnique de Toulouse (INP Toulouse)	1970 Institut polytechnique
1991	南斯(Nantes)	Écolecentrale de Nantes (ECN)	Institut polytechnique de l'Ouest
格鲁吉亚(IAU)			
1990	第比利斯(Tbilisi)	Georgian Technical U.	1922 Faculty of Tblisi U.
1991	第比利斯(Tbilisi)	Georgian State Agrarian U.	1919 Faculty of Tblisi
1992	艾提(Aieti)	Medical School	
581 **德国(EUA)**			
1946	美因茨(Mainz)	Johannes Gutenberg U.	1477—1798 U.
1946	柏林(Berlin)	Technical U.	1879 Technical College
1947	施派尔(Speyer)	German U. of Administrative Sciences	
1948	萨尔布吕肯(Saarbrücken)	U. of theSaarland	
1948	柏林(Berlin)	Free U.	
1948	汉贝格(Hamberg)	Hochschule of Economics and Politics	
1953	伊尔默瑙(Ilmenau)	Technical Hochschule	1992 Technical U. 1894 Private Technical School
1962/1965	波鸿(Bochum)	Ruhr-U.	
1962/1966	雷根斯堡(Regensburg)	U.	
1962/1968	多特蒙得(Dortmund)	U.	
1963/1968	汉诺威(Hannover)	U. of Medicine	

续表 11

1965	杜塞尔多夫(Düsseldorf)	U.	1978 Heinrich-Heine-U. 1923 Medical Hochschule
1966	康斯坦茨(Konstanz)	U.	
1967	乌尔姆(Ulm)	U.	
1967	霍恩海姆(Hohenheim)	U.	1818 College for Agricultural Teaching and Research
1967	曼海姆(Mannheim)	U.	1907 Municipal Trade College
1969	比勒费尔德(Bielefeld)	U.	
1970	奥格斯堡(Augsburg)	U.	
1970	特里尔-凯泽斯劳滕(Trier-Kaiserslautern)	U.	1975 split into Trier (1475—1798) and Kaiserslautern (1779 College of Public Administration)
1970	科隆(Cologne)	German Sports U.	1947 German College for Physical Education and Sport (without university rights)
1971	不来梅港(Bremen)	U.	
1971	卡塞尔(Kassel)	U.	
1972/1975	拜罗伊特(Bayreuth)	U.	
1972/1975	班贝克(Bamberg)	U.	1988 Otto-Friedrich U. 1647 Jesuit College
1972/1975	杜伊斯堡(Duisburg)	Gerhard-Mercator-U.	
1972/1975	埃森(Essen)	U.	
1972/1975	汉堡(Hamburg)	U. of the Federal Armed Forces	
1972/1975	帕德伯恩(Paderborn)	U.	
1972/1975	西根(Siegen)	U.	

续表 12

1972/1975	伍珀塔尔(Wuppertal)	Bergische U.	
1973	慕尼黑(Munich)	U. of the Federal Armed Forces	
1973	奥尔登堡(Oldenburg)	Carl von Ossietzky-U.	
1973/1974	奥斯纳布吕克(Osnabrück)	U.	
1973/1978	帕绍(Passau)	U.	
1973/1978	费希塔(Vechta)	U.	1830 Teacher Training School
1974	哈根(Hagen)	Tele U.	
1978	汉堡-哈尔堡(HamburgHarburg)	Technical U.	
1978	希尔德斯海姆(Hildesheim)	U.	1643 College of Art and Theology
1980	艾希施泰特县(Eichstätt)	Catholic U.	1619 Jesuit Seminary
1985	吕贝克(Lübeck)	Medical U.	1964 Medical Academy
1986	开姆尼斯(Chemnitz)	Technical U.	1836 Trade Academy
1989	吕内堡(Lüneburg)	U.	1946 College of Education
1990	科布伦茨-郎道(Koblenz-Landau)	U.	
1991	科特布斯(Cottbus)	Technical U.	
1991	法兰克福(奥得河)Frankfurt(Oder)	Europa U. Viadrina	1506—1811 U.
1991	波茨坦(Potsdam)	U.	
1993	马格德堡(Magdeburg)	Otto-von-Guericke-U.	
1994	弗伦斯堡(Flensburg)	Bildungswissenschaftliche Hochschule-U.	1946 College of Education
希腊(EUA)			
1964	佩特雷(Patras)	U.	
1970	约阿尼纳(Ioannina)	U.	1964 Department of U. Thessaloniki

续表 13

1973	科莫蒂尼(Komotini)	Democritus U. of Thrace	
1973	罗希姆诺(Rethymno)	U. of Crete	
1977	干尼亚(Chaniá)	Technical U.	
1984	米蒂利尼(Mytilene)	U. of theAegean	
1984	沃洛斯(Volos)	U. of Thessaly	
1989	比雷埃夫斯(Piraeus)	U.	1938 Free School
1989	雅典(Athens)	Harokopia U.	
1989	塞萨洛尼基(Thessaloniki)	U. of Macedonia	1948 Industrial School
匈牙利(IAU)			
1949	布达佩斯(Budapest)	U. of Veterinary Medicine	1787 Veterinary School, Buda U.
1949	密什科尔茨(Miskolc)	Technical U. of Heavy Industry	1990 Miskolc U.
1951	布达佩斯(Budapest)	U. of Medicine Semmelweis	1769 Medical FaC. Buda U.
1951	维斯普雷姆(Veszprém)	U.	1949 Fac., Technical U. Budapest
1952	格德勒(Gödöllö)	U. of Agriculture	
1953	布达佩斯(Budapest)	U. of Horticulture	1894 School of Gardening
1962	肖普朗(Sopron)	U. of Forestry	1808 School of Forestry
1970	德布勒森(Debrecen)	U. of Agriculture	1868 National High School for Economics
1970	凯斯特海伊(Keszthely)	U. of Agriculture	1865 School of Forestry
1971	布达佩斯(Budapest)	HungarianU. of Crafts and Design	1880 School of Crafts
1990	布达佩斯(Budapest)	Budapest U. of Economic	1920 FaC. of Economics, Evangelical-Lutheran Theological U., 1557 Latin School

续表 14

1993	布达佩斯(Budapest)	Pázmány Peter Catholic U.	1638 Theological Fac. Nagyszombat
冰岛(EUA)			
1971	雷克雅维克(Reykjavik)	Iceland University of Education	1907 Iceland College of Education
1987	阿库雷里(Akureyri)	U.	
1989	毕夫柔斯特(Bifrost)	School of Business	1918 Co-operative School of Iceland
爱尔兰(IAU)			
1957	都柏林(Dublin)	TheInstitute of Public Administration (IPA)	
1968	都柏林(Dublin)	The Milltown Institute of Theology and Philosophy	
1970	阿斯隆(Athlone)	Athlone Institute of Technology	
1970	卡洛(Carlow)	Institute of Technology Carlow	
1971	斯来果(Sligo)	Institute of Technology	
1977	特拉利(Tralee)	Institute of Technology	
1978	科克(Cork)	Cork Institute of Technology	
1989	都柏林(Dublin)	City U.	1975 National Institute for Higher Education
1989	利默里克(Limerick)	U.	1972 National Institute for Higher Education
1992	都柏林(Dublin)	Dublin Institute of Technology	
1992	利默里克(Limerick)	Limerick Institute of Technology	
意大利(EUA) (U.= Universit degli Studi)			
1967	莱切(Lecce)	U.	1955 Istituto autonomo di Magistero

续表 15

1968	阿卡瓦塔迪伦德(科森扎)(Arcavacata di Rende,Cosenza)	U. della Calabria	
1971	安科纳(Ancona)	U.	1969 Libera U.
1977	罗马(Roma)	Libera U. internazionale degli studi sociali 'Guido Carli'	1966 U. pro Deo
1978	乌迪内(Udine)	U.	
1979	卡西诺(Cassino)	U.	1964 Istituto privato di Magistero
1979	维泰博(Viterbo)	U. della Tuscia	1969 Libera Università della Tuscia
1981	波滕扎(Potenza)	U. della Basilicata	
1982	罗马(Roma)	U. Roma Tor Vergata	
1982	布雷西亚(Brescia)	U.	1969 Ente universitario della Lombardia orientale
1982	坎波巴索(Campobasso)	U. del Molise	
1982	基耶蒂(Chieti)	U. Gabriele D'Annunzio	1965 Libera U. Abruzzese degli studi
1982	拉奎拉(L'Aquila)	U.	1952 Istituto universitario di magistero
1982	雷焦卡拉布里亚(Reggio Calabria)	U. Mediterranea	1968 Libero istituto universitario di architettura
1982	特兰托(Trento)	U.	1962 Istituto U. di scienze sociali
1982	维罗那(Verona)	U.	
1987	比萨(Pisa)	Scuola superiore di studi universitari e di perfezionamento S. Anna	Merger Scuola superiore di studi universitari e di perfezionamento (f.1967) + Conservatorio S. Anna (founded in 1785)
1990	巴里(Bari)	Politecnico	

续表 16

1990	贝加莫(Bergamo)	U.	1968 Istituto universitario di lingue e letterature straniere
1991	卡斯泰兰扎（瓦雷泽）Castellanza（Varese）	U. 'Carlo Cattaneo' LIUC	
1991	那不勒斯(Napoli)	Seconda U.	
1991	罗马(Roma)	Libera U. -Campus bio-medico	
1992	罗马(Roma)	U. Roma Tre	
1993	泰拉莫(Teramo)	U.	
拉脱维亚(IAU)			
1954	利耶帕亚(Liepaja) *	Lilpaja Academy of Pedagogy	
1990	里加(Riga)	Latvian Academy of Culture	
1991	叶尔加瓦(Jelgava)	Latvian U. of Agriculture	1863 Department of Riga Polytechnical Institute
立陶宛(EUA)			
1945	考纳斯(Kaunas)	Lithuanian National Institute of Physical Education	1999 Lithuanian Academy of Physical Education
1950	考纳斯(Kaunas)	Kaunas Medical Institute	1989 Kaunas Medical Academy
1950	考纳斯(Kaunas)	Polytechnic Institute	1990 Kaunas U. of Technology
1991	克莱佩达(Klapeda)	U.	
1994	维尔纽斯(Vilnius)	Vilnius Gediminas Technical U.	1956 Vilnius Evening division of the Evening faculty of Kaunas Polytechnic Institute
马其顿(IAU)			
1949	斯科普里(Skopje)	U. Sts. Cyril and Methodius	
1979	比托拉(Bitola)	U. St. Kliment Ohridski	

* 原文为 Lilpaja，经查拉脱维亚无此城市，疑为利耶帕亚(Liepaja)。——译者注

续表 17

马耳他 (无新建大学)			
摩尔达维亚(IAU)			
1992	基希讷乌(Chişinău)	FreeInternational U. of Moldavia	
1993	基希讷乌(Chişinău)	Technical U. of Moldavia	1964 Polytechnic Institute
黑山(IAU)			
1973	波德戈里察(Podgorica)	U. of Montenegro	
荷兰(IAU)			
1952	海牙(Den Haag)	Institute of Social Studies for Graduate Studies	
1956	埃因霍温(Eindhoven)	Technische Hogeschool Eindhoven	1986 Technische U. Eindhoven (TU/e)
1961	恩斯赫德(Enschede)	Technische Hogeschool Twente	1986 Twente U.
1967	阿姆斯特丹(Amsterdam)	Catholic Theological U.	
1973	鹿特丹(Rotterdam)	Erasmus U.	1913 The Netherlands School of Economics
1975	马斯特里赫特(Maastricht)	U.	1974 Faculty of Medicine
1982/1984	海尔伦(Heerlen)	The Open U. of the Netherlands	
2004	奈梅亨(Nijmegen)	Radboud U.	1923 Katholieke Universiteit Nijmegen (KUN)
挪威(EUA)			
1946	卑尔根(Bergen)	U.	1825 Bergen Museum
1968/1972	特罗姆瑟(Tromsø)	U.	
1968	特隆赫姆(Trondheim)	U.	1910 Norwegian College of Advanced Technology
波兰(EUA)			
1944/1945	卢布林(Lublin)	Maria Curie-Skłodowska U.	

续表 18

1944/1945	弗罗茨瓦夫(Wrocław)	Polish U.	
1945	格丹斯克(Gdańsk)	Politechnic	
1945/1946	罗兹(Łód ź)	U.	
1946	托伦(Torun)	Mikołaj Kopernik U.	
1968	卡托维兹(Katowice)	Silesian U.	Merger Educational Institute and Jagiellonian U. branch
1970	格丹斯克(Gdańsk)	U.	Merger Education Institute+Sopot Economics College
1984/1985	什切青(Szczecin)	U.	Merger Educational Institute + Technical U.
1994	奥波莱(Opolski)	U.	Merger Educational Institute+Theological-Pastoral Institute
葡萄牙(EUA)			
1973	里斯本(Lisbon)	Universidade nova	
1973	阿威罗(Aveiro)	U.	
1973	布拉加(Braga)	U. of Minho	
1979	埃武拉(Evora)	U.	1559—1759 U.
罗马尼亚(IAU)			
1948	蒂米什瓦拉(Timişoara)	Banat's U. of Agricultural Sciences and Veterinary Medicine	1945 Faculty of Technical Institute
1962	蒂米什瓦拉(Timişoara)	U. of the West	1949 Institute of Education
1965	布加勒斯特(Bucharest)	Politecnica U.	1867 School of Bridges,Roads and Mines
1966	克拉约瓦(Craiova)	U.	1947 Institute
1971	布拉索夫(Braşov)	U.	1956 Transylvania U.

续表 19

1974	加拉茨(Galaţi)	U. Dunărea 'de Jos' din Galaţi	1951 Naval and Mechanical Engineering Institute	
1989	布加勒斯特(Bucharest)	Carol Davila U. of Medicine and Pharmacy	1857 National School of Medicine and Surgery	
1991	彼得罗沙尼(Petroşani)	Technical U.	1995 U. 1864 Institute of Coal	
1992	布加勒斯特(Bucharest)	NationalAcademy of Physical Education and Sports	1922 National Institute of Physical Education	
1992	雅西 格里戈雷(Iaşi Grigore)	T. Popa U. of Medicine and Pharmacy	1879 Medical FaC. U. Iaşi	
1992	克卢日—纳波卡(Cluj-Napoca)	Technical U.	1922 Electromechanical Institute	
1994	布加勒斯特(Bucharest)	Technical U. of Civil Engineering	1818 School of Land Surveyors	
俄罗斯联邦 (IAU)③				
1951	莫斯科(Moscow)	All-union Extra-Mural Institute of Railway Engineering	1995 Russian State Open Technical U. of Railway Communication	586
1956	雅库茨克(Jakutsk)	Jakutsk State U. 'M. K. Ammosov'	1934 Pedagogical Institute	
1957	巴神基尔(Bashkir)	Bashkir State U.	1909 Teacher Training Institute	
1957	马哈奇卡拉(Mahachkala)	Dagestan State U.	1931 Pedagogical Institute	
1957	纳尔奇克(Nalčik)	Kabardino-Balkarian State U. 'H. M. Berbekov'	1932 Pedagogical Institute	

③ IAU 数据库中有近 800 个俄罗斯高等教育机构，其中 1945 至 1995 年之间成立的 59 所大学有博士学位授予权，依据它们的网站，Natalia Nosova 核对并补充了这些学校的信息。Natalia Nosova 是圣彼得堡国立大学校长负责国际事务的行政助理。

续表 20

1957	萨兰斯克(Saransk)	Mordovian State U. 'N. P. Ogarev'	1931 Mordovian State Teachers' Training Institute
1958	弗拉基米尔(Vladimir)	Vladimir State U.	
1959	新西伯利亚(Novosibirsk)	Novosibirsk State U.	
1959	莫斯科(Moscow)	People's Friendship U. of Russia	Before 1992 People's Friendship U. Patris Lumumba
1959	布良斯克(Briansk)	Briansk Institute of Technology	1995 Briansk State Engineering Academy, 1930 Institute of Forestry Engineering
1967	切博克萨雷(Cheboksary)	Chuvash State U. I. Ulianov	
1969	克拉斯诺亚尔斯克(Krasnojarsk)	Krasnojarsk State U.	1963 Affiliated to Novosibirsk State U.
1969	弗拉基高加索(Vladikavkaz)	North Ossetian State U. 'K. L. Hetagurov'	1920 Pedagogical Institute
1970	别尔哥罗德(Belgorod)	Belgorod State Institute of Building Materials and Technology	1994 Belgorod State Technical U. 'V. G. Shuhov'
1970	克拉斯诺达尔(Krasnodar)	Kuban State U.	1924 Kuban Institute of Public Education
1972	克麦罗沃(Kemerovo)	Kemerovo Technological Institute of Food Industry	
1972	约什卡尔奥拉(Joškar-Ola)	Marij State U.	
1973	Altaiskijkraj	Altaj State U.	
1973	克拉斯诺达尔(Krasnodar)	Kuban State U. of Technology	1918 previous institution
1973	秋明(Tjumen)	Tjumen State U.	1930 previous institution
1974	伊凡诺沃(Ivanovo)	Ivanovo State U.	1930 previous institution
1974	克麦罗沃(Kemerovo)	Kemerovo State U.	1954 previous institution

续表 21

1974	鄂木斯克(Omsk)	Omsk State U.	
1974	伊热夫斯克(Iževsk)	Udmurt State U.	1931 Pedagogical Institute
1976	车里雅宾斯克 (Čeljabinsk)	Čeljabinsk State U.	
1980	伏尔加格勒 (Volgograd)	Volgograd State U	
1981	新西伯利亚 (Novosibirsk)	Siberian State U. of Telecommunications and Informatics	1952 Novosibirsk Institute of Electrotechnics and Communications
1982	克拉斯诺亚尔斯克 (Krasnojarsk)	Krasnojarsk State Academy of Architecture and Civil Engineering	
1984	梁赞(Rjazan)	Rjazan State Pedagogical U.	1853 College for Women
1988	莫斯科(Moscow)	Moscow Institute of Physics and Technology (State U.)	1946 founded without U. status
1989	莫斯科(Moscow)	Moscow State Pedagogical U.	1872 Moscow Higher Women's Courses
1989	萨马拉(Samara)	Samara State U.	
1989	莫斯科(Moscow)	Moscow Medical Academy 'I. M. Sečenov'	1758 Faculty of Medicine of Moscow U.
1990	克拉斯诺亚尔斯克 (Krasnojarsk)	Krasnojarsk State Technical U.	1956 previous institution
1991	圣彼得堡 (Saint-Petersburg)	Herzen State Pedagogical U.	1797 Hospice educating orphans
1991	莫斯科(Moscow)	International Independent Ecological and Political U.	
1991	莫斯科(Moscow)	International U. in Moscow	
1991	莫斯科(Moscow)	Moscow State Social U.	
1991	莫斯科(Moscow)	Russian Law Academy	1970 previous institution

588

续表 22

1991	新西伯利亚(Novosibirsk)	Novosibirsk State Agrarian U.	1936 previous institution
1991	圣彼得堡(Saint-Petersburg)	Saint-Petersburg State Agrarian U.	1904 Agricultural Courses
1991	圣彼得堡(Saint-Petersburg)	St. Petersburg State Mining Institute'G. V. Plekhanov'	1773 previous institution
1991	托木斯克(Tomsk)	Tomsk Polytechnic U.	1896 Technological Institute
1992	莫斯科(Moscow)	InternationalInstitute of Marketing and Management	
1992	莫斯科(Moscow)	Moscow Power Engineering Institute (Technical U.)	1930 previous institution
1992	莫斯科(Moscow)	Moscow State Automobile and Highway Engineering Institute(Technical U.)	1930 previous institution
1992	莫斯科(Moscow)	Moscow Technical U. of Communication and Informatics	1921 Electrotechnical Institute
1992	莫斯科(Moscow)	Russian State Academy of Physical Education	1918 previous institution
1992	新西伯利亚(Novosibirsk)	Novosibirsk State Technical U.	1950 previous institution
1992	圣彼得堡(Saint-Petersburg)	Saint-Petersburg State Electrotechnical U.	1886 as Engineering College of Post and Telegraph
1992	萨玛斯(Samars)	Samara State Aerospace U.	1907 Psychoneurological Institute
1992	萨拉托夫(Saratov)	Saratov State Technical U.	1930 previous institution
1992	托木斯克(Tomsk)	Siberian State Medical U.	1878 previous institution
1992	图拉(Tula)	Tula State Technical U.	1995 Tula State U.
1992	叶卡捷琳堡(Ekaterinburg)	UralState Academy of Law	1931 Sverdlovsk Institute of Law
1992	伏尔加格勒(Volgograd)	Volgograd State Pedagogical U.	1931 previous institution

续表 23

1993	伊尔库茨克 (Irkutsk)	Irkutsk State Technical U.	1930 previous institution
1992	伊凡诺沃 (Ivanovo)	Ivanovo State U. of Power Engineering	1918 Ivanovo-Voznesensk Polytechnical Institute
1992	伊热夫斯克 (Izevsk)	Izevsk State Technical U.	1952 Institute
1992	库尔斯克(Kursk)	Kursk State Medical U.	1935 previous institution
1992	迈科普(Maykop)	Maykop State Technological Institute	
1993	莫斯科(Moscow)	Moscow State U. of Forestry Engineering	1919 Moscow Institute of Forestry Engineering
1993	莫斯科(Moscow)	Moscow State Academy of Law	1931 previous institution
1993	莫斯科(Moscow)	Moscow State Institute of Electronics and Mathematics (Technical U.)	1962 previous institution
1993	莫斯科(Moscow)	Moscow State U. of Geodesy and Cartography	1779 Moscow Institute of Geodesy
1993	莫斯科(Moscow)	Moscow State U. of Railway Engineering	1896 Engineering School
1993	鄂木斯克(Omsk)	Omsk State Pedagogical U.	1932 previous institution
1993	梁赞(Rjazan)	Rjazan State Radio Engineering Academy	1951 previous institution
1993	顿河畔罗斯托夫 (Rostov-na-Donu)	Rostov State Pedagogical U.	1931 previous institution
1993	萨马拉(Samara)	Samara State Medical U.	1919 previous institution
1993	坦波夫(Tambov)	Tambov State Technical U.	1958 Tambov Chemical Engineering Institute
1993	伏尔加格勒 (Volgograd)	Volgograd State University of Medicine	1962 previous institution
1994	叶卡捷琳堡 (Ekaterinburg)	UralState Academy of Mining and Geology	1917 previous institution

续表 24

1994	克拉斯诺亚尔斯克(Krasnojarsk)	Krasnojarsk State Medical Academy	1942 Krasnojarsk Medical College
1994	雷宾斯克(Rybinsk)	Rybinsk State Academy of Aviation Technology	1955 previous institution
1994	圣彼得堡(Saint-Petersburg)	Saint-Petersburg State Medical Academy	1907 Psychoneurological Institute
1994	斯塔夫罗波尔(Stavropol)	Stavropol State Medical Academy	1937 previous institution
1994	坦波夫(Tambov)	Tambov State U.	1930 Pedagogical Institute. 1994 merging with Institute of Culture
1994	乌法(Ufa)	Ufa State Petroleum Technological U.	1948 Ufa Petroleum Institute
1994	乌里扬诺夫斯克(Uljanovsk)	Uljanovsk State Technical U.	1957 Evening Polytechnic Institute
1994	基洛夫(Kirov)	Vjatka State U.	1963 previous institution
1994	沃罗涅日(Voronež)	Voronež State Academy of Forestry Engineering	1918 Forestry and Agriculture Institute
589 1994	沃罗涅日(Voronež)	Voronež State Academy of Technology	1930 previous institution
1994	沃罗涅日(Voronež)	Voronež State Medical Academy 'N. N. Burdenko'	1918 department of Voronezh U.
1995	格罗兹尼(Groznyj)	Čečen State U.	1972 Čečeno-Inguš State U.
1995	基洛夫(Kirovy)	Vjatka State Humanitarian U.	1914 Pedagogical School
1995	科斯特罗马(Kostroma)	U. of Technology	1932 Textile Institute
1995	库尔干(Kurgan)	Kurgan State U.	Incorporating Kurgan Pedagogical Institu-te and Kurgan Mechanical Engineer-ing Institute
1995	约什卡尔奥拉(Joškar-Ola)	Marij State Technical U.	1932 Povolzsky Forestry Institute

续表 25

1995	乌里扬诺夫斯克州(Ussurijsk Primorskij Krai)	Primorsky State Academy of Agriculture	1957 Primorsky Agricultural Institute
1995	乌兰乌德(Ulan-Ude)	Burjat State Academy of Agriculture	1931 Agropedagogical Institute
1995	乌兰乌德(Ulan-Ude)	Burjat State U.	1932 Pedagogical Institute, 1995 merged with local branch of Novosibirsk U.
1999	莫斯科(Moscow)	Academy of Management of the Ministry of Internal Affairs of Russia	1929 Higher School of the Ministry of Internal Affairs
塞尔维亚(IAU)			
1960	诺维萨德(Novy Sad)	U.	
1965	尼什(Niš)	U.	
1970	克鲁舍瓦茨(Kruševac)	U. of Pristina	
1973	贝尔格莱德(Belgrade)	U. of the Arts	
1977	克拉古耶瓦茨(Kragujevac)	U.	
斯洛伐克共和国(EUA)			
1949	伯拉第斯拉瓦(Bratislava)	Academy of Fine Arts and Design	
1949	伯拉第斯拉瓦(Bratislava)	Academy of Music and Dramatic Arts in Bratislava	
1949	科希策(Košice)	U. of Veterinary Medicine	
1952	尼特拉(Nitra)	Slovak U. of Agriculture	
1952	特尔纳瓦(Trnava)	U.	
1952	兹沃伦(Zvolen)	Technical U.	
1952	科希策(Košice)	Technical U.	

续表 26

1953	日利纳(Žilina)	U.	
1959	科希策(Košice)	Pavol Jozef Šafárik U.	
1973	利普托夫斯基米库拉什(Liptovský Mikuláš)	General Milan Rastislav Štefánik Military Academy	
1990	特伦钦(Trenčí)	College of Management	
1992	伯拉第斯拉瓦(Bratislava)	Police Academy	
1992	班斯卡-比斯特里察(Banská Bystrica)	Matej Bel U.	
1992	特伦钦(Trenčín)	Alexander Dubček U.	
斯洛文尼亚(EUA)			
1975	马里博尔(Maribor)	U.	1961 Association of Higher Education institutions
西班牙			
1945	埃斯科里亚尔(El Escorial)	Royal College of Higher Education Maria Cristina	1387 *Studium generale*
1960	马德里(Madrid)	Pontifical U. Comillas	1890 in Santander
1962	潘普洛纳(Pamplona)	U. of Navarra	1952 Estudio general de Navarra Opus Dei
1963	毕尔巴鄂(Bilbao)	Pontifical U. de Deusto	1878 Jesuit College
1968	巴塞罗那(Barcelona)	Autonomous (State) U.	
1968	毕尔巴鄂(Bilbao)	U.	1973 U. of Basque country
1968	巴达霍斯(Badajoz)	U. of Extremadura	
1968	马德里(Madrid)	Autonomous (State) U.	
1971	马德里(Madrid)	Polytechnic U. of Madrid	
1971	科尔多瓦(Córdoba)	U.	1847 Veterinary school
1971	马德里(Madrid)	National U. of Distance Education (UNED)	National Tele-U.

续表 27

1971	马拉加(Malaga)	U.	
1971	桑坦德(Santander)	U.	1967 Civil Engineering School
1971	巴伦西亚(Valencia)	Polytechnic U.	1969 Polytechnical School
1973	巴塞罗那(Barcelona)	Technical U.	1968 Polytechnical Institute
1977	阿尔卡拉 埃南雷斯堡 (Alcalá de Henares)	U.	1499 *Studium generale*
1978	阿里坎特(Alicante)	U.	
1978	帕尔马 马略卡岛 (Palma de Mallorca)	U.	1483 *Studium generale*
1979	加的斯(Cádiz)	U.	1748 School of Medicine
1979	拉斯帕尔马斯 (Las Palmas)	Polytechnic of Canary Islands	1989 University of Las Palmas de Gran Canari
1979	莱昂(León)	U.	
1982	雷阿尔城(Ciudad Real)	U. of Castille-La Mancha	
1987	潘普洛纳(Pamplona)	Public U. of Navarra	
1989	马德里(Madrid)	U. Carlos III	
1989	比戈(Vigo)	U.	
1989	拉科鲁尼亚(La Coruña)	U.	Separated from U. of Santiago de Compostela
1990	巴塞罗那(Barcelona)	U. Pompeu Fabra	
1991	巴塞罗那(Barcelona)	U. Ramón Llull	
1991	卡斯特利翁-德拉普拉纳 (Castelló de la Plana)	U. Jaime I	
1992	列伊达(Lleida)	U.	1968 Colleges
1992	塔拉戈纳(Tarragona)	U. Rovira i Virgili	U. Barcelona's faculties
1993	哈恩(Jaén)	U.	
1993	马德里(Madrid)	U. San Pablo-CEU	

续表 28

1994	塞维利亚(Seville)	International U. of Andalusia	
1995	马德里(Madrid)	U. San Antonio de Nebrija	
1995	马德里(Madrid)	European U. of Madrid	
瑞典(EUA)			
1954	哥德堡(Gothenburg)	U.	1891 U. College
1960	斯德哥尔摩(Stockholm)	U.	1878 U. College
1965	于默奥(Umeå)	U.	1956 School of dentistry
1970	林雪平(Linköping)	U.	1956 Branch of Stockholm U.
瑞士(无新建大学)			
591 **土耳其(EUA)**			
1946	安卡拉(Ankara)	U.	1925—1943 Fac. Law, Letters, Science, and Medicine
1955	伊兹密尔(Izmir)	Ege (Aegean) U.	
1955	特拉布宗(Trabzon)	Karadeniz Technical U.	
1955	伊斯坦布尔(Istanbul)	Boogaziçi U.	1863 Private Liberal Arts College
1955	埃斯基谢希尔(Eskişehir)	Anaadolu (Anatolian) U.	1958 Academy of Commercial and Economic Sciences
1957	埃尔祖鲁姆(Erzerum)	Ataturk U.	
1959	安卡拉(Ankara)	Middle East Technical U.	
1967	安卡拉(Ankara)	Hacettepe U.	
1973	亚达那(Adana)	Çukurova U.	
1973	迪亚巴克尔(Diyarbakir)	Dicle U.	
1974	锡瓦斯(Sivas)	Cumhuriye U.	
1975	埃拉泽(Elazig)	Firat (Euphrates) U.	1967 State Academy of Engineering and Architecture

续表 29

1975	马尔蒂亚(Malatya) *	Inönü U.	
1975	萨姆松(Samsun)	Ondokuz Mayis (19th May) U.	
1975	科尼亚(Konya)	Selçuk U.	
1975	布尔萨(Bursa)	Ululag (Mount Olympos) U.	
1978	开塞里(Kayseri)	Erdyes U.	
1982	安塔利亚(Antalya)	Akderiiz U.	
1982	伊兹密尔(Izmir)	Dokuz Eylül U.	
1982	安卡拉(Ankara)	Gazi U.	1923 Teacher Training College
1982	伊斯坦布尔(Istanbul)	Marmara U.	1883 Academy of Commercial and Economic Sciences
1982	伊斯坦布尔(Istanbul)	Minar Sinan U.	
1982	埃迪尔内(Edirne)	Trakya (Thracian) U.	
1982	伊斯坦布尔(Istanbul)	Yıldız Technical U.	1911 Vocational College
1982	凡城(Van)	Yücüncü Yil U.	1975 Teacher Training College
1984	安卡拉(Ankara)	Bilkent U.	
1987	加齐泰安普(Gaziantep)	U.	
1992	博卢(Bolu)	Abant Izzet Baysal U.	
1992	艾丁(Aydin)	Adnan Menderes U.	
1992	阿菲永(Afyon)	Afyon Kocatepe U.	
1992	巴勒克埃西尔(Balıkesir)	U.	
1992	马尼萨(Manisa)	CelalByar U.	
1992	恰纳卡莱(Çanakkale)	Çanakkale Onsekiz Mart U.	

* 原文为 Matatya,疑为马拉蒂亚(Malatya)。——译者注

续表 30

1992	屈塔希亚(Kutahya)	Dumlupınar U.	
1992	托卡特(Tokat)	Gaziosman Paşa U.	
1992	盖布泽(Gebze))	Gebze Institute of Technology	
1992	尚勒乌尔法(Şanlıurfa)	Harran U.	
1992	伊兹密尔(Izmir)	Izmir Institute of Technology	
1992	卡拉(Kara)	Kafkas U.	
1992	卡赫拉曼 马拉什(Kahraman Maraş)	Kahraman Maraş Sütçü İmam U.	
1992	克鲁兹卡雷(Kırıkkale)	U.	
1992	科喀艾里(Kocaeli)	U.	
1992	梅尔辛(Mersin)	U.	
1992	穆拉(Muğla)	U.	
1992	哈塔伊(Hatay)	Mustafa Kemal U.	
1992	尼代(Niğde)	U.	
1992	代尼兹利(Denizli)	Pamukkale U.	
1992	萨卡里亚(Sakarya)	U.	
1992	伊斯帕尔塔(Isparta)	Süleyman Demirel U.	
1992	宗古尔达克(Zonguldak)	Zonguldak Karaelmas U.	
1992	伊斯坦布尔(Istanbul)	Koç U.	
1992	埃斯基谢希尔(Eskişehir)	Osmangazi U.	
1993	伊斯坦布尔(Istanbul)	Galatasaray U.	
1993	安卡拉(Ankara)	Başkent U.	
乌克兰(IAU)			
1954	哈尔科夫(Kharkhov)	Kharkiv Institute of Fire Safety	
1965	顿涅茨克(Donetsk)	Donetsk State U.	1937 Donetsk Pedagogical Institute

续表 31

1989	基辅(Kiev)	Inter-Regional Academy of Personnel Management	
1992	顿涅茨克(Donetsk)	Donetsk State Academy of Management	
1993	顿涅茨克(Donetsk)	Donetsk Technical U.	1921 Donetsk Mining College
1993	第聂伯罗彼得罗夫斯克(Dnipropetrovsk)	Ukrainian State Chemical Technology U.	1930 Dnipropetrovsk Chemical Engineering Institute
1993	哈尔科夫(Kharkhov)	Technical U. of Radio Electronics	1930 Kharkiv Engineering Civil Construction Institute
1993	敖德萨(Odessa)	Odessa State Polytechnic U.	1918 Odesa Polytechnical Institute
1993	伊万诺-弗兰科夫斯克(Ivano-Frankivsk)	Precarpathian 'Vasyl Stefanyk' U. Ivano-Frankivsk	1940 Stanislav Teacher Training Institute
1994	克拉马托尔斯克(Kramatorsk)	Donbas State Mechanical Engineering Academy	1953 Part-Time Branch of Donetsk Industrial Institute
1994	哈尔科夫(Kharkova)	Kharkiv State Technical U. of Construction and Architecture	1930 Kharkiv Engineering Civil Construction Institute
1994	赫梅利尼茨基(Khmelnitsky)	Khmelnitsky State U.	1967 Khmelnitsky Technological Institute of Consumer Services
1994	基辅(Kiev)	Kiev National Linguistics U.	1948 Kiev State Pedagogical Institute of Foreign Languages
1994	基辅(Kiev)	National Agricultural U. of Ukraine	1898 Department of Agriculture at Kiev Polytechnic Institute
1994	哈尔科夫(Kharkhov)	National Technical U.	'Kharkiv Polytechnical Institute', 1885 Kharkiv Practical Technological Institute

续表 32

1994	敖德萨(Odessa)	Odessa State Maritime U.	1930 OdessaInstitute of Marine Engineers
1994	敖德萨(Odessa)	Odessa State Medical U.	1900 Medical Department of Novorosiysk U. Vinnytsya
1994	文尼察(Vinniytsya)	Vinnytsya State 'M. I. Pyrogov' Memorial Medical U.	1934 Vinnytsya Medical Institute
1995	基辅(Kiev)	National Technical U. of Ukraine 'Kiev Polytechnic Institute'	1898 Kiev Polytechnical Institute
英国(IAU)			
1948	诺丁汉(Nottingham)	U.	1881 U. College
1957	莱斯特(Leicester)	U.	1921 U. College
1961	布赖顿(Brighton)	U. of Sussex	
1961	科尔切斯特(Colchester)	U. of Essex	
1962	基尔(Keele)	U.	1949 U. College of North Staffordshire
1963	泰恩河畔 纽卡斯尔(Newcastle-upon-Tyne)	U.	1834 Newcastle College of Medicine and Surgery
1963	约克(York)	U.	1953 Borrhwick Institute for Historica l Research
1964	坎特伯雷(Canterbury)	U. of Kent	
1964	赫尔(Hull)	U.	1927 U. College
1964	兰卡斯特(Lancaster)	U.	
1964	诺威奇(Norwich)	U. of East Anglia	
1964	埃克塞特(Exeter)	U.	1922 U. College
1964	考文垂(Coventry)	U. of Warwick	
1966	巴斯(Bath)	U. of Technology	1971 U. of Bath, 1804 Merchant Venturers' Technical College

续表 33

1966	布拉德福德(Bradford)	U.	1831 Mechanics' Institute
1966	吉尔福德(Guildford)	U. of Surrey	1891 Battersea Polytechnic Institute
1966	拉夫伯勒(Loughborough)	U.	1909 Technical Institute
1966	乌克斯桥(Uxbridge)	Brunel U.	1957 Regional College
1966	爱丁堡(Edinburgh)	Heriot-Watt U.	1821 Edinburgh School of Arts and Mechanics' Institute
1967	索尔福德(Salford)	U.	1896 Royal Technical Institute
1967	斯特灵(Stirling)	U.	
1967	敦提(Dundee)	U.	1881 U. College
1969	米尔顿 凯恩斯(Milton Keynes)	Open U.	
1982	博尔顿(Bolton)	Bolton Institute	
1983	白金汉(Buckingham)	U.	1973 U. College
1983	南安普敦(Southampton)	Southampton Institute	1856 Private Art School
1990	爱丁堡(Edinburgh)	The Scottish Agricultural College	
1992	切姆斯福德(Chelmsford)	Anglia Polytechnic U.	1838 School of Art in Cambridge
1992	普尔(Poole)	Bournemouth U.	1990 Bournemouth Polytechnic
1992	考文垂(Coventry)	U.	1970 Coventry (Lancaster) Polytechnic
1992	泰晤士河畔金斯顿(KingstonuponThames)	U.	1970 Kingston Polytechnic
1992	利兹(Leeds)	Leeds Metropolitan U.	1970 Leeds Polytechnic
1992	利物浦(Liverpool)	Liverpool John Moores U.	1970 Liverpool Polytechnic

594

续表 34

1992	伦敦(London)	Middlesex U.	1973 Middlesex Polytechnic
1992	爱丁堡(Edinburgh)	Napier U.	1964 Napier College of Commerce
1992	泰恩河畔 纽卡斯尔(Newcastle-upon-Tyne)	Northumberland U.	1969 Newcastle Polytechnic
1992	牛津(Oxford)	Oxford Brookes U.	1970 Oxford Polytechnic
1992	谢菲尔德(Sheffield)	Sheffield Hallam U.	1969 Sheffield City Polytechnic
1992	伦敦(London)	South Bank U.	1892 Borough Polytechnic
1992	特伦特河畔 斯托克(Stoke-on-Tren)	Staffordshire U.	1992 Staffordshire Polytechnic
1992	曼彻斯特(Mancheser)	TheManchester Metropolitan U.	1970 Manchester Polytechnic
1992	哈德斯菲尔德(Huddersfield)	U.	1970 Polytechnic of Huddersfield
1992	伍尔弗汉普顿(Wolverhampton)	U.	1989 Wolverhampton Polytechnic
1992	伯明翰(Birmingham)	U. of Central England in Birmingham	1971 City of Birmingham Polytechnic
1992	普勒斯顿(Preston)	U. of Central Lancaster	1828 Preston Institute for the Diffusion of Knowledge
1992	伦敦(London)	U. of East London	1893 West Ham Municipal College
1993	克兰菲尔德(Cranfield)	U.	1945 College of Aeronautics
1993	格拉斯哥(Glasgow)	Glasgow Caledonian U.	1985 Central Institution

人名索引*

* 人名索引及主题索引中的页码为原书页码。——译者注

C

J

N

O

T

U

V

W

主题索引

B

D

E

614

I

615

M

O

P

S

629

630

T

U

V

W

X

Y

Z